TERJE TVEDT
**DER NIL
FLUSS DER GESCHICHTE**

TERJE TVEDT

DER NIL
FLUSS DER GESCHICHTE

Ins Deutsche übertragen
von Andreas Brunstermann,
Gabriele Haefs
und Nils Hinnerk Schulz

Ch. Links Verlag

Diese Übersetzung wird mit finanzieller Unterstützung von NORLA veröffentlicht.

Copyright © Aschehoug & Co. (W. Nygaard), Oslo 2012/2018
Die norwegische Ausgabe ist 2012/2018 unter dem Titel NILEN –
HISTORIENS ELV bei Aschehoug & Co. (W. Nygaard),
Oslo, erschienen.
Die deutsche Ausgabe wird mit freundlicher Genehmigung von
Hagen Agency, Oslo, veröffentlicht.

Die Übersetzung basiert auf der norwegischen Originalausgabe
und der vom Autor durchgesehenen und aktualisierten
englischen Übersetzung.

Auch als **e book** erhältlich

Die Deutsche Nationalbibliothek verzeichnet diese Publikation
in der Deutschen Nationalbibliografie;
detaillierte bibliografische Daten sind im Internet über
www.dnb.de abrufbar.

Der Ch. Links Verlag ist eine Marke der Aufbau Verlag GmbH & Co. KG

2., durchgesehene Auflage, April 2021
© Aufbau Verlag GmbH & Co. KG Berlin, 2020
www.christoph-links-verlag.de
Prinzenstraße 85, 10969 Berlin, Tel.: (030) 44 02 32-0
Umschlaggestaltung: Nadja Caspar, unter Verwendung eines Fotos
vom Nilmosaik in Palestrina, 2. bis 1. Jahrhundert v. Chr.
(Museo Archeologico Nazionale di Palestrina e Santuario
della Fortuna Primigenia, Palestrina, Italien/Bridgeman Images)
Karten: Terje Tvedt, Kart&grafikk/Gerd Eng Kielland
Satz: Marina Siegemund, Berlin
Druck und Bindung: Druckerei F. Pustet, Regensburg
Gedruckt auf säurefreiem, alterungsbeständigem Papier

ISBN 978-3-96289-098-8

INHALT

EINLEITUNG

Das Mosaik außerhalb von Rom 13
Fluss der Geschichte 18

DIE WÜSTE UND DAS DELTA – ÄGYPTEN

Das Wüstenparadies 25
Skarabäen, Wiedergeburt und des Todes und des Lebens Strom 28
Der Rhythmus des Flusses und der Gesellschaft 31
Die verschwundenen Städte und Flüsse 34
Die Nilstadt Alexanders des Großen 37
Die Anfänge der Philosophie 40
Cäsars und Kleopatras Reise auf dem Nil 43
Die Flucht von Jesus und Maria durch das Niltal 47
Gott straft die, welche behaupten, den Nil zu besitzen 49
Der Islam erobert das Nildelta 51
Der Brief des Kalifen an den Nil 53
Napoleon im Anmarsch 55
Kritik des Orientalismus 62
»Die Schlacht um den Nil«: Paris gegen London 66
Die Schlacht um den Rosettastein: Diebe gegen Diebe 68
Der Soldat, der den Nil reformieren sollte 71
Die Giraffe, die den Fluss hinabsegelte und nach Paris reiste 78
Der norwegische Langläufer, der auf dem Weg
zur Nilquelle umkam 79
Der Kanal zwischen den Meeren 81
Gustave Flaubert und Henrik Ibsen »von Kairo den Nil hinauf« ... 85
Aktien und Besatzung 91

Wo die Ägypter Wasser als Kriegswaffe verwendeten ... 94
Am Schnittpunkt von Geschichte, Fluss und Meer ... 96

NACH KARNAK UND ZU DEN KATARAKTEN DES NILS

Von den Arabern gegründet, von den Briten eingenommen ... 99
Ein Nilometer, der nichts mehr misst ... 104
Konservative Kolonialisten als Vortrupp der Revolution ... 107
Ein Fluss als Zuckerbrot und Peitsche ... 112
Die Muslimbruderschaft will die »Quellen des Nils« sichern ... 114
Eine Rolle für einen Helden ... 116
Die Suezkrise und der Damm ... 119
Die Sowjetunion als Modernisiererin des Nils ... 123
»The Lady of the Nile« ... 127
»Das Hausboot am Nil« und ein Nobelpreisträger ... 128
Ein Wasserfall in der Wüste ... 130
Theben und Karnak in Gefahr ... 132
Das Tal der Könige und Schönheitsideale ... 134
Wo die Reiseliteratur entstand ... 135
Das alte Assuan als Symbol der Modernität ... 139
Der »Stromabkomplex« ... 143
Ägyptische Götter und ewiges Leben ... 145
Die Großprojekte von heute und die von gestern ... 149

NUBIEN UND DAS LAND, WO SICH DIE FLÜSSE TREFFEN – SUDAN

500 Kilometer durch die Wüste auf einem künstlichen See ... 153
Nubien – Gold und Katarakte ... 154
Muhammad Alis Flusskrieg ... 159
Die Politik der Geografie ... 162
Die verschollenen Entdecker ... 164
Wanderungen und Sandschlösser ... 166

Am Treffpunkt der großen Ströme	167
Der Fackelträger von Khartum	170
Tanz im Sand	176
Die Zeit und die Tochter des Flussvolks	179
Queen Victorias Flusskrieg	181
Britische Massaker am Ufer des Nils	184
Der unbekannte Ingenieur und ein historischer Rapport	188
Der Blaue Nil und der Entdecker aus Larvik	191
Die Möglichkeiten des Sudan und die Geburt eines hydraulischen Staates	194
Ein weiß gesprenkelter Gekko und der Prophet	198
Winston Churchill: »München liegt am Nil«	199
Der Sudan und Ägypten teilen den Nil	202
»Kippt den Whisky in den Fluss!«	204
Ein islamistischer Putsch	206
Osama bin Laden als Unternehmer am Nil	208
Eine neue Stadt inmitten des längsten Kusses der Welt	211
Der Sudan rasselt mit dem Nilsäbel	213
Allah sei Dank für den Damm (und den Haftbefehl sollen sie auffessen)	215
Nubien und die Kontrolle des Nils	216
Der Löwenanteil	220
Die Kornkammer des Nahen Ostens und eine Zuckerfirma	221

DER SUMPF UND DER NEUE STAAT – SÜDSUDAN

Das Land der Entfernungen	225
Ein diktatorischer Fluss	229
Die nilotische Wasserwelt und ein Flusshäuptling	232
Ein Faden, der in alle Richtungen weist	233
Arabische Invasoren aus dem Norden	237
Europäische Abenteurer in den Sümpfen	239
Europa am Rande eines Krieges im Süden des Sudan	242
Ein heiliger See	246

Reisen durch den Sumpf und Theorien über die Entwicklung Afrikas ... 248
Jonglei – ein neues Aquädukt nach Norden ... 252
Razzien und Frieden ... 255
»Ein Menschenzoo zum Studium für Völkerkundler« ... 257
Koloniale Forschung der Weltklasse in den Sümpfen ... 260
Der Traum von der »Nilrepublik« ... 261
»Stoppt den Kanal!« ... 264
Im Schatten des Regenwalds ... 267
Der neue Nilstaat und George W. Bush ... 269
Noch eine Kornkammer am Nil? ... 272
Staatsbildung und Hydrodiplomatie ... 276

DAS LAND DER GROSSEN SEEN – UGANDA

Wettlauf zur Quelle ... 279
Der Abenteurer, der eine Sklavin ehelichte ... 283
Entdecker oder »Entdecker«? ... 286
Schiere Entschlossenheit und wissenschaftlicher Evangelismus ... 290
Das afrikanische Königreich an der Nilquelle ... 293
Das Eintreffen der Missionare ... 296
Entscheidend für Ägyptens Zukunft ... 301
London reißt die Kontrolle über die Nilseen an sich ... 303
Wo die Tiere herrschen (durch der Menschen Gnade) ... 306
Wasserfälle und Bilder von »den Anderen« und »uns« ... 308
»The Baker of the Nile« ... 309
Winston Churchill im Dschungel ... 311
Bogart, Hepburn und Hemingway an den Nilfällen ... 313
Ein Nilimperium voll innerer Widersprüche ... 317
Die Owenfälle – »Ugandas Anfang« ... 321
Ein britischer Premierminister als »Wasserkrieger« ... 325
Idi Amin applaudiert satten Krokodilen am Nil ... 328
Die Frau und das Wasser, das unverwundbar machen sollte ... 331
Geschichten über das heilige Wasser ... 334
Der Zauberer vom Nil und die Lord's Resistance Army ... 335
Neue Entdeckungen – Öl im Nil! ... 340

Zentralafrikas Binnensee 343
Darwins Teich, die Lehren der Evolution und Massensterben 346
Das Speke Resort, Museveni und der Nil 348
Die industrielle Revolution kommt nach Uganda 351
Die größten Insektenschwärme der Welt und die Nilzeit 353

ÖSTLICH DES BINNENMEERS – KENIA UND TANSANIA

Die Bahn durch das Land an der Quelle des Weißen Nils 359
Schlafkrankheit und Kolonialismus 360
Die Eisenbahnlinie, die ein Land erschuf 362
Asiatische Migranten und zionistische Projekte 365
Der weiße Stamm auf den Hochebenen 368
Ein Nilstaat ohne Nation 371
Olympische Meister vom »Stony River« 376
Masai Mara 378
Die Luo und Barack Obamas Reise 381
Kenia und die Nilfrage 386
Die Wiege der Menschheit 390
Bismarck und der Felsen am Rande des Wassers 391
Eine unbekannte europäische Seeschlacht auf einem Nilsee 396
Koloniale Abkommen und die Gegenwart des Nils 398
Das Land der Geschenkökonomie 402
Der Zug der Gnus 405
Was ist der Nil? 406
Den See anzapfen und Ägypten trotzen 409

ZU DEN NILQUELLEN IN ZENTRALAFRIKA – RUANDA, DEMOKRATISCHE REPUBLIK KONGO UND BURUNDI

Wo der Fluss spaltet und sammelt 413
Plastiktüten und Feuerlöscher 414

Hotel Ruanda und die Straße am Fluss	416
Ein Brief vom Ground Zero	418
Was ist Ethnizität?	419
Eine Metamorphose	425
Ein amerikanischer Pastor an der Quelle des Nils	431
Eine neue Ära, derweil die Grenze sich verschiebt	433
Gorillas im Nebel	434
Die Nilquelle im Regenwald	436
»Herz der Finsternis« – Conrad und eine Biografie über den Nil	439
Schneebedeckte Mondberge am Äquator	444
König Leopold II., ein Schurkenstaat und die Nildiplomatie	446
Der Kongonil	450
Albertsee oder Mobutusee?	453
Eine fließende Grenze	455
»Dr. Livingstone, nehme ich an?«	457
Königreich und Kolonie	459
Selbstreflexion und Masken	462
Rivalität an allen Fronten	464
Der Guerillaführer, der von einem Norweger erlöst wurde	465
Umwerben, Teppiche und Wasser	468
Die Pyramide an der Quelle	470

DER WASSERTURM IM OSTEN – ERITREA UND ÄTHIOPIEN

Eine Eisenbahnfahrt und eine Art-déco-Hauptstadt am Horn von Afrika	473
Italien als Nilmacht	476
Eritrea im Austausch gegen einen Nildamm	478
Der Fluss als Metapher und Grenze	482
Ein Wechselbalg unter den Nationen	485
Unruhestifter oder Friedensmakler?	488
Ein Überraschungsbesuch in Asmara	490
Zum Wasserturm des Nils	492
Aksum und das Hochland	494

Die Begrenzung des Augenblicks ... 497
Die Klosterinsel, das Meer und das Ende der Welt ... 499
Ein äthiopischer Philosoph und Höhlenbewohner ... 502
Massentaufen in Bahir Dar ... 503
Der heilige Nil und der Schotte, der sich als Entdecker der Quelle ausgab ... 507
Der Priesterkönig Johannes und die Jungfrau Maria beherrschen den Nil ... 510
Besatzung oder Übereinkunft? ... 511
Roms und Londons heimlicher Plan ... 515
Mussolini am See ... 518
Ein Staudamm und das Vorspiel zum Zweiten Weltkrieg ... 520
Der Kalte Krieg und Hydropolitik ... 523
Der Wasserturm erkennt sein Schicksal ... 525
Tiefenökologie, Spiegel und das Zeichen des Flusses ... 528
Bob Geldofs Äthiopien – ein Land ohne Flüsse ... 531
Die Große Talsperre der äthiopischen Wiedergeburt ... 533
Wird Donald Trump das rote Band durchschneiden? ... 537

ZUM ABSCHLUSS

Das Ende der Reise ... 543
Der Fluss der Geschichte und seine Zukunft ... 544
Die Statue in Rom ... 549

ANHANG

Über dieses Buch ... 551
Zeitleiste ... 556
Anmerkungen ... 562
Literaturverzeichnis ... 571
Register ... 586
Abbildungsnachweis ... 592

Was geschieht mit Buchrollen, wenn sie vor Schmutz zusammenkleben, das ist mir widerfahren, spüre ich: entfaltet werden muss der Geist, und was immer in ihm niedergelegt worden ist, muss von Zeit zu Zeit durchgerüttelt werden, damit es zur Verfügung steht, sooft der Bedarf es fordert.

Seneca, Epistulae morales, Brief 72

EINLEITUNG

Das Mosaik außerhalb von Rom

Im dritten Stockwerk eines bescheidenen archäologischen Museums etwa 35 Kilometer außerhalb von Rom befindet sich das weltbekannte Nilmosaik. Es ist rund 2000 Jahre alt, fast sechs Meter breit und mehr als vier Meter hoch. In bunten Farben und aus verschiedenen Blickwinkeln schildert es den Fluss und das Leben an seinen Ufern. Am Oberlauf werden afrikanische Motive wiedergegeben, an der Mündung sind Mittelmeerszenen erkennbar. Das ungewöhnlich farbenfrohe und klare Bild wurde aus bunten Steinen zusammengesetzt, die mit einer Art Mörtel befestigt wurden. Was dieses Mosaik in Palestrina aber besonders und zu einem Teil der Kunstgeschichte macht, ist die Tatsache, dass der Fluss und das Leben der Menschen dort aus einer ganz und gar modernen Perspektive geschildert werden: Es wirkt, als hätte der Künstler den Nil aus einem Flugzeug betrachtet. Zudem stellt das Werk eine äußerst beredte historische Quelle dar; es unterstreicht die Zeitlosigkeit des Flusses als Zentrum und Lebensader der Gesellschaft und zeigt, wie das Mittelmeer gleichsam die in Wasser geschriebene Geschichte eines Kontinents in sich aufnimmt.

Das Mosaik bildet den Nil als zentralen Ort im Leben der Menschen ab, bringt aber ebenso zum Ausdruck, dass der Fluss stets ein Teil der kulturellen und religiösen Geschichte Europas gewesen ist. Es erinnert uns an eine ferne Vorzeit, in der der Nil als heilig verehrt wurde, nicht nur von Priestern in riesigen Tempeln entlang des Flusses in Ägypten, sondern auch in Europa. Das Kunstwerk stammt aus einer Epoche, in der sich der Nil- oder Isiskult von Ägypten aus in der hellenischen und römischen Welt verbreitete. Dieser Kult war eine neue, selbstständige Religion – eine Mysterienreligion, die von Tod und Auferstehung handelte und um eindrucksvolle Prozessionen und Rituale kreiste, in denen der Nil im Zentrum stand. Im British Museum in London befindet sich eine der zahlreichen Statuen der Fruchtbarkeitsgöttin Isis. In der linken Hand hält sie einen Krug mit heiligem Wasser des Nils, dem Mittel, das Erlösung bringen sollte. Vor 2000 Jahren konnten nördlich des Mittelmeers immer wieder Gläubige beobachtet werden, die solche Krüge mit Nilwasser über Bergkämme und durch Täler trugen, und es besteht eine tief gehende geschichtliche Verbindung zwischen den Krügen mit Nilwasser und den späteren Taufbecken in europäischen Kirchen.[1]

Das Kunstwerk wurde einige hundert Jahre vor jener Zeit erschaffen, als dieser Nil- und Isiskult von einer ernsten Konkurrenz bedroht wurde, nämlich dem Christentum, der neuen Religion, die sich vom Nahen Osten her ausbreitete. Die Verehrung des Nils und seiner Götter wurde weit in die christliche Ära hinein fortgesetzt. Es waren Isisanhänger, die den Evangelisten Markus an einem Osterfest einige Jahrzehnte nach Jesu Tod in Alexandria niedermetzelten; mit einem Strick um den Hals wurde er durch die Straßen gezogen und schließlich geköpft. Erst als das Christentum im Römischen Reich zur Staatsreligion aufstieg, wurde der Kult um Isis und den Nil zerschlagen. Vom Geburtsort eines expansiven Mysterienkults wurde das Nildelta nun zu einem Zentrum des frühen Christentums.

Das Nilmosaik außerhalb von Rom repräsentiert eine lange historische Linie, die durch spätere, zwischen Kontinenten und Nationen gezogene Grenzen und Trennungen unscharf geworden ist. Sogar der Name des Flusses ist mit Europa verbunden, durch den griechischen Dichter Hesiod, der im 7. Jahrhundert v. Chr. lebte, als Ägypten, das Nildelta und Griechenland Bestandteile einer gemeinsamen mediterranen Kultur waren. Hesiod nannte den Fluss Νεῖλος – Neilos –, der numerische Wert der dabei verwendeten griechischen Buchstaben ergibt 365, mit anderen Worten also *alles* – wie um zu unterstreichen, dass der Fluss als *alles* aufgefasst wurde. Das Mosaik erinnert uns daran, dass es die Menschen in der Nähe des Flusses waren, die sich als Erste aufmachten, um den afrikanischen Kontinent zu verlassen und die Erde zu bevölkern; dass eine der frühesten uns bekannten, auf Landwirtschaft beruhende Gesellschaftsform an den Ufern des Nils entstand und dass die mächtigste und eindrucksvollste aller antiken Zivilisationen dank des Flusses gedeihen konnte.

Das Mosaik ist wie die topografische Schilderung einer religiösen Zeremonie, muss aber auch als Huldigung des Nils als Bestandteil der mediterranen Kultur gedeutet werden. Das Mosaik strahlt dieselbe Faszination für den Fluss aus, die schon Julius Cäsar erspürt haben muss. Der römische Feldherr und Politiker soll geäußert haben, Ägypten sofort aus der Hand geben zu wollen, wenn ihm jemand den Weg zur Nilquelle verraten könnte. Wo kam all das Wasser her, das jeden Sommer – gerade wenn es

Zeichnung einer antiken Isis-Statue von Paolo Alessandro Maffei, 1704. Die Göttin hält einen Krug mit heiligem Nilwasser in der Hand.

in Ägypten am heißesten und trockensten war – aus der glühend heißen Wüste heranströmte und eine der fruchtbarsten Gegenden der ganzen Welt erschuf? Bis in das europäische Spätmittelalter war das Rätsel des Flusses von fantasievollen mythischen Vorstellungen geprägt, in der Literatur wurde geschildert, er ströme direkt aus dem Paradies sowie über eine Treppe aus goldenen Stufen. Lange wurde der Nil als eine göttliche Manifestation begriffen. Einer der bekanntesten Chronisten des 14. Jahrhunderts, Jean de Joinville, fasste den herrschenden Glauben in seiner zwischen 1305 und 1309 erschienenen *Histoire de Saint Louis* so zusammen: »Und man weiß nicht, woher dieses Hochwasser kommt, es sei denn durch den Willen Gottes.«[2]

Nach dem Triumph der Aufklärung in Europa entstand eine andere, eher wissenschaftlich begründete Nilromantik. Bis ins 19. Jahrhundert gab es nur wenige geografische Fragen, die intensiver diskutiert wurden, als die nach der Lage der Nilquellen. Am Wasserlauf des Nils spielte sich vor 150 Jahren eine der spektakulärsten wissenschaftlichen Vermessungen der Welt ab, als Abenteurer und Entdecker wie Henry Morton Stanley, David Livingstone und John Hanning Speke, die vermögende Niederländerin Alexandrine Tinné sowie ein norwegischer Langlaufmeister nach den Quellen des Nils suchten. Die Geschichte über die zu Beginn des 19. Jahrhunderts einsetzende Vermessung des Nils durch europäische Geografen, Entdeckungsreisende, Hydrologen und britische Wasserbauingenieure ist eine Geschichte über koloniale Eroberung und über den Triumphzug der modernen Wissenschaft in Afrika.

Doch der Fluss, den das Mosaik eingefangen hat, festgefroren wie in einer 2000 Jahre alten Momentaufnahme, hat seitdem, in jeder Sekunde, Tag für Tag und Generation für Generation, undurchdringliche Urwälder durchflossen, wo das Sonnenlicht nie den Boden erreicht, ist brüllend und tosend von vulkanischem Hochgebirge gestürzt, hat gigantische Binnenseen und den weltgrößten Sumpf durchquert und sich auf seinem Weg aus dem Inneren Afrikas durch eine der trockensten Wüsten unseres Planeten gekämpft. Die beständige Geografie des Flusses und der pulsierende Rhythmus des Wassers schaffen noch heute die Bedingungen für Entwicklung und Veränderung der Gesellschaft und waren stets Ursprung sowohl für Mythenbildung als auch für Machtkämpfe.

Bevor das Mosaik erschaffen wurde, war das Nildelta bereits von den Persern, von Alexander dem Großen und auch von Cäsar in Besitz genommen worden. Später eroberten die Araber den Nil. Die Kreuzfahrer kamen an den Fluss. Napoleon ritt an der Spitze seines Heeres das Delta hinauf, um die »Schlacht bei den Pyramiden« zu schlagen. Mit Kairo als Achse etablierten die Briten ihr Nilimperium vom Mittelmeer bis zu den Quellen des Flusses im Herzen Afrikas, und zum ersten und einzigen Mal in der Geschichte herrschte eine einzige Macht, das britische Empire, über den gesamten Fluss. Die Bewohner an diesem Wasserlauf standen seit dem 7. Jahrhundert im Zentrum des Kampfes zwischen Islam und Christentum in Afrika. Darüber hinaus war der Fluss Zentrum für das Entstehen einiger klassischer Mythen der internationalen Entwicklungshilfepolitik, wobei die Bilder eines hilflosen Afrikas, die dabei entstanden sind, angesichts der jüngeren Entwicklung einzelner Regionen hoffnungslos veraltet erscheinen.

Das Mosaik außerhalb von Rom

Dieses Buch steht in der gleichen Tradition, die das Mosaik in Palestrina symbolisiert: die europäische Faszination für Rolle und Bedeutung des Flusses. Es handelt sich um ein Geschichtsbuch über die Entwicklung der Zivilisation sowie um eine Reisebeschreibung vom längsten Fluss der Erde. Doch es ist auch eine Studie über moderne Hydropolitik und afrikanische Entwicklung und soll zudem zeigen, wie diese Veränderungen die zentralen Entwicklungen in der modernen Welt widerspiegeln. Zuallererst ist dieses Buch indessen die Biografie einer Lebensader, die mittlerweile fast eine halbe Milliarde Menschen in einer Schicksalsgemeinschaft vereint, der niemand entkommen kann.

Ich habe bereits zuvor über die Geschichte des Nils geschrieben. Über den Fluss unter britischer Kontrolle *(The River Nile in the Age of the British)* sowie in der postkolonialen Epoche *(The River Nile in the Post-Colonial Age)*. Dazu habe ich eine fünfbändige Literaturübersicht zur Nilregion sowie Bücher über die Entwicklungshilfepolitik in dieser Region herausgegeben. Dieses Buch hat einen anderen Schwerpunkt und eine wesentlich längere zeitliche Perspektive und versucht zusammenzufassen, was ich auf unzähligen Reisen an diesem Wasserlauf gelernt habe – nach unendlich vielen Gesprächen an Cafétischen zwischen Alexandria und Kigali, nach vielen ausführlichen Interviews mit Experten, Ministern und Staatsführern, und nachdem ich ein ganzes Jahr in Archiven auf drei Kontinenten verbracht habe, auf der Jagd nach Quellen über die Regionen sowie die Geschichte des Flusses.

Was jetzt und in naher Zukunft mit und am Nil geschieht, wird dramatische Folgen für die regionale sowie für die globale Politik haben. Während dieses Buch geschrieben wird, durchläuft der Nil, derweil er sich seinen Weg durch die Natur sucht und zugleich die Entwicklung der Gesellschaften an seinen Ufern beeinflusst, die wohl revolutionärste Veränderung in seiner langen Geschichte. Gerade in einer Zeit, in der die Gegenwart zunehmend dramatischer, unbeständiger und unübersichtlicher wird, sind historische Kenntnisse wichtig. Denn wenn man die Vergangenheit nicht versteht, sind Missverständnisse der Gegenwart unvermeidlich.

Der Erzählstrang dieses Buches ist gegliedert wie eine Reise entlang des Nils, von der Mündung zu den Quellen. Denn nur, wenn man dem Nil *flussaufwärts* folgt, von Ort zu Ort, wenn man langsam und systematisch dem Pulsschlag des Flusses lauscht, durch die Geschichte hindurch, können seine Geheimnisse und verschiedenen Rollen aufgedeckt und seine Bedeutung für die Entwicklung der Gesellschaft verstanden werden.

Fluss der Geschichte

Nach Überquerung des Mittelmeeres sehe ich auf dem Flug von Rom auf kilometerlange Sandstrände hinunter; im Westen endlose braune Wüste, und unter mir ein gigantischer grüner Garten. Wie üblich mit der Stirn am Fenster klebend, fliege ich über das Nildelta und nach Ägypten hinein. Während ich den Fluss als einsame glitzernde Lebensader unter mir sehe, umkränzt von Grün, das sich als lebendiger Protest gegen die Dominanz der Wüste richtet, merke ich, wie meine nordeuropäische Blindheit für die Bedeutung des Wassers allmählich nachlässt. Ich bin nach Ägypten gekommen, um auf einer Konferenz in der Bibliothek von Alexandria den Eröffnungsvortrag über die Bedeutung der Ideengeschichte des Wassers zu halten. Obwohl ich mich schon so lange mit diesem Thema befasse, spüre ich den Druck – ich, ein Mann aus Norwegen, soll im Lande des Nils über Wasser und den Nil sprechen. Ein weiteres Mal blättere ich in einem Klassiker über die geologische Geschichte des Nils, denn obwohl der Fluss Kultur und Mythologie, Romantik und Nostalgie verkörpert, ist er in erster Linie eine physische Struktur, wie Rushdi Said in seinem Buch über den Nil unterstreicht. Die Rolle des Nils für die Gesellschaft ist nicht zu begreifen, solange man seine Hydrologie nicht in Zahlen fasst.[3]

Mit großen Ziffern notiere ich die wichtigsten Daten auf einem Block, der neben meinem Laptop auf dem Klapptisch liegt. Es ist eine fast rituelle Handlung, wie um mir selbst ins Gedächtnis zu rufen, dass unter der dicken Schicht aus Kultur, Religion und Politik, von der alle Blicke auf den Nil heutzutage geprägt sind, ein realer Fluss mit einem ganz bestimmten geografischen und hydrologischen Charakter fließt. Die Zahlen, die ich notiere, sind von ungewöhnlich starker gesellschaftlicher Bedeutung und heute genauso relevant wie zur Zeit der Entstehung des Mosaiks. Der Nil, wie wir ihn heute kennen, als ganzjährigen Fluss, ist das Resultat relativ neuer geologischer Prozesse. Diese vollzogen sich vor etwa 15 000 bis 25 000 Jahren, als der Wasserlauf vom Viktoriasee mit dem aus Äthiopien heranströmenden Wasserlauf dort zusammentraf, wo sich im heutigen Khartum der Weiße und der Blaue Nil zu einem Fluss vereinen. Der moderne Nil ist das Kind einer der letzten Feuchtphasen in der Geschichte des regionalen Klimas.

Ich falte die Karte über den Nil auseinander, die ich immer bei mir habe, wenn ich hierherkomme. Da ich Historiker und Staatswissenschaftler bin, der darüber hinaus auch Geografie studiert hat, ist das eine Art Reflex – denn Landkarten verdeutlichen Zusammenhänge, für die sich andere Vertreter dieser Geistes- und Sozialwissenschaften häufig nicht interessieren. Der Nil hat eine Länge von mehr als 6800 Kilometern – zöge man ihn mit allen seinen Windungen zu einer Gerade und drehte ihn ab Kairo in die entgegengesetzte Richtung, würde er durch das Mittelmeer und ganz Europa verlaufen, Norwegen der Länge nach durchqueren und Hunderte Kilometer nördlich von Spitzbergen enden. Der Wassereinzugsbereich des Flusses umfasst rund drei Millionen Quadratkilometer, das entspricht etwa einem Zehntel des gesamten afrikanischen Kontinents oder einem Areal von der sechsfachen Größe Frankreichs. Elf Staaten teilen sich den Wasserlauf, etwa 1000 verschiedene Ethnien haben hier über Generationen hinweg ihre verschiedenen Kulturen und Gesellschaften entwickelt. Aufgrund von Größe, klimatischer Variation, Topografie, Flora, Fauna und unterschiedlicher Gesellschaftsformen ist das Nilbecken im Hinblick auf Natur und soziale Verhältnisse der komplexeste und variationsreichste aller großen Wasserläufe.

Die politische Bedeutung des Nils wird von einem gnadenlosen Paradox bestimmt: Was seine Ausdehnung angeht, ist der Fluss riesig, doch führt er nur äußerst wenig Wasser. Der jährliche Durchschnitt beträgt ungefähr 84 Milliarden Kubikmeter, gemessen im ägyptischen Assuan. Dies ist nicht viel – etwa zehn Prozent der Wassermenge des Jangtsekiang, sechs Prozent des Kongo oder etwa ein Prozent dessen, was der Amazonas jährlich ins Meer befördert. Die Ursachen dafür sind in den Besonderheiten des Nils zu finden: Über lange Strecken durchfließt er ein völlig niederschlagsfreies Gebiet. Die jährliche natürliche Wassermenge lag in Oberägypten einmal bei 80 bis 90 Milliarden Kubikmetern. In den letzten Jahrzehnten hat sie sich reduziert, allerdings nicht aufgrund von Klimaänderungen, sondern weil mehr als zehn Prozent des Wassers in den künstlichen Seen der nubischen Wüste verdampfen. Auf seiner fast 2700 Kilometer langen Reise durch eines der trockensten und heißesten Gebiete der Erde wird dem Nil kein neues Wasser zugeführt. Kein anderer Fluss der Erde strömt ebenso weit durch eine Wüste, ohne dass ein anderer Wasserlauf in ihn mündet.

Die ganzjährige lange Reise des Flusses durch die Wüste ist einzigartig. Auf ihr verbinden sich zwei völlig unterschiedliche Flusssysteme mit ganz verschiedenen hydrologischen Profilen. Der Nil besitzt zwei große Quellflüsse, den Weißen Nil und den Blauen Nil, die sich nahe der sudanesischen Hauptstadt Khartum vereinen. Hier vollzieht sich ein bemerkenswerter hydrologischer Prozess, der darüber hinaus erklärt, weshalb der Weiße Nil bis 1971 für Ägypten der wichtigere Fluss war. Führt der

Bei Assuan im südlichen Ägypten sieht man deutlich, durch was für eine Landschaft der Nil fließt: Wüste.

Blaue Nil im Herbst viel Wasser, wirkt er auf den viel kleineren Weißen Nil wie ein Damm. Wenn sich die Wassermenge in diesem aus Äthiopien kommenden Fluss dann im Laufe des Frühjahrs verringert, strömt das aufgestaute Wasser des Weißen Nils nach Ägypten hinunter. Allein dieses Phänomen ermöglicht es, auch im Sommer an diesem Fluss zu wohnen und Landwirtschaft zu betreiben.

Von seiner bescheidenen heiligen Quelle in der äthiopischen Hochgebirgsebene legt der Blaue Nil eine Strecke von etwa 2500 Kilometern zurück, ehe er Khartum erreicht. Aus diesem Fluss sowie aus anderen Nebenflüssen, die den Regen in Äthiopien in sich aufnehmen, wie etwa der Atbara (auch Schwarzer Nil genannt) oder der Sobat (der vor dem Zusammenfluss mit dem Pibor in Äthiopien Baro heißt), stammen fast 90 Prozent der gesamten Wassermenge des Nils. In der Flutsaison im Herbst dominiert der Blaue Nil zur Gänze. Er allein steht für rund 80 Prozent allen Wassers, das nach Ägypten hineinfließt. Die saisonbedingten Schwankungen bei diesen Flüssen sind dramatisch. Der Atbara ist im Sommer fast ausgetrocknet, und beim Blauen Nil fließen 90 Prozent der gesamten Wassermenge, die er im Laufe eines ganzen Jahres transportiert, in den drei Herbstmonaten durch sein Bett.

Der Weiße Nil ist ein gänzlich anderer Fluss. Zwischen Khartum und den südlichsten Teilen der Sümpfe – eine Distanz von 1800 Kilometern – hat der Fluss ein phänomenal geringes Gefälle von einem Meter auf 24 Kilometer, und die Wassermenge schwankt wesentlich weniger zwischen den verschiedenen Jahreszeiten. Auf dem ganzen südlichen Abschnitt bis Malakal gibt es keine Zuflüsse. Von Osten aus Äthiopien kommt schließlich der Sobat, der eine ganze Reihe kleinerer Nebenflüsse in sich aufgenommen hat. Folgt man dem Fluss weiter aufwärts, knickt dessen Verlauf scharf nach Westen ab und durchquert den Nosee, einen gigantischen Sumpfsee, der nördlich des Sudd, des weltweit größten Sumpfgebiets liegt.

Der Sudd stellt das eindrucksvollste hydrologische Phänomen am Weißen Nil dar: Etwa 50 Prozent des Wassers im Bahr al-Jabal, wie der Weiße Nil hier genannt wird, verdunsten dort. Einige Kilometer nördlich von Juba, der Hauptstadt des Südsudan, beginnen die Sümpfe. Der Bahr al-Jabal (auf Deutsch Bergfluss; er kommt von den Bergen in Zentralafrika) wandelt sich zu einem riesigen, sanft dahinfließenden See in der völlig flachen Tiefebene des Südsudan. Der See breitet sich in alle Himmelsrichtungen aus, sein Umfang variiert mit den Jahreszeiten und der Wassermenge des Nils. Andere große Flüsse im Südsudan wie etwa der Bahr al-Arab oder der Bahr al-Ghazal (oder Gazellenfluss, weil er durch riesige, parkähnliche Gebiete mit großen Gazellenkolonien fließt) versickern in den Sümpfen.

Von Juba aus muss der Weiße Nil noch 4787 Kilometer zurücklegen, ehe er das Meer erreicht. 168 Kilometer weiter stromaufwärts überquert er die Grenze zwischen Sudan und Uganda bei den Folafällen, zuvor strömt er aus dem Albertsee heraus, hat den Sumpfsee Kyoga passiert und sich bei Jinja aus dem Viktoriasee herausgewälzt, unweit der Stelle, wo Ugandas erstes Wasserkraftwerk liegt, das auch unter dem Namen »Ugandas Anfang« bekannt ist.

Diese großen Seen in Zentralafrika bilden das riesige natürliche Reservoir des Weißen Nils. Parallel zum Rückzug der Gletscher während der letzten Eiszeit begann es im Gebiet der äquatorialen Seen des heutigen Uganda zu regnen. Extreme Wetterlagen führten dazu, dass der Viktoriasee und der Albertsee überliefen; dieses Wasser begann, nach Norden abzufließen, und bildete so den modernen Nil. Die Wassermassen flossen ungehindert durch die einstmals trockene Region, die heute ein großes Sumpfgebiet ist, und erreichten Ägypten. Über einen Zeitraum von etwa 500 Jahren hinweg gab es regelmäßige und enorme Überschwemmungen, welche schließlich das Nildelta mit seinen ursprünglich vielen Flussläufen entstehen ließen.

In den letzten 10 000 Jahren ist der Wasserspiegel des Viktoriasees im Großen und Ganzen stabil geblieben; heute handelt es sich bei dem Gewässer um den weltweit drittgrößten Binnensee. Aufgrund der Verdampfung von seiner gigantischen Oberfläche verursacht er selbst enorme Niederschlagsmengen und nimmt darüber hinaus Wasser von Flüssen auf, die aus Burundi, Ruanda, Tansania, Uganda und insbesondere Kenia kommen. Immer wieder wird der Viktoriasee sowohl in Lexika als auch in Touristenbroschüren als Quelle des Nils bezeichnet, obgleich dieser doch viele Quellen hat, sowohl im Osten in Kenia als auch im Süden in Burundi sowie im Westen in Ruanda und im Kongo. Die westlichen Bergketten, wo einige der wichtigsten Zuflüsse herkommen, gehören zu den feuchtesten Gebieten der Erde, wo es an 360 Tagen im Jahr regnet und dabei durchschnittlich fünf Meter Niederschlag pro Quadratmeter fallen. Die Kombination dieser meteorologischen und geologischen Verhältnisse ermöglicht eine kontinuierliche Wassermenge im Nil auch in den Perioden des Jahres, wenn die aus Äthiopien kommenden Flüsse so gut wie austrocknen.

All diese Zahlen können deplatziert auf Menschen wirken, die meinen, dass die Beschäftigung mit dem Menschlichen auf das Menschliche beschränkt bleiben soll – oder anders ausgedrückt, dass eine lebendige, auf den Menschen ausgerichtete Geschichtsschreibung solche Zahlen vermeiden müsse, weil es sich dabei um naturwissenschaftliche Ablenkungen handele. Tatsächlich jedoch trifft das Gegenteil zu: Diese Zahlen fassen nicht nur auf entscheidende Weise die Rahmenbedingungen für die gesellschaftliche Entwicklung zusammen, sondern beschreiben darüber hinaus eine wichtige Achse und ein Zentrum der gesellschaftlichen Existenz.

Diese messbaren geografischen Gegebenheiten verleihen dem Fluss seine besondere regionale und lokale Identität. Sie haben dazu beigetragen, an seinen Ufern verschiedenartige Gemeinschaften zu formen und verschiedene regionale Nutzungsmöglichkeiten zu erschaffen. Ebenso wenig ist es möglich, Entstehung und Untergang des europäischen Kolonialismus, Äthiopiens zentrale Rolle im Vorfeld des Zweiten Weltkriegs, das heutige Schicksal des Südsudan oder Ägyptens Vergangenheit und Zukunft zu verstehen, ohne die Hydrologie des Nils zu kennen.

DIE WÜSTE UND DAS DELTA – ÄGYPTEN

Das Wüstenparadies

Will man erfassen, welche Bedeutung der Nil für Ägypten hat – das Land ganz unten am Flusslauf, das immer die Großmacht am Nil war –, muss man begreifen, was dieses Wüstenland ohne den Fluss gewesen wäre. Auch den Wert des Wassers versteht man ja erst, wenn man erlebt hat, dass der Brunnen austrocknet, und was Licht ist, weiß man erst, nachdem man die Dunkelheit gesehen hat.

Diese Biografie des Nils beginnt deshalb mit Fayyum, der klassischen Oase in der Wüste auf dem Westufer des Flusses. In der Sahara sind manche Gegenden so trocken, dass Archäologen Zigarettenblättchen gefunden haben, die alliierte Soldaten im Zweiten Weltkrieg während des Wüstenkriegs gegen Deutschland weggeworfen haben. Dort, wo die Wüste ihre Farbe ändert, von braun und fleckig zu weiß und rein, öffne ich die Autotür und spüre, wie mir die Hitze entgegenschlägt. Ich brauche nur einige Minuten, um über die nächstgelegene Sanddüne zu laufen, fort von der asphaltierten Straße, die sich durch die durch und durch karge Landschaft zieht, und ich sehe nur Wüste und bin ganz allein. Absolut allein. Hier gibt es nichts. Und was vielleicht besonders außergewöhnlich ist: Es riecht nach nichts. Zwar erinnern die endlosen Sandwellen in gewisser Weise an das Meer, gleichwohl ist die Wüste ein Ort ohne Gerüche. Der einsam wehende Wind verstärkt noch das Gefühl der Leere. Näher können wir der Wahrheit über Ägypten nicht kommen.

Wenn eine fantasievolle, von Wüstenfilmen inspirierte Stadtseele wie meine dann wieder im Auto sitzt und zu hören glaubt, dass der Motor wegen der Hitze streikt, kann sie anfangen, romantische Vorstellungen zu entwickeln. Der Wagen, der aufgrund eines Motorschadens liegen bleibt, und der Wind, der das Auto langsam, aber sicher bedeckt, während man in seinem Windschatten Zuflucht sucht. Die Wasserflaschen, die immer leerer werden ... Und dann tauchen die Wegweiser nach Fayyum auf.

Fayyum ist seit Jahrtausenden bekannt als »Ägpytens Garten« und wird auch »Wüstenparadies« genannt.[4] Es ist eine pulsierende Oase – mit prachtvollen Moscheen, alten Kirchen und antiken Sehenswürdigkeiten. Wenn man im Zentrum dieses 692 Quadratkilometer großen Beckens steht und Palmen sieht, die sich allesamt in dieselbe Richtung beugen, wenn man Esel sieht, die viel zu schwer aussehende Lasten von Getreide und Obst tragen, oder einige Wasserbüffel, die nachdenklich die Vorüberkommenden mustern, und Bauern, ja, überall Bauern, die auf den kleinen grünen Feldern arbeiten, ist es nicht leicht zu begreifen, dass es hier niemals regnet.

Fayyum ist deshalb so interessant für alle, die sich für die frühe Geschichte der Menschheit interessieren, weil es auch in prähistorischer Zeit bereits ein fruchtbares Paradies war. Die ersten festen Wohnsiedlungen in Ägypten entstanden vor etwa 7000 Jahren, und sie entstanden in Fayyum – als Ergebnis eines Wanderungsprozesses mit ungewöhnlich weitreichenden Konsequenzen. Als die Sahara langsam zur Wüste wurde, suchten die »Klimaflüchtlinge«, wie wir heute sagen würden, nach permanentem Zugang zu Wasser. Schrittweise bevölkerten sie deshalb die Gegenden in östlicher Richtung und erreichten schließlich den großen Fluss, der die Sahara das ganze Jahr über durchquert.

Fayyum entwickelte sich rasch zu einer der allerersten Landwirtschaftsregionen der Weltgeschichte. Die Position dieser Oase ist allein darauf zurückzuführen, dass der Nil jedes Jahr die niedrigen Hügel überflutete, die den Fluss von der Senke trennen. Ursprünglich war das fruchtbare Fayyum also das Werk der Natur. Aber der Fluss zeigte den Menschen, wie die Wunder der Natur funktionierten, oder die Wunder der Götter, was für viele dasselbe war, und sie setzten sich zum Ziel, diese zu kopieren, wenn auch in kleinerem Maßstab.

Vor fast 4000 Jahren, unter Amenemhet I. in der 12. Dynastie, kamen die Ägypter auf die geniale Idee, die Flut mithilfe des natürlichen Fayyumsees als regulierendem Reservoir unter Kontrolle zu bringen.[5] Der Binnensee, später von zahllosen Reisenden beschrieben als eine Art göttliches oder auch natürliches Wunder, wurde zu einem frühen Nil-Stausee und zu vermutlich einer der ersten Anlagen dieser Art in der Geschichte der Menschheit. Der fast 4000 Jahre alte Regulierungsdamm in Ägyptens zentraler Oase war somit ein Vorläufer für die Zehntausende ähnlicher Bauwerke, die eine moderne Gesellschaft erst möglich machen. Sie waren die Voraussetzung für die enorme Steigerung der Nahrungsmittelproduktion seit 1900 und damit die Bedingung dafür, dass Millionen von Menschen sich irgendwann in den Ansiedlungen, die wir Städte nennen, niederlassen und dort leben konnten. Heute hat sich der See zu einem gewaltigen, in trägem Blau funkelnden Binnensee mitten in der Wüste entwickelt, aber sein Wasser ist zu leblos, um abkühlend zu wirken. Wenn man am Südufer steht, dehnt er sich ungefähr so weit aus, wie das Auge reicht; hier ist die Luft diesig, sie flimmert in der Hitze, und ganz in der Ferne erheben einige trockene Hügel gewissermaßen ihr Haupt aus dem See, mit einer gelbroten Wüstenfarbe vor dem fast weißen Himmel.

Alte Mythen berichten, dass es der biblische Josef war, der den über die Ufer tretenden Flusslauf an der Stelle erweiterte, wo dieser sich aus dem eigentlichen Niltal losreißt, und ihn ein Stück südlich von Fayyum nach Westen leitete. Dieser Kanal wird deshalb Josefskanal genannt. Das Wassersystem, von dem die vielen Dattelzüchter, Ladenbesitzer, Restaurantbesucher und Gläubigen in den Moscheen in Fayyum vollständig abhängig sind, ist also sowohl ein Produkt der Natur als auch der menschlichen Fähigkeit, diese zu kopieren und weiterzuentwickeln. Wenn man an den sich durch die Oase schlängelnden Kanälen entlangwandert, ist es schwer zu sagen, wo das eine endet und das andere beginnt. Fayyum ist insofern ein verdichtetes, konzentriertes Bild Ägyptens – ungeheuer fruchtbar und auf allen Seiten von Wüste umgeben, entstanden durch eine Kombination aus der Natur des Nils und einem von Menschen geschaffenen und von Menschen kontrollierten Wassersystem.

Fayyum ist noch auf eine andere Weise das Spiegelbild Ägyptens. Während der Oase vom Staat immer mehr Wasser zugeführt wurde, stieg die Wasserknappheit, und die Bevölkerung bekundete ihre Unzufriedenheit. Die Kontrolle über das Wasser ist im Wüstenklima immer ein zweischneidiges Schwert, ökologisch wie politisch, denn die Bedürfnisse steigen die ganze Zeit entsprechend der gesellschaftlichen Entwicklung. Es ist unbestreitbar: Je mehr sich Ägypten vom Wasser des Nils abhängig gemacht hat, umso verletzlicher wurde es für natürliche und vom Menschen verursachte Veränderungen des Flusses. In einer Langzeitperspektive lässt sich das als das hydraulische Paradoxon beschreiben, um das sich die ägyptische Geschichte dreht.

Skarabäen, Wiedergeburt und des Todes und des Lebens Strom

Die Wüste zwischen Fayyum und Alexandria besteht nur aus Sand und Wind. Keine Spur von Leben, abgesehen von einem Käfer, einem Skarabäus, der eine Kugel aus feuchter Erde einen kleinen Hang im Wüstensand hochrollt. Manchmal wird die Kugel zu schwer und kullert wieder nach unten. Dann fängt der Käfer von vorn an und schiebt sie wieder aufwärts, Zentimeter für Zentimeter. Normalerweise rollt das Männchen die Kugel. Das Weibchen läuft hinterher. Es legt die Eier in feuchter Erde oder Exkrementen ab, welche die Eier beschützen können. Dann wird die Kugel an eine sichere Stelle gerollt, im Sand vergraben, und wenn auf diese Weise die Nachkommenschaft gesichert ist, sterben die beiden zufrieden.

Diese Wüstenkäfer genossen im alten Ägypten einen heiligen Status. Der Skarabäus verkörperte und konkretisierte eine altägyptische Vorstellung von Transformation, Erneuerung und Auferstehung. In der ägyptischen Mythologie hieß der Gott, der die Fähigkeit zur Selbsterschaffung symbolisierte, Chepre – »der, der das Sein wird«. Auf Darstellungen ist er meistens zu sehen, wie er jeden Tag die Sonne über den Himmel schiebt, nachdem er sie über Nacht sorgsam durch die ägyptische Unterwelt gerollt hat. Chepre wurde meistens als Skarabäus dargestellt. In einzelnen Grabmalereien ist der Gott, der die Fähigkeit des Erschaffens darstellte, als Mann mit Menschenleib und Wüstenkäferkopf zu sehen.

Die alten Ägypter glaubten, der Käfer sei, ebenso wie Chepre, aus dem Nichts entstanden. Sie glaubten, es gebe nur männliche Skarabäen, weshalb die Käfer, die aus den Kugeln krochen, im wahrsten Sinne des Wortes von nichts kämen. Die Skarabäen symbolisierten sowohl schöpferische Kraft als auch ewiges Leben.

Die Skarabäen und Chepre konnten dazu beitragen, die Prozesse in der Natur zu erklären, die die Ägypter immer wieder erlebten: die Auferstehung des Lebens vom Tode, die Erneuerung der Erde von totem Braun zu lebendem Grün, die Pflanzen, die aus dem Wüstensand auftauchten, als erwüchsen sie aus dem Nichts. Jedes Jahr erlebten der ägyptische Bauer und die gesamte ägyptische Gesellschaft solche Wunder. Das Delta verwandelte sich aus einem Ort, an dem nichts wachsen konnte, in die fruchtbarste Region der Welt. Und dahinter steckte die Natur selbst. Nach den damaligen Kenntnissen über die Funktionsweise der Natur gab es keine andere Möglichkeit, als die Wunder des Nils der Macht der Götter oder später der Pharaonen oder Gottkönige zuzuschreiben. Für die Ägypter wirkte es aufgrund dieser alljährlichen Beobachtungen logisch, den Tod einfach für das Tor zu neuem Leben zu halten.[6]

Der Skarabäus, der unbeirrbar seine Kugel aus Exkrementen oder feuchtem Schlamm den seichten Hang in der Wüste hochrollt, ist der Geschichtslehrer der Natur und der Bote der Mythen. Er ist eine Erinnerung und eine Versinnbildlichung der Vorstellungen von Tod und Leben, die das Denken in Ägypten prägten, ein Denken, das die Weltanschauung der Menschen über einen viel längeren Zeitraum bestimmte und formte als die durch Christentum und Islam verbreitete Vorstellung von Tod und Leben die Vorstellungswelt in Europa und dem Nahen Osten. Die alljährlichen Wunder des Nils haben in vielen Bereichen die Grundlage für zentrale religiöse Vorstellung in den Wüstenreligionen gelegt, die später in diesem Gebiet entstehen und schließlich die ganze Welt beeinflussen sollten. Der Käfer ist der Ausgangspunkt der ersten Mythen und erinnert uns zugleich daran, dass der Nil die Vorstellungen über ewiges Leben geprägt hat und als Schöpfer der Gesellschaft galt.

Sowohl im alten Ägypten wie an Euphrat und Tigris entstanden religiöse Traditionen bei Völkern, die ihr Leben buchstäblich am Ufer der großen Flüsse verbrachten. Das Leben dort stimulierte den Aufbau eines breit gefächerten Verwaltungssystems, und das Bedürfnis, Steuern festzusetzen, die auf dem Umfang der Nilflut basierten, beschleunigte die Entwicklung von festen Maßeinheiten und der Mathematik überhaupt. Da ägyptische Wissenschaftler nicht das Wetter – das war immer gleich –, sondern das Eintreffen der Flut vorhersagen mussten, wurden sie zu Pionieren in der Entwicklung der Astronomie. Aber der Nil nahm auch im kosmischen Universum der Menschen einen zentralen Platz ein. Er war der Lehrmeister, der die Rätsel der Natur enthüllte und die großen Zusammenhänge erklärte, und er bestimmte die Erfahrungen der Menschen, zu denen die Götter sprechen mussten, wenn ihre Botschaft auf fruchtbaren Boden fallen sollte. Die alluviale Geografie – die ewige Zweideutigkeit der Flüsse sowohl als Lebensspender wie als Bote des Todes, als Quell von erntesegnenden Berieselungen wie von zerstörerischen Überschwemmungen – formte die Vorstellungen der Menschen am Fluss über Leben und Tod.

Texte aus den Pyramiden berichten vom Glauben der alten Ägypter, den Nil zu überqueren gleiche der Überquerung der Grenze zwischen zwei Daseinsformen. Das gesellschaftliche, das diesseitige Leben spielte sich auf dem Ostufer ab. Indem der Pharao unmittelbar nach seinem Tod auf das Westufer gebracht wurde, konnte er von den Toten auferstehen, und deshalb liegen dort die Pyramiden, diese gewaltigen Grabmonumente.

Die Pyramiden sind enorme Grabkammern, die immer am Westufer des Nils angelegt wurden. Um ewiges Leben zu erlangen, musste der Tote unmittelbar über den Fluss gebracht werden, der die mythische Scheide zwischen Leben und Tod war. Nachdem der Nil in Ägypten durch Menschenhand zu einem Bewässerungskanal geworden ist, reicht der Fluss nicht länger bis zum Fuß der Pyramiden. Das Bild stammt wahrscheinlich aus dem frühen 20. Jahrhundert.

Der Glaube, dass der Nil der vom Tod beherrschten Unterwelt entstamme, zeigt ein weiteres Mal, wie die ägyptische Kosmologie das die Menschen umgebende ökologische Universum widerspiegelte. Die Welt wurde von klaren Widersprüchen gebildet: zwischen Dürre und wasserspendendem Fluss, zwischen Wüste und Zivilisation, zwischen Licht und Finsternis, zwischen dem diesseitigen und dem jenseitigen Flussufer, zwischen dem irdischen Fluss und dem Fluss des Himmels und der Unterwelt. Die Texte aus den Pyramiden beschreiben, wie der Fluss Ägypten zwischen dem Reich des Lebens und dem des Todes teilte. Der Tote wandte sich nach Westen, durchquerte die Unterwelt und erstand im Morgengrauen im Osten auf, überquerte am Himmel den Nil und endete abermals im Westen, und das bis in die Unendlichkeit. Diese Wanderung gab in der himmlischen Welt das wieder, was sich jeden Tag am Nil abspielte. Die Sonne stieg auf, Boote überquerten den Fluss, und das Wasser

wechselte zwischen Flut und Rückzug, zwischen Andrang und Zurückweichen.
Der Nil stellte die traditionelle Grenze und zugleich die Verbindungslinie zwischen den beiden Daseinsformen dar. Deshalb war es auch logisch, dass auf einem solchen Fluss ein übernatürliches Wesen navigieren musste. Dieses Wesen war Mahaf, der mythische Fährmann, der die Toten übersetzte. Der Fluss erscheint in den ägyptischen Texten gleichermaßen als Schranke und Treffpunkt zwischen den Menschen und zwischen Leben und Tod.[7] Da sie sich dermaßen für die Unsterblichkeit interessierten, hatten die alten Ägypter eine optimistische Religion: Das irdische Leben war nur der Anfang vom Leben nach dem Tode, gewissermaßen ein Übergang zum nächsten Leben – so, wie die wasserarme Jahreszeit ein Übergang war, eine Zwischenstation zwischen Ernte und den Arbeiten, die die nächste Nilflut mit sich brachte.

Erst gegen die Mitte des 19. Jahrhunderts musste sich der Nil nach und nach dem Willen der Menschen unterwerfen, eignete sich immer weniger als Rohmaterial für diese Art von religiösen Mythen. Nun entstanden mächtige Dämme und Stauseen sowie gewaltige wasserreiche Kanäle, die das ganze Jahr über Wasser führten, und diese Entwicklung wurde zur Grundlage einer ganz neuen Art von Weltbild, die auf Erzählungen über den Triumph der Moderne und dem Sieg von Mensch und Technologie über die Natur aufbaute.

Der Rhythmus des Flusses und der Gesellschaft

Ein Buch, das ich stets bei mir habe, wenn ich am Nil bin, sind die *Historien,* jenes Geschichtswerk, das vor 2500 Jahren von dem Griechen Herodot geschrieben wurde. Wie jedes Werk großer Literatur enthüllt das Buch ständig neue Blickwinkel auf sich selbst, zugleich passt der langsame, etwas umständliche und doch kontrollierte Stil zur Natur des Nils und seiner gesellschaftlichen Rolle. Herodot wird oft als Vater der Geschichtswissenschaft bezeichnet, in erster Linie war er allerdings ein genauer Beobachter. Er besuchte viele Orte der klassischen Antike, bereiste auch den Nil und führte Gespräche mit den einfachen Menschen und den Priestern, die ihm unterwegs begegneten. Er hörte zu, machte sich Notizen; er war eine Art wissbegieriger Romantiker, der sich Wissen um des Wissens willen aneignete. Er begnügte sich auch nicht einfach mit Geschichten, die ihm erzählt wurden oder die als überlieferte Wahrheiten galten, stattdessen wollte er die Dinge selbst ergründen. Herodots Beschreibungen darüber, wie leicht es den Ägyptern aufgrund der natürlichen Bewässerung der Felder durch den Nil fiel, Landwirtschaft zu betreiben, bringt sowohl den Kern als auch die Besonderheiten des alten pharaonischen Ägypten beredt zum Ausdruck:

> So haben diese unter allen Menschen, und selbst unter den Ägyptern, die wenigste Mühe, Früchte einzuernten; indem sie weder mit Pflügen noch mit Hacken, noch sonst mit einer Arbeit einige Mühe, wie andere Menschen, mit dem Acker haben. Sondern wenn der Fluß von sich selbst wiederkommt und die Äcker tränket, nachhero sich aber wieder zurückziehet: alsdenn besaet ein jeder seinen Acker, und läßt die Kühe drauf gehen. Wenn nun der Saame von den Kühen eingetreten ist; so erwartet er die Ernte; alsdenn läßt er die Frucht durch die Kühe ausdreschen, und führet sie ein.[8]

Die Ägypter betrieben Bassin- oder Flutbewässerung. Sie passten sich den natürlichen und äußerst regelmäßigen Schwankungen des Flusses an. Anfang Juni war der Nil ein kleiner bescheidener Fluss. Das Land und die Ackerflächen lagen in der Hitze der Sonne und wurden von den Winden aus der Sahara getrocknet. Die Flächen wirkten wie eine Verlängerung der Wüste. Dann, jedes Jahr im Herbst, kam die Nilschwemme. Einige Wochen lang schwoll der Fluss um das bis zu Vierhundertfache an. Die Dörfer lagen wie Inseln in einem braunen Meer. Nach einiger Zeit zog sich das Wasser zurück, und in der Zwischenzeit hatte der Fluss über 100 Millionen Tonnen fruchtbaren Schlamm hinterlassen, während er sich dick und braun seinen Weg zum Meer bahnte. Jetzt galt es nur noch auszusäen und zu pflanzen und darauf zu warten, dass die Ernte größer ausfiel und schneller kam als irgendwo sonst. Die Ägypter, insbesondere diejenigen, die im Nildelta oder in Unterägypten lebten, brauchten keinen starken Staat, um eine Landwirtschaft zu entwickeln, die effektiver war als an jedem anderen Ort in jener Zeit. In Oberägypten wurde das Wasser, wenn der Fluss seinen höchsten Stand erreicht hatte, in Bassins geleitet, die von massiven Dämmen umgeben waren und ein Gebiet von 40 000 Hektar bedecken konnten. War die Erde ausreichend durchwässert, wurde das Wasser stromabwärts wieder abgelassen.

Die besondere Ökologie und Hydrologie des Nils stellten andere Anforderungen an die Organisation der Gesellschaft, als es andere Flüsse taten. In Ägypten brauchte der Staat nicht Zehntausende oder gar Millionen von Bauern und Sklaven zu mobilisieren, um Schutzdeiche entlang des

Flusses zu errichten, wie dies etwa beim chinesischen Feudalsystem am Gelben Fluss der Fall war. Katastrophale Überschwemmungen gab es selten. Wenn der Fluss begann, über das Niveau der Nilometer zu steigen, mit denen jener jährliche Flutpegel markiert wurde, an den die Bevölkerung und die Ökonomie angepasst waren, wurden umfassende Sicherungs- und Überwachungsmaßnahmen eingeleitet. Eine Hochwassermarke auf einer Wand in Luxor zeugt von einer abnorm hohen Flut in der 22. Dynastie (943–746 v. Chr.) in Oberägypten. Die dazu gehörende Inschrift lautet: »Das ganze Tal war wie ein See; kein Damm konnte seiner Wut widerstehen. Die ganze Bevölkerung glich Seevögeln.«[9] Die Ägypter setzten große Dammprojekte in Gang, doch waren diese nicht von derselben Bedeutung wie die Bauwerke an Euphrat und Tigris oder entlang der großen Flüsse in China. Einer der weltweit ersten Dämme, der Sadd al-Kefaradamm bei Wadi al-Garawi, wurde etwa 2600 v. Chr. errichtet. Er diente der Kontrolle der Nilschwemme, doch als er einige Zeit später zerstört wurde, wirkte sich dies nicht entscheidend auf die Entwicklung des Landes aus.

Die Gefahr der Bodenversalzung, die den Sumerern zu schaffen gemacht und womöglich ihren Untergang bewirkt hatte, war aufgrund der jährlichen Überschwemmungen weniger akut. Der Fluss selbst spülte das Salz fort, das bei der Verdunstung des Wassers auf den Feldern zurückgeblieben war. Der besondere Charakter des Nils trug auch wesentlich dazu bei, dass die ägyptischen Bauern über weite Teile des Jahres nichts zu tun hatten, weswegen sie einfacher zu öffentlichen Arbeiten wie etwa dem Bau der Pyramiden im Land mobilisiert werden konnten. Lange Zeit herrschte die Vorstellung, dass Sklaven die Pyramiden und die anderen großen Bauwerke hatten errichten müssen. Neueren Forschungen zufolge wurde bei diesen Theorien wahrscheinlich die besondere Hydrologie des Flusses und seine Rolle für die Organisation der Landwirtschaft außer Acht gelassen. Im Sommer war die Erde nicht feucht genug, um die Felder zu bearbeiten. Während alle auf die nächste Flut im Herbst warteten, hatte die Bevölkerung daher »frei«, und in dieser Zeit konnten die Menschen gegen Entlohnung, oder weil sie an die herrschende Religion und die göttliche Rolle des Pharaos glaubten, für andere Arbeiten mobilisiert werden.

Die Ägypter beschäftigten sich auch mit dem Bau von Kanälen, jedoch in kleinerem Umfang als etwa die Chinesen oder die Sumerer. Dass sie dazu imstande waren, hatten sie bereits bewiesen; in dynastischer Zeit wurden lange Kanäle vom Nil zum Roten Meer gebaut, darüber hinaus auch Bewässerungskanäle im Nildelta. Nachdem die Zentralregierung die Kontrolle über das Wasser an sich genommen hatte, war einer der frühesten administrativen Titel, den lokale Gouverneure tragen konnte, *Adj-mer*, der Kanalgräber. Auf dem Nil ließ sich auch relativ leicht navigieren. Der Strom trieb die Schiffe nach Norden, während der Wind größtenteils in Richtung Süden wehte. Durch die Kontrolle über die Schiffstransporte konnten Staatsmacht und Herrscher den Transport von Waren und Menschen steuern. Im Gegensatz dazu war die Navigation auf den gewaltigen chinesischen Flüssen, insbesondere dem Gelben Fluss, aber auch auf dem Euphrat und dem Tigris wesentlich schwieriger.

Als ich mich aus der im Westen gelegenen Oase dem Delta nähere und die ersten schmalen Ackerstreifen an der Grenze zur Wüste passiere, nehme ich abermals Herodots Buch hervor. Ich lese seinen Text noch einmal und kann es dank seiner Beschreibungen gleichsam vor mir sehen, wie die Ägypter über Jahrtausende hinweg ihr Leben in dem ewigen Versuch verbrachten, sich dem Rhythmus, den Gaben und den Gefahren des Flusses anzupassen.

Die verschwundenen Städte und Flüsse

Geht man an den Stränden von Alexandria entlang, wo die Wellen auf kilometerlange Abschnitte mit weißem Sand treffen und wo die Sonne mit all den typischen Merkmalen eines triumphierenden Sonnenuntergangs im östlichen Mittelmeer hinter der Burg heruntersinkt, wo einst der Pharos-Leuchtturm stand, kommt es einem geradezu unnatürlich vor, dass es sich bei Alexandria um eine Stadt am Nil handelt. Die fünfzehn Kilometer lange *Corniche*, die berühmte Strandpromenade mit der parallel dazu verlaufenden Autobahn, ist das zum Meer hin gerichtete Gesicht der Stadt. Genauso wie die Entwicklung des städtischen Raums, die Architektur der Straßen, die Ästhetik der Abwasseranlagen oder die sich verändernden Funktionen der Müllhaufen für das Verständnis der Geschichte einer Gesellschaft unabdingbar sind, sofern diese nicht völlig blutleer und letztlich unmenschlich daherkommen soll, muss auch die Geschichte über den Nil mehr enthalten als nur die Ideen und Planungen der Menschen. Eine lebendige Geschichte, die den handelnden Menschen ins Zentrum rückt, muss auch die Natur, die ökologischen Prozesse und die technologische Anpassung berücksichtigen. Sie muss, anders ausgedrückt, Strukturen analysieren, welche permanent verschiedene und sich ändernde Rahmenbedingungen für das handelnde Individuum definieren, die aber auch von diesem beeinflusst werden – sei es ein Heerführer, ein moderner Ingenieur oder ein Politiker.

An einem Julitag im Jahr 1961 begab sich ein Amateurtaucher gleich unterhalb der Promenade von Alexandria in das verunreinigte Hafenbecken. Plötzlich befand er sich in einer Welt des Altertums: Er sah eine von weißen Marmorsäulen gesäumte Treppe, eine lebensgroße römische Statue, eine Goldmünze, einen Sarkophag und, nicht weit entfernt von dem mächtigen Fort, das über Jahrhunderte die Stadt bewachte, zwei kopflose Sphinxen, Marmorsäulen sowie eine massive, in zwei Teile zerbrochene Statue. Kamel Abdul-Saadat, der sein Geld als Speerfischer verdiente, hatte die versunkene Vergangenheit Ägyptens entdeckt.

Nur einen Steinwurf von der Qāitbāy-Zitadelle entfernt, in Sichtweite der Promenade und der modernen Bibliothek, kann man heute in eine stille, versunkene Altertumswelt hinabtauchen. Seltsame Gebilde liegen auf dem Meeresboden verstreut. Die größten Schätze Alexandrias, darunter die Ruinen von Kleopatras Palast, liegen dort sechs bis acht Meter unter der Wasseroberfläche. Erblickt man durch seine Taucherbrille ein schwarzes Gesicht und starrende Augen, ist es eine Sphinx, die hier seit Tausenden von Jahren ungestört ruht.

Auf dem Meeresboden vor dem Nildelta sind bis heute 25 antike Städte entdeckt worden. Diese Städte zeugen von vielen Geschichten und zahlreichen Schicksalen, doch in erster Line verdeutlichen sie, dass der Nil als Fluss seine eigene Geschichte hat, so wie die Menschen, die an seinen Ufern leben, ihre Geschichten haben. Dank Herodot wissen wir heute, dass es zu seinen Lebzeiten drei Nebenarme des Nils gab, die fünf bis 15 Kilometer östlich von Alexandria ins Meer flossen, heute existiert nur noch einer.[10] Darüber hinaus gab es vier kleinere Mündungsarme, den Saitischen Arm, den Mendesischen Arm, den Bursurischen Arm sowie den Bolbitinischen Arm, wobei die beiden Letztgenannten teilweise künstlich angelegt waren. Herodots gründliche Sachlichkeit lässt sein Buch noch heute direkt zum Leser sprechen, auch wenn manche Teile davon definitiv einem »fremden Land« mit einer Gedankenwelt angehören, die sich gänzlich von der modernen Rationalität unterscheidet.

Bei Herodot finden wir Beschreibungen des Nilsystems, die sein Buch heute relevanter und aktueller erscheinen lassen als so manche Artikel in den Zeitungen der Gegenwart. Wenn er beschreibt, wie sich der Fluss im Delta verändert hat, spricht er unmittelbar zu unserer modernen Zeit; er spricht die Sprache der Rationalität, auch wenn klar ist, dass der Fluss, den er betrachtet, in einem ganz anderen Gedankenuniversum existiert. Herodot hebt die Rolle des Nils in der Geschichte des Menschen hervor und zeigt zugleich, dass der Fluss seine eigene Geschichte hat.

Als er im Delta umherwanderte, hatte das Flusssystem seit dem 8. Jahrtausend v. Chr. bereits große Veränderungen durchgemacht. Damals war das spätere fruchtbare Nildelta noch eine Sumpflandschaft, die von einem Fluss mit undefinierten Uferlinien durchschnitten wurde; dichte Papyruswälder boten großartigen Lebensraum und Schutz für Flusspferde, Krokodile und Vögel. Bis etwa 3000 v. Chr. war das Mittelmeer um circa 20 Meter angestiegen. In vorhistorischer Zeit war das Delta eine gigantische Flussmündung mit vereinzelten Inseln. Im Laufe der Jahrtausende bildeten die Ablagerungen des Nils Landflächen, welche die Mündung in unzählige Verästelungen aufteilten. Der Wissenschaft wird es vermutlich nie gelingen, genau herauszufinden, was sich in diesen Jahrtausenden zutrug. Wir wissen jedoch, dass die Flüsse, welche das Delta kreuzten, ihren Lauf änderten, und dass Teile des Gebiets nach und nach im Meer versanken. Als Herodot um 400 v. Chr. seine *Historien* schrieb, schilderte er also die Städte im Nildelta nicht nur, als handele es sich dabei um Inseln in der Adria, die inmitten eines sumpfartigen Gebiets lagen und den natürlichen Schwankungen des Flusses angepasst waren. Er beschrieb auch Flüsse und Städte, die bis zum Jahr 1000 v. Chr. bereits verschwunden waren.

Unterwasserarchäologen haben mittlerweile rekonstruiert, wo einer der von Herodot beschriebenen Flussläufe, der Kanobische Arm, ins Meer floss. An seiner Mündung lag Herakleion, benannt nach dem griechischen Götterhelden Herakles, den schon die Griechen (einschließlich des Orakels von Delphi) als Nachkommen des viel älteren ägyptischen Herkules betrachteten. Der griechische Historiker Diodoros erzählt, wie es Herkules gelang, eine Flut einzudämmen und den Fluss in sein natürliches Bett zurückzuzwingen. Daraufhin wurde zu seinen Ehren ein Tempel erbaut und der Ort nach ihm benannt. In Herakleion gab es zudem zahlreiche Tempel zu Ehren der Nilgötter, und als religiöses Zentrum zog es Pilger aus dem gesamten Mittelmeerraum an. In alten Texten wird die Stadt als eine Art Pforte nach Ägypten beschrieben. Von hier aus konnte man den Nil hinaufsegeln und gelangte bis nach Memphis oder Theben.

Der Kanobische Arm war einer von vielen Flussläufen, die verschwanden und dabei die an ihren Ufern liegenden Städte aus der Geschichte tilgten. Schon in pharaonischer Zeit wurden Projekte begonnen, um den Fluss zu kontrollieren, und die Pyramidentexte dokumentieren, dass Kanäle für Transport und Bewässerung gegraben wurden. Diese wurden später zerstört, aber nicht nur durch die dem Fluss eigene unbarmherzige ökologische Logik, sondern weil die Pharaonen etwa 300 v. Chr. den Bolbitinischen Arm erweiterten. Da dieser nun größere Mengen Wasser führte, blieb für den Kanobischen Arm weniger Wasser übrig, was schließlich zu seinem Ende führte. Herakleion ist eine der Städte, die von Unterwasserarchäologen inzwischen entdeckt wurden. Sie wird als intakt beschrieben, wie eingefroren in der Zeit.

Herodots mehr als 2000 Jahre alte *Historien* haben also eine neue Aktualität gewonnen. Aufgrund seiner Aufzeichnungen über die städtischen Gesellschaften, die er sah, sowie beruhend auf seinen Beschreibungen über ihre Lage an Flussläufen, die es heute nicht mehr gibt, haben Archäologen Material in die Hände bekommen, mit dem sich weiter arbeiten lässt. Ebenso können Menschen, die glauben und fürchten, dass Teile des Deltas im Meer versinken werden, auf Herodots historische Beispiele verweisen. In einer langen ökologischen Perspektive des Nils verweisen sie auf eine möglicherweise alarmierende Zukunft, eine Zukunft, von der einige meinen, sie könnte bereits in diesem Jahrhundert Realität werden. Die uralte Vergangenheit ist dementsprechend auf eine Art und Weise gegenwärtig geworden, die sich den üblichen Methoden zur Unterscheidung zwischen Vergangenheit und Gegenwart entzieht: Die Vergangenheit ist nicht länger bloß ein »fremdes Land«.

Die Nilstadt Alexanders des Großen

Nur wenige Städte sind, wie der englische Autor E. M. Forster schrieb, »auf eine so großartige Weise wie Alexandria in die Geschichte eingetreten«. Und nur wenige Städte haben eine großartigere und chaotischere Geschichte und eine unsicherere Vergangenheit.[11]

Es war Alexander der Große, der den Ort nicht weit vom westlichen Auslauf des Nils gründete, dicht an den Gestaden des Mittelmeers gelegen. Für das soeben eroberte Land brauchte er eine Hauptstadt. 331 v. Chr. befahl er, dafür einen bereits vorhandenen kleinen Fischereihafen auszubauen. Alexandria in Ägypten war die einzige der mindestens 17 von Alexander gegründeten und nach ihm selbst benannten Städte, die nicht zu einer sprichwörtlichen Eintagsfliege in der Geschichte der Urbanisierung wurde. Ihr Erfolg gründet sich auf der Funktion des Flusses als Verkehrsader und der idealen Lage. Die berücksichtigte nämlich nicht nur die vorhandenen Handelsmuster, sondern auch die Prozesse der Natur, insbesondere die Hydrologie des Nils und die Topografie des Deltas. Statt im Delta selbst, wurde die Stadt etwas westlich davon angelegt. So verhinderte man, dass der vom Fluss mitgebrachte Schlamm den Hafen verlanden ließ, zudem lag gleich südlich der Stadt ein versumpfter Binnensee.

Der Kanal, den der junge makedonische Heerführer bauen ließ, ermöglichte es Alexandria, mehrere Jahrhunderte lang das wichtigste Handelszentrum in der sich nun entwickelnden mediterranen Ökonomie zu bleiben. Die Stadt wurde mit zwei leistungsfähigen und geschützten Häfen versehen, die den Handel mit Waren aller Art über zwei unterschiedliche Wassersysteme verbanden. Der eine Hafen war für den Transport von Produkten der ägyptischen Landwirtschaft über den Nil angelegt. Der andere war den neuen, seetüchtigen Schiffen des Mittelmeers angepasst. Die Stadt wurde zu einem Umschlaghafen für Waren aus allen Weltgegenden, die für Ägypten bestimmt waren, und für ägyptische Produkte, die in den Export gehen sollten. Die damalige Mittelmeermetropole wurde bald als schöne Stadt mit angenehmem Klima bekannt. Sie zog viele Griechen und Römer an, da Ägypten ein Teil des hellenischen Kulturraums und später des Römischen Reichs war. Alexander der Große – Plutarch zufolge maß er gerade mal zwischen 1,60 und 1,65 Meter – hinterließ eine Stadt, die vielleicht als erste als wirkliche Metropole bezeichnet werden konnte.

Je erfolgreicher die Stadt Handel betrieb, desto mehr brauchte sie ein Symbol für ihren wachsenden Wohlstand – und ein effektiveres Instrument, um die Schiffe durch die der Küste vorgelagerten Kalksteinriffe zu leiten. Ptolemaios I., der nach Alexanders Tod die makedonische ptolemäische Dynastie gründete, erteilte deshalb im Jahre 299 v. Chr. den Befehl, auf der in der Bucht vor der Stadt gelegenen Insel Pharos einen Leuchtturm zu errichten. Als der Bau 20 Jahre darauf vollendet war, besaß Alexandria nicht nur den ersten Leuchtturm, sondern auch das damals höchste Gebäude der Welt. Der Turm war mehr als 120 Meter hoch. Seine Bedeutung zeigt sich auch darin, dass *pharos* in den romanischen Sprachen zur Wurzel für das jeweilige Wort für Leuchtturm wurde. Wenn man heute von der *Corniche* auf das osmanische Fort hinüberblickt, das dort steht, wo einst der Leuchtturm aufragte – ob man nun auf einem Balkon des kolonialen Cecil House Hotels mit phänomenalem Blick aufs Meer steht oder seine Beine von der Mauer baumeln lässt, die sich die Promenade entlangzieht, zusammen mit den Tausenden von Einwohnern der Stadt, die dort quasi ständig sitzen – man kann sich leicht vorstellen, wie stolz der Turm zu Pharos, der als eines der sieben Weltwunder galt, sich einst den Besuchern zeigte.

Unter den Ptolemäern wurde die Stadt zum Zentrum für Handel, Wissenschaft und Gelehrsamkeit der gesamten hellenistischen Welt. Sie war ein kosmopolitischer Schmelztiegel, wo griechisches Denken, die Religionen des alten Ostens und neue mystische Kultbewegungen einander beeinflussten. Im Unterschied zu Athen, wo die Kunst dominierte, spielte in Alexandria die Wissenschaft eine herausragende Rolle. Anatomie, Geografie, Astronomie und Mathematik machten hier einen großen Sprung nach vorn.

Die Bibliothek der Stadt lockte die bedeutendsten griechischen Mathematiker, Ingenieure, Physiker, Architekten und Geografen in die Stadt. Kluge Köpfe zeichneten und diskutierten einige der ersten Weltkarten. Wenn es einen Ort gibt, der die Bezeichnung Zentrum der Gelehrsamkeit verdient hat, dann ist das Alexandria zu jener Zeit. Die Bibliothek baute ihre Position aus, indem sie Alexandrias Rolle als Handelsknotenpunkt nutzte. Die herrschende Dynastie ließ alle Schiffe durchsuchen – nach Büchern. Wenn eines gefunden wurde, musste es der Bibliothek ausgehändigt werden. Dort wurde es kopiert; die Bibliothek behielt das Original. Solche Bücher wurden in einem besonderen Katalog aufgeführt und mit dem Stichwort »von den Schiffen« versehen. Es wurde so umfassend nach Büchern gefahndet, dass irgendwann Fälscher auf den Plan traten und ihre selbst verfassten Werke beispielsweise als Buch von Aristoteles ausgaben. Angeblich verfügte die Bibliothek über mehr als 700 000 Schriftstücke und enthielt »alles Wissen der Welt«. Inzwischen gehen Historiker davon aus, dass diese Behauptungen wohl übertrieben waren. Es kann aber keine Zweifel daran geben, dass Alexandria nicht nur für das Nildelta, sondern für die ganze Welt den Sitz der Gelehrsamkeit darstellte.

Die wirtschaftliche Voraussetzung für die Stadt, vor etwa 2000 Jahren zum Zentrum der Wissenschaft aufzusteigen, war der Umfang des Handels, und die Voraussetzung für diesen blühenden Handel war, dass Alexandria dort angelegt wurde, wo der Nil und die Welt am effektivsten miteinander verbunden waren. Als sich später aus hydrologischen und politischen Gründen die Verbindung zum Nilsystem änderte, die notwendigen und umfassenden Wartungsarbeiten der Kanäle zwischen Stadt und Delta vernachlässigt und die Schiffe zu groß wurden, um die Kanäle zu passieren, verfiel Alexandria und mit ihm die Bibliothek.

Die Bedeutung des Nils für Alexandria hat sich also ebenso geändert wie die Stadt selbst. Nur wenig erinnert an das kosmopolitische Alexandria zu den Glanzzeiten der Bibliothek. Hier, an den Gestaden des Mittelmeers, in einer Stadt, in der seinerzeit der Nilkult dominierte, wo der moderne Fluss jedoch zu einer von Menschenhand geschaffenen Bedrohung geworden ist, halte ich meinen Vortrag über die Ideengeschichte des Wassers, in dem ich unter anderem über die Bedeutung Alexandrias und des Nils für die Anfänge der Philosophie spreche.

Die Anfänge der Philosophie

Ich halte bei einem der Palmenhaine, an denen das Delta so reich ist. Ich will die Bäume im Morgenlicht sehen, ehe die Hitze unerträglich wird. Allein gehe ich vorbei an den schnurgeraden Bewässerungskanälen unter den wie in Reih und Glied aufgereihten Palmen, Tausende und Abertausende hintereinander, wie Alleen ohne Ende. Dazwischen liegen hier und dort riesige Sanddünen, seltsam fehl am Platze, die Wüste wirkt hier wie ein Eindringling im Garten Eden. Das Licht fällt schräg durch die Palmblätter. Es ist schön und still, sogar das Wasser fließt, oder eher, es bewegt sich, langsam, fast unmerklich und unhörbar unten in den engen Kanälen. Im Koran stehen die berühmten Worte »Allah erschuf alles aus Wasser«. Hier kann ich es bezeugen; ganz konkret kann ich sehen, wie alles aus Wasser geschaffen wird, allerdings eindeutig mit menschlicher Hilfe. Die Palmen, das grüne Gras, noch die kleinste Pflanze – das alles ist entstanden, weil die Ägypter über Generationen hinweg trockengelegt und kanalisiert, das Wasser eingedämmt und umgeleitet haben, wodurch sie ein kompliziertes ökologisch-ökonomisches System entwickelten, das mit dem Begriff »Wasserkontrolle« umschrieben werden kann.

In dieser Gegend wanderte vor fast 3000 Jahren eine der bekanntesten weltgeschichtlichen Persönlichkeiten umher und stellte ihre Beobachtungen über das Wasser als wesentliches Grundelement aller Grundelemente an. Dieser Mann sollte die Geschichte der Philosophie ändern, möglicherweise sogar die Geschichte des Denkens selbst. Die Rede ist von Thales von Milet (624–546 v. Chr.), dem Mann, den Aristoteles später als den allerersten Naturphilosophen bezeichnete und über den Bertrand Russell in seiner überaus einflussreichen Geschichte der Philosophie noch klarer sagte: »Die Philosophie beginnt mit Thales.«[12]

Thales interessierte sich für alles – Philosophie, Geschichte, Geografie, Politik und Mathematik. Er beschäftigte sich ausführlich mit Astronomie, und es ist behauptet worden, er habe als Erster die Vorstellung von der Unsterblichkeit der Seele vertreten. Vielleicht war er auch der Erste, der als Klischee des zerstreuten Professors geschildert wurde. Sokrates erzählte

Platon – und der fand es offenbar interessant genug, um es der Nachwelt mitzuteilen –, dass Thales einmal so darin vertieft gewesen sei, einen Stern zu beobachten und das Himmelsgewölbe über sich zu betrachten, dass er dabei in einen Brunnen fiel.

Seit mehr als 2000 Jahren wird unter Historikern darüber diskutiert, wie viel Thales eigentlich geschrieben und was genau er gesagt hat. Es wurde behauptet, er habe in seinem ganzen Leben nur 200 Zeilen verfasst! Was ihn jedenfalls unsterblich machte, war seine Aussage über das Wasser als eigentliches Grundelement der Natur, die einige Jahrhunderte später von Aristoteles überliefert wurde: »*Thales,* der erste Vertreter dieser Richtung philosophischer Untersuchung, bezeichnet als solches Prinzip das Wasser. Auch das Land, lehrte er deshalb, ruhe auf dem Wasser.«[13] Thales glaubte, die Natur bestehe aus einer einzigen materiellen Substanz – Wasser.

Der Philosoph hielt das Wasser also für das Grundprinzip aller Dinge. Die Erde und alles darauf sei einmal Wasser gewesen. Thales hatte mit eigenen Augen gesehen, wie die Natur selbst die Richtigkeit dieser Aussage demonstrierte und bestätigte. Auf seinen Reisen im Nildelta konnte er, wie alle anderen, beobachten, dass Wasser im Wortsinne Land und Leben erschuf, Jahr um Jahr. Die Hälfte des Jahres war das Delta eine riesige Sumpflandschaft, aber wenn sich das Wasser zurückzog, entstanden zwischen den Flüssen und den verbliebenen kleineren Sümpfen extrem fruchtbare Flächen, auf denen Landwirtschaft betrieben werden konnte. Die Menschen in den Dörfern am Flusslauf errichteten Pfahlbauten, um auch zur Flutzeit dort wohnen zu können. Und in jedem Jahr hinterließ das Wasser ein unerklärliches Zusatzgeschenk: eine feine Schicht aus Schlamm, einen natürlichen Dünger. In Ägypten muss die Frage, woran das gelegen hat, über Hunderte von Generationen hinweg diskutiert worden sein, von armen Bauern sowie von Priestern und den Herrschenden, deren Macht und Status von ebendiesem Prozess abhängig waren. Sie konnten nicht wissen, dass der Nil aus den äthiopischen Gebirgen Zehntausende Tonnen extrem fruchtbarer Erde mitbrachte, aufgelöst in kleine Partikel in dem Wasser, das jeden Herbst für einige Monate angeströmt kam. Thales bot also den Athenern eine philosophische Erklärung für etwas, das in Ägypten ein beobachtbares natürliches Phänomen war. Als er sich selbst fragte, woraus die Welt geschaffen sei, und als er darauf antwortete, aus Wasser, war das nur logisch und ganz einfach eine empirische Beobachtung. Thales' großes Verdienst bestand darin, diese Beobachtung außerhalb jenes religiösen Universums zu beschreiben, in dem der Nil und sein Wasser Manifestationen der Gottheiten selbst waren – und so stellt seine Beobachtung den Beginn der Philosophie dar.

Die von Thales vertretene Auffassung des Wassers erinnert zugleich an die Vorstellungen der alten Ägypter. Sie glaubten, die Quelle jeglichen Lebens sei eine Art unerschöpfliches, ursprüngliches Gewässer, personifiziert durch den Gott Nu, und der Ursprung der beiden heiligen »Flüsse« – dem Nil, Lebensspender, und dem Himmel, über den Ra, der Sonnengott, segelt. In der bodenlosen flüssigen Masse treibt der Same aller Dinge, so erklärten es die ägyptischen Priester. Diese mystische religiöse Theorie über die Erschaffung des Wassers und der Erde, die auf dem damaligen Wissen über den Charakter des Nils beruhte, gehörte zu der Vorstellungswelt, von der Thales umgeben war.

Thales äußerte sich zu einem Zeitpunkt über die Bedeutung des Wassers, als das Nildelta die bei Weitem ökonomisch produktivste Region des Mittelmeerraums und deren kulturelles Zentrum war. Das Nildelta gehörte zur kollektiven Erfahrungswelt der mediterranen Antike, wie sie auch in den Verbindungen zwischen der altägyptischen und der griechischen Götterwelt zum Ausdruck kam. Man darf also die Verwurzelung des Thales im Nildelta mit dessen spezifischer Hydrologie und mythischer Ökologie nicht außer Acht lassen und seine Aussage, alles sei Wasser, analysieren, als sei er auf diesen Gedanken gekommen, während er zwischen den Säulen Athens einherwandelte. Denn dann würde man die Entwicklung der abendländischen Zivilisation als ein in höherem Grade europäisches Phänomen deuten, als sie es in Wirklichkeit war.

Darüber denke ich nach, als ich in einem der Tausenden von Straßencafés in einem der Tausenden Dörfer im Delta sitze, wo die Bevölkerungsdichte noch immer zunimmt, obwohl sie schon 1000 Menschen pro Quadratkilometer beträgt. Die Kontraste zwischen Lebensformen und Lebenswelten sind überwältigend – Männer mittleren Alters in eleganten Anzügen und superteuren Autos, bestimmt unterwegs zu Häusern und Büros mit Klimaanlage, und andere Männer mittleren Alters, die viel älter aussehen und vermutlich zu den 30 Prozent Analphabeten in der ägyptischen Bevölkerung gehören und die hinten auf ihrem Ochsenkarren stehen, ungefähr so wie Bauern es immer getan haben, seit das Rad in Gebrauch genommen wurde, und die versuchen, den Ochsen im Geräuschchaos zu beruhigen. Vermutlich sind sie unterwegs zu dem kleinen Ackerstück, das von ihrer Familie bestellt wird. Als ich aufstehe und Trinkgeld auf den Tisch lege, murmele ich vor mich hin, dass definitiv nicht alles Wasser ist.

Cäsars und Kleopatras Reise auf dem Nil

Wir schreiben das Jahr 47 v. Chr., Alexandria befindet sich noch immer auf dem Höhepunkt seiner Macht. Ein riesiges Schiff segelt langsam den Nil hinauf.[14] An Deck stehen Kleopatra, die Königin Ägyptens, und Julius Cäsar, Herrscher über das mächtige Römische Reich. Sie haben ihre Residenz in Alexandria verlassen, um sich dem Volk zu zeigen. 400 kleinere Fahrzeuge eskortieren das Paar. An den Flussufern strömen die Menschen zusammen. Dies sind Szenen einer der legendärsten Schiffsreisen der Weltgeschichte.

Wie immer, wenn es nur wenig schriftliche Überlieferung gibt, ranken sich viele Mythen um die betreffenden Ereignisse. Zu der Schiffsreise findet sich nur eine einzige antike Quelle, und die wurde erst 150 Jahre später aufgezeichnet. Der in Alexandria ansässige Appian schrieb seine berühmte Geschichte erst Mitte des 1. Jahrhunderts n. Chr. auf. Der Mangel an exaktem Wissen verleiht der Fantasie Flügel. Zu Beginn des 17. Jahrhunderts wurde Kleopatras Geschichte von William Shakespeare in *Antonius und Kleopatra* unsterblich gemacht, unzählige Bücher und viele Filme beschäftigen sich mit dem Schicksal einer der bekanntesten Frauen der Weltgeschichte. Die meisten Historiker sind sich einig, dass Cäsar und Kleopatra ihre große Fahrt auf einem seinerzeit als gigantisch und extravagant geltenden Schiff antraten und dass es sich dabei nicht um eine romantische Reise handelte, sondern um eine Machtdemonstration.

Diese »hochöffentliche« Reise muss, sofern sie denn tatsächlich stattfand, einem politischen Zweck gedient haben.[15] Seit undenklichen Zeiten hatten die Pharaonen Schiffsreisen auf der Lebensader des Landes als eine Methode verstanden, ihre Macht zu zeigen. Da sich das ganze Leben der Menschen an den Ufern des Flusses abspielte und alle wussten, dass nur die Mächtigsten über die Mittel für so große Schiffe verfügten, fuhren die Pharaonen den Nil hinauf und hinunter, um an ihre hervorgehobene Stellung in der Gesellschaft zu erinnern und diese zu festigen. Entlang des Nils waren viele kleine und große Paläste errichtet worden, wo die Machthaber ihre Untertanen versammeln konnten. Der Zusammenhang zwischen der Huldigung auf einem Nilschiff und dem Erhalt der irdischen Macht war offensichtlich und konnte wiederholt nachgewiesen werden. Im Jahr 47 v. Chr. wurde dies von Cäsar und Kleopatra offensichtlich ausgenutzt. Nach ihrem Sieg im Krieg gegen Kleopatras Bruder wollte Cäsar als der mächtige, unbesiegbare Herrscher über die neue Provinz des Römischen Reichs auftreten. Für Kleopatra war es wichtig zu zeigen, dass sie sich mit dieser Allianz keineswegs Rom unterwarf. Ob sie auf der Schiffsreise von dem 30 Jahre älteren Cäsar schwanger wurde, ist unter Historikern weiterhin umstritten, obgleich Kleopatra selbst darauf bestand und später Ptolemaios Cäsar das Leben schenkte, der »Caesarion« (»Cäsarlein«) genannt wurde.

Die Reise muss darüber hinaus auch eine religiöse Bedeutung gehabt haben, da der Nil als heiliger Fluss galt und Kleopatra als Stellvertreterin der Isis betrachtet wurde. Kleopatra war sowohl Göttin als auch Königin. Die gemeinsame Schiffsreise mit Cäsar war ein deutlicher Ausdruck dafür, dass sie – wie andere ägyptische Herrscher vor und nach ihr – die kulturelle Bedeutung des Nils sowie das politische Kapital nutzte, Herrscherin und Gottheit des Nils zu sein. Kleopatra, die Nilgöttin in Person, ließ sich auf dem heiligen Fluss feiern. Cäsar, Anführer des mächtigsten Staates der Welt, wusste sowohl um die spirituelle Bedeutung des Nils wie um dessen Rolle als Garant für die Getreideversorgung Roms. Doch was war der Hintergrund dieser Reise?

Kleopatras Vater, Ptolemaios XII., der »Flötenspieler«, war von Rom nicht als König anerkannt worden. Als er starb, bestiegen die achtzehnjährige Kleopatra und ihr sechs Jahre jüngerer Halbbruder, Ptolemaios XIII., den Thron. Die Ambitionen des königlichen Geschlechts waren so total, dass eine bizarre Strategie zum Machterhalt angewandt wurde: Die Kinder des Königs mussten einander ehelichen, um die Reinheit des Geschlechts zu bewahren. Kleopatra bestieg den Thron also zusammen mit ihrem zwölfjährigen Bruder und Ehemann. Die Institutionalisierung der inzestuösen Machtpolitik konnte die herrschende Rivalität indes nicht beseitigen. Die Front verlief nun zwischen Bruder und Schwester. Die Ratgeber Ptolemaios' XIII. schafften es, Kleopatra aus dem Palast verjagen zu lassen.

In dieser Phase der Wirren segelte Cäsar am 2. Oktober 48 v. Chr. in die Bucht von Alexandria, um die Macht zu übernehmen. Kleopatra witterte die Chance, sich an ihrem Bruder und seinen Anhängern zu rächen. Cäsar war mit einem 30 000 Mann starken Heer nach Ägypten gekommen, richtete sich im Palast ein und erteilte Befehle, als herrsche er bereits über Ägypten. Kleopatras jüngerer Bruder und Ehemann wurde zu Verhandlungen eingeladen.

An dieser Stelle wird Kleopatra ein Teil der Weltgeschichte und tritt als mythische, gleichermaßen romantische wie tragische Figur in die Erzählung ein, die insbesondere durch die 150 Jahre später aufgezeichneten Berichte des römischen Schriftstellers Plutarch Verbreitung fand und die von Shakespeare und anderen Dichtern später weiter ausgeschmückt wurde:

Kleopatra begab sich hinter die Linien des Feindes und wurde von einem sizilianischen Händler in einem Teppich eingerollt zu Cäsar gebracht. Am folgenden Tag wurden Ptolemaios und Kleopatra zu Cäsar gerufen, der Kleopatras Charme bereits erlegen war. Ihr Bruder und Ehemann begriff, welche Folgen dies haben könne. Er floh aus dem Palast und rief, dass Kleopatra ihn verraten habe. In dem ein Jahr später folgenden Krieg trugen Cäsar und Kleopatra in der »Schlacht um den Nil« den Sieg über Ptolemaios davon. Er wurde laut verschiedenen Berichten im Nil ertränkt, entsprechend der Sitte, wie die Triumphe der Sieger gefeiert wurden. Cäsar verlieh Kleopatra das Recht auf den Thron, allerdings als untergeordnete Alliierte Roms. Sie regierte zusammen mit einem weiteren jüngeren Bruder, dem elfjährigen Ptolemaios XIV., der gemäß der Tradition ihr neuer Ehemann wurde. Kleopatra war die letzte Pharaonin, die in Ägypten herrschte.[16]

Die Schiffsreise flussaufwärts unterstrich, dass nun Julius Cäsar in Ägypten den Ton angab und der Fluss fortan durch eine neue römische Provinz floss. Mit Kleopatra an seiner Seite konnte Cäsar zugleich zumindest den Anschein erwecken, er wolle Ägypten noch eine gewisse Eigenständigkeit zuerkennen – vorausgesetzt, dass er bekam, wonach er verlangte. Und was Cäsar sich wünschte, war zuallererst Weizen – viel Weizen.

Für Rom war Ägypten das leuchtende Juwel in der Krone, sowohl aufgrund dessen kultureller und religiöser Position, als auch weil das Land zur Kornkammer Roms aufstieg. Man hat errechnet, dass jedes Jahr etwa 200 000 Tonnen Weizen in die kaiserliche Hauptstadt importiert wurden. Vieles davon wurde kostenlos an die Armen der Stadt verteilt, um Aufstände zu verhindern und Arbeitskraft zu sichern. Der größte Teil dieses Getreides kam von den Ufern des Nils, die ägyptischen Bauern wurden in der römischen Ökonomie zu gesuchten Produzenten. Für die meisten von ihnen ging das Leben jedoch wie gewohnt weiter: Dynastien lösten einander ab, Regierungen kamen und gingen, ohne dass sich dies wesentlich auf ihren Alltag ausgewirkt hätte. Wie zuvor verlangte der Staat Steuern von ihnen, mobilisierte sie zum Bau von Dämmen, die eine Überschwemmung der Felder verhindern sollten, und beutete sie nach Herzenslust aus. Gleichzeitig bauten sowohl die ptolemäischen als auch die römischen Herrscher das Bewässerungssystem weiter aus. Sie führten Geräte ein wie die Archimedische Schraube, den Schaduf (eine Vorrichtung mit einem Gegengewicht am kürzeren Ende der Stange) und die Sakia (ein Schöpfwerk mit einer Kette kleinerer Gefäße), infolgedessen mehrmals im Jahr geerntet werden konnte.

DIE WÜSTE UND DAS DELTA – ÄGYPTEN

oben:
Schaduf, eine seit der Pharaonenzeit gebräuchliche Technologie, bei der Wasser manuell mithilfe von Hebarmen, an denen Gegengewichte angebracht sind, relativ leicht aus dem Fluss gehoben werden kann. Foto, zwischen 1860 und 1870.

unten:
Sakia, ein von Vieh (und früher auch von Sklaven) bewegtes Wasserrad, ist eine weitere Form von traditioneller Technologie in Ägypten. Lithografie von Louis Haghe, 1847.

Die Flucht von Jesus und Maria durch das Niltal

Mehrere Jahrhunderte nachdem Thales gesehen hatte, wie das Wasser in Ägypten alles erschuf, doch nicht lange nachdem Cäsar und Kleopatra auf der Flussreise die Huldigungen des Volkes entgegengenommen hatten, wanderte noch ein anderes Paar das Niltal hinauf, das noch berühmter werden sollte – die Heilige Familie.

In der Bibel nehmen Ägypten und der Nil einen zentralen Platz ein, was die Bedeutung von Land und Fluss für die Ökonomie und Kultur des östlichen Mittelmeerraums zu Zeiten Jesu unterstreicht. Die Bibel enthält zahlreiche Beschreibungen des dortigen Lebens in den vorchristlichen Jahrhunderten; dabei wird Ägypten 659 Mal erwähnt. In der Bibel ist der Nil einer der vier Flüsse im irdischen Paradies. Der Fluss wird 37 Mal erwähnt und ist sechs Mal unter dem Namen Ghion als Fluss des himmlischen Paradieses beschrieben.

An den Ufern des Nils spielten sich entscheidende Ereignisse in der Geschichte von Judentum und Christentum ab. Die Vorhersagen über die Zyklen des Flusses machten Josef zum wichtigsten Traumdeuter des Pharaos, und seine praktische Handhabung der sieben fetten und sieben mageren Jahre des Nils – nämlich Getreide in guten Jahren zu lagern, um es in schlechten Jahren verwenden zu können – war die Basis für seine Legitimität als engster Vertrauter des Pharaos.

Moses, der Anführer der Juden, wurde am Nil geboren; das am Ufer des göttlichen Flusses wachsende Schilf rettete ihn vor der Verfolgung durch den Pharao. Darüber hinaus wurde Moses »in allem Wissen der Ägypter ausgebildet«.[17] Später hob Moses den Stab und schlug ins Wasser »vor dem Pharao und seinen Großen. Und alles Wasser im Strom wurde in Blut verwandelt.« Daraufhin strafte der Herr die Pharaonen mit mageren Jahren. Der Bibel zufolge lebte auch Abraham eine Zeit lang an den Ufern des Nils, und Jesaja versprach, dass der Herr sich den Ägyptern offenbaren werde und dass sie Ihn am Tag des Gerichts als ihren Gott annähmen.[18]

Dieser relativ wohlhabende und friedliche Teil des Römischen Reichs war auch der Ort, wo Jesus, Maria und Josef vorübergehend Schutz fanden auf ihrer Flucht vor den Verfolgungen des Herodes und seinen Drohungen, alle männlichen Kinder jüdischer Herkunft zu töten. In der Bibel steht, dass sich der Engel des Herrn Josef offenbarte und sagte: »Steh auf, nimm das Kind und seine Mutter, und fliehe nach Ägypten.«[19] In der koptisch-christlichen Kirche Ägyptens wird der 24. Juni als der Tag gefeiert, an dem Jesus in das Land kam. Laut koptischer Überlieferung hielt sich die Heilige Familie drei Jahre und elf Monate in Ägypten auf. Entlang des Nils gibt es mehrere Orte, die sie besucht haben soll und die später insbesondere für die Anhänger der koptisch-orthodoxen Kirche zu Gedenkstätten und Pilgerorten wurden. Anfang der 2000er Jahre zelebrierten der damalige ägyptische Premier Atif Abaid und drei seiner Minister im Kairoer Vorort Maadi, dem Ort, an dem man die Ankunft der Heiligen Familie am Nil vermutet, ein Ritual mit dem geistlichen Oberhaupt der Kopten, Schenuda III., sowie dem höchsten muslimischen Würdenträger in Ägypten, dem Großscheich von al-Azhar.

Etwa 80 Kilometer nordöstlich von Kairo, am südöstlichen Rand der modernen Stadt Zagazig, liegt Bubastis. Schon Herodot beschrieb diese Stadt – ein prächtiger Tempel im Zentrum, Kanäle mit von Bäumen gesäumten Ufern, dazu ein jährlicher Höhepunkt: das Fest zu Ehren der Katzengöttin Bastet, Tochter des Sonnengottes, eine beschützende Mutter-Göttin, die mit Fruchtbarkeit assoziiert wird. Jedes Jahr besuchten Hunderttausende ägyptische Pilger diesen Ort. In den Ruinen dieser Stadt wurde auch ein alter Brunnen gefunden. Den koptischen Überlieferungen zufolge ist dies die Stelle, wo Jesus als kleiner Junge Wasser entspringen ließ. Wie vom Propheten Ezekiel vorhergesagt, fielen daraufhin die Götzenstatuen in sich zusammen. Das Volk tobte, woraufhin Jesu Familie fliehen musste. Sie zogen weiter an einen Ort, der heute Mostorod heißt, früher aber »al-Mahamma« oder »Badeort« genannt wurde. Der Name hat seinen Ursprung darin, dass Maria das Jesuskind und seine Kleider an dieser Stelle gewaschen haben soll. Die meisten dieser Plätze sind heute verschwunden, verschluckt von der modernen Urbanisierung und vom Staat vernachlässigt.

Die Bedeutung des Nils in der Vorstellungswelt der alten Israeliten und Evangelisten ließ den Fluss in der Bibel einen zentralen Platz einnehmen. Ihre Texte spiegeln somit auch einen Teil der Geschichte des Nils und wirken wiederum darauf ein, wie die Menschen über den Fluss denken und sich ihm gegenüber verhalten. Die ägyptischen Kopten pflegen diese Geschichten; es sind Erinnerungen an die Jahrhunderte vor der arabisch-islamischen Invasion, als Ägypten noch ein christliches Land war – ein historisches Narrativ, das bis heute ihre Identität bestimmt. Die Kopten haben dem Nil in ihren Ritualen einen zentralen Platz eingeräumt; unter anderem feiern sie den Tag des heiligen Michael als Erinnerung an den Tag, als der Erzengel Gott darum bat, den Nil anschwellen zu lassen.[20]

Diese Mythen und Erzählungen unterstreichen, dass der Nil nicht zuletzt ein Fluss ist, den viele mit einem religiösen Blick betrachten. Aus dieser Perspektive betrachtet, ist auch dieses Buch nichts weniger als eine Biografie des Flusses Gottes.

Gott straft die, welche behaupten, den Nil zu besitzen

Während der Zug durch das extrem dicht bevölkerte Nildelta saust, unterwegs von Alexandria nach Kafr al-Dawar, und zahllose kleine und große vom Nilwasser gespeiste Kanäle überquert, ziehe ich die Bibel aus der Aktentasche, lege sie auf den Klapptisch und lese ein weiteres Mal die spektakulären Kapitel, in denen Gott die Ägypter für ihre Einstellung zum Nil und ihren Umgang mit diesem Fluss straft. Ich will den Text noch einmal lesen, während mich das Delta umschließt und wir an den kleinen Feldern vorbeifegen, auf denen ich nur flüchtig die Umrisse von Tausenden von armen Bauern wahrnehmen kann, die vollkommen abhängig davon sind, dass die Regierung den Fluss kontrolliert und ihnen ihre Lebensader sichert. Abermals werde ich daran erinnert, wie wenig hilfreich das postmoderne und von einem großen Teil der modernen Sozialforschung vertretene Ortsverständnis ist. Natürlich kann niemand von seinen eigenen Filtern und Blickwinkeln abstrahieren und das Nildelta so sehen, wie es »eigentlich« ist. Aber es lässt sich auch nicht einfach zu einer sozialen Konstruktion reduzieren: Das Nildelta ist ein überaus konkreter physischer Ort, wo die Menschen ihr ortsbestimmtes Dasein leben. Wenn man das als Ausgangspunkt nimmt, kann man auch die Drohung leichter verstehen, die in Gottes Worten enthalten ist.

In der Bibel ist der Nil, beziehungsweise der Gihon, der Fluss des Paradieses, ein Fluss, welcher der Macht Gottes anheimgegeben ist, wie jeder andere Fluss auch. Nur ist der Nil der einzige, von dem Gott unzweideutig sagt, dass er ihn zur Bestrafung eines ganzen Volkes einsetzen wird. Gott hat eine klare Vorstellung davon, wie der Nil zu nutzen sei. Eine strenge, wörtliche Lesart des Textes ergibt, dass alle, die glauben, der Nil gehöre ihnen, nicht nur in sozialer Hinsicht selbstsüchtig handeln, sondern sich Gottes Wort und Seinem Plan für die Welt widersetzen.

Gottes Reaktion auf das, was Ihm als ägyptischer Besitzanspruch auf den Nil erscheint, gleicht einem heftigen Wutausbruch.

Und Ägyptenland soll zur Wüste und Öde werden, und sie sollen erfahren, dass ich der *Herr* bin. / Weil du sprichst: »Der Nil ist mein und ich bin's, der ihn gemacht hat«, – / darum siehe, ich will an dich und an deine Wasserströme und will Ägyptenland zur Wüste und Öde machen von Migdol bis nach Syene und bis an die Grenze von Kusch, / dass vierzig Jahre lang weder Mensch noch Tier das Land durchziehen oder darin wohnen soll. / Denn ich will Ägyptenland zur Wüste machen inmitten verwüsteter Länder und ihre Städte in Trümmern liegen lassen inmitten verwüsteter Städte vierzig Jahre lang und will die Ägypter zerstreuen unter die Völker, und in die Länder will ich sie verjagen. / Wenn die vierzig Jahre um sein werden, will ich die Ägypter wieder sammeln aus den Völkern, unter die sie zerstreut werden sollen, / und will das Geschick Ägyptens wenden und sie wieder ins Land Patros bringen, in ihr Vaterland; aber sie sollen dort nur ein kleines Königreich sein. / Sie sollen kleiner sein als andere Reiche und nicht mehr sich erheben über die Völker, und ich will sie gering machen, dass sie nicht über die Völker herrschen sollen, / damit sich das Haus Israel nicht mehr auf sie verlässt und sich damit versündigt, wenn es sich an sie hängt; und sie sollen erfahren, dass ich Gott der *Herr* bin.

Der Bibel zufolge will der Allmächtige Seine Allmacht durch die Zerstörung Ägyptens beweisen. Und die Begründung ist eindeutig: Gott ergreift diese Maßnahme, weil sich die dort Wohnenden Ihm widersetzen, sie beleidigen Ihn nicht durch Hurerei, Gotteslästerung oder dergleichen, sondern, indem sie dem Nil gegenüber eine andere Haltung zeigen als die von Ihm akzeptierte; sie glauben nämlich, sie hätten den Nil erschaffen und der Fluss gehöre deshalb ihnen.

Aber warum sind die brutale Bestrafung Ägyptens aufgrund dieser Einstellung zum Nil und die Drohung, das Land zu zerstören, so unbekannt und werden kaum einmal aufgegriffen? Wenn man das, was in der Bibel steht, wörtlich nimmt, bekommt es eine gewaltige Bedeutung für die gegenwärtige und die zukünftige Nildiplomatie und -politik, sowohl in Ägypten als auch in den umliegenden Ländern – in den christlichen Staaten weiter am Oberlauf und in den stromab gelegenen muslimischen.

Ich werfe einen Blick aus dem Fenster, aber da der Sonnenuntergang im Nu vorübergeht und es draußen schon dunkel ist, sehe ich nur mein eigenes Gesicht. Rasch stecke ich das Buch wieder weg, lächele meinen ägyptischen Sitznachbarn an und bin froh darüber, dass er nicht sehen kann, was ich gelesen habe. Wenn man diese Bibelstellen im Zug durch das Nildelta studiert, wird es nicht nur leichter, ihre ganz konkrete, materielle Wirklichkeit zu verstehen; diese Erkenntnis ist auch eine Erinnerung an die prekäre Stellung der Sprache ganz allgemein – wenn man gerade die Biografie des Nils schreiben will. Dazu ist ein ungewöhnliches Bewusstsein über die Rolle des Beobachters, des Außenstehenden, vonnöten, denn Beschreibungen des Flusses sind vom Standort bestimmt: Unter der Bevölkerung und den politischen Führern der elf Anrainerstaaten des Nils gibt es politische und ideologische Uneinigkeiten über prosaische Dinge, zum Beispiel wie Wasserläufe und Flusseinzugsgebiete zu definieren sind, was den Wasserfluss ausmacht, wie viel Regen fällt, was Wassersicherheit ist und wie die Wasserrechte aussehen. Alle sind eigentlich zur Zusammenarbeit bereit, und doch kommt es schon dann zu Meinungsverschiedenheiten, wenn auch nur die einfachsten Sachverhalte zu beschreiben sind. Das ist die Herausforderung für den unparteiischen Biografen. Ich werfe im Fenster einen Blick auf mich selbst, diesmal ist es ein eher forschender Blick.

Der Islam erobert das Nildelta

»In der zeitgenössischen abendländischen Geschichtsschreibung gilt allgemein die Auffassung, die Religionskriege zwischen Christentum und Islam hätten mit den Kreuzrittern und Richard Löwenherz begonnen. Aber dabei wird vollkommen übersehen, dass das christliche Ägypten 500 Jahre zuvor vom Islam zerschmettert wurde. Wir waren zuerst hier.« Der koptische Geistliche, der im Bahnhof mit mir sprechen will, sieht mich durch seine dicken Brillengläser an. Während er sich durch den langen schwarzen Bart fährt und ich schon um eine Präzisierung bitten will, fügt er hinzu: »Man könnte meinen, der Krieger Saladdin habe in diesen politisch korrekten abendländischen Erzählungen die Feder geführt.«

Die islamische Eroberung Ägyptens hatte viele Folgen, nicht zuletzt für Alexandria und die Herrschaft über den Nil. Kalif Omar und sein Heer eroberten das Delta und Alexandria im Jahr 642 und schlugen das Heer des Byzantinischen Reichs, das noch immer im Delta regierte. Allerdings war das Interesse der Kaiser in Konstantinopel an Ägypten viel geringer gewesen als das der Herrscher Roms. Der arabische Heerführer schilderte die von seinen Soldaten eingenommene Stadt so: »4000 Paläste, 4000 Bäder, 400 Theater, 1200 Gemüsehändler und 40 000 Juden.« Alexandria war noch immer eine der wichtigsten Handelsstädte am Mittelmeer, doch die Unzufriedenheit mit der byzantinischen Regierung war groß, und Vertreter der dominierenden koptischen Gemeinden hießen im 7. Jahrhundert die neuen arabisch-islamischen Herrscher willkommen.[21] Sie konnten ja nicht ahnen, welche Folgen diese Entscheidung für ihre Position haben würde.

Macht und Stellung des Christentums hatten sich in den Jahrhunderten vor der arabischen Invasion geändert. Der römische Kaiser Diokletian – die Ruinen seines gewaltigen Altersruhesitzes prägen noch heute die kroatische Stadt Split – war zum Frontalangriff gegen die Christen in Ägypten übergegangen. Die Kopten hatten darunter so sehr zu leiden, dass sie ihre eigene Zeitrechnung mit den damaligen Verfolgungen beginnen lassen. Kaiser Theodosius dagegen erhob Ende des 4. Jahrhunderts das Christentum zur Staatsreligion. Zugleich jedoch entstand zwischen der koptischen Kirche in Ägypten und der Kirche in Byzanz ein religiös-dogmatisches Schisma. In Byzanz als dem von Kaiser Konstantin gegründeten neuen Hauptsitz der Kirche verringerte sich das Interesse an Ägypten. Während die Provinz einst ein Drittel des im Römischen Reichs verzehrten Weizens produziert hatte, spielte das Delta für Ostrom eine viel geringere Rolle. Die arabischen Eroberer stießen deshalb auf geringen Widerstand, als sie im 7. Jahrhundert das Delta hinaufzogen.

Für die Ausbreitung der arabisch-islamischen Zivilisation sollte die Kontrolle über Ägypten und das Nildelta entscheidend sein. Das Delta war eine hervorragende Ausgangsbasis für weitere Eroberungen nach Westen in Richtung auf den Maghreb, die iberische Halbinsel und später Frankreich. Hier lernten die Eroberer, in trockenen Gegenden künstliche Bewässerung und neue Nutzpflanzen einzuführen, und das war eine der Voraussetzungen für ihren Erfolg in Südwesteuropa. Das Nildelta blieb eine Kornkammer, jetzt jedoch für die arabischen Kernlande im Osten. Eine der ersten Handlungen der neuen Herrscher bestand darin, die Hauptstadt das Niltal hoch nach Fustat zu verlegen, etwas nördlich davon, wo heute Kairo liegt.

Da Ägypten nun dem islamischen Kalifat unterworfen war, das seinen Hauptsitz zuerst in Damaskus und später in Bagdad hatte, war die Verwaltung des Landes aus kulturellen, historischen und machtpolitischen Überlegungen eher nach Arabien und zum Nahen Osten hin ausgerichtet statt nach Europa und auf das Mittelmeer. 706 wurde dies durch die Erhebung des Arabischen zur Amtssprache bekräftigt. Indem die Hauptstadt stromauf verlegt wurde, schufen die Eroberer zudem eine Pufferzone gegen mögliche Angriffe vom Meer her. Byzantinische Invasionstruppen mochten auf See noch immer die Übermacht besitzen, so die militärstrategischen Gedankengänge, aber nicht in den Kanälen des Deltas. Mit Alexandria ging es nun für lange Zeit bergab, wozu auch die Vernachlässigung der Wasserstraßen zwischen Nil und der Stadt beitrug.

Einer im Westen populären Erzählung zufolge wurde die berühmte Bibliothek von Alexandria auf Befehl des Kalifen Omar von dessen Soldaten zerstört. Der arabische Befehlshaber soll laut dieser Version angeordnet haben, die Bücher an die 4000 Bäder der Stadt zu verteilen und zum Aufheizen des Wassers zu verwenden. Die Bäder waren danach angeblich sechs Monate lang heiß. Die erste abendländische Fassung dieser Geschichte stammt aus dem Jahr 1663 und steht in der Übersetzung von Edward Peacocke in der *History of the Dynasties*. Diese Darstellung jedoch wurde bereits 1713 von dem französischen Kleriker und Orientalisten Eusèbe Renaudot als antiislamische Propaganda entlarvt. Seitdem sind viele Forscher zum selben Schluss gelangt, darunter Bernard Lewis, ein Experte für den Nahen Osten, der von vielen als starker Kritiker des Islam betrachtet wird. Omar und seine Soldaten müssten ein für allemal von dieser Anklage freigesprochen werden, sie lasse sich einfach nicht mit Beweisen untermauern. Alle verfügbaren Indizien weisen stattdessen darauf hin, dass andere Faktoren für die Zerstörung der Bibliothek verantwortlich waren – angefangen von Julius Cäsars Kriegsführung, der Teile der Bibliothek zum Opfer fielen, über die Einstellung einflussreicher Christen, die Gelehrsamkeit als kulturelle und religiöse Bedrohung betrachteten, bis hin zur Vernachlässigung Alexandrias nach der Eroberung durch die Araber – die das Interesse an dieser Stadt am Mittelmeer und den Kanälen verloren, die die Stadt mit dem Nil verbunden hatten.

Der Brief des Kalifen an den Nil

In der islamischen Überlieferung ist von einem Brief die Rede, der das erste und einzige Schreiben an einen Fluss darstellt. Er wurde von Kalif Omar verfasst, bekannt auch als Omar al-Fārūq oder »Der, der die Lüge von der Wahrheit unterscheidet«. Kalif Omar war der zweite Staatsführer des ersten muslimischen Staates im 7. Jahrhundert kurz nach der Eroberung Ägyptens. Die Geschichte über seinen Brief an den Nil lautet wie folgt:

Als Ägypten erobert wurde, kamen die Menschen am ersten Tag eines ihrer Monate zu Amr ibn al-As, dem Kommandeur der arabischen

Besatzungstruppen, und sagten zu ihm: »Emir, dieser unser Nil hat eine bestimmte Forderung, und ohne deren Erfüllung fließt er nicht.« Amr fragte: »Und wie lautet diese?« Sie erwiderten: »Wenn elf Tage dieses Monats vergangen sind, suchen wir nach einer Jungfrau. Nachdem wir die Zustimmung ihrer Eltern bekommen haben, kleiden wir sie in die schönsten Gewänder und geben ihr den prächtigsten Schmuck, und dann werfen wir sie in den Nil.« Daraufhin sagte Amr: »So wird es im Islam niemals sein. Der Islam zerstört alles, was vor ihm gewesen ist.«

Der Fluss führte weder viel noch wenig Wasser. Es gab Missernten, und die Menschen planten auszuwandern. Als Amr sich dessen bewusst wurde, schrieb er an Omar, um ihm über die Entwicklung zu berichten. Daraufhin antwortete der Kalif: »Du hattest recht mit deinen Worten. Der Islam zerstört alles, was dem Islam vorausgegangen ist.« Er legte dem Brief einen Zettel bei und schrieb an Amr: »Ich habe dem Brief an dich einen Zettel von mir beigefügt, wirf ihn in den Nil.« Als der Brief Amr erreichte, nahm dieser den Zettel heraus und las, was darauf stand: »Von Allahs Sklave, Omar ibn al-Khattab Amir al-Muminin, an den Nil Ägyptens. Falls du früher Überschwemmung zu bringen pflegtest, dann fließe nicht! Wenn es Allah war, der dich zum Fließen brachte, dann bitte ich den Allmächtigen Einen, dass er dich strömen lassen möge!« Amr warf am Tag vor dem Fest des Heiligen Kreuzes den Zettel in den Nil. »Sie erwachten am nächsten Morgen, und Allah, gepriesen sei Er, hatte den Fluss zum Fließen gebracht, und er stieg sechzehn Ellen an einem Abend.« Bis zum heutigen Tag gebietet Allah der alten Sitte unter den Ägyptern Einhalt.[22]

In den Jahrhunderten, die auf die arabische Invasion folgten, übernahm eine fremde Dynastie nach der anderen die Macht über den ägyptischen Staatsapparat, gleichzeitig entwickelte sich Ägypten nach und nach zu dem wichtigsten Land der muslimischen Welt. Die häufigen Wechsel in der Führung unterstreichen damit die Bedeutung des Flusses als permanente Quelle von Reichtum und staatlicher Stabilität. Derweil lebte die übrige Gesellschaft im Großen und Ganzen so weiter, wie sie es seit Jahrhunderten getan hatte.

Anstatt Erklärungen für diesen Konservatismus in der »Mentalität der Ägypter« zu suchen, wie es unter Historikern üblich war, ist es ergiebiger, sie als ein Resultat dessen zu sehen, dass der Fluss Jahr für Jahr den gleichen Arbeitseinsatz und den gleichen jährlichen Wechsel zwischen Arbeit und Ruhephasen erforderte. Technologische Neuerungen waren nur in begrenztem Maße möglich und – in gewisser Weise – auch nicht erforderlich. In Jahren, in denen das Wasser ausblieb oder die Flut zu lange andauerte, gab es Armut und Missernten; Dynastien wurden geschwächt, mitunter fielen sie in sich zusammen. Stets war die Wassermenge des Nils die größte Unsicherheit und Sorge. Und obgleich die muslimische Lehre Götzenanbetung untersagte, setzten die Muslime die Verehrung des Flusses noch lange fort, genauso wie die Kopten es getan hatten.

Napoleon im Anmarsch

Am 1. Juli 1798 gab es ein Erdbeben in der Geschichte Ägyptens und des Niltals. Die technologische Rückständigkeit des Landes wurde offensichtlich, nicht nur gegenüber der Außenwelt, sondern insbesondere im Land selbst.

An diesem Tag ging die französische Expeditionstruppe, L'Armée d'Orient, unter Führung des 28-jährigen Napoleon Bonaparte nahe der Nilmündung an Land. Dass fremde Soldaten nach Ägypten kamen, um das Delta zu besetzen und seine Fruchtbarkeit auszubeuten, war in den letzten 2000 Jahren eher die Regel als eine Ausnahme gewesen. Dass aber der wichtigste und mächtigste muslimische Staat von einem kleinen militärischen Kontingent aus einem Land erobert wurde, das im damaligen Verständnis des Nahen Ostens als barbarische Randregion der Welt aufgefasst wurde, kam einer Demütigung gleich. Diese militärische und kulturelle Konfrontation im unteren Niltal sollte den Blick der arabischen und islamischen Welt auf den Westen und auf sich selbst nachhaltig prägen.

Das Ägypten, in das Napoleon eindrang, war ein Land, das zwar immer wieder von neuen Herrschern unterworfen worden war, dessen technologische Entwicklung zur Nutzung des Nils sich aber seit der Zeit Cäsars kaum verändert hatte. Die ägyptische Elite bestand im 18. Jahrhundert aus Mameluken, eine Herrscherkaste aus ehemaligen Soldatensklaven, die etwa 1000 Jahre zuvor zum ersten Mal die Macht ergriffen hatten. Bei den Mameluken handelte es sich um nicht-arabische, eurasische männliche Sklaven, die von ihren meist nomadischen Eltern verkauft, oder auch Christen, die im Krieg – meist in türkischen Gebieten und mitunter im Balkan – gefangen genommen worden waren. Sie hatten eine militärische Ausbildung erhalten und waren als Muslime erzogen worden. Die erste formelle Mameluken-Dynastie wurde Bahri genannt, was See oder Fluss bedeutet und sich auf ihr Hauptquartier auf der Insel Roda inmitten von Kairo bezog. 1517 wurde Ägypten von Truppen des Osmanischen Reichs erobert, und das Land wurde zu einer Art Juniorpartner der Herrscher in Konstantinopel. Im Laufe des 18. Jahrhunderts erhielt Ägypten immer mehr Freiheiten; dies gab den Mameluken die Gelegenheit, ihre Position als Ägyptens Führungselite, wenn auch formal unter Kontrolle der Osmanen, zurückzuerobern.

Der Ackerbau war weiterhin produktiv, doch noch immer dominierten die aus der Zeit der Pharaonen stammenden Bewässerungsmethoden. Die Menschen lebten im Grunde genommen im gleichen Rhythmus wie ihre Vorfahren Tausende Jahre zuvor. Wenn die Nilschwemme kam, wurden Dämme aus Lehm und Erde errichtet, um das Wasser länger auf den Feldern zu halten. Danach wurde das Wasser zurück in den Nil geleitet. Der Boden war genügend gewässert, neuer, fruchtbarer Schlamm hatte sich abgelagert, und der Aussaat stand nichts mehr im Weg. Zwar wurden umfangreiche Instandhaltungsmaßnahmen an Kanälen und Erddämmen vorgenommen, doch es gab keine technische Weiterentwicklung. Die Bevölkerung Ägyptens und ihre Herrscher waren weiterhin den Launen des Nils unterworfen. Deutlich wurde dies insbesondere durch Hungersnöte und Epidemien gegen Ende des 18. Jahrhunderts, welche die Herrschaft der Mameluken schwächten.

Es war völlig üblich, diese Rückständigkeit – oder den technologischen »Stillstand« – mit Religion und Kultur, mit einer Mischung aus »ägyptischem Fatalismus«, »islamischem Konservatismus« und Illusionen hinsichtlich kultureller Überlegenheit zu erklären. Doch die wichtigste Ursache dafür, dass man zu Zeiten Napoleons in vielen ägyptischen Dörfern noch immer so lebte wie in der Antike, kann nicht allein mit religiös-kulturellen Faktoren erklärt werden. Die christlichen Kopten etwa teilten viele Ideen und Werte der Muslime. Der Brite Edward William Lane schrieb in einer berühmten Studie aus dem 19. Jahrhundert, dass in Ägypten auch christliche Frauen einen Schleier trugen, und das sogar im Haus, sobald sich ein Mann näherte. Der Schleier war so verbreitet, dass er eingesetzt wurde, um Klassenunterschiede zu markieren; weiße Schleier wurden von jungen oder armen Frauen benutzt, schwarze hingegen von eher wohlhabenden.[23]

Die Erklärung für die technologische Stagnation lautet eher, dass sich die Technologie, die den Zyklus für Getreideanbau sowie die Organisation der Arbeit bestimmte, nicht ändern ließ, solange sich nicht auch die natürlichen Grundlagen änderten, auf denen die Landwirtschaft beruhte. Es war schlichtweg unmöglich, eine andere Anbauweise einzuführen, da man den Ackerbau nicht von der Macht und dem saisonalen Rhythmus des Nils abkoppeln konnte. Die topologischen und hydrologischen Verhältnisse jener Zeit verhinderten es, den Wasserlauf des Nils auf derart neue und radikale Weise zu kontrollieren, dass es vernünftig gewesen wäre, die in der Landwirtschaft angewandte Technologie zu ändern.

In den Jahren vor Napoleons Einmarsch war das Regime aufgrund von schlechten Ernten zusätzlich geschwächt. Im August 1791 hatte sich die Flut zu schnell zurückgezogen: »Das Volk war aufgewühlt; Erträge wurden [vom Markt] zurückgehalten, und die Preise stiegen.«[24] Die allgemeine Situation verschlechterte sich im Laufe des Sommers 1792 weiter. In Jahren, in denen die Nilschwemme länger als gewöhnlich andauerte oder weniger Wasser als erforderlich mit sich führte, sanken die Einkünfte der Bauern und infolgedessen auch die Steuereinnahmen. Um den Verlust auszugleichen, versuchten die Staatsführer, sich auf andere Art an den Bauern schadlos zu halten, oftmals in Form schlichter, mit Waffengewalt durchgeführter Diebstähle. Das verstärkte wiederum den Gegensatz zwischen den Herrschenden und den Beherrschten und schwächte die Position der Mameluken.

Napoleons Feldzug durch das Nildelta ist aus verschiedenen Gründen äußerst interessant. Die Idee, dass Frankreich sich Ägypten aneignen sollte, war bereits 1672 von Johann Gottfried Leibniz entwickelt worden. Der damals 26-jährige Gelehrte hatte gehofft, das ägyptische Abenteuer würde den Sonnenkönig Ludwig XIV. davon abhalten, sein Reich in östlicher Richtung zum Rhein auszudehnen. Ende des 18. Jahrhunderts war das geopolitische Spiel ein anderes. Die Pariser Strategen wollten Ägypten kontrollieren, um Englands Verbindung mit Indien zu schwächen und somit dessen Rolle als Weltmacht zu unterminieren. Die Invasion wurde darüber hinaus mit dem Wunsch begründet, die Ideale der Französischen Revolution nicht nur wo immer möglich, sondern besonders am Geburtsort der Zivilisation zu verbreiten.

Paradoxerweise wollte Napoleon den Widerstand gegen den Einmarsch der französischen Truppen mit politischen Initiativen schwächen, die dem erklärten Ziel zuwiderliefen, die Ideen der Französischen Revolution zu exportieren. Der Erbe der Französischen Revolution erließ an den Ufern des Nils ein Dekret, in dem er den Koran als den einzigen Weg zum menschlichen Glück beschrieb, und versprach, ein auf den Prinzipien des Koran beruhendes Regime zu errichten. Im August 1798 erklärte er öffentlich: »Ich hoffe, ... dass es mir gelingen möge, alle klugen, weisen und gebildeten Männer des Landes zu versammeln und ein Regime zu etablieren, das auf den Prinzipien des Koran beruht, welche einzig und allein die

Wahrheit verkörpern und den einzigen Weg zum menschlichem Glück darstellen.« Er bestand auch darauf, dass die muslimischen Führer das Volk anhalten sollten, »mehr als zwanzig Verse des Koran, des Heiligen Buches, zu lesen«, schließlich habe dieses seinen Einzug in Kairo vorhergesehen und beschrieben! Auch versuchte er, sich als Muslim darzustellen, und nahm an muslimischen Gebeten und Riten teil. Viele seiner Offiziere und engsten Berater reagierten besorgt auf diese Taktik. Auf kurze Sicht könne man damit vielleicht den Widerstand abmildern, meinten sie, langfristig aber nur umso mehr Probleme verursachen.

Wie alle anderen großen militärischen Expeditionen und Eroberungsversuche war auch Napoleons Feldzug von Gegensätzen, Paradoxien und Widersprüchen geprägt. Um die Vorzüge der europäischen Zivilisation gegenüber der islamischen Welt hervorzuheben – welche die Druckkunst noch immer nicht anerkannt hatte –, wurden mythische Erzählungen über einen Napoleon kreiert, der an der Spitze seines Heeres das Delta hinauftritt und dabei ein gedrucktes Buch las. Jede Seite, die er gelesen hatte, riss er heraus und warf sie weg; die Seiten wurden hinter ihm vom Boden aufgelesen, denn seine Soldaten nahmen die Gelehrsamkeit und die Früchte der Zivilisation in sich auf, während sie den Orient eroberten. Solche Erzählungen spiegeln die idealisierten Bilder der Franzosen über einen Feldherrn wider, der sich selbst als Repräsentant der Neuen Zeit und als Vorkämpfer von Rationalität und Wissen im zurückgebliebenen Orient inszenierte.

Der Feldzug durch das Delta, von Alexandria nach Kairo, wurde in mehrfacher Hinsicht zu einer militärischen Katastrophe. Angesichts einer Tagesration von vier Scheiben Zwieback und einer Flasche Wasser verhungerten und verdursteten viele der Soldaten; außerdem trugen sie zu schweres Gepäck und waren mit viel zu dicken und warmen Uniformen bekleidet. Sie waren auch nicht auf die besonderen ökologischen Bedingungen dieses Kriegsschauplatzes vorbereitet,[25] und die Beduinen vergifteten alle Brunnen zwischen dem Nil und Alexandria oder füllten sie mit Sand auf.[26]

Außerhalb von Kairo stießen Napoleons Truppen mit den Mameluken zusammen, die auf beiden Ufern des Nils standen. Mit großem Sinn für die wachsende Popularität und die metaphorische Macht des alten Ägypten in einem Europa, das sich plötzlich und mit großer Neugier für alles Altorientalische interessierte, bezeichnete Napoleon die Begegnung später als die »Schlacht bei den Pyramiden«. Um seine Soldaten anzufeuern, rief er ihnen zu: »Soldaten! Vier Jahrtausende blicken auf euch herab!« Nach

»Die Schlacht um die Pyramiden« nannte Napoleon den französischen Ägyptenfeldzug 1798. Dieser Feldzug sollte mit einer militärischen Niederlage der Franzosen enden, hatte aber tief greifende kulturelle und politische Konsequenzen bis in die heutige Zeit. Gemälde von Jean-Léon Gérôme (1824–1904).

zwei Stunden hatten die französischen Truppen die Mameluken vernichtet. 300 Franzosen und 6000 Ägypter wurden getötet. Die Schlacht war der Anfang vom Ende der Mameluken-Herrschaft in Ägypten.[27] Sie ergaben sich, indem sie Napoleon symbolisch die Schlüssel Kairos überreichten. Als eine der ersten Maßnahmen ließ Napoleon in Kairo eine Pontonbrücke über den Nil errichten und eine Windmühle bauen. Die wenigen Windmühlen, die sich in diesem Land betreiben ließen, wurden bis weit in das 19. Jahrhundert »Napoleons Mühlen« genannt.

Wie Menes, der mythenumwobene frühe Pharao und Reichseiniger der ersten Dynastie, und Cäsar vor ihm sowie der britische Generalkonsul in Kairo, Lord Cromer, und Präsident Nasser nach ihm, wusste Bonaparte gleichwohl, dass die Legitimität eines jeden Staatsführers in Ägypten davon abhing, genügend Wasser für die Äcker zu sichern und die Dörfer gegen zu große Fluten zu beschützen. Denn dies war die Voraussetzung für die Ökonomie des ägyptischen Reichs und für die Steuereinnahmen. Napoleon war nun Herrscher über eine gewissermaßen hydraulische Gesellschaft, in der der Nil jedes Jahr ab dem 17. Juni täglich beobachtet wurde und der Munadee El Nil, der »Ausrufer des Nils«, den Anrainern jederzeit Bescheid geben konnte, wie es um die Lebensader stand. Aus diesem Grund erklärte sich Napoleon nach seinem Sieg zum Leiter der jährlichen Festivals zu Ehren des Nil.

Fath al-Khalij oder »Das Festival zur Eröffnung des Kanals« war über viele Jahrhunderte hinweg der große ägyptische Fest- und Feiertag. In der Sommersaison war der Khalij-Kanal von einem Erdwall blockiert. Er wurde geöffnet, wenn der Wasserstand im Nil einen bestimmten Pegel erreicht hatte. Dann floss das Wasser aus dem Fluss in den Kanal, und das Leben kehrte nach Monaten der Dürre buchstäblich auf die ausgetrockneten Ackerflächen zurück. Wie unzählige ägyptische Herrscher vor ihm, inspizierte Napoleon nun den Nilometer auf der Insel Roda in Kairo. Der Wasserstand an diesem Messpunkt bestimmte, wann das Fest beginnen sollte.

Am Morgen des Festtages, die Ägypter waren aufgefordert worden zu feiern, als habe sich die Situation im Land bereits völlig normalisiert, gab Napoleon den Befehl, das Flussboot *Aqaba* zu schmücken. Er ermunterte die Menschen, am Nil entlangzuspazieren, um den Eindruck zu untermauern, dass mit ihm Stabilität, Gesetz und Ordnung eingekehrt seien. In dem Augenblick, als Bonaparte die Öffnung des Damms anordnete, der den Kanal blockierte, warfen die Menschen alle möglichen Opfergaben in den Nil, auf dass Allah die Frauen und die Böden fruchtbar werden lasse. Ein französischer Beobachter schrieb: »Eine Gruppe Tänzerinnen bewegte sich am Kanal entlang und begeisterte das Publikum mit ihren wollüstigen Tänzen.« Arbeiter warfen eine Lehmstatue, die »Verlobte« genannt, in den Kanal. Die Franzosen interpretierten das als Relikt der pharaonischen Praxis, eine Jungfrau in den Nil zu werfen und auf diese Weise zu opfern. Für Bonaparte bot die ganze Veranstaltung eine gute Gelegenheit, sich genügend religiöses und symbolisches Charisma anzueignen, um als der Große Sultan anerkannt zu werden.

Allerdings zeigte sich, dass es nicht ausreichte, sich mittels ritueller Zeremonien als Wächter und Garant des Nils zu inszenieren. Bereits drei Monate nach dem französischen Einmarsch gab es Aufruhr und Krawalle. Aufständische töteten mehrere französische Soldaten und wurden daraufhin geköpft. Ihre Häupter steckte man in Säcke und warf sie danach auf einen der zentralen Plätze in Kairo. Im Juni 1800 wurde dann Jean-Baptiste Kléber, dem Napoleon im August 1799 das Kommando überlassen hatte, in seinem Hauptquartier von einem jungen Religionsstudenten ermordet. Die Franzosen beschlossen, den Mörder nach orientalischer Sitte zu pfählen. Zuvor musste er zusehen, wie drei angebliche Anstifter geköpft wurden, dann wurde die Hand, mit der er Kléber getötet hatte, bis zum Ellbogen verbrannt, bevor er schließlich mehrere Stunden auf dem Pfahl litt. Der Kampf für die Verbreitung der Ideale der Revolution, so sahen es die Franzosen, verlangte drastische Mittel, gleichwohl waren ihre Tage als Besatzungsmacht bereits gezählt.

Nach der Ermordung Klébers wurde das französische Expeditionskorps von General Abdullah Jacques-François Menou angeführt, einem Franzosen, der zum Islam konvertiert war. Die Besatzung wurde schließlich von einer anglo-osmanischen Invasionstruppe beendet; die französischen Truppen in Kairo ergaben sich am 18. Juni 1801, und Menou kapitulierte am 3. September in Alexandria. Nach rund drei Jahren mussten sich die Franzosen aus Ägypten und dem Nildelta zurückziehen. Mehr noch als am Widerstand der Ägypter selbst, waren sie an der Allianz des Osmanischen Reichs mit Großbritannien gescheitert; nicht zuletzt hatte die Blockade durch die britische Flotte das Eintreffen von Verstärkungen aus Paris sowie überhaupt den regelmäßigen Kontakt des französischen Expeditionskorps mit der Hauptstadt verhindert.

Ungeachtet dessen hatte Napoleons Feldzug langfristige Auswirkungen. Erstens blieben Frankreich und französische Experten eng mit Ägypten verbunden, was in den folgenden Jahrzehnten dazu führte, eine neue Kanalverbindung zwischen dem Mittelmeer und dem Indischen Ozean sowie Dammbauten im Nildelta zu planen. Und zweitens sollte die Forschung, die von Napoleon angestoßen wurde, das Bild des Orients im Westen und die Vorstellungen des Orients von Europa bis heute prägen.

Als Fürsprecher von wissenschaftlichem Optimismus und Rationalität, als der er sich selbst betrachtete, hatte Napoleon eine Gruppe aus 167 Wissenschaftlern und technischen Experten mit nach Ägypten genommen, die Commission des sciences et des arts (Kommission der Wissenschaft und Künste). Von Beginn an legte er also großes Gewicht auf die wissenschaftliche Zielsetzung der Expedition.[28] Er verbrachte viele Tage und Nächte mit Wissenschaftlern, um über ihre Arbeit in Ägypten zu sprechen. Nach Beendigung des Feldzugs und Frankreichs Niederlage auf dem Schlachtfeld publizierten die Franzosen eine monumentale Beschreibung der Altertümer Ägyptens in 30 Bänden und mit mehr als 3000 Illustrationen. Pharaonische Stätten, die völlig vergessen waren, wurden wieder ausgegraben. Vor dem Einmarsch der Franzosen war die große Sphinx von Gizeh bis zum Hals im Sand verborgen gewesen. Vivant Denon, der Direktor des Pariser Louvre, war Leiter der wissenschaftlichen Expedition und der Erste, der die Tempel von Karnak und Luxor zeichnete. Denon verfasste seine eigenen Reisebeschreibungen, die 1802 unter dem Titel *Voyages dans la Basse et la Haute Égypte* erschienen (»Reisen durch Ober- und Unterägypten«) und fast unmittelbar ins Deutsche und Englische übersetzt wurden; das Buch war eine Sensation. Die Kulturschätze des Nils wurden der Welt wieder zugänglich gemacht.

Napoleons kurzes Abenteuer als Herrscher über das Nildelta endete als militärische Katastrophe, lebte aber als kultureller und intellektueller Erfolg weiter – so wurde der Feldzug überwiegend gedeutet. Im Westen wurde unter Intellektuellen eine neue Form der Reise populär; das Ziel war nun die Enthüllung der Geheimnisse der bis dahin unbekannten altägyptischen und der als überwiegend verschlossen wahrgenommenen arabisch-muslimischen Welt. Die Geschichten über Napoleons Heer in Ägypten heizten die Fantasie vieler Abenteurer an und ließen die Herzen zukünftiger Entdeckungsreisender höher schlagen. Letztlich trug dies auch dazu bei, die Grundlage für den Orientalismus als kulturelle Bewegung in Europa zu schaffen, in dessen Kielwasser sogar eine Art »Ägyptomanie« zutage trat. Wie Victor Hugo einige Jahrzehnte später im Vorwort zu seiner 1829 publizierten Gedichtsammlung *Les Orientales* zusammenfasste: »Zu Zeiten Ludwigs XIV. waren alle Hellenisten. Heute sind alle Orientalisten.«

Ägypten wurde in der Welt bekannt, und die Ägypter wurden mit der Welt bekannt. In einer anderen und immer zentraler werdenden Perspektive ist der Feldzug indes als Katastrophe aufgefasst worden, gerade aufgrund des damit verbundenen kulturellen Einflusses. In der muslimischen und postkolonialen Interpretation wurden Napoleon und sein wissenschaftlicher Säkularismus als Übergriff auf die ägyptische Kultur und als teuflischer Angriff auf den Islam wahrgenommen.

Kritik des Orientalismus

Ich fahre über die modernen Straßen durch das Delta, vorbei an Orten, die ich im Morgendunst, der alle Konturen in der flachen Landschaft verwischt, nur ahnen kann. Die Nacht war heiß und unbehaglich; die Klimaanlage hat nicht funktioniert, und der Ventilator ließ mich nicht schlafen, weil er sich anhörte wie ein heulender Hund. Ich lag wach und dachte an einen Roman, der fünf Jahre vor Napoleons Landung im Delta veröffentlicht wurde: Xavier de Maistres *Expédition nocturne autour de ma chambre* (Nächtliche Expedition um mein Zimmer).[29]

Der Roman fängt damit an, dass de Maistre die Tür schließt. Er hat beschlossen, eine Reise zu machen – nicht hinaus in die Welt, sondern in seinem Schlafzimmer. Das Ziel ist, sich vom Stumpfsinn der Gewohnheit zu befreien. Er macht sich für die Reise bereit, indem er seinen rosablauen Schlafanzug anzieht. Da er kein Gepäck benötigt, begibt er sich gleich auf seine Tour, zunächst zum Sofa, dem größten Möbelstück im Raum. Indem er das Zimmer bewusst mit dem frischen Blick des Reisenden betrachtet, kann er den Stumpfsinn – oder präziser: die Blindheit – der Gewohnheit abschütteln. Er sieht das Zimmer auf neue Weise, genauer gesagt, das Zimmer erscheint ihm neu, weil er es mit neuem Blick betrachtet. Er entdeckt einige Qualitäten des Sofas zum zweiten Mal – etwa dessen schöne Beine. Und befreit vom Blickwinkel der Routine, weiß er das Möbelstück auf neue Weise zu schätzen, denkt daran, wozu es benutzt worden ist und wozu es alles benutzt werden kann.

Der Roman lässt sich lesen wie ein Beitrag zu einer Diskussion über Reisen zu Bildungszwecken. Er weist die Vorstellung vom Bildungsvorteil der großen Reise zurück und betont, dass es nicht darauf ankommt, viele Orte aufzusuchen, sondern darauf, wie man mit den eigenen Erfahrungen umgeht, und vor allem, ob man seine Umgebung befreit von dem Stumpfsinn sehen kann, den Gewohnheit und Routine immer wieder erschaffen und reproduzieren. In der Weltliteratur verhält es sich mit dem Nil ähnlich wie mit de Maistres Schlafzimmer: Vieles ist bekannt, vieles ist beschrieben, denn kaum ein anderes Phänomen wurde über längere Zeit und mit größerer Systematik erörtert als die Geschichte des Nils und die zivilisationsbildende Rolle dieses Flusses. Da das Nilgebiet über so lange Zeit und in so vielen Bereichen die Grundlage für herrschende Auffassungen über die Entwicklung der Geschichte und für Stereotypen von »uns« und »den Anderen« gewesen ist. Und weil sich Deutungen leicht durch die Routine dieser Beschreibungstraditionen formen lassen, müssen wir immer wieder über unseren eigenen Standort nachdenken, um dem Stumpfsinn der Routine entgehen zu können. Als ich an diesem Morgen durch das ägyptische Delta reise, tue ich das nicht, weil ich die Reise an sich für bildend halte; de Maistres Buch erinnert mich daran, dass das Beobachten und Schreiben sowohl schwierig, anspruchsvoll als auch nur potenziell lohnend ist.

Nur wenige haben die Diskussion darüber, wie der Nahe Osten beschrieben werden kann und sollte, stärker geprägt als Edward Said, der Palästinenser, der mit seiner Familie als Kind nach Ägypten flüchtete, zum Experten für europäische Literatur des 19. Jahrhunderts wurde und gegen Ende des 20. Jahrhunderts zu den einflussreichsten Intellektuellen der Welt gehörte. Said widmete sein Leben dem Studium den in der europäischen oder abendländischen intellektuellen Tradition verorteten Beschreibungen vor allem des Nahen Ostens und Ägyptens. Sein Buch *Orientalismus* erschien 1978 erstmals auf Englisch. Said plädierte hier für eine radikale Abkehr von der europäischen Wissenstradition über Ägypten, nicht zuletzt übte er Kritik an Napoleons wissenschaftlicher Expedition und der Lesart, die diese legitimierte.

Said beschrieb die französische Militärinvasion und das französische wissenschaftliche Projekt als zwei Seiten derselben Medaille und als Paradebeispiel für das europäische Streben, eine totale Kenntnis über »den Anderen« zu erlangen, als archetypischen Ausdruck für den Wunsch nach Kontrolle. Für ihn begingen Napoleon und dessen Kommission nichts Geringeres als die Ursünde der Zusammenführung von abendländischem Machtmissbrauch und Wissensanhäufung, deren historische Aufgabe darin bestand, den Orient zu unterdrücken. Der europäische Forscher oder »Orientalist« beschrieb den Orient von oben herab, mit dem Ziel, sich einen Überblick über das gesamte sich vor ihm entfaltende Panorama zu verschaffen – Kultur, Religion, Denkweise und Geschichte. Um das zu erreichen, musste er jedes Detail nach vereinfachten, schematischen Kategorien betrachten. Said beschäftigte sich mit den Rahmenbedingungen, unter denen in einer Gesellschaft Wissen produziert wird und welche die Ungleichheit nicht nur widerspiegeln, sondern verursachen. Aus diesem Grund wies Said die 30 von Napoleons Wissenschaftsexpedition erstellten Bände und alles, was in deren Folge veröffentlicht wurde, als Ausdruck des Machtmissbrauchs gegenüber dessen, was von der Forschung beschrieben worden war, zurück. Diese Forschung galt ihm per definitionem als unwissenschaftlich.

Said zeigt einen wichtigen und allgemeingültigen Charakterzug von Forschung auf, die ein unartikuliertes, unkritisches Verhältnis zu den Machtinstitutionen ihrer Zeit hat, und er beschreibt, wie dadurch beeinflusst wird, worüber gesprochen wird und wie darüber gesprochen wird. Diese Art der Forschung ist sich nicht darüber im Klaren, wie Machtverhältnisse beeinflussen, welche Fragen gestellt und welche Begriffe verwendet werden, welche Schlussfolgerungen akzeptabel und deshalb für den Forscher vorteilhaft sind. Es kann kaum ein Zweifel daran bestehen, dass viele Forscher, die sich mit Afrika, Asien und Lateinamerika beschäftigt haben, sich kaum für ihr Verhältnis zu und ihren Umgang mit der Macht interessierten, die ihre Forschung beeinflusste, und dass sie auch nur wenig darüber nachgedacht haben – ob sie nun als Konfliktlöser für die Kolonialverwaltung arbeiteten, als Entwicklungshelfer oder im Krieg für Kommandanten und Generäle.

Said trifft hier einen offenkundigen wunden Punkt in der westlichen Wissenschaftsgeschichte. Aber er geht zu weit, denn er präsentiert eine Karikatur der abendländischen Orientkenntnisse. Bei seinem Überblick über die entsprechende Literatur zieht er willkürlich nur jene Beispiele heran, die seine These untermauern. Das Problematischste an seiner Analyse ist jedoch, dass er im Grunde die Möglichkeit verneint, westliche Forscher könnten überhaupt Kenntnisse über den Orient oder Ägypten erlangen, da deren Arbeiten per definitionem mit Vorurteilen belastet seien. Der Orientalismus ist wirksam, ob manifest oder latent, um Saids Worte zu benutzen, und deshalb lässt sich die Welt nicht beschreiben. Westliche Forschung über den Orient erstelle ihre Berichte oder Darstellungen nicht aufgrund von Tatsachen, sondern sei weiterhin geprägt vom institutionalisierten Machtstreben.

Saids Kritik der abendländischen Forschung des 19. Jahrhunderts über den Nahen Osten zeigt und entlarvt, wie etliche Autoren ein Ägypten beschrieben, das gar nicht existierte, es sei denn als Bühne, auf die Europäer ihre kulturellen Vorurteile und bisweilen ihre sexuellen Fantasien projizieren konnten. Aber Saids Analyse ist zu einseitig und willkürlich, um als belastbare empirische Analyse von europäischen Deutungen »des Orients« durchgehen zu können. Sie weist ein komplettes Wissenssystem zurück, und ihre totalisierenden Ambitionen entlarven den Kritiker ebenso sehr wie den Gegenstand seiner Kritik. Saids Buch ist ein doppelter Spiegel: Es zeigt nicht nur sprachliche Fallstricke in der Deutung des Nahen Ostens auf, sondern auch die Konsequenzen von Saids Projekt. Statt offen vorzuschlagen, diese Darstellungen zusammen mit dem Dargestellten aus der Geschichte zu tilgen, erreicht Said mit einem subtileren Handgriff die gleiche Wirkung: Er suggeriert, dass die orientalistischen Analysen eine »Sünde« beinhalten, da sie an sich bereits eine Unterdrückung »des Anderen« darstellten.

In diesem Zusammenhang und dieser Perspektive muss Napoleons Commission des sciences et des arts rehabilitiert werden. Said sagt zweifellos zu Recht, dass deren Werke geprägt sind von den Vorurteilen ihrer Zeit und von französischen Selbstbildern und Weltanschauungen zu Beginn des 19. Jahrhunderts. Zugleich aber vermittelten diese Werke neues Wissen über eine unbekannte Weltgegend für ein Europa, das aus unterschiedlichen historischen Gründen zu diesem Zeitpunkt eine technologisch überlegene, aufsteigende Weltmacht war. Die Werke vermittelten auch ein Wissen über Ägypten und dessen Geschichte, das die Ägypter selbst nicht besaßen und für dessen Untersuchung ihnen damals eine wissenschaftliche Tradition fehlte.

Einer der Gründe, aus denen es möglich ist, eine Biografie des Nils zu schreiben, liegt nicht zuletzt in der Existenz einiger der Forschungen, die von Said abgelehnt wurden.

»Die Schlacht um den Nil«: Paris gegen London

Während Europas politische Stärke und militärische Schlagkraft wuchs, versuchten führende europäische Staaten, ihre Macht über Handelszentren und -wege in aller Welt zu vergrößern. Eines der ersten Länder, das die Folgen dieses Wettstreits zu spüren bekam, war Ägypten. Es profitierte davon, jedenfalls zu Anfang, denn indem Großbritannien im Bündnis mit dem Osmanischen Reich das französische Expeditionskorps zum Rückzug aus Ägypten zwang, gewann das Land eine größere Unabhängigkeit von Konstantinopel.

Eine der berühmtesten Schlachten, die in Ägypten geschlagen wurde, ist die sogenannte »Schlacht um den Nil« vom August 1798. Neben all den anderen barocken Aspekten dieser Schlacht ist sie ein frühes Beispiel dafür, dass das Abendland in der Begegnung mit dem Orient eben keinesfalls als einheitliche Kraft zusammenstand und gemeinsam das Ziel verfolgte, die arabische beziehungsweise islamische Welt zu zerschlagen. Admiral Nelson, der einäugige und einarmige englische Kriegsheld, der heute in London über den Trafalgar Square blickt, schrieb nach der Schlacht: »Der allmächtige Gott hat die Marine Seiner Majestät mit einem großen Sieg über die feindliche Flotte gesegnet, welche ich bei Sonnenuntergang am 1. August vor der Nilmündung angegriffen habe.«[30] Während die Franzosen kurz zuvor die »Schlacht bei den Pyramiden« gewonnen hatten, wurden ihre Schiffe nun von Londons Flotte aufgerieben. London, das Ägypten auf keinen Fall unter Napoleons Herrschaft geraten lassen wollte, ging unter Nelsons Kommando in der Bucht von Abukir zum Angriff auf die vor dem Delta liegende französische Flotte über, derweil Napoleon selbst sich in seinem Lager in Kairo aufhielt. Die Seeschlacht dauerte vom 1. bis zum 3. August 1798.

Während sich die Schiffe zur Seeschlacht bereit machten, speiste

»Die Schlacht um den Nil«: Paris gegen London

»Die Schlacht um den Nil«, die vom 1. bis zum 3. August 1798 direkt vor der Flussmündung im Mittelmeer erfolgte blutige Seeschlacht zwischen Frankreich und Großbritannien, war die erste von vielen Rivalitätsäußerungen zwischen westlichen Großmächten um die Macht über Ägypten und den Nil. Unter dem späteren Lord Nelson, auch »Lord of the Nile« genannt, trugen die Briten den Sieg davon. Gemälde von Thomas Whitcombe (1763–1824).

Nelson ein letztes Mal mit seinen Offizieren und verkündete: »Morgen um diese Zeit bin ich entweder adlig oder in der Westminster Abbey.«[31] Die Alternativen waren also klar umrissen: Entweder er würde in den Adelsstand erhoben werden, die traditionelle Belohnung für einen Sieger, oder an der traditionellen Grabstätte für militärische Helden sein Grab finden.

Die französischen Schiffsführer waren völlig unvorbereitet und saßen zusammen an Bord des Flaggschiffes *Orient*, als die ersten Kanonenschüsse fielen. Sie mussten in ihre Beiboote springen, während sie ihre Befehle brüllten. Der Kapitän der *Orient* wurde im allgemeinen Chaos von fliegenden Gegenständen bewusstlos geschlagen, während seinem zehn Jahre alten Sohn, der neben ihm gestanden hatte, von einer Kanonenkugel ein Bein abgerissen wurde. Um neun Uhr abends gerieten die unteren Decks des Flaggschiffs in Brand. Nun richteten die Briten sämtliche Kanonen auf den angeschlagenen Koloss. Aufgrund des ununterbrochenen Geschützfeuers konnten die Franzosen die Brände nicht löschen. Innerhalb weniger Minuten hüllten Flammen das Schiff komplett ein. Es war zu einem lodernden Inferno geworden, und die Bucht füllte sich mit Toten und schreienden Soldaten, denen die Uniformen vom Leib gebrannt waren.

Nelson sagte am nächsten Morgen, als er sich einen Überblick über die Bucht verschaffte: »Sieg ist kein ausreichend starkes Wort für diesen Anblick.«[32] Vier Tage später war der Admiral, wie es Sitte und Brauch des britischen Imperiums erheischten, zu »Baron Nelson of the Nile« geworden, obwohl er nie einen Fuß auf ein Ufer dieses Stroms gesetzt hatte oder auf dessen Wassern gesegelt war.

Die Seeschlacht bedeutete für Frankreich eine herbe Niederlage und kräftigte die Durchsetzungskraft des imperialen Pathos in Großbritannien, das nun bald »die Wellen beherrschte«. Das restliche Europa war übrigens vom britischen Sieg ebenso überrascht wie Ägypten.

Ungefähr zu dem Zeitpunkt, als Nelsons Kanonen im Nildelta den Sieg errangen, komponierte der ansonsten so optimistische und lebensfrohe Joseph Haydn, ein Vertreter der Wiener Klassik, seine einzige Messe in Moll. Schwere Paukenschläge, tiefe Trompetenstöße und ein kalter Orgelklang eröffnen den Satz, und auf dem Umschlag der Partitur nannte Haydn seine Komposition »Missa in Angustiis« (Messe in der Bedrängnis). Das geschah im Jahre 1798, als Napoleon vielen als Bedrohung galt, sogar in Eisenstadt weit im Osten Österreichs, wo Haydn als Kapellmeister tätig war. Haydn wusste nicht, dass Nelson, während er selbst aus Angst vor Napoleon und dessen Heer seine Messe in Moll schrieb, die französische Flotte in einem Überraschungsangriff vor dem Auslauf des Nils vernichtend geschlagen hatte.

Die Schlacht um den Rosettastein: Diebe gegen Diebe

Es ist kein mächtiger Fluss mehr, der an dieser Stelle in das Meer mündet, sondern ein gezügelter, überbeanspruchter und bescheidener Kanal, aus dem das Wasser kraftlos ins Meer fließt. Der Rosettafluss, oder Rashidfluss, durchquert das Zentrum der gleichnamigen Stadt, und auf ihm schwimmen dabei Tausende und Abertausende Plastikflaschen, die im Schatten einer gemauerten Promenade mit einer von Palmen gesäumten Allee umherdümpeln. Einige grün gestrichene Fischerboote kreuzen hier und da auf dem Fluss auf der Jagd nach den wenigen Fischen, die in diesem schmutzigen und verunreinigten Wasser noch immer leben; die Fischer, die mich

Die Schlacht um den Rosettastein: Diebe gegen Diebe

in ihrem Boot mitgenommen haben, klagen über den immer schlechter werdenden Fischfang. Der Himmel über der Mündung dieses Nilarms an diesem frühen Morgen ist wie fast immer so transparent, so klar, dass man glauben könnte, an diesem Ort tiefer als irgendwo sonst auf der Welt in den Himmel blicken zu können. Doch ich befinde mich hier wegen des Steins, der die Stadt berühmt gemacht hat.

Rosetta, oder Rashid, wie die Stadt unter der Herrschaft der Abbasiden-Kalifen bezeichnet wurde, galt lange als wichtigster Hafen Ägyptens, insbesondere in der Zeit, als Alexandria vernachlässigt wurde. Die heutige Stadt entstand aus einer Festung, die im 9. Jahrhundert n. Chr. an der Stelle des alten ptolemäischen Bolbitine errichtet wurde. Der Feldzug Napoleons sollte die Stadt weltberühmt machen – doch weder als Schlachtfeld noch als Handelszentrum, sondern als den Ort, wo die Franzosen einen Stein von enormer weltgeschichtlicher Bedeutung fanden, einen Stein, der über Generationen hinweg vom Schlamm des Nils überdeckt worden war.

Mitte Juli 1799, als Napoleons Soldaten das ein paar Kilometer nordöstlich der Hafenstadt liegende Fort Julien verstärkten, entdeckten sie diesen Stein, der mit zahlreichen, sich voneinander unterscheidenden Schriftzeichen bedeckt war. Die Soldaten begriffen, dass es sich um einen wertvollen Beitrag zu Napoleons kultureller Expedition handeln könnte, und verständigten General Menou. Parallel dazu wurde der Fund auch dem kurz zuvor gegründeten Institut d'Égypte gemeldet. Und abermals demonstrierte Napoleon sein Interesse an der Geschichte Ägyptens: Der Krieger unter den Kriegern untersuchte den Stein höchstpersönlich, ehe er im August 1799 nach Frankreich zurückfuhr.

Seine Soldaten hatten gefunden, was später als der Rosettastein bekannt werden sollte. Dieser Stein maß 114,4 cm an seiner höchsten, 72,3 cm an seiner längsten und 27,9 cm an seiner breitesten Stelle und wog 760 Kilogramm. Seine geradezu revolutionäre Bedeutung im ewigen Versuch des Menschen, seine Vergangenheit zu verstehen, erhielt der Stein durch die Texte, die mit drei verschiedenen Schriftzeichen in ihn gemeißelt worden waren: alte ägyptische Hieroglyphen, ägyptisch demotische Schrift sowie altgriechische Buchstaben. Der Stein machte es somit zum ersten Mal möglich, den Code für das Verständnis der Hieroglyphen zu knacken. Durch den Stein bekam der moderne Mensch Zugang zu Gedankenwelt, Kultur und ökonomischem System der alten Ägypter. Die Geschichte des Niltals war mit einem Mal mehrere Tausend Jahre in die Vergangenheit zurückreichend greifbar geworden.

Der Stein ist allerdings nicht mehr in Ägypten, sondern befindet sich seit 1802 in London. Diese Tatsache ist für sich bereits ein beredtes Beispiel für die Rivalität der Großmächte um Ägypten, wobei in diesem Fall die Deutungshoheit über die Geschichte des Niltals der Zankapfel war.

Nach Napoleons Rückkehr nach Paris führten die französischen Truppen ihren Verteidigungskampf gegen den britisch-osmanischen Angriff noch 18 Monate fort. Doch im März 1801 landeten neue britische Truppen in der Bucht von Abukir nahe Rashid. General Menou und seine Soldaten, einschließlich der wissenschaftlichen Kommission, marschierten an die Küste des Mittelmeers, um sich dem Feind zu stellen. Sie hatten Kriegsbeute bei sich, darunter den Stein und verschiedene Antiquitäten. Die Franzosen konnten sich gegen die Briten nicht behaupten und verloren die Schlacht. Menou und die Überreste seiner Armee zogen sich nach Alexandria zurück und kapitulierten am 30. August 1801.

Nun entstand ein Streit darüber, wem der Stein und die anderen Antiken gehörten; eine Uneinigkeit, die ungeheure Bedeutung erlangt, wenn man nach der Macht strebt, die mit der Herrschaft über die Interpretation der Vergangenheit verbunden ist.

Menou weigerte sich, die Antiken herauszugeben, und betonte, sie gehörten dem französischen Institut. Doch der britische General wollte die Stadt nicht verlassen, ehe der Franzose den Stein an die Briten aushändigte. Beide Nationen begriffen den Wert der Macht, die in der Kontrolle über die Symbole der Vergangenheit und in der Dominanz über die Interpretation der Geschichte lagen, weswegen auch die Briten Forscher in das Niltal schickten. Edward Daniel Clarke und William Richard Hamilton sollten die französischen Sammlungen dahin gehend untersuchen, ob die Franzosen etwas zurückhielten. Als militärischer Sieger bestand der britische General John Hely-Hutchinson darauf, dass alle Antiken Eigentum der Britischen Krone seien. Einer der französischen Forscher erwiderte, man werde eher alles verbrennen als es den Briten zu überlassen. In einem letzten verzweifelten Versuch insistierte Menou darauf, dass der Stein als sein privates Eigentum betrachtet werden müsse. Die Briten wiesen seine Forderung erwartungsgemäß zurück. Letztlich mussten die Franzosen auch in diesem Punkt nachgeben, die Herausgabe der Antiken wurde Bestandteil der »Kapitulation von Alexandria«.

Edward Daniel Clarke berichtete später, ein französischer Offizier habe ihn und zwei weitere Briten in aller Heimlichkeit in die Gassen hinter Menous Residenz geführt und enthüllt, wo der General den Stein versteckte. Nachdem der französische Offizier seinen Vorgesetzten verraten hatte, wurde der Stein zum Hafen geschleppt und an Bord eines Schiffs gebracht, das ihn nach Portsmouth transportierte, wo er im Februar 1802 ankam. Der Befehl lautete, ihn König Georg III. zu überreichen. Der König ordnete an, dass der Stein im Britischen Museum untergebracht werden solle, wo er sich noch heute befindet. Der Stein war also britisch geworden, die Hieroglyphen jedoch wurden zum großen Ärger der Briten zwei Jahrzehnte später von einem Franzosen entziffert. Ein junges Sprachgenie, Jean-François Champollion, hatte eine Papierkopie der Inschrift erhalten und knackte den Code. Anfangs allerdings stieß er bei seinen Landsleuten mit seinen Forschungsergebnissen auf große Skepsis, Mitglieder der Akademie zweifelten die Übersetzungen an.

»Die Schlacht um den Nil« besiegelte also neben vielen anderen Dingen auch das Schicksal eines Steines, der Hunderte von Jahren im Schlamm des Nils geschlummert hatte, nun aber dazu diente, einen großen und zentralen Teil der Frühgeschichte des Nils und der Menschheit zurückzuerobern.

Der Soldat, der den Nil reformieren sollte

Kurz nach Abzug der französischen Truppen aus Ägypten übernahm dort ein fremder Soldat die Macht – auf Geheiß des Osmanischen Reichs, das gemeinsam mit den Briten die Franzosen zum Rückzug gezwungen hatte. Muhammad Ali Pascha, ein ehemaliger Tabakhändler, der erst mit 40 Jahren lesen und schreiben lernte, betrat die Bühne am Nil. Angeblich war er im selben Jahr wie Napoleon geboren, 1769, und obwohl ihm die Ausbildung des Franzosen fehlte, waren seine Ambitionen und sein Wille zur Macht genauso grenzenlos.

Wo traditionelle Kriegsherren sich oft auf Ränkespiele im Palast oder die Durchführung von Strafexpeditionen beschränkten, hatte Muhammad Ali Visionen. Er war sich bewusst, wie sehr der Nahe Osten inzwischen technologisch und militärisch hinter Europa hinterherhinkte, und begriff, dass Ägypten Impulse und Technologie aus Europa importieren musste. In der ägyptischen Geschichte sollte er eine äußerst wichtige Rolle spielen, nicht zuletzt, weil er der Erste war, der Entwicklung als einen Prozess betrachtete, der sich auf vielen Ebenen abspielte. Muhammad Ali heuerte ausländische Experten und Techniker an, um das Heer, die Landwirtschaft und das Bildungssystem zu modernisieren. Wichtiger noch: Was die Nutzung der größten Ressource des Landes betraf, hatte er weitaus ambitioniertere Pläne als seine Vorgänger. Und so begann unter diesem Mann und seiner autokratischen Herrschaft die moderne Geschichte des Nils.

Dass gerade er die moderne Entwicklung des Niltals so nachhaltig prägen sollte, ist ein Beispiel für die Bedeutung von Zufällen im Spiel der Geschichte; Zufälle, die in einer von der Permanenz des Nils erschaffenen Umgebung umso deutlicher hervortreten. 1801 gehörte das von Muhammad Ali angeführte kleine Kontingent von 300 Mann aus Kavala zu dem osmanischen Heer, das Ägypten nach Napoleons kurzem Intermezzo als »Herrscher der Pyramiden« zurückerobern sollte. In der strategisch wichtig bei der Nilmündung gelegenen Bucht von Abukir gingen die Soldaten an Land und wurden sofort in Kämpfe verwickelt. Muhammad Ali fiel während der Schlacht ins Meer, konnte aber nicht schwimmen; laut späteren Erzählungen wurde er von der Besatzung eines britischen Schiffs vor dem Ertrinken gerettet. Ausgerechnet dieser Soldat sollte in den folgenden Jahren schrittweise die Macht in Ägypten an sich nehmen. Nach Vertreibung der Franzosen und dem Abzug des Großteils der osmanischen Interventionstruppen blieb nur Muhammad Alis Korps zur Absicherung der zurückgewonnenen Herrschaft Konstantinopels über Ägypten zurück. Infolge mehrerer Meutereien aufgrund ausbleibender Soldzahlungen riss Muhammad Ali schließlich die Herrschaft über das Land an sich, ohne dass der Sultan Selim III. dies verhindern konnte. 1805 rief er sich selbst zum Anführer Ägyptens aus und wurde einige Wochen später von der Zentralregierung in Konstantinopel auch offiziell als *Wali* (Gouverneur) anerkannt. 1841 war seine Stellung schließlich so gefestigt, dass er sein Amt als *Wali* von Ägypten an seine Nachkommen vererben konnte. Wie sich zeigen sollte, entwickelte sich die von ihm gegründete Dynastie zu einer derjenigen in der Geschichte Ägyptens, die das Land am stärksten modernisierten.

Zuvor kämpfte er gegen Einmischung vonseiten der Briten. Der Historiker Wallis Budge schreibt, dass am 17. März 1807 etwa 5000 britische Soldaten in Ägypten landeten, um Muhammad Ali Pascha zu einer verstärkten Zusammenarbeit zu bewegen. Sie marschierten auf Rashid zu und nahmen die Stadt zunächst ohne Gegenwehr ein. Innerhalb der Stadt kam es dann jedoch zu einem gewaltigen Gegenangriff. Nachdem 185 ihrer Soldaten getötet und 262 verletzt worden waren, zogen sich die Briten unter großen Schwierigkeiten wieder zurück. Die Köpfe der getöteten Soldaten wurden nach Kairo gebracht. Dort wurden sie beiderseits einer Straße auf Pfähle gesteckt, ungefähr dort, wo Napoleon zehn Jahre zuvor das Gleiche mit dem Mameluken getan hatte und sich heute die Azbakiyya-Gärten

Der Soldat, der den Nil reformieren sollte

Muhammad Ali, der Soldat, der Anfang des 19. Jahrhunderts die Macht in Ägypten übernahm. Er brachte es nicht nur fertig, 95 Kinder zu zeugen, sondern zeichnete auch verantwortlich für die Modernisierung des Landes. Von Auguste Couder (1790–1873).

befinden. Die Briten unternahmen einen halbherzigen zweiten Versuch, Rashid zu erobern, doch auch diese Aktion endete in einer Katastrophe. Die britischen Gefangenen wurden nach Kairo eskortiert und zwischen den Pfählen mit den verwesenden Köpfen ihrer toten Kameraden zur Schau gestellt.

Vier Jahre später, 1811, schrieb Muhammad Ali sich in die Weltgeschichte der Brutalität ein. Nach außen hin hatte er seine Position gesichert. Nun galt es, seine Stellung auch im Inneren zu festigen. Dazu lud er alle verbliebenen Mameluken zu einem großen Fest in die Kairoer Zitadelle ein. Das Bankett wurde zu Ehren eines seiner Söhne abgehalten, der eine Militärexpedition leiten sollte, um die Wahabiten zu vernichten, die Vorreiter jener religiösen Bewegung, die später in Saudi-Arabien an die Macht kommen und in den folgenden Jahren so viele radikale sunnitische Islamisten inspirieren sollte.

Es gibt, wenn überhaupt, nur wenige Parallelen in den Annalen irgendeines Landes für das, was sich in dieser Nacht des Jahres 1811 nun in der Zitadelle von Kairo ereignete. Für gewöhnlich werden diese Ereignisse als eine staatsmännische Handlung interpretiert, bei der die abstrakten Prinzipien der Moral den politischen Erfordernissen weichen mussten, wobei solcherart moralische Prinzipien in der Vorstellungswelt Muhammad Alis ohnehin nicht existierten. Auch hatte er zu diesem Zeitpunkt die Schriften Machiavellis noch nicht kennengelernt (Teile seiner Werke las er später im Leben, nachdem er lesen gelernt hatte). Die Anführer der Mameluken, so heißt es, seien der Einladung in die Zitadelle ohne einen Funken Argwohn oder Furcht gefolgt und auf überaus zuvorkommende Weise von Muhammad Ali willkommen geheißen worden. Im Laufe des Abends ließ er dann einen nach dem anderen auf brutale Weise umbringen; in den engen Gassen in und um die Zitadelle wurden die Gäste kurzerhand abgeschlachtet.

Nachdem er jeglichen Widerstand beseitigt hatte, ergriff Muhammad Ali die Initiative zu einer Reihe von radikalen Reformen, die Ägypten zwangsweise in die moderne Welt beförderten; er selbst wurde zu einem der vielen autokratischen Modernisierer der Weltgeschichte. Um feste Einnahmen für den Staat zu sichern, presste er Bauern ihr Land ab. Er setzte die Abgaben für die sogenannten »Steuerbauern« so hoch an, dass diese sie nicht bezahlen konnten, womit Muhammad Ali eine legale Basis geschaffen hatte, um ihren Grundbesitz konfiszieren zu können. Auf diese Weise riss er große Landgebiete an sich und führte ein ihm unterstehendes Handelsmonopol ein. Muhammad Ali bereicherte sich selbst und seine Familie, doch im Gegensatz zu vielen späteren Staatsführern am Nil, die ihre Staatsmacht allein zur persönlichen Bereicherung ausnutzten, war er auch ein Modernisierer. Alle Produzenten mussten ihre Waren an den Staat verkaufen. Der Staat verkaufte sie dann weiter auf Märkten im In- und Ausland. Diese Ordnung der Staatsfinanzen erwies sich insbesondere im Zusammenhang mit Muhammad Alis Konzentration auf Baumwolle als äußerst lohnend. In dem Versuch, mit Großbritannien zu konkurrieren, versuchte er sogar, eine ägyptische Textilindustrie zu etablieren. Der Versuch scheiterte jedoch und war auch von Anfang an zum Scheitern verurteilt, weil es Ägypten an Energiequellen fehlte, die für den Erfolg einer derartigen Industrie unabdingbar waren.

Muhammad Alis wichtigste historische Rolle war indes die des Modernisierers der ägyptischen Lebensader – des Nils. Er wollte den Fluss auf eine in der ägyptischen Geschichte nie zuvor erprobte Art ausbeuten und ergriff 1818 die Initiative zum Bau des Al-Mahmoudia-Kanals. Durch diese Verbindung vom Nil zu Ägyptens wichtigstem Meerhafen sollte es den Schiffen erspart werden, den gefährlichen Küstenabschnitt zwischen Rashid und Alexandria zu befahren. Die Arbeiten wurden von einem der vielen Europäer, die Muhammad Ali in seine Dienste genommen hatte, dem französischen Ingenieur Pascal Coste, geleitet und bereits 1820 beendet.

Doch wichtiger: Muhammad Ali setzte die Arbeit an den umfangreichen Dämmen quer über die beiden Flussläufe in Gang, in die sich der Nil nördlich von Kairo teilt. Das Ziel dabei war, den Flusspegel so weit anzuheben, dass das Wasser leichter in die vielen Kanäle im Delta abfließen konnte. Auch hier zeichnete ein französischer Ingenieur, Mougel Bey, für die Arbeiten verantwortlich. Große Teile des alten Flutbewässerungssystems, das seit der Zeit der Pharaonen dominiert hatte, sollten in ein ganzjähriges Bewässerungssystem umgewandelt werden. Die Fundamente der Dämme waren allerdings schlecht gebaut; als das Projekt nach Muhammad Alis Tod fertiggestellt wurde, funktionierte es nicht wie geplant. Ungeachtet dessen wurden über 30 000 Hektar in landwirtschaftliche Fläche umgewandelt, auf der dreimal jährlich geerntet werden konnte. Muhammad Alis Engagement für die Ganzjahresbewässerung unter Inanspruchnahme französischer Hilfe entpuppte sich als eine der unmittelbarsten Folgen der napoleonischen Besatzung Ägyptens. Insofern übersah Edward Saids Kritik an der Eroberung Ägyptens durch das westliche Wissenschaftssystem im 19. Jahrhundert gänzlich die Bedeutung der Beschreibung und Analyse des Nils als Wassersystem durch die Franzosen, die eine Voraussetzung dafür war, dass diese Modernisierung überhaupt möglich wurde.

Muhammad Ali läutete die historische Ära ein, in der Ägypten sich den Nil untertan machte und immer mehr von dessen Wasser nutzte, sodass die Felder nun auch im Sommer bearbeitet werden konnten, wenn der Fluss naturgemäß wenig Wasser führte. Wie alle anderen tief greifenden Veränderungen, die in der Vergangenheit verwurzelt waren, die aber auch grundlegende Veränderungen in der Beziehung der Gesellschaft zu

Der ägyptische Herrscher zu Beginn des 19. Jahrhunderts, Muhammad Ali, ergriff die Initiative zur Stauung des Nils. Im Sommer wurde der Wasserspiegel im Delta angehoben, sodass große landwirtschaftliche Flächen mehrmals im Jahr bestellt werden konnten. Foto von 1896.

dem bedeuten, was sie prägt und bestimmt, waren die Ursachen dieses Prozesses zweifellos tief und komplex. Doch jede Erklärung, die die historische Rolle des Individuums – oder die unverwechselbare Energie Muhammad Alis – übersieht, greift zu kurz.

Das System der Zwangsarbeit erreichte in Ägypten seinen Höhepunkt im 19. Jahrhundert, nicht zuletzt deshalb, weil es die Arbeitskraft für Muhammad Alis Bewässerungsrevolution bereitstellte.[33] Im Delta wurden neue Kanäle gegraben, alte repariert und erweitert. Am wichtigsten war dabei vielleicht, dass die Kanäle tiefer ausgegraben wurden, damit das Wasser auch im Sommer für die Kultivierung der profitablen Baumwollpflanze zur Verfügung stand. Große Gruppen von Arbeitern reinigten die Kanäle und den Kanalgrund, Tausende von Menschen wurden zur Bewachung der Ufer eingesetzt, wenn der Fluss anstieg. Solange diese Art der Zwangsarbeit nur zur Instandhaltung des Bewässerungssystems eingesetzt wurde, erfolgte die Organisation der Arbeit in der Regel auf lokaler Ebene. Verantwortlich für die Arbeit und die Instandhaltung der großen Kanäle waren die Provinzgouverneure. Um den Al-Mahmoudia-Kanal durch das nordwestliche Delta bis nach Alexandria zu bauen, mussten die Behörden rund zehn Prozent der örtlichen Bevölkerung für die Arbeiten mobilisieren. 1817 wurden insgesamt etwa 100 000 Arbeiter eingesetzt. Das Tempo der Arbeiten wurde ab 1819 erhöht, und allein aus Unterägypten wurden 313 000 Arbeiter zwangsweise in den Norden gesendet.

Die ambitiöse Nilpolitik Muhammad Alis und seiner Nachfolger führte daher zu einer kräftigen Expansion des verhassten Zwangsarbeitssystems. Wie ein ägyptischer Schriftsteller syrischer Herkunft schrieb, hatte diese Form der Zwangsarbeit in Ägypten seit 6000 Jahren existiert und war von den Menschen als Bürde betrachtet worden, die durch »göttliche Vorsehung« auf ihren Schultern ruhe, weshalb nicht daran gerührt werden dürfe.[34] Der Umfang der Zwangsarbeit wurde indes größer, zugleich waren die Möglichkeiten zur ganzjährigen Bestellung der Felder radikal erweitert worden. Was im Leben eines ägyptischen Bauern zuvor einem jährlichen Rhythmus unterworfen war, verwandelte sich jetzt zu einer Aktivität, die das ganze Jahr über andauerte. Doch konfrontiert mit einer effizienten und gnadenlosen Staatsmacht, waren die Bauern nicht in der Lage, dem einen nennenswerten Widerstand entgegenzusetzen. Als Ersatz für eine Massenbewegung entstand eine Art individuellen Protests, der Bände über das damalige Leben der Bauern am Nil spricht: Die Menschen verletzten sich lieber selbst, als sich der Zwangsarbeit zu unterwerfen. Nicht selten zerstörte man sich selbst mit Rattengift ein Auge oder schnitt sich einen Finger der rechten Hand ab.

Muhammad Ali Pascha war auch ein erfolgreicher regionaler Kolonialist und Imperialist. Die verbreitete Vorstellung, der Imperialismus und die Eroberungspolitik der letzten Jahrhunderte seien ein rein westliches Projekt gewesen, erweist sich als engstirnige eurozentrische Sichtweise. Der Herrscher Ägyptens war zwar kein klassischer Nationalist, gilt aber im Rückblick als Begründer des modernen ägyptischen Nationalstaats und hatte anspruchsvolle Pläne zur Modernisierung des Landes nach europäischem Vorbild und mit französischer Hilfe. Er unterwarf darüber hinaus große Teile der arabischen Halbinsel bis nach Aden im heutigen Jemen, und – was mit Blick auf den Nil am wichtigsten ist –, er annektierte den Sudan. Muhammad Ali und seine Nachfolger verfolgten eine Politik, welche ganz bewusst darauf abzielte, den gesamten Wasserlaufs des Nils zu kontrollieren. Sie eroberten Teile des heutigen Uganda und versuchten,

Äthiopien zu übernehmen, trafen jedoch gegen Ende des 19. Jahrhunderts auf wachsenden Widerstand vonseiten einer anderen und größeren imperialen Macht: Großbritannien.

Die Giraffe, die den Fluss hinabsegelte und nach Paris reiste

Muhammad Alis regionale Ambitionen hatten viele Konsequenzen. Eine davon war, dass der Nil als Korridor zwischen Afrika und Europa wiederentdeckt wurde und eine größere Bedeutung erlangte, als er über Tausende von Jahren gehabt hatte.

Anfang der 1820er Jahre kam es zu einem sonderbaren Transport den Nil hinab, den ganzen Weg von Sannar im Ostsudan bis zu Muhammad Alis neuem Palast in Alexandria. Dort traf ein ungewöhnlich hochgewachsener Gast ein, der fortan im Palastgarten weilte, während er auf die Überfahrt nach Europa wartete.[35]

Nachdem Muhammad Alis Truppen 1821 den Sudan besetzt hatten, erging schon bald der Befehl nach Sannar am Blauen Nil, man möge einige Giraffen fangen und nach Ägypten bringen. Zwei Giraffengeschwister wurden eingefangen, ihre Mutter wurde bei dieser Aktion getötet. Die beiden wurden mit dem Boot nach Khartum gebracht, von wo aus die Reise über Schandi im Nordsudan bis nach Alexandria weiterging. Im Sommer 1826 verbrachte eine der beiden Giraffen in der herrschaftlichen Schlossanlage am Mittelmeer ihre letzten drei Monate auf dem afrikanischen Kontinent. Ende September waren die Vorbereitungen für die Überfahrt und den Empfang in Marseille abgeschlossen. Dann wurde das Tier mit dem Schiff über das Mittelmeer nach Europa transportiert, als erste Giraffe in der Geschichte, die europäischen Boden betrat. Von Marseille ging es in Begleitung des sudanesischen Tierpflegers Stück für Stück schwankend weiter bis Paris.

Die Giraffe erlangte bald große Berühmtheit. Als sie am 5. Juni 1827 in Lyon einzog, säumten die Menschen den Straßenrand. Mehr als 30 000 hatten sich versammelt, um dieses merkwürdige, langhalsige Tier zu Gesicht zu bekommen, von dem sie bis dahin noch nie gehört, geschweige denn es gesehen hatten.

Die Giraffe war das Geschenk des ägyptischen Herrschers an Frankreich. Der Mann, der einige Jahre zuvor die Mameluken hatte abschlachten lassen, wollte nun mithilfe dieses langbeinigen Tiers die Gunst der Europäer gewinnen. Die reisende Giraffe sollte nicht nur ihre Staatenlenker milde stimmen, sondern auch die öffentliche Meinung für Muhammad Ali einnehmen. Denn genau am gleichen Tag, an dem die Menschenmenge in Lyon sein Geschenk bewunderte, mussten die Griechen sich den osmanischen Kräften unter seiner Führung geschlagen geben. Während die Giraffe majestätisch das Zentrum der Seidenstadt erreichte, fiel Athen in jenem Krieg, den Lord Byron und Henrik Wergeland als Europas großen Freiheitskrieg gegen das muslimische Osmanische Reich im Osten beschrieben. Muhammad Ali versuchte mit allen Mitteln, die Herzen der Europäer zu gewinnen, und die arme Giraffe musste dabei brav akzeptieren, ein Teil seiner diplomatischen Strategie zu sein.

Diese lange Reise der Giraffe von den Ufern des Nils südlich von Khartum bis Paris fand also in der ersten Hälfte des 19. Jahrhunderts statt, weil der ägyptische Herrscher mithilfe dieses höchst exotischen und unbekannten Tieres aus Afrika die europäische öffentliche Meinung milde zu stimmen hoffte. Die Reise des langhalsigen Tiers verdeutlicht auf ihre Weise, wie der Nil über die Zeit hinweg als geografisches und historisches Band zwischen dem südlich der Sahara gelegenen Afrika und Europa fungiert hat.

Der norwegische Langläufer, der auf dem Weg zur Nilquelle umkam

Im Januar 1843 haben die ägyptischen Bauern im südlichen Delta vielleicht, wenn sie kurz in der Arbeit auf ihrem kleinen Stück Land innehielten und den Blick hoben, einen Mann erblicken können, der in gleichmäßigem, schnellem Tempo entlang des lebensspendenden Korridors zwischen Europa und Afrika gen Süden lief, während die Sonne auf ihn niederschien.

Es war ein weißer Mann, Mensen Ernst, einer der berühmtesten Langstreckenläufer seiner Zeit. Geboren als Mons Monsen Øyri war er in dem kleinen Ort Fresvik im tiefsten Innern des Sognefjords an der norwegischen Westküste aufgewachsen. Inzwischen kannte man ihn auf der ganzen Welt, denn er war von Paris nach Moskau und von Istanbul nach Delhi gelaufen. Einem 1879 erschienenen Artikel der *New York Times* zufolge hatte er sich bei seinen Läufen ausschließlich von Gebäck und Marmelade ernährt, geschlafen oder pausiert habe er im Stehen an einen Baum gelehnt, mit einem über dem Gesicht ausgebreiteten Tuch.

Der deutsche Gartenschöpfer, Schriftsteller und Abenteurer Hermann von Pückler-Muskau hatte Mensen Ernst 1842 gefragt, ob er den Versuch unternehmen wolle, die Quellen des Nils zu finden. Pückler-Muskau erklärte sich bereit, alle Kosten der Expedition zu übernehmen und den Norweger bei Erfolg zusätzlich reich zu belohnen. Noch im selben Jahr startete Mensen Ernst den Lauf seines Lebens. In 30 Tagen legte er die Strecke von Schloss Muskau an der Neiße durch das Osmanische Reich nach Jerusalem zurück. Von dort rannte er weiter bis Kairo, um von dort dem Nil bis zu seiner Quelle zu folgen. Dieser arme Mann aus einem armen Winkel eines zu jener Zeit armen Randgebiets Europas war angetreten, das größte aller geografischen Rätsel zu lösen – jenes, das schon Alexander den Großen, Cäsar, Napoleon und Generationen von Ägyptern beschäftigt hatte. Sollte es Mensen Ernst nun gelingen herauszufinden, woran es lag, dass das Wasser jeden Herbst unter wolkenfreiem Himmel und bei allerwärmstem Klima unverständlicherweise die Äcker überschwemmte? Sollte diesem einsamen Läufer etwas gelingen, das den Legionen des Römischen Reichs nicht gelungen war? Sollte der arme Mann vom inneren Sognefjord das Rätsel lösen, auf dessen Untersuchung schon Herodot so viel Zeit verwendet hatte?

Der Januar war so weit nördlich ein recht kühler Monat, und so dürfte Mensen Ernst optimistisch gestimmt gewesen sein, als er Kairo im Laufschritt hinter sich ließ. Er passierte Luxor mit dem Karnak-Tempel am östlichen Ufer, kam dann jedoch nicht weiter als bis Assuan. Dort starb er. Als mögliche Todesursache wurden Hitze und Durst angeführt, aber das ist zu dieser Jahreszeit unwahrscheinlich. Höchstwahrscheinlich war es irgendeine Form von Ruhr, die ihn an jenem Januartag 1843 für immer aus dem Rennen warf. Mensen Ernst wurde einige Tage später von europäischen Touristen tot im Sand aufgefunden. Nun liegt sein Grab vermutlich irgendwo in den Fluten des Assuanstausees, für immer unter jenem Wasser verborgen, dessen Quelle zu finden er ausgezogen war.

Mensen Ernsts Lauf muss als sowohl grandioses als auch klägliches Beispiel für Hybris oder Fahrlässigkeit gelten. Er scheiterte, bevor die echten Schwierigkeiten überhaupt begannen. Man stelle sich vor: ein Mann, der allein durch die Nubische Wüste läuft, durch die Sümpfe im Südsudan voller Malaria und Krokodile, über die Savanne mit Löwen und Schlangen und Bewohnern, die Fremden inzwischen mit Skepsis begegneten. Mensen Ernsts Expedition war die vermutlich am schlechtesten geplante aller Zeiten. Ein Seemann vom Sognefjord auf dem Weg ins Innere Afrikas, mit etwas Gebäck und Marmelade als Proviant – und ohne Gewehr.

Mensen Ernst oder Mons Monsen Øyri vom Sognefjord – der große internationale Langstreckenläufer des 19. Jahrhunderts – wollte so lange den Fluss entlanglaufen, bis er auf die Quellen stieß. Lithografie von Wilhelm Sander, 1816/1836.

Seinem deutschen Biografen zufolge war Mensen Ernsts Motto: »Bewegung ist Leben, Stillstand der Tod.« Ein vielsagender Kommentar zu einem Leben, das während des Laufs an den Ufern des Nils auf dem Weg ins Unbekannte endete.

Der Kanal zwischen den Meeren

Ich stehe ein Stück südlich des Hafens von Ismailia im Schatten von Palmen, die dank des Nilwassers gedeihen, das über lange Distanzen hergeleitet wird. Supertanker gleiten der Reihe nach langsam durch den engen Suezkanal; mit der braunen Wüste im Hintergrund ergibt das einen besonders majestätischen Eindruck. Der Anblick ist surreal, doch zugleich kann er als Sinnbild für die Veränderungskraft globaler Handelsregime in der modernen Welt gedeutet werden.

Hier liegt auch das Haus von Ferdinand de Lesseps, dem französischen Konsul in Ägypten und Vater des Kanals. Das Haus ist jetzt für die Öffentlichkeit geschlossen, aber ich wurde von meinen ägyptischen Gastgebern herumgeführt, als ich Anfang der 1990er Jahre an einer Konferenz über den Nil teilnahm: Das Schlafzimmer sah aus, als wäre es eben erst verlassen worden, alte Bilder hingen an den Wänden, auf dem Schreibtisch und neben dem Bett lagen aufgeschlagene Bücher, und auch Lesseps

Privatkutsche gab es noch, in untadeligem Zustand. Der mehr als 160 Kilometer lange Kanal, bei dessen Planung Lesseps federführend war, wurde am 17. November 1869 eröffnet. Eine künstliche Wasserstraße, die das Mittelmeer mit dem Indischen Ozean beziehungsweise Europa mit Asien verbindet, war geschaffen worden. Sie änderte nicht nur den Lauf der Weltgeschichte, sondern auch die geopolitische Rolle Ägyptens – und damit des Nils.

Kanalbauten waren in Ägypten nichts Neues. Bereits Tausende Jahre zuvor hatten die Ägypter Kanäle vom Nil zum Roten Meer gegraben. Der Erste, der über diese gesamte Strecke einen Kanal bauen ließ, war Senausert III., fast 1900 Jahre v. Chr. Inschriften aus der Zeit Ramses' II. (1279–1213 v. Chr.) verkünden, der große Pharao Ramses habe einen Kanal vom Nil zum Roten Meer über Wadi Tumilat und einige Binnenseen fertigstellen oder reparieren lassen. Irgendwann im Lauf der folgenden 600 Jahre muss er verschlammt sein, denn Necho II. (er regierte von 609 bis 594 v. Chr.) ließ ihn erneut ausheben, bevor das ganze Projekt schließlich aufgegeben wurde. Die Perser legten unter Dareios I. (549–486 v. Chr.) einen Kanal an, der wohl gut 200 Jahre lang in Gebrauch war. Dareios errichtete im Wadi Tumilat fünf Denkmäler, auf denen sich folgender Text findet: »König Dareios sagt: Ich bin ein Perser; ich bin von Persien aufgebrochen. Ich habe Ägypten erobert. Ich befahl, diesen Kanal vom Nil, der in Ägypten fließt, bis zum Meer zu graben, das in Persien beginnt. Als dieser Kanal also, wie ich befohlen hatte, gegraben war, fuhren Schiffe von Ägypten durch diesen Kanal nach Persien, wie ich es beabsichtigt hatte.«

In der Regierungszeit Kleopatras wurde der Kanal bereits nicht mehr verwendet, erst die Römer, sowohl unter Trajan als auch unter Hadrian, reparierten ihn. Als Amr ibn al-As und die Araber Ägypten eroberten, war der Kanal wieder verfallen, und Amr ließ ihn wiederherstellen. Vom Nil südlich des Deltas bis zum Roten Meer gab es im 8. Jahrhundert einen Kanal, bekannt unter anderem durch die Reise des Mönchs Fidelis vom Nil zum Roten Meer (er war auf Pilgerfahrt zum Heiligen Land). Es scheint, als wäre dieser Kanal auch zur Verschiffung von Getreide nach Arabien benutzt worden. 767 wurde er von Kalif al-Mansur geschlossen, vermutlich um Aufständische in Medina auszuhungern.[36]

Während seiner kurzen Herrschaft über Ägypten fand Napoleon unter anderem die Zeit, französische Ingenieure damit zu beauftragen, die Möglichkeiten für den Bau eines Kanals zwischen dem Mittelmeer und dem Indischen Ozean zu eruieren. Vor dem Hintergrund des damaligen

Stands der Technik kamen sie zu dem Schluss, das Vorhaben sei unmöglich, doch später zeigte sich, dass sie einen vermeintlichen Höhenunterschied von zehn Metern zwischen den beiden Meeren falsch berechnet hatten. Niemand weiß, wie sich die Geschichte des Nils und damit auch die Weltgeschichte ohne diesen kleinen Fehler entwickelt hätten; wir wissen nur, dass sie ganz anders verlaufen wären. Der Fehler wurde erst mehr als 40 Jahre später entdeckt, und ein anderer Franzose, Louis M. A. Linant de Bellefonds, entwarf die Pläne für den Suezkanal. Der Diplomat und Ingenieur Ferdinand de Lesseps präsentierte dem neuen ägyptischen Herrscher, Said Pascha, den Plan. Said veranlasste den Beginn der Arbeiten am Mittelmeer und benannte den Ort, an dem der Kanal beginnt, also das heutige Port Said, nach sich selbst.

Die Briten waren gegen diesen neuen Kanal, weil sie zu Recht befürchteten, dass er ihre Handelsdominanz schwächen würde. Daher unterstützte die Regierung in London unter anderem einen Aufstand unter den Kanalarbeitern. Diese hatten als Zwangsrekrutierte, die unter elendigen und lebensgefährlichen Arbeitsbedingungen litten, auch guten Grund aufzubegehren. Die Unterstützung eines Arbeiteraufstands in Ägypten für bessere Arbeitsbedingungen durch das Empire passt kaum mit allgemeinen Auffassungen über den Imperialismus zusammen, aber für London war das Hauptanliegen zu diesem Zeitpunkt die Schwächung von Frankreichs Position in der Region. Die Unterstützung durch Napoleon III. versetzte die ägyptische Regierung jedoch in die Lage, das Projekt erfolgreich abzuschließen.

1869 war der Kanal schließlich fertig. Er wurde mit Glanz und Gloria eröffnet, ganz wie es sich für das ägyptische Königshaus geziemte. Am Tag der Eröffnung waren Würdenträger und berühmte Persönlichkeiten aus nah und fern am Kanalufer zugegen, unter ihnen der Prince of Wales, der Kaiser Österreich-Ungarns und der norwegische Schriftsteller Henrik Ibsen. Außerdem richtete man einen grandiosen Ball für 6000 Gäste aus und eröffnete aus Anlass der Kanaleinweihung das neue Opernhaus in Kairo. Bei dieser Gelegenheit sollte Verdis Oper *Aida* uraufgeführt werden, die er als Auftragswerk für den ägyptischen Vizekönig komponiert hatte (in der Operngeschichte gilt dieses Werk als der bestbezahlte Auftrag, den ein Komponist je erhalten hat). Das war direkt bevor Ismail, der neue Khedive (Vizekönig) und Said Paschas Neffe, seine militärischen Ambitionen einer Unterwerfung der Küste des Roten Meeres und Äthiopiens verwirklichen sollte. Verdis Oper, in der es ja auch um Ägyptens

Beziehung zu Äthiopien geht, wurde schließlich erst am Heiligabend 1871, zwei Jahre nach Eröffnung des Kanals, in Kairo uraufgeführt. Die Oper ist auch interessant als ideenhistorischer Ausdruck für die Blindheit der Europäer in Bezug auf historische Vielfalt und ihr mangelndes Verständnis der Welt, die sie sich nun untertan machten. Die Oper spielt im alten Ägypten, und Verdi hatte für das Libretto den Rat des französischen Ägyptologen Auguste Mariette erhalten. Das zentrale Dilemma der Oper besteht in dem Hin- und Hergerissensein des siegreichen ägyptischen Generals Radamès zwischen zwei Frauen, der Tochter des ägyptischen Pharao und Aida, einer äthiopischen Sklavin und Tochter des Königs von Äthiopien, mit dem Ägypten sich im Krieg befindet. Der ägyptische General verrät schließlich sein Land und muss dafür mit dem Leben bezahlen. Für Verdi und andere Europäer seiner Zeit wurde dieses Dreiecksdrama als ein wirkliches Dilemma empfunden, aber in Ägypten wäre dieser Konflikt völlig bedeutungslos gewesen. Die Lösung für den Mann war ganz einfach: Er hätte notfalls beide Frauen zu seinen Ehefrauen gemacht.[37]

Schon bald nachdem der Kanal eröffnet worden war, Aidas Sklavenchor seine Premiere in Kairos neuer Oper gehabt und das erste Schiff die Abkürzung zwischen Asien und Europa genommen hatte, wurde klar, dass Ägypten bankrott war. Ismail und seine Vorgänger hatten zu viel und zu schnell in allzu viele Projekte investiert. Die ägyptische Regierung beschloss, Said Paschas Aktien an der Kanalgesellschaft für 400000 Pfund zu verkaufen. Nun witterten die Briten ihre Chance. Auch wenn Frankreich weiter eine Aktienmehrheit hielt, würden die Karten im Spiel um den Kanal und um Ägypten jetzt neu gemischt werden können. Dem britischen Premierminister Benjamin Disraeli kam zu Gehör, dass die Franzosen bereits um den Kauf der Aktien verhandelten. Nun galt es schnell zu sein. Disraeli beschloss auf der Stelle, die Wertpapiere zu kaufen; er hatte keine Zeit, das Ganze erst vom Parlament absegnen zu lassen. Das eigenmächtige Handeln des Premierministers trug mit dazu bei, die strategische Balance zwischen Frankreich und England zu verändern, mit Konsequenzen bis weit in die Zukunft hinein. Er sandte seinen Sekretär Montagu Corry zum steinreichen Lord Rothschild, dessen Bankhaus der Regierung kurzfristig vier Millionen Pfund Kredit gewährte.[38]

Die Kanalverbindung zwischen dem Mittelmeer und dem Indischen Ozean änderte Machtverhältnisse und Handelswege. Als Folge der Entdeckung des Seewegs um die Südspitze Afrikas durch die Portugiesen hatte Ägyptens Rolle als Transitroute für den Asienhandel ab Ende des

15. Jahrhunderts gelitten; jetzt lag auf seinem Territorium plötzlich eine der wichtigsten Wasserstraßen der Welt. Ägyptens geopolitische Bedeutung wuchs radikal, und für die Briten wurde das Land zu einem extrem wichtigen Teil ihrer Pläne, das größte und erfolgreichste Weltreich aller Zeiten zu formen.

Gustave Flaubert und Henrik Ibsen »von Kairo den Nil hinauf«

Victor Hugos Bonmot von 1829, nun seien alle Europäer Orientalisten, sollte nicht bloß als Ausdruck einer einheitlichen Denkweise aufgefasst werden, die darauf abzielte, die muslimischen Länder zu unterdrücken. Es war auch mehr als eine neue Form der Heuchelei, in der das Laster nun die Tugend lobt, vielmehr klingt in seinen Worten auch eine neue Art von Wissbegier durch. Dieses Interesse und diese Begeisterung für den Orient drückten sich unter anderem darin aus, dass Ägypten im Laufe des 19. Jahrhunderts zu einem immer wichtigeren Reiseziel für europäische Intellektuelle wurde. Zwei der vielen, die dieses Land bereisten, waren der Franzose Gustave Flaubert und sein norwegischer Kollege Henrik Ibsen.

Nach einer stürmischen Überfahrt von Marseille traf der damals 28-jährige Flaubert 1849 in Ägypten ein. Er besichtigte die Große Sphinx, die koptische Kathedrale in der Kairoer Altstadt, er sah Gaukler, Akrobaten und Schlangenbeschwörer; er begegnete Prostituierten, und er blickte auf den Nil, natürlich, den er als gelb und voller Erde beschrieb. Er reiste nach Luxor, Theben und Karnak, und seiner Mutter berichtete er, überall scheine es halb im Sand versunkene Tempel zu geben.

Flaubert war einerseits bewegt oder erregt vom Chaos, denn er war ja gerade auf der Flucht vor dem langweiligen, bürgerlichen, oberflächlichen, »allzu ordentlichen« Frankreich. Andererseits musste er in allem, was er nicht begriff, Ordnung schaffen, um überhaupt über das Gesehene reflektieren oder darüber schreiben zu können. Von einem rein philosophischen und existenziellen Standpunkt aus meinte er, »Ordnung« enthalte eine verdammende und prüde Einstellung der conditio humana gegenüber, sie wirke der Offenheit und der Abschaffung von Rigidität und Regeln entgegen, die der Mensch anstreben sollte. Aber indem er die Macht der Perspektive als einen Prozess beschrieb, der ihm aufgezwungen wurde, statt sich einfach ihren dominierenden Konventionen zu unterwerfen, konnte er die Distanz aufrechterhalten. In einem Brief aus Kairo schrieb er 1850:

> Da wären wir nun in Ägypten. ... Vorläufig habe ich die erste Verwirrung noch nicht überwunden ... jede Einzelheit droht, die Hand auszustrecken und dich zu packen; und je mehr du dich darauf konzentrierst, um so weniger bekommst du die Ganzheit zu fassen. Dann wird nach und nach alles harmonischer, und die Teile fügen sich von selbst zusammen, entsprechend den Gesetzen der Perspektive. Aber die ersten Tage, großer Gott, da herrscht so ein verwirrendes Chaos von Farben.[39]

Flauberts Sicht auf Ägypten war beeinflusst von dem grundlegenden, unausweichlichen und allgegenwärtigen Dualismus in der ägyptischen Gesellschaft – Tod und Leben, Wüste und Fluss. Er war fasziniert von dem, was er für die ägyptische Fähigkeit hielt, die Dualitäten des Lebens zu akzeptieren, die er beschrieb als Schmutz-Geist, Sexualität-Reinheit, Wahnsinn-Gesundheit. Er fand es großartig, dass die Leute in den Restaurants ganz offen rülpsten, er umgeben war von »einem Esel, der kackte, und einem Herrn, der in eine Ecke pisste«. Und ein sechs oder sieben Jahre alter Knabe rief, als er in Kairo auf der Straße an Flaubert vorbeikam: »Ich wünsche Ihnen Glück und Zufriedenheit, vor allem aber einen großen Schwanz.«

Flaubert fuhr 1850 mit einer *Fellucke* – dem traditionellen Segelboot, das in Oberägypten noch immer zu sehen ist – nilauf und beschrieb, wie das Leben auf dem Fluss die Entwicklung an demselben widerspiegelte. Er notierte, dass elf von den vierzehn Besatzungsmitgliedern der rechte Zeigefinger fehlte. Sie hatten sich, wie viele andere, den Abzugsfinger abgehackt, um nicht in Muhammad Alis Heer eingezogen zu werden. Flaubert erzählte ebenfalls von den alten Afrikanerinnen, die ihm auf dem Boot begegneten:

> Auf allen diesen Booten gibt es unter den Frauen alte Negerinnen, die eine Fahrt nach der anderen unternehmen; sie sind hier, um die neuen Sklaven zu trösten und moralisch zu unterstützen; sie lehren dieselben, sich ihrem Schicksal zu ergeben, und sie fungieren als Dolmetscherinnen zwischen ihnen und dem Sklavenhändler, einem Araber.

So fasste er die Situation im Land zusammen: Ägypten sei ein Land, in dem die mit sauberen Kleidern die mit schmutzigen Kleidern prügelten.

Flauberts Schriften erinnern an klassische »orientalistische« Texte, insofern, als sie Dinge, die dem Autor als exotisch und fremd erschienen, auf eine oftmals exotisierende Weise schildern. Und es kann auch kein Zweifel daran bestehen, dass Flauberts Beobachtungen ihre Kraft dadurch gewinnen, dass sie auf einem deutlich akzentuierten Unterschied zwischen Frankreich und Ägypten beruhen. Ägypten wird als Frankreichs Gegenpol interessant. Für Flaubert war Frankreich aber nicht einfach das Modell oder Ideal, an dem er Ägypten maß. In seiner Heimat war er ein ziemlich isolierter Intellektueller, der sich vielen der damaligen Trends und dem Lebensstil des Bürgertums widersetzte. Dieser Dualismus in seiner Beziehung zu Frankreich zeigt sich auch darin, wie er Ägypten beschrieb. Deshalb ist es schwierig und ungerecht, ihn als eine Art Werkzeug des europäischen Expansionismus zu betrachten oder als hervorstechenden Vertreter einer intellektuellen Tradition, die eine totale Kontrolle des Orients anstrebte, und sei sie nur latent. Gewiss, er nutzte seine Stellung gegenüber weiblichen und männlichen Prostituierten in Ägypten aus, und ihm war klar, dass Privilegien im Umgang mit Ägyptern auf Macht beruhten. Er verwendete Begriffe und Argumente, die im Rückblick als abwertend erscheinen. Aber Flauberts Begeisterung für das Land am Nil erscheint als ehrlich und sogar leidenschaftlich, obwohl sie auch eine Fantasie war, geschaffen eben als Alternative zu seiner Heimat, die er verabscheute. Nach einiger Zeit schrieb er: »Die ägyptischen Tempel langweilen mich fürchterlich. Wird das ebenso sein wie mit den Kirchen in der Bretagne, den Wasserfällen in den Pyrenäen? Immer dieser Zwang!«

Europa verfolgte ihn; er versuchte, der Torheit der französischen Bourgeoisie zu entgehen, was ihm jedoch nicht gelang. Er suchte in Ägypten das, was er in Frankreich nicht fand – aber haben wollte. Das Ägypten, von dem er besessen war, war deshalb weniger das reale Ägypten, sondern sein Bild davon und die Bedeutung, die es für sein Lebensprojekt hatte.

Etwa 20 Jahre später machte Henrik Ibsen eine ganz andere Art von Reise. Er, der messerscharfe Analytiker des bürgerlichen Lebens im neuen, nun heranwachsenden Europa, reiste zusammen mit Königen, Kaiserinnen und anderen Würdenträgern nach Ägypten, um an der offiziellen Eröffnung des Suezkanals am 17. November 1869 teilzunehmen. Im Sommer dieses Jahres hatte Ibsen Schweden besucht und sich als einer der größten Autoren Nordeuropas feiern lassen. Er wurde König Carl XV. vorgestellt, der ihn fragte, ob er als schwedisch-norwegischer Repräsentant der Eröffnung des Suezkanals beiwohnen wolle. Ibsen sagte zu.

Und hier war er nun! Die Einweihung des Kanals wurde einen Monat lang heftig gefeiert. Tausende von ausländischen Gästen nahmen an den Feierlichkeiten teil. Der ägyptische Khedive lud zu Reisen, Ausflügen und

Festmählern ein. Die meisten Biografen Ibsens meinen, diese Reise habe einen tiefen Eindruck bei ihm hinterlassen, und es ist eine interessante Facette der norwegischen Literaturgeschichte, dass *Peer Gynt*, vielleicht das bekannteste Nationalepos des Landes, etliche Passagen seiner Handlung von den Ufern des Nils bezog.

Ibsen war schon lange, ehe er einen Fuß auf ägyptischen Boden gesetzt hatte, von der Geschichte dieses Landes fasziniert gewesen. Aus Anlass des norwegischen Nationalfeiertags 1855, also sechs Jahre, nachdem Gustave Flaubert in Alexandria an Land gegangen und die englische Krankenpflegerin Florence Nightingale auf einem Schiff den Nil hinaufgefahren war und ihrer Mutter vielsagende und malerische Briefe geschrieben hatte, verfasste Ibsen ein Gedicht, in dem Freiheit das zentrale Thema bildete. Hier erschien Ägypten als Inbegriff einer Gesellschaft in Stillstand und Unfreiheit, Ägypten erschien geradezu als Norwegens Gegensatz. Die Memnon-Statue, die im heutigen Ägypten noch immer bei Luxor aufragt, »ein Bild aus Granit im Morgenland«, war für ihn die eigentliche Metapher oder das Bild dafür, dass Freiheit eher Taten als Worte erforderte. Die Statue starrte ihn an mit »seelenlosem Blick zum Himmelsrand des Morgenlands. So stand sie Jahr um Jahr in trägem Traume ...«

Als Ibsen vier Jahre später ein Spottgedicht auf einen Autor schrieb, der Dänisch als Bühnensprache in Norwegen verteidigt hatte, führte er die ägyptische Geschichte gegen ihn ins Feld. Ibsen hielt die Vorstellung des Kollegen, die Sprache der ehemaligen Herren über Norwegen weiterhin zu nutzen, für tot wie Steine, längst verworfen von der Entwicklung. Zusätzliche Munition für seinen Angriff holte er, indem er seinen altmodischen Widersacher mit dem Verknöchertsten und Konservativsten verglich, das er sich nur denken konnte, nämlich Ägypten. Die einbalsamierte Leiche »lag so stolz in ihrem versteinerten Leichentuche«, ja, »sie hatte vergessen, wie schön die Sonne funkeln kann«, deshalb: »Ein bitter Lächeln wohl der Mumie Mund umspiele, mit Spott für die Zeit, denn die steht nicht stille.«

Ibsen war zu diesem Zeitpunkt noch nie am Nil gewesen. Es muss deshalb gestattet sein, seinen Gebrauch von Metaphern dahin gehend zu deuten, dass er von einer allgemeinen europäischen Denkweise jener Zeit beeinflusst war. Vielleicht hatte ihn hier auch Georg Friedrich Hegel inspiriert, denn dieser Philosoph griff in seiner Kunst- und Geschichtsphilosophie ausgiebig auf religiöse und künstlerische Symbolik aus der ägyptischen Antike zurück. Aber dieses Bild war komplexer, wie sich nun zeigen wird. In *Peer Gynt* beschreibt Ibsen beispielsweise Peers Verwirrung im Angesicht der Sphinx:

Doch dieser seltsame Kreuzungsversuch, / dieser Wechselbalg, beides, so Löwe wie Weib, – / Hab' ich den auch aus einem Märchenbuch? / Oder sah ich schon einmal solch einen Leib? / Ein Märchenspuk? Ha, jetzt beginnts mir's zu tagen! / Das ist ja der Krumme, den ich einstens erschlagen.

Die Sphinx steht also nicht für das versteinerte Ägypten, sondern für norwegische Märchen; der Krumme und die Sphinx sprechen Deutsch mit Berliner Akzent. Statt das »Fremde« oder das »Andere« oder das »Versteinerte« zu repräsentieren, sind sie ein Bild von etwas Europäischem und Norwegischem.

Im Rahmen seines Auftrags für den schwedischen König und vor dem Eröffnungsfest nahm Ibsen teil an einer Reise den Nil entlang zur Nubischen Wüste an der Grenze zum heutigen Sudan. Er fuhr zusammen mit 85 weiteren Gästen des ägyptischen Khediven; 24 Tage dauerte die Expedition. Ibsen wollte eigentlich einen Reisebericht darüber veröffentlichen, doch daraus wurde niemals etwas. 1870 schrieb er indessen unter dem geheimnisvollen Titel »Ballonbrief an eine schwedische Dame« ein längeres geschichtsphilosophisches Gedicht, in dem er auf eine Reise eingeht: »Von Kairo nilauf flogen wir auf einer Fellucke wie ein Pfeil.« Hier sah er die Memnonstatue, »den Steinkoloss, der, wie Sie wissen, ein Stück gesungen«. Und er sah Luxor, Dendera, Sakkara, Edfu, Assuan und Phile, wie viele andere Reisende bis heute.

In seinem Gedicht geht Ibsen auf die großen Linien in der Kulturentwicklung der Welt ein, gedeutet innerhalb einer idealistischen Auffassung, in der Leben dem Tod gegenübergestellt wird, Stillstand der Entwicklung. Der Kampf wird dargestellt durch Bilder aus der ägyptischen, griechischen und altnordischen Mythologie, und Ägypten steht für Tod und Stillstand.

Siehe, es kam ein Windhauch von Norden her / ... Der Pharao samt seinem Hause / Vergraben im Sand des Vergessens. / Dort, wo das Heer ihn hingetragen / Fiel er leblos, stumm und leer, / tausend Jahr in Sarkophagen / fern vom Licht an allen Tagen. ...

Doch was war'n Ägyptens Götter? / Zählt sie nur, ihr heut'gen Spötter, / Doch was war ihr Lebenszweck? / Einfach nur Vorhandensein, / gemalt, erstarrt in ihrem Eck, / auf ihrem Stuhl im Feuerschein. ...

Keiner hört' den Ruf zum Leben, / Keiner durfte suchen, sünden, / aus der Sünd' sich dann erheben, / und muss deshalb heute künden / wie Ägypten vor viertausend Jahren / namenlos ins Grab musst' fahren.

Dieses Gedicht erklärte Ägyptens Entwicklung durch dessen Kultur beziehungsweise die Werte der Pharaonen. Sie hatten den »Ruf« nicht vernommen, also den Drang zur Erneuerung; deshalb war das Land erstarrt. Ibsens Vorstellungen stimmten überein mit dem modernisierenden europäischen Blick des 19. Jahrhunderts auf den Orient.

Eine solche Perspektive, welche die zeitgenössische kulturelle Selbstsicherheit in einem industrialisierten und triumphierenden Europa widerspiegelte, übersah Ägyptens spezifische Entwicklungshindernisse und konnte sich mit ihnen deshalb auch nicht beschäftigen. Dieselben natürlichen Merkmale des Nils, die zu einem Zeitpunkt, als die Europäer vielfach noch in Höhlen und in primitiven Jäger- und Sammlergesellschaften lebten, eine blühende pharaonische Zivilisation ermöglicht hatten, erschwerten es dem modernen Ägypten nun im 19. Jahrhundert, sich technologisch zu entwickeln – oder machten es sogar unmöglich. Während das moderne Wasserrad in mehreren europäischen Ländern zuerst Ernährung und Landwirtschaft und danach die Produktionstechnologie in Eisen- und Textilindustrie revolutionierte, war dies in Ägypten aufgrund des schwankenden Wasserpegels des Nils unmöglich. Gesellschaftsstruktur und -ökonomie mussten sich weiterhin dem natürlichen Flusslauf des Nils anpassen. Der Grund dafür war also nicht einfach die »Mentalität« der Ägypter, wie Ibsen meinte. Vielmehr stand ihnen die Technologie nicht zur Verfügung, die nötig gewesen wäre, um den Nil als Energiequelle zu nutzen und Ägypten damit auf einen Modernisierungskurs zu bringen. Es gab keine anderen Flüsse oder Bäche, auf die man hätte zurückgreifen können, während es beispielsweise in Norwegen Zehntausende von Flüssen und Bächen gab, die das ganze Jahr über mit ausreichender Fallhöhe Wasserräder antreiben konnten.

Was Ibsen in seinen Beschreibungen Ägyptens und überhaupt in seinem schriftstellerischen Werk beschäftigte, waren Mentalitäten, Denkweisen und Konventionen. Geografische Kontexte oder Strukturen fanden in seinem Geschichtsbild keinen zentralen Platz. Dabei war er in Skien geboren worden, einer Stadt, deren Geschichte die Grenzen jener Theorie über den historischen Wandel und die Bedingungen für die Entwicklung aufzeigt, die Ibsen beeinflusst hatte. Skien wurde im 19. Jahrhundert ein Bestandteil der modernen europäischen Wirtschaft – allerdings nicht, weil die Bürger der Stadt im Laufe der Jahrhunderte eine besondere Mentalität entwickelt hätten, sondern weil mitten durch die Stadt ein Fluss strömte, auf dem sich Holz aus den großen Wäldern von Telemark transportieren ließ und der als Energiequelle für Sägewerke, Mühlen und Fabriken genutzt werden konnte. Da Ibsen – wie es in der Epoche der industriellen Revolution üblich war – die unterschiedlichen Möglichkeiten ignorierte, die sich durch die verschiedenen Gewässersysteme in Norwegen und Ägypten ergaben, erklärte er schließlich die gesellschaftlichen Unterschiede mit den unterschiedlichen Mentalitäten der Menschen im jeweiligen Land.

Als Victor Hugo nach Napoleons erfolglosem Ägyptenfeldzug schrieb, »wir alle« seien Orientalisten, und als europäische Autoren wie Gustave Flaubert und Henrik Ibsen später Ägypten besuchten, erweiterte dies somit zwar die Kenntnisse. Das Verständnis für die Geschichte des Landes aber blieb begrenzt und wurde durch die internationalen Machtverhältnisse sowie die unter den Reisenden vorherrschenden Denkweisen beeinflusst. Obwohl Edward Saids Analyse also zu pauschal war, zeigte er dennoch einen wichtigen Aspekt der europäischen Geistesgeschichte auf.

Aktien und Besatzung

1882, gut 90 Jahre nach dem französischen Feldzug unter Napoleons Führung, marschierten britische Soldaten das Niltal hinauf. Die britische Regierung war entschlossen, die vollständige Kontrolle über den Suezkanal zu sichern, und insofern war es naheliegend, die Macht in Ägypten insgesamt zu übernehmen. Die Besatzung sollte dafür sorgen, dass europäische Investoren ihr Geld zurückbekamen, das sie in die ägyptische Wirtschaft und insbesondere in den Kanalbau investiert hatten. Zugleich wurde aber auch schnell deutlich, dass die Briten darauf aus waren, die strategischen Interessen des Empire langfristig zu sichern, nicht zuletzt indem sie den neuen Seeweg nach Indien kontrollierten, der so zu einem Kronjuwel des Empire wurde. Der Indische Ozean entwickelte sich zu einer Art britischem Binnenmeer. Natürlich wurde das letztgenannte Motiv aus politischen und diplomatischen Gründen heruntergespielt. Einmal mehr wurde Ägypten von ausländischen Eindringlingen erobert. Obwohl die britische Herrschaft nur einige Jahrzehnte dauerte, erwuchsen aus dieser relativ kurzen Periode grundsätzliche und revolutionierende Konsequenzen für den Nil und für das Verhältnis zwischen den Menschen und dem Fluss.

Ein Jahr zuvor, 1881, hatte Oberst Ahmed Urabi, ein in Ägypten geborener Offizier, sich an die Spitze eines Aufstands gegen das Osmanische Reich gestellt; Ägypten wurde seinerzeit immer noch formell von Istanbul aus regiert, wie Konstantinopel seit 1876 offiziell hieß. De facto wandte sich Urabi damit auch gegen die wirtschaftlichen Interessen Großbritanniens und Frankreichs, die mit Unterstützung des Vizekönigs durchgesetzt wurden, dem Nachfolger aus der Dynastie Muhammad Alis. Der unmittelbare Anlass für den nationalistischen Aufstand waren Proteste gegen Sparmaßnahmen im osmanischen Heer, in deren Folge die Anzahl ägyptischer Soldaten reduziert worden wäre. Urabi erweiterte seine politische Plattform durch eine Allianz mit traditionellen nationalistischen und religiösen Kräften, die sich grundsätzlich gegen jeglichen Einfluss aus dem Westen stellten.

Als der neue und junge Khedive Muhammad Tawfiq, der Sohn Ismails, mehrere von Urabis Forderungen erfüllte, wollten die europäischen Großmächte nicht länger untätig dasitzen und den Ereignissen zusehen. Sie hatten Angst, die Kontrolle über den Suezkanal zu verlieren, fürchteten aber auch, dass umfangreiche Investitionen in die Kanalgesellschaft sowie im übrigen Ägypten verloren gehen könnten. Muhammad Ali und sein Herrscherhaus hatten die umfangreiche Modernisierung des Landes und die Bezahlung der vielen ausländischen Experten mit enormen Kreditsummen finanziert, die sie bei europäischen Banken aufgenommen hatten. Der Verkauf der Kanalgesellschaftsaktien durch Ismail an Großbritannien zum Schleuderpreis kann nur vor dem Hintergrund der dramatischen Verschuldung Ägyptens verstanden werden. Trotzdem machten sich die europäischen Finanzhäuser mit dem Haus Rothschild an der Spitze immer mehr Sorgen um ihr Geld. Frankreich und England hatten derart große ökonomische Interessen in Ägypten, dass sie eine europäisch gelenkte Kommission einrichteten, die das Mandat erhielt, die ägyptischen Finanzen zu überwachen und für eine Wirtschaftspolitik zu sorgen, die Ägypten in den Stand versetzte, seinen Verpflichtungen nachzukommen. Was die beiden Länder damals etablierten, war eine frühe Form der Konditionalitätspolitik, wie sie die Weltbank in den 1990er Jahren praktizierte, nur wesentlich direkter und weitaus demütigender.

Frankreich und England waren sich in einer Sache einig: Ägypten musste seine Schulden begleichen. Doch unter der Oberfläche europäischer Einigkeit gab es eine starke Rivalität um Macht und Einfluss in der

Aktien und Besatzung

Region. Nachdem Tawfiq zur Bekämpfung des Aufstands um Hilfe aus dem Ausland gebeten hatte, wurde im Mai 1882 entschieden, eine gemeinsame britisch-französische Flotte als Machtdemonstration nach Alexandria zu entsenden.

Als die Kriegsschiffe im Juni gleich außerhalb von Alexandria vor Anker gingen, kam es in der Stadt zu gewalttätigen Unruhen. 50 Europäer wurden vom Mob getötet, was wiederum die gegen Urabi gerichtete Stimmung in Großbritannien anheizte. Urabi versuchte, die Unruhen einzudämmen, weil er Konsequenzen fürchtete, wenn er zu weit ginge. Im Juli verlangten die Briten von ihm, die Befestigungsanlagen von Alexandria einzureißen, andernfalls werde man die Stadt beschießen.

Frankreich entschied unterdessen, seine Schiffe zurückzuziehen, und löste sich aus der gemeinsamen britisch-französischen Front. Urabi wich nicht zurück. Daraufhin machten die Briten ihre Drohung wahr und schossen die Stadt in Flammen, ungefähr so, wie sie es 1807 mit Kopenhagen gemacht hatten, als ihnen die Herausgabe der dänischen Flotte verweigert worden war. Am 15. Juli gingen britische Kräfte an Land. Urabi und sein Heer zogen sich zurück, um den militärischen Widerstand zu organisieren.

Der britische Premierminister William Gladstone sprach im Unterhaus. Er bedauerte, dass es nicht gelungen sei, andere Europäer für die »Wiederherstellung von Ruhe und Ordnung« in Ägypten zu gewinnen. England sei aber bereit, allein vorzurücken, ob mit oder ohne Unterstützung anderer Mächte. Ein stabiles Ägypten unter dem Einfluss Großbritanniens sei die Voraussetzung dafür, den Suezkanal auf eine Weise zu betreiben, die den ganzheitlichen Interessen des Empire diente. Was Premierminister Gladstone nicht erwähnte und erst später von Historikern herausgefunden wurde, war die Tatsache, dass er selbst Aktien an der Kanalgesellschaft hielt und somit persönlich an der Invasion verdiente, für die er grünes Licht gab.

Großbritannien schickte mehr als 13 000 Soldaten, davon waren viele in Indien rekrutiert, unterstanden aber der Führung britischer Offiziere. Die Truppen gingen bei Alexandria an Land, griffen ein Heer von 20 000 Ägyptern an, trugen aber aufgrund technischer Überlegenheit schnell den Sieg davon. Die Briten marschierten weiter nach Kairo, aber Urabi war fest entschlossen, sie aufzuhalten – mit dem Nil als Waffe.

Wo die Ägypter Wasser als Kriegswaffe verwendeten

In der heutigen Zeit zu verreisen bedeutet, dass jede Stadt irgendwo beschrieben zu sein scheint und Reiseführer definieren, was man zu sehen hat. Zunehmend muss man einem Drehbuch folgen und dabei einer Art verbindlichem Enthusiasmus gerecht werden. Dieses »erzwungene Interesse« trifft insbesondere auf Reisen am Nil zu, in einem Gebiet und in einer Kulturlandschaft, die so ausführlich wie kaum ein anderer Ort auf Erden in der Reiseliteratur geschildert worden ist.

Tel el-Kebir im Nildelta allerdings ist vermutlich in keinem Reiseführer zu finden. Am 13. September 1882 fand hier eine entscheidende Schlacht statt. Ägyptische Nationalisten unter dem inzwischen zum ägyptischen Premierminister aufgestiegenen Oberst Urabi standen britischen Interventionstruppen in einer als »Wasserschlacht« geplanten Begegnung gegenüber.

Urabi hatte Tel el-Kabir für seine Verteidigungsstellungen gegen die Briten ausgewählt, weil ihm die örtlichen Gegebenheiten hier besonders geeignet erschienen. Als Bestandteil seiner militärischen Strategie hatten seine Soldaten den parallel zur Eisenbahnstrecke verlaufenden Kanal mit einem Damm versehen. Damit sollten die Invasionstruppen sowie die Stadt Ismailia am Ufer des Suezkanals von der Wasserversorgung abgeschnitten werden. Das Wasser als Waffe sollte die Briten dort treffen, wo es am meisten schmerzte.

Kriegsführung mit Wasser oder aquatische Kriegsführung, wie es in der Fachsprache heißt, hat eine lange Tradition, insbesondere in China. Im Laufe der Jahrhunderte wurden vielbändige Werke über die Kunst des Wasserkriegs und über Kriegsherren geschrieben, die ihre Feinde in schöner Regelmäßigkeit ertrinken oder verdursten ließen.[40] In Ägypten hingegen gab es keine derartigen Traditionen, nur vereinzelte Fälle. Im Jahr 50 v. Chr. etwa wurde Cäsar mit einem solchen Versuch konfrontiert, als er in Alexandria sein Lager aufschlug und rund um das große Theater nahe des heutigen Bahnhofs Ramleh Verteidigungsanlagen bauen ließ. Die einheimische Bevölkerung wehrte sich gegen die römischen Eindringlinge, indem sie die tiefen Süßwasserbrunnen zerstörte, von denen die Armee abhängig war und deren Wasser durch unterirdische Kanäle mit Nilwasser gespeist wurde – sie leitete Salzwasser in die Brunnen ein. In *Der alexandrinische Krieg* (das Buch wird Cäsar zugeschrieben, seine Urheberschaft ist jedoch umstritten) werden die Probleme beschrieben, die das

Bei Tel el-Kebir im ägyptischen Delta versuchten ägyptische Nationalisten 1882, den Nil als Kriegswaffe gegen die vorrückenden Soldaten des Britischen Empire zu verwenden, scheiterten jedoch. Die Briten setzten unter anderem bengalische Reiter ein. Zeichnung von Herbert Johnson, 1882.

Heer hatte, weil das Wasser verunreinigt war und die Soldaten fürchteten, es wäre vergiftet. Die Lösung für dieses Problem bestand darin, die Brunnen tiefer zu graben, bis hinunter zum Grundwasserspiegel.

Auch vor 1882 hatte es in der ägyptischen Geschichte Wasserkriege gegeben. Wie wir gesehen haben, versuchte der Kalif al-Mansur im Jahr 767, Aufrührer in Medina auszuhungern, indem er den Kanal zwischen dem Nil und dem Roten Meer sperren ließ – indirekt auch ein Zeichen für die Bedeutung des Niltals in der Konsolidierung der Macht des islamischen Kalifats. Im Krieg gegen die Kreuzfahrer dienten die Wasserwege des Deltas als strategische Waffe gegen die stromaufwärts marschierenden Truppen. So öffneten die Ägypter beispielsweise im September 1163 erfolgreich die Deiche bei Bilbeis.[41] Auch im Krieg gegen Napoleons Truppen Ende des 18. Jahrhunderts wurde Wasser als Waffe eingesetzt, wenn auch in geringerem Umfang. Der Emir in Damanhur vereinbarte mit Jean-Baptiste Kléber, dem damaligen Oberbefehlshaber der französischen

Truppen in Alexandria, die Stadt zum gleichen Preis mit Wasser zu versorgen, den er von der früheren Verwaltung verlangt hatte. Das Dorf Birkat Gittas jedoch schloss eine Allianz mit einem anderen lokalen Herrscher und blockierte den Kanal, um die Franzosen zu treffen. Kléber entsandte daraufhin 600 Soldaten. Er befahl, die Köpfe aller getöteten Männer auf Pfähle zu stecken, sodass sie von den Vorbeikommenden gesehen werden konnten. Kléber ließ entlang des Nils eine Bekanntmachung verbreiten, in der er die Bevölkerung davor warnte, dem Beispiel der Dorfbewohner zu folgen. Die Maßnahme wirkte.

1882 wollte Urabi das Wasser bei Tel el-Kabir als Bestandteil seiner Kriegsführung gegen die bis dahin stärkste Kriegsmacht der Welt auf effektivere Weise und in größerem Umfang einsetzen. Doch durch mehrere blitzschnelle Überraschungsangriffe – die Briten bewegten sich nachts und navigierten mithilfe der Sterne – gewannen sowohl ihre Infanterie als ihre Kavallerie die jeweiligen Gefechte. Als der Tag anbrach, standen die Interventionstruppen bereits knapp 140 Meter vor den ägyptischen Kräften. Sofort begann der Schusswechsel, und der Aufstand wurde niedergeschlagen, ehe irgendjemand die Effektivität der Wasserwaffe erproben konnte.

Der Weg nach Kairo stand den britischen Truppen offen.

Am Schnittpunkt von Geschichte, Fluss und Meer

Die Gegenwart misszuverstehen, ist die unausweichliche Konsequenz fehlenden Wissens über die Vergangenheit. Zugleich wäre es verschwendete Zeit zu versuchen, die Vergangenheit zu verstehen, ohne sich für die Gegenwart zu interessieren. Die eigentliche Stärke des Historikers liegt daher, wenn überhaupt, in seiner Fähigkeit, das Lebende und Zeitgenössische in dessen geschichtlichem Kontext zu verstehen. Daher verweilt der Historiker in diesem Sinne nicht in der Vergangenheit, ist nicht auf der Jagd nach dem entscheidenden »Gestalter«, sondern befindet sich in der Gegenwart, betrachtet sie aber mit einem historischen Bewusstsein. Nur mit einem solchen Blick auf die Geschichte ist es möglich, sich von ihrer »blinden Macht« zu lösen, und allein auf diese Weise lassen sich die Forschung sowie die Fragen, die sie aufwirft, von Moden und Einflüssen der Gegenwart befreien.

Die Geschichte des Nildeltas erscheint angesichts der dunklen Wolken, die viele über seiner nahen Zukunft aufsteigen sehen, in einem neuen

Am Schnittpunkt von Geschichte, Fluss und Meer

Licht. Vor dem historischen Hintergrund, den ich gezeichnet habe, hebt sich zudem die Gegenwart deutlicher ab. Ich befinde mich an dem größten antiken Monument Alexandrias, der Pompeiussäule. Sie erhebt sich über den Ruinen des alten Serapistempels im Südwesten der Stadt. Die Säule besteht aus rotem Assuan-Granit, sie ist fast 27 Meter hoch und hat einen Umfang von neun Metern. Es ist umstritten, wer die Säule hat errichten lassen, doch höchstwahrscheinlich war es Diokletian, der römische Kaiser, der für eine blutige Christenverfolgung verantwortlich war. In der Nähe der Säule sehe ich Überreste eines alten Nilometers, eines der vielen Beispiele für die Form von Rationalität und für die Beschäftigung mit der Wirkungsweise der Natur, die das altägyptische, das römische und später das islamische Ägypten gemein hatten. Heute verstecken sich diese Messvorrichtung für den Wasserstand des Nils sowie die prächtige Säule zwischen den Ruinen der alten Befestigungsanlagen, was das unbeständige Verhältnis der Stadt wie des Deltas zum Fluss symbolisiert, dem beide ihre Existenz verdanken.

Alexandria wurde durch das Zusammenspiel von Geschichte, Fluss und Meer geschaffen; die Stadt ist wesentlich geprägt durch seine Lage an der fragilen, sich verändernden Schnittstelle zwischen den seit der letzten Eiszeit gestiegenen Meeresspiegeln, den periodischen, aber dauerhaften Veränderungen des Nilcharakters sowie der sich wandelnden Wasserpolitik der jeweiligen Herrscher. Und ebenso hat auch das Delta verschiedene Phasen durchlaufen. Der von Herodot beschriebene Ort hatte schon damals seit Tausenden von Jahren dramatische ökologische Veränderungen erfahren, sowohl aufgrund natürlicher Veränderungen im Nil selbst als auch aufgrund der Versuche der Pharaonen, den Fluss zu bändigen. Das Delta, in dem heute mehr als 50 Millionen Menschen leben, ist nicht mehr dasselbe, durch das Cäsar und Kleopatra segelten, durch das Napoleons Soldaten wanderten und das Ibsen und Flaubert sahen. Die heutige Situation ist beunruhigend. Der Weltklimarat IPCC der Vereinten Nationen hat das Delta als eine der am stärksten gefährdeten Regionen des Planeten bezeichnet. Das Gremium warnt, ein Drittel der Fläche werde in den nächsten Jahrzehnten verloren gehen, wenn sich der aktuelle Trend fortsetze. Die dramatischsten Vorhersagen gehen davon aus, dass das Mittelmeer bis 2050 um fast einen Meter ansteigt und das Delta gleichzeitig absinkt, weil aufgrund der weiter flussaufwärts gelegenen Nildämme weniger Schlamm im Fluss mitgeführt wird.

Abermals wird das Delta durch seine Lage am Schnittpunkt zwischen Fluss und Meer sowie die menschlichen Versuche, sich den Fluss untertan zu machen, beeinflusst werden. 5000 Jahre lang dominierte die Natur den Charakter des Stroms, doch haben von der Mitte des 19. Jahrhunderts bis heute zahllose ägyptische Regierungen immer wieder auf das Delta eingewirkt. Besonders wichtig waren – wie wir noch sehen werden – die Entwicklungen nach der Besetzung Ägyptens durch die Briten am Ende des 19. Jahrhunderts sowie in den 1970er Jahren, als die Ägypter den Nil in einen Kanal verwandelten.

Bevor der Nil in Ägypten vollständig gezähmt wurde, hatte der Fluss seit Jahrtausenden der Tendenz zur Erosion und Landabsenkung entgegengewirkt. Seestürme und Wellen haben stets die Küste angegriffen, doch bis vor Kurzem wurden sie mit einer Gegenkraft konfrontiert: dem sedimentlastigen Nilwasser. Der Assuandamm veränderte über Nacht diesen natürlichen Kampf zwischen Schlamm und Meer, und die Auswirkungen dieser »schlammhistorischen Verschiebung« sind erst seit einigen Jahrzehnten zu spüren.[42]

Die Beziehung zwischen Delta, Fluss und Meer befindet sich in einem neuen Zustand des Ungleichgewichts. Wie wir später noch sehen werden, ist diese Situation eingetreten, ohne dass eine Absicht oder Intention dahintersteckte.

NACH KARNAK UND ZU DEN KATARAKTEN DES NILS

Von den Arabern gegründet, von den Briten eingenommen

Die beste Einführung in die Stadt Kairo und ihre historische Geografie erhält man durch die Aussicht vom Fernsehturm auf der Insel Gezira. Von hier aus sieht man dicht an dicht stehende graue Hochhäuser, die auseinander herauszuwachsen oder aneinandergelehnt zu sein scheinen, mit schwarzen, in den wüstenfarbenen Fassaden wie Löcher wirkenden Fenstern. Über den Fluss führen mehrere Brücken, die gleichsam die Stadt zusammenhalten und auf denen der Verkehr oft ganz zum Erliegen kommt. Vom Turm aus sieht man auch deutlich, wie die Stadt an den Ufern des Flusses zusammengepresst ist, im Osten und Westen von Wüste umgeben. Wenn man sich vergegenwärtigt, wie eng die Hochhäuser Schulter an Schulter und Rücken an Rücken beisammenstehen und wenn man beobachtet, wie sich die Fahrzeuge auf den Brücken drängeln, die sich im Süden und Norden über dem Nil wölben, kann man sich tatsächlich vorstellen, dass die Stadt heutzutage 20 Millionen Menschen beherbergt.

Der Fluss kommt von Süden aus Afrika in die Stadt, passiert die Südspitze der Insel Roda und den Nilometer und kommt einem gemächlich unter den Brücken hindurchfließend entgegen. Im Norden verlässt der Fluss die Stadt in Richtung Mittelmeer und Delta, als hätte er ein Kapitel seiner Geografie und Biografie hinter sich gelassen. Fast parallel zu ihm im Osten liegt der Mokattam-Hügel mit der Zitadelle, die nicht nur an die Regentschaft Saladins erinnert, sondern auch heute noch über die Stadt zu wachen scheint. Nur wenige Kilometer vom Flussufer entfernt zeichnet sich am Horizont klar Wüstengebirge ab. Im Westen Sakkara, Gizeh und an klaren Tagen die Pyramiden, auch dort die Wüste im Hintergrund.

Kaum etwas hat so viele Schriftsteller inspiriert – und ist öfter in

Kairo, »die Mutter aller Städte«. Rund 20 Millionen Menschen halten sich jeden Tag in dieser von Wüste umgebenen und vom Nil am Leben gehaltenen Stadt auf.

Briefen von Touristen an die Lieben daheim beschrieben worden – wie die Pyramiden. Der Bau der Pyramiden begann etwa 2650 v. Chr. zu Anfang der dritten Dynastie. Cheops (ungefähr 2585–2560 v. Chr.) ließ die größte von allen errichten, in Europa als Cheops-Pyramide bekannt, während sein Sohn Chephren (etwa 2555–2532 v. Chr.) die zweitgrößte bauen ließ (sie durfte nicht größer als die des Vaters sein). Der Römer Plinius der Ältere ist einer der wenigen, die sich nicht haben imponieren lassen. Er sah in den Pyramiden die größte Verschwendung aller Zeiten und den Ausdruck herrschaftlichen Größenwahns. Man könne sich ihren Bau nur damit erklären, dass die Pharaonen zum einen »ihren Nachfolgern oder den ihnen nahestehenden Nebenbuhlern kein Geld hinterlassen wollten«, und damit, dass »der Pöbel nicht müßiggehen sollte. Die Eitelkeit jener Menschen ist in dieser Hinsicht sehr groß gewesen.« Jedenfalls handele es sich bei diesen Pyramiden um eine »unnütze und törichte Prahlerei des Reichtums der Könige«.[43]

Wenn es um gefeierte Weltwunder wie die Pyramiden geht, ist es manchmal einfacher, sie in der Kunst oder als Erwartung wahrzunehmen als in der Wirklichkeit. Historische Erzählungen und künstlerische Visionen lassen aus, fassen zusammen und werten alles auf, was eigentlich langweilig oder irrelevant ist. Beide lenken die Aufmerksamkeit oder fokussieren die Gefühle auf zentrale Aspekte der Pyramide oder auf besondere Augenblicke in ihrer Geschichte und verleihen den Reisen damit eine Kohärenz und Klarheit oder Lebendigkeit, die ihnen in der Realität fehlen mag: Im ablenkenden Nebel der Gegenwart steht der Reisende vor dem Ziel, aber es ist zu warm, die Strümpfe jucken, und ein ungebetener Guide taucht plötzlich breit grinsend hinter einem Stein oder einem herausgeputzten Kamel auf und will einem gegen Extragebühr einen »very special place« zeigen. Trotz solcher unvermeidlich eintretenden Ablenkungen hat das Aufsuchen der Pyramiden stets zu überraschend ähnlichen Beschreibungen geführt, in denen üblicherweise ihre unübertroffene Größe und nachdrückliche Beständigkeit dominiert. Aus der Ferne betrachtet, spiegelt ihr hypermonumentaler Charakter deutlich die rücksichtslose Fähigkeit der Herrscher wider, sich selbst Denkmäler zu errichten und damit auch zu versuchen, sich das ewige Leben zu sichern.

Die arabischen Eroberer gründeten zunächst die Stadt Fustat am Ostufer des Flusses, am Rande des heutigen Kairo. Eigentlich habe der Feldherr Amr ibn al-As Alexandria zur Hauptstadt machen wollen, sei aber vom Kalifen Umar davon abgehalten worden, heißt es in frühen Überlieferungen. Keine Hauptstadt solle durch Wasser von Medina getrennt sein, und der Nil verlaufe ja östlich von Alexandria. Nach der Schlacht mit den Byzantinern im Jahr 642 schlug Amr also sein Lager in Fustat auf. Einige Jahrhunderte später wurde die daraus entstandene Stadt als Teil der im Kampf gegen die Kreuzfahrerheere angewandten Taktik der verbrannten Erde niedergebrannt, während das nördlich gelegene Kairo zu Füßen der Zitadelle heranwuchs, die Saladin Ende des 12. Jahrhunderts hatte errichten lassen.

Diese Zitadelle, die auf dem Mokattam-Hügel nahe des Zentrums des heutigen Kairo aufragt, war Schauplatz für viele der wichtigsten Ereignisse in der Stadtgeschichte, aber der Bau sagt auch viel aus über das Verhältnis zwischen den Religionen in Ägypten. Die beiden Architekten, die Saladin mit dem Bau von Zitadelle und Stadtmauer beauftragte, waren koptische Christen. Die christlichen Architekten bauten also im Auftrag des muslimischen Sultans eine Mauer, die die Stadt gegen die Kreuzfahrer beschützen sollte. Die Mauer rund um die Zitadelle erstreckte sich vom Ufer des Nils in einem Halbkreis zurück zum Flussufer. Heute liegt das östliche Flussufer aufgrund von Stadterweiterungen woanders, man muss also historisches Kartenmaterial zurate ziehen, um das Ganze vor sich zu sehen. Ohne beschützten Flusszugang war die Zitadelle natürlich unbrauchbar.

Nicht nur das Wasser kam aus dem Süden nach Kairo hinein. Auch Dünger in Gestalt von Schlamm aus den Bergen Äthiopiens wurde von dort in Richtung Norden getragen. Gold und Elfenbein kamen ebenfalls aus dem Süden, und in manchen Perioden waren auch Expeditionen flussaufwärts zur Beschaffung von Sklaven sehr wichtig. Besonders nach Muhammad Alis Besetzung des Sudan wurden Tausende Sklaven in gewaltigen Karawanen nach Ägypten transportiert. Nachdem Russland den Kaukasus unterworfen hatte, war der Zufluss an Sklaven von dort ausgetrocknet, daher stieg die Notwendigkeit, diese aus Schwarzafrika zu beschaffen. In der ersten Hälfte des 19. Jahrhunderts war der Sklavenmarkt in Kairo eine Touristenattraktion (er wurde Mitte des Jahrhunderts geschlossen, der Handel lief jedoch hernach im Verborgenen weiter). Pastor Michael Russell schrieb 1831 über seine Begegnung mit dem Sklavenmarkt: »Die äthiopischen Frauen, welche nach Ägypten zum Verkaufe gebracht werden, sind, trotz ihrer schwarzen Farbe, außerordentlich schön. Sie haben ganz regelmäßige Züge und feurige Augen. Es wurden viele von den Franzosen gekauft, während sie im Lande waren.«[44] Die ägyptische Elite brauchte diese Sklaven nicht für die Landwirtschaft, niemand produzierte mehr Überschuss als die hart arbeitenden ägyptischen Kleinbauern. Im Haushalt jedoch erachtete man Sklavinnen als notwendig, unter anderem aufgrund der Praxis der Polygamie. Und die Staatsführung benötigte Soldaten, die sich dem jeweiligen Herrscher gegenüber loyal zeigten. Innerhalb dieses Systems entwickelten die Kopten ihre Spezialität: Sie waren besonders geschickt darin, aus Sklaven Eunuchen zu machen. Es gab zwei Operationsarten: Entfernung des Penis oder Entfernung der Hoden.[45] Aufgrund der hohen Sterblichkeit war der Preis für Eunuchen viel höher als der für andere Sklaven.

Kairo liegt strategisch günstig; die Stadt kontrolliert sowohl politisch als auch militärisch den Zugang zum Delta. Zugleich eignet sich die Lage, um Oberägypten zu beherrschen, eine solche Rolle hatte schon die alte pharaonische Hauptstadt Memphis eingenommen, die direkt außerhalb des heutigen Kairos lag. Nach und nach entwickelte sich Kairo zur wichtigsten Stadt des Nahen Ostens und Afrikas.

In seinem Bericht über den Aufenthalt in Kairo im Jahr 1326 schildert der große arabische Reisende Ibn Battuta die Koexistenz der Stadt mit dem Fluss. Er schreibt:

Man sagt, es gebe in Kairo 12 000 Wasserträger, die das Wasser auf Kamelen transportieren, und 30 000, die Maultiere und Esel vermieten, und dass es auf dem Nil in der Stadt 36 000 Boote gibt, die dem Sultan und seinen Untertanen gehören und die vollgeladen mit allen erdenklichen Waren stromaufwärts bis Oberägypten und den Fluss hinab bis Alexandria und Damiette reisen. ... Der Nilreisende benötigt keinen Proviant, denn er kann, wo immer er möchte, an Land gehen, um sich zu waschen und mit Proviant zu versorgen, um zu beten oder für alle anderen erdenklichen Vorhaben. Von Alexandria bis Kairo und von Kairo bis ins oberägyptische Assuan reiht sich Markt an Markt.[46]

Noch begeisterter äußerte sich der bekannteste Historiker der arabischen Welt, Ibn Chaldun. Er besuchte Kairo einige Jahrzehnte nach Ibn Battuta im Jahr 1382, und auf ihn geht die legendäre Bezeichnung für Kairo als »Mutter aller Städte« zurück. Kein Wunder, dass man ihm dort eine Statue errichtete, die nun prominent auf dem nach ihm benannten Platz steht, beschrieb er die Stadt doch als »Stadt des Universums« und »Orchidee der Welt ... beschienen vom Monden- und Sternenlicht seiner Gelehrten«.

Wenn man alte Karten und Zeichnungen mit der Stadt vergleicht, die sich einem heute vom Fernsehturm aus darbietet, so kann man deutlich sehen, wie sie nach und nach der direkten, despotischen Macht des Nils entkommen ist. Eine der bekanntesten Karten wurde im 16. Jahrhundert vom venezianischen Kartografen und Drucker Mateo Pagano angefertigt. Nachdem er das 1549 erschienene Buch *Descriptio Alchiriae* des französischen Orientalisten Guillaume Postel gelesen hatte, zeichnete er eine außergewöhnlich genaue und korrekte Karte von Kairo, die erste dieser Art – ohne die Stadt selbst je betreten zu haben. Er zeichnete sie aus einer imaginierten Luftperspektive, und während ich unzählige gestochen scharfe Panoramabilder mit meiner Canon-Kamera knipse, denke ich, dass der technologische Fortschritt ein Segen für uns Normalsterbliche ist, denen das Genie dieses Kartografen fehlt.

Die Gezira-Insel, auf der jetzt der Fernsehturm als selbstbewusste Landmarke thront, war bis Mitte des 19. Jahrhunderts aufgrund der jährlichen Überschwemmungen nicht bewohnbar. Ismail, der Khedive, der den Suezkanal eröffnete, setzte in seinem Bestreben, aus Kairo eine Art Paris des Nahen Ostens zu machen, auch hier Ingenieure ein: Die Ufer wurden befestigt, und er ließ auf der Insel seinen Palast errichten. 1869, im Jahr der Kanaleröffnung, wurde auch der Palast fertiggestellt und war einzugsbereit. Rund um den Bau schuf ein französischer Landschaftsarchitekt eine riesige Parkanlage mit exotischen Pflanzen, die aus aller Welt hierhergebracht worden waren; hier konnte die königliche Familie jagen, den Nachmittag auf der Trabrennbahn verbringen oder Polo spielen. Ursprünglich war der Park fast fünf Hektar groß, heute aber lassen die vielen Hotels und Sportklubs kaum noch erkennen, dass diese grüne Lunge ein frühes Beispiel für den Wunsch der herrschenden Elite im 19. Jahrhundert war, am Nil Europa zu kopieren.

Von oben betrachtet, offenbart Kairo auf brutale Weise seine Abhängigkeit vom Fluss. Es wird nicht nur deutlich, wie er überhaupt erst ermöglichte, hier zu siedeln. Jede einzelne Grünanlage in Kairo wird mit Wasser vom Nil bewässert, die mehr als fünf Millionen Autos, die jeden Tag in der Stadt unterwegs sind, werden mit Nilwasser gewaschen, jede einzelne Körperreinigung der rund 20 Millionen hier lebenden Menschen wird mit Wasser des Nils vollzogen, und auch der Fußballplatz direkt unter dem Turm sowie die Pferde nebst Reitern, die um die Kurven der geradeaus nördlich liegenden Reitanlage galoppieren, sind abhängig vom Wasser des Nils. Ohne das Wasser, das aus dem Inneren Afrikas hierher strömt, würde es schlicht kein Kairo gegeben.

Es gibt heute viele pessimistische Vorhersagen über Kairos Zukunft, aber man kann immer Trost in der Geschichte finden: Der Mythos des Phönix entstand hier in dieser Gegend, denn alle 500 Jahre sollte der mythische Vogel mit der fantastischen Federpracht ins ungefähr acht Kilometer nordöstlich des heutigen Kairo gelegene Heliopolis, das biblische On, zurückkehren. Dort landete er auf dem brennenden Altar des großen Sonnentempels, um aus seiner Asche wiederaufzuerstehen, eine direkte Parallele zu einem Ägypten, das ebenfalls aus der Wüste wiederauferstand – jedes Jahr, nach jeder Überschwemmung.

Ein Nilometer, der nichts mehr misst

An der äußersten Südspitze der Insel Roda (man kann sie leicht vom Fernsehturm aus sehen) und nicht weit von den Pyramiden von Gizeh entfernt steht ein Gebäude mit einem braunen, kegelförmigen Dach, das ein Muss ist für alle, die Ägypten und Kairo verstehen wollen. Es handelt sich um das Haus der Überschwemmung. Jedes Mal, wenn ich es besucht habe, war ich alleine dort. »Hallo Wächter, wo bist du?« Er taucht auf, beugt sich zum Schloss hinab und schließt die Tür auf; es ist stockfinster. Er macht das Licht an, und plötzlich wird ein ungemein harmonischer und schöner

Ein Nilometer, der nichts mehr misst

Raum sichtbar. Eine breite Marmortreppe windet sich die Wand empor, mitten im Raum steht eine große Säule. Wir befinden uns in einem der vielen Nilometer Ägyptens, allerdings in dem wohl schönsten. Nachdem Nilometer über viele Generationen hinweg eine zentrale Rolle im Leben der Ägypter eingenommen haben (der sogenannte Palermostein aus dem 25. Jahrhundert v. Chr. hat eindeutige Inschriften über Nilfluten), ist dieser hier ebenso wie die zahlreichen anderen heute völlig funktionslos. Die Nilpolitik der Briten leitete eine technologische Entwicklung ein, durch die sie irrelevant wurden. Ihre Bedeutung liegt nun gerade darin, dass sie bedeutungslos geworden sind, denn diese Tatsache unterstreicht die Entwicklung, die Ägypten während des letzten Jahrhunderts durchlaufen hat.

Der Nilometer von Roda wurde 861 auf Befehl des Abbasiden-Kalifen al-Mutawakkil errichtet. Aber wahrscheinlich gab es an der gleichen Stelle schon seit der Pharaonenzeit einen Nilometer. Die ägyptische Staatsmacht verfügte schon äußerst früh über eine spezialisierte Wasserverwaltung, *Per Mu* genannt. Eine ihrer zentralen Aufgaben bestand darin, das Hochwasser zu messen und zu versuchen, dessen voraussichtlichen Höchststand zu bestimmen. So konnte man vorhersagen, wie der Herbst werden würde und welche Maßnahmen man ergreifen musste. Vor allem aber wurde auf diese Weise ermittelt, wie viele Steuern man von den Bauern würde einfordern können. Um diese Messungen durchzuführen, wurden entlang des Flusses die Nilometer errichtet, so wie hier das Haus der Überschwemmung. An der Säule sind in regelmäßigen Abständen Striche eingeritzt. Stand das Wasser an der Säule zu niedrig, wussten alle, dass sie in diesem Jahr von Nahrungsmangel und Hunger betroffen sein würden. Waren an der Säule mehr als 25 Striche bedeckt, stand das Wasser zu hoch, würde zu lange bleiben und in dem Jahr die Ernte zerstören.[47] Die lokalen Herrscher hatten deshalb Leute, die herumgingen und ausriefen, welche Markierung das Wasser in den Nilometern entlang des Flusses erreicht hatte.

Anfang des 17. Jahrhunderts war die Kenntnis über die historische Bedeutung der Nilmessungen in Europa so verbreitet, dass der englische Dramatiker William Shakespeare den römischen Feldherrn Markus Antonius, der nach Cäsar über Ägypten herrschte, sagen lässt:

> So ist der Brauch; sie messen dort den Strom / Nach Pyramidenstufen; daran sehn sie / Nach Höhe, Tief und Mittelstand, ob Teurung, / Ob Fülle folgt. Je höher schwoll der Nil, / Je mehr verspricht er; fällt er dann, so streut / Der Sämann auf den Schlamm und Moor sein Korn / Und erntet bald nachher.[48]

Kaum ein menschliches Vorhaben ist so regelmäßig über so lange Zeit durchgeführt worden und hat eine so große ökonomische und politische Bedeutung gehabt wie die Messung des Nil-Wasserstands. Dieser Nilometer auf der Insel Roda in Kairo wurde 861 auf Befehl des Abbasiden-Kalifen al-Mutawakkil errichtet.

Da die Wirtschaft und die Steuereinnahmen Ägyptens maßgeblich von diesem einen Faktor abhingen, wird man schwerlich irgendeine andere ökonomische und soziale Handlung finden, die so regelmäßig und so lange vollzogen worden ist und die eine größere Bedeutung gehabt hat als die Wasserstandsmessung des Nils in Ägypten. In unserem von Wasserknappheit und Klimakrise geprägten Zeitalter haben die Messungen mit den Nilometern eine neue Relevanz bekommen. Sie sind eine unschätzbare Quelle der Klimageschichte unseres Planeten. Denn kein anderes Naturphänomen ist so regelmäßig über so viele Jahre und so genau überwacht worden wie der Wasserstand des Nils.

Die Ägypter zeichnen auch verantwortlich für die Entwicklung eines der ersten Kalender. Das war vor ungefähr 5000 Jahren, und er beruhte vollständig auf der Rolle des Nils in der Gesellschaft und auf der Natur des Flusses.[49] Seine wichtigste Funktion bestand darin, die Flutsaison anzukündigen. Aus demselben Grund ließen die Ägypter vom Mondkalender ab und entwickelten – als erste Gesellschaft – einen Sonnenkalender mit 365 Tagen. Sie hatten beobachtet, dass Sirius (»der Hundsstern«) einige Tage vor Eintreffen der jährlichen Flut direkt vor Sonnenaufgang zu sehen war. Die Bedeutung des Nils für den Arbeitsrhythmus und die Steuereinnahmen des Staates war daher in Kombination mit der hydrologischen Regelmäßigkeit des Flusses die fundamentale Voraussetzung dafür, dass der Sonnenkalender (ein Vorläufer des Julianischen Kalenders) entwickelt werden konnte und Bedeutung erlangte.

Als die Briten die Macht über den Nil übernahmen, wurde die Messung des Wasserstands noch wichtiger und noch wissenschaftlicher. Die alten Nilometer hatten jedoch ausgedient, weil sich das Verhältnis zwischen Mensch und Fluss änderte.

Konservative Kolonialisten als Vortrupp der Revolution

Nachdem die Briten 1882 die Macht in Ägypten übernahmen, das offiziell weiterhin zum Osmanischen Reichs gehörte, taten sie dies hauptsächlich, um Londons Kontrolle über den Suezkanal zu sichern. Sie erkannten aber auch schnell, dass die Stabilität ihrer Herrschaft von der weiteren Entwicklung des Landes abhing und es dafür in erster Linie darauf ankam, den Nil zu kontrollieren.[50]

Wie um zu betonen, dass sie nun einen Flussstaat regierten, richteten sie ihr Hauptquartier in Zamalek im Norden der Insel Gezira ein, nicht weit entfernt von den Parkanlagen, die der Khedive Ismail zwei Jahrzehnte früher hatte anlegen lassen. Hier trafen sie sich, um Tee oder Gin zu trinken und Konversation zu betreiben. Im Zentrum des sozialen Lebens der britischen Kolonie stand der Gezira Sporting Club, wo sie Golf, Polo, Squash und Tennis spielten. Wo auch immer sie sich auf der Insel bewegten, von überall aus konnten sie den Nil sehen, immer wieder wurden sie an den Fluss erinnert. Ihr Landsmann Percy Bysshe Shelley hatte bereits einige Jahrzehnte zuvor ein Sonett an den Nil geschrieben, das ihnen bekannt war:

> O'er Egypt's land of memory floods are level. / And they are thine, O Nile! And well thou knowest / The soul-sustaining airs and blasts of evil, / And fruits, and poisons spring where'er thou flowest.
>
> Die Fluten über Ägyptens Land der Erinnerung sind eben. / Oh, Nil, sie sind die deinigen! Und du kennst gut / Die Winde und Böen des Bösen, welche die Seele stützen, / Und Früchte und Gifte entspringen überall, wo du fließt.

Wenn das Land jemals imstande sein sollte, seine Schulden an die europäischen Banken zurückzuzahlen, und wenn die Besetzung Ägyptens britischen ökonomischen Interessen dazu dienen sollte, musste für einen wirtschaftlichen Aufschwung des Landes gesorgt werden. Die ägyptischen Auslandsschulden beliefen sich auf die schwindelerregende Summe von 100 Millionen Pfund; die jährlichen Ratenzahlungen betrugen fünf Millionen Pfund, von denen der Hauptteil nach Großbritannien floss. Ägypten konnte dieses Geld nur auf eine Weise aufbringen: durch die weitere Entwicklung der Landwirtschaft. London setzte auf Baumwolle. Baumwolle brachte die höchsten Erträge, außerdem würde der Anbau die Produktion von Nahrungsmitteln nicht beeinträchtigen, da Baumwolle im Sommer gepflanzt wurde, Weizen und andere Getreidearten dagegen im Winter. Nicht nur die britischen Banken waren am Aufbau einer ägyptischen Baumwollwirtschaft interessiert, sondern auch die Textilindustrie in Lancashire. Sie brauchte dringend gutes und billiges Rohmaterial; nach dem Amerikanischen Bürgerkrieg war Ägypten in dieser Hinsicht noch interessanter geworden. Daraus ergab sich eine zwingende Logik: Da Baumwolle eine Pflanze war, die am besten im Sommer wuchs, wenn der Wasserstand im Nil am niedrigsten war, mussten die jahreszeitlichen Pegelschwankungen ausgeglichen werden – und das in wachsendem Ausmaß. In politischer Hinsicht strebte Großbritannien deshalb eine immer stärkere und schließlich auch militärische Kontrolle über den Nil an.

In Analysen und Berichten über die Vergangenheit ist es unerlässlich, die Strukturen, die zum Erhalt der alten Ordnung beitragen, ebenso zu verstehen wie die Mechanismen, die zu radikalen Veränderungen führen und neue Strukturen entstehen und sich entwickeln lassen. Zugleich ist eine subjektlose Geschichte ebenso wenig fruchtbar wie ein Geschichtsverständnis, das sich nur für die Rolle von Einzelpersonen interessiert. Wir müssen die Überlegungen der Urheber dieser Veränderungen untersuchen, jener Persönlichkeiten, die Motor und Auslöser der Geschichte waren und die sich innerhalb der feststehenden und der veränderlichen Rahmen bewegten.

Evelyn Baring, der spätere Earl of Cromer, trug den offiziellen Titel Britischer Generalkonsul in Ägypten, war de facto jedoch von 1883 bis 1907 Ägyptens ungekrönter König – oder »der Puppenspieler«, wie er auch genannt wurde. Nur wenige verkörperten Arroganz und Überheblichkeit des Imperialismus so perfekt wie er. Der Engländer gewinne seine Sicherheit, so schrieb er beispielsweise, aufgrund der bereits errungenen »Triumphe von Weltrang«, die seine Vorfahren bei der Verwaltung anderer Regionen errungen hätten.

> Er schaut nach Indien und sagt sich, mit dem Selbstvertrauen des Imperienbauers: Ich habe es schon einmal geschafft, ich habe die Ryoten in Bengalen und Madras, die eng verwandt sind mit den ägyptischen Fellachen, mit Wohltaten überhäuft; jetzt werden diese Kleinbauern zudem Wasser für ihre kleinen Felder, Gerechtigkeit in ihren Gerichtshöfen und Immunität vor der Tyrannei erhalten, unter der sie schon so lange schmachten.[51]

Zugleich waren nur wenige Kolonialbeamte durchsetzungsfähiger als Lord Cromer. Eine seiner ersten Amtshandlungen als Befehlshaber über Ägypten bestand darin, eine Reihe von britischen Wasserexperten aus Indien zu holen. Cromer war dort für die Finanzen zuständig gewesen und hatte erfahren, wie vorteilhaft künstliche Bewässerung in tropischen Gegenden sein konnte. Er war ehrlich überzeugt, zwischen britischen und ägyptischen Interessen bestünde kein Gegensatz. Doch sah er sich als Vertreter einer überlegenen, rational orientierten Zivilisation, deren Vorteile auf der Hand lägen, und hielt die Ägypter mental für unfähig zur Selbstverwaltung. Er ging davon aus, die britische Wasserbewirtschaftung werde dazu führen, »die orientalische Seele« von der Überlegenheit der »westlichen Methoden« zu überzeugen und London Autorität und Legitimität

Lord Cromer, Ägyptens ungekrönter König von 1883 bis 1907, war der erste und einzige Staatsmann mit direkter Macht über die Nutzung des gesamten Nils. Er war ein wahrer Imperialist, rationell und paternalistisch, und setzte auf die Modernisierung Ägyptens und eine britische Nilordnung. Foto von 1906.

in Ägypten zu verschaffen. Und weiter schrieb er über Ägypten und die »Orientalen«:

> Der Mangel an Genauigkeit, der oft in Verlogenheit ausartet, ist in der Tat die auffälligste Eigenschaft des orientalischen Gemütes. ... Es ist, wie seine pittoresken Straßen, durch einen Mangel an Symmetrie gekennzeichnet. Obwohl die alten Araber in einem gewissen Grad die Wissenschaft der Dialektik entwickelt haben, versagen ihre Nachkommen auf auffällige Weise, wenn es um die Fähigkeit zu logischem Denken geht. Oftmals können sie nicht einmal die offenkundigste Schlussfolgerung ausgehend von schlichten Prämissen ziehen, die sie als zutreffend erkennen. ... Sogar hochgebildete Ägypter neigen dazu, alltägliche Geschehnisse durch das Eingreifen übernatürlicher Kräfte zu erklären.[52]

Das von den Briten entwickelte Verwaltungssystem unterschied sich von dem anderer Kolonialherren insofern, als es ein hydropolitisches Regime war. Seine Wirksamkeit in den ersten Jahren beruhte unter anderem auf Selbstsicherheit und dem Ethos der vorurteilsbeladenen Arroganz. Cromer selbst war der unumstrittene Herrscher, und alle Berichte und Briefe, die er nach London schrieb, belegen, dass er die hydrologischen und technischen Herausforderungen des Nils fest im Griff hatte. Seine engsten Mitarbeiter waren Bewässerungsingenieure – Männer wie Colin Scott-Moncrieff, William Willcocks und William Garstin. Er ließ diesen Bewässerungsingenieuren »freie Hand«, da er davon ausging, dass sämtliche in Bewässerungsprojekte gesteckten Summen gut investiertes Geld seien.

Innerhalb von zwei Jahrzehnten vollzog sich im ägyptischen Bewässerungssystem, das bislang noch nach den Methoden der Pharaonenzeit funktionierte, eine Revolution. Es wurde durch ein System ersetzt, das es ermöglichte, die Felder das ganze Jahr hindurch zu bestellen. Die Nachfrage nach mehr Sommerwasser in den 1880er Jahren und zu Beginn der 1890er Jahre kam aus allen Winkeln Ägyptens und von einflussreichen Interessengruppen in Europa, nicht zuletzt der mächtigen Baumwolllobby in Großbritannien, die den Import von billigerer und qualitativ höherwertiger Baumwolle aus Ägypten verlangte. Ein überaus aussagekräftiges Bild der Aufmerksamkeit, die der Nil in England genoss, ist die Tatsache, dass die *Times* regelmäßig den Wasserstand dieses Stroms mitteilte. Die ägyptische Elite selbst engagierte sich in Produktion oder Verkauf von Baumwolle, der Großteil des Bodens gehörte zum Privatbesitz des Khediven. Die Lebensbedingungen wurden verbessert, die Bevölkerung wuchs innerhalb von zwei Jahrzehnten um das Doppelte an und betrug 1897 fast zehn Millionen. Der von Muhammad Ali angestoßene Prozess der Modernisierung wurde unter Cromers Führung noch einmal entschieden vorangetrieben.

Vor einem solchen Hintergrund lässt sich mit Fug und Recht behaupten, dass die konservativen, paternalistischen und rassistischen viktorianischen Kolonialbeamten hinter der wichtigsten Revolution standen, die Ägypten seit Jahrtausenden erlebt hatte. Die Briten veränderten Ägypten in einem Tempo und einem Ausmaß, wie es das Land noch nie erlebt hatte. Straßen, Eisenbahnlinien, Schulen und schließlich auch Universitäten wurden gebaut, Frauen erhielten Zugang zur Bildung, das System der Zwangsarbeit wurde abgeschafft. Die Voraussetzung für alle anderen Reformen aber war, dass die Briten das Verhältnis zwischen Menschen und Fluss revolutionierten, was sich vor allem durch den Bau des ersten Assuandamms zeigte, der 1902 fertiggestellt wurde. Mit diesem Staudamm war es das erste Mal möglich, den jahreszeitlich bedingten Pegelstand des Flusses zu beeinflussen. Nun konnte man die landwirtschaftlich genutzte Fläche radikal vergrößern, und es war möglich, drei Ernten im Jahr und mehr einzufahren. Damit verbunden wurde auch der Rhythmus der Jahreszeiten, der das ägyptische Dorfleben Jahrtausende hindurch geprägt hatte, auf den Kopf gestellt. Die britischen Beamten, die sich im Gezira-Club zu Tee und Polo trafen, erfüllt von zivilisatorischem Selbstbewusstsein und paternalistischer Arroganz, aber auch geprägt von überlegener Verwaltungskunst und technologischer und hydrologischer Kompetenz, setzten auf verblüffende Weise die grundlegendsten Umwälzungen in Ägyptens jahrtausendelanger Geschichte in Gang. Ihre zahllosen Entscheidungen und bewussten Initiativen waren die Voraussetzung für diese Revolution, doch führte die koloniale Expansion zugleich in eine Sackgasse. Sie ignorierte gesellschaftliches Leben und die bestehenden Machtverhältnisse, sie stürzte alte Traditionen und Produktionsweisen um, und sie schuf Machtverhältnisse, Wirtschaftskräfte und technologische Kompetenzen, die gewissermaßen hinter dem Rücken der einzelnen britischen Verwaltungsbeamten wirkten, während diese ihre Nachmittage mit Polo am Nilufer zubrachten, oft versunken in die Belanglosigkeiten des Alltags.

Die Gestalt, die der britische Imperialismus in Ägypten annahm, war also in den ersten Jahrzehnten eine revolutionäre Kraft, ein mächtiger Agent der Veränderung, der die althergebrachten ägyptischen Institutionen unter Druck setzte. Weil die Briten die Entscheidungsgewalt über alle wichtigen Fragen in Ägypten ausübten, waren sie die eigentlichen Herrscher, obwohl sie auch hier offiziell zusammen mit der ägyptischen Verwaltung ihre Beschlüsse fassten.

Ein Fluss als Zuckerbrot und Peitsche

Mitten im Ersten Weltkrieg, 1916, wurde Ägypten zum britischen Protektorat ernannt. Während die Versailler Verträge in Europa die politische Stabilität untergruben, lösten sie im Niltal wie auch in China unmittelbar Revolutionen aus. Die ägyptische Revolution von 1919 wurde durch die in den Versailler Verhandlungen vorgebrachten Bekenntnisse zum Selbstbestimmungsrecht der Völker befeuert, zusätzlich entfaltete der Zusammenbruch des Osmanischen Reichs eine Sprengkraft, auf die die Briten nicht vorbereitet gewesen waren. Die weiteren Entwicklungen zwangen die Briten 1922 schließlich, die Unabhängigkeit Ägyptens offiziell anzuerkennen. London behielt jedoch die Macht über die Außenpolitik des Landes, sicherte sich das Recht, bei Suez einen riesigen Militärstützpunkt anzulegen, und behielt die Verantwortung für den Kanal. Nicht zuletzt

Ein Fluss als Zuckerbrot und Peitsche

unterstand alles, was mit dem Nil zu tun hatte, weiterhin der britischen Entscheidungshoheit.

Vom Ende des Ersten Weltkriegs bis in die späten 1920er Jahre verfolgten die Briten eine zweigleisige Politik. Einerseits trieben sie die Entwicklung des künstlichen Bewässerungssystems in Ägypten voran, andererseits setzten sie die Kontrolle des Flusses weiter stromauf als Peitsche gegen den ägyptischen Nationalismus ein. Mit Unterstützung der englischen Industrie, so verkündete die britische Regierung, wolle sie im Sudan eine gigantische Anbaufläche für Baumwolle anlegen, die mit Wasser aus dem Nil versorgt werden sollte. Dieses Projekt war sowohl für die sudanesische Wirtschaft wie für die englische Baumwollindustrie wichtig, hatte aber auch einen eher geheimen Aspekt. Es wurde zu einer Karte im Spiel um den Nil, bei dem es darum ging, die ägyptischen Nationalisten zur Zusammenarbeit zu zwingen. Die Briten hofften, die ägyptischen Bauern würden die Nationalisten verfluchen, wenn sie weniger Wasser für ihre verletzlichen kleinen Feldstücke bekämen, und sich dann gegen die eigene Oberklasse wenden anstatt gegen London. Doch diese Rechnung ging nicht auf.

Wie zu erwarten, verurteilten die ägyptischen Nationalisten das Projekt aufs Schärfste und beschuldigten die Briten, sie wollten ihrem Land »den Hahn zudrehen«. Sie verlangten eine größere Unabhängigkeit von London, und 1924 fiel Sir Lee Stack, der britische Generalgouverneur im Sudan, einem nationalistischen Attentat zum Opfer. Als Reaktion drohten die Briten in Ägypten und im Sudan mit dem Einsatz der Waffe, die sie als die effektivste in ihrem Arsenal ansahen – dem Nil. Hinter dieser Art von Wasser- oder Hydrodiplomatie stand die Annahme, dass keine andere Maßnahme so schmerzhaft sein würde. Im sogenannten Allenby-Ultimatum von 1924 beschlossen Generalgouverneur Lord Allenby und die Regierung in London, frühere Vereinbarungen zu brechen, die mit Ägypten darüber getroffen worden waren, wie viel Nilwasser der Sudan abzweigen durfte. Dies hatte jedoch nicht die erwartete Schockwirkung auf die Massen, es stachelte deren nationale Erregung vielmehr weiter an. Die Nationalisten nutzten das Ultimatum nach Kräften aus. Es entlarve die wirklichen Absichten der Briten; nach außen hin gäben sie sich als Ägyptens Bürgen für das Wasser, in Wirklichkeit aber seien sie bereit, es als Waffe gegen die Ägypter einzusetzen, wenn sie ihre Interessen gefährdet sähen.

Gegen Ende der 1920er Jahre änderten die Briten Ägypten gegenüber die Strategie ihrer Nildiplomatie. Um die ägyptische Öffentlichkeit und die Elite des Landes für sich einzunehmen, wurde nun eher auf das Zuckerbrot als auf die Peitsche gesetzt. 1929 traf London im Namen seiner ostafrikanischen Kolonien ein Abkommen mit Ägypten, das bis heute von großer Bedeutung ist. Das Abkommen erkannte einerseits an, dass der Sudan etwas mehr Wasser für seine Entwicklung benötigte, und andererseits, dass Ägypten historische Rechte an den Nilwassern hatte. London versicherte dabei, die stromauf gelegenen Länder hätten so gut wie kein Interesse an einer Nutzung des Nils, da es dort ohnehin so viel regne. Was aber noch wichtiger war: Die Ägypter erhielten das Vetorecht gegen stromauf geplante Wasserprojekte: Sie durften gegen jede Planung Einspruch erheben, die ihre Wasserzufuhr reduzierte. Mit diesem diplomatischen Schachzug versuchten die Briten, die Ägypter davon zu überzeugen, dass ein gutes und freundschaftliches Verhältnis zu Großbritannien in Kairos eigenem Interesse läge – wenn sie eine Garantie auf das Wasser haben wollten, von dem für sie alles abhing.

Es ist keine Übertreibung zu behaupten, dass dieses Abkommen für den Rest der britischen Zeit den grundlegenden Rahmen für die wirtschaftliche Entwicklung im gesamten Nilbereich bildete. Das Abkommen von 1929 hat zudem mehr als irgendein anderer diplomatischer Faktor auch die postkoloniale Ära am gesamten Nilverlauf bestimmt. Wir werden deshalb immer wieder darauf zurückkommen.

Die Muslimbruderschaft will die »Quellen des Nils« sichern

Ende der 1920er Jahre stellten die Briten mit ihren berühmten Ballnächten in den großen Kairoer Hotels voll kolonialer Arroganz ihren Lebensstil zur Schau, zugleich kamen immer mehr westliche Touristen nach Ägypten. Die Europäer drückten der Gesellschaft am Nil ihren Stempel auf, und große Teile der ägyptischen Elite versuchten, den Westen sowohl kulturell als auch wirtschaftlich zu kopieren. Vor diesem Hintergrund entstand unter Hassan al-Bannas Führung die sogenannte Muslimbruderschaft. Sie wurde im März 1928 in Ismailia gegründet, sechs Arbeiter der Suezkanalgesellschaft gehörten neben al-Banna zu den Gründungsmitgliedern.

Die Bruderschaft erhielt sofort großen Zulauf und entwickelte sich zu einer Graswurzelbewegung mit mehreren Hunderttausend Mitgliedern. Von anderen Widerstandsbewegungen gegen die britische Herrschaft unterschied sie sich dadurch, dass sie das gesamte westliche Projekt, seine politischen Ideen und seinen Lebensstil grundsätzlich ablehnte. Sie entstand in den Hafenstädten am Kanal, wo sie zum Teil als Reaktion auf das Gebaren der Briten als Herrscher in der Region sowie auf die Moral der Europäer in diesen Orten regen Zulauf verzeichnete. Eine wichtige Inspiration stellen jene Bewegungen in der Geschichte des Islam dar, die alle Weisheit im Koran und in den Handlungen des Propheten zu finden meinten.

Die Bruderschaft war aktiv im Kampf gegen die britische Herrschaft und kämpfte zugleich dafür, dass *Scharia* und *Hadith* einzige Grundlage der Gesetzgebung sein sollten. Sie setzte sich für einen sogenannten modernen Islam ein, bei dem Religion, Politik, Wirtschaft und Normen unter der Führung des rechten Glaubens zu einer Einheit würden. Aus Sicht der Muslimbruderschaft repräsentierte der Islam ein totales System; dies sei nötig, um die Gesellschaft auf gerechte und zweckmäßige Weise zu gestalten – vor allem aber sollte es eine Gesellschaft sein, die in Übereinstimmung mit dem vermeintlichen Willen Allahs organisiert wäre. Das langfristige Ziel bestand in der Wiedererrichtung des islamischen Kalifats einschließlich Spaniens.

Einer der bekanntesten ideologischen Führer dieser Gruppe, Sayyid Qutb, illustriert am klarsten die eindeutige Zurückweisung des Westens und allem, was er repräsentierte. Seine Ausbildung hatte er an Universitäten in den USA erhalten, und genau dort, im politischen und kulturellen Zentrum des Westens, meinte er, den Widerspruch verstanden zu haben zwischen dem Islam und dem, was er als die dominierenden Werte der westlichen Zivilisation wahrnahm wie etwa Säkularismus, Gleichstellung der Geschlechter und Parlamentarismus. Von Anbeginn wurde innerhalb der Bruderschaft über Art und Menge der Kompromisse diskutiert, die in der praktischen Politik erforderlich wären, um ihre langfristigen Ziele zu erreichen, und bis heute drehen sich die internen Gegensätze in der Bruderschaft um diese Frage, anstatt darum, ob diese Ziele richtig oder falsch seien.

In ihrem Programm hat die Muslimbruderschaft nicht nur den *Jihad* – den Heiligen Krieg – als Mittel des politischen Kampfes postuliert, sondern sich ebenfalls zum Ziel gesetzt, »die Quellen des Nils zu sichern«. Noch immer steht diese Formulierung im Programm, doch was sie konkret bedeutet, ist unklar. Da diese Ziele erst formuliert wurden, als die Briten die Quellen bereits kontrollierten, haben sie einen militärischen und politisch-diplomatischen Unterton. Zugleich war es eine Forderung, die den

Passagen im Koran widersprach, in denen Wasser als von Allah kommend, als ein Segen Allahs, als soziales Gut begriffen wird. In diesem Zusammenhang ist auch der Tatsache große Bedeutung beizumessen, dass Wasser im Koran 63 Mal erwähnt wird. Als die Muslimbruderschaft nach der Absetzung von Präsident Hosni Mubarak bei den Wahlen 2012 die Stimmenmehrheit erhielt, bestand eine ihrer Hauptaufgaben bei der Regierungsbildung darin, solche religiös sanktionierten Ideen mit einer sehr komplizierten Wasserdiplomatie zu steuern und zu festigen. Wie wir sehen werden, sind sie damit gescheitert.

Eine Rolle für einen Helden

Die politische Entwicklung nach dem Zweiten Weltkrieg – mit einem bankrotten Britischen Empire, das seine Führungsrolle an die USA hatte abgeben müssen, der Etablierung des israelischen Staates sowie einer heraufdämmernden islamistischen, panarabischen und antiimperialistischen Bewegung – ließ viele Ägypter erkennen, dass die Tage Londons als Herrscher über den Nil und Ägypten gezählt waren. Weltweit bildete sich Widerstand gegen die bestehende Ordnung, von den Dschungeln Asiens über Lateinamerika bis zum Nahen Osten, nicht zuletzt im dicht bevölkerten Nildelta, wo darüber hinaus die andauernde Forderung nach mehr Wasser immer größeres politisches Gewicht bekam.

In dieser Situation betrat der dynamische und charismatische Gamal Abdel Nasser die politische Arena. Die arabische Welt sehnte sich nach einer Führungsfigur, die ihr im Kampf gegen den europäischen Einfluss in der Region Zuversicht und Ansporn geben könnte. Nasser schlüpfte mit großem Erfolg in die Rolle des Helden, der auf seine Zeit gewartet hatte und das Land nun in eine lichte Zukunft führe. »Heute, mit seiner neu gewonnenen Freiheit, hat das ägyptische Volk Selbstrespekt gewonnen«, erklärte er nach der Revolution. »Schon jetzt löschen unsere Hoffnung und unser Glaube an ein erneuertes Ägypten die Demütigungen und Leiden einer früheren Zeit aus unserem Gedächtnis aus.«[53]

Als Nasser als Anführer der »Freien Offiziere« 1952 die Macht durch einen Militärputsch übernahm, schuf dies aber nicht nur die Grundlagen für eine politische Revolution. Langfristig tief greifender wirkte sich die nun angestoßene Revolution im Verhältnis der Ägypter zu ihrem Fluss aus. Es war das erste Mal seit etwa 2500 Jahren, dass das Land von einem Ägypter regiert und seine Lebensader von einem Ägypter beherrscht wurde. Der gesamte Flusslauf auf ägyptischem Territorium wurde nun mit Dämmen versehen und unter Kontrolle gebracht.

Gamal Abdel Nasser wurde als Sohn eines Bauern geboren und im britisch beeinflussten Heer zum Offizier ausgebildet. 1952 war er 34 Jahre alt, bekannt als Held aus dem Krieg gegen Israel im Jahr 1948. Drei Jahre hatte er geheime Zellen innerhalb des Heeres aufgebaut, jeweils vier bis fünf Personen in Gruppen, die nichts voneinander wussten. Von Anbeginn lautete das Ziel, die Briten aus Ägypten zu vertreiben. Im Laufe der Zeit entwickelte sich aber auch der Plan, den korrupten und steinreichen König Faruk von seinem Thron zu entfernen. Er galt wie die Vertreter Großbritanniens als Repräsentant des imperialistischen Systems und der kolonialen Elite. Nasser hatte sich zuvor bereits an der Planung eines Mordanschlags auf den Oberkommandierenden der ägyptischen Armee, Hussein Sirri Amer, beteiligt. Wie er später schrieb, hätten ihn jedoch Träume von Schießereien, schreienden Frauen, weinenden Kindern und Hilferufen die ganze Nacht verfolgt, weswegen er dem Terrorismus als Strategie abgeschworen habe. Stattdessen entschieden sich die Aufrührer für einen schnellen, unblutigen Putsch, der von knapp 100 jungen Offizieren unter der Führung Nassers in die Tat umgesetzt wurde. Nach dieser Blitzaktion übernahmen sie am 23. Juli die Macht, und General Muhammad Nagib rief die Republik aus. Die ehrgeizigen Ziele lauteten: »Abschaffung von Kolonialismus, Feudalismus und Kapitalismus sowie Schaffung von sozialer Gleichheit.«

Am 26. Juli, als der königliche Palast in Alexandria bereits von Nassers Soldaten umringt war, unterzeichnete der König seine Abdankung und ging in der Uniform eines Admirals zusammen mit Familienmitgliedern, 66 Kisten voller Gold, Juwelen und kostbaren Gegenständen an Bord seiner Jacht »Mahroussa« und verließ das Land in Richtung Europa. Die Ära der osmanischen Monarchie in Ägypten war vorbei, und damit endete nach 150 Jahren die Herrschaft der von Muhammad Ali Pascha begründeten Dynastie. Der ehemalige König wurde ins Exil geschickt, nicht vor Gericht gestellt. »Die Geschichte wird ihn zum Tode verurteilen«, erklärte Nasser, daher solle man keine Zeit darauf verschwenden, ihm den Prozess zu machen.

Nasser war eine charismatische, fast schon übernatürliche Persönlichkeit; er galt als der Held, dem zugetraut wurde, das Land von den Erniedrigungen der Vergangenheit zu erlösen und Ägyptens ehemalige Größe wiederherzustellen. Ein Mann, der dem Land Würde zurückgeben, Wachstum bringen und es seinen natürlichen Platz in der modernen Welt einnehmen lassen könnte. Die größte und revolutionärste Idee, die Nasser mehr als alles andere überleben sollte, war indes der Bau eines neuen, hohen Staudamms bei Assuan; der Hohe Damm, Sadd el-Ali, oder Nasserdamm, wie er auch genannt werden sollte. Es war Adrien Daninos, ein völlig unbekannter, in Ägypten lebender griechischer Agronom, der dieses Projekt als Erster entwickelt und es der ägyptischen Staatsführung vorgeschlagen hatte. Die weiterhin im Sudan herrschenden Briten hatten vorgeschlagen, entlang des Flusses mehrere kleinere Dämme zu bauen; das hätte niedrigere Kosten verursacht und zu einem reduzierten Wasserverlust durch Verdampfung beigetragen. Aus hydrologischer Sicht wäre das der vernünftigere Plan gewesen, doch Nasser verwarf ihn als unrealistisch, weil er eine politische Stabilität stromaufwärts verlangte, die nicht bestand. Die neue ägyptische Führung durchschaute zudem das strategische Interesse der Briten an diesem Vorschlag.

Nasser ignorierte kritische Einwände seiner Wasserbauingenieure im Hinblick auf negative Auswirkungen des großen Damms, der insbesondere den im Wasser gelösten Schlamm zurückhalten würde, der folglich für die Düngung der flussabwärts liegenden Felder fehlen würde. Diese überaus weitreichenden Konsequenzen wurden Nassers unmittelbaren politischen und ökonomischen Zielen untergeordnet: Durch den neuen, riesigen Damm auf ägyptischem Territorium würde die Regierung eine unabhängige Modernisierungspolitik durchführen, sie für Propagandazwecke ausnutzen und vermarkten können. Das Land sollte zum Japan Afrikas werden. Ägypten, das bereits eines der führenden blockfreien Länder war, würde der Welt zeigen, dass es einen selbstständigen Weg zur Modernisierung einschlagen könne. Die Briten ihrerseits nannten das Projekt »die verrückte Idee eines Verrückten«, als sie zum ersten Mal von den Plänen des griechischen Agronomen hörten. Ihre Skepsis beruhte auf drei Punkten: Aus einem wasserökonomischen Blickwinkel betrachtet, fanden sie es klüger, auf ihren eigenen, ganzheitlichen »Niltalplan« zu setzen. Darüber hinaus bezweifelten sie, dass der Bau eines so großen Damms technisch gesehen möglich war, vor allem hinsichtlich der geologischen Stabilität des Untergrunds. Doch in erster Linie waren sie skeptisch, weil sie wussten, worüber sich auch Nasser klar war: Ein solch neuer gigantischer Damm auf ägyptischem Territorium untergrübe Londons Macht über den Nil im flussaufwärts gelegenen Zentralafrika massiv.

Nassers Plan sollte Folgen für die Weltgeschichte nach sich ziehen, denn das große politische Spiel um den Damm verdeutlichte, dass das Empire machtpolitisch nahezu impotent geworden war. Infolgedessen standen zunehmend die USA im Zentrum der Entwicklung des Nahen Ostens, und die Sowjetunion konnte mit der Entwicklungsförderung in anderen Ländern endgültig die globale Arena betreten. Der Damm stellte darüber hinaus das erste und zugleich wichtigste Beispiel des neu etablierten Systems der Entwicklungshilfe in diesem Teil Afrikas dar, denn zu jener Zeit war es das größte Projekt der Weltbank. Erst zehn Jahre später begann in Ägypten und im Ausland eine Diskussion über den Sinn derart großer Staudämme, und mit Blick auf den Assuandamm wurde gefragt, ob er wirklich den langfristigen Interessen des Landes diente – oder nicht eher den politischen Launen eines autoritären Staatsführers.

Die Suezkrise und der Damm

Mit dem Aufstand in Ungarn und der Suezkrise stand der Sommer 1956 im Zeichen des Kalten Krieges. Doch während die Ereignisse in Osteuropa schnell zu einer Erinnerung verblassten, führte die Krise am Suezkanal zu einem politischen Erdbeben.

Der Hintergrund dieses Konflikts war unmittelbar mit dem Nil verbunden. Nasser hatte um internationale Unterstützung zum Bau des neuen, gigantischen Damms ersucht, der bei Assuan gebaut werden sollte, und die Weltbank hatte 1955 die Unterstützung des bis dahin größten Projekts in ihrer kurzen Geschichte beschlossen. In gewisser Weise läutete das Projekt die Periode der Entwicklungshilfe im Niltal ein. Auch Großbritannien und die USA signalisierten, den Bau des Damms mit Krediten unterstützen zu wollen, wobei sich die Regierungen in London und Washington bemühten, dass Unternehmen aus ihren Ländern die lukrativen Verträge abschließen könnten. Premierminister Anthony Eden bestätigte die offizielle Zusage für die Beihilfe zum Bau des Damms zuletzt im Dezember 1955. Ein halbes Jahr später zogen sowohl die USA als auch Großbritannien ihre Zusagen wieder zurück.

Als Antwort darauf ließ Nasser den Suezkanal verstaatlichen. Wenn Äpyten die versprochenen Kredite nicht erhalte, so erklärte er, werde man den Bau eben mit den Abgaben zur Nutzung des Kanals durch den Schiffsverkehr finanzieren.

Die Geschichte hinter den verschiedenen Konflikten, die sich im Zusammenhang mit der Finanzierung des Assuandamms ergaben, ist unübersichtlich und nur schwer zu rekonstruieren. Da die Frage vor dem Hintergrund der Entkolonialisierung und der Ausweitung des Kalten Krieges in

Afrika solch eine zentrale Rolle einnahm, sind die einflussreichsten Deutungen über die Geschehnisse stark von den politisch-ideologisch dominierenden Bewegungen und Auseinandersetzungen jener Zeit geprägt. Es gibt in den Archiven meterweise Akten, die von dieser Geschichte handeln, und ich habe vieles von dem angesehen, was sich in London, in der Eisenhower-Bibliothek in Abilene, Kansas, in der Princeton-Universität und im Archiv der Weltbank in Washington findet. Die Geschehnisse und das große diplomatische Spiel waren wesentlich komplexer, als es in den vorherrschenden Darstellungen erscheint; nicht zuletzt waren die Gegensätze zwischen London und Washington viel entscheidender für das, was vor und während der Suezkrise geschah, als die üblichen Vorstellungen über eine gemeinsame anglo-amerikanische Front gegen die Sowjetunion uns glauben lassen. Schon an anderer Stelle habe ich detailliert aufgezeigt, dass es den USA Mitte der 1950er Jahre wichtiger war, die Position des Britischen Empire in der Region zu schwächen als einen Kalten Krieg gegen die Sowjetunion zu führen, obwohl ihre offiziellen Verlautbarungen ganz anders klangen und sich die spätere Geschichtsforschung primär auf den Ost-West-Konflikt konzentriert hat.[54]

Winston Churchill, von 1951 bis 1955 erneut britischer Premierminister, gehört zu den vielen, die lange glaubten, Großbritannien und die USA verbinde nach dem Zweiten Weltkrieg eine so tiefe Freundschaft, dass die Amerikaner Londons Interessen im Nahen Osten und in Ägypten unterstützen würden. Natürlich betonte Washington die ganze Zeit über seine Freundschaft mit London und bemühte sich, Großbritannien als engen Verbündeten zu behalten. Tatsächlich jedoch benutzten Präsident Dwight D. Eisenhower und Außenminister John Foster Dulles das Spiel um den Nil und Nassers Staudamm ganz bewusst und sehr geschickt, um die Position des Empire als Herrscher über das Niltal und wichtigste Macht am Suezkanal zu unterminieren. London wurde vor der ganzen Welt gedemütigt, als die Vereinten Nationen den bewaffneten Angriff auf Ägypten im Jahr 1956 verurteilten. Im Grunde genommen ging es um den Wunsch der USA, Zugang zu den Märkten und Ressourcen der Region zu erhalten. In diesem Kontext war Großbritannien praktisch gesehen ein größeres Problem als die Sowjetunion zu jener Zeit, wenngleich die Amerikaner, die ja durch die NATO mit London verbündet waren, dies niemals laut aussprechen konnten.

Die Politik der Briten konzentrierte sich bis 1956 darauf, Nasser für den Bau des Staudamms, der gegenüber allen anderen Entwicklungsprojekten im Lande Priorität genoss, einen Kredit anzubieten. Sie gaben ihre

Die Suezkrise und der Damm

Zusagen zu einem Zeitpunkt, als sie schon längst wussten, dass Nasser Waffen von den Verbündeten der Sowjetunion gekauft hatte. Auch seine antiwestliche Rhetorik auf der Konferenz von Bandung im Jahr 1955 hielt Großbritannien nicht ab, da es an der Fähigkeit Kairos zweifelte, die gestellten Bedingungen zur Erteilung des Kredits zu erfüllen. Diese Bedingungen betrafen insbesondere die Aufteilung des Nilwassers zwischen Ägypten und dem Sudan, über die sich die beiden Nilstaaten einigen sollten. Angesichts der divergierenden Positionen der jeweiligen Regierungen in den Jahren 1954 und 1955 schien dieses Ziel völlig unerreichbar zu sein. Die Briten gingen davon aus, dass Nasser generell umgänglicher werde, sobald ihm bewusst würde, dass er in diesem Punkt nachgeben müsse. Als Kairo und Khartum sich dann aber plötzlich und entgegen allen Erwartungen auf eine Aufteilung des Wassers sowie auf Kompensationszahlungen an den Sudan für den Bau von Schutzdämmen auf seiner Seite der Grenze einigten, brach die Grundlage für die britische Nildiplomatie in sich zusammen.

Was sollten Großbritannien und die USA nun tun? Keines der beiden Länder hegte eigentlich Sympathien für den Staudamm, für den sie finanzielle Unterstützung zugesagt hatten. Ihrer Ansicht nach war er zu groß und würde Ägyptens Unabhängigkeit und Eigensinn nur befördern. Washington begriff das Offensichtliche: Durch die Bewilligung eines Kredits und die Aufstellung bestimmter, daran geknüpfter Bedingungen, und nicht zuletzt auch dadurch, dass britische Unternehmen den Staudamm bauten, würde London seine Position in Ägypten bewahren können. Dementsprechend wäre es für die Amerikaner wesentlich schwieriger, in Ägypten Fuß zu fassen und die Briten als Macht am Nil abzulösen. Die amerikanische Regierung verweigerte Nasser den Kredit, weil sie wusste, dass die Tage Großbritanniens als Großmacht in der Region dadurch gezählt wären. Die USA demütigten London exakt auf jenem Gebiet, das bislang als Londons Domäne galt und seine Reputation in Ägypten und im Sudan ausmachte: die Fähigkeit der Briten, den Nil zu kontrollieren und ein Bewässerungssystem zu entwickeln. Als die USA plötzlich ihre Zusage für den Kredit zurückzogen, hatten die Briten keine andere Wahl, als es den USA gleichzutun, denn ohne amerikanische Unterstützung besaßen sie weder die ökonomischen Ressourcen noch die politische Macht zur Gewährung eines Kredits an Nasser.

Die Briten indes wurden von dem einseitigen Beschluss der Amerikaner überrascht; ja, er hatte sie kalt erwischt, und sie waren unsicher, mit welcher Politik ihren Interessen nun am besten gedient wäre. Nach außen hin vermittelten Großbritannien und die USA weiterhin den Eindruck des Zusammenhalts. Offiziell hatten sie die Kreditzusage zurückgezogen, um Nasser für seinen Waffenkauf in der Tschechoslowakei und seine Anbiederung an die Ostblockstaaten zu bestrafen. Diese Begründung überzeugte sowohl zeitgenössische Beobachter als auch spätere Historiker, hält aber bei näherer Betrachtung nicht Stand. Wie erwähnt, hatte Nasser entsprechende Kontakte bereits aufgebaut, lange bevor London und Washington ihre offizielle Zustimmung zur Gewährung eines Kredits für den Dammbau gaben. Die Rhetorik des Kalten Krieges diente allen Beteiligten lediglich als Mittel, um die tatsächlichen Motive für die spätere Rücknahme der Kreditzusage vor der Öffentlichkeit zu verbergen.

Als der amerikanische Außenminister, ohne London vorab darüber zu informieren, den ägyptischen Gesandten in Washington einbestellte und ihm mitteilte, die USA wollten den Kredit entgegen früherer Zusagen nicht gewähren, reagierte Nasser einige Tage darauf mit der Verstaatlichung des Suezkanals.

Das Spiel um den Nil, das für die Etablierung Großbritanniens als Kolonialmacht in der Region so enorm wichtig gewesen war, sollte, wie sich nun zeigte, auch den Todeskampf des Empire in Afrika prägen. Oder wie Nikita Chruschtschow es während der Suezkrise, als der Kalte Krieg heiß zu werden drohte, triumphierend ausdrückte: Beim britischen Versuch, Nasser militärisch aufzuhalten, handele es sich um »das letzte Aufbrüllen des Britischen Löwen«. Londons Rolle als »Lord of the Nile« war definitiv ausgespielt, und der neue Assuandamm, der fast genau 70 Jahre nach dem ersten Staudamm fertiggestellt wurde, wurde zum Symbol dafür, dass Ägypten endlich Herr über den Fluss und somit über sich selbst geworden war.

Am 28. Oktober 1956 erhielt der britische Botschafter in Ägypten, Sir Humphrey Trevelyan, den Befehl, das Botschaftspersonal kräftig zu reduzieren. Drei Tage später brachen die Ägypter die diplomatischen Beziehungen zu Großbritannien ab, und um die Mittagszeit wurde das Tor zur Botschaft von ägyptischen Polizisten abgeriegelt. Niemand durfte hinein oder heraus, Telefon- und Stromleitungen wurden gekappt. Die britischen Interessen in Ägypten wurden fortan vom Geschäftsträger der schweizerischen Botschaft wahrgenommen. Die Briten mussten tagelang über den sicheren Abzug ihres diplomatischen Personals verhandeln. Schließlich durften alle Botschaftsangehörigen am 10. November mit einem Sonderzug ausreisen. Sir Humphrey persönlich verschloss die Residenz des Botschafters und bestieg noch am selben Abend den Zug, der alle von Alexandria nach Libyen brachte. Das britische Nilreich war Geschichte. Ein Reich, das tiefe Spuren in der Geschichte der Region hinterlassen hat und das die einzige Periode in der langen Geschichte des Nils darstellte, in dem er einer einzigen und vereinten politischen Führung unterstand.

Die Sowjetunion als Modernisiererin des Nils

Der neue Assuanstaudamm wurde zu einem Symbol für Nassers politische Potenz, ist darüber hinaus aber auch eines der nachhaltigsten Beweise für die technologischen Fähigkeiten der damaligen Supermacht Sowjetunion.

Der Damm erlöste Ägypten aus der despotischen Macht der saisonbedingten Pegelschwankungen des Nils. Das ganze Land wurde elektrifiziert, und mehrere Hunderttausend Hektar Land konnten neu bestellt werden. Wie erwähnt, war der Assuandamm von Nasser und seinem Regime als der Motor geplant, der das Land in ein afrikanisches Japan verwandeln sollte. Zugleich sollte das Bauwerk aber auch sicherstellen, dass Ägypten von den stromaufwärts gelegenen Ländern unabhängig wurde. In gewisser Weise war der Staudamm als Symbol vergleichbar mit der Revolution der »Freien Offiziere« und ihrem radikalen Bruch mit der Vergangenheit; er verkörperte die Neue Zeit.

1958 beschrieb Nasser die Bedeutung des Staudamms für Ägypten wie folgt:

> Über Tausende von Jahren waren die Pyramiden die herausragendsten Bauwerke auf der ganzen Welt. Sie sicherten den Pharaonen ein Leben nach dem Tod. Demnächst wird der gigantisch hohe Damm, bedeutungsvoller und 17 Mal größer als jede Pyramide, allen Ägyptern einen höheren Lebensstandard bescheren.[55]

Der Staudamm ist tatsächlich gigantisch. Als er 1971 fertiggestellt wurde, war er der größte künstliche Damm der Welt, und das Kraftwerk war das weltweit drittgrößte. Die Staumauer ist 111 Meter hoch und 3830 Meter lang, und wie Nasser in seiner Ansprache schon 1958 feststellte, entspricht die Baumasse etwa der von 17 Cheops-Pyramiden. Doch dieser künstliche Fels ist gleichwohl beinahe nichts im Vergleich mit dem, was darunter liegt. Sowjetische Techniker injizierten unter mehrfach erhöhtem atmosphäri-

Ägyptens Präsident Gamal Abdel Nasser (erste Reihe, 3. v. r.) zusammen mit dem Führer der Sowjetunion, Nikita Chruschtschow (erste Reihe, 2. v. l.), während eines Besuchs in Luxor 1964 in Verbindung mit der Übernahme der Finanzierung und des Baus des Hohen Damms durch die Sowjets. Mit der 1971 erfolgten Fertigstellung des Damms wurde der Nil in Ägypten zu einem Bewässerungskanal umfunktioniert.

schen Druck eine Mischung aus Zement, Bentonit und Aluminiumsilikat, um eine Art unterirdischen »Dichtungsmassenvorhang« zu erzeugen, eine 100 Meter tiefe verborgene Wand, die verhindert, dass das Flusswasser unter dem Damm hindurchsickert.

Die jährliche Stromerzeugung sollte zehn Milliarden Kilowattstunden betragen und die landwirtschaftlich nutzbare Fläche um 60 000 Hektar erweitert werden. Auf rund 28 000 Hektar in Oberägypten konnte von nun an dreimal anstatt wie früher einmal im Jahr geerntet werden. Ägypten würde sowohl vor Überschwemmung als auch vor Trockenheit völlig beschützt sein. Der Damm sollte gleichermaßen als Bank wie als Versicherung dienen. Während Äthiopien in den 1980er Jahren von großen Hungerkatastrophen geplagt wurde, setzten die ägyptischen Bauern die Bestellung ihrer Felder wie früher fort. Dies ließ sich relativ sorgenfrei durchführen, weil der neue Nilstausee Wasser für mehrere Jahre enthielt.

Die Sowjetunion als Modernisiererin des Nils 125

Der Hohe Damm oder Nasserdamm (1971) verwandelte den Nil in Ägypten quasi in einen Bewässerungskanal, elektrifizierte das Land und ermöglichte die Erschließung enormer Flächen für die Landwirtschaft. Foto von 1964.

Als der Sudan in den 1990er Jahren von Überschwemmungen betroffen war, konnten die Ägypter wie gewohnt weitermachen, ohne Angst vor hereinstürzenden Wassermassen haben zu müssen, weil Nassers Hoher Damm alles aufhielt. Und nicht zuletzt, doch ungeheuer wichtig für die Kreuzfahrtindustrie: Die Schiffbarkeit des Flusses würde sich verbessern.

Mit einem Aufzug kann man heute ganz bequem die Spitze der 70 Meter hohen Lotusblume aus Beton erreichen, die zu Ehren der sowjetisch-ägyptischen Freundschaft errichtet wurde. Jedes der fünf Blütenblätter erinnert mehr an ein Schwert als an einen Pflanzenteil, die Ausformungen ähneln einer pharaonischen Version des Sozialrealismus. Das Monument wirkt nun seltsam anachronistisch und war für die Sowjetunion ein teures Unternehmen.

Das sowjetische Engagement für den Assuandamm endete so, wie es der amerikanische Außenminister John Foster Dulles bereits 1957 vorausgeahnt hatte, als die Amerikaner die Sowjetunion in den Nahen Osten vordringen und sie den Staudamm finanzieren und bauen ließen. Seinerzeit war die amerikanische Regierung scharf dafür kritisiert worden, Moskaus Aktivitäten im Nahen Osten und die durch den Bau des Damms hervorgerufene Schwächung des Westens nicht verhindert zu haben. Doch Foster Dulles, bekannt als Falke des Kalten Krieges, wies die Kritik zurück. Die USA müssten langfristig denken, hatte er entgegnet: Moskau sei nun Verpflichtungen eingegangen, die es nicht ohne Weiteres einlösen könne. In der Folge würde die sowjetische Ökonomie geschwächt und die Sowjets nach einiger Zeit aus dem Land geworfen werden. Und dann, so Foster Dulles, stünden die Amerikaner wieder bereit. Ob er damals versuchte, Argumente zu finden, die über die auch zweifellos von ihm so empfundene Niederlage hinwegtäuschen konnten, oder ob er tatsächlich so überaus weitsichtig war, ist angesichts der zugänglichen Quellen nicht leicht zu beantworten, aber seine Prognose sollte sich bewahrheiten.

Die Aktivitäten der Sowjetunion in Ägypten waren indes nach einiger Zeit so offensichtlich und umfassend, dass sie Widerstand erzeugten. Nur wenige Jahre nach Fertigstellung des Staudamms stand Moskau als der große Verlierer da. Der neue, USA-freundliche Präsident, Anwar as-Sadat, der nach Nassers Krankheit und Tod die Regierungsgeschäfte übernommen hatte, wies die sowjetischen Experten schon bald, nachdem der letzte Meter des Assuandamms gegossen war, aus dem Land. Der Rauswurf aus Ägypten, dem wichtigsten Land des Nahen Ostens und dem bevölkerungsreichsten des afrikanischen Kontinents, in das die Sowjets so viel ökonomisches und technologisches Prestige investiert hatten, war für Moskau eine schwere diplomatische Niederlage. Es war eine Vorahnung dessen, was noch kommen sollte, einschließlich des wenige Jahrzehnte später einsetzenden Zerfalls des sowjetischen Imperiums.

»The Lady of the Nile«

Selten ist die Kluft zwischen der modernen Kulturgeschichte Ägyptens und des Nahen Ostens auf der einen und der des Westens auf der anderen Seite deutlicher zutage gekommen als beim Tod der »Lady of the Nile« 1975. Am 3. Februar jenes Jahres führte ein gewaltiger Trauerzug durch Kairos Straßen. Die große Sängerin Ägyptens und der arabischen Welt, Ägyptens kulturelle Ikone und Seele, Umm Kulthum, hatte ihren letzten Atemzug getan. In Europa und den USA hatte kaum jemand je von ihr gehört. Der Nahe Osten aber stand still.

Umm Kulthum hat sich sowohl in die Annalen der Geschichte des Nahen Ostens eingesungen als auch in die des Nils, mit dem Lied *Tahwil al-Nil* (Veränderung des Nils). Es war eine Hymne auf den Bau des Assuandamms und auf dessen Bedeutung für Ägypten. Der idealistische und pathosgetränkte Text unterstreicht, wie Nassers Staudammprojekt eine ganze Nation ergriff und ihren Enthusiasmus mobilisierte.

> Wir haben den Lauf des Nils geändert / ich lobpreise diese Veränderung / die ein Zeichen für die Veränderungen in unserem Leben sein kann / und nicht nur im Leben des Nils.

> Wer, wer hätte gedacht / dass der Fluss, der Millionen Jahre geflossen ist / durch unseren Willen verändert werden kann.

Sie sang nicht nur von dem Damm, sondern forderte die ägyptischen Frauen dazu auf, ihren Schmuck zu verkaufen, um bei der Finanzierung zu helfen. Sie wurde zu einer lebenden Nationalikone und ist die einzige Frau, die mit einer Statue auf einem öffentlichen Platz in Kairo geehrt worden ist.

Praktisch alle Kulturen haben ihre Diven. Die arabische Welt hat Umm Kulthum.[56] Mit einem treuen Publikum, das sich von Nordafrika bis zur Levante erstreckt und alle arabischen Gesellschaften umfasst, wird sie zu den begabtesten Sängerinnen des 20. Jahrhunderts gezählt. Auf der Insel Roda, nur einen Steinwurf vom Nilometer entfernt, gibt es ein kleines

Museum, in dem ihrer gedacht wird. Selbst Jahrzehnte nach ihrem Tod ist Umm Kulthums Popularität weiterhin groß, denn wie es in zahlreichen Artikeln über sie heißt: Ihre Stimme trifft einen Nerv in der arabischen Seele. Wenn sie jeden ersten Donnerstag im Monat live im Radio sang, hörte ganz Ägypten zu.

»The Lady of the Nile« gab ihr letztes Konzert im Palais du Nil, das in Kairo an der Uferpromenade liegt. Da versagte plötzlich ihre Stimme. Ein Lied konnte gewöhnlich eine Stunde dauern, doch beim Singen eines hohen Tons mitten im zweiten Stück passierte es. Sie erstarrte. Das Orchester hörte auf zu spielen. Totale Stille. Das Publikum stand unter Schock, denn es war das erste Mal in ihrer langen Karriere, dass so etwas passierte. Dann brach das Publikum in spontanen Beifall aus, einen Beifall, der nicht enden wollte. Als sie schließlich in der Lage war, ihren Gesang fortzusetzen, kämpfte sie sich durch das Lied, so schnell es ging. »The Lady of the Nile« trat nie mehr auf, doch ihre Ode an den Damm legt Zeugnis davon ab, wie dieser mehr als irgendetwas anderes die Nation hinter sich vereint hat.

»Das Hausboot am Nil« und ein Nobelpreisträger

In Mohandessin, einem Viertel im Herzen Kairos, steht die einzige Statue in Ägypten, die noch zu Lebzeiten der Person errichtet wurde, die sie ehrt. Nachdem der Kairoer Schriftsteller Nagib Machfus mit dem Nobelpreis ausgezeichnet worden war, wurde er zum Bestandteil der »Marke Ägypten« und des touristischen Geschehens in Kairo, und so kann man nun im nach ihm benannten Restaurant essen und die Midaq-Gasse besuchen, die einem seiner bekanntesten Romane den Titel gab.

Machfus' Bücher sind ein verdichtetes Bild des Lebens in Kairo, dieser mit 20 Millionen Menschen, ihren Schicksalen und Geschichten überbordenden Stadt. Ich betrete seine literarische Welt, gehe an einer namenlosen Gasse nach der anderen vorbei, in der die Menschen irgendwie ein zurückgezogenes Leben zu führen scheinen. Es ist, als ob jede Gasse, jede einzelne Straßenecke eine besondere Atmosphäre habe. Jedes Mal, wenn ich das alte Kairo besucht habe, habe ich gedacht: Diese Mischung aus Boutiquen, Geschäften und Käufern gehört zu einer schwindenden Welt, umgeben von einem lauten, immer chaotischen Stadtraum, unter dem es allmählich begraben wird. Doch wenn man von Viertel zu Viertel geht oder sich an einem der unzähligen leicht schiefen Tische der Straßencafés niederlässt, versteht man, dass diese Gassen tief miteinander verwurzelt sind und dass sie inmitten dieses Chaos und dieser Ordnung die Identität des Ortes prägen, die Ibn Chaldun die »Mutter aller Städte« nannte. Die Atmosphäre dieser ganzen Umgebung scheint aus eigener Kraft heraus zu existieren, losgelöst von der Macht der Natur und von der Nilwelt, die sie hervorbrachte und sich selbst in rasantem Tempo verändert.

Kreuz und quer verlaufen hier enge Gassen und Straßen, einen oder zwei Meter breit, viele überdacht – Möbeltischler, Schneider, Schachspieler, Karren, Motorräder, Autos, Esel, Fahrradfahrer, und in der Luft die typischen Gerüche einer Großstadt. Das islamische Kairo, Kern der mittelalterlichen Stadt, unterscheidet sich beträchtlich von den moderneren Vierteln im Stadtzentrum und den Vorstädten westlich davon. Die Umgebung ist nicht mehr oder weniger islamisch geprägt als der Rest Kairos, aber dieser Teil der Stadt verfügt über die meisten bekannten islamischen Monumente, viele von ihnen von den Fatimiden erbaut, wie die im 10. Jahrhundert errichtete al-Azhar-Moschee und die Stadttore, besonders das Bab al-Futuh aus dem 11. Jahrhundert. Im Gegensatz zu islamischen Vierteln in anderen Städten hat diese Gegend nichts von ihrem lebendigen Charakter eingebüßt, sie dient als großes, geschäftiges Zentrum für Gebet, Handel und Tourismus – und zwar für alles zugleich. Es waren diese Straßenzüge und Häuserblöcke, auf die sich Florence Nightingale bezog, als sie 1849 schrieb, Kairo sei »die Rose der Städte«, eine Perle der maurischen Architektur, und beklagte, man könne eine arabische Stadt nicht mit Worten beschreiben – zumindest nicht mit europäischen Worten.[57]

Machfus hat auch über den Nil geschrieben. In der Literatur im Allgemeinen hat der Fluss sowohl als Metapher für alle möglichen Entwicklungen und Ereignisse in Ägypten als auch als Arena für menschliche Dramen verschiedener Formen und Inhalte hergehalten. Während Shakespeare Cäsar und Kleopatra als tatkräftige Akteure im Land des Nils darstellte, hat der einzige Literaturnobelpreisträger des Niltals und des Nahen Ostens, der Verfasser von fast 40 Romanen ein ganz anderes Buch über das Leben in Ägypten geschrieben, das ebenfalls vor der Kulisse des Nils spielt. Es handelt gerade von Personen, denen jegliche Energie *fehlt*, die sich gewissermaßen vom Strom der Geschichte treiben lassen, während sie zugleich buchstäblich auf der Stelle treten, da die Handlung sich auf einem in Kairo am Nil vertäuten Boot abspielt. Der Titel des Buches lautet *Das Hausboot am Nil*.

Machfus schrieb über ägyptischen Nationalismus und Identität, über traditionelle Werte im Widerstreit mit modernen Ideen, aber auch über existenzielle Fragen. In *Das Hausboot am Nil* wird der Fluss zur Metapher für ein Leben, über das man keine Kontrolle hat beziehungsweise nicht übernehmen will. Es handelt von einer Gruppe von Freunden mit verschiedenen Hintergründen, die in den 1950er und Anfang der 1960er Jahre der Gesellschaft den Rücken zugewandt haben. Sie bekiffen sich und lassen die Gesellschaft ihren eigenen Kurs segeln, während sie selbst sich willenlos auf dem Nil »treiben lassen«.

Während Machfus mit seinem Roman nicht zuletzt jene Mittelschicht kritisierte, die den Weg des geringsten Widerstands eingeschlagen und es sich in ihrer Nische bequem gemacht hatte, beendete Nasser derweil, was es an willenloser Anpassung an die »Strömung des Flusses« in Ägypten gab. Etwa gleichzeitig mit der Drucklegung des Buches wies er die Ägypter an, sich zu einer nationalen Kraftanstrengung zu erheben: Sie sollten die Macht über den Nil gewinnen.

Ein Wasserfall in der Wüste

Wir kämpfen uns im Schneckentempo durch einen Verkehr, dessen Teilnehmer sich nicht an Regeln irgendwelcher Art gebunden zu fühlen scheinen. Plötzlich löst sich der Stau auf, in dem wir festgesteckt haben; die Fahrzeuge schießen voran, und Menschen überqueren die Straße, als legten sie ihr Leben in die Hand des Schicksals. Unzählige Laute dringen durch das Autofenster (das gelbe Taxi hat seine besten Jahre hinter sich, daher lässt sich das Fenster nicht hochkurbeln). Wir fahren am Papyrus Institute vorbei, wo man mir am Vortag zu einem viel zu hohen Preis Papyrus-Blätter andrehen wollte, für die ich keinen Bedarf hatte, und passieren anschließend die Pyramiden von Gizeh, die sich links von dem schmutziggrauen Himmel abheben. Ich habe dieses Chaos immer gemocht; es gehört zu Kairos unwiderstehlichem Charme, doch tut es auch gut, ihm zu entfliehen.

Ich werde von einem Freund von dem Hotel am Stadtrand abgeholt; wir wollen zu seinem Ferienhaus, das an der Strecke zwischen Kairo und Alexandria liegt. Eigentlich liegt es mitten in der Wüste, aber das Grundstück ist, wie so viele andere in der Gegend, zu einer kleine Oase gemacht worden; es hat einen grünen Rasen, dessen hohes und dichtes Gras der das Grundstück umgebenden Wüste eine lange Nase zu drehen scheint. Mein Freund gehört definitiv der ägyptischen Elite an und hat lange als Diplomat gearbeitet, dennoch ist sein Auto, in dem wir sitzen, in einem mise-

Ein Wasserfall in der Wüste

rablen Zustand; während wir auf der sogenannten Wüstenstraße fahren, springt immer wieder die Motorhaube auf.

Südwestlich von Kairo liegt Wadi el-Rayan, ein großes, in etwa 50 Kilometer Entfernung vom Nil gelegenes Wüstental. Und ausgerechnet hier befindet sich Ägyptens einziger Wasserfall. Er kann es vielleicht nicht mit den Niagarafällen, den Iguazú-Wasserfällen oder dem 275 Meter in die Tiefe stürzenden Vettisfossen in Norwegen aufnehmen, aber dafür überrascht er mehr. Nachdem wir unter dem Sternenhimmel in der Wüste übernachtet haben und stundenlang durch ein Meer aus Sand gereist sind, sehen wir am Grunde des Tals einen hauchdünnen Streifen mit grüner Vegetation. Es ist das einzige Grün weit und breit. Wir verlassen die Hauptstraße, und plötzlich taucht verborgen von grüner Vegetation ein kleiner Bach auf! Ich folge seinem Lauf und bekomme so weiter unten die Seen zu Gesicht. Sie sind kein von der Wüste gespielter Streich; sie sind keine Fata Morgana, sondern echt, was auch schnell durch die eifrigen Angebote geschäftstüchtiger Ägypter bekräftigt wird, die Bootstouren auf ihnen anbieten. Direkt vor den Seen stürzt das Wasser hinter ein paar Balken abwärts und wird zu einem Wasserfall, wo Ägypter bis zu den Knien im Wasser stehen und Frauen ihre langen Röcke lüften, ohne den Niqab abzulegen, während sie die universelle Freude fließenden Wassers erfahren.

1974 begann die ägyptische Regierung unter Präsident Anwar as-Sadat mit dem Bau dieses künstlichen Wasserlaufs, der aus einem neun Kilometer langen offenen Kanal und einem acht Kilometer langen Tunnel besteht. Der Nil selbst ist nicht zu sehen, gleichwohl ist es Nilwasser, dem diese funkelnden Augen in der Wüste zu verdanken sind. Allerdings hat es einen Umweg genommen, und so ist das hier durch die Wüste fließende Nass kein Lebensspender, sondern beinahe tot. Es handelt sich um Dränagewasser, das zuvor für die Bewässerung von Pflanzen und Bäumen der Fayyum-Oase benutzt worden ist, wo es infolge der Verdunstung einen so hohen Salzgehalt bekommt, dass es von den Äckern abgeleitet werden muss, um sie nicht zu zerstören.

Der Wasserfall ist ein bescheidenes und dennoch spektakuläres Beispiel dafür, wie die Ägypter über unzählige Generationen hinweg Wasser vom Nil abgezweigt, es kanalisiert und dann kreuz und quer durch den Wüstensand geleitet und zu allen möglichen Zwecken verwendet haben – sei es, um Anbauflächen zu schaffen, Städte oder Feriensiedlungen mit Trinkwasser zu versorgen oder eben einen Wasserfall zu errichten. Aber die Beherrschung des Wassers wird – aufgrund der vielen widersprüchlichen Anforderungen, die es sowohl in den Gesellschaften als auch in der Natur erfüllen muss, und aufgrund seiner unendlichen Fähigkeit, letztlich immer wieder dem menschlichen Versuch seiner Zähmung zu entkommen – immer eine Kehrseite haben. Der ewige und inhärente Dualismus der Kontrolle des Nils ist in Karnak offensichtlich, einem Ort, der zugleich die Beständigkeit der ägyptischen Zivilisation und ihre intime Verbindung mit dem Fluss symbolisiert.

Theben und Karnak in Gefahr

Karnak! Schon Homer sprach in der *Ilias* in den höchsten Tönen von Thebens Reichtum: »Aigyptos Stadt, wo reich sind die Häuser an Schätzen – Hundert hat sie der Tor.«[58] Und Florence Nightingale schrieb, dass keine Worte einen Toten so zu huldigen vermögen wie dieser Tempelkomplex.[59] Die vielleicht beste und ikonischste Beschreibung findet sich bei ihrem Zeitgenossen Flaubert, der in Worte fasste, was wohl viele beim ersten Anblick dachten: Theben sei ein »Land der Giganten«.[60] Jetzt sind die grandiosen Tempel von Theben, dem heutigen Luxor, eines von vielen deutlichen Anzeichen dafür, dass Ägypten die Fähigkeit des Menschen überschätzt hat, den Nil zu kontrollieren, oder die Konsequenzen seiner Zähmung unterschätzt hat.

Auf der Südseite des Tempelkomplexes von Karnak liegt ein künstlicher Damm, mit dem die alten Ägypter jenes Nilwasser zurückhielten, das für sie besonders heilig war. Er ist lange nicht so spektakulär wie die Säulengänge und wird daher weniger beachtet. Der Damm ist 200 Meter lang, 117 Meter breit und wurde bereits vor Hatschepsuts Regentschaft (1479–1458 v. Chr.) angelegt. Aber die Bedeutung des Damms im Tempelkomplex als Teil eines rituellen Ganzen kann nicht hoch genug eingeschätzt werden. Von hier aus bestand ein direkter Kontakt mit dem kosmischen Element Nun, dem lebensspendenden Urwasser. Das Wasser wurde durch unterirdische Kanäle vom Nil hergeleitet. Die den rechteckigen Damm umschließenden Steinmauern sind wellenförmig, das hieroglyphische Symbol für fließendes Wasser. Der Damm wurde von Priestern für Rituale und Zeremonien verwendet und diente als Ort der Seelenreinigung. Zugleich hatte er eine äußerst praktische Funktion: Er fungierte als Nilometer. Vor dem Hintergrund der ortsüblichen Hitze überrascht es nicht, dass dieser Ort eines der ältesten und deutlichsten Beispiele für die Koexistenz des Heiligen und des Profanen ist; denn welch abkühlende Wirkung muss es gehabt haben, seine Seele hier zu reinigen.

Theben und Karnak in Gefahr

Vom Heißluftballon aus, hier nicht weit vom Tal der Könige und dem Tempel von Karnak in Luxor, kann man deutlich sehen, wie der Nil in diesem Wüstenland den Unterschied zwischen Leben und Tod ausmacht.

In den letzten Jahren hat Karnak eine neue Bedeutung erhalten. Dieser Ort, zu dem die Menschen seit jeher gepilgert sind, um zu bewundern, überwältigt zu sein und sich beinahe übermenschlichen, aber zugleich überaus menschlichen Ambitionen gegenüberzusehen, wird von ebendem Nil bedroht, zu dessen Huldigung er besteht. Langsam sickert das Wasser von unten an den Säulenbasen hoch, dem menschlichen Auge und den Kameralinsen verborgen. Zu viel künstliche Bewässerung und zu schlechte Dränage nach Inbetriebnahme des Assuandamms im Jahr 1971 haben zu einem langsamen, doch wie es scheint unweigerlichen Anstieg des Grundwasserspiegels geführt. Der poröse Sandstein saugt das Wasser auf. Dadurch wiederum steigen Feuchtigkeit und Salzgehalt in der Luft, was naturgemäß die Monumente bedroht, auch jene Teile, die über dem Boden liegen.

Nach der Jahrtausendwende gab es eine internationale, von den USA, Schweden und anderen Ländern unterstützte Kampagne, um die Füße des Windgottes Amun trocken und den Boden unter den Säulen stabil zu halten. Und es scheint, als hätte die Kampagne zumindest vorläufig gefruchtet. Der Grundwasserstand unter Karnak wurde abgesenkt. Und es ist deutlich sichtbar, wie der Wasserstand auch am heiligen Damm gesunken ist. Aber diese zielgerichteten, technischen Eingriffe können den allgemeinen Trend nicht stoppen. Und so besteht die Gefahr, dass der Nil, der einst die Grundlage für diese imponierende Zivilisation schuf, auf lange Sicht zerstören könnte, was er damals geschaffen hat.

Ein flacher Nebelteppich liegt im frühen Morgenlicht über der Ebene. Im Osten kann ich undeutlich die Säulen von Karnak sehen, im Westen die Wüstenberge am Eingang zum Tal der Könige, und durch das Zentrum dieses Bildes windet sich der Fluss wie ein Streifen aus Gold. Ich schaue mir all das von oben aus dem Korb eines Heißluftballons an, der lautlos direkt über dem Zeremonienhof des Tempels der Hatschepsut und den Memnonkolossen dahingleitet. Die Stille wird nur durch den Heißluftballonführer unterbrochen, der uns wieder und wieder mit dem Spaß unterhält, dass er aufgrund seiner Höhenangst aus dem Ballon springen werde. Schließlich begreift er, warum wir hier sind, und schweigt. Unmittelbar entsteht eine besondere Stimmung und Stille im Ballonkorb; die Schönheit der Landschaft und die erhabene Großartigkeit der Monumente des Altertums berühren uns tief. Als ich sehe, wie die Sonne auf die unten an den Flussufern gelegenen kupfergrünen Felder scheint, möchte ich die Frage Ibsens ausrufen, zu der er sich durch seinen hiesigen Aufenthalt 1869 inspiriert sah: »Womit hast du den Anblick all dieser Herrlichkeit verdient?«

Das Tal der Könige und Schönheitsideale

Den alten Ägyptern war die Darstellung ihres Lebens außerordentlich wichtig, und eine Vielzahl an detailreichen Erzählungen und farbenfrohen, lebendigen Zeichnungen und Inschriften hat sich bis in unsere Tage erhalten.

Zu meinen Favoriten gehören die Funde im Grab des Ti in der Nekropole Sakkara. Ti war einer der wichtigsten Beamten der fünften Dynastie, und er hatte auch den Titel »Wächter« der Pyramiden inne. Sein Grab beinhaltet diverse ungewöhnlich deutliche Schilderungen des Lebens in Ägypten. Eine von ihnen zeigt einen Hirten, der Rinder durch eine Schlucht treibt und dabei ein Kalb über dem Nacken trägt. Das kleine Tier wendet den Kopf der bekümmerten Mutter zu, die ihm mit einer Körpersprache voller Liebe den Hals entgegenreckt. Mit solch lebendigen Szenen kann man sich vorstellen, wie die Dinge aussahen und wie die Menschen entlang des Nils lebten und arbeiteten.

Doch am imponierendsten sind die Malereien im Tal der Könige bei Luxor – »die große heilige Nekropole der Millionen Jahre des Pharaos im Westen von Theben«, wie die alten Ägypter es beschrieben. Dort findet man so genaue und so gut erhaltene Zeichnungen, dass Zoologen die vor Tausenden von Jahren am Nil vorhandenen Arten wiedererkennen können. Die Malereien sind bemerkenswert üppig, doch zugleich auffallend einförmig und stilisiert. Diese Einförmigkeit wurde damit erklärt, dass die Menschen auf den Bildern perfekt aussehen sollten. Aber warum haben sich die Vorstellungen über »Perfektion« nie geändert? Der Stil blieb anscheinend 3000 Jahre lang derselbe, als habe die Zeit keine Bedeutung oder sei irrelevant, und so sind die Schönheitsideale der Vorzeit ins Hier und Jetzt überliefert worden – in gefrorener Form. Man kann das als ein weiteres Beispiel für die Macht der Tradition sehen, es spiegelt auch den Konservatismus und die Einförmigkeit des gesellschaftlichen Lebens wider, das der Nil ermöglichte. Das extrem stabile Wetter und die über Jahrhunderte wiederkehrenden saisonalen Pegelschwankungen des Nils, die der Gesellschaft ihren Rhythmus vorgaben, bildeten die Grundlage für eine ganz bestimmte Anpassung an den Fluss. Und das schuf wiederum eine eigentümliche, fast logische Rigidität im Gesellschaftsleben, die sich kaum ändern ließ, solange es den Ägyptern nicht gelang, den Nil zu beherrschen. Dessen Eigenschaften, seine Beständigkeit und seine strukturierende Rolle bildeten die Grundlage für eine beispiellose Kontinuität gesellschaftlicher Aktivitäten, eine Kontinuität, die über dem Aufstieg und Fall von Dynastien und Herrschern steht.

Wo die Reiseliteratur entstand

»Wenn wir alle Arbeiten, die in den letzten Jahren über Ägypten und Palästina veröffentlicht worden sind, sammeln wollten, müssten wir Monumente errichten, die ebenso groß, wenn auch nicht ebenso dauerhaft wären wie die, die noch immer an den Ufern des Nils zu sehen sind«, schrieb ein unbekannter Rezensent um die Mitte des 19. Jahrhunderts. In seinem 1992 erschienenen Buch *Nile Notes of a Howjadji* zählte der amerikanische Bibliothekar Martin R. Kalfatovic 1150 Titel auf, die bis 1918 erschienen sind und über Reisen auf dem Nil berichten. (Das türkische Wort Howjadji bedeutete ursprünglich »Kaufmann« und wurde bald zu einem Begriff, der von den Einheimischen für alle ausländischen Reisenden verwendet wurde.) Diese Bücherflut ist seitdem immer noch weiter angewachsen.

Es gibt wohl kein Land, das schon seit so langer Zeit – und so häufig – von Fremden geschildert worden ist wie Ägypten. Die Reiseliteratur als literarisches Phänomen wurde 400 Jahre v. Chr. von Herodot ins Leben gerufen. Seinen Historien folgten in den Jahrzehnten um Christi Geburt die Berichte des griechischen Geografen Strabo aus dem Niltal. Ägypten war das erste Touristenland der Welt, denn schon im 1. Jahrhundert n. Chr. begannen die Römer, den Fluss hochzureisen. Ihr Sightseeing-Programm ist der Nachwelt bekannt: Sie besuchten die Pyramiden und die Sphinx, fuhren zu Schiff nilauf, besichtigten die Monumente in Theben und den Memnonkoloss sowie die Tempel in Dendera und Philae – sie folgten also derselben Reiseroute wie die heutigen Touristen.[61] Auch der moderne Tourismus entstand am Nil. Hier erblickte das erste Reisebüro das Licht der Welt – Thomas Cook and Sons, dessen Besitzer und Leiter auch die Reiseschecks erfand. Die benutzt heute kaum noch jemand, Pauschalreisen sind dafür umso populärer. Für Cooks erste Kreuzfahrt auf dem Nil 1868 wurden 32 Karten verkauft. Schon 1875 nahm die Gesellschaft einen eigenen Dampfer zur Beförderung der Reisenden in Betrieb. Cook war im damaligen Ägypten dermaßen allgegenwärtig, dass Spöttern zufolge weder der Sultan in Konstantinopel noch der Vizekönig in Kairo oder Königin Victoria in London das Land regierten, sondern eben – Thomas Cook. Seither sind Millionen von Touristen im Kielwasser der alten Römer gereist. 1877 schrieb Amelia Edwards in *Tausend Meilen auf dem Nil*, einer Art Reiseführer für Ägypten:

> Die Wahrheit ist jedoch, dass schon eine schlichte Rundfahrt auf dem Nil allerlei Lektüre und Vorbereitung verlangt, ehe sie genossen werden kann. … Wir können zumindest unser Bestens tun, um zu verstehen, was wir sehen – und uns dessen entledigen, was uns daran hindert, die richtige Information mit dem richtigen Ort zu verbinden.

Das Boot gleitet von Luxor aus langsam den Fluss hoch. Auf dem Weg nach Assuan passieren wir eine jahrtausendealte Tempelanlage nach der anderen, und so nehme ich an der berühmtesten, archetypischsten und meistbeschriebenen Schiffsreise der Geschichte teil. Ich komme ins Gespräch mit einem etwas übergewichtigen Amerikaner; er sitzt mit bloßem Oberkörper und Badehose am Swimmingpool und lässt zur Abkühlung die Beine ins Wasser hängen, während er sich hemmungslos den Bauch reibt und aus zusammengekniffenen Augen in die absolute Pflichtlektüre für Nilreisende schaut, Agatha Christies *Der Tod auf dem Nil*. Er erzählt, dass schon sein Vater, Großvater und Urgroßvater diese Fahrt den Fluss hoch unternommen haben, und kann die Kellner und das übrige Bordpersonal nicht genug für ihren Service loben. Auf den kleinen runden Tischen am Beckenrand liegen farbenfrohe Modemagazine und Damenzeitschriften wie an jedem Strand mit Liegestühlen und Sonnenschirmen. Zumeist aber sind die Reisenden in Literatur über Ägypten vertieft. Ein Ausländer, der sich auf dem Oberdeck eines Ausflugsdampfers in einen Reiseführer vertieft, ist eine aussagekräftige Figur, ein archetypisches Bild in dem Land, in dem der Tourismus entstanden ist.

Aber wie macht sich »der Reisende« beziehungsweise der fremde Beobachter ein Bild von unbekannten Ländern und Kulturen? Was beeinflusst die Beschreibungen, wieso sieht man, was man sieht, und was kennzeichnet die Filter, die all diese Eindrücke sortierten? Das waren immer schon wichtige Fragen, aber in einer globalisierten Welt sind sie entscheidend. Nur wenige Orte bieten mehr Möglichkeiten, diese Fragen zu untersuchen, als Ägypten und ganz allgemein der Nil, denn hier finden wir ein ungewöhnlich reichhaltiges Quellenmaterial.

Ägypten wurde von einer Vielzahl von Eroberern beschrieben, die sich den Nil und das Delta untertan machen wollten. Sowohl Alexander, Cäsar und Kaiser Hadrian kamen hierher wie die arabischen Eroberer im 7. Jahrhundert und 400 Jahre später die Kreuzfahrer auf dem Weg zur Heiligen Stadt. Muhammad Ali und Napoleon, Churchill und Chruschtschow, Kaiser und Rucksacktouristen, Künstlerinnen aus den USA und Schriftsteller aus Europa, Geschichtsprofessoren und Menschen ohne Ausbildung – sie alle betrachten und schildern seit Jahrtausenden dieselben Orte, Sehenswürdigkeiten und Landschaften. Ägypten, dessen Monumente und Phänomene schon seit so langer Zeit von Reisenden beschrieben worden sind, muss deshalb als ungewöhnlich fruchtbarer Ausgangspunkt gelten, um die Beziehung zwischen Macht und Darstellung zu untersuchen – oder auch: wie Gesellschaften von Menschen aus anderen Kulturen über die Zeit beschrieben worden sind.

Das Schiff verlässt Edfu; ich sitze an Deck, während die anderen Fahrgäste sich in ihren Kabinen für den abendlichen Wettbewerb um das schönste pharaonische-ägyptische-arabische Kostüm zurechtmachen. Da ich kein Kostüm habe, den dazugehörigen Parfümgeruch nicht ertragen kann und mir auch nicht vorstellen möchte, wie ich mit Turban aussehe, lese ich lieber noch einmal Herodot. Seine Berichte beruhen zumeist auf eigenen Beobachtungen und darauf, was ihm andere berichteten. Er wurde als seichter Historiker kritisiert, da er sich großteils auf Erzählungen stützte, die als Mythen und Sagen angesehen werden. Gerade weil sie überlebt und immer wieder erzählt worden sind, müssen sie dem Selbstverständnis der Gesellschaft und bestimmten gesellschaftlichen Interessen gedient haben, und so ist ihre Verwendung durch Herodot auf verständliche Methodenkritik gestoßen. Er war allerdings zu klug, um nicht den Versuch einer Trennung von Fakt und Fiktion vorzunehmen, erkannte er doch selbst in diesem Sachverhalt ein Deutungs- und Verständnisproblem.

Ägypten als Geschenk des Nils bildete die Grundlage für Herodots Verständnis und sein Bild des Landes als Zivilisation oder Kultur, die aus ihren eigenen Prämissen heraus zu verstehen war. Für ihn stellte Ägypten den Gegensatz zu der hellenischen Welt dar, die ihn selbst geprägt hatte. Der Nil verhielt sich ganz anders als Flüsse in Griechenland oder Kleinasien: Er trat mitten im Sommer über die Ufer, wenn in anderen Flüssen der Wasserstand seinen Tiefpunkt erreichte. Dieses »Verkehrte-Welt-Phänomen« sah er als eine Art Symbol für das übrige Land. Nachdem er flussauf bis Assuan gereist war, um mehr über das rätselhafte Wesen dieses Flusses in Erfahrung zu bringen, schrieb Herodot:

> So wie der Himmel bei den Ägyptern anders ist, und so wie ihr Fluss eine andere Natur hat als die anderen Flüsse, so sind auch die meisten Sitten und Gebräuche der Ägypter ganz entgegengesetzt zu denen der übrigen Menschheit eingerichtet. Bei ihnen gehen die Frauen auf den Markt und treiben Handel, die Männer dagegen sitzen zu Hause und weben. ... Was die Lasten betrifft, so tragen die Männer sie auf dem Kopf, die Frauen dagegen auf den Schultern. Die Frauen lassen ihr Wasser im Stehen, die Männer im Sitzen. ... Den Unterhalt der Eltern zu bestreiten, beruht für die Söhne ganz auf Freiwilligkeit und es wird kein Zwang ausgeübt. Dagegen besteht keine Freiwilligkeit, vielmehr voller Zwang für die Töchter. ... Die Priester der Götter tragen anderswo langes Haar, in Ägypten dagegen scheren sie es. ... Die Griechen schreiben und rechnen, indem sie die Hand von links nach rechts führen, die Ägypter dagegen von rechts nach links.[62]

Herodot beschrieb die ägyptische Kultur als eine Art Ganzheit. Ihn interessierten Vergleiche und Gegensätze, er war jedoch absolut kein Chauvinist und beschrieb die griechische Kultur überzeugend als von der ägyptischen stark beeinflusst. So seien Altäre, Prozessionen und zeremonielle Feiern in Ägypten erfunden worden. Griechische Götter galten ihm als die Erben ihrer ägyptischen Vorfahren. Er wies unter anderem nach, dass Herakles ursprünglich ein ägyptischer Gott gewesen war. Herodots Text ist vor allem deshalb so angenehm zu lesen, weil darin ein kluger Mann spricht, der Wissen um des Wissens willen suchte. Und da Verständnis und Beschreibung der Welt ihren eigenen Wert hatten, gelang es Herodot weitgehend, sich von griechischer Kurzsichtigkeit oder kulturellem Narzissmus zu befreien.

Während ich höre, wie andere Gäste sich aufgeregt auf den Wettbewerb um das schönste Ägypter-, Pharao- oder Araberkostüm vorbereiten, beginne ich, inspiriert von Herodot, mit den ersten Notizen zu einem Artikel darüber, dass allgemeine Theorien über Bilder »der Anderen« oder über kulturelle Repräsentation nicht entwickelt werden können, ohne das gewaltige Material historischer Ägyptendarstellungen zu analysieren. Ich weiß, dass ich niemals wirklich eine solche Studie durchführen oder einen solchen Artikel schreiben werde, aber ich war immer von der Nützlichkeit des Dialogs mit sich selbst überzeugt.

Das alte Assuan als Symbol der Modernität

Einige kräftige Stöße, und das Schiff liegt neben allen anderen Kreuzfahrtschiffen in Assuan am Kai. Die Stadt liegt auf dem Ostufer des Nils, sie hat lange Promenaden, wo Liebespaare in leises Gespräch vertieft auf grünen Bänken sitzen, während ihre Blicke dem ruhigen Fluss folgen. Die traditionellen Segelboote oder *Fellucken* gleiten lautlos stromab, wie sie es schon immer getan haben, und zeichnen sich mit ihren weißen Segeln deutlich vor den Wüstenbergen ab, die auf dem Westufer steil zum Fluss hin abfallen. Ich miete ein kleines Motorboot, das mich über kleinere Stromschnellen bis zum ersten von insgesamt sechs Katarakten am Nil bringt, an denen sich das Wasser durch harte Granitbarrieren hindurchzwängt. Wir passieren die Elefanteninsel und die Siedlungen auf dem Westufer, wo die farbenfrohen Häuser der Nubier eine Art Haufendörfer bilden, die jedoch zu hoch an den Hängen liegen, um sich im Nil zu spiegeln. Nach und nach verschwimmen alle Umrisse im blauen Licht der Dämmerung, ehe die nächtliche Dunkelheit einsetzt.

Ich klettere auf eine der Schleusen, die britische Ingenieure zur Zeit des ersten Staudammbaus am Beginn des 20. Jahrhunderts errichtet haben. Die Briten betrachteten den Damm als entscheidend für Ägypten – und damit für die Zukunft des Empire. Cromer und seine Leute glaubten, in ihren ersten zehn Jahren an der Macht in Ägypten viel geleistet zu haben, den Damm jedoch sahen sie als die Krönung ihres Werkes.

1894 wurde der Plan für den Assuandamm vorgelegt. Schon 1902 war das Projekt vollendet, ein Meisterwerk der Hydrotechnik. Die anfängliche Höhe betrug 21 Meter (sie wuchs durch Erweiterung bis 1912 auf 26 Meter und bis 1934 auf 35 Meter an), die Länge fast zwei Kilometer, mehr als eine Million Tonnen Steine wurden verbaut. Der Damm verfügte über 111 bogenförmige Öffnungen, in die Tore von jeweils 4,80 Metern Breite eingelassen waren, durch die das Wasser samt dem Nilschlamm passieren konnte. Der Stausee hatte anfangs eine Kapazität von 3,5 Milliarden Kubikmetern, wodurch 980 Millionen Kubikmeter Wasser zusätzlich zur Bewässerung zur Verfügung standen. Er befriedigte die Bedürfnisse nach Ganzjahresbewässerung in Mittelägypten und Fayyum; er war der größte Steindamm der Welt und gilt allgemein als eine der besten und nützlichsten Wasseranlagen aller Zeiten.

Die Größe wurde vor allem von zwei Faktoren begrenzt. Damals gab es noch keine Technologie, mit der ausreichend starke Staumauern hätten errichtet werden können, um die gesamte Nilflut einzudämmen. Das Hauptproblem bestand darin, dass ein solcher Stausee sehr rasch verschlammen würde. Deshalb wurde zu einer Lösung gegriffen, die lediglich »das Schwanzende« der herbstlichen Überschwemmung des Blauen Nils berücksichtigte. Dieses Wasser führte viel weniger Schlamm mit sich und konnte deshalb leichter gestaut werden, um dann in der Baumwollsaison des nächsten Sommers Verwendung zu finden.

Neben allem anderen wurde der Nil bereits früh zum Schauplatz für einen Konflikt, der in neuerer Zeit nur umso deutlicher geworden ist, nämlich dem zwischen Bewahrung von historischen Monumenten und Modernisierung. Seit 1890 kritisierten Archäologen in Frankreich und Großbritannien die Baupläne, da sie den Philae-Tempel aus dem 4. Jahrhundert v. Chr. überfluten würden. Kairo und London waren überrascht von der Stärke des Widerstands der Wissenschaftler. Obwohl die Regierung ihr technologisches Meisterstück energisch verteidigte und nachweisen konnte, dass sich der Stausee zu einer Goldgrube für Ägypten entwickeln würde, wurde London gezwungen, die geplante Kapazität aus politischen Gründen zu halbieren. Winston Churchill schrieb voller Verachtung, Archäologen und Touristen setzten das Leben eines ganzen Volkes aufs Spiel – die Archäologen dächten nur an die Vergangenheit, und die Touristen wollten bloß »ihre Namen auf die alten Ruinen kritzeln«.[63] Der Stausee fiel also zunächst kleiner aus als geplant und als es Cromer und London für notwendig hielten. Aber er war dennoch ein solcher Erfolg, dass er Ägyptens Zukunft in eine Richtung lenkte, der das Land bis heute folgt: eine Ent-

Der Assuandamm wurde 1902 fertiggestellt. Er war das herausragendste Symbol für den Kampf der Briten zur Zähmung des Nils und zur Entwicklung von Bewässerungslandwirtschaft und Baumwollproduktion in Ägypten.

wicklungsstrategie, die auf immer umfassenderer Kontrolle über das Nilwasser basierte. Daher wurde die Staumauer schon bald in zwei Schritten erhöht, sodass der Tempel fortan mehrere Monate im Jahr unter Wasser stand, bis die Anlage 1977 auf einen höher gelegenen Ort versetzt wurde.

Der alte Assuandamm führte zunächst dazu, dass die britische Rolle im Land gestärkt und ihre Ellbogenfreiheit als imperialistische Macht am Nilverlauf deutlich erweitert wurde. Indem sie sich selbst als moderne Version der Isis inszenierten, der antiken Göttin, deren Tränen über die Strömung des Flusses bestimmten, verfügten die Briten in Ägypten über eine, wie sie meinten, ungeheuer potente politische und ökonomische Waffe. Wie ich gezeigt habe, und an anderer Stelle noch weiter ausführen werde, konnten sie ihre politische und wissenschaftliche Kontrolle über den Nil jetzt als Zuckerbrot oder als Peitsche einsetzen, um die Interessen des Empire durchzusetzen. Selbstsicher resümierte Cromer drei Jahre nach Fertigstellung des ersten Staudamms in einem Schreiben an seinen Außenminister in London die britische Position am Fluss:

Entlang ... des gesamten Nilverlaufs wird keinerlei Arbeit irgendeiner Art, die mit der Kontrolle des Wassers zu tun hat – ob nun direkt oder indirekt –, von irgendeiner privaten Gesellschaft oder Person ausgeführt werden dürfen, und alle solchen Arbeiten werden unter Regie der ägyptischen Regierung ausgeführt und in deren Händen bleiben.[64]

Als ich auf den Schleusen stehe und im Dunkeln die fernen Lichter von Assuan und die riesige Leere der sie umgebenden Wüste erblicke, sehe ich das Radikale in der Geschichte dieser Stadt vor mir. Assuan wurde im Laufe des 20. Jahrhunderts zu einem der kraftvollsten und deutlichsten Symbole für den Willen und die schrittweise wachsende Fähigkeit des Menschen, sich zum Herrscher über die Natur und zum Herrn über die Flüsse aufzuschwingen. Seltsamerweise passierte das ausgerechnet in Oberägypten – dem Ort, von dem im 19. Jahrhundert so viele ihre Metaphern für eine Gesellschaft im Stillstand hergeholt hatten.

Am nächsten Morgen, im Militärlager und nach einer obligatorischen Tasse Tee mit dem Befehlshaber, ziehe ich mich an Bord eines alten russischen Militärhubschraubers mit vierköpfiger Besatzung und fliege – bei offener Tür – nach Süden am Nil entlang zum neuen Assuandamm, dem sogenannten Hohen Damm – Sadd al-Ali. Der Lärm der Propeller, des Motors und des Windes versetzen uns an diesem Morgen alle in gute Laune, und als ich, während ich so nah wie möglich bei der Tür sitze, meinen Blick der mächtigen Bogenform der Staumauer folgen lasse, die einen 500 Kilometer langen künstlichen Binnensee abschließt, muss ich zugebenermaßen meine Freude in den Griff bekommen. Nachdem ich mich jahrzehntelang mit der Geschichte des Nils beschäftigt und Meter um Meter alte Bücher und Archivmappen über die Hydrologie des Flusses und den Kampf um die Herrschaft darüber gelesen habe, stellt der Anblick dieses Damms von oben durch eine offene Tür in einem russischen Militärhubschrauber einen Höhepunkt dar.

Schon der alte Stausee war zu seiner Zeit von revolutionärer Bedeutung, aber der Hohe Damm – oder der Nasserdamm, wie er auch genannt wird – hat eine neue Epoche eröffnet: Es war nun nicht mehr wichtig, um welche Jahreszeit der Fluss über die Ufer trat, sondern nur, wie viel Wasser der Nil führte. Der Stausee war zugleich eins der meistdiskutierten Beispiele dafür, wie der Mensch das zerstören kann, was die Natur in Jahrtausenden geschaffen hat. Er belegt die technologische Kompetenz des Menschen, aber auch, und das weniger offenkundig, den problematischen Dualismus des Wassers. Werden der Hohe Damm und die anderen Stauseen, die am oberen Stromlauf angelegt werden, das Delta zerstören? Der Damm stellt ein technologisches Dilemma von klassischem und umfassendem Charakter dar: Er hat das Delta und das übrige Ägypten in einen grünen Ganzjahresgarten verwandelt und Millionen von Häusern im Delta mit Strom versorgt, stellt aber zugleich die größte Bedrohung für das Delta dar.

Der »Stromabkomplex«

Steht man an den Säulen des Tempels der Göttin der Überschwemmung, errichtet mitten im Nil auf der Elefanteninsel, mit Blick auf das imperiale Old Cataract Hotel am anderen Ufer, das 1902 zusammen mit dem alten Assuandamm fertiggestellt wurde, wie als Gruß an die griechisch-römische Göttin, dann versteht man leicht, worin die Grundlage für das besteht, was man den ägyptischen »Stromabkomplex« nennen könnte. Schaut man vom Tempel aus nach Süden, wo tagsüber immer die Sonne von einem wolkenlosen Himmel brennt, sieht man, wie die Wüste am Westufer steil zum Fluss hin abfällt und wie auf dem Ostufer die hohen, trockenen Granitberge, aus denen die Steine für die Pyramiden gebrochen wurden, den Fluss einrahmen. Das Wasser strömt aus der Wüste nach Ägypten hinein, unaufhaltsam, als käme es aus einer ins Gewaltige vergrößerten, verborgenen Version des Krugs der alttestamentarischen Witwe von Sarepta. Aber das Wasser ist nicht unaufhaltsam, und es stammt aus keinem Krug; es fließt durch zehn ausgedörrte Länder, ehe es die ägyptische Grenze erreicht. Aufgrund ihrer geografischen Lage haben die Ägypter begreiflicherweise eine eigene Nationalpsychologie entwickelt – ebenjenen »Stromabkomplex«. Die Flutgöttin kann ihnen nicht mehr helfen, und der Stromabkomplex beruht auf einer geografischen Realität, die ewig ist, unabhängig von Regimewechseln, ökonomischen Systemen und Staatsgrenzen.

Schon vor mehr als 2000 Jahren hat Herodot diesen Ort besucht, auf der Suche nach Informationen über den Oberlauf des Nils:

> … da ich selber als Augenzeuge in die Stadt Elephantine gekommen bin und das darüber Hinausgehende durch mündliche Berichte erkundet habe: Geht man von Elephantine aus weiter nach Süden, so steigt das Gelände an; hierher muss man daher das Schiff von beiden Uferseiten her durch ein Tau befestigen lassen wie einen Ochsen und dann die weitere Reise machen; reißt das Tau, dann ist das Schiff weg, dahingetragen von der Gewalt der Strömung. Durch dieses Gelände führt die Fahrt vier Tage lang.[65]

Hier endete das Ägypten der Antike. Die Nilkatarakte südlich von Assuan bildeten eine natürliche Grenze.

Die Vorgeschichte ist in Ägypten immer anwesend, selbst wenn sie nicht zu sehen ist. Die geopolitische Lage des Landes ist seit Jahrtausenden unverändert, aber sie war nicht immer von derselben Bedeutung wie heute. Kein anderes Land auf der Welt ist derart abhängig von einem Rohstoff, über den es keine Kontrolle hat oder dessen Ursprung außerhalb seiner Grenzen liegt. Vor diesem Hintergrund betonte Präsident Sadat daher 1979, Ägypten werde ohne Zögern zu militärischen Mitteln greifen, sollte irgendwer auch nur einen Tropfen Wasser aus dem Nil abzweigen. Kurz zuvor war er mit dem Friedensnobelpreis ausgezeichnet worden.[66]

Nun sind zwei unterschiedliche und tief greifende historische Bewegungen im Begriff, einander zeitlich zu überschneiden, und in gewisser Hinsicht ist das ein Zufall. Diese Überschneidung hat dazu geführt, dass Ägyptens Lage stromab am Flusslauf niemals verletzlicher war und deshalb niemals eine solche außenpolitische Bedeutung erlangt hat wie heute.

Erstens ist Ägyptens Wasserverbrauch in den letzten Jahren gewaltig angewachsen, obwohl die Statistik zeigt, dass der durchschnittliche Jahresverbrauch pro Kopf nur 700 Kubikmeter Wasser beträgt. Das liegt deutlich unter den international als notwendig beschriebenen 1000 und stellt eine dramatische Verschlechterung im Vergleich zum Anfang der 1960er Jahre dar, als der Verbrauch fast dreimal so hoch war. Der durchschnittliche Verbrauch wird in den kommenden Jahren vermutlich auf 500 Kubikmeter sinken. Aus immer mehr Regionen kommen Berichte und Klagen über Wassermangel, reiche Großgrundbesitzer und arme Kleinbauern kämpfen um den Zugang zum Wasser. Nur selten dringen Nachrichten über diese Konflikte bis zu uns durch, so etwa im Frühsommer 2012, als 200 Touristen in der Nähe von Abu Simbel von Bauern als Geiseln genommen wurden, um die Behörden zu zwingen, ihnen mehr von dem Wasser zuzuteilen, das ihrer Meinung nach ein Großgrundbesitzer erhalten hatte.[67] Die Regierung Hosni Mubarak prognostizierte den Minimalbedarf an Wasser für das Jahr 2020 seinerzeit auf rund 86 Milliarden Kubikmeter, oder 35 Milliarden mehr, als Ägypten nach eigener Einschätzung an Nilwasser verbrauchen darf. Für Ägyptens Entwicklung und Stabilität gibt es keine wichtigere Frage.

Zugleich haben die stromauf gelegenen Länder erstmals klare nationale Pläne für die Verwendung des Nilwassers für Industrie, Landwirtschaft und Haushalte vorgelegt. Und wichtiger noch: Sie haben sich zu einem diplomatischen Vorstoß zusammengeschlossen, um Ägypten das Vetorecht über die Nutzung des Nils zu entreißen, worin Kairo wiederum einen Bruch internationalen Rechts sieht. Die ägyptische Regierung sieht sich Herausforderungen gegenüber, mit denen sie in einem solchen Ausmaß nie zuvor konfrontiert worden ist. Was können die Ägypter tun, wenn sie nicht mehr die unangefochtenen Herren des Flusses sind? Sie können und sie müssen versuchen, den Wasserverbrauch in Ägypten zu senken, indem sie den Anbau wasserintensiver Pflanzen wie Reis und Bananen einschränken. Während der Freitagsgebete sprechen Kleriker im Auftrag der Regierung über die Notwendigkeit, Wasser zu sparen. Aber zumindest kurzfristig wird dies nicht ausreichen, um die katastrophale Wassersituation Ägyptens zu entschärfen.

General Sisi und seine Regierung haben sich für einen anderen Weg entschieden – die Diplomatie. Die Staatsführung konnte die Muslimbruderschaft nicht weiter bestehen lassen, nicht zuletzt, weil sie der Meinung war, dass sie die Nildiplomatie schlecht verwaltet und die Position Ägyptens im Einzugsgebiet des Nils und in der Welt rasch geschwächt hat. Die neue Führung wählte einen anderen Weg: Indem sie sich als starker Verbündeter der USA und ihre fortgesetzte Unterstützung für Israel zeigte, erhielt sie ihrerseits Unterstützung der USA, Israels und der internationalen Währungsinstitutionen bei ihren Verhandlungen. Dies trug dazu bei, die Verhandlungsmacht Ägyptens gegenüber Äthiopien und anderen stromaufwärts gelegenen Ländern zu stärken.

Welchen Weg die ägyptische Regierung auch immer wählt, sie muss die Ägypter jedenfalls davon überzeugen, dass die Vorstellung vom Nil als Ägyptens Strom definitiv der Vergangenheit angehört und dass sich die gesamte Gesellschaft nun hinsichtlich des Wassers einer neuen Situation anpassen muss.

Ägyptische Götter und ewiges Leben

Nachdem mich der Hubschrauber über den Damm sowie über ein weiteres revolutionäres, aber gänzlich anderes Projekt geflogen hat, das auf die Erschaffung eines neuen, künstlichen Niltals abzielt – und auf das ich noch zurückkommen werde –, und ich sicher nach Assuan zurückgelangt bin, mache ich mich ein weiteres Mal auf den Weg zum Nasserdamm. Hier treffe ich auf Touristen aus Japan und China, Frankreich und Italien, England und den USA. Ich habe keine Ahnung, was sie denken, weiß aber, dass ich mich auf einem Bauwerk befinde, dessen Bedeutung die der Pyramiden und jedes anderen Bauwerks übersteigt, das je in Ägypten errichtet wurde. Die Macht der Ideen verblasst häufig vor der Bedeutung solch mächtiger technologischer Strukturen. Dieser Damm hat Änderungen in Wirtschaft, Politik und Ideologie Ägyptens überdauert, und während Regime kamen und gingen, zeugt er auf seine Weise von Beständigkeit; in gewisser Weise strahlt nun er die Macht der Ewigkeit aus.

Nachdem ich den Linien der gigantischen Staumauer mit dem Blick gefolgt bin, suche ich mir ein schattiges Plätzchen unter ein paar Bäumen, um über Osiris und Isis zu lesen. Der Koloss aus Beton hebt in paradoxer Weise die Relevanz der alten Götter auf neue Weise hervor, weil der Damm so deutlich demonstriert, dass heutzutage Politiker und Ingenieure über den Wasserfluss des Nils bestimmen und nicht die Götter, wie die Ägypter – laut Herodot das religiöseste Volk der Welt – über Jahrtausende hinweg überzeugt waren.

Lange vor dem Sieg der modernen Wissenschaft glaubten die alten Ägypter, dass die Tränen der Isis das Ausmaß und die Dauer der Nilschwemme bestimmten. Im Tempel von Philae lässt sich dieser Glaube ablesen. In dem Raum, der Osiris geweiht ist, zeigt ein Relief seinen toten Körper, aus dem Getreideschösslinge hervorwachsen, während ein Priester diese wässert. Die Inschrift dazu lautet: »Dies ist die Form des Unaussprechlichen, des Osiris der Mysterien, der aus dem zurückkehrenden Wasser erwächst.« Die Tempelwand bewahrte die tiefste Wahrheit ihrer Zeit, erkennbar nur für die Eingeweihten. Der Gott des Getreides schuf das Korn aus seinem eigenen Körper; er gab ihn hin, damit das Volk zu essen hatte; er starb, damit sie leben konnten.

Gottkönig Osiris und seine Schwester und Gemahlin Isis herrschten über das fruchtbare Delta, während sein Bruder Seth mit seiner Schwester und Gemahlin Nephthys die kahle rote Wüste regierte. Seth empfand das als furchtbar ungerecht. Osiris und Isis wurden in ihrem Land geliebt und geachtet, denn sie hatten das Volk gelehrt, die Felder zu kultivieren und in Frieden miteinander zu leben. Seth und seine Frau hingegen gehörten einem eher kriegerischen Teil des Stammes an, der im rauen Klima der Wüste überlebt hatte. Deshalb begehrten sie alles, was Osiris und Isis besaßen. Als Isis einmal nicht zu Hause war, lud Osiris den Bruder Seth und sein Gefolge zu einem herbstlichen Fest zu Ehren der Fruchtbarkeit des Nils ein, es gab Speisen und Getränke im Überfluss. Seth brachte ein hübsches Geschenk – eine mit Gold und Juwelen geschmückte Truhe. Er sagte, er wolle die Truhe der Person schenken, die genau hineinpasste. Als Osiris die Truhe ausprobierte, legten Seth und seine 72 Mitverschwörer den

Deckel darauf und versiegelten alles mit geschmolzenem Blei. Danach eilten sie zum Nil hinab und warfen die Truhe ins Wasser, um Osiris zu ertränken. Die Strömung riss die Truhe mit sich, die schließlich in einem fremden Land ans Ufer getrieben wurde. Dort strandete sie in der Nähe eines Baums, der um sie herum wuchs, bis er schließlich Osiris' Körper ganz umschloss.

Als Isis von den Geschehnissen hörte, fuhr sie heim, um sich bestätigen zu lassen, dass Osiris tot war und sein jüngerer Bruder ihn ermordet hatte. In tiefer Trauer schnitt sie sich ihr langes, prächtiges Haar ab und ging barfuß am Fluss entlang, in der Hoffnung, Osiris zu finden. Nun sah sie nicht mehr aus wie eine schöne Königin, sondern ähnelte eher einer Hexe und wurde von ihrem eigenen Volk verspottet. Sie fand heraus, dass die Truhe den Nil hinunter, ins Mittelmeer und bis an die Küste von Byblos (dem heutigen Libanon) getrieben sei. Dort liege sie nun umschlungen von den Ästen eines mächtigen Baums.

In Byblos hatte sich schnell die Kunde über den großen Baum verbreitet, der im Laufe einer Nacht an der Küste gewachsen war. Der König war so verzaubert von dem schönen Baum und dessen schnellem Wachstum, dass er ihn fällen und in die Hauptstadt bringen ließ, wo aus ihm eine Säule für den Palast gefertigt werden sollte. Isis folgte dem Transport des Baums und konnte in den Palast gelangen. Nach einer Reihe fantastischer Geschehnisse und nachdem Isis der Königin in Byblos das Leben unerträglich gemacht hatte, war diese bereit, alles zu geben, um Isis' Anwesenheit am Hof nicht länger ertragen zu müssen. Isis erklärte, sie sei bereit zu gehen, sofern sie die Säule mitnehmen könne, in der sich Osiris verbarg. Die Königin ließ die Säule herausschlagen und auf einem der königlichen Schiffe zurück nach Ägypten bringen; auf dem Schiff befand sich auch Isis.

Osiris wurde im antiken Ägypten zu einem Symbol dafür, wie sich das Leben durch den Tod zu bewahren wusste, sowie zur Personifizierung des Flusses, der das Leben nach dem Tod erschuf. Jedes Jahr wurden die Mysterien des Osiris mit Zeremonien gefeiert, bei denen die Teilnehmer zu den Tempeln zurückkehrten, um dort erneut ihre Initiation zu begehen und die Wiedergeburt zu feiern. An den Feierlichkeiten teilzunehmen, war eine heilige Handlung. Isis' Trauer spiegelte sich in einem Trauerfest mit festen Ritualen wider: Am dritten Tag des Festes gingen die Priester zum Flussufer und hoben dort einen goldenen Schrein aus einer Truhe. Sie benetzten den Schrein mit heiligem Wasser und riefen: »Osiris ist gefunden!« Erde, Kräuter, Weihrauch und Wasser wurden als Symbol der Vereinigung von Isis und Osiris miteinander vermengt. Der Nil war der Ort für die Wiederauferstehung des Lebens; der Fluss war nicht nur ein Bild für Fruchtbarkeit und ewiges Leben, sondern er war die Fruchtbarkeit selbst.

Während ich diese Geschichte über die ägyptischen Götter lese, strömen neue Touristen aus den ankommenden Bussen, um diese enorme menschliche Machtdemonstration aus Stein und Zement zu bestaunen. Man braucht nicht viel Fantasie, um sowohl die Gegensätze als auch die Verbindungen zwischen den Feierlichkeiten der Isis und dem Hohen Damm zu sehen. Der Damm kann als Antithese zu Isis betrachtet werden, als ultimativer Ausdruck einer modernen Weltanschauung, in der die Ingenieure die Macht der Göttin vollständig übernommen haben. Seit der Mitte des 19. Jahrhunderts, als der Nil dem menschlichen Willen unterworfen wurde, eignete sich der Fluss immer weniger als Rohmaterial für diese Art religiöser Mythen. Heute, mit dem Bau mächtiger Dämme und Staumauern sowie großer, weit vom Fluss entfernter Kanäle, die das ganze Jahr über Wasser führen, ist die Entwicklung des Flusses Grundlage für ein ganz neuartiges Weltbild geworden, beruhend auf Erzählungen vom Triumph der Modernität und vom Sieg des Menschen über die Natur.

Zugleich ist der Assuandamm die militärische Achillesferse Ägyptens. Wiederholt haben israelische Politiker mit einem Angriff auf den Damm gedroht, so etwa Avigdor Lieberman im Jahr 2001. Der spätere Verteidigungs- und Außenminister hatte seinerzeit gefordert, Israel solle sich auf diese Weise für die ägyptische Unterstützung Jassir Arafats im Zusammenhang mit der 1998 erfolgten Proklamation zur Gründung des Staates Palästina im Westjordanland und in Gaza rächen. Lieberman soll außerdem zu einer Gruppe von Botschaftern gesagt haben, Israel könne den Hohen Damm angreifen, falls es irgendwann einmal zu einer erneuten militärischen Auseinandersetzung zwischen Ägypten und Israel kommen sollte.

Allerdings haben auch die Nachbarn im Süden mit einer Bombardierung des Assuanstaudamms gedroht. Das Verhältnis zwischen Ägypten und dem Sudan verschlechterte sich nach 1989, als sich islamistische Kräfte in Khartum an die Macht putschten. Als Saddam Hussein im Jahr darauf Kuwait besetzen ließ, unterstützte das sudanesische Regime den irakischen Diktator gegen die USA und Ägypten. Weil sich Kairo am Krieg gegen Bagdad beteiligte, wurden am 19. Januar 1991 große Demonstrationen in Khartum organisiert, auf denen eine Zerstörung des Assuandamms und der Pyramiden gefordert wurde.

Für ein paar Steine werfende Demonstranten in Khartum war dies natürlich leichter gesagt als getan. Gleichwohl besteht kein Zweifel: Der Damm ist äußerst verletzlich. Denn Ägypten verfügt für den Fall einer Zerstörung des Damms über keinerlei Rückversicherung. Sollte er tatsächlich bombardiert werden, würde das Wasser eine gewaltige Flutwelle erzeugen, die auf dem Weg zum Meer den Großteil des besiedelten Landes zerstört.

In der realen Welt der Politik ist die Bombardierung des Damms daher ein Horrorszenario. Seine Zerstörung würde eine unfassbare Katastrophe verursachen.

Die Großprojekte von heute und die von gestern

Der russische Militärhubschrauber fliegt in die Wüste hinaus, und unter uns erstreckt sich, so weit das Auge reicht, die kahle Sahara. Die Hitze erzeugt unscharfe Konturen und Luftspiegelungen. Und dann sehen wir mitten in der Wüste, als schmale, endlose Lebenslinien, schnurgerade Wasserwege, die sich Kilometer um Kilometer in Richtung Horizont dahinziehen.

Mehrmals haben wir ein großes Objekt überflogen, das wie eine gigantische Fabrik aussieht, bei der es sich jedoch um eine nach Präsident Hosni Mubarak benannte Pumpstation handelt. Mit der am Assuandamm erzeugten Elektrizität pumpt sie das Wasser aus dem Stausee in die Wüste. Die Anlage wurde 2002 fertiggestellt und soll nichts weniger sein als der Geburtshelfer für ein neues, künstliches Niltal. Jedes Jahr will man hier fünf Milliarden Kubikmeter Wasser in die Wüste leiten.

Die Pumpstation befindet sich unweit des Tempels von Abu Simbel, einem der weltweit bekanntesten Monumente, das vor mehr als 3000 Jahren in Oberägypten aus dem Felsen geschlagen wurde. Weil der Nassersee die Anlage unter Wasser gesetzt hätte, finanzierte die Weltgemeinschaft die Versetzung des Heiligtums. Unter der Aufsicht der UNESCO wurde der Tempel von 1963 an Steinblock um Steinblock aus der Felswand herausgesägt, zu seinem neuen Standort gebracht und dort in all seinem beeindruckenden Prunk wieder aufgebaut. Dieses vermutlich weltweit imponierendste Beispiel für Selbstverherrlichung wurde für Ramses II. errichtet, den Pharao, der sechs Frauen und 100 Kinder gehabt haben soll und mehr als sechs Jahrzehnte über Ägypten herrschte. Beiderseits des Eingangs erheben sich vier mehr als 20 Meter hohe Ramsesstatuen (eine Reihe weiterer sind im Inneren des Bauwerks zu finden), während der Eingang selbst mit Reliefs von Nilgöttern geschmückt ist, welche einst Ober- und

Das Toshkaprojekt, das zehn Prozent von Ägyptens Anteil am Nilwasser in die Sahara leiten wird, um dort ein neues menschengemachtes Niltal anzulegen. Ägypten wird dadurch noch abhängiger vom Nilwasser und noch verwundbarer in Hinblick auf Änderungen bei der Wassermenge des Flusses.

Unterägypten vereinten. Ihre Macht wird demonstriert, indem sie als beinahe geistesabwesende Götter dargestellt werden, welche mit größter Selbstverständlichkeit ihre Füße auf den Körpern einiger Sklaven ruhen lassen.

Der Hauptkanal zieht sich 50 Kilometer in die Wüste hinein, wo den Planungen zufolge neue Städte gebaut, Industrieanlagen errichtet und neue landwirtschaftliche Anbauflächen für den Export erschlossen werden sollen. Hier, in der Region Toshka, soll die Wüste blühen. Man hat sich das ehrgeizige Ziel gesetzt, bis zu 140 000 Hektar Land urbar zu machen. Das Mubarak-Regime sprach in diesem Zusammenhang davon, hier nach Fertigstellung des Projekts 17 Millionen Menschen anzusiedeln; dafür sollten zusätzlich die großen unterirdischen Seen in der Sahara angezapft werden.

»Wenn wir davon ausgehen, dass die Pyramiden pharaonische Projekte sind, und einen Vergleich anstellen, dann ist dieses Projekt 100 Mal größer als die Pyramiden.«[68] Der langjährige Minister für Wasserwirtschaft,

Die Großprojekte von heute und die von gestern

Die Pumpstation des Toshkaprojekts. Sie pumpt Wasser vom Nassersee in die Sahara.

Dr. Abu Zeid, war sich über das gewaltige Ausmaß dieser Planungen sehr bewusst, als ich 2005 mit ihm in seinem Büro in Kairo sprach. Wir stiegen auf das Dach seines Ministeriums, von wo man einen fantastischen Blick auf Kairo hat. Er zeigte auf die Stadt und sagte voller Überzeugung: »Wir können nicht alle hier leben.«

Im Zuge des sogenannten Arabischen Frühlings wurden derlei Großprojekte jedoch auch in Ägypten immer häufiger kritisiert. Die Demonstranten, die sich Anfang 2011 auf dem Tahir-Platz versammelten, meinten nicht nur, die Regierung habe die nationalen Interessen in der Nilfrage geschwächt, indem sie sowohl Afrika außer Acht gelassen als auch zu nachgiebig gegenüber den Forderungen der stromaufwärts gelegenen Länder gewesen sei. Auch das Toshkaprojekt wurde nun hinterfragt. Vielen war es zu eng mit der Denkweise der ehemals herrschenden Elite verbunden. Politiker, die mit der Muslimbruderschaft sympathisierten, griffen das Projekt in der Nationalversammlung hart an: Östlich und westlich des bestehenden Deltas sowie in den Tälern, die vom Roten Meer zum Nil verlaufen, gebe es besser zum Wohnen geeignete Orte. Dort sei das Klima angenehmer, und die Ägypter würden wegen der Nähe zu den bestehenden urbanen Zentren und großen Städten lieber dort hinziehen. Darüber hinaus lägen diese Orte näher an Gebieten mit Infrastruktur, die für die Entwicklung notwendig sei, hieß es. Weshalb also Milliarden für Toshka verschwenden? All diese alternativen Vorschläge lassen das größte Problem allerdings außer Acht: Woher soll das Wasser kommen?

Wie immer in der Geschichte Ägyptens wird der Erfolg des Regimes von der Fähigkeit abhängen, die Wasserfrage zu lösen – und somit auch, wie sie mit dem Toshkaprojekt und dem Druck der Bevölkerung im Niltal umgehen wird.

NUBIEN UND DAS LAND, WO SICH DIE FLÜSSE TREFFEN – SUDAN

500 Kilometer durch die Wüste auf einem künstlichen See

Als ich 1983 auf dem Weg von Ägypten in den Sudan zum ersten Mal über den enormen und von Menschenhand geschaffenen Nassersee fuhr, geschah dies an Bord eines großen, alten Dampfers. Wenig später sollte das Schiff in einem Flammeninferno sinken und mehrere Hundert Menschen in den Tod reißen. Die Maschinisten hatten praktisch kein Werkzeug, die Passagiere saßen direkt bei den Benzinfässern, die in chaotischer Unordnung an Deck gestapelt waren, und rauchten. Das Navigationssystem war auch nicht hervorragend, sodass das Boot ständig auf Grund lief. Für die Übernachtung ließ der Kapitän in Ufernähe ankern; die Besatzungsmitglieder erklärten, wir hätten so bessere Chancen, den Krokodilen zu entkommen, falls das Boot sinken sollte. Es gebe da nur ein Problem, fügten sie mit einem Lächeln hinzu. An Land lauerten überall tödliche Skorpione und das Ufer bestehe auf beiden Seiten aus einer trockenen, mondartigen Felslandschaft.

Die Nacht verbrachte ich auf dem Dach, das aus Faserplatten bestand, die auf einem Eisengestänge befestigt waren. Da lag ich auf meinem Schlafsack – so weit am Rand wie möglich, ohne Gefahr zu laufen hinunterzufallen – und genoss den Lufthauch, der die warme Luft erträglicher machte. Die ganze Nacht hindurch beobachtete ich, wie die gleichsam auf ihre Rolle als Navigationszeichen pochenden Sterne mit ungewöhnlicher Intensität an einem Himmel schienen, der sich über dem künstlichen See zu wölben schien, als wolle er diesen und die Uferfelsen an ihrem Platz halten. Und während der Himmel in Europa um den Mond herum heller und zum Horizont hin dunkler wird, war er hier um eine auf dem Rücken liegende Mondsichel tiefblau. Es war eine wundersame Tropennacht, deren Schönheit immer weiter zunahm und ihren Höhepunkt genau in dem Moment erreichte, als sie zu Ende ging.

Die Fahrt über den See dauerte anderthalb Tage. Ohne spätere Aufarbeitung wäre sie wie andere Reisen ein flüchtiges Erlebnis geblieben – ein exotisches und spannendes Ereignis, aber keine wirkliche Erfahrung. Auf dem beim Bau des Assuandamms entstandenen Nassersee, der auf der sudanesischen Seite Nubiasee heißt, überquerte ich die unsichtbare Grenze zum Sudan. Der See steht sowohl für die Kräfte der Natur wie für die Möglichkeiten des Menschen samt seiner Hybris, und zwar auf eine Weise, die man wohl selbst erlebt haben muss, um sie zu verstehen. Dieser von Menschen geschaffene Nilsee stellt aus einer Entwicklungsperspektive heraus betrachtet ein schizophrenes Phänomen dar, handelt es sich doch zugleich um ein Natur- und Technologiedenkmal. Eine Überfahrt darauf bekommt eine ganz neue Dimension, wenn man sich vergegenwärtigt, welche zentrale Rolle er spielte beim Zusammenbruch des europäischen Kolonialismus, als Objekt von und Schauplatz für Großmachtrivalitäten während des Kalten Krieges, und wie er die Machtverhältnisse in der ganzen Region beeinflusste. Nicht zuletzt gewann der Stausee seine Bedeutung, weil durch ihn Teile des alten Nubiens überflutet wurden. In den 1960er Jahren drang das Wasser nach Schließung der Fluttore unerbittlich und unaufhaltsam zwischen die knochentrockenen Felswände und setzte alle hier am Fluss liegenden nubischen Dörfer für immer unter Wasser.

Nubien – Gold und Katarakte

Der Name Nubien weckt bei vielen Erinnerungen an mythenhafte Abenteuergeschichten über die Jagd nach Gold in Afrika. Doch auch Elfenbein, Straußenfedern, Mahagoni und Gewürze wurden jahrtausendelang über Nubien nach Ägypten und Europa verfrachtet. Der Name soll auf das altägyptische Wort für Gold zurückzuführen sein.

Für andere weckt der Name Nubien Assoziationen an das alte, christliche Nubien, denn er erinnert an die Zeit, als das Christentum die dominierende Religion in diesem Teil des Niltals war. Für wiederum andere ist Nubien der Hauptsitz der afrikanischen Pharaonen, einer mehrere Tausend Jahre alten blühenden Zivilisation, die lange im Schatten der ägyptischen Pharaonen und ihrer Pyramiden gelegen hat. Das ferne Nubien beflügelte bereits die Fantasie der alten Griechen und Römer.

Nubien liegt zwischen dem zweiten Katarakt des Nils und der großen markanten S-Biegung des Flusses mitten im Sudan. Die Nubier sind ein afrikanisches Volk, das zwischen dem arabischen Ägypten und dem arabischen Sudan lebt. Ihr kulturelles Selbstbewusstsein war mal stärker, mal schwächer ausgeprägt, aber in den letzten Jahrzehnten haben archäologische Funde dazu geführt, dass die Frühgeschichte der Nubier und der »Schwarzen Pharaonen« definitiv aus dem Dunkel der Geschichte getreten ist. Nubien ist der Auftakt für das, was am Wasserlauf des Nils so typisch ist – eine kulturelle und ethnische Kakofonie. Die Nubier sind, wenn wir uns an die eigenen Kategorisierungen der sich den Fluss teilenden Länder halten, eine von rund 1000 in dieser Region lebenden ethnischen Gruppen.

Wadi Halfa liegt heute an den Ufern des Nubiasees im Herzen des alten Nubiens. Die Stadt war als Handelsknotenpunkt über Jahrtausende der Begegnungsort zweier Welten – Afrika im Süden und Ägypten und Europa im Norden. Mit durchschnittlich drei Millimeter jährlichem Niederschlag herrscht hier ein so extremes Wüstenklima wie kaum an einem anderen Ort der Welt. In den meisten Jahren fällt nicht ein einziger Regentropfen. Tiere gibt es kaum, allerdings fallen jedes Jahr Kinder Skorpionen zum Opfer, und der ägyptische Geier kreist auf Jagd nach Aas langsam über der Landschaft.

Südlich von Wadi Halfa erstreckt sich der Fluss als blaues Seidenband über einen enormen braunen Sandteppich. An den schmalen Ufern sprießen Gewächse, die sich in ihrer Schönheit und Üppigkeit von der Kahlheit der Wüste abheben. Die Natur ist weitgehend in Ockertönen gemalt. Kreideweiße und ein paar gelb oder blau bemalte Häuser aus Lehm – der sudanesische Schriftsteller Tayyib Salih hat sie mit »mitten auf dem Meer vor Anker gegangenen Schiffen« verglichen – stehen geschützt im Schatten von Palmen und geben der Kulturlandschaft eine besondere Atmosphäre, die als Reaktion auf die große Wüste als Nachbarn zugleich Protest und Akzeptanz ausstrahlt. Die Häuser können vom Flussufer aus auf Sandpfaden erreicht werden, die sich zunächst durch kupfergrüne Felder schlängeln und sich dann am Horizont in der über der endlosen Wüste flirrenden heißen Luft im Nichts verlieren.

Zur Blütezeit Nubiens war der Niederschlag viel ergiebiger als heute, und mithilfe recht einfacher Bewässerungsmethoden konnten die Menschen auf dem damals äußerst fruchtbaren Boden mindestens zweimal pro Jahr zur Ernte schreiten.[69] Vielerorts konnte der Nil auch als Transporter genutzt werden. Doch da nur kleinere Gebiete bewohnbar waren, schuf dies eine hohe Bevölkerungsdichte und somit einen für das damalige Afrika untypischen Druck zur Entstehung von Städten und sozialen Schichten. So entstanden in Nubien drei Königreiche: das erste mit der

In Nubien schlängelt sich der Fluss wie ein dünnes blaues Band durch eine braun gefärbte Landschaft. Nur ein schmaler grüner Streifen ermöglicht menschliches Leben und Landwirtschaft.

Hauptstadt Kerma (2600–1520 v. Chr.), das zweite mit der Hauptstadt Napata (1000–300 v. Chr.) und das letzte mit der Hauptstadt Meroe (300 v. Chr.–300 n. Chr.).

Kerma konnte zum Zentrum einer Zivilisation werden, weil es auf einer ziemlich großen 15 bis 49 Kilometer breiten und ca. 200 Kilometer langen Flutebene lag, was eine Bewässerung durch Rückhaltebecken ermöglichte. Es war der einzige Ort am nubischen Nilkorridor, an dem das in gewissem Umfang möglich war.[70] Schon zu neolithischer Zeit (vom 6. bis zum 4. Jahrtausend v. Chr.) wurden in Kerma Ackerbau und Viehwirtschaft betrieben. Die immer stärkere Position der späteren Herrscher muss auch mit ihrer Fähigkeit zur Kontrolle des Nilhandels zu tun gehabt haben. Um die Mitte des 17. Jahrhunderts v. Chr. erstreckte sich das Herrschaftsgebiet des Königreichs im Norden bis zur Elefanteninsel beim heutigen Assuan. Nach der Vereinigung Ägyptens um 1550 v. Chr. nahmen die Pharaonen ihre Pläne zur Unterwerfung Kermas wieder auf, und schon bald darauf fiel das Reich.

Südöstlich von Kerma, nicht weit von der Stelle, wo der Nil in der Wüste seine große Biegung vollzieht, liegt am Ostufer des Flusses die Hauptstadt des einstigen Königreichs Meroe. Die Gegend wird von mehr als 200 Pyramiden geprägt, die aufgrund ihrer eigentümlichen Proportionen eindeutig als nubisch zu erkennen sind. In jüngster Vergangenheit hat man Anzeichen für eine Vielzahl von kleinen Flüssen entdeckt, in denen zu Hochzeiten der Meroe-Kultur reichlich Wasser floss und die alle in den Nil mündeten.

Der griechische Historiker Diodoros wusste aus dieser Gegend von einer besonderen dynastischen Tradition zu berichten: Der König musste sich am Ende seiner Herrschaft stets das Leben nehmen. Bis zu König Ergamenes, einem Zeitgenossen von Ptolemaios II. von Ägypten, der von 285 bis 246 v. Chr. regierte, war es üblich gewesen, dass die Priester dem König eine angeblich vom großen Gott persönlich stammende Nachricht überbrachten, um ihn darüber in Kenntnis zu setzen, dass er nun zu sterben habe. Die Könige hatten den Gottesbefehl stets befolgt, Ergamenes jedoch, der in griechischer Philosophie unterrichtet worden war, widersetzte sich. Er sammelte sein Heer und machte kurzen Prozess; anstatt sich selbst umzubringen, tötete er alle Priester.

Ebenfalls in dieser Gegend fanden Archäologen 1910 eine überlebensgroße Bronzebüste des römischen Kaisers Augustus. Der Geograf Strabo berichtet, dass die Kuschiten Ägypten angriffen und die Statue als symbolische Kriegsbeute mitnahmen. Die Römer schickten Expeditionen flussaufwärts, um die Büste zurückzuholen, aber sie konnten sie nicht finden. Fast 2000 Jahre später wurde sie von britischen Ausgräbern entdeckt. Das Kunstwerk war hochsymbolisch in den Boden vor dem Eingang zum Priestertempel eingelassen worden.

Meroes Position und Reichtum waren einer starken Eisenindustrie zu verdanken sowie Handelsaktivitäten, die sich bis nach Indien und China erstreckten. Aufgrund der Verarbeitung von und des Handels mit Eisen ist die Hauptstadt des Königreichs auch »Afrikas Birmingham« genannt worden. Meroe lag an der Kreuzung zweier großer Handelswege: der Nord-Süd-Route am Nil und der Karawanenroute von Osten nach Westen. Über den Blauen und den Weißen Nil war die Stadt sowohl mit Zentralafrika und dem äthiopischen Hochland wie mit Ägypten und dem Roten Meer verbunden. Wir haben spärliche, doch Strabo sei Dank relativ genaue Informationen über Meroe. Er hatte Zugang zu den Berichten der Expedition, die im Auftrag Kaiser Neros die Nilquellen suchen sollte und etwa im Jahr 60 n. Chr. hier vorbeikam. Laut Strabo betrieb die Bevölkerung

Handel mit Salz, Kupfer, Eisen, Gold, verschiedenen Edelsteinen, Holz und Tierprodukten wie Elfenbein und Löwen- und Leopardenfell. Möglich war die Etablierung einer derart großen und dauerhaften Siedlung an dieser Stelle aufgrund der Wasserlandschaft und der Topografie. Meroe lag innerhalb des Regengürtels, sodass es jedes Jahr etwas Niederschlag gab. Außerdem übernahm man aus Ägypten die Sakia, jenes meist von Zugtieren angetriebene Schöpfwerk, mit dessen Hilfe zusätzliche Felder bewässert werden konnten. Auf dem Höhepunkt ihrer Macht kontrollierten die meroitischen Herrscher den Nil von Nord nach Süd auf mehr als 1000 Kilometern Luftlinie, also große Teile des heutigen Sudan nördlich von Khartum. Meroes Zusammenbruch ist vermutlich dem Zusammentreffen mehrerer Faktoren geschuldet: Von Aksum aus, dem Zentrum des mächtigen Reichs auf der äthiopischen Hochebene, wurde es angegriffen, und zugleich war es durch zurückgehende Niederschlagsmengen geschwächt. Letzteres führte dazu, dass die kleinen Flüsse in dem Gebiet nicht mehr wie früher genutzt werden konnten.

Die nubischen Könige konvertierten im 6. Jahrhundert zum Christentum. Laut Überlieferung begann ein von der byzantinischen Kaiserin Theodora geschickter Missionar um 540 herum, das Evangelium zu verkünden. Vielleicht geschah die Bekehrung auch durch aus Ägypten kommende koptische Missionare. Da alle Missionare der monophysitischen Auffassung anhingen, derzufolge Christus nach der Vereinigung des Göttlichen und Menschlichen in der Inkarnation nur eine einzige, göttliche Natur habe, schlossen sich die christianisierten Nubier naturgemäß dieser Glaubensrichtung an. Die nubischen Könige erkannten den koptischen Patriarchen in Alexandria als ihr geistliches Oberhaupt an, und im 9. und 10. Jahrhundert erreichte das Königreich den Höhepunkt seines Wohlstands und seiner militärischen Macht.

Das christliche Reich wurde dadurch geschwächt, dass die muslimische Dominanz in Ägypten den Kontakt mit dem koptischen Patriarchen und die Anwerbung in Ägypten ausgebildeter Geistlicher erschwerte. Saladin, der die Kreuzzügler im Heiligen Land besiegt und die Macht in Ägypten übernommen hatte, führte auch einen militärischen Angriff gegen die Christen in Nubien. Er veranlasste die Tötung aller sich in einem Kloster in der Nähe von Assuan befindlichen Personen. In den folgenden Jahrzehnten schwächten sich die Verbindungen der Christen Nubiens zum Patriarchen in Alexandria immer weiter ab; die koptische Kirchenleitung war in ihre eigenen Angelegenheiten vertieft und ließ ihre südlichen Glaubensbrüder im Stich. 1372 wurde vermutlich der letzte Bischof ernannt, und Nubien hörte nach einem relativ gewaltlosen kulturellen Diffusionsprozess auf, christlich zu sein. Die Nubier brachen also vor rund 600 Jahren mit dem Christentum und trugen später aktiv zur Islamisierung anderer Teile des Sudan und der Umgebung des südlichen Nils bei.

Einer der einflussreichsten Historiker der frühen Nachkriegszeit, der Brite Hugh Trevor-Roper, schrieb in den 1960er Jahren in seinem Buch *The Rise of Christian Europe:* »Vielleicht wird es in Zukunft eine afrikanische Geschichte geben, ... aber jetzt gibt es keine; das Einzige, was es gibt, ist die Geschichte der Europäer in Afrika. Der Rest ist Dunkelheit, ... und Dunkelheit ist kein Thema für die Geschichte.«[71] Wenn man in Nubien umherreist oder zwischen den jahrtausendealten Grabstätten und Pyramiden umhergeht, ist die weitverbreitete Empörung über die lange Zeit gängigen westlichen Beschreibungen Afrikas ebenso leicht nachvollziehbar wie die daraus resultierende postkoloniale Kritik, der es an zu verurteilenden oder zu dekonstruierenden Beispielen wahrlich nicht mangelt. Allerdings übersieht die Kritik am Machtmissbrauch durch die westliche Wissenschaft, dass deren Wirken auch eine andere Seite hatte: Westliche Archäologen und Historiker haben an vielen Orten Großes zur Erforschung und Dokumentierung der Geschichte Afrikas geleistet, und auch Nubiens Frühgeschichte ist nicht zuletzt dank deutschen, nordamerikanischen, britischen und skandinavischen Archäologen und Historikern vor der Vergessenheit bewahrt worden.

Muhammad Alis Flusskrieg

Shendi ist ein alter Handelsknotenpunkt am Nil, und auch wenn es sich heute um einen Ort handelt, den man getrost links liegen lassen kann, birgt er eine dramatische Geschichte über den Fluss und das Verhältnis zwischen dem Sudan und Ägypten. Hier trafen die gewaltigen Handelskarawanen, die von Libyen und Ägypten aus die Wüste durchquert hatten, auf Muslime aus West- und Nordafrika, die sich auf der Hadsch nach Mekka befanden. Der Grund war geografischer Natur: Bei Shendi konnte man einfacher den Fluss überqueren als irgendwo sonst im Nordsudan. Daher konnte just dieser Ort zu einem Handelszentrum mit einem außergewöhnlich reichhaltigen Angebot heranwachsen, das auch Waren etwa aus Indien und Venedig umfasste. An den hiesigen Flussufern fanden die Teilnehmer der Karawanen endlich einen Platz, um sich auszuruhen. Hier brauchten sich die enormen Reisegesellschaften mit ihrer Fracht aus Sklaven, Gold und anderen Waren nicht vor den Räubern in Acht zu nehmen, die ihnen wie Geier durch die Wüste gefolgt waren.

Aufgrund der strategischen Bedeutung des Ortes ließ Muhammad Ali ihn 1821 besetzen; das von ihm entsandte Heer wurde von seinem dritten Sohn Ismail angeführt. Es war eine bunte Truppe, die sich da von Ägypten aus auf den Weg gemacht hatte. Die historischen Quellen sind nicht eindeutig, doch es handelte sich wohl um rund 4000 Soldaten, die Hälfte von ihnen Albaner und Türken, jeder mit seinem eigenen Sklaven und einem Esel. Außerdem gab es eine Gruppe kurdischer Reiter, Beduinen in Kettenhemden und mit Speeren bewaffnete halbnackte Arme, die in der Hoffnung auf Kriegsbeute und 50 Piaster Belohnung für jedes von einem Feindeskopf abgeschnittene Ohr mitgezogen waren. Rechnet man noch die Diener und Prostituierten hinzu, waren es rund 10 000 Menschen, die jeden Abend ihr Lager aufschlugen. Auch ein paar Europäer waren mit dabei, zum Beispiel der Franzose, der die ersten prächtig illustrierten Bücher über die alten Nilzivilisationen im Sudan publizierte. Die Folianten haben ein Hochformat von fast einem Meter und sind mit sorgfältig ausgeführten detaillierten Zeichnungen und illustrierten Beschreibungen von bis dahin unbekannten Pyramiden und klassischen Bauwerken versehen. Man wird unweigerlich vom Anblick dieser Bücher berührt, gerade auch vor dem Hintergrund des blutigen und gewalttätigen Feldzugs, dem sich der Schriftsteller und Abenteurer auf der Jagd nach dem Gold des Sudan angeschlossen hatte.

Besagter Feldzug Ägyptens gegen Shendi und Sannar wurde wie alle anderen Feldzüge in der Geschichte dieses Gebiets fundamental von der Wassermenge des Nils beeinflusst. Sie bestimmte das Zeitschema des Vorrückens; der Fluss durfte kein Hochwasser führen, musste aber zugleich tief genug sein, um die Boote über die Katarakte zu bekommen, jene Stromschnellen, die für diesen Teil des Nils charakteristisch sind. Am 12. Juni 1821 wurde in Sannar, der am westlichen Ufer des Blauen Nils kurz hinter dessen Zusammentreffen mit dem Weißen Nil gelegenen Hauptstadt der Fung-Dynastie, Muhammad Alis Annexion des Sudan proklamiert.

Anfang November unternahm Ismail eine Inspektionsreise auf dem Nil. In Shendi kam es zu dem schicksalhaften Treffen mit dem lokalen Herrscher Mek Nimr. Ismail forderte von Mek Nimr, binnen 48 Stunden eine riesige Geldsumme zu beschaffen – nebst 6000 Sklaven sowie Proviant und Ausrüstung für sein gesamtes Gefolge. Der Hintergrund dieser unmöglichen Forderung war, dass Muhammad Ali mit dem Ergebnis des

Feldzugs im Sudan unzufrieden war. Die Goldgruben von Fazughli gaben weniger her als erwartet, und Ägypten hatte nur 15 000 statt der erwarteten 40 000 Sklaven erbeutet. Der Stammesführer erklärte sofort, es sei ihm unmöglich, die Forderungen zu erfüllen. Da schlug ihm Ismail mit dem Ende seiner langen türkischen Pfeife ins Gesicht. Mek Nimr erhob sich und zückte das Schwert. Ismails Wachen drückten ihn zu Boden und zwangen ihn, um Entschuldigung zu bitten. Anschließend wurde für Ismail und sein Gefolge ein Festmahl arrangiert. Doch während der Darbietung der Bauchtänzerinnen umringten Mek Nimr und seine Männer das Zelt und legten Feuer. Ismail starb in den Flammen. Wer dem Feuer entkommen konnte, wurde massakriert.

Mek Nimrs Handlung in Shendi löste einen Sturm der Entrüstung aus. Ägyptens Statthalter im Sudan schwor, er werde aus Rache 20 000 Schädel nach Kairo senden. Ein Mann, der ihn zu töten versuchte, wurde gefangen und zur Pfählung verurteilt, doch unmittelbar vor der Vollstreckung änderte man die Strafe ab: Ein Schwertprofi schnitt ihn in kleine Teile, bis er starb. Andere Männer wurden kastriert, Frauen die Brüste abgeschnitten, andere Menschen lebendig begraben. Nachdem jeglicher Widerstand durch diesen Terror gebrochen war, konnte 1824 die osmanische beziehungsweise türkisch-ägyptische Eroberung des Nordsudan vollendet werden.

Muhammad Ali wollte das ganze Niltal zu einem Teil Ägyptens machen, allerdings nicht, weil die ägyptische Führung den Nil zu jenem Zeitpunkt hydrologisch als Einheit ansah und den Bau von Dämmen flussaufwärts in Erwägung zog, sondern weil der Strom mitsamt dessen Einzugsbereich sozusagen als natürliches ägyptisches Territorium betrachtet wurde und weil der Fluss ganz konkret der Korridor zwischen Ägypten und Afrika war.

Muhammad Alis wichtigster Anlass für den Marsch nach Süden war der Bedarf an Sklaven für das Militär. Er wollte ein neues, von europäischen Experten angeleitetes und ihm gegenüber loyales Heer aufbauen. Seinen albanischen Soldaten misstraute er inzwischen, weil sie zu Widerspruch neigten. Die Rekrutierung von Sklaven hatte im islamischen Nahen Osten und in Teilen Nordostafrikas eine lange Tradition, hatte seinerzeit allerdings bereits an Bedeutung verloren. Muhammad Alis Feldzug gegen den Sudan und den Südsudan erweckte diese Tradition zu neuem Leben. Mit seinem regionalen Imperialismus hatte Muhammad Ali nur teilweise Erfolg, doch kontrollierte sein Herrscherhaus in den 1870er Jahren den Sudan und große Teile Ugandas.

Mek Nimr wurde im Sudan durch seinen Mord an Muhammad Alis Sohn zum Nationalhelden. Bei seiner Gedenkrede zum 55. Jahrestag der nationalen Unabhängigkeit bezeichnete Präsident Omar al-Baschir 2011 just die Erhebung Mek Nimrs gegen Ismail und das türkisch-ägyptische Besatzungsheer als Geburtsstunde der sudanesischen Nation. Wenngleich al-Baschir dieses Ereignis für die Propaganda seines Regimes instrumentalisierte, so verweist die Revolte von Shendi doch auf eine übergeordnete Frage in der Geschichte des Sudan – die Frage des Verhältnisses zum nördlichen Nachbarn.

Seit 150 Jahren geht es in diesem Verhältnis zuvörderst um die ökonomische und kulturelle Rolle des Nils und um die Frage, wie Ägypten und der Sudan diesen Fluss nutzen sollen, von dem beide Länder vollkommen abhängig sind.

Die Politik der Geografie

Vor dem Autofenster zieht sich die Wüste in alle Richtungen dahin. Ich bin auf dem Weg von Dongola nach Khartum, und die schnellste Strecke führt quer durch die Sahara. Die Monotonie der Landschaft und das Rauschen des Landcruisers wirken einschläfernd, deshalb trinke ich einen Schluck aus einer der noch vorhandenen Wasserflaschen und greife zu einem mitgebrachten Artikel, der zur Landschaft passt. Dieser Artikel stammt von Sulayman Huzayyin, einem der bekanntesten historischen Geografen Ägyptens. Sein wissenschaftliches Projekt zielte darauf ab, Konzepte zu formulieren, mit denen sich die geografischen Regionen des Niltals fassen ließen, wobei er die politische Absicht, der seine Konzeptentwicklung diente, keineswegs verhehlte: ein Ägypten, das auch den Sudan umfasste. Eine Form von Allianz, sei es als Union oder als Zusammenschluss der beiden Länder, gehörte seit dem Beginn des 19. Jahrhunderts zu den wichtigsten Bestrebungen der ägyptischen Diplomatie und galt in der modernen Geschichte des Landes lange als selbstverständliches Ziel. Huzayyins Artikel sollte dafür eine wissenschaftliche und historisch-geografische Begründung liefern.

Die Diskussion darüber, inwieweit Historiker zur »Erfindung« von nationalen Traditionen beigetragen haben, ist aus europäischen Zusammenhängen bekannt, der Klassiker in diesem Zusammenhang ist das Buch *Erfundene Traditionen* von Eric Hobsbawm. Huzayyin verhielt sich wie viele Historiker und historische Geografen in entscheidenden Phasen oder

Augenblicken der Geschichte eines Staates; er spielte die Rolle des Nationenbauers und stellte seine Forschung und sich selbst für ein politisches Projekt zur Verfügung, das größer war als er selbst.

Huzayyin machte als Erster einen Unterschied zwischen den Begriffen *Wadi al-Nil* (Niltal), *Hawd al-Nil* (Nilbecken) und *Hadbat al-Nil* (Nilhöhen). Von einem geografischen Standpunkt aus gehören nur die in Ägypten und im Zentralsudan gelegenen Teile des Niltals zu dem, was er als spezifisches *Al-bia'h-al-niliya* oder Niltalmilieu bezeichnet. Nur hier finden sich gleichartige geografische und ökologische Verhältnisse, für die der Nil den alles überschattenden und bestimmenden geografischen Faktor darstellt. Auf dieser Grundlage versuchte Huzayyin, das zu etablieren, was er einen »nationalen Raum« auf Basis von »geografischen Fakten« nannte, während er alte Forderungen nach einem ägyptischen territorialen »Lebensraum« als mythisch und unzutreffend zurückwies. In diesem Abschnitt des Nilverlaufs, so behauptete er, würden die Menschen aufgrund der gemeinsamen Umweltbedingungen zu einer Art organischen Einheit geformt, die im Laufe der Zeit dazu tendiere, gleiche Ideologien, Religionen und Institutionen zu entwickeln. Die Kultur spiegele im Grunde die ökologischen Grundlagen und sozialen Strukturen der Gesellschaft wider, erkläre sie und sichere ihre Integrität, Stabilität und Dauerhaftigkeit. Unter diesem Gesichtspunkt wird Ägypten nicht nur zur Einheit, die eine eigene Zivilisation hervorbringe, sondern zu einem Akteur, der im Prinzip nur das ausführt, was die Natur von ihm verlangt. Oder, direkter gesagt: Ägypten war der Weg, den Kultur und Zivilisation einschlugen, um den Sudan zu erreichen; Ägypten schenkte dem Sudan gewissermaßen das »Licht der Kultur«.

So betrachtet, vereinte Muhammad Ali mit der Besetzung des Sudan jene Teile des Nilverlaufs wieder zu jener organischen Einheit, die sie aufgrund der sozialen und kulturellen Verhältnisse des spezifischen Milieus am Fluss nun einmal bildeten. Die politische Einheit des Niltals ist demzufolge einfach naturgegeben. Als historischer Geograf, schrieb Huzayyin, sei es seine Pflicht, die wissenschaftliche Wahrheit über die »Einheit des Niltals« ans Licht zu bringen, und als ägyptischer Nationalist müsse er für ihre Verwirklichung kämpfen. Der Nil bilde einen natürlichen Korridor für Kultur, Handel und Kommunikation zwischen Afrika und Ägypten. In Ägypten selbst hätten die besonderen natürlichen Eigenschaften des Flusses dafür gesorgt, dass sich eine integrierte, führende und einzigartige Zivilisation entwickeln konnte, die sich von Anfang an ihrer Einzigartigkeit bewusst gewesen sei. Diese geografische Analyse entsprach der nationalistischen Forderung nach »Einheit im Niltal« und der Tatsache, dass sich König Faruk noch 1948 vor den Vereinten Nationen als »King of the Nile«, also als König Ägyptens und des Sudan titulierte.

Wenn man in Ägypten und dem Sudan viele Male an dem langen Fluss auf- und niedergereist ist, wirkt die Logik der Argumentation des ägyptischen Geografen überzeugend. Es ist deshalb paradox, dass der Nil zum vielleicht wichtigsten Streitpunkt zwischen Ägypten und dem Sudan werden konnte, als die Briten durch ihre Nilpolitik dazu beitrugen, dass der Sudan von Ägypten wieder unabhängig wurde. Huzayyin konnte nicht wissen, dass der Nil aller Wahrscheinlichkeit nach auch im weiteren Verlauf des 21. Jahrhunderts als trennender Faktor zwischen den beiden Nachbarländern fungieren wird. Aber was wird über einen noch längeren Zeitraum hinweg passieren? Vielleicht werden sich die Zeitläufte irgendwann seinem Projekt gegenüber wohlwollender zeigen, als Beispiel dafür, dass vorläufige Urteile und Schlussfolgerungen langfristig gesehen von der Geschichte aufgehoben werden. Angesichts der Tatsache, dass der neue Sudan nach der Abspaltung des Südsudan nur aus dem nördlichen, muslimisch geprägten Teil besteht und die Überbevölkerung in Ägypten immer weiter zunimmt, werden politische und religiöse Gruppierungen in beiden Ländern das Verhältnis zwischen ihren Staaten vermutlich neu überdenken. Möglicherweise wird man zu dem Schluss kommen, dass man die modernen nationalstaatlichen Grenzen auf lange Sicht aufheben und dass sich die beiden Gesellschaften eher als *Umma* organisieren sollten, als muslimische Gemeinschaft.

Ich verstaue den Artikel wieder in der braunen Tasche neben mir auf dem Sitz und sage zu dem Fahrer – etwas abrupt, wenn ich von seiner Reaktion ausgehen darf, denn er scheint zu glauben, dass ich gleich einen Hitzschlag erleiden werde –, dass Huzayyins Theorien schon längst zu neuer Aktualität gelangt sind.

Die verschollenen Entdecker

In der südlich Ägyptens gelegenen Wüste verschwanden zu Beginn des 19. Jahrhunderts zwei junge Briten, die nach den Nilquellen suchten. Dies ist ihre Geschichte.

Die Association for Promoting the Discovery of the Inner Parts of Africa, bekannt auch als African Association of London, erteilte 1822 einem gewissen James Gordon den Auftrag, diese Quellen zu finden. Ein

Jahr, nachdem Muhammad Alis Truppen in den Sudan einmarschiert waren, verließ Gordon London, vermutlich zu Beginn des Jahres, und erreichte Kairo im Frühsommer. Von dort stammen die letzten Nachrichten über ihn, die nach London drangen. In der *Quarterly Review* konnte man im Januar 1823 lesen:

> Captain Robert James Gordon von der Royal Navy hat Kairo im vergangenen Mai mit der Absicht verlassen, die Quelle des Weißen Nils zu finden. Er ist allein unterwegs und fest entschlossen, nicht eher zurückzukehren, ehe er wichtige Entdeckungen gemacht hat. »Wenn«, so sagt er, »es mir zur Erreichung meiner Ziele ratsam erscheinen sollte, als Sklave irgendeines schwarzen Kaufmanns zu reisen, ich werde das mit Freuden tun, denn es gibt keine Möglichkeit, das aufzugeben, was ich durchführen will – mein Motto ist: *en avant*, und vertrau deinem Glück.«[72]

James Gordon verschwand irgendwo in der nordsudanesischen Wüste, er trug arabische Kleidung und hatte keinen Dolmetscher, und seine sterblichen Überreste sind niemals gefunden worden.

Ein anderer Entdecker, der auf dem Weg zu den Nilquellen im Wortsinn aus der Geschichte verschwand, war Henry P. Welford. Er wurde ebenfalls von der African Association nach Ägypten geschickt, traf 1830 in Kairo ein, reiste von dort weiter nach Sennar und dann am Weißen Nil hoch. Wie üblich informierte die Gesellschaft das Außenministerium, und der Außenminister bat, ebenfalls gemäß damaliger Praxis, den britischen Gesandten in Kairo, Welford durch Muhammad Alis Verwaltungsapparat alle nötige Hilfe zukommen zu lassen. Aber auch über Welford senkte sich der Vorhang der Geschichte, sobald er im Sudan angekommen war. Sein letztes Lebenszeichen kam aus Nubien, wo er den zweiten Katarakt erreicht hatte. Einige Monate später, am 20. Juni 1831, teilte die *Times* mit, sie müsse leider den Tod eines weiteren Afrikareisenden vermelden, bei dem es sich vermutlich um Welford handelte. »Captain Woodfall« sei von der African Society ins Innere Afrikas gesandt worden, jedoch nicht weiter als bis nach Kurdufan gelangt, wo er erkrankt und dann verstorben sei.

Die Vergangenheit wird bekanntlich vor allem von den Siegern der Geschichte erzählt. Weder Mensen Ernst noch James Gordon oder Henry P. Welford erreichten beim Wettlauf zu den Nilquellen ihr Ziel, und sie wurden als Entdecker vergessen. Aber die Niederlage – ihre Bereitschaft, im Kampf um die Lösung dieses geografischen Rätsels ihr Leben aufs Spiel zu setzen – betont vielleicht deutlicher, als ein Erfolg das könnte, welche Opfer so viele brachten, um das zu lösen, was als die wichtigste geografische Frage ihrer Zeit galt.

Wanderungen und Sandschlösser

»Mein Vaterland ist, wo es regnet. Mein Vaterland ist, wo es regnet.« Als ich von einer leichten Berührung geweckt wurde, fiel mir das Lied ein, das die Kameltreiber am Vorabend am Lagerfeuer gesungen haben. Einer der Männer beugte sich mit seinem dunklen Gesicht und dem weißen, in der Morgensonne leuchtenden Turban über mich. Sie hatten ein Auto angehalten, mit dem ich nach Khartum fahren könnte. Die Kameltreiber selbst hatten bereits gepackt und waren bereit, weiter in die Sahara zu ziehen, in den westlichen Sudan, wo die übliche Begrüßungsformel lautet: »Hat es bei dir geregnet?«, womit eigentlich gemeint ist: »Wie geht es dir? Was gibt es Neues?« Für diese arabischen Kamelnomaden war das Nilufer nur ein Zwischenhalt.

Einige Jahre später bin ich wieder in Nubien. Ich stehe zwischen einigen verwitterten schwarzen Steinformationen in der Wüste und sehe, wie der Wind unaufhaltsam Pyramiden aus Sand baut, die oft fast ebenso schnell verschwinden, wie sie entstanden sind. Hier ist es nicht so schwer zu verstehen, warum Dichter gesagt haben, dass die Wüste mit ihrer Leere, der Farbe des Sandes, der Einsamkeit der Steine und dem immer wehenden Wind zum Lyrischen einlade – zum übertrieben Lyrischen, würde ich sagen. Denn wenn diese enormen Flächen, wo höchstens hier und da ein paar Dornbüsche wachsen, die sich an ihrem kargen Leben anklammern, uns überhaupt etwas erzählen, dann eher etwas über den Wert von Schweigsamkeit und Mäßigung.

Es ist mitten im Ramadan. Meine beiden sudanesischen Reisegefährten sind Muslime und halten die Fastenvorschriften aufs Strengste ein. Wenn Hassan Feuer macht, während die Sonne über der steinigen Wüstenlandschaft untergeht und den ganzen Himmel in unterschiedlichen Rottönen färbt, wenn er Wasser in die Töpfe gießt, Würste und Geflügel in die Pfanne legt und die Feldbetten vom Autodach hebt, hat er seit Sonnenaufgang keinen Bissen gegessen und keinen Tropfen getrunken. Den ganzen Tag waren es an die 50 Grad im Schatten, und wir haben gearbeitet. Ich selbst habe literweise Wasser getrunken, habe meinem Körper gewissermaßen ununterbrochen Wasser zugeführt. Ich muss seine Standhaftigkeit und Selbstkontrolle einfach bewundern, nicht zuletzt wenn er jetzt, unmittelbar vor dem Fastenbrechen, das Kochen übernehmen will und verlangt, das Lager für die Nacht aufzuschlagen. Oder sehe ich hier die Psychologie der Unterwerfung, den blinden Gehorsam Allah gegenüber, der umso mehr frommt, je mehr er schmerzt, ist es ein Beispiel für die Brutalität der Wüstenreligion? Als ich ihn frage, ob er nicht zum Umfallen müde sei, arbeitet er einfach weiter, als ob er mich nicht gehört hätte. Dann sagt er ganz schlicht, nachdem alles zubereitet und er sogar für warmes Gemüse gesorgt hat: »Es ist angerichtet.«

Während ich mich auf das Feldbett lege und zu dem funkelnden Nachthimmel hochblicke, ohne mich auch nur mit einem dünnen Laken zu bedecken, dazu ist es viel zu warm, denke ich daran, was ein Kamelnomade mir gesagt hat: »Alles, was verwandt ist, strebt zueinander. Das Wasser fließt zum Nassen. Das Feuer wendet sich dem Trockenen zu. Der Regen folgt den Wolken. Und der Wind folgt der Wärme.«

Am Treffpunkt der großen Ströme

Khartum liegt am Zusammenfluss des Blauen und des Weißen Nils. Hier stoßen die beiden Flüsse gewissermaßen zusammen, als ob sie versuchten, ihre Identität zu transzendieren und ihr zu entkommen. Sie scheinen sich selbst auslöschen zu wollen, indem sie ineinandergleiten, was ihnen aber aufgrund der Strömungsverhältnisse nicht gelingt. Ein arabischer Dichter hat die Begegnung der beiden Nile als den »längsten Kuss der Geschichte« bezeichnet. An seiner breitesten Stelle wirft der Fluss kleine Wellen, wie Runzeln in einem alten, erfahrenen Gesicht, das fast alles gesehen hat.

Die Stadt ist umgeben von Wüste, zuweilen brechen plötzlich Sandstürme los und hüllen sie in Dunkelheit. Es kann so schwarz werden, dass man fast die Hände vor Augen nicht mehr sieht. Aber so plötzlich, wie sie gekommen sind, vielleicht schon nach einer Viertelstunde, ziehen die Sandwolken weiter, und die Sonne scheint abermals von einem wolkenlosen Himmel, wie sie es in Khartum fast immer tut.

Khartum ist eine klassische Flussstadt, aber die Architektur hat sich vom Fluss abgewandt, als Entgegnung auf und als Abwehr gegen die jährliche Überschwemmung und die Gefahren, die der Fluss immer schon dargestellt hat. Ursprünglich war der Ort nur ein bescheidenes Fischerdorf, bis kurz nach 1820 der Regierungssitz von Shendi hierhin verlegt wurde und Khartum Muhammad Alis Besatzungsarmee als Basis diente. Auf-

Bei Khartum im Sudan treffen der Blaue und der Weiße Nil im längsten Kuss der Geschichte aufeinander, schrieb ein arabischer Poet. Diese geografische Tatsache hat den Sudan zu einem Schlüsselland im Kampf um die Kontrolle über den Nil gemacht. Abbildung aus der *Gartenlaube*, 1888.

grund seiner strategisch günstigen Lage war dieser Platz ein geeigneter Militärstützpunkt, aus dem später eine größere und dauerhaftere Siedlung erwuchs. Nachdem die türkisch-ägyptische Verwaltung des Sudan um die Mitte des 19. Jahrhunderts den Fluss im Sumpfgebiet des Südsudan schiffbar gemacht hatte, wuchs auch die Bedeutung der Stadt als Handelszentrum. Sie wurde zum Ausgangspunkt für zahllose Expeditionen stromauf, mit denen Elfenbein, Sklaven und Gold geholt wurden, und andere, auf denen man schließlich den Nilverlauf kartierte. Khartum stieg auf diese Weise bald zum regionalen Zentrum des Sklavenhandels auf, wie Sansibar es an der afrikanischen Ostküste war. Nach erheblichem Druck aus Europa verbot die türkisch-ägyptische Regierung 1854 den öffentlichen Sklavenhandel, doch in eher heimlicher Form wurde der Handel fortgesetzt.

Von vielen europäischen Abenteurern und Entdeckungsreisenden des 19. Jahrhunderts sind lebendige Schilderungen Khartums überliefert, wenngleich sie selten besonders positiv ausfielen. Der Brite Samuel Baker stellte nach seinem Eintreffen in der Stadt fest, es gebe wohl keinen »elenderen, schmutzigeren und ungesunderen« Ort.

Die Stadt, die hauptsächlich aus Hütten aus ungebrannten Lehmziegeln besteht, zieht sich über flaches Gelände dahin, kaum höher gelegen als der Fluss bei erhöhtem Wasserstand, und ist zeitweise überschwemmt. Sie hat an die 30 000 Einwohner, sie ist überfüllt und ohne Abwassersystem, in den Straßen herrscht ein unvorstellbarer Gestank, und wenn Tiere sterben, dann bleiben sie liegen, wie um Pest und Plagen herbeizurufen.[73]

Khartum und seine Zwillingsstadt Omdurman wurden trotzdem zu wichtigen Stätten in der Geschichte des Landes. Wenn man die Al-Mek-Nimr-Brücke über den Nil überquert und nach rechts abbiegt, bewegt man sich in Richtung Omdurman, der Hochburg der ersten islamischen Revolution in der modernen Weltgeschichte. Der Mahdi – »der Auserwählte« –, der diese Revolution anführte, ist plötzlich zu unserem Zeitgenossen geworden, aufgrund des gewachsenen Zuspruchs für den politischen Islam und seiner Rolle als Inspirator und Vorbild der heutigen radikalen Islamisten. Sein Mausoleum liegt auf dem linken Nilufer, zwei Kilometer von der Brücke entfernt.

Der Mahdi, Muhammad Ahmad, im Westen vielleicht vor allem in Gestalt von Laurence Olivier im Film *Khartum* von 1966 bekannt, war der einflussreichste sudanesische Politiker aller Zeiten. Geboren 1844 auf einer Nilinsel bei Dongola, zog er mit seiner Familie in den Süden. Wie alle seine Brüder trat Muhammad in die Fußstapfen des Vaters und wurde Bootsbauer am Nil. Er begann zudem, den Koran und andere islamische Schriften zu studieren und erwarb nach und nach den Ruf eines hervorragenden Redners. Er reiste viel durch das Land und wurde zu einem immer stärkeren Gegner des osmanisch-ägyptischen Regimes. Als er 1881 an seinen Wohnort zurückkehrte – die Insel Aba im Weißen Nil südlich von Khartum –, rief sich Muhammad Ahmad zum Mahdi aus, »dem Auserwählten«. Sein Ziel bestand darin, den Islam von allen vermeintlichen Verfallserscheinungen zu reinigen und ihn zu der Form zurückzuführen, in der er zur Zeit des Propheten praktiziert worden sei. Tabak, Alkohol und Tanz sollten verboten sein – in einer seiner ersten Proklamationen verkündete er sogar, dass es untersagt werden sollte, in die Hände zu klatschen oder schelmische Blicke zu werfen. Abweichungen von dieser Auslegung des Koran und des Hadith galten nun als Ketzerei. Schnell begann er, eine Gruppe von Gefolgsleuten aufzubauen, aus der schließlich eine Armee von Dschihadisten entstand.

Muhammad Ahmad, der Mahdi des Sudan. 1885 führte er die erste islamistische Revolution in moderner Zeit an und etablierte nach der Bekämpfung der aus seiner Sicht korrupten und abtrünnigen islamischen Führer einen theokratischen Staat im Sudan.

Der Mahdi rief zum Heiligen Krieg gegen die damaligen osmanisch-ägyptischen Herrscher im Sudan auf. Lange wurde er einfach ignoriert und galt als einer der vielen religiösen Fanatiker, die damals im Sudan auftraten. Aber nach mehreren gelungenen Militäraktionen konnte er ein Heer von 30 000 Mann um sich scharen. Er befand sich nun in einer religiösen und politischen Position und hatte eine so große Gefolgschaft, dass es kaum noch möglich war, ihn zu besiegen. Nur zwei Jahre vor dieser erfolgreichen Revolution im Sudan hatten die Briten die Macht in Ägypten an sich gerissen. Im Sudan blieben nur Sawakin, verstärkt von indischen Soldaten, und Wadi Halfa in anglo-ägyptischen Händen. Für kurze Zeit behielten sie auch die Macht in Khartum, aber schon bald wurde diese Stadt auf allen Seiten von den »Soldaten des Heiligen Krieges« umzingelt.

Der Fackelträger von Khartum

Wir schreiben den 13. März 1884 – eine der berühmtesten Belagerungen in der Geschichte beginnt. Die Szene spielt sich an den Ufern des Nils ab, in Khartum, und im Innern seines Palastes wird sich Charles Gordon immer deutlicher bewusst, dass er von Feinden umzingelt ist. Gordon, aufgrund seiner Rolle im Zweiten Opiumkrieg am Jangtsekiang in den 1860er Jahren auch bekannt als »China Gordon«, ist durch seinen Lebensweg vielleicht mehr als jeder andere sowohl angespornt als auch ausgenutzt worden, die europäischen Vorstellungen über den Kampf der christlichen Welt an den Außengrenzen der westlichen Zivilisation durchzufechten. Der Fluss wurde sein Schicksal, und das in doppelter Hinsicht.

Gordon war mehrmals zuvor am Nil gewesen. 1873 war er vom ägyptischen Vizekönig zum Gouverneur der Provinz Äquatoria im Südsudan ernannt worden. In dieser Funktion hatte er eine detaillierte Kartierung des oberen Nils vornehmen lassen. Darüber hinaus hatte er im Sudan und in Norduganda eine Reihe von Verwaltungszentren gegründet. 1877 wurde er zum Generalgouverneur ernannt und war somit der oberste Repräsentant der osmanisch-ägyptischen Staatsführung im gesamten Sudan. Krank und erschöpft nach vielen Jahren der Arbeit, kehrte er 1880 nach Großbritannien zurück. Doch sein Ruf als erfolgreicher Kolonialoffizier verfolgte ihn. König Leopold II. von Belgien bat ihn, die Verwaltung des Freistaates Kongo zu übernehmen, was Gordon allerdings ablehnte. Das Angebot des Generalgouverneurs von Indien, unter ihm als Militärsekretär zu dienen, nahm er dann an, ging aber wenig später nach China, wo er half, in einem Konflikt zwischen China und Russland zu vermitteln.

1884 kam dieser administrative Globetrotter also zurück in den Sudan. Die Situation dort war inzwischen ganz anders als vier Jahre zuvor. Der Mahdi drohte, Khartum einzunehmen, doch noch war die Stadt nicht gefallen. Der britische Premierminister William Gladstone – bekannt unter anderem für die Aussage, er traue keinem Mann, der sich erst mit Gott berate, ehe er sich an ihn wende – war unwillig einzugreifen. Londons Entscheidung, keine Truppen zu senden, wurde als Beleg dafür gedeutet, was einflussreiche Historiker als den viktorianischen »defensiven Imperialismus« bezeichneten.[74] Dieser Theorie zufolge waren die Briten eigentlich gar nicht daran interessiert, Kolonien in Afrika zu erwerben. Sie seien eigentlich gegen ihren Willen den Nil hinaufmarschiert, weil sie Angst hätten, europäische Rivalen könnten den Nil stromaufwärts von Ägypten unter ihre Kontrolle bringen und somit Großbritannien aus Suez hinausdrängen.

Das genaue Studium sämtlicher Quellen zeigt hingegen, dass diese Deutung der Ursachen für die Teilung Afrikas sowie Londons Politik gegenüber den Nil-Anrainern und dem Sudan unzutreffend ist. Lord Cromer und die Regierung in London hatten eine klare Vorstellung über ihre verfügbaren Kräfte und gingen davon aus, dass ein Einmarsch in den Sudan 1884 nicht im britischen Interesse lag. Das Empire hatte Ägypten erst kurz zuvor militärisch besetzt, sein Hauptanliegen war, das »ägyptische Haus« in Ordnung zu bringen. Cromer fürchtete ein islamistisches Regime in Khartum nicht im Mindesten, da seiner Einschätzung nach eine solche Führung weder Interesse an der Kontrolle des Nils hätte noch über die technologische Kompetenz oder Kapazität verfügte, auf den Fluss einzuwirken. Die britischen Herrscher in Ägypten quittierten die Position des Mahdi daher mit stoischer Ruhe. Diese würde nämlich die Interessen des Osmanischen Reichs am Wasserlauf des Nils schwächen, was für Londons langfristige strategische Ziele nur von Vorteil war. Cromer wollte den Sudan erst zu einem späteren Zeitpunkt zurückerobern, und zwar erst, wenn ein ökonomisch gestärktes Ägypten den Feldzug finanzieren konnte und sich dieser Krieg gegenüber einer skeptischen Weltöffentlichkeit diplomatisch rechtfertigen ließ. Außerdem benötigten die Briten ausreichende Ressourcen, um in dem dann offiziell von Ägypten besetzten Land die Kontrolle übernehmen zu können. Niemand sah die Notwendigkeit des langfristigen Ziels einer Besetzung des Sudan deutlicher als Cromer, aber er wollte dies nicht in den 1880er Jahren durchführen. Cromer war kein kolonialer Träumer, sondern ein realpolitischer Imperialist.

Unter dem Druck einer ungeduldig werdenden Öffentlichkeit daheim sandte London dann aber im Januar 1884 Charles Gordon in den Sudan. Da er dort zuvor in den Diensten des ägyptischen Vizekönigs gestanden hatte, wurde weitaus mehr als die neue Nilmacht Großbritannien mit dem alten und verhassten Regime assoziiert. Seine Anweisungen aus London und Kairo lauteten, die loyalen Soldaten und Zivilisten zu evakuieren und mit ihnen abzuziehen. Doch sobald Gordon wieder auf alten Pfaden wandelte, begann er, seine eigenen Wege zu gehen. Nachdem er sich den Nil hinauf bis nach Khartum durchgekämpft hatte, weigerte er sich, die Stadt zu verlassen. Er betrachtete sich selbst als Krieger für die christliche Zivilisation und als Fackelträger gegen islamische Horden und muslimische Barbarei. Die Stadt konnte weiterhin versorgt werden, es gab Kommunikationslinien nach Norden, und Gordon hatte über 8000 lokale Soldaten zu seiner Verfügung.

Als seine Lage nach und nach immer prekärer wurde und die Truppen des Mahdi Khartum umringten, bat Gordon um militärische Unterstützung aus London. Er bekam sie nicht, oder genauer gesagt: Als er sie schließlich erhielt, war es zu spät. Cromer und London konnten indes den eigentlichen Grund für ihre zögerliche Handlungsweise nicht nennen, weil er ihre langfristige Strategie in einer unübersichtlichen diplomatischen Situation bloßgestellt hätte. In britischen und anderen europäischen Zeitungen gab es umfangreiche Berichte über das Leid jenes »Fackelträgers« der Zivilisation in einem Meer aus islamischem Fanatismus. Gladstone wurde heftig dafür kritisiert, Gordon die erforderliche militärische Unterstützung zu verweigern. Demonstranten warfen die Fensterscheiben in der Downing Street 10 ein, und der Premierminister wurde beschuldigt, »Gordons Mörder« zu sein. Die Zeitungen berichteten mit riesigen Schlagzeilen über die Belagerung von Khartum. »Es ist beunruhigend«, schrieb Königin Victoria an den Verteidigungsminister Lord Hartington, »General Gordon ist in Gefahr, Sie müssen versuchen, ihn zu retten.« Aufgrund des wachsenden Drucks der öffentlichen Meinung unter dem Schlagwort »Rettet Gordon«, wurde, in aller Eile und um den Druck zu mildern, eine kleine Rettungseinheit abkommandiert, die allerdings zwei Tage zu spät in Khartum eintraf.

Die Truppen des Mahdi brauchten nur auf das Abschwellen der Frühlingsflut zu warten, ehe sie die schlecht gerüstete Garnison Gordons angreifen konnten. Da der Wasserstand jetzt zu niedrig war, um Truppen und Ausrüstung transportieren zu können, waren sie sicher, dass Gordon keine Verstärkung bekommen würde. Gordons Kommunikationslinien erwiesen sich zudem als Illusion; sie beruhten auf der Vorstellung des Flusses als winterlicher Transportader, die jedoch mit dem tatsächlichen Wasserstand nicht in Einklang stand. Die Truppen des Mahdi brachen in der Nacht über die Stadt herein. Gordon wurde am 26. Januar 1885 kurz vor Sonnenaufgang in seinem Palast ermordet, sein Kopf als Trophäe in das Zelt des Mahdi gebracht. Der Ägyptologe Ernest A. Wallis Budge beschrieb die Szene auf der Basis von Berichten wie folgt:

> Sein Kopf wurde sofort abgeschlagen und dem Mahdi überbracht. Sein Körper wurde über die Treppe hinunter in den Garten gezerrt und entkleidet; dort lag er eine Weile, und viele Araber kamen und bohrten ihre Speere in ihn. ... Danach wurde er zwischen den Ästen eines Baums aufgehängt, und alle Vorbeikommenden verfluchten ihn und bewarfen ihn mit Steinen.[75]

Die *New York Times* brachte eine geradezu mythische Version der Ereignisse: Gordon sei ermordet worden, während er die Bibel las. Doch es gibt noch eine andere Schilderung, die im Gedächtnis geblieben und weitgehend einem ikonischen Gemälde geschuldet ist, geschaffen von George William Joy unter dem Titel »Gordon's Last Stand«. Das Bild hängt in der Leeds Art Gallery und ist ein herausragendes Beispiel für viktorianische Mythenproduktion. Das Gemälde hat einen Augenblick imperialer Tapferkeit für die Ewigkeit bewahrt: Es zeigt den aufrechten General

174 NUBIEN UND DAS LAND, WO SICH DIE FLÜSSE TREFFEN – SUDAN

Dieses geradezu ikonische Bild zeigt Charles Gordon unmittelbar vor seiner Ermordung durch islamische Aufständische in Khartum im Januar 1885. Man beachte die Ruhe, die er ausstrahlt, und die Überlegenheit, mit der er seinen Mördern begegnet. Zivilisation gegen Barbarei – so offenbar die angestrebte Aussage. Gemälde von George William Joy (1844–1925).

Gordon, standhaft bis zum Letzten, in Erwartung des sicheren Todes – eine durch und durch heroische Figur. Sein blasses Gesicht wirkt ungerührt, während die heranstürmenden islamistischen Aufrührer angesichts des christlichen Kriegerdiplomaten erfurchtsvoll erstarren, der da furchtlos am Kopf einer Treppe steht. Ein Bild der Selbstbestätigung, eine stilisierte Konfrontation zwischen geordneter westlicher Zivilisation und orientalischer Anarchie. Gordon erscheint wie die Inkarnation der Moral und Legitimität des imperialen Projekts.

»Gordon in Khartum« wurde zu einem lebendigen, wirkmächtigen viktorianischen Mythos. Politisch-religiöse Kräfte in Großbritannien nutzten »Den Fall von Khartoum« und den Mord an Gordon hemmungslos aus; die Geschichte dieses christlichen Märtyrers wurde zu einem Argument für die koloniale Expansion am Oberlauf des Nils, das viele britische Politiker ausnutzten und die Öffentlichkeit als Begründung akzeptierte für den Feldzug, mit dem der Sudan von 1896 an unterworfen wurde. Niemanden kümmerte es, dass Gordon nicht der Held war, als der er geschildert wurde. Beispielsweise zeigte sich später, dass er ein starker Trinker war. Und dem Mahdi, der Ende des 19. Jahrhunderts als fanatischer Barbar geschildert wurde, mangelte es völlig an der Menschlichkeit, die ihm in dem Film von 1966 angedichtet wurde, als Laurence Olivier ihn verkörperte. »Nimm ihn weg«, sagt er hier, als ihm Gordons abgeschlagener Kopf überreicht wird. »Wo ist Abdullah? Ich habe das untersagt! Ich habe das untersagt!«

Einige Jahre später sprachen Regierungsvertreter in London von »Rache für Gordon«, als sie den Sudan besetzten. Doch dieser Krieg war kein Rachefeldzug, er war auch nicht primär religiös motiviert oder folgte diffusen Ideen vom Kampf der Zivilisationen. Die britische Eroberung des oberen Nil war das Ergebnis einer kühlen und kalkulierenden imperialen Wasserpolitik. Der Feldzug stromaufwärts drehte sich nicht um den Gegensatz zwischen Bibel und Koran oder Christentum und Islam, sondern um äußerst prosaische Dinge wie Nilometer und Dämme – Dinge also, von denen die viktorianische Flamme der Empörung nicht so leicht entzündet werden konnte. »Rache für Gordon« war ein Slogan, der missbraucht wurde, um den Widerstand oder die Gleichgültigkeit der britischen Bevölkerung zu überwinden, die eben nicht immer so leicht für militärische Abenteuer in Afrika zu gewinnen war, sowie um das britische Missionswerk auf die Seite der Regierung zu bringen. Die geglückte Propaganda, wonach der Sudan aus Rache für Gordons Schicksal besetzt werden müsse, war ein frühes Beispiel für eine gelungene Verbreitung von

Gerüchten – Fake News, wie wir heute sagen würden – mit politischer Zielsetzung.

Die Missionare, die glaubten, der Slogan »Rache für Gordon« spiegele eine offizielle Politik wider, erlebten eine Überraschung. Schon 1898 entschied Lord Cromer, dass keine Missionare in den Nordsudan entsendet werden sollten, und verbot dort ebenso wie in Ägypten sogar jegliche christliche Missionierung. 1899, auf seiner Reise in das rückeroberte Khartum, traf er sich in Omdurman mit den islamischen Würdenträgern und versicherte, die neue Regierung werde den Islam respektieren und sich nicht in religiöse Fragen einmischen.

Als im Herbst 1898 auch der Südsudan besetzt wurde, erlaubte hingegen Cromer den Missionaren, dort tätig zu werden. Das erwies sich als nicht geringes Problem für die Missionare, denn sie hatten Arabisch gelernt und waren ursprünglich davon ausgegangen, mit Unterstützung der Regierung den verlorenen Seelen im einst christlichen Norden das Evangelium zu bringen. Im Süden jedoch teilten die britischen Machthaber die Region zwischen verschiedenen Missionarsgruppen auf und übertrugen ihnen in ihren jeweiligen Enklaven die Verantwortung für religiöse Unterweisung und Schulunterricht. Ein kluger Plan sowie ein integraler Bestandteil der britischen Nilstrategie. Sollten die Briten sich überhaupt Hoffnung auf ein Gelingen des Plans machen können, war es von entscheidender Bedeutung, Loyalitäten im Südsudan (und in Uganda) zu entwickeln, wodurch diese Region von Ägypten und dem Nordsudan getrennt werden könnte. Wie schon häufig zuvor, war Religion in diesem Zusammenhang ein nützliches Instrument.

Tanz im Sand

Unweit der Grabstätte von Scheich Hamad Al Nil in Omdurman, einer würdevollen Gedenkstätte für einen islamischen Gelehrten aus der Funj-Dynastie (1505–1820) und eine der wenigen Sehenswürdigkeiten Khartums, vollzieht sich jeden Freitag ein sehenswertes Ereignis – Männer, die einen Trancezustand erreichen, indem sie sich unentwegt im Sand um ihre eigene Achse drehen. Es sind die Anhänger der Qādirīya, einer Sufi-Sekte, die sich vor dem Grabmal versammeln. Stundenlang tanzen die legendären Derwische zum Klang anspornender Trommeln, wirbeln barfuß durch den Sand, drehen eine Art Pirouette auf einem Bein, immer weiter, dann wechseln sie blitzschnell das Standbein, tanzen weiter, bis sie einen

Trancezustand erreichen und eigener Aussage zufolge an einen Punkt gelangen, an dem ihre Seelen mit Allah kommunizieren und von allen Sünden reingewaschen werden. Der Tanz ist eine Vorstellung für schaulustige ausländische Touristen und Sudanesen; zugleich verweist er auf die Revolution des Mahdi in den 1880er Jahren.

Nachdem Gordon ermordet und die osmanisch-ägyptische islamische Herrschaft über den Sudan abgeworfen worden war, trat der Mahdi als unumschränkter Herrscher im ganzen Land auf. Er führte strenge islamische Gesetze ein, reorganisierte die Verwaltung des Landes und erklärte sich selbst zum Stellvertreter des Propheten. Mit den Reformen führe er von Gott erteilte Anweisungen aus, die ihm offenbart worden seien. Zum Unglück für die Revolutionäre starb der Mahdi sechs Monate nach der Eroberung Khartums an Typhus.

Mit der Etablierung des ersten islamischen Staates in moderner Zeit hatte Muhammad Ahmad gleichwohl einen ungewöhnlich starken Einfluss auf die Gestaltung der sudanesischen Politik. In einigen Teilen des Landes entwickelte er eine relativ gut funktionierende staatliche Verwaltung; seine persönliche Führung übte er mit den Mitteln der Bürokratie aus. Der Aufstand kann uns zudem einiges über die Voraussetzungen des modernen Islamismus erläutern. Interessanterweise handelte es sich nicht um einen gegen den Westen oder den europäischen Imperialismus gerichteten Aufruhr, vielmehr war es in erster Linie eine Reaktion auf die islamischen Führer im Sudan sowie das osmanische Regime, das immer noch das islamische Kalifat regierte (es wurde erst 1924 von Kemal Atatürk aufgehoben). Diese muslimischen Anführer wurden als tyrannisch und korrupt sowie zugleich als Modernisierer wahrgenommen. Der Aufruhr richtete sich in erster Line gegen die osmanisch-ägyptische Verwaltung, die den Sudan seit etwa 60 Jahren beherrschte. Folglich wurden die Gegner der Aufrührer als al-Turk, also »Türken« bezeichnet. Die Mahdisten zeichneten ein durchgehend negatives Bild von ihnen und nannten sie *A'da Allah* – Allahs Feinde. Die Revolution von 1885 deutet daher zumindest an, dass auch der heutige Islamismus nicht allein als Antwort auf die Politik des Westens und der USA zu erklären ist.

Der Mahdi-Aufstand und wie er verstanden wurde, zeigt ungeachtet dessen, dass westliche Politiker die Fähigkeit des Islam zur Erneuerung sowie zur Mobilisierung der Bevölkerung im Niltal wieder und wieder unterschätzt haben. Winston Churchill missbilligte das politische Projekt des Mahdi und nahm auch am Krieg dagegen teil (ich werde darauf noch zurückkommen). In der Einleitung zu Richard A. Bermanns 1931 herausgegebenem Buch *Die Derwischtrommel: Das Leben des erwarteten Mahdi* schrieb der spätere britische Premierminister mit Verweis auf den plötzlichen Tod des Anführers, es sei stets interessant zu erfahren, welches Buch der Teufel geschrieben haben würde, aber die Theologen hätte ihm niemals die Chance dazu gegeben. Churchill verglich den Mahdi allerdings sowohl mit dem Teufel als auch mit William Booth, dem Gründer der Heilsarmee. Über den Mahdi schrieb er, sein Projekt basiere auf einem religiösen Enthusiasmus, der genauso wenig religiös oder philanthropisch sei wie derjenige, der den heiligen Dominikus und General Booth inspiriert habe. Churchill fügte hinzu, dass mit Bermanns Buch vermutlich das erste und letzte Wort über den »Mahdismus« gesprochen sei.

In Übereinstimmung mit dem zu seiner Zeit vorherrschenden Vertrauen auf die Macht der Ideen der europäischen Zivilisation unterschätzte Churchill die Kraft und Mobilisierungsfähigkeit des Islamismus. Er war auch der Mann, der 1948 angesichts der Erklärung der Menschenrechte durch die Vereinten Nationen äußerte, dem Westen sei es endlich gelungen, »die westlichen Werte zu inthronisieren«. Wie sich zeigte, sollte weder die Entwicklung im Niltal noch in der Welt insgesamt diesen Optimismus bezüglich des Siegeszugs der westlichen Werte oder des Verschwindens des religiösen Fanatismus bestätigen. Mehr als ein Jahrhundert nach dem Beginn der britischen Herrschaft über das Niltal präsentiert sich der politische Islam in der Region stärker als je zuvor; 2012 wurde zum ersten Mal wieder eine junge Frau im Sudan zum Tod durch Steinigung verurteilt.

»Kommen Sie! Sehen Sie nur, die Islamisten tanzen!« Ein niederländischer Tourist spricht mich an, während er auf Zehenspitzen steht und Fotos von Tänzern zu machen versucht, deren Gesichtsausdruck seiner Meinung nach am ehesten einer Trance ähnelt. Ein Sudanese neben mir lächelt freundlich und ermahnt ihn milde: »Das sind keine Islamisten. Das sind Sufis. Wir sind nicht das Gleiche.« Die Männer in grünen und weißen Jallabia, die sich vor dem Grabmal von Scheich Hamad Al Nil auf einem Bein tanzend in Trance versetzen, sind also Sufis und keine Islamisten. Doch da ihr Versuch, tänzerisch mit Allah Kontakt aufzunehmen, die einzige im Sudan erlaubte Form des Tanzes ist, seitdem sich die Islamisten vor mehr als drei Jahrzehnten 1989 an die Macht geputscht haben, ist dies definitiv ein weiterer Ausdruck für die Stärke und den Einfluss des Islamismus. Es zeigt auch, dass die Gegenwart eine Bühne für die Vergangenheit auf dem Weg in die Zukunft ist – was wiederum Konsequenzen dafür hat, wie der Nil ausgebeutet, kontrolliert und geteilt werden wird.

Die Zeit und die Tochter des Flussvolks

Von der Al-Mak-Nimr-Brücke über dem Weißen Nil in Khartum kann man den Blauen Nil von Osten heranströmen sehen und beobachten, wie die beiden weltberühmten Flüsse in Omdurman zusammentreffen und am Horizont im Norden verschwinden. Während ich dort stehe, fällt mir auf, dass ich nicht weiß, wie ich das Beobachtete beschreiben soll. Ist es eine in Bewegung befindliche ewige Lebensader, eine Art zeitlose und doch zugleich veränderliche Ordnung? Und kann der Fluss gerade wegen dieses ganz eigenen Dualismus, nämlich gleichermaßen zeitlos und veränderlich zu sein, ein Objekt wahrer Erkenntnis darstellen?

Doch was ist eine zeitlose Ordnung für einen Historiker, für den ja gar nichts zeitlos ist, sondern alles veränderlich, wenn er mit einem Fluss dieser Art konfrontiert wird? Platon war der Ansicht, hinter allen Veränderungen in Wissen und Moral liege eine solche zeitlose Ordnung. Für ihn waren das Unveränderliche und das Unvergängliche die einzigen Dinge, die in letzter Instanz die Wirklichkeit ausmachten und somit auch das einzig mögliche Objekt für genuine Erkenntnis. Alles, was in Raum und Zeit existiere, die sogenannte Welt der Phänomene, die uns durch unsere Sinne vermittelt werde, sei veränderlich und vergänglich. Die echte Wahrheit müsse daher jenseits von Raum und Zeit verortet sein und durch etwas anderes als die Sinne erkannt werden.

Doch wäre es nicht denkbar, dass solche Unterscheidungen zwischen dem Vergänglichen und dem Zeitlosen auf der Grundlage eines allzu kurzen Zeithorizonts getroffen werden? Wäre es nicht zweckmäßig, den Fluss in gesellschaftlicher Hinsicht als eine zeitlose Ordnung zu begreifen, die sich abhebt von der gewöhnlichen veränderlichen Welt der Phänomene wie etwa Staatsgründungen, Technologien, Königreiche, die Suezkrise oder der Sturz Hosni Mubaraks und Omar al-Bashirs? Ist der Fluss möglicherweise sowohl eine zeitlose Ordnung wie eine, die sich zwar verändert, jedoch im Rahmen ihrer eigenen zeitlichen Ewigkeit? Ich halte es für ergiebig, so zu denken, denn während sich die Beurteilung oder Anschauung des Flusses in den verschiedenen Ländern und unterschiedlichen kulturellen Umgebungen und Zusammenhängen permanent verändert, ist der Fluss selbst zeitlos, auch wenn er zugleich von der Zeit radikal geprägt wird. Nur indem er als sowohl zeitlos als auch von der Zeit gezeichnet aufgefasst wird, kann er zu einem Objekt genuiner, gesellschaftlich relevanter Erkenntnis werden. Insofern können große Flüsse auch die berühmte, vom Historiker Fernand Braudel vorgenommene Klassifikation der drei Zeittypen der Geschichte sprengen: die geohistorische Zeitschicht der Naturerscheinungen, die Zeitschicht der sozialen, kulturellen und wirtschaftlichen Strukturen und die Zeitschicht der Ereignisse. Aus einem geschichtstheoretischen Blickwinkel betrachtet, sind Flüsse wie der Nil daher so interessant.

Diese Geschichte über den Nil stellt empirische Analysen vor, die dazu beitragen sollen, über die Nützlichkeit dieser dreifachen Unterteilung der historischen Zeitspannen und ihre Beziehung zu den verschiedenen Ebenen menschlicher Aktivität nachzudenken. Neben den konkreten Geschichten der Vergangenheit, die Flüsse mit sich tragen und von denen sie selbst ein Teil sind, kann die Rolle der Flüsse in der Gesellschaft und in der Natur – sowohl als historische Akteure aus eigenem Recht als auch als Arenen oder passive Schauplätze für alle Arten menschlicher Aktivitäten – dominante Periodisierungen der regionalen und globalen Geschichte infrage stellen.

Von der Al-Mak-Nimr-Brücke kann ich auch die Stelle sehen, wo einst angeblich ein zehnjähriges Mädchen in den Fluss geworfen wurde. Es geschah genau dort, wo Weißer und Blauer Nil zusammentreffen, weil die Menschen das Mädchen für eine Art übernatürliches Wesen hielten. In einem Artikel der *Sudan Notes & Records,* einer der besten Zeitschriften, die in der Zeit der britischen Herrschaft herausgegeben wurden, erzählte ein britischer Kolonialbeamter eine von vielen ähnlichen Geschichten, die entlang des Nil kursierten:

> Es geschah zur Zeit der Herrschaft Abdullahs, also gleich nach dem Tod des Mahdi und kurz vor der britischen Machtübernahme, dass ein Fischer seine Netze auswarf und ein etwa zehnjähriges Mädchen fing. Er fragte sie, wessen Tochter sie sei, und sie erwiderte, sie sei die Tochter des Flussvolks. Der Fischer sah keine andere Möglichkeit, als sie vor den Kalifen zu bringen, der ihr die gleiche Frage stellte. Sie antwortete: »Oh Kalif, ich bin die Tochter des Flussvolks und war gerade von zu Hause aufgebrochen, um etwas Holz zu sammeln, als ich gefangen wurde.« Als der Kalif hörte, dass sie dem Flussvolk angehörte, hatte er Angst, sie bei sich zu behalten, und nachdem er sich mit seinen Ratgebern besprochen hatte, setzte man das Mädchen zurück in das Boot des Fischers, und sie wurde genau an der Stelle, wo der Weiße und der Blaue Nil zusammentreffen, in den Fluss geworfen.[76]

Über Generationen hinweg wurden ähnliche Geschichten über Angehörige eines kleinen weißen Volkes, die zusammenschrumpften, wenn man sie aus dem Wasser holte, flussaufwärts und flussabwärts erzählt. Derartige Erzählungen über den Fluss werden heutzutage einer völlig anderen Zeit zugerechnet und verkörpern daher ein weiteres Beispiel dafür, dass sich die Vorstellungen vom Fluss ständig ändern, während der Fluss, wenn auch verändert, stets derselbe bleibt.

Queen Victorias Flusskrieg

Die Flussufer bei den Ebenen von Omdurman waren auch der Schauplatz für die vielleicht brutalste aller vom vorrückenden Britischen Empire geschlagenen Schlachten. Eine überlegene, mit modernen Waffen ausgestattete anglo-ägyptische Armee schlachtete ein sudanesisches Heer ab, dessen Waffen im Grunde genommen nur aus Schwertern und Speeren bestanden.

Schon zu Beginn der 1890er Jahre waren die Regierung in London sowie Cromer und seine Männer in Kairo davon überzeugt, dass die Besetzung Ägyptens mit der Macht über den ganzen Nil einhergehen müsse. Bereits 1890 hatten die europäischen Rivalen den Fluss als Londons »Interessensphäre« anerkannt. In Kairo und London diskutierten die politischen Führer daher nicht darüber, *ob* die entsprechenden Gebiete besetzt werden sollten, sondern *wann* der beste Zeitpunkt dafür wäre. 1894 übernahm London die Macht über die natürlichen Wasserspeicher des Weißen Nils in Uganda – den Viktoriasee und den Albertsee, die von ihren europäischen Entdeckern nach der britischen Königin und ihrem Prinzgemahl benannt wurden. 1895 war der Sudan an der Reihe, auch wenn der eigentliche Feldzug erst im darauffolgenden Jahr begann. Wie bereits erwähnt, sahen die Briten im Regime des Mahdi keine Gefahr, und London sorgte sich auch nicht, die Rebellion könnte sich nach Ägypten ausbreiten. Die Briten wussten außerdem, dass der Sudan 1889 und 1890 von schrecklichen Missernten getroffen worden war, deren verheerende Auswirkungen sich durch die militärischen Vorbereitungen der Führung noch verschlimmerten. Geschichten machten die Runde über »ruhige Dörfer, in denen die Menschen sich still zu Tode hungerten«.[77]

Die britischen Entscheidungsträger und Wasseringenieure in Kairo waren zuvörderst darüber beunruhigt, dass die Mahdi-Herrschaft im Sudan eine effektive Nutzung des Nils in Ägypten erschwerte. Die täglichen Informationen über den Wasserstand aus den von Ägypten in den 1870er Jahren entlang des Flusses im Sudan eingerichteten Messstationen blieben aus. Sie wussten aber, dass sie für den Betrieb des in Bau befindlichen Assuandamms Zugang zu regelmäßigen hydrologischen Informationen benötigten. Das erforderte politische Kontrolle über die flussaufwärts liegenden Gebiete.

Exakt zehn Jahre nach dem »Fall von Khartum« gab die britische Regierung General Herbert H. Kitchener schließlich die Vollmacht: Planen Sie die Eroberung des Sudan! Mithilfe gewiefter diplomatischer Ränke, nicht zuletzt durch die Übertreibung der flussaufwärts von Frankreich ausgehenden Gefahr, gelang London das Kunststück, Ägypten für den Feldzug aufkommen zu lassen und die allermeisten der 25 800 Soldaten der Streitmacht mit dem bezeichnenden Namen The Nile Expeditionary Force zu stellen. Die Briten hatten dabei die volle militärische und politische Kontrolle über das Besatzungsheer und verkauften gleichzeitig die Waffen für einen Feldzug, für den letztlich die ägyptischen Steuerzahler aufkamen.

Mitte der 1890er Jahre hatte London Ägyptens Finanzen in Ordnung gebracht, was eine der Voraussetzungen dafür war, dass Cromer und London für die Besetzung des Sudan grünes Licht geben konnten. Das war ihnen vor allem durch ein effektives Management des Nilwassers gelungen. Zunächst wurde das Bewässerungssystem repariert und neu aufgebaut. Das gab der Landwirtschaft und dem Export von Baumwolle einen enormen Schub und führte zu einer verblüffend schnellen Verbesserung der Staatsfinanzen, sodass Ägypten seine Kredite an Banken und Privatgläubiger zurückzahlen konnte. Den britischen Machthabern mit einem Mitglied der reichen Baring-Familie an der Spitze (Lord Cromer hieß ursprünglich Evelyn Baring) war klar, dass ein noch umfassenderes Bewässerungssystem die positive Entwicklung der Wirtschaft verstärken und zugleich die politische Stellung der britischen Besatzungsmacht festigen würde. Die Voraussetzung für die Durchführung einer solchen expansiven Wasserpolitik in Ägypten war das, was ich als »Wasserimperialismus« jenseits der ägyptischen Grenzen bezeichne; die Entwicklung der Bewässerungssysteme und der Baumwollindustrie ließen die Unterwerfung der Gebiete am oberen Nil als imperiale Realpolitik erscheinen.

Der Feldzug begann 1896. Unter Kitchener marschierte das anglo-ägyptische Heer gen Süden. Der damalige Kriegskorrespondent und Soldat Winston Churchill gab seinem berühmten zweibändigen Werk über den Feldzug den Titel *The River War* (Der Flusskrieg). Am Ende des nun in Gang gesetzten Krieges sollte die hydropolitische Kontrolle über einen internationalen Wasserlauf stehen. Churchill schrieb dazu:

> In der Darstellung des Flusskriegs steht der Nil natürlich an erster Stelle. Er ist die große Melodie, die sich durch die ganze Oper zieht. Der General, der militärische Operationen plant, der Staatsmann, der ernste Entscheidungen zu treffen hat, und der Leser, der den Verlauf und die Ursache von beidem studieren will – sie alle müssen an den Nil denken. Er ist die Ursache des Krieges, er ist unsere Waffe und unser Ziel.[78]

Der Nil konnte aber nur auf gewissen Abschnitten für den Truppentransport genutzt werden. Daher begannen die Briten mit einem Vorhaben, das vielen völlig verrückt erschien: Sie waren so fest dazu entschlossen, sich den Sudan untertan zu machen, dass sie eine Eisenbahn quer durch die nordsudanesische Wüste bauten. Die Eisenbahn sollte es ermöglichen, den logistischen Albtraum der Nilkatarakte zu umgehen. Die Hauptstadt des Kalifen, Omdurman, und sein dortiges Heer waren nun problemlos in britischer Reichweite. Unabhängig von der Jahreszeit oder dem Flusspegel konnten nun mithilfe der Eisenbahn Truppen in das Herz des Sudan verlegt werden. Über Khartum hinaus konnte sie Lebensmittel, Munition und Kanonenboote an den oberen Nil bringen.

Sobald die Schienen verlegt waren, rollten die Züge mit den benötigten Gütern durch die quälend heiße Wüste – der erste mit weiteren Schienen und Ausrüstung, der zweite, Churchill zufolge, mit all »den Briefen, Zeitungen, Würstchen, der Marmelade, dem Whisky, Sodawasser und den Zigaretten, die den Briten dazu befähigen, die Welt ohne Unannehmlichkeiten zu erobern«.[79]

Rund 100 Jahre später nahm ich diesen Zug durch die Wüste. Stunde um Stunde saßen wir auf harten Holzbänken an Fenstern, die sich nicht schließen ließen, und für mehr als einen Tag war überall nur Sand – im Haar, unter dem Hemd, im Mund, im ausgerollten Schlafsack, in den Ohren – während die Sudanesen mit noch billigeren Fahrkarten sich auf dem flachen Dach des Wagens festklammerten. Durch die Fenster sah ich nur die Wüste und Luftspiegelungen, und wenn ich genau hinsah, konnte ich in der Ferne fast überall Wasser sehen. Während zu wenig Schlaf und der morgendlich kalte Wüstenwind mich zittern machten, dachte ich an Samuel Bakers berühmte Beschreibung von Soldaten und Luftspiegelungen in seinem Buch *In the Heart of Africa*. Baker schreibt über ein ägyptisches

Regiment, das in der Wüste verschwand. Die Soldaten durften nur wenig Wasser bei sich führen und litten daher unter extremem Durst. Da erblickten sie plötzlich einen herrlichen See. Sie bestanden darauf, von ihrem lokalen Führer dorthin geführt zu werden. Doch der Führer sagte, das sei sinnlos, es gebe keinen See. Er weigerte sich, wertvolle Zeit bei der Verfolgung dieser Luftspiegelung zu verlieren, und wurde daraufhin kurzerhand erschossen. Baker schreibt:

> Das ganze Regiment verließ den Pfad und stürmte hin zum lockenden Wasser. Durstig und schwach eilten die Soldaten über den brennenden Sand, ihre Schritte wurden immer schwerer, der Atem immer heißer; sie kamen immer weiter in die Wüste hinaus, entfernten sich immer weiter vom verlassenen Pfad, wo ihr Führer in seinem Blute lag, doch noch immer lockten die Wüstengeister und die Frische des Bildes; es trieb sie weiter, und der in der Sonne glitzernde See lud sie zum Bad in seinem kühlen Wasser ein, es war zum Greifen nah, erreichte jedoch nie die Lippen. Schließlich verschwand die Illusion – der fatale See war zu brennendem Sand geworden! Quälender Durst und fürchterliche Verzweiflung! Eine pfadlose Wüste und ein getöteter Führer! Verloren! Verloren! Alles ist verloren! Nicht ein Mann kehrte lebend aus der Wüste zurück.[80]

Mithilfe der Schmalspurbahn rückten die Briten unbeirrt vor. Am 7. August 1897 wurde Abu Hamed eingenommen. Am 8. April 1898 gewannen sie die Schlacht von Atbara. »An dem Tag, als der erste Truppenzug das belagerte Camp an der Mündung des Atbara in den Nil erreichte«, so Winston Churchill über den Feldzug, »war das Schicksal der Derwische besiegelt.«[81] Im August 1898 zogen die Briten weiter Richtung Omdurman, der wichtigsten Machtbasis der Mahdisten.

Britische Massaker am Ufer des Nils

Am 1. September 1898 tauchten britische Kanonenboote auf dem Nil vor Omdurman auf. Kalif Abdallahi, Nachfolger des Mahdi Muhammad Ahmad, versuchte tapfer, der Übermacht standzuhalten. Am 2. September 1898 gingen bei Sonnenaufgang 15 000 Mann zum Frontalangriff auf die anglo-ägyptischen Kräfte über, doch das Ergebnis stand aufgrund der Überlegenheit der britischen Waffen von vornherein fest. Bewaffnet mit Speeren und archaischen Waffen, hatte das sudanesische Heer keine

Britische Massaker am Ufer des Nils

Die Schlacht bei Omdurman an den Ufern des Nils im September 1898 endete mit der Zerschlagung des sudanesischen Heeres durch Großbritannien und die Ägypter. Rund 11 000 Sudanesen wurden im Laufe eines Tages getötet, während die britisch-ägyptischen Kräfte einige Dutzend Soldaten verloren. Ein Augenzeuge beschrieb es eher als Massenhinrichtung denn als Schlacht. Chromolitografie von A. Sutherland, 1898.

Chance. Ausgestattet mit neuen europäischen Gewehren, Maschinengewehren und Artillerie, mähten Kitcheners Männer die ihnen mit Todesverachtung entgegenstürmenden Gegner nieder. Nach fünf Stunden waren rund 11 000 Sudanesen getötet, während die anglo-ägyptischen Verluste bei 48 Soldaten lagen. Winston Churchill, der an dieser Schlacht teilnahm, schilderte das Vorgehen der Briten in grausamer Detailliertheit. Er beschrieb es als halbbarbarische, unnötige Gewaltakte, begangen von Bürgern eines zivilisierten Landes. Aber, vielleicht überraschend für Europäer der Nachkriegszeit: Er verteidigte, dass die siegreichen Soldaten systematisch alle Verwundeten des besiegten feindlichen Heeres töteten. Während der Mahdi selbst auf dem Höhepunkt der Macht seines Reichs starb, bevor dessen Schwächen deutlich wurden, musste sein Nachfolger nun erleben, wie sein Heer geschlagen und die Hauptstadt von den Briten eingenommen wurde. Er selbst starb auf der Flucht bei einem letzten verzweifelten Versuch, die islamische Herrschaft aufrechtzuerhalten.

Kann diese Schlacht vom 2. September 1898 zwischen einem britischen Heer und islamischen Kämpfern mit dem Krieg zwischen dem Westen und den Taliban nach dem 11. September 2001 verglichen werden? Fügt sie sich ein in die lange und blutige Geschichte des Kampfes zwischen Islam und Westen um Ideen und Werte? Der britische Historiker Niall Ferguson ist einer der unzähligen Autoren, die sich mit dieser Schlacht befasst haben und die solche Vergleiche beschäftigen. Er sieht im Mahdi einen Anführer, der in vielerlei Hinsicht ein viktorianischer Osama bin Laden war, ein islamischer Fundamentalist, dessen Regime aufgrund der Ermordung von General Gordon nach Meinung der Briten zerschlagen werden musste.[82] Auf dieser Grundlage vergleicht Ferguson die Schlacht um Omdurman am Ende des 19. Jahrhunderts mit der Art von Krieg, wie ihn die USA ein Jahrhundert später gegen die Taliban geführt haben.

Es ist immer problematisch, historische Parallelen zu ziehen, denn Geschichte zeichnet sich ja dadurch aus, dass sie sich nie wiederholt. Beim Vergleich der Schlacht von Omdurman mit dem Krieg gegen die Taliban gibt es bis auf die Tatsache, dass es die westlichen Mächte in beiden Fällen mit einem muslimischen Gegner zu tun hatten, keine bedeutsamen Berührungspunkte. 1898 bestand das Ziel nicht darin, den islamischen Fundamentalismus zu bekämpfen, und der Mahdi stellte weder eine Gefahr für die britischen Interessen dar, noch wurde er als eine solche empfunden. Will man den Feldzug und seinen Hintergrund verstehen, muss man die Perspektive daher ausweiten und über die religiösen Aspekte hinausblicken, ihn vielmehr als Aspekt der brutalen Biografie des Nils betrachten.

Heutzutage kann man die nicht weit vom Ort des Geschehens der historischen Schlacht gelegene restaurierte Grabstätte des Mahdi besuchen. Das Mausoleum wurde 1947 von den Briten neu errichtet. Es handelte sich dabei um eine Kopie des Originals, das sie 50 Jahre zuvor mit der Arroganz von Eroberern geschleift hatten. Das ursprüngliche Grabmal des Mahdi war vom Kalifen zu Ehren seines Vorgängers errichtet worden und bestand aus einem weiß getünchten, rechteckigen Sockelgeschoss, über dem sich ein sechseckiger Tambur erhob, auf dem wiederum eine weiße Kuppel thronte. Vier kleine Kuppeln schmückten die Ecken des Gebäudes. Das Innere des Mausoleums war grün und schokoladenbraun bemalt, und auch die gesamte Holzeinrichtung war in Grün gehalten, der Farbe des Propheten. Umgeben von einem Eisengeländer, das man aus der ehemaligen österreichischen Missionskirche in Khartum entnommen hatte, stand ein grün bemalter Sarkophag, der die sterblichen Überreste des Mahdi enthielt. Kitchener wusste, dass das Grab ein Ziel für Pilgerfahrten war, daher hielt er es für klug, es zu zerstören, und Cromer stimmte zu. Die Zerstörung des Mausoleums wurde – in der Rolle des Rächers für seinen Verwandten – »Monkey Gordon« übertragen, Charles Gordons Neffe. Nachdem das Denkmal dem Erdboden gleichgemacht worden war, warf er die Asche des Mahdi in den Nil.

Am 4. September 1898 defilierten Repräsentanten mehrerer Regimenter vor den Ruinen von Gordons Palast. Die oberste Etage des alten Gebäudes war fort; die Fenster waren mit Backsteinen vermauert, und die berühmte Treppe, auf der Gordon sein Ende gefunden hatte, war abgerissen worden. Zwei Boote verfrachteten die Truppen von Omdurman hierher, eines unter dem Kommando von Gordons Neffen. Sie wurden direkt unterhalb der Reste von Gordons Palast vertäut. Auf dem Dach der Ruine, unweit der Stelle, an der Gordon gefallen war, hatte man zwei Fahnenmasten anbringen lassen. Bei dem einen standen zwei britische, bei dem anderen ein britischer und ein ägyptischer Offizier. Mit dem üblichen Sinn für das diplomatische Spiel, war London von Beginn an darauf bedacht zu zeigen, dass die vermeintlich gleichberechtigte Zusammenarbeit zwischen Ägypten und Großbritannien in Wirklichkeit von den Briten kontrolliert wurde. Kitchener hob die Hand. Der Union Jack und die ägyptische Flagge wurden gehisst. Das Orchester spielte. Vom Kanonenboot *Melik* wurden auf Befehl von Charles Gordons Neffen 21 Kanonenschüsse abgefeuert. Kitchener bat um ein dreifaches Hurra für Ihre Majestät und für den Vizekönig. Dann wurde ein kurzer Gottesdienst abgehalten, bevor der kommandierende General mit dem der Zeremonie gebührenden Pathos den Befehl zum abschließenden Absingen des von Gordon geliebten Chorals »Bleibe bei mir« gab.

Schon bald darauf begannen die Briten, genau an der Stelle, wo Gordon ermordet worden war, mit dem Bau des Gouverneurspalastes und nannten ihn mit dem damals für das Empire typischen Selbstbewusstsein Gordon's Palace. Von diesem Gebäude aus, das dem Fluss zugewandt, aber in sicherem Abstand gegen die Herbstflut errichtet wurde, sollten die britischen Generalgouverneure während der Zeit Londons als Herrscher des Nils über die Geschicke des Sudan bestimmen.

Omdurman, das von den Palastfenstern aus in der Ferne zu erkennen war, war nun britisch, und über den braunen Mauern und weiß getünchten Häusern wehte jetzt der Union Jack.

Der unbekannte Ingenieur und ein historischer Rapport

Die britische Verwaltung im Sudan übernahm schnell die Kontrolle über die zentralen Teile des Landes. Die Beamten unterstanden dem Londoner Außenministerium und nicht dem Kolonialamt, vor allem aufgrund der politischen Bedeutung des Sudan für die gesamte Suezstrategie des Empire. Die hier von den Briten errichtete Bürokratie zeichnete sich dadurch aus, dass sie fast ausschließlich aus in Oxford oder Cambridge promovierten Geisteswissenschaftlern bestand; sie alle mussten zunächst Arabisch lernen, bevor sie in den sogenannten Sudan Civil Service eintreten konnten.

Obwohl das Land im Namen Ägyptens wiedererobert worden war und London den Sudan offiziell gemeinsam mit den Herrschern in Kairo regierte (festgelegt im sogenannten Anglo-Ägyptischen Condominium-Abkommen von 1899), legten es die Briten von Beginn an auf eine Politik an, die ihren Einfluss beständig steigern und zugleich Ägyptens Position schwächen sollte. Das kam auf allen Gebieten zum Ausdruck, nicht zuletzt bei der Nilpolitik. Die geopolitische Strategie der Briten zielte darauf ab, über die Kontrolle des Sudan Ägypten in Abhängigkeit zu halten. Ein Memorandum von 1923 fasste diese Vision mit den Worten zusammen: »Wer den Sudan kontrolliert, hat Ägypten in seiner Hand, und über Ägypten wird der Suezkanal dominiert.«[83]

Die Bürokraten im Londoner Außenministerium arbeiteten reihenweise streng geheime Strategiepapiere aus, die jeweils die Notwendigkeit unterstrichen, den Sudan aufgrund seiner geografischen Lage am Nil oberhalb Ägyptens zu kontrollieren. Aufgrund des wichtigen Platzes, den Suez und Ägypten in der übergeordneten Strategie des Empire einnahmen, entschlossen sich die Briten, auch Teile des Nordsudan zu modernisieren. Da dies mit Wasser des Nils geschehen musste, waren Konflikte mit dem Khedive vorprogrammiert. Doch mit dem Aufbau einer Baumwollproduktion für den Export nach Großbritannien und dem Aufbau einer heimischen Elite, die ein wirtschaftliches Interesse an der Bewässerungslandwirtschaft hätte, würde man mehrere Fliegen mit einer Klappe schlagen: Der Sudan wäre in der Lage, die britische Verwaltung im Land zu finanzieren, Lancashire erhielte mehr und sichereren Zugang zu Baumwolle, als dies bei einer Abhängigkeit der Industrie von Ägypten der Fall wäre, und Teile der politischen Eliten des Sudan würden wirtschaftliche und politische Interessen entwickeln, die sie auf Kollisionskurs mit Ägypten brächten, was wiederum indirekt die Position der Briten in Suez stärken würde.

Krieg und Besatzung drehten sich also zuvörderst um die Macht über den Nil. Welches Gewicht London und Cromer der Nilfrage und dem Studium der Möglichkeiten des Flusses beimaßen, zeigte sich in der Verschickung ihres herausragendsten Nilexperten in Ägypten auf lange Untersuchungsreisen den Fluss hinauf bis Uganda und in den Kongo, kaum dass sie das Heer flussaufwärts beordert und die britische Flagge an seinen Ufern in Khartum gehisst hatten. Dieser Mann war es, der wesentlich die Position des Sudan im übergeordneten Plan der Briten für die wirtschaftliche und politische Nutzung des Nils definieren würde.

Der Name dieses unbekannten Mannes lautet William Garstin. Von ihm gibt es keine Statue, fast keine Beschreibungen und Bilder. Er war ein Schotte, der im Kolonialdienst in Indien tätig gewesen war und einer von diversen tüchtigen Wasseringenieuren der Briten wurde. Er war nicht nur der oberste Verantwortliche für die ägyptische Wasserwirtschaft, sondern auch Leiter der Bereiche Landwirtschaft, Altertumsdenkmäler und öffentliche Arbeiten. Er hatte also einen enormen Verantwortungsbereich und verfügte somit notgedrungen über eine nach modernem Sprachgebrauch multidimensionale Herangehensweise an die Wasserfrage. Cromer hatte ein offenes Ohr für ihn, was die zahlreichen Berichte zum Thema Wasser dokumentieren, die er selbst verfasste. Ein Autor schrieb über Garstin, nachdem er ihm zweimal zufällig auf seinen langen Reisen flussaufwärts begegnet war und jedes Mal von seinem Wissen und seiner praktischen Herangehensweise an die Entwicklung der Kolonien beeindruckt gewesen war: »Solche Männer sind es, die England zu dem machen, was es ist – einer weltweiten Führungsmacht sowohl bei allen zivilisatorischen Vorhaben als auch bei kommerziellen Projekten in unserem eigenen Land und in allen unseren Kolonien.«[84] Dieser Schotte reiste also den Nil entlang und betrieb seine Forschungen zu Topografie, Vegetation, Geologie und Hydrologie. Er prüfte, wo Dämme gebaut, Kanäle gegraben und riesige Landwirtschaftsbetriebe angelegt werden könnten. Seinen ersten Bericht aus Dongola schrieb er bereits 1897, fast noch im Pulverdampf. Es folgte eine Studie nach der anderen über den Nil im Sudan, in Uganda und in Äthiopien. Aber seinen einflussreichsten Text verfasste er 1903 auf Grundlage der Beobachtungen, die er auf seinen über die Jahre im oberen Nilgebiet unternommenen Reisen gesammelt, und der Daten, die er dort erhoben hatte.

Garstins *Bericht über das Becken des oberen Nils* von 1904 ist eines der

Das einzige bekannte Bild des schottischen Ingenieurs und Wasserplaners William Garstin (1849–1925), der in den letzten 130 Jahren mit den größten Einfluss auf die Geschichte des Nilwasserlaufs gehabt hat. Er formulierte als Erster die Idee, den Nil im Rahmen eines ganzheitlichen hydrologischen Plans von der Quelle bis zur Mündung zu nutzen.

wichtigsten Dokumente aus der britischen Zeit in dieser Region, und auch jenes, das die am längsten anhaltende und fundamentale Bedeutung für die Entwicklung der Region gehabt hat. Der Bericht formulierte zusammenfassend die grundlegende Nilstrategie der Briten zu Beginn des Jahrhunderts und gab der Politik die Prämissen vor, solange der Union Jack dort wehte. Die Herangehensweise, mit der er den Nil als einheitliches Flusssystem konzeptionalisierte, war äußerst modern. Sie stellte eine Art begriffliche Eroberung des Nils als Planungseinheit, als hydrologische Einheit dar – von der Quelle bis zur Mündung. Der Text war nicht nur bewundernswert klar in seinen Vorschlägen, sondern auch ein äußerst gelungenes Stück Sachprosa.

Garstins Bericht kann als ein besonderes Zeitdokument gesehen werden – aussagekräftiger als Romane und Skulpturen, umfassender den Zeitgeist widerspiegelnd als noch die beste fiktionale Erzählung –, weil er autoritativ Zeugnis davon gibt, wie der *ganze* Nil um die Jahrhundertwende aussah. Der Bericht spiegelte die Haltungen der Kolonialmacht gegenüber den Menschen und der Natur am Flusslauf wider und zeigte zugleich zusammenfassend auf, welch enormes Selbstbewusstsein die Briten bei ihrem Vorhaben der Unterwerfung des Nils an den Tag legten. Er konstatierte, dass die Entwicklung des Sudan dem Bedarf Ägyptens für den Nil unterzuordnen sei.

Garstin beschrieb den Südsudan und die dortigen Sümpfe als reines Aquädukt, das die Bewässerungsökonomien im Norden potenziell mit mehr Wasser versorgen könne. Er identifizierte auch das Geziragebiet als einen Kernbereich, wo der Sudan große Projekte in Gang setzen könnte, ohne dass dies Ägypten direkt treffen würde; Letzteres war entscheidend für die britische Strategie zu jenem Zeitpunkt. Er beschrieb mögliche Dämme an den Katarakten im Nordsudan, die jetzt – allerdings in weit größerer Dimension und zu anderen Zwecken – von der Regierung in Khartum gebaut werden, und legte konkrete Pläne für die Zähmung des Nils in Äthiopien und Uganda vor. Die imperiale Ordnung diente Garstin als wissenschaftliche, technisch-administrative Begründung und Rechtfertigung.

Dieser Mann und seine Pläne wurden fast 100 Jahre lang in der Literatur über Londons Macht in der Region übersehen. Garstins Reisen sorgten eben anders als die gewöhnliche Politik nicht für Zeitungsüberschriften, und seine der Hydrologie gewidmeten Berechnungen, Karten, Diagramme und Zeichnungen taugten nicht dazu, die Massen zu begeistern. Es ist ein interessanter Ausdruck für Moden und Konventionalität innerhalb der Geschichtsforschung, dass Garstins Arbeiten trotz seiner Bedeutung und trotz der Konsequenzen seines Berichts fast nie erwähnt werden. Die Geschichtsforschung ist meist blind für die Bedeutung des Wassers, und diese Blindheit hat paradoxerweise in vielerlei Hinsicht die Forschung über die Eroberung des Nils dominiert. Das hat dazu geführt, dass dominierende Deutungen dieser Geschichte nicht nur oft die politische und strukturierende wirtschaftliche Bedeutung des Flusses übersehen haben, sondern auch jene, die ihn veränderten und bezwangen – seine Ingenieure.

Der Blaue Nil und der Entdecker aus Larvik

Bei Bumbodi, nicht weit von der Grenze zwischen dem Sudan und Äthiopien, wurde 1903 erstmalig ein Dampfboot zu Wasser gelassen, und bevor dies wieder geschehen sollte, würden mehrere Jahrzehnte vergehen. Kapitän des Dampfers und zugleich Leiter der Expedition war Burchart Heinrich Jessen aus der ostnorwegischen Hafenstadt Larvik.

Wer war nun dieser Jessen, der Teil der späten Nilentdeckungsgeschichte wurde, und warum war er als Kapitän eines Flussschiffs auf dem Nil gelandet? Jessen schrieb über die Expedition zunächst einen Artikel, der 1905 erschien, und veröffentlichte ein Jahr später das Buch *W. N. Mac-Millan's Expeditions and Big Game Hunting in the Sudan*. In keinem der beiden Texte jedoch verrät er mehr über sich selbst, als dass er von dem reichen amerikanischen Großwildjäger MacMillan angeheuert worden war.

Anfang der 1890er Jahre zog Jessen in das Städtchen Horten am westlichen Oslofjord, um dort eine technische Ausbildung zu absolvieren. Dort traf er Amalie Berg und verliebte sich in sie. Die beiden verlobten sich und heirateten am 23. Juli 1892. Nach einer Weile wanderte Burchart Jessen wie so viele andere Hortener Technikstudenten dieser Zeit nach Amerika aus. Eigentlich sollte Amalie nachkommen, doch das tat sie nicht. Burchart schickte weiter Briefe, darunter einen, der auf Briefpapier der European Offices of American Car and Foundry Company in London geschrieben war, datiert mit Glasgow, 4. Mai 1902. An diesem Tag jährte sich ihre erste Begegnung in Horten zum zwölften Mal. Der Brief richtete sich »an meine schöne Wildblume« und ist unterschrieben mit »Dein Babit«. Das ist, kann man sagen, ein relativ lyrisch geschwollener Liebesbrief von einem Mann, den das Schicksal, wie er schreibt, »auf eine fremde Erde gebracht« hat. Zum Schluss bittet er: »Vergib mir, meine schöne Blume.« Worum er sie um Vergebung bittet, erfahren wir nicht.

Als wir das nächste Mal von Jessen hören, fährt er also den Blauen Nil hinauf, finanziert – und begleitet – von einem amerikanischen Großwildjäger. Auch der mächtige britische Generalgouverneur im Sudan, Sir Reginald Wingate, ist von seinem Projekt überzeugt. Er hatte Jessen empfangen und ihm alle mögliche Unterstützung für die Expedition zugesagt. Er sollte unter anderem herausfinden, ob der Fluss befahrbar genug war, um als Handelsweg zwischen Äthiopien und dem Sudan dienen zu können.

»Eine Unternehmung dieser Art wäre naturgemäß ungemein teuer, aber für Mr. McMillan war das zum Glück nur ein Detail, und somit wurden keine Ausgaben gescheut, um den Erfolg zu sichern«, schrieb Jessen. Er fügte trocken hinzu: »Leider können selbst bestens ausgestattete Expeditionen scheitern, mag die Ausrüstung auch noch so gut sein.«

Und trotz der guten Finanzierung ging tatsächlich das meiste schief. Unter anderem waren Jessens Männer in der Flussschifffahrt vollkommen unerfahren:

> Die von mir angeheuerten Männer bestanden aus einem Vormann, oder
> Rais, einem Seemann, einem Heizer und einem Jungen, dem ich den Namen Sambo gab, alles Neulinge, und keiner von ihnen war jemals zuvor auf einem Dampfboot gewesen. Dem Rais, der steuern sollte, waren Steuerräder unbekannt, und der Heizer hatte bislang noch nicht einmal einen Küchenofen eingeheizt, ich war also auf alles gefasst und stimmte mich auf harte Arbeit ein.[85]

Jessens Team versuchte unter anderem, die Rosierisfälle zu passieren, wo der Sudan ungefähr 50 Jahre später sein erstes Kraftwerk bauen sollte, scheiterte aber beim ersten Versuch. Das Boot »tauchte den Bug ins Wasser, krängte zur Seite und sah aus, als würde es ohne Umschweife untergehen«. Glücklicherweise wurde es von der Unterströmung gepackt und zurück an seine Ursprungsposition geworfen.

Jessen war unbezähmbar in seinem Unternehmungsgeist und schrieb ein Buch voller Ironie und wunderbarer Landschaftsbeschreibungen. Sein Motto lautete: Entweder triumphieren oder zugrunde gehen. Nichts dazwischen. Nachdem sie einige Felsblöcke gerammt hatten und das Wasser erneut über den Bug schwappte, habe der Steuermann geschrien: »Motor stoppen!« Doch Jessen ließ sich nicht beirren, wie er später berichtete:

> Ganz im Gegenteil, ich rief den Männern zu, wie verrückt zu ziehen und volle Kraft voraus zu geben. Unser Boot glitt langsam voran, Zentimeter um Zentimeter, und kratzte an den Steinen, aber schließlich schossen wir los und befanden uns in ruhigem Fahrwasser. Das war ein aufregender Moment, und wir waren alle froh, eine kleine Verschnaufpause auf einer Sandbank zu bekommen. Den restlichen Tag über hatten wir ein paar kleinere Erlebnisse, zum Beispiel fuhren wir auf Steine, die sich unter der Wasseroberfläche verbargen, was die Blätter der Schiffsschraube auf unglückliche Weise verbog. Also richteten wir die alte Messingschiffsschraube auf und brachten sie vor der Weiterfahrt in Ordnung. Als der Abend kam, ließen wir das Tagwerk schließlich ruhen ... und dann hatten wir ein herrliches Abendessen mit Whisky und Soda und Zigaretten, woraufhin die redlich verdiente Nachtruhe folgte.[86]

Jessens Erzählung handelt von einer Expedition, bei der die Schwierigkeiten nicht abrissen. *Le Figaro* schickte einen Korrespondenten namens Monsieur de Bois, der vor allem über McMillans Aktivitäten während der

Expedition berichten sollte. Er wurde jedoch in der Gegend von Danakil durch Einheimische kastriert und ermordet. Der Blaue Nil war, wie Jessen schrieb, außerdem nur von Steinen, hohen Bergen und Felsen umgeben – kein gutes Revier für einen Großwildjäger.

McMillan und Jessen versuchten es zwei Jahre später noch einmal. 1905 starteten sie abermals an der Grenze zwischen dem Sudan und Äthiopien. Auf dieser mühsamen Tour den Fluss hinauf starben fast alle Kamele und Esel an Erschöpfung. Einer der Sudanesen aus Jessens Gruppe wurde gefangen und von den Einheimischen getötet, womöglich weil man ihn für einen Sklaventreiber hielt. Sie stachen zwei Speere in seinen Körper, durchschnitten ihm die Kehle, schnitten die Hoden als Trophäe ab und verwendeten einen Teil des Oberarmfleisches als Fischköder. Jessen konnte nichts dagegen tun. Schließlich gab er auf. Der Fluss konnte nicht bezwungen werden; Wingate und die Briten hatten bestätigt bekommen, was sie eigentlich schon wussten: Der Nil war in diesem Abschnitt als Transportader unbrauchbar. Stattdessen würde er der Bewässerung des Sudan und Ägyptens dienen.

Jessen selbst verschwand derweil in der Versenkung der Geschichte und geriet in Vergessenheit.

Die Möglichkeiten des Sudan und die Geburt eines hydraulischen Staates

Wenn die britischen Kolonialbeamten im ehemaligen Palast Gordons und jetzigen Sitz des Generalgouverneurs oder zum Nachmittagstee im Hotel Gordon zusammenkamen, sprachen sie sicherlich über die Gefahr eines neuerlichen islamistischen Aufstands. Doch je mehr sie ihre Macht konsolidierten, desto häufiger drehten sich ihre Gespräche um das Potenzial des Sudan als Agrarproduzent. Die Bekämpfung des politischen Islam stand nicht ganz oben auf der Londoner Agenda. Ganz im Gegenteil; die Briten hatten ja die christliche Missionierung im Nordsudan verboten. Sie ließen viele der muslimischen Institutionen des Landes intakt und knüpften enge Bande zu zwei verschiedenen und konkurrierenden islamischen Sekten und Familien.

Aus Berichten und Sitzungsprotokollen des Generalgouverneurs in Khartum geht klar hervor, dass sowohl die Regierung in London als auch die Briten im Sudan immer deutlicher verstanden, welche Schlüsselrolle der Nil bei der Entwicklung des Landes und somit der Finanzierung der

Die Möglichkeiten des Sudan

britischen Verwaltung spielte. Das Land verfügte über enorme Flächen fruchtbaren Landes, denen es lediglich an Wasser mangelte. Gemeinsam mit den Vertretern der britischen Textilindustrie in Lancashire und den »Nilbürokraten« im Londoner Außenministerium rückten die Entsandten im Sudan immer stärker die Ausnutzung des Potenzials des Landes als alternativer Baumwollproduzent in den Fokus. Lange war die Nilpolitik im Land, in Einklang mit den Vorgaben aus London, von den Briten in Kairo kontrolliert worden. Nach der ägyptischen Revolution von 1919 jedoch war der Plan zur Etablierung einer eigenen Bewässerungsbehörde im Sudan überfällig. 1925 wurde er Realität.

Die Sicherung alternativer Quellen für Baumwolle war für London aufgrund der gewachsenen antibritischen Stimmung in Ägypten notwendig geworden. Diese Quellen durften nicht einem »politischen Spiel« zum Opfer fallen, wie es die Briten mit Blick auf ihre Erfahrungen in Ägypten ausdrückten. Sie hatten bereits die Gezira-Halbinsel als den Ort identifiziert, an dem sie eine gigantische Baumwollplantage errichten wollten. In seinem Rapport von 1904 hatte Garstin die Halbinsel als außergewöhnlich gut geeigneten Ort für Landwirtschaft bezeichnet, die auf Bewässerung im großen Stil angewiesen war – vorausgesetzt, man errichtete flussaufwärts einen Damm über den Blauen Nil. Die britische Regierung hatte bereits 1914 beschlossen, das Projekt finanziell zu unterstützen, und bei einem heimlichen Treffen in Whitehall Gardens 1917 berichtete der britische Leiter der Nilbehörde in Ägypten, Murdoch MacDonald, von den enormen Möglichkeiten für die Baumwollproduktion in der Region Gezira. Auf der Halbinsel sei es möglich, bis zu 1,6 Millionen Hektar Anbaufläche zu schaffen. Die Teilnehmer des Treffens sprachen sich für die Errichtung eines zusammenhängenden Landwirtschaftsbetriebs dieser Größe aus (die ungefähr der Fläche des Nildeltas entspricht) und verständigten sich auf den Bau des dafür notwendigen Damms über den Nil.

Von Beginn an wurde das gigantische Wasserprojekt zu einem Teil der Weltpolitik. Als während des Ersten Weltkriegs bekannt wurde, dass die Briten den Bau eines Staudamms im Sudan planten, entlud sich in Ägypten eine Welle nationalistischer Wut: Die Briten könnten den Ägyptern mit diesem Sperrwerk einfach den Hahn zudrehen, hieß es in den Kaffeehäusern im Nildelta und auf den Straßen von Kairo.

Doch die ägyptische Perspektive war nicht die einzige, mit der sich der nahe der Stadt Sannar errichtete Damm betrachten ließ. Ganz anders klang etwa die Predigt des anglikanischen Bischofs im Sudan bei der Zeremonie, mit der das Bauwerk 1925 schließlich eingeweiht wurde:

> Allmächtiger Gott im Himmel, Unveränderlicher, einziger weiser Gott, großer Vater der Menschheit: Wir bitten dich um die Segnung dieses Damms, Reservoirs und Bewässerungsprojekts, nicht nur, weil die Menschen dadurch Reichtum und Wohlstand erlangen können, sondern auch, weil sie durch den richtigen Gebrauch dieser deiner Gaben zu mehr Weisheit, Wissen, Glauben und wahrer Gerechtigkeit gelangen werden. ... Wir preisen dich für die Weisheit und Voraussicht, die du denen gabst, dank deren Eingebung das Wasser dieses Flusses dem allgemeinen Nutzen dienen wird; und hier wollen wir besonders William Garstin und Herbert Horatio Kitchener erwähnen.[87]

Danach sprach der Mufti, der oberste muslimische Geistliche, und er war hinsichtlich der Hilfe Allahs und des Nils nicht weniger bescheiden:

> Wir stehen heute hier, um unsere Hände im Gebet zu heben und dem Allmächtigen, dem Höchsten, dem erhabensten und größten aller Könige für die großen Wohltaten zu danken, die er uns mit der Vollendung dieses großartigen Bauwerks und des großen Gezirabewässerungsprojekts erwiesen hat.[88]

Der Bischof und der Mufti standen hier einer Zeremonie vor, die rückblickend als ökumenische Taufe des Sudan als moderner Nilstaat bezeichnet werden kann. Der neue Damm wurde als Gabe Gottes und Allahs und als ein Triumph der Menschheit – und der britischen Kolonialverwaltung – gepriesen. Nun wurde nicht länger der Nil wie eine Gottheit verehrt, vielmehr war es jetzt das »hohe Bauwerk« aus Beton und Zement, das angebetet wurde.

Quer über den Fluss erstreckt sich seitdem ein 3025 Meter langer und 40 Meter hoher Damm. Er fungiert sowohl als Regulator als auch als Reservoir. Als Regulator hebt er den Wasserstand des Flusses und leitet somit in der wasserreichsten Zeit des Nils mehr Wasser in den Gezirakanal. Als Reservoir ermöglicht er die Speicherung des Wassers aus der wasserreichen Jahreszeit für jene mit wenig Wasser. Wie viel gespeichert werden konnte, wurde durch ein Abkommen mit Ägypten festgelegt. Dieser Damm und dieses Wasser waren die grundlegende Voraussetzung dafür, die größte Baumwollplantage der Welt zu schaffen.

Der Plan fügte sich auch in die langfristige und ziemlich subtile Strategie der Briten ein. 1913 war es den Briten gelungen, den Sudan von Ägypten finanziell unabhängig zu machen, und im selben Jahr hatte die

Die Möglichkeiten des Sudan

Der Bau des Sannardamms im Sudan. Er wurde in den 1920er Jahren von den britischen Herrschern im Land eröffnet. Der Damm verwandelte den Sudan in einen modernen Nilstaat und legte entlang des Flusses die Grundlage für den größten Baumwollanbau der Welt. Aufnahme von 1925.

Regierung den ersten Kredit für das große, am Blauen Nil geplante Bewässerungsprojekt erhalten.[89] Die Erklärung von 1922, die Ägypten in die Unabhängigkeit entließ, legte den Sudan zusätzlich zum Nil als eines der vier Gebiete fest, in denen die Briten Oberhoheit genossen. Der Nil und das Geziraprojekt wurden als äußerst effektiver Keil genutzt, um die Gegensätze zwischen ägyptischen und sudanesischen Nationalisten zu vergrößern. Da die ökonomischen Interessen der Eliten beider Staaten an das Wasser des Flusses geknüpft waren, würde Uneinigkeit über die Höhe des zulässigen Wasserverbrauchs des Sudan zu ständigen Konflikten führen. Das wiederum würde den Plan der ägyptischen Nationalisten untergraben, einen gemeinsamen Nilstaat unter ägyptischer Führung zu errichten.

Ein weiß gesprenkelter Gekko und der Prophet

Jede Erzählung über die Geschichte eines Flusses muss sich um die Versuche der Menschen drehen, diesen Fluss unter ihre Kontrolle zu bringen und ihm ihren Willen aufzuzwingen. Wer eine solche Perspektive einnimmt, wird zugleich ein Schlaglicht auf die zentralen Institutionen und Strukturen werfen, denn Stauseen und Kanäle ändern die Lebensbedingungen und Machtverhältnisse in einer Gesellschaft, die davon profitiert oder darunter leidet, grundlegend. Selbst wenn man sich, wie ich anfangs, nicht im Geringsten für Wasserbautechnik interessiert, sondern sich nur mit Ideen, Politik und schließlich auch Geografie beschäftigt hat, wird man irgendwann doch zu dem Punkt kommen, an dem man solche Bauwerke als dauerhaften, materiellen Ausdruck für die Beziehung zwischen Mensch und Fluss ernst nimmt und sich näher mit ihnen beschäftigt.

Ich stehe am Hauptkanal des Geziraprojekts, der noch immer ungefähr so verläuft, wie die Briten ihn angelegt haben. Das Wasser strömt in solchem Tempo und in solchen Mengen, dass der Kanal wirkt, als sei er ein kräftiger, naturbelassener Fluss. Doch da er schnurgerade verläuft, so weit das Auge reicht, ist er eindeutig als Gebilde von Menschenhand zu erkennen. Vom Ufer aus sieht man nur einen weiten Himmel und grüne Felder, die sich in alle Richtungen erstrecken, aber ich bin schon einmal über diese Gegend geflogen, und aus der Luft tritt die von Menschen geschaffene Symmetrie des Kanalsystems deutlich hervor: Man kann Tausende und Abertausende von rechteckigen Äckern sehen, alle bewässert durch kleine Kanäle, die von größeren und aus dem Fluss gespeisten Wasserstraßen abzweigen. Die Anlage lässt sich beschreiben als ungewöhnlich deutlicher Ausdruck für Disziplinierung und Eroberung der Natur mit modernen Mitteln.

Von einem der vielen schnurgeraden, unter britischer Regie angelegten Bewässerungskanäle von Gezira aus kann man den Blick auf den unendlichen Feldern und dem ebenso unendlichen Himmel darüber ruhen lassen. Während ich auf den Geschäftsführer der Plantage warte, der mich auf dem der Fläche nach immer noch größten Landwirtschaftsbetrieb der Welt herumführen soll, lasse ich mich von einem weiß gesprenkelten Gekko unterhalten, der an der Ufermauer hochklettert. Es ist schwer, den Sudan zu bereisen, ohne auf diese Tiere zu stoßen, die dort nicht gemocht und mit Misstrauen betrachtet werden.

Wie bei allen anderen wichtigen Dingen in der Welt, vermischt sich auch hier die Wirklichkeit mit Mythen und Erzählungen. Ich hatte gerade die Geschichte über den Gekko gehört, der Mohammed verriet, als der Prophet vor seinen Feinden von Mekka nach Medina floh. Seine Verfolger sahen Spinnweben am Eingang der Höhle, in der dieser sich versteckt hatte. Natürlich schlossen sie daraus, dass Mohammed sich dort nicht aufhalten könne. Doch nun kam ein großer Gekko des Wegs und rief: »El Rab vil Shak!« (Der Meister ist in der Höhle!). Ein Gekko also hat den Propheten an seine Feinde verraten!

Einem alten Volksglauben zufolge ist der Biss eines Gekkos giftig und kann dem Körper eines Menschen großen Schaden zufügen. Wissenschaftlich nachgewiesen ist jedoch, dass er unschädlich ist.

Ich werfe einen Blick auf den weiß gesprenkelten Gekko. Es ist besonders interessant, wenn er senkrecht eine Wand emporläuft, mithilfe einer Art Saugnäpfe unter den Füßen sowie von Krallen unter Fingern und Zehen, während er seine ellipsenförmigen Pupillen auf charakteristische Weise bewegt. Ich habe ausreichend Zeit, ihn zu beobachten, denn auf der Plantage ist heute nicht viel los. Es ist Ramadan, und während die Sonne hoch am Himmel steht und mir das Hemd in der Hitze am Körper klebt, sitze ich im Schatten einiger Bäume. Während ich in der Ferne zwischen den riesigen Feldern mit den niedrigen grünen Baumwollpflanzen den weißen Pick-up des Geschäftsführers kommen sehe, lasse ich mich ablenken. Ich glaube, niemand kann disziplinloser aussehen, oder auf optimistischere Weise verdutzt, als ein Gekko, der noch nicht weiß, welchen Weg er die Mauern hoch einschlagen soll.

Winston Churchill: »München liegt am Nil«

Vom Beginn des 19. Jahrhunderts bis 1956, dem Jahr der sudanesischen Unabhängigkeit, bestand Londons übergeordnete Strategie darin, die Konflikte zwischen den ägyptischen und den sudanesischen Eliten über die Verwendung des Nilwassers zu instrumentalisieren, um die Spannungen zwischen beiden Ländern zu steigern. Großbritannien verfolgte im Sudan offensichtlich eine Reihe von Zielen: Dieses Land sollte als politisch-strategische Waffe gegen Ägypten eingesetzt werden und weiterhin als Produktionsstätte für billige Baumwolle für die Betriebe in Lancashire dienen. Außerdem konnte man im Sudan britische Textilien und andere Waren absetzen sowie im Kriegsfall Soldaten rekrutieren, und natürlich diente das Land – wie andere Kolonien – als Mittel zur Befriedigung der britischen paternalistischen Instinkte und altruistischen Bestrebungen.

Eine imperiale Nilpolitik in Bezug auf den Sudan und Ägypten hatte als Machtspiel enormes Potenzial, denn die Erfolgschancen waren groß, falls sie mit Klugheit und Zurückhaltung geführt wurde. Um Erfolg zu haben, musste man die ökonomische Struktur des Sudan, die vollständig von künstlicher Bewässerung abhängig war, mit dem physischen Charakter des Nils kombinieren: Die Art, in der der Fluss im Sudan genutzt wurde, würde immer den Wasserstand des Flusses in Ägypten beeinflussen. Dieser Umstand trug dazu bei, dass im Sudan eine politische und wirtschaftliche Elite entstand, die in Bezug auf den Nil ganz andere Interessen vertrat als Ägypten.

Ein typisches und bezeichnendes Beispiel waren die Äußerungen von Mekki Abbas, einem der einflussreichsten sudanesischen Politiker seiner Zeit. Im Mai 1944 ließ er auf der Auftaktsitzung des kurz zuvor eingerichteten Beirats für den Nordsudan kein gutes Haar am Nilabkommen von 1929 – dieses habe Ägypten alle Vorteile zugeschanzt und dem Sudan zu wenig Wasser garantiert. Die Menschen in Gezira, sagte er, verglichen sich mit einem »mit Lederschläuchen voller Wasser beladenen Kamel, das in der Wüste verdurstet«.[90] Die Sudanesen brauchten mehr Wasser, und sie hätten, was sie benötigten, im Lederschlauch der modernen Zeit – dem 1925 fertiggestellten Sannarsee. Das Problem bestand nach Ansicht von Abbas darin, dass Ägypten ihnen verwehrte, dieses Wasser zu nutzen. Zugleich böten, wie er sagte, auch andere Abschnitte des Nils im Norden des Sudan gewaltige Möglichkeiten, weitere Landwirtschaftsflächen anzulegen. Doch die Sudanesen hätten nicht einmal Wasser für ihre Pumpen, da die Baumwollfelder von Gezira die begrenzten Wassermengen verbrauchten, die dem Sudan zustünden (damals hatte der Sudan ein Anrecht auf vier Milliarden Kubikmeter Wasser). Die Sudanesen (sowie ihre britischen Unterstützer und Sprecher) verwiesen verständlicherweise darauf, dass das ägyptische Nilmonopol ein gewaltiges Hindernis für die Entwicklung ihres Landes darstellte.

Die ägyptische Regierung verhehlte ihrerseits nicht, dass sie den Sudan als natürlichen Teil Ägyptens betrachtete, vor allem aufgrund des Nils. Je deutlicher es wurde, dass Londons Tage als Beherrscher des Nils gezählt waren, umso wichtiger wurde es für die Briten, dem Sudan die Unabhängigkeit von Ägypten zu sichern – nicht zuletzt, weil sie zu Recht annahmen, dass sich mithilfe des Wassers weiterhin politischer Druck auf Kairo ausüben ließ. Ohne eigene große Wasserprojekte und ein eigenes starkes Wasserministerium würde der Sudan umgekehrt aber bald unter Ägyptens wasserpolitischen Einfluss geraten. Während der endlosen Verhandlungen

Kein internationaler Staatsmann taucht häufiger in der neueren Geschichte des Nils auf als Winston Churchill. Zum ersten Mal 1898, als er als Soldat und Journalist am Sudankrieg teilnahm. Im Jahr darauf veröffentlichte er das zweibändige Werk *The River War*, 1908 *My African Journey*.

in den 1950er Jahren über die Verteilung des Wassers betonten die britischen Berater in Khartum daher immer wieder das Entwicklungspotenzial des Sudan, sofern das Land nur mehr Nilwasser erhalte. Dieses Argument verfing und war ein wichtiger Grund dafür, dass sich die Sudanesen in einer Volksabstimmung für die Selbstständigkeit entschieden und nicht für eine Union mit Ägypten.

1954 war dieses Ergebnis noch nicht abzusehen. Die Situation stand auf der Kippe. Damals war Winston Churchill britischer Premierminister und konnte auf eine eine lange Beschäftigung mit dem afrikanischen Kontinent zurückblicken. Nach seiner Teilnahme am Flusskrieg war er mit dem Rad zu den großen Seen in Uganda gefahren und hatte visionäre Pläne für die Energieentwicklung in Ostafrika entworfen. 1907 hatte er als Staatssekretär im Kolonialministerium dann den gesamten Nil bereist und ein Buch über diese Reise geschrieben. Als Wirtschaftsminister in den 1920er Jahren trug er entscheidend dazu bei, Europäer für Siedlungsprojekte in Kenia anzuwerben; der Ertrag ihrer Arbeit sollte helfen, die Nilbahn zu finanzieren. Als Premierminister hatte er sich während des Zweiten Weltkriegs bei Unterredungen in Kairo überaus aktiv an den Planungen beteiligt, Rommels Vormarsch in der Wüste westlich des Nils zu stoppen. Doch trotz seiner enormen Erfahrungen wusste nicht einmal er so recht, wie sich 1954 eine Union des Sudan mit Ägypten verhindern ließ.

In seiner Frustration über die wachsende antibritische und proägyptische Stimmung im Sudan zu Beginn der 1950er Jahre schlug Churchill vor, Khartum zu bombardieren. »München liegt am Nil«, sagte er – ein klarer Bezug auf Neville Chamberlains umstrittenes Treffen mit Adolf Hitler 1938 in der bayerischen Hauptstadt. 1941 hatte Churchill erklärt, er sei nicht Premierminister geworden, »um einer Auflösung des Britischen Empire vorzustehen« – doch nun saß er wieder in Downing Street 10 und tat genau das. Die Logik hinter seiner München-Rhetorik fußte auf seinem Verständnis der zentralen Bedeutung der Lage des Sudan am oberen Stromverlauf: Wenn die Briten den Sudan verlören, verlören sie auch Ägypten. Und das wäre der Sargnagel für die Stellung des Britischen Empire im Nahen Osten und in Afrika. In Ägypten war für die Briten nichts mehr zu holen. Am Unterlauf des Nils kam es immer wieder zu antibritischen Demonstrationen, Nasser und die Freien Offiziere trieben die Briten vor sich her; ihre einzige Trumpfkarte war der Sudan. Denn noch immer galt die Grundregel: Wer dort die Macht hat, hat Ägypten in der Hand. Doch bestand die Gefahr, dass den Briten die Macht im Sudan aus den Fingern glitt.

Churchills Privatsekretär hielt die kriegerischen Vorschläge des Premierministers 1954 in dem Tagebuch fest, das er über sein Leben mit ihm führte, und berichtete außerdem, dass Anthony Eden in seiner Zeit als Außenminister einer von denen war, die Churchill diese Ideen ausredeten.[91] Wie wir noch sehen werden, wandte sich Eden, als er selbst Premierminister wurde, einer ganz anderen Politik zu, um Londons Interessen in Suez zu sichern: den Nil in Uganda gewissermaßen auf Abwege zu führen, um Nasser damit auszutrocknen, bis ihm nur noch die Kapitulation blieb.

Der Sudan und Ägypten teilen den Nil

Wir schreiben das Jahr 1959 – drei Jahre nach der Unabhängigkeitserklärung des Sudan und der demütigenden britischen Niederlage bei Suez. Nun trafen sich Vertreter der ägyptischen und der sudanesischen Regierung und unterzeichneten ein historisches Dokument: das »Abkommen über die vollständige Nutzbarmachung des Nils«. Es war eine Vereinbarung, die bei Vertragsabschluss als absolut entscheidend für die Entwicklung Ägyptens und des Sudan betrachtet wurde. International wurde sie gelobt als Beispiel für die »neue Zeit«, für die Möglichkeiten der postkolonialen Ära, für die Stärke der blockfreien Länder und als Zeichen dafür, dass die ehemaligen Kolonien Probleme lösen könnten, die während der Kolonialzeit geschaffen worden waren und denen die Kolonialmächte selbst hilflos gegenüberstanden. Diese Vereinbarung wurde zudem als Vorbild bezeichnet, von dem Anrainerstaaten anderer internationaler Gewässer lernen sollten.

Ägypten erklärte sich dazu bereit, dem Sudan jedes Jahr 18,5 Milliarden Kubikmeter Wasser zu überlassen. Nationalisten in Kairo fanden, ihre Regierung gebe zu viel ihrer Macht über den Fluss auf, aber Nasser war sich bewusst, dass mit der sudanesischen Führung ein Kompromiss erzielt werden musste (diese hatte zunächst auf 26 Milliarden Kubikmeter bestanden). Einerseits wurde ein Ausgleich dafür benötigt, dass Khartum Ägypten den Bau des neuen Assuandamms gestattete, der weite Flächen im Sudan fluten würde, andererseits würde eine solche Vereinbarung die Möglichkeiten der Briten schwächen, am oberen Flussverlauf im Trüben zu fischen (sie waren ja noch Kolonialherren in Ostafrika).

Im Sudan wurde das Abkommen, das von der neuen, durch einen Putsch an die Macht gekommenen Militärregierung geschlossen wurde, als wichtiger nationaler Sieg gefeiert, obwohl sich auch hier Stimmen erhoben, die behaupteten, das Land habe sich zu billig verkauft. Der Sudan hatte sich jedenfalls als Nilstaat definiert, mit dem in Kairo gerechnet werden musste, und es wurde deutlich gesagt, dass auch die zukünftige Entwicklung dieses Staates in stetig wachsendem Grad von der Nutzung des Nils abhängen würde. Die Abmachung machte den Sudan zudem zu Ägyptens Bündnisgenossen: Die beiden unter arabischer Führung stehenden Staaten hatten sich zusammengetan, und kein anderes Land war in die Abmachung einbezogen worden, obwohl deren offizieller Name betonte, dass es um die Verteilung allen Nilwassers ging.

Schon in den 1970er Jahren kündigte Präsident Jafaar al-Nimeiri an, den Sudan zur Speisekammer und Getreidescheune des Nahen Ostens zu machen. Die Abmachung von 1959 hatte dem Sudan auf folgende Jahrzehnte hinaus alles Wasser verschafft, das er dafür brauchte. Außerdem bestand in einigen Teilen des Landes die Möglichkeit, eine niederschlagsbasierte Landwirtschaft zu betreiben. Was jedoch fehlte, waren eine effektive Verwaltung und die finanziellen Mittel, um das Wasser zu den Feldern zu bringen. Regierungsbürokratie, fehlende Tatkraft, wachsende politische Gegensätze und unsichere Staatsfinanzen ließen dieses Ziel schließlich als unrealistischen Traum erscheinen, als leeres Gerede – also als eine der vielen zerbrochenen Hoffnungen, von denen die Zeit des Nimeiri-Regimes schließlich geprägt wurde.

»Kippt den Whisky in den Fluss!«

Am 23. September 1983 steht Präsident Jafaar al-Nimeiri in Khartum am Nilufer. Er will weder einen neuen Staudamm einweihen noch ein Bewässerungsprojekt feiern. Was also will er an diesem Herbsttag dort?

Er kippt Alkohol in den Nil. Es ist der Startschuss für eine Operation, die Khartum von jedem Tropfen Alkohol befreien soll. Menschenmengen sammeln sich am Nilufer, das sudanesische Fernsehen zeigt, wie sie dem Präsidenten zujubeln, als er mit seiner Wagenkolonne eintrifft, um mit der Vernichtung von Kästen, Flaschen und Dosen voller alkoholischer Getränke zu beginnen. Sie waren am Vortag von Militärangehörigen und Polizisten in Bars und Geschäften konfisziert worden, die damit die zu staatlicher Politik erhobenen islamischen Vorschriften umsetzten. Präsident Nimeiri umtanzt einen gewaltigen Alkoholvorrat, dann kommen Bulldozer und begraben die Überreste.

Meine sudanesischen Bekannten hielten die Ankündigung der Aktion zunächst für einen schlechten Scherz. Wie es sich dann herausstellen sollte, hatten sie die Entschiedenheit, mit der das neue Gesetz eingeführt wurde, unterschätzt. Liberale sudanesische Muslime, und davon gab es viele, pflegten eine entspannte Haltung zum Alkohol. Einige tranken, andere waren abstinent, aber keiner von meinen Bekannten hätte anderen verboten, sich ein Gläschen zu gönnen. Wer sich um die Einheit des Sudan sorgte, hatte zudem die Konsequenzen im Blick, da Alkohol im Südsudan und unter den im Norden lebenden Südsudanesen sehr verbreitet war. Diese Politik war zudem nicht einmal dazu geeignet, »die Herzen und den Verstand« der islamistischen Hardliner zu gewinnen; sie nahmen dem ehemaligen Kommunisten Nimeiri seine Bekehrung zum Islam nämlich nicht im Geringsten ab. Im Fernsehen sah alles nach perfekter Regie aus: Die Zuschauer weinten vor Freude, als die Sünde im Fluss verschwand. Zugleich wurde bekanntgegeben, dass das Gesetz 40 Peitschenhiebe für alle vorsah, die mit Alkohol erwischt würden. Nimeiris PR-Aktion am Fluss war der Auftakt zur Einführung einer neuen Form der Scharia im Sudan, am Heiligen Abend 1983 wurde verkündet, dass Frauen und Männer von nun an nicht mehr zusammen tanzen dürften.

Indem Nimeiri den Alkohol in den Nil kippte, wollte er eins ganz klarstellen: Der ehemalige selbst ernannte Kommunist, Sozialist und arabische Nationalist, der bei seinem Putsch im Jahre 1969 eigenhändig von seinem Schreibtisch aus einen Widersacher erschossen hatte, war zu einem tief gläubigen Muslim geworden, und die Politik seines Staates sollte

»Kippt den Whisky in den Fluss!«

entsprechend islamisiert werden. Durch die Einführung der Scharia am 9. September 1983 hatte Nimeiri klargestellt, dass nun der Islam die Grundlage für seine politische Philosophie bildete und zu seiner persönlichen Richtschnur geworden war. Der Nil diente in diesem Fall nicht zur Bewässerung oder zur Entwicklung der Landwirtschaft, sondern als Metapher: Er sollte die unislamischen Werte der »alten Gesellschaft« symbolisch davonschwemmen, wie andere Ströme in aller Welt seit Anbeginn der Zeit in zahllosen Ritualen die Aufgabe der Reinigung zu erfüllen hatten. Nimeiris Vorgehen war nicht nur von großem symbolischem Wert; es wurde zudem in eine symbolische Sprache gekleidet, die während der 1980er Jahre im Sudan immer größere Bedeutung gewinnen sollte. Die Whiskyflaschen, die an jenem Septembertag des Jahres 1983 in den Nil ausgeleert wurden, symbolisierten und verstärkten einen historischen Wandlungsprozess, dessen Ergebnis Präsident Nimeiri weder voraussehen noch sich überhaupt vorstellen konnte.

Zwei Jahre später lag ich, nachdem ich verunreinigtes Wasser getrunken hatte, vollkommen erschlagen auf meinem Bett in Juba, der Regionalhauptstadt des Südsudan. Im Halbschlaf und fieberkrank schaffte ich es gerade noch, das Radio einzuschalten, um dann in meinem Dämmerzustand zu registrieren, dass der BBC World Service, der Sender, der damals alle »Expats« mit der Welt verband, Nimeiris Sturz mitteilte. Als mein Arabischlehrer mir nach einigen Tagen wieder Unterricht erteilen konnte, kamen wir unvermeidlich auch auf die politische Situation in seinem Land zu sprechen. Mir war seine religiöse Inbrunst noch nie aufgefallen, aber jetzt zeigte er sich nicht nur als tief gläubig, sondern auch als Anhänger einer radikalen Version des Islam. Das Problem liege darin, dass Nimeiri nicht weit genug gegangen sei, erklärte er mir. Er selbst strebe eine umfassende, ganzheitliche Weltsicht an und hoffe, die Gesellschaft könne durch die Lehre des Koran zu einer harmonischen Einheit verschmelzen. Was diesen gesellschaftlichen Ring daran hindere, sich gewissermaßen zu schließen, war, wenn ich ihn richtig verstanden habe, das, was er als westliche Werte auffasste. Ich hörte meinem Lehrer zu, fand ihn aber naiv, denn er machte den Westen für das verantwortlich, was einfach die Gesellschaft ausmacht: die Aufspaltung in Individuum und Gesellschaft.

Wir hatten schon früher über meine Arbeiten zur Geschichte des Nils und die große Bedeutung der Briten für Modernisierung und Entwicklung Ägyptens und des Sudan gesprochen. Ich hatte geglaubt, er habe mich verstanden, wenn er höflich zugehört, freundlich gelächelt und einige Fragen gestellt hatte. Aber jetzt begriff ich, dass er mich nicht verstehen *konnte;* die Einheit, die er suchte, konnte nur erreicht, und die Spaltung, die er zu sehen glaubte, konnte nur behoben werden, indem alle Aspekte der Gesellschaft ignoriert oder wegdefiniert würden, die sich nicht in dieses Bild einfügen ließen. Sein Verständnis der Geschichte der Welt oder des Sudan musste daher eines sein, dem jegliche Komplexitäten und Dilemmata der Realität fehlten. Wie die britische Wasserpolitik den Sudan entwickelt und die Interessen des Landes am Nil gegenüber Ägypten und den anderen Ländern der Region gesichert hatte, musste aus dieser Lesart der Geschichte ausgelöscht werden, denn es würde entweder als belanglos erscheinen oder als etwas, das in dieser Geschichte absolut keinen Platz finden könnte. Wenn die Rolle Großbritanniens systematisch ignoriert oder vernachlässigt wird, ergibt sich jedoch ein Bild der Geschichte des Landes, das nicht nur falsch und geschönt ist, sondern auch schlichtweg unverständlich.

Ein islamistischer Putsch

Als Präsident Nimeiri die große Alkoholvernichtung zelebrierte, tobte schon seit Monaten ein Bürgerkrieg. Bei diesem Konflikt, der von Mai 1983 an das Land verwüstete, standen sich die Elite am Mittellauf des Nils im Norden und die Bevölkerungsgruppen, die im Süden entlang des Nils lebten, gegenüber. Aus ihren Reihen rekrutierte sich die Sudan People's Liberation Army (SPLA), die im Frühjahr 1983 unter Führung von John Garang gegründet worden war, eines aus dem Dinka-Volk stammenden Offiziers der sudanesischen Armee. Wie der Name der Armee signalisiert, strebte man keinen selbstständigen Staat im Süden an, sondern einen reformierten, säkularen und demokratischen Sudan. Sie erzielten im Kampf gegen Khartum solche Erfolge, dass 1985 die militärische Führung Präsident Nimeiri absetzte, während der er sich zu ärztlicher Behandlung in den USA aufhielt. Anführer dieses Militärputsches war Nimeiris Verteidigungsminister und Generalstabschef Abd al-Rahman Muhammad Hasan Siwar al-Dhahab; er versprach, binnen eines Jahres demokratische Wahlen durchführen zu lassen. Der General hielt sein Versprechen. Er wolle Bauer sein, kein Präsident, und er setzte die Politiker unter Druck, indem er immer wieder betonte, es sei ihm ernst damit, sich auf seine Farm zurückziehen zu wollen. Die Wahlen fanden statt, und eine neue Regierung unter Sadiq al-Mahdi nahm ihre Arbeit auf. Die Stellung der Regierung war allerdings schwach: Die Wirtschaft war in einem schlechten Zustand, der

Bürgerkrieg wurde immer erbitterter ausgefochten und kostete immer mehr Menschenleben – während die SPLA-Guerilla weiter wuchs.

Am 30. Juni 1989 wurde der gewählte Präsident Sadiq al-Mahdi gestürzt. In den Präsidentenpalast mit Nilblick in Khartum zog nun der Anführer der Putschisten ein, Omar Hassan al-Bashir, ein bislang unbekannter Brigadegeneral. Im Fernsehen brüstete er sich Abend für Abend damit, bereits mit 18 Jahren der Muslimbruderschaft beigetreten zu sein; er und seine Offiziere handelten im Bündnis mit der Partei National Islamic Front und ihres Führers Hasan at-Turabi. Dieser an der Sorbonne in Paris ausgebildete Akademiker hatte die Partei 1985 gegründet und galt lange als starker Mann des neuen Regimes (bis er 2004 in Ungnade fiel und im Gefängnis landete, weil er seinerseits einen Putsch geplant hatte). At-Turabi glaubt an seine Mission, und die bestand darin, die Politik an islamischen Werten und Regeln auszurichten. Im Sudan wurde ein streng islamisches Regime eingeführt, inspiriert unter anderem vom Mahdi gegen Ende des 19. Jahrhunderts.

Der Putsch selbst war erstaunlich unblutig abgelaufen. Die führenden Politiker gingen ins Exil, keiner kam ums Leben – und die meisten kehrten einige Jahre später nach Khartum zurück. Die militärische Einheit, die hinter dem Putsch stand, zählte ungefähr 300 Mann. Es handelte sich um eine Eliteeinheit, die die Verantwortung für die Stabilität in Khartum trug, und im Rahmen der Hilfe, die die USA der Stadt gewährten, hatte sie mehrere Jahre lang auf amerikanische Unterstützung, Ausrüstung und Ausbildung zählen können. Bashir blickte auf eine lange Karriere in der sudanesischen Armee zurück: 1973 hatte er im Jom-Kippur-Krieg für Ägypten gekämpft, 1975 bis 1979 war er Militärattaché in den Vereinigten Arabischen Emiraten gewesen, und er hatte sich zudem zur Weiterbildung in den USA aufgehalten.

Der Putsch sollte sich auch als wichtiges Ereignis in der Geschichte des Nils herausstellen, denn er vergrößerte die Differenzen zwischen Ägypten und dem Sudan und trug damit zur Schwächung beider Staaten bei. Zudem trug der Umsturz entscheidend dazu bei, die Grundlage für den Prozess zu legen, an dessen Ende 2011 die Abspaltung des Südsudan stand: Durch die Islamisierung vergrößerten sich die bereits bestehenden Gegensätze zwischen den nördlichen und den südlichen Landesteilen weiter. Die Regeln im Spiel um den Nil wurden damit nicht geändert, wohl aber, wie gespielt wurde.

Den neuen Machthabern fehlten die engen Beziehungen der sudanesischen politischen Elite zur Staatsführung in Kairo, Mubarak galt in Khartum jetzt in erster Linie als Vertreter der westlichen und antiislamischen Kräfte in der Region – und somit als Feind. Hasan at-Turabi verfügte über engere Bindungen an die Muslimbrüder in Ägypten, also zu jener Organisation, gegen die die ägyptische Staatsführung einen Kampf auf Leben und Tod ausfocht. Durch die offene Unterstützung der ägyptischen Opposition gegen Mubarak konnte Khartum nicht länger als Kairos enger Verbündeter auftreten, auch nicht in der Nilfrage. Die gesteigerten Gegensätze zwischen beiden Ländern wurden durch den ersten Irakkrieg verstärkt, in dem Mubarak die USA stützte, der Sudan jedoch Saddam Hussein. Die Beziehung zwischen den beiden Nachbarländern war nun so schlecht, dass es zu einem kurzen Grenzkrieg kam und regierungstreue Demonstranten in Khartum »Bombardiert den Assuandamm!« skandierten, während sie durch die Straßen der Stadt marschierten.

Osama bin Laden als Unternehmer am Nil

Etwa zehn Jahre bevor er zu einem der bekanntesten Männer der Weltgeschichte avancierte, wurde Osama bin Laden eingeladen, sich in Khartum niederzulassen. In Saudi-Arabien hatte er de facto unter Hausarrest gestanden, in der Stadt an den beiden Nilen aber war er als Investor willkommen. Die Einladung war eines der vielen Anzeichen für die zunehmende Unabhängigkeit des Sudan von Ägypten. Im Sudan knüpfte Osama bin Laden Verbindungen zu den aktivsten ägyptischen Islamisten, die von der Staatsführung als Todfeinde betrachtet wurden. 1992 erhielt bin Laden in Khartum Besuch von Aiman az-Zawahiri, einem ägyptischen Arzt. Eine schicksalhafte Begegnung, die zu einer Vereinigung von al-Qaida und dem Ägyptischen Islamischen Dschihad führte; Zawahiri wurde später bin Ladens Arzt und Berater in Afghanistan und übernahm nach dessen Tod die Leitung von al-Qaida.

Osama bin Laden war aus zwei Gründen in den Sudan gekommen: Erstens konnte er hier im Unterschied zu vielen anderen arabischen Ländern, die ihn nicht willkommen hießen, problemlos einreisen, und zweitens gefiel ihm die Politik des Landes. Besonders tat es ihm der religiöse Führer Hasan at-Turabi an, dieser Routinier der sudanesischen Politik, der seit den 1970er Jahren ständig zwischen politischen Spitzenpositionen und Gefängniszellen gewechselt hatte, was für die moderne Geschichte dieses Landes durchaus typisch war.

Anfang der 1990er Jahre war at-Turabi der faktische Machthaber im

Sudan. Um seinem Ziel näher zu kommen, einen rein islamistischen Staat zu formen, waren bin Ladens Geld und seine Kompetenz als Unternehmer hochwillkommen. Den Sudanesen war natürlich bekannt, dass bin Ladens Familie mehr oder weniger die gesamte saudi-arabische Infrastruktur aufgebaut hatte; auf einem Empfang kurz nach bin Ladens Ankunft im Sudan bezeichnete at-Turabi ihn als den »großen islamischen Investor«. Und tatsächlich war bin Laden nun einer der reichsten Männer im Sudan. Weder at-Turabi noch bin Laden – Letzterer hatte sich noch nicht entschieden, ob er Unternehmer oder Krieger werden wollte – konnten zu diesem Zeitpunkt ahnen, wie sehr bin Ladens Ankunft im Sudan das Land, das Niltal sowie die Weltgeschichte beeinflussen sollte.

Osama bin Laden eröffnete Büros in der Mak-Nimr-Straße und im Riyadhviertel und gründete verschiedene Firmen. Sein Bauunternehmen legte mehrere Straßen an, unter anderem die nach Port Sudan, doch in erster Linie interessierte er sich für Landwirtschaft. Da die Verwaltung seine Dienste nicht mit Geld bezahlen konnte, erhielt er Land und wurde somit schon bald zum größten Landbesitzer im Sudan. Öffentlich sagte bin Laden, er sei völlig einverstanden mit der bereits in den 1970er Jahren formulierten Zielsetzung: das Land könne und werde sich in die Kornkammer des Nahen Osten verwandeln.

Abgesehen von der Lektüre islamischer Denker und dem Studium der Zeitgeschichte, ging er auf den vier großen Farmen, die er am Nil betrieb, seinem einzigen Hobby nach, dem Reiten. Auch besuchte er Rennbahnen, fand aber keinen Gefallen an der Musik und der volksfestähnlichen Stimmung, weshalb er die Besuche alsbald einstellte. Mit seinen Söhnen unternahm er mitunter Picknickausflüge an den Nil und brachte ihnen auf den sandigen Uferstreifen das Autofahren bei. In seinem Haus in Khartum gab er täglich ab 17 Uhr Empfänge. Parallel zu seiner unternehmerischen Tätigkeit legte bin Laden den Grundstein zu dem, was später die gefürchtete Terrororganisation al-Qaida werden sollte: Mit der Hilfe bin Ladens konnte die Organisation auf der ganzen Welt Bankkonten einrichten, und die etwa 2000 Mann zählenden al-Qaida-Mitglieder waren offiziell in landwirtschaftlichen Betrieben und für Bauprojekte eingestellt.

Der Sudan bekam nach einer Weile wachsenden Druck zu spüren, bin Laden auszuliefern. Das Regime hatte zu Beginn der 1990er Jahre begonnen, die strikten islamistischen Regeln an die Bedürfnisse wirtschaftlichen Wachstums anzupassen und sie mit Blick auf seine außenpolitischen Bestrebungen neu zu justieren. Der Sudan suchte verzweifelt nach Investoren, insbesondere zur Entwicklung der Ölindustrie, und führte deshalb eine von der Weltbank empfohlene Wirtschafts- und Finanzpolitik ein. Zugleich versuchte das Land, seinen internationalen Ruf aufzupolieren, indem es einige überraschende Maßnahmen traf, die den Sudan als Gegner des Terrorismus erscheinen ließen. Dazu gehörte die plötzliche Auslieferung des »Schakals« an Frankreich im Jahr 1994. Der Terrorist Ilich Ramírez Sanchez stand weltweit ganz oben auf allen Fahndungslisten, seitdem er 1975 elf Vertreter der OPEC aus Wien entführt und nach Algier verschleppt hatte, um Lösegeld zu erpressen. Jahre später ließ er sich unter der Deckidentität eines französischen Waffenhändlers in Khartum nieder. Obwohl die ganze Welt nach ihm suchte, war er doch leicht zu finden: Gern nahm er sein Frühstück im Hotel Méridien ein und äußerte dabei wiederholt, dass den westlichen Geheimdiensten nicht immer zu trauen sei. Wie in einem Roman von Ken Follett wurde er dann aber an Frankreich ausgeliefert, nachdem man ihn in einem Krankenhaus, wo er auf eine Operation wartete, unter Drogen gesetzt hatte. Nach diesem Ereignis empfand auch Osama bin Laden seine Situation im Sudan als zunehmend unsicher.

Die USA übten Druck auf den Sudan aus und verlangten bin Ladens Ausweisung. Der Hauptgrund dafür, so die Amerikaner, war seine gegen Saudi-Arabien gerichtete Kampagne. Laut Gutbi Al-Mahdi, dem Chef der sudanesischen Geheimpolizei, hatte sein Land keine grundsätzlichen Einwände gegen eine Ausweisung bin Ladens. Aus praktischen Gründen jedoch zögerte die Regierung: Im Sudan war bin Laden unter Kontrolle. Sie wussten, wo er war und was er tat. Würde er ausgewiesen, könnte er sich ganz auf seine Rolle als radikaler Islamist konzentrieren.

Der Sudan trachtete danach, von der Liste der den Terrorismus unterstützenden Länder gestrichen zu werden, und bat die USA um eine Übersicht darüber, was es dafür tun musste. Die Amerikaner wollten Informationen über im Land befindliche radikale Islamisten und verlangten eine Ausweisung bin Ladens. Auch Saudi-Arabien wollte ihn unter seine Gewalt bringen, doch der Sudan wollte bin Laden nicht ausliefern, ohne garantiert zu bekommen, dass er weder Haft noch Gerichtsverfahren fürchten musste. Osama bin Laden empfand es, nach allem was er für das Land getan hatte, als ungerecht, ihn aus dem Sudan hinauswerfen zu wollen. Es kam zu Gesprächen mit al-Turabi, der bin Laden vor die Wahl stellte, sich entweder nicht mehr öffentlich zu äußern oder auszureisen. Der al-Qaida-Chef entschied sich zu gehen. Hasan at-Turabi soll daraufhin den sudanesischen Botschafter in Afghanistan gebeten haben, alles für die Ankunft bin Ladens vorzubereiten. Bin Ladens Besitztümer wurden im Großen und Ganzen vom sudanesischen Staat konfisziert.

Osama bin Laden verließ den Sudan am 18. Mai 1996, laut Angaben des ägyptischen Geheimdienstes gingen etwa 300 Kämpfer mit ihm nach Afghanistan, seine Frauen ließen sich in verschiedenen Ländern nieder. Sein Aufenthalt im Sudan war damit beendet, die Auswirkungen dieses Aufenthalts hingegen blieben weiterhin zu spüren: Das Verhältnis des Landes zu Ägypten war nachhaltig beschädigt, was die Fähigkeit der beiden Länder einschränkte, sich gemeinsam der Nilpolitik der stromaufwärts liegenden Staaten zu stellen.

Eine neue Stadt inmitten des längsten Kusses der Welt

Obwohl die USA versucht haben, den Sudan zu isolieren, ist Khartum unter der islamistischen Herrschaft ausgiebig modernisiert worden. Mitunter wird geäußert, Islamisten seien entweder nicht dazu in der Lage, ihre Gesellschaften zu entwickeln, oder ihre Gesellschaften würden sich durch westliche Technologie und moderne soziale Medien auch politisch und kulturell dem Westen anpassen. Doch diese Vorstellung von Technologie als eine Art Paketlösung nach dem Motto: Importiert man Bagger oder Jeans oder Fernsehgeräte aus den USA, wird man früher oder später auch den Wertekanon der USA übernehmen, hat sich als falsch erwiesen. Das islamistische Regime im Sudan hat das Land modernisiert, doch unter dem strengen Blick des Islam, Spitzenkräfte wurden an amerikanischen Universitäten in Informationstechnologie ausgebildet, sind aber weiterhin dem Regime treu ergeben.

In den 1980er Jahren war Khartum noch immer eine staubige Stadt mit einem winzigen Zentrum. Zum ersten Mal lebte ich 1983 für drei Monate dort, als ich Archivmaterial für eine Studie zu einem gigantischen Kanalprojekt im Südsudan sammelte, für das die Briten bereits in den 1890er Jahren Pläne ausgearbeitet hatten. Mir gefiel die Stadt von Anfang an – ihre Atmosphäre, die weitverbreitete Freundlichkeit und die Gespräche mit sudanesischen und europäischen Forschern an den Kaffeetischen während der Nachmittagsstunden im Schatten von Palmen. Einige Male gönnte ich mir ein kühles Bier auf der Terrasse des damaligen Gordon Hotels, das mit seiner Sandsteinfassade, dem Garten und den hohen Hallen an die Größe des Empire erinnerte. Der britische Einfluss war noch vielerorts spürbar, und das nicht nur bei der Gestaltung des Straßennetzes. Das vielleicht Beste für einen armen Studenten war natürlich, dass ich –

nach heutigem Wechselkurs berechnet – von weniger als einem Euro pro Tag leben konnte. Etwa 40 Prozent davon bezahlte ich für ein Hotelzimmer ohne abschließbare Tür, das ich mit einem Flüchtling aus Uganda teilte. Er war gemeinsam mit Idi Amin im Krieg gewesen und von einer Kugel ins Bein getroffen worden, daher konnte ich ihn an der Art, wie er das Bein über den groben Asphalt vor dem Zimmer hinter sich herzog, immer sofort identifizieren.

Alle Hotelbewohner teilten sich eine einzige Dusche, deren dünner Strahl kalten Wassers hinter einer Wand im Innenhof hervorrieselte. Der Trick bestand darin, rechtzeitig aufzustehen, und da ich nicht zu denen gehöre, die ein Aufstehen vor Sonnenaufgang für widernatürlich erachten, konnte ich immer den Gesang der unzähligen Vögel hören, die auf ihrem Weg nach Europa in den Gärten Khartums eine Pause einlegten. Und natürlich das Kamel, das laut prustend hinter der Mauer stand. Mein Frühstück nahm ich an einer Art Kiosk in der Nähe im Stehen ein. Jeden Tag kaufte ich ein Brötchen mit Ei (das der Besitzer stets mit dem gleichen subtilen Lächeln auf beiden Seiten briet) sowie eine Flasche Cola für umgerechnet wenige Cent. Zum Mittagessen trank ich roten Malventee mit viel Zucker, derweil ich auf dem Balkon des Archivgebäudes saß, auf den Palmengarten hinausblickte, die Vögel zwitschern hörte und mit einer Studentin aus den USA und einem Studenten aus den Niederlanden die Geschichte des Sudan erörterte. Der Tee hielt mich bis zum Abend über Wasser, bis es Zeit für ein neues Brötchen mit auf beiden Seiten gebratenem Ei war. Es ging mir hervorragend, und in ebenjener Zeit im Archiv, als ich täglich voller Spannung eine verstaubte Archivmappe nach der anderen öffnete und handgeschriebene Vermerke britischer Generale und Offiziere las, wurde mir klar, dass ich Forscher werden wollte und dass der Nil mich niemals loslassen würde.

Bereits frühere sudanesische Regierungen hatten eine Modernisierung Khartums in Angriff genommen, doch erst unter dem islamistischen Regime nahm diese Fahrt auf. Neue Stadtteile mit gut sortierten Supermärkten und riesigen Golfplätzen tauchten plötzlich auf. Muammar al-Gaddafi schenkte der Stadt ein neues Hotel, das im Jahr 2000 eingeweiht wurde und die Skyline an den Ufern des Blauen Nils beherrscht. Die islamistische Regierung setzte außerdem den Plan um, auch die Uferbereiche des Weißen Nils kurz vor dem Zusammenfluss mit dem Blauen Nil zu entwickeln. Dort entstand ein neuer Stadtteil, genannt die »Stadt, wo die Flüsse sich treffen«. Die Hauptstadt, die sich über Generationen geradezu vom Fluss abgewandt hatte, als ob sie nichts von der Natur wissen wollte, die ihre Grundlage geschaffen hatte, sollte genau dort, wo die beiden sagenumwobenen Flüsse zusammenfließen, eine neue Skyline erhalten. Es wird eine Weile dauern, aber Khartum hat entschiedene Schritte in Richtung einer modern wirkenden Flussstadt gemacht; »der längste Kuss der Geschichte« wird der Stadt ihre Seele geben.

Der Sudan rasselt mit dem Nilsäbel

Am Samstag, dem 1. Juli 1995, hielt der sudanesische Präsident Omar Hassan al-Bashir in Wadi Halfa eine Rede. Dort am Ostufer des Nubiasees, der den sudanesischen Teil des Nassersees bildet, erklärte er, das Land müsse auf einen ägyptischen Militärangriff vorbereitet sein, und forderte zur Mobilmachung auf, um den Sudan gegen eine ägyptische Verschwörung zum Sturz der Regierung zu verteidigen.

Die Kriegsrhetorik des Präsidenten gegen das Nachbarland im Norden folgte auf verschiedene Berichte in der ägyptischen Presse, wonach der Sudan in der Vorwoche versucht habe, Hosni Mubarak in Addis Abeba zu ermorden. Am 26. Juni 1995 war auf den damaligen ägyptischen Präsidenten während seines Staatsbesuchs in Äthiopien ein Attentat verübt worden. Er befand sich auf dem Weg vom Flughafen in das Zentrum von Addis Abeba, um an einer Konferenz der Organisation für afrikanische Einheit teilzunehmen und mit der äthiopischen Regierung über die Nilfrage zu diskutieren. Zwischen Flughafen und Stadtzentrum wurde die Wagenkolonne von bewaffneten Männern angegriffen. Sie schossen auf die Fahrzeuge, darunter auch auf Mubaraks Mercedes, dessen Panzerung die Kugeln jedoch abhalten konnte. Die Attentäter verwendeten Kalaschnikows; die Granatwerfer, die sie ebenfalls mitführten, sollen nicht funktioniert haben. Mubaraks Wagen wendete und fuhr zurück zum Flughafen. Eine kluge Entscheidung, wie sich alsbald zeigte, denn wären die Fahrzeuge weiter in die Innenstadt gefahren, hätte eine zweite Gruppe weiter entlang der Route einen erneuten Angriff ausgeführt.

Der Verdacht fiel schnell auf die sudanesische Regierung, der man eine Zusammenarbeit mit ägyptischen Islamisten vorwarf. Auf der Pressekonferenz, die Mubarak nach seiner Rückkehr am Kairoer Flughafen gab, wurde er nach einer möglichen Beteiligung von Nachbarländern gefragt. »Reden Sie vom Sudan?«, antwortete er. »Das ist absolut möglich.« Auch Äthiopien hielt eine Beteiligung des Sudan an dem Attentatsversuch für denkbar. Mubarak bezeichnete die Regierung in Khartum als Gangster und drohte damit, sie von der Erdoberfläche verschwinden zu lassen – sofern sie dies wünschten. Mubarak sprach ganz offen über einen Angriff auf das Nachbarland. Der sudanesische Außenminister reagierte und stritt ab, dass sein Land irgendetwas mit dem Angriff zu tun habe.

Auch der religiöse Führer des Sudan, Hasan al-Turabi, erklärte gegenüber Journalisten, die ägyptischen Anklagen entbehrten jeder Grundlage und dienten nur dazu, die Aufmerksamkeit von internen Problemen Ägyptens abzulenken. Doch er ging noch einen Schritt weiter und brachte in Erinnerung, dass man den Nil als Waffe nutzen konnte. Auf die Frage, wie der Sudan auf einen möglichen Angriff reagieren könnte, antwortete Turabi auf eine Weise, die an die britische Strategie zu Nilfragen erinnerte. Reuters gegenüber äußerte er:

> Wir möchten nationalistische Spannungen nicht verstärken ..., aber die ägyptische Gesellschaft ist völlig vom Sudan abhängig, ihre Wasservorräte kommen aus diesem Land. Sie verfügen über kein Grundwasser, und sollte der Sudan sich genötigt sehen, frühere Vereinbarungen im Hinblick auf das Wasser aufzukündigen, wird es für die ägyptische Gesellschaft tödlich.

Der religiöse Führer wusste um die Möglichkeit des Sudan, den Nil gegen den muslimischen Nachbarn im Norden einzusetzen. Allerding handelte es sich dabei primär um politische Rhetorik, die als Säbelrasseln in einer aufgeheizten Situation verstanden werden sollte. Inwiefern dies Wirkung zeigte, ist unsicher, jedenfalls stellte Ägypten die Kriegsrhetorik alsbald wieder ein.

Von Ende der 1950er bis in die 1970er Jahre hatte der Nil im Zentrum der Zusammenarbeit zwischen den unabhängig gewordenen Nachbarländern gestanden. Der Sudan und Ägypten gingen nicht nur eine Union ein, die allerdings nur wenige Jahre währte, sondern entwickelten gemeinsame Kanalisierungsprojekte im Sudan. Beginnend mit den 1990er Jahren und über das Jahr 2000 hinaus, geriet diese Allianz der am unteren Flusslauf gelegenen Staaten unter Druck, sowohl aus poltisch-ideologischen Gründen als auch aufgrund genereller Änderungen im etablierten Nilregime.

Die sudanesische Staatsführung war sich der politisch-strategischen Bedeutung des Nils sehr bewusst. Gleichzeitig begann Khartum – nicht zuletzt nachdem der Verkauf von im Südsudan gefördertem Erdöl Geld in die Staatskasse gespült hatte –, noch ehrgeizigere Pläne zu entwickeln, die auf den alten Traum abzielten, das Land in die Kornkammer des Nahen Ostens zu verwandeln. Während Restaurants und Bars, in denen man

Alkohol kaufen und tanzen konnte, geschlossen wurden, stellten die Behörden Untersuchungen darüber an, inwieweit der Nil gezähmt und somit das Land verändert werden konnten – ohne dabei allerdings zunächst die Ägypter zu fragen.

Die Politik des islamistischen Regimes in Khartum trug auf diese Weise im Laufe der 1990er Jahre zu einem Bruch zwischen dem Sudan und Ägypten bei, wodurch die strategische Position Kairos am gesamten Lauf des Nils geschwächt wurde. Wenn schon Ägyptens langjähriger Partner auf diese Weise agierte, müssten doch wohl auch die weiter flussaufwärts gelegenen Länder Ägypten gegenüber etwas eigenmächtiger auftreten können?

Allah sei Dank für den Damm (und den Haftbefehl sollen sie aufessen)

»Allah sei Dank, dass er uns geholfen hat, diesen Damm zu bauen. Der Staudamm ist ein Jahrhundertprojekt, … er ist der Stolz des Sudan, der Araber und der Welt, … ein großer Meilenstein unserer Entwicklung, und wir werden auch in Zukunft weitere ähnliche Projekte zum Wohle des sudanesischen Volkes bauen.«[92]

Am Dienstag, dem 3. März 2009, stand der sudanesische Präsident Omar Hassan al-Bashir etwa 40 Kilometer nordöstlich von Merowe und erklärte den Staudamm feierlich für eröffnet. Er unterstrich seine Worte, indem er mit seinem Stock herumfuchtelte, ein Stock, der schon vor Jahren zu seinem Markenzeichen geworden war. Die Eröffnung vollzog sich in einer für den islamischen Sudan ungewohnten Karnevalsatmosphäre – mit Konfetti und Musik. Chinesische Arbeiter hatten im Laufe weniger Jahre den von deutschen Ingenieuren entworfenen Merowedamm, auch Hamdab High Dam genannt, gebaut, die Volksrepublik China, arabische Investoren und die sudanesische Regierung hatten ihn finanziert. Der Damm, der als riesige Betonwand aus dem Wüstensand aufragt, hinterlässt nicht nur einen mächtigen Eindruck, sondern ist darüber hinaus zweifellos eines der deutlichsten Monumente für den Modernisierungswillen und die dazu erforderlichen Fähigkeiten der islamistischen Regierung. Der Damm ist der vorläufige Schlusspunkt eines Projekts, das die britische Kolonialmacht vor fast einem Jahrhundert begann, als mit dem Bau des Sennardamms quer über den Blauen Nil der Sudan als hydraulischer Staat erschaffen wurde.

Präsident al-Bashir nahm an diesem Märztag im Jahr 2009 gewichtige Worte in den Mund, die sich jedoch als zutreffend erwiesen. Der Damm hat für die Entwicklung des Sudan überaus große Bedeutung. Kein anderes Projekt in der modernen Geschichte des Landes kann sich in seiner Bedeutung für den gesellschaftlichen Fortschritt damit messen.

Der Präsident nutzte diesen Augenblick des Triumphs zugleich, um den Internationalen Strafgerichtshof in Den Haag (ICC) zu kritisieren. Er zog die Arbeit des ICC ins Lächerliche und brandmarkte ihn als politisches Werkzeug der Feinde Afrikas und des Sudan. Während er sein Land aufbaue, so erklärte er, fabrizierten die Ankläger in Den Haag Beweise, die zeigen sollten, dass er hinter dem sogenannten Völkermord in Darfur stehe. Der ICC sollte daher den Haftbefehl in Stücke reißen, oder besser noch: aufessen! Als er vor der Betonwand auf dem kleinen Podium stand, nutzte Bashir die Gelegenheit und kündigte an, die Strompreise für Privathaushalte, für die Industrie und für die Landwirtschaft um 20 bis 35 Prozent zu senken.

Der Merowedamm sollte einen radikalen Wendepunkt in der Energiesituation des Sudan darstellen und auf eine Zukunft weisen, in der weitaus mehr Teile des Landes künstlich bewässert werden konnten. Dies zeigt beispielhaft, dass die interne Entwicklung aller am Nil gelegenen Staaten auch eine internationale Dimension beinhaltet, weil das, was mit dem Fluss in einem Land geschieht, die Verwendung des Wassers in allen anderen Anrainerstaaten beeinflusst. In einer langen und geopolitischen Perspektive zeigt der Bau des Staudamms, dass der Sudan im Hinblick auf die Kontrolle des Nils zu einem immer stärker werdenden Konkurrenten Ägyptens heranwuchs. Langfristig wird dies Auswirkungen auf die Allianzen entlang des ganzen Wasserlaufs sowie auf die Stellung Ägyptens im Nahen Osten haben.

Nubien und die Kontrolle des Nils

Die Lage Nubiens war zu Beginn des 21. Jahrhunderts mehr als je zuvor dadurch definiert, dass der Nil die Region durchschneidet und die Regierung der festen Überzeugung war, wenn man den Fluss zu riesigen Seen aufstaute, könnte man mehr Einkünfte erwirtschaften als mit sämtlichen nubischen Goldminen.

Schicksal und Geschichte der Nubier veranschaulichen auf ungewohnt direkte Weise, wie die Zeit ein und derselben physischen Geografie eine

Der zweite Nilkatarakt von Südwesten aus gesehen. Foto von 1904.

gesellschaftliche Zweideutigkeit verleihen kann. Über Tausende von Jahren waren die nubischen Königreiche durch die zahlreichen Wasserfälle im Fluss geschützt, die es den ägyptischen Herrschern erschwerten, die Machtzentren der Nubier zu erobern. Dieselbe Flussökologie machte es vor etwa 800 Jahren wiederum der nubischen Kirche so gut wie unmöglich, regelmäßig Kontakt mit den Kirchenführern in Alexandria zu halten. Heute sind die Wasserfälle – oder Katarakte – Ursache dafür, dass die nubische Kultur mehr denn je zuvor unter kulturellen und politischen Druck geraten ist.

Kein anderes Volk am Nil ist stärker von den Veränderungen in der Ära der modernen Wasserwirtschaft betroffen als die Nubier. Im Laufe von zwei Generationen wurde Nubien durch menschengemachte Änderungen im Wasserlauf des Nils völlig verändert. In den 1960er Jahren wurden infolge der Entstehung des Nassersees am zweiten Katarakt zunächst Zehntausende Menschen zwangsumgesiedelt. Hunderte Dörfer verschwanden für immer unter Wasser. Dann wurde das Kerngebiet des alten, traditionellen Nubiens vor einigen Jahren von weiteren gigantischen Dammprojekten bedroht, eines davon nahe des Dorfes Kajbar am dritten Katarakt und ein anderes bei Dal.

Als bekannt wurde, dass die Regierung in Khartum ein Wasserkraftwerk plante, welches zu einer Umsiedlung von Tausenden Familien und der Zerstörung zahlloser archäologischer Stätten führen würde, erhob sich sowohl bei den Nubiern selbst als unter Archäologen auf der ganzen Welt ein Sturm der Entrüstung. Die sudanesische Führung stellte ihre Pläne erneut auf den Prüfstand, doch wie sich zeigte, hat sie nur eine Verschiebung bis nach der Fertigstellung des Meroweprojekts veranlasst.

Khartum ließ sich nicht in die Karten schauen. Die konkreten Pläne wurden indes bekannt, als Sinohydro, die weltweit größte Gesellschaft für Wasserkraft, am 28. Oktober 2010 verkündete, einen Vertrag über ein Volumen von 705 Millionen Dollar und eine fünfjährige Laufzeit zum Bau des Kajbardamms abgeschlossen zu haben. Ende Dezember 2010 kamen laut Presseberichterstattungen 59 Arbeiter der Gesellschaft aus China in den Sudan. Parallel dazu schalteten die Chinesen Stellenanzeigen für Arbeitskräfte aus Pakistan.

2011 fuhr ich selbst nach Kajbar. Sollte der Damm tatsächlich gebaut werden, wollte ich den nubischen Teil des Nils sehen, bevor er für alle Zeiten den Blicken der Menschen entzogen sein würde. Ich wollte auch die Ruinen der alten christlichen Festung besuchen, die an den einst strategisch bedeutsamen Wasserfällen liegt, genau an der Stelle, wo der Sockel des Dammprojekts geplant ist. Die zweite Staumauer, der Daldamm, soll zwischen 25 und 45 Meter hoch werden und 340 bis 450 Megawatt Strom erzeugen. Aufgrund der Größe des Stausees würden etwa 2,5 Milliarden Kubikmeter Wasser – drei Prozent der jährlichen Nilschwemme – verdunsten. Dem Anti-Dal-Kajbar-Komitee zufolge gibt es zwei Alternativen: das »tiefe Dal« und das »hohe Dal«. Im ersten Fall würden alle flussaufwärts von Dal gelegenen Orte, die tiefer als 201 Meter über dem Meeresspiegel liegen, im Wasser versinken. Bei Alternative zwei würde der künstliche See alles bedecken, was unterhalb von 219 Metern über dem Meeresspiegel liegt, darunter bekannte archäologische Stätten auf der Insel Sai sowie die ausgegrabenen Ruinen der Stadt Kerma.

Die Nubier, die ich getroffen habe, sind den Plänen mit Skepsis begegnet, alle wollen mehr Informationen von den Behörden. Der Nil mache das Leben in dieser Region aus, sagen sie. Der Stausee würde alles ändern und unter sich begraben. Viele Menschen haben gegen den Bau protestiert, sie bezeichnen die Pläne als »humanistische Katastrophe«. Manche haben bereits bewaffneten Widerstand gegen das Projekt angekündigt. In ihren Pamphleten heißt es, sie wollten sich nicht ein weiteres Mal für die Wasserinteressen eines arabischen Landes opfern. Die Pläne wurden nicht nur kritisiert, weil sie Nubien hart treffen würden, sondern auch weil sie als hydrologisch und hydropolitisch irrational gelten: Die gewaltige Verdunstung würde den Anteil des Nilwassers, der dem Sudan zugeteilt worden ist, großteils aufzehren, sodass kaum etwas für die Bewässerung der Felder übrig bliebe. Das gesamte Projekt solle daher, so Vertreter der nubischen Opposition, nicht einfach als Dammprojekt begriffen werden, sondern als das Hauptelement eines diabolischen Plans, mit dem die Regierungen im Sudan und Ägypten zwei Probleme lösen wollten: der ägyptischen Überbevölkerung Rechnung zu tragen sowie die totale Arabisierung Nubiens voranzutreiben.

Nubische Aktivisten haben die These vertreten, dass Khartum und Kairo einen heimlichen Krieg gegen Nubien und die nubische Kultur begonnen hätten; es gebe einen ausgefeilten Plan zur Vertreibung der Nubier aus ihrem alten angestammten Siedlungsgebiet. Die Strategie sei zweigleisig: Mithilfe des Dammprojekts am Nil wolle man die Nubier zwangsumsiedeln, und die Region werde weder wirtschaftlich, noch sozial oder kulturell weiterentwickelt. Die Armut bliebe künstlich aufrechterhalten, und mithilfe der Ägypter würde die nubische Kultur geschwächt, indem der Damm die in der Region lebenden Menschen von den Nubiern in Ägypten trennt. Nubische Vertreter haben behauptet, die Regierungen der beiden Länder wollten nubische Siedlungsgebiete an ausländische Gesellschaften verkaufen, die wiederum Pläne für neue große Bewässerungsprojekte vorantrieben. Die Gerüchte florieren: Angeblich soll es sogar eine geheime Absprache zwischen beiden Ländern geben, wonach Millionen von ägyptischen Bauern in das Nubische Dreieck zwischen Wadi Halfa, Dongolo und dem Uwainatgebirge umgesiedelt würden.

Gegner des Projekts sprechen davon, der Bau des Staudamms könne einen Bürgerkrieg auslösen, an dessen Ende keineswegs ein mit Ägypten vereinter, konsolidierter arabisch-islamischer Sudan stünde, sondern eine nubische Nation, welche die Millionen Nubier im südlichen Ägypten und im nördlichen Sudan in einem neuen nubischen Staat vereint.

Der Löwenanteil

Ein Nubier erzählte mir einmal ein Märchen, eine Art Gleichnis, damit ich verstehen sollte, wie er die Situation seines Volkes einschätzte:

An einem schönen Tag gingen der Löwe, die Hyäne und der Schakal zusammen auf Jagd. Die Hyäne, die schnell rennen kann, erlegte einen Hasen. Der Löwe packte sich eine Gazelle, die an einem Wasserloch trank. Der Schakal hat seine ganz eigene Art der Nahrungsbeschaffung. Mitten am Tag, als die Hitze kaum auszuhalten war, sah er ein Zebra, das im Schatten eines Baums ausruhte. Der Schakal verbarg sich hinter einem Felsüberhang und imitierte das Geräusch fließenden Wassers. Das Zebra folgte dem Geräusch, und da es durstig war und schnell zum Wasser gelangen wollte, passte es nicht auf, stürzte über die Kante und brach sich den Hals. Die drei Jäger verglichen ihre Beute. Der Löwe sagte zur Hyäne: »Ich vertraue dir, was die gerechte Verteilung der Beute zwischen uns betrifft. Vergiss nicht, dass ich größer bin als ihr und deshalb mehr Nahrung brauche.«

Die stets auf die Zufriedenheit anderer bedachte Hyäne erwiderte: »Ich glaube, es wäre am besten, Majestät, wenn Ihr das Zebra nähmet, ein großes, fettes Tier.« Da der Schakal das Zebra erlegt hatte, fand die Hyäne es klug, es an den Löwen abzutreten. Sie glaubte ebenfalls, der Löwe wäre damit einverstanden, weil er das größte Tier war und am meisten Nahrung brauchte. Da sagte sie: »Vielleicht darf ich ja als Belohnung für meine Dienste die Gazelle behalten.« Der Löwe aber brüllte: »Jetzt sollst du sterben, genau wie die Gazelle! Ich habe die Gazelle erlegt, und ich will sie fressen.« Und mit diesen Worten hob er die Pranke und schlug der Hyäne den Schädel ein, worauf sie tot umfiel. »Herr Schakal«, fuhr der Löwe mit ruhiger Stimme fort, als sei nichts geschehen. »Wollt Ihr zur gegenseitigen Zufriedenheit nun die Beute mit mir teilen?« Der Schakal antwortete: »Gewiss doch, Majestät. Darf ich vorschlagen, Ihr bekommt die Gazelle zum Mittagessen, das Zebra zum Abendessen und den Hasen zum Frühstück?« Überrascht, aber zufrieden fragte der Löwe: »Seit wann seid Ihr so klug, Herr Schakal?« – »Seit ich den Schädel der Hyäne bersten hörte«, erwiderte der Schakal, verschwand schnell im Busch und überließ die ganze Beute dem Löwen.

Der Erzähler zeigte mir ein paar Daten über die historischen Veränderungen der Nilschwemme, die er gesammelt hatte, und sagte: »Die Lehre für die Nubier lautet: Wenn du einem völlig skrupellosen Gegner gegenüberstehst, begrenze die Verluste.«

Die Kornkammer des Nahen Ostens und eine Zuckerfirma

Wie schon frühere Regierungen ist die sudanesische Führung der Ansicht, der Schlüssel für den Fortschritt des Landes liege in der Entwicklung der Landwirtschaft mithilfe von großen, mechanisierten Betrieben. Die Schätzungen gehen auseinander, doch offiziellen Angaben zufolge sollen fast zwei Millionen Hektar neuen Landes urbar gemacht werden. Einmal mehr hat die Regierung das Ziel des Sudan umrissen: Das Land *wird* zur Kornkammer des Nahen Ostens.

Die Länder in der Nachbarschaft rufen nach mehr Nahrung. Ägypten ist der weltweit größte Importeur von Weizen. Die wenig fruchtbaren arabischen Ölstaaten liegen ebenfalls nicht weit entfernt. Und Äthiopien ist noch immer das Land, das von allen am meisten Nahrungsmittelhilfe erhält. Doch wie schon unter dem ehemaligen sudanesischen Präsidenten Nimeiri geht es auch heute um Investitionen, politischen Willen und politische Einigung sowie administrative Effizienz, und die meisten werden sagen, dass in Bezug auf die landwirtschaftliche Produktivität in der Tat sehr wenig geschehen ist.

Nicht zuletzt aufgrund der seit 50 Jahren währenden Bürgerkriege in verschiedenen Regionen des Landes waren die sudanesischen Staatsfinanzen lange angeschlagen. Der Sudan verfügte nicht über die Wirtschaftskraft, um die Projekte zu realisieren. Zur Finanzierung der riesigen Infrastrukturmaßnahmen war der Staat daher auf Kredite angewiesen, die jedoch aufgrund seiner politischen Isolation sowie seiner mangelnden Fähigkeit, die Kredite zurückzuzahlen, nur schwer erhältlich waren. Die Weltbank hatte politische Richtlinien verabschiedet, nach denen keine Kredite für Staudämme am Nil vergeben werden, solange nicht alle Anrainerstaaten Einigkeit darüber erzielen. Als China schließlich die afrikanische Arena betrat, änderten sich die Spielregeln. China verlangte keine Einigkeit, und auch das Verhältnis zwischen Kredit, Investitionen und Projektdurchführung war anders als in der von westlichen Ländern angewandten Politik. Chinas pragmatischer Ansatz, der sich primär nach Pekings eigenen Interessen ausrichtete, forderte das etablierte Regime der Wasserzuteilung und -verwaltung heraus und stellte somit auch die Macht und die Möglichkeiten der Finanzierungsinstitutionen infrage, die Entwicklung auf dem afrikanischen Kontinent zu kontrollieren.

Wenngleich die sudanesischen Machthaber ihren Fokus zunehmend auf die Ölförderung richteten, hat das Regime die Bewässerungswirtschaft dennoch radikaler modernisiert als jede sudanesische Regierung zuvor. Der Roseiresdamm über dem Blauen Nil wird ausgebaut, das zur Bewässerung ausgewiesene Areal soll sich innerhalb von fünf Jahren um etwa 40 000 Hektar erweitern. Ein neuer Damm über dem Atbara würde das Areal innerhalb von fünf Jahren um noch einmal 20 000 Hektar erweitern.

Der Sudan hat zudem – und dies ist eine entscheidende Tatsache, wenn es um künftige Machtkämpfe in der Region geht – von Dammbauprojekten in Äthiopien profitiert. Sudanesische Bauern können heute in der trockenen Jahreszeit mehr Wasser entnehmen, weil der Tekezedamm über den Atbara in Äthiopien (der dort Tekeze genannt wird) die Unterschiede zwischen Nilschwemme und Trockenzeit ausgeglichen hat. Die Bauern können daher größere Areale urbar machen und mehrere Ernten im Jahr einfahren, ohne dass der sudanesische Staat dafür bedeutende Investitionen tätigen musste. Aus diesem Grund hat sich die politische Führung des Sudan auch positiv über die »Große Talsperre der äthiopischen Wiedergeburt« geäußert, Afrikas größten Staudamm, dessen Bau 2012 begonnen hat. Je erfolgreicher der Sudan seine Ambitionen umsetzen kann, desto lauter werden die Forderungen nach mehr Wasser ausfallen.

Fährt man von Khartum in Richtung Süden, durchquert man eine riesige, wüstenähnliche Tiefebene, kommt an dem in den 1930er Jahren von den Briten gebauten Jebel-Aulia-Damm am Weißen Nil vorbei und erreicht schließlich Kusti, ganz im Süden des Landes. Die Stadt liegt am Westufer des Nils. Nicht weit entfernt befindet sich die Kenana Sugar Company. Als Student habe ich die Anlage einmal besucht und wurde von der Geschäftsleitung herumgeführt und zum Mittagessen eingeladen, bei dem elf Sudanesen und ich mit den Fingern köstliches Geflügel mit Sauce und Reis aus einer großen Schüssel aßen.

Die Kenana Sugar Company war seinerzeit die weltgrößte Zuckerfabrik mit einer Anbaufläche von 3200 Hektar, und der Stimmung am Mittagstisch nach zu urteilen, waren die Angestellten stolz und glücklich, dort zu arbeiten. Die Firma ist nicht weniger als eine Landmarke in der weltweiten Geografie der Zuckerindustrie. Sie liegt 1200 Kilometer vom nächsten Hafen entfernt, etwa in der Mitte des damals größten afrikanischen Landes. Die Firma wurde auch als Beispiel für die Effektivität der Politik des damaligen Präsidenten Nimeiri vermarktet, und als sie öffnete, sagte er, Kenana sei ein Zeugnis für den »zukünftigen Wohlstand unseres Landes«. Nimeiri hatte das Projekt selbst initiiert und wurde dabei sowohl von arabischem Kapital wie vom britischen Investor Roland »Tiny« Rowland, den der damalige konservative britische Premierminister Edward Heath als »das unangenehme und inakzeptable Gesicht des Kapitalismus« bezeichnete, unterstützt. Für Sonne und fruchtbaren Boden hatte die Natur bereits an Ort und Stelle gesorgt; das Wasser aber musste von den Menschen herbeigeschafft werden. Und es kam den ganzen Weg aus dem Weißen Nil – bis zu 1,9 Millionen Liter Wasser pro Minute wurden aus dem Fluss gepumpt. Jeder Tropfen musste 29 Kilometer durch Kanäle und 300 Kilometer über kleinere Bewässerungskanäle bis zu den Feldern transportiert werden. Die Bauzeit der gesamten Anlage betrug 18 Monate.

Die Ernte des Zuckerrohrs verlangte eiserne Disziplin von allen Beteiligten. Mir wurde erzählt, dass in der 150 bis 160 Tage dauernden Erntesaison rund um die Uhr alle 90 Sekunden ein mit frisch geschnittenem Zuckerrohr beladener 20-Tonner an der Fabrik entladen werde. Außerdem musste die Aussaat für die neuen Pflanzen genau zur richtigen Zeit erfolgen, was ebenfalls genaue Planung erforderte.[93] Die Firma wurde schrittweise vom Sudan, Saudi-Arabien und Kuwait übernommen, und obwohl die Umsätze immer wieder schwankten, gehört sie immer noch zu den größten Produzenten im Sudan.

Als einer der Produktionsleiter mich am selben Abend nach Kusti hineinfuhr, nachdem ich eine Einführung in die landwirtschaftliche Produktion südlich der Sahara erhalten hatte, kurbelte ich das Fenster herunter und lehnte mich hinaus, um den warmen Wüstenwind zu spüren. Als ich mich umdrehte, sah ich hinter mir die Fabrik, die wie ein gigantisches, modernes Weltraummonster wirkte, ein Eindruck, der durch die Tatsache verstärkt wurde, dass sie in einer unendlich wirkenden Dunkelheit lag.

Am Tag danach suchte ich in Kusti den Rastplatz auf, auf dem alle Lastwagen standen, mit denen der Handel zwischen dem Norden und dem Süden des Landes abgewickelt wurde. Die Fahrer dösten mitten am Tag im Schatten der Fahrzeuge. Ich hatte noch nicht viele nach einer Mitfahrgelegenheit gefragt, als ein groß gewachsener und kräftiger Fahrer mir ein Angebot machte. Er war Araber, wie er sagte, doch so dunkelhäutig wie der schwärzeste Afrikaner, und verdeutlichte damit den Charakter des Arabisierungsprozesses in diesem Land, dessen Name immerhin »Land der Schwarzen« bedeutet. Für fünf sudanesische Pfund könne ich auf der Ladefläche mitfahren. Leider gab es keinen Platz im Führerhaus, weil dort bereits ein Handlanger säße sowie der Mechaniker, den er immer mitnahm, da es unterwegs keine Werkstätten gab.

Ohne zu zögern nahm ich das Angebot an.

DER SUMPF UND DER NEUE STAAT – SÜDSUDAN

Das Land der Entfernungen

»Es war weiter von Nagichot, dem östlichsten Provinzhauptquartier, nach Raga ganz im Westen als von London nach Moskau.«[94]

Als Sir James Wilson Robertson, einer der ranghöchsten britischen Beamten im Sudan zwischen 1945 und 1953 und später der letzte Kolonialgouverneur von Nigeria, seine Erinnerungen schrieb, reflektierte er unter anderem darüber, warum die Verwaltung der damaligen Provinz Südsudan so schwierig gewesen sei. Die *Entfernung* identifizierte er dabei als eines der wichtigsten politischen Probleme. Der heutige Südsudan ist ungefähr so groß wie Frankreich, während die Bevölkerung auf etwa zehn Millionen geschätzt wird (beim letzten Zensus von 2008 wurden 8,2 Millionen Einwohner gezählt, diese Zahl ist jedoch umstritten), was eine Bevölkerungsdichte von ungefähr 15 Personen pro Quadratkilometer ergibt. Die Regionen im Zentrum bestehen vor allem aus Flachland, und fast überall, wo man außerhalb der wenigen Gegenden unterwegs ist, in denen Menschen leben, erfährt man vor allem Weite und Stille. Die Zustände hier sind an vielen Orten noch immer so wie unter britischer Herrschaft – selten Autos, keine Züge und an Booten vor allem die Kanus, die fast geräuschlos über die Flüsse und die schmalen Kanäle gleiten. Für die meisten Menschen sind die eigenen Füße weiterhin das übliche und oftmals das einzige Fortbewegungsmittel.

Der tiefe Seufzer des britischen Kolonialbeamten über den Einfluss der Geografie auf die Politik ist zweifellos verständlich und weist auf eine charakteristische Eigenschaft dieses fast ganz und gar im Nilbecken gelegenen neuen Landes hin. Und es fällt leicht, Wilsons Frustration zu verstehen, denn alle, die den Südsudan bereisen, werden bemerken, wie das Fehlen von Infrastruktur und eine extrem dünne Besiedelung ein überwältigendes Gefühl von Weite und Isolation erzeugen.

Nachdem ich in Kusti eine Mitfahrgelegenheit mit einem Lastwagen organisiert hatte, verbrachte ich die nächsten Tage zusammen mit vielleicht 20 »Südlern«, wie sie damals im politischen Diskurs des Sudan genannt wurden, auf einer überfüllten, offenen Ladefläche. Kaum einer meiner Mitreisenden sprach Englisch, ich nur gebrochen Arabisch. Bei jedem Halt lud mich der Fahrer, als den einzigen Weißen in der Runde, zum Tee ein. Er wurde zu meinem freundlichen und wohlwollenden Reiseführer durch die Savanne und das endlose Flachland.

Die Fahrt ging weiter nach Süden, und während die Sonne im Zenit stand, fuhren wir durch eine Landschaft, die zeitweise einem Park ähnelte, fast pittoresk, ein Eindruck, der immer wieder durch die unendliche Weite infrage gestellt wurde. Wir kamen vorbei an Wasserstellen, wo sich Tiere nachmittags zum Trinken einfanden und die Kadaver toter Tiere lagen, gefangen und verzehrt von Löwen, wie mir gesagt wurde. Es konnten Stunden vergehen, in denen wir nicht eine einzige Lehmhütte erblickten. In der afrikanischen Savanne senkt sich die Dunkelheit rasch, und der Wind, der über die Ladefläche strich, kühlte im Handumdrehen ab und wurde sogar kalt. Die Sonnenscheibe versank schnell, in einer Explosion von Rot schien sie sich in die Erde zu fräsen. Dann kam die Dunkelheit. Der Himmel war plötzlich mit unvorstellbaren Mengen von Sternen übersät, als ob jemand auf einen Schalter gedrückt hätte. Die Dornbüsche am Straßenrand streiften uns, weswegen wir auf der offenen Ladefläche dichter zusammenrückten.

Als wir gerade über eine löchrige und holprige Straße krochen, hielt der Wagen an. Die Türen vorn wurden geöffnet, und ich sah die drei Männer, die dort ihren Platz hatten, herausspringen und unter den Wagen kriechen. Sie redeten gelassen miteinander. Es gab, wie ich begriff, ein Problem mit der Achse. War die gebrochen? Auf der Ladefläche wurden Mutmaßungen laut.

Wir sahen keinen Menschen, konnten aber in der Ferne Trommeln hören, dazu sang jemand, während in einer ansonsten in kompakte Dunkelheit gehüllten Landschaft ein Lagerfeuer auflöderte. Über uns schwebte eine auf dem Rücken liegende Mondsichel, wie es für diese Breitengrade typisch ist. Mithilfe von Mimik und Gestik fragte mich ein fast zwei Meter großer junger Mann aus dem Volk der Nuer, ob wir dort, wo ich herkam, denselben Mond hätten. Ein anderer kam zu mir und fragte mit leiser Stimme: »Kennst du meinen Helden?« Nein, ich hatte keine Ahnung, wer sein Held war. »Moshe Dayan«, flüsterte er, vielleicht, um nicht vom Fahrer gehört zu werden. Dann zeigte er mir, was er meinte, indem er sich die

Hand über die Kehle zog: »Kill Arabs!« Israels Rolle als heimlicher Waffenlieferant der Guerillatruppen im Süden während des ersten sudanesischen Bürgerkriegs, der 1972 geendet war, hatte offenbar politische Früchte getragen, dachte ich.

Im Licht einer Taschenlampe konnten der Fahrer und sein Mechaniker das Problem lösen – mit Stahldraht, wie es für mich aussah. Nachdem wir ein kurzes Stück gefahren waren, hielt der Fahrer auf einer ebenen Lichtung, wo schon andere Fahrzeuge standen. Uns wurde mitgeteilt: Das ist unser Halt für die Nacht. Wir würden hier schlafen, mit den Lastwagen als Schutz gegen wilde Tiere. Über dem Lagerfeuer wurde Wasser erhitzt, und nach einer kleinen Tasse heißen, süßen Tees suchte ich mir auf dem Boden einen Platz, schob meinen Arm durch meine Rucksackriemen und wartete auf den Morgen.

Der nächste Tag brachte dasselbe: holprige Straßen, kleine Gruppen von Hütten, hier und da große Rinderherden, Giraffen, die ihre langen Hälse streckten, um an Akazien zu grasen, etliche Elefanten, die in erhabener Verachtung eines schnöden Lastwagens die Straße überquerten, und Strauße, die mit dem Fahrzeug um die Wette rannten – und den klaren Sieg davontrugen. Einige Nuerinnen tauchten aus dem Nirgendwo auf, als wir zum Mittagessen anhielten, und boten mir ihre typischen Tonpfeifen zum Kauf an. Abends schimmerten gewaltige Armadas aus Leuchtkäfern in der Luft, und Frösche quakten in der Nähe; vermutlich waren es nur wenige, aber ihre ohrenbetäubende Vorführung machte es fast unmöglich zu hören, was der Nebenmann sagte. Am nächsten Tag war die Landschaft abermals fast dieselbe, nahm aber langsam eine stärkere grünliche Färbung an. Wir hatten die Provinz Äquatoria erreicht, und dort hatte es mehr geregnet. Gegen Mittag kamen wir in Juba an, damals die Hauptstadt der autonomen Südregion. Ich sprang von der Ladefläche, dankte dem Fahrer und den Mitreisenden für die Gesellschaft und setzte mich in ein Lokal: Ich wollte still sitzen und so viele Leute beobachten, wie nur möglich.

Ich kannte niemanden und war fast pleite. Ich stand auf und ging los, endlos lange, wie es mir schien, denn ich hatte einen schweren Rucksack, und ich hatte vergessen, Wasser zu kaufen. Ich wollte zum Rundfunksender von Juba und darum bitten, mir einige der Aufnahmen lokaler Musik zu überspielen, die sie in ihren Sendungen ausstrahlten. In Norwegen wollte ich damit dann ein anderes Bild des Südsudan zeigen als das übliche, das sich auf die Armut und die Rolle der Entwicklungshilfe konzentrierte. Ich hatte leere Tonbänder mitgebracht, und dank eines hilfsbereiten Technikers von Radio Juba konnte ich sie mit der Musik von Madi, Acholi und

Azande-Musikern füllen. Auf dem Rückweg suchte ich ein Café auf. Ein Mann setzte sich auf den Stuhl neben meinem, und offenbar bemerkte er meinen besorgten Blick, als auf der Straße etwas Schlangenähnliches auftauchte: »Schlangen haben ihre eigene Universität oder Hochschule«, sagte er. »Da lernen sie, die Menschen auszutricksen.« Ich nickte ihm zu, sah, dass er wirklich meinte, was er da gesagt hatte, und ging. Die Stadt wirkte auf mich eher wie ein großes Dorf als wie die zweitwichtigste Stadt des Landes. Ich verbrachte einige Tage in der Universitätsbibliothek von Juba, die bis zum letzten Bürgerkrieg eine prachtvolle, gut bestückte Institution unter der milden, aber festen Leitung einer englischen Bibliothekarin gewesen war. Ich fand die frühen Kolonialberichte, die ich in den Archiven in London und Khartum so lange vergeblich gesucht hatte.

Nun konnte ich in die sudanesische Hauptstadt zurückkehren – durch das ausgedehnte Sumpfgebiet des Südsudan. Man muss mit dem Schiff fahren, wenn man wirklich sehen und erfassen will, welch riesige Feuchtgebiete große Teile des Südsudan einnehmen. Ich hatte viele Beschreibungen von Reisen durch die Sümpfe gelesen, und alle schienen in einem Punkt übereinzustimmen: Die Landschaft sei sehr monoton. Tatsächlich erblickte ich Stunde um Stunde nichts außer Wasser, Himmel, Papyrus, ab und zu einen Vogel und noch seltener ein langsam und furchtlos durch das Wasser gleitendes Krokodil. Wir durchquerten eine weite Ebene mit zahllosen Sümpfen, Lagunen, Nebenflüssen und etlichen Seen. Der Fluss war stellenweise so schmal, dass die Papyruspflanzen den Schiffsrumpf streiften, als ob sie uns daran hindern wollten, tiefer in den Sumpf hineinzufahren oder ihn zu verlassen.

Einmal blieb das Boot stecken. Da es hier keine Telefone gab, in meilenweitem Umkreis keine Funkgeräte und keine Straßen, um uns in ohnehin nicht vorhandene zentrale Orte zu bringen, ertappte ich mich dabei, wie ich kurz an Geschichten aus dem 19. Jahrhundert dachte, über Leute, die von Pflanzenresten im Fluss festgehalten wurden und am Ende dem Kannibalismus verfielen. Aber das war in den alten Zeiten, als die Boote noch keine robusten Motoren hatten, wir dagegen konnten uns nach einigen Versuchen losreißen und in eine andere, besser zu passierende Route zurücksetzen. Einige Male sahen wir im Wasser losgerissene »Inseln« aus Papyrus. Die Pflanzen trieben dahin wie winzige grüne Schiffe, mehr vom Wind getrieben als von der Strömung, und sie machten es noch schwieriger für den Kapitän, den richtigen Weg nach Norden zu finden. In der Ferne sah ich vor einem dunstigen grauen Himmel den Rauch von Steppenbränden.

Feuer in der Ferne zeigten, dass es hier trotz allem Menschen gab. Nachts lag ich auf dem knapp sechs Quadratmeter großen Vordeck, da die Luft dort nicht ganz so unerträglich und stickig war wie in den überfüllten hellgrünen Kabinen, in denen sogar nachts mehr als 35 Grad Hitze herrschten. Ich war unter meinem Netz, das ich vor meinem Aufbruch nach Süden auf dem Markt von Khartum gekauft hatte, gut geschützt gegen die Schwärme von Malariamücken, und so lag ich dort vollkommen glücklich, erfüllt von einem seltsamen Gefühl von Harmonie, während ich zu den Sternen hochblickte.

Ein diktatorischer Fluss

Sowohl die Natur als auch die Gesellschaft im Südsudan sind eindeutig durch die Wasserlandschaft geformt worden. Eines der größten Sumpfgebiete der Welt wird geschaffen durch die jährliche Nilschwemme und die heftigen Niederschläge der Regenzeit. In seiner größten Ausdehnung bedeckt der Sumpf eine Fläche von 80 000 Quadratkilometern, in der Trockenzeit kann er sich aber auch stark verkleinern. Außerdem gibt es riesige Weideflächen, von der einheimischen Bevölkerung *Toic* oder »Mutter« genannt, die sich teilweise bis zu 300 Kilometer ausstrecken. Sie verdanken ihre Existenz den regelmäßigen Überschwemmungen und dem starken Niederschlag während der kurzen Regenzeit. Die periodische Überflutung hält Bäume vom Wachsen ab, dauert aber nicht lange genug, als dass Papyrus das Gras verdrängen würde. Diese ganz besondere Landschaft mit ihrem spezifischen Wasserhaushalt hat die Bedingungen geschaffen, auf der eine halbnomadische Viehwirtschaft entstehen konnte, die ihrerseits die Basis dafür geschaffen hat, wie die nilotischen Völker im Südsudan, Uganda, Kenia und Tansania ihre Gesellschaften organisiert haben.

In den nördlichen Teilen des Sumpfgebiets übersteigt der durchschnittliche jährliche Niederschlag niemals 400 Millimeter. Und dieser ganze Regen fällt innerhalb weniger Tage oder Wochen, oft in Form von gewaltigen Wolkenbrüchen. Während der Trockenzeit leben die Menschen am Flussufer, wo es Wasser gibt und das Gras weiterwächst. Wenn die Flut sich nähert und der Fluss anschwillt, müssen sie sich mit ihren Herden und ihren Habseligkeiten auf die Höhenzüge am Rand des Sumpfes zurückziehen, oft Hunderte von Kilometern vom Fluss entfernt. Wenn der Fluss sich dann zurückzieht, hat er gewaltige Weideflächen bewässert. Aktivitäten und Pulsschlag der Gesellschaft folgen dem stetigen Rhyth-

Ein Mann vom Volk der Nuer im Sudan oder Ägypten. Die Nuer waren wie die anderen Niloten ein halbnomadisches Volk von Viehzüchtern und entwickelten weder staatliche Strukturen, noch hatten sie Häuptlinge. Foto von 1934.

mus des Wassers auf seinem Weg durch die Landschaft in ungewöhnlicher, charakteristischer Weise.

Diese über Generationen eingeübte und doch erzwungene Mobilität, diese erbarmungslose Notwendigkeit, die Wohnstätte zu verlassen, wenn das Wasser kommt – und wenn es wieder verschwindet –, hat es den nilotischen Völkern erschwert, permanente Verwaltungszentren und Formen staatlicher Macht aufzubauen. Die vom Wasser geprägte Landschaft behinderte zudem die Kontakte zur Außenwelt. Der Sumpf machte es sehr schwer, wenn nicht unmöglich, Bahnlinien oder asphaltierte Straßen anzulegen. Und anders als auf vielen anderen Strömen, die als Hauptstraßen in das Innere eines Landes oder Erdteils beschrieben worden sind, konnte man auch auf dem Fluss selbst lange Zeit nicht reisen, weil er von Pflanzenresten blockiert wurde, die von der Strömung angeschwemmt wurden. Diese Barrieren bildeten stellenweise natürliche Brücken über den Fluss, so solide, dass Elefanten sie überqueren konnten. Die Araber nennen die ganze Gegend deshalb aus guten Gründen einfach *Sudd* – ihrem Wort für »Barriere«.[95]

Diese Sperren machten vor 2000 Jahren den Expeditionen des Römischen Reichs ein Ende, und es gibt unendlich viele Geschichten über Kaufleute, die im Fluss festsaßen, gefangen zwischen diesen von der Natur geformten Hindernissen. Die weitgehende Abriegelung der Gegend trug dazu bei, dass sie zu gewissen Zeiten in der Geschichte für Einflüsse durch abendländische oder islamische Zivilisation und für den Kontakt mit weiteren regionalen und globalen Märkten so gut wie unerreichbar war.

Warum hat die Bevölkerung an dieser vom Wasser dominierten Landschaft nichts verändert, die zwar die Basis für eine tragbare Viehwirtschaft bildete, aber zugleich andere Entwicklungsmöglichkeiten hemmte? Der Rest der Welt bändigte Flüsse, grub Kanäle und baute mit Wasserkraft betriebene Fabriken – warum haben sie nicht einfach die Herrschaft über die Sümpfe bildenden Flüsse an sich gerissen, wie es die Ägypter Jahrtausende zuvor getan hatten, indem sie Dämme bauten und Kanäle anlegten? Warum haben sie nicht versucht, die saisonalen Schwankungen des Flusspegels zu überwinden oder zu verringern, die sie zu ständigen Wanderungen gezwungen hatten? Die Antwort ist einfach: Das war nicht möglich. Die Landschaft war zu flach, um Dämme zu bauen, das Wasser wäre einfach darum herumgeflossen. Und es gab in meilenweitem Umkreis keine Felsen, deshalb hatten sie kein Bau- oder Ausbesserungsmaterial, ganz zu schweigen vom fehlenden Fundament, das solche Dämme gehalten hätte. Bis heute existiert keine Technologie, um die Nilnebenflüsse in dieser gewaltigen Ebene einzudämmen oder das Wasser in der Trockenzeit effektiv zu verteilen. Wenn Menschen hier leben und ihre halbnomadische Viehwirtschaft beibehalten wollten, blieb ihnen nichts anderes übrig, als sich dem natürlichen Flutrhythmus des Nils anzupassen, sie mussten sich seinen diktatorischen Launen unterwerfen.

Die nilotische Wasserwelt und ein Flusshäuptling

In nilotischen Geschichten über die Menschen und ihre Geschichte spielen Wasser und Flüsse eine wichtige Rolle, da sie die Grundlagen für die Wirtschaft der Region und ihre sozialen Institutionen bilden, während sie zugleich auch einen extremen Faktor von Unsicherheit darstellen. Schöpfungsmythen gründen sich auf der Tatsache, dass Niloten im Wald und am Fluss leben, und die Existenz des weiblichen Geschlechts ist untrennbar mit diesem Fluss verbunden, der, wie die Niloten später lernten, in der Außenwelt Nil genannt wurde:

> Anfangs waren Männer Wesen des Waldes, die Büffel jagten, während Frauen in den Viehlagern beim Fluss lebten, sich um die Rinder kümmerten, Durra anbauten und fischten. Frauen gingen zum Fluss und öffneten ihre Oberschenkel, sie drückten sich die Schaumwellen in die Vagina und gebaren ausschließlich Mädchen. Irgendwann kamen Männer aus dem Wald, und nun entwickelten sich die Institutionen von Ehe und Brautschatz.[96]

Der Mythologie der Dinka (der wichtigsten ethnischen nilotischen Gruppe) zufolge waren alle Menschen ursprünglich »im Fluss«.[97] Ein zentrales Narrativ sagt: »In den alten Zeiten spürte eine sehr alte Frau, nachdem sie im Fluss gebadet hatte, plötzlich, dass sie vom Flussgeist geschwängert worden war.«[98]

Es gibt viele Beispiele für Sagen und Mythen, die Frauen, den Fluss und lebensspendende Gottheiten miteinander in Verbindung bringen. Ein Mythos der Schilluk, ein anderes der hier lebenden Völker, erzählt von Okwa, dem Vater des heiligen Geistes, der von jedem König oder *Reth* verkörpert wird. Er habe sich mit Nyakae vermählt, der Mutter des Flusses, die niemals gestorben ist und niemals sterben wird.[99] Als die bevorzugten Wohnorte dieser mythischen Gestalt gelten die westlichen Bereiche des Sobatbeckens, gelegen an einem der Nebenflüsse des Nils, und

Teile des Beckens des Weißen Nils. Manchmal zeigt sich Nyakae den Menschen, aber nur in Gestalt eines Krokodils, und immer am Flussufer oder im Fluss. In seinem Artikel über die Religion der Nuer schreibt der berühmte Völkerkundler E. E. Evans-Pritchard über einen anderen, weiblichen Geist, der sich als Teil des Nilsystems erweist:

> Ein überaus interessanter Geist ist *Buk*. ... Dieser weibliche Geist, der im ganzen Nuerland bekannt ist, wird mit Flüssen und Bächen in Verbindung gebracht. ... Nuer opfern die ersten Ähren ihrer Hirseernte und bringen diesem Geist an Bächen Trinkopfer dar; in Zeiten von Krankheiten opfern sie am Ufer auch Tiere. Es kommt vor, dass sie Bier und Tabak und vielleicht eine gefesselte Ziege ins Wasser werfen, wenn sie ihre Herden über den Fluss setzen oder zu Fischzügen aufbrechen.[100]

Wenn die Dinka ihre Sommerweiden am Fluss aufsuchten, brachten sie ein Opfer dar, ehe sie das Wasser tranken oder benutzten. Dieses Ritual konnte von jedem Mann durchgeführt werden und wurde in kleinen Gruppen ausgeübt. Alle Anwesenden, auch die Kinder, standen am Flussufer, und der Leiter der Zeremonie, *Beny Wir* oder Flusshäuptling genannt, nahm ein Schaf oder eine Ziege und einen Schädel mit dem Fett einer heiligen Kuh. Die Erwachsenen banden dem Tier dann eines oder viele Schmuckstücke um den Hals, und alle hoben ihre Arme gen Himmel. Die kleinen Kinder wurden von Erwachsenen auf die Schulter genommen, und der Flusshäuptling ertränkte das Tier oder ließ es im Wasser verschwinden. Der Flusshäuptling befestigte das Tier normalerweise an einem bereits vorher gesicherten Anker. Danach warf er das Fett ins Wasser, und alle wateten bis zur Hüfte in den Fluss und tranken. Solange diese Zeremonie mit ihrer religiösen Bedeutung nicht ausgeführt worden war, war der Fluss tabu.

Ein Faden, der in alle Richtungen weist

Der Sudd im Südsudan ist etwas dermaßen Außergewöhnliches, dass auch die Ethnologen, die für ausgedehnte Feldforschung aus anderen Ländern herkommen, ein bisschen ungewöhnlich und verschroben sein müssen. In Shambe, wo das Schiff, auf dem ich unterwegs war, für einige Stunden anlegte, stieß ich auf so einen Forscher, einen Amerikaner mit buschigem roten Bart, der allein am Flussufer auf einem Stuhl saß.

Wir wechselten einige Worte über das Wetter und das Schiff, aber da es weder ein Telefon noch eine Postverbindung nach Hause gab, hatte er kaum Interesse an bloßen Plaudereien, er wollte lieber über seine Forschung sprechen. Das tat er dann auch, ausführlich und fast ohne Atem zu holen. Ich hatte ziemlich bald erfasst, worum es bei seinem Projekt ging. Über den vormodernen Menschen ist gesagt worden, er lebe in seiner Kultur wie ein Fisch im Wasser. Deshalb benötige er kein kulturelles Konzept. Dagegen gab uns die Ethnologie den modernen Begriff dieses Konzepts. Die Ethnologie argumentierte, Kultur entstehe nicht aus dem Nichts. Zwar seien Gene dabei von Bedeutung, die Natur trage etwas bei, aber die Kultur sei noch immer eine Erfindung, etwas Geschaffenes, etwas, das nicht auf einen einzelnen, außerhalb ihrer selbst gelegenen Faktor reduziert werden könne. Menschen sind vermutlich die einzigen biologischen Wesen, die nicht nur Biologie erben, sondern auch Kultur. Der Ethnologe aus den USA sagte jedoch, das Konzept von Kultur, wie es als Folge des konzeptuellen Triumphs seines Faches gemeinhin verwendet werde, sei auch problematisch: Es reduziere unsere Möglichkeit, menschliches Verhalten zu erklären, vor allem die Tatsache, dass Menschen aus den von ihnen erwarteten Handlungsmustern ausbrechen. Als Historiker, dem es um geografische Strukturen und um die Rolle des individuellen Akteurs bei der Ausformung von Entwicklungen geht, nickte ich, ich konnte dem Forscher da nur zustimmen.

Wenige ethnische Gruppen haben westliche Ethnologen so interessiert wie die nilotischen. Eine Serie von überaus bekannten und einflussreichen Untersuchungen über sie ist veröffentlicht worden – über ihre Religion, ihre Rituale, ihr Verwandtschaftssystem, ihre Wirtschaftsformen, über die Nuer und ihre Propheten, über die Schilluk und ihren festen Glauben an den »Bösen Blick« sowie über die Dinka und ihre Welt des Viehs, oder ihren »Viehkomplex«, wie es manche formuliert haben.[101] Doch im Unterschied zu anderen »exotischen« Kulturen sind die nilotischen niemals als die vermeintlich authentischere Alternative zu modernen westlichen Gesellschaften beschrieben worden, wie es zum Beispiel Margaret Mead mit den Südseeinsulanern gemacht hat, über deren angeblich freie Sexualität sie idealisierende Darstellungen verfasste. Ob die andere Perspektive auf die Niloten aus dem Klima der Region resultierte oder ob das an den Schwärmen von Malariamücken lag, der drückenden Armut oder daran, dass die tonangebenden Ethnologen von der britischen Verwaltung im Sudan angeheuert worden waren, ist unklar, jedenfalls galten sie nicht als Vorbild.

Nilotische Kulturen wurden stattdessen als fast idealtypische Verkörperung des abstrakten Konzepts einer staatslosen Gesellschaft beschrieben. Die größten Gruppen, die Dinka und die Nuer, griffen herkömmlicherweise zu einer politischen Organisation, die der Einfachheit halber »anarchisch« genannt wurde, weil es nicht einmal die Institution eines Häuptlings gab. Das Königreich der Schilluk mit seinem Sitz in der heiligen Stadt Faschoda am Weißen Nil war eine der wenigen Ausnahmen. Aber selbst ihr »göttliches Königtum«, mit dem *Reth* oder König an der Spitze, besaß keine Macht, die jener der staatlichen Institutionen in den meisten Gesellschaften gleichkam. Diese Könige verfügten über einen begrenzten Einfluss auf die Auswahl der Häuptlinge und durften sich nur in Konflikte einschalten, bei denen beide Seiten bereit waren, die Sache vor ihren Richterstuhl zu tragen. Interne Differenzen, komplizierte Konfliktverläufe bei Herkunft, Verwandtschaft und Sippen verhinderten, dass sich zentrale Institutionen und die Loyalität einem einzigen Staat gegenüber entwickelten. Das Fehlen eines Staates beziehungsweise einer zentralen Verwaltungsmacht bedeutet jedoch nicht, dass diese Gesellschaften egalitär oder ohne interne Hierarchien existiert hätten.

Die Tatsache, dass wir Kultur inzwischen als Kategorie betrachten, als ein ganzes Paket von Ideen, Glaubensvorstellungen und Traditionen, die menschliches Verhalten erklären können, so fuhr der amerikanische Ethnologe fort, wurde durch Untersuchungen erarbeitet, die sich vor allem auf ethnische Gruppen ohne Schrifttradition und damit ohne geschriebene Geschichte konzentrierten. Die Individualität, die sich in Texten ausdrückt, hat deshalb nicht der Tendenz entgegengewirkt, Kultur und kulturelle Codes und Systeme als unveränderlicher und einheitlicher darzustellen, als sie sind. – Und die auf diese Weise interpretierte Kultur, warf ich ein, ist zu einem Konzept geworden, das sich wie ein roter Faden durch die öffentliche Diskussion zu einer Vielzahl von Themen zieht. Oftmals umfasst sie alles und damit nichts. Kultur erklärt, was jemand denkt und was jemand tut, wie eine Gesellschaft organisiert ist, welche Rituale überleben und ob man gern Fußball spielt oder nicht. Es ist jedoch problematisch, wenn das Konzept angewandt wird, als sei es bereits eine bewiesene Wirklichkeit oder Tatsache, wenn der Eindruck erweckt wird, dass es allgemeingültige und damit bis zu einem gewissen Punkt unveränderliche und festgelegte Werte und Traditionen gibt, die an sich bereits als Erklärung dafür ausreichen, warum jemand sich auf eine bestimmte Weise verhält.

Der Ethnologe aus den USA und ich – beide unfähige Außenseiter durch und durch, die sich in einer Region aufhielten, die zu den am wenigsten entwickelten der Welt zählt – waren uns in wichtigen Punkten überraschend schnell einig: Einerseits, so hat uns Evans-Pritchards Buch über die Nuer gelehrt, lassen sich die Bedeutung von vorherrschenden Gedanken- und Ideenmustern über menschliches Verhalten kaum überschätzen. Andererseits zeigen alle Erfahrungen und Forschungen der Historiker, dass Individuen und Gruppen sich immer wieder von ihrem vermeintlich kulturell vorgeschriebenen Verhalten lösen. Wäre dem nicht so, gäbe es keine historische Entwicklung. Deshalb ist es analytisch gesehen sinnvoller, von unterschiedlichen Arten verhaltenssteuernder Werte zu sprechen statt von Kulturen, von Werten, die durch Nachdenken über gesellschaftliche Erfahrung bestärkt oder herausgefordert werden. Das macht es leichter, stereotype Beschreibungen von Völkern oder ethnischen Gruppen aufgrund von Vorstellungen über deren »Kultur« zu vermeiden und der zwanghaften Kraft eines fast deterministischen Kulturkonzepts zu entgehen. Stattdessen sollte analysiert und untersucht werden, wie konkrete Handlungen in welchem Ausmaß vollzogen und in welchem Zusammenhang sie wiederholt werden.

Die Vorstellungen, die zu Kolonialzeiten und später von Ethnologen dokumentiert wurden, haben später ihrerseits die Vorstellungswelt und das Gesellschaftsleben der Niloten beeinflusst. Sie wurden zu einem noch stärkeren Teil ihrer verhaltenssteuernden Werte. Die Ethnologie hat den Konservatismus eines Lebensstils, der im Grunde eine Art Symbiose mit dem Vieh darstellt – weshalb vom »Viehkomplex« der Niloten die Rede war – erklärt und legitimiert. Aber dieser interessante Fokus hat einen anderen nicht-kulturellen Faktor marginalisiert, nämlich die Hydrologie des Nils. Die grundlegende Symbiose also, die erklären kann, wie die halbnomadische Viehwirtschaft in ihrer Beziehung zur regionalen, vom Wasser geprägten Landschaft bestand. Die nilotischen Gesellschaften und ihre Vorstellungswelten lassen sich daher nur durch radikale Umwälzungen in der Hydrologie des Nils verändern. Nicht die »Kultur« oder der »Viehkomplex« sind hier der primäre unveränderliche Faktor, das wichtigste Hindernis, das einzelne Menschen nicht bezwingen können: Was unverändert bleibt, ist der *Ort*. Die Eigenschaften dieser Realität erheischen besondere und wiederholte Handlungsverläufe, wenn die Veränderung gelingen und die eingeführte Ordnung erhalten bleiben sollen.

Nun ertönte das Signal zur Weiterfahrt, und da ich nicht die Absicht hatte zu bleiben, eilte ich an Bord. Ich winkte dem Ethnologen aus den USA zu, der dort am Flussufer auf seinem Stuhl saß und der meines Wissens seine Dissertation niemals vollendet hat.

Arabische Invasoren aus dem Norden

Dann kam die Regierung. Zuerst kam sie durch die Ägypter. Sie kamen zusammen mit einem Türken genannten Volk. Als sie kamen, stritten sie sich gleich mit uns. Unsere Vorfahren bekämpften sie mit Speeren. ... Dann kamen die Leute des Mahdi. Sie fingen uns ebenfalls ein und machten uns zu Sklaven.[102]

Was passierte, als die Araber um die Mitte des 19. Jahrhunderts den Nil für den Schiffsverkehr öffneten? Die oben wiedergegebene Darstellung stammt von Stephan Thongkol Anyijong, einem Häuptling, der zwar von den Briten ernannt worden war, dessen Sicht der Dinge jedoch die meisten Leute im Süden teilten. Die Geschichtsforschung hat den gewalttätigen Verlauf der Invasion im Wesentlichen bestätigt.

Wenn man zu Schiff den fast friedlichen, stillen Nil im zentralen Südsudan bereist, ob nun auf dem großen, seichten Nosee oder auf den schmalen, kurvenreichen Flussstrecken mit Papyrus auf beiden Seiten, wo es nichts anderes zu sehen gibt als eben Papyrus, Flachland und Himmel, kann man sich leicht das Entsetzen vorstellen, mit dem die Menschen hier reagiert haben müssen, als um die Mitte des 19. Jahrhunderts ausländische Eindringlinge mit modernen Waffen und moderner Organisation in ihre isolierte Welt einbrachen.

Nachdem Muhammad Alis Soldaten die Grenze zum Sudan überschritten und ihre Macht im Norden des Landes gefestigt hatten, wurde die Expansion weiter den Weißen Nil hinauf fortgesetzt. Als sein Nachfolger in den 1840er Jahren den zuvor unpassierbaren Fluss von Papyrus und Pflanzenresten gesäubert hatte, konnten Boote plötzlich sogar die abgelegensten Dörfer des Südsudan erreichen. Alsbald machten die Invasoren Jagd auf Sklaven und verkauften sie nach Ägypten und auf die arabische Halbinsel. Die osmanisch-ägyptische Herrschaft, die sich im 19. Jahrhundert bis zu den Nilseen im heutigen Uganda erstreckte, war ein Beispiel für die Art von Imperialismus, die eher raubt als aufbaut. Wenn das Britische Empire in Asien, wie George Orwell schrieb, »Despotismus mit Diebstahl als Endziel« war, dann handelte es sich hier um Tyrannei mit Sklaverei als Primärziel. Wie viel Verständnis man vielleicht auch immer für die ersten osmanisch-ägyptischen Verwaltungsbeamten aufzubringen vermag, die damals versuchten, für ihre Regierung Außenposten aufzubauen, so ist trotzdem festzustellen: Ihre Verwaltungszentren und Armeeeinheiten trugen dazu bei, den Fluss für den Handel zu öffnen, für arabische und europäische Händler, für muslimische Expansion und christliche Mission, doch für die einheimische Bevölkerung war die wichtigste und unmittelbarste Folge, dass es einfacher wurde, Jagd auf sie sowie auf Gold und Elfenbein zu machen.

Die Form, in der sich diese Expansion vollzog, sollte die Beziehung zwischen dem überwiegend arabischen Nordsudan und dem vornehmlich afrikanischen Südsudan bis in die Gegenwart entscheidend prägen. Aufgrund der Ausmaße und der Abgeschiedenheit dieser Region hatte Kairo Probleme, den gesamten Südsudan zu erobern. Die osmanisch-ägyptischen Invasoren beschränkten sich daher darauf, vereinzelte Vorposten entlang des Flussufers zu errichten, die besonders anfangs vor allem als Ausgangspunkte für Beutezüge gegen die einheimische Bevölkerung dienten. Dagegen erwiesen sie sich zu Beginn als nicht in der Lage, irgendetwas aufzubauen, das staatlichen Verwaltungsstrukturen ähnelte.

Und doch ist das politisch überzeugende Stereotyp des »arabischen Sklavenhändlers«, der seine afrikanischen Opfer jagt, in Ketten legt und sie dann nach Norden bringt, zu einseitig. Einige ethnische Gruppen wurden durch diese Aktivitäten dezimiert, und natürlich hatten sie eine verheerende Wirkung auf die Völker, die ihnen zum Opfer fielen. Aber Sklaverei war auch vor Ankunft der Araber in der Region bekannt. Lokale Herrscher, wie die Azandekönige, hielten zu unterschiedlichen Zwecken Sklaven und verteilten Konkubinen, um sich die Loyalität ihrer Gefolgsleute zu sichern.[103] Nach und nach wuchs in Europa eine Anti-Sklaverei-Bewegung. Europäische Politiker wandten sich nun gegen den arabischen Sklavenhandel in Ostafrika und am Nil. Charles Gordon und Samuel Baker sowie der Italiener Romolo Gessi, die alle für die sudanesischen Verwaltungen des osmanischen-ägyptischen Reichs arbeiteten, versuchten, dem Sklavenhandel im Süden ein Ende zu setzen, und konnten die Lage dank der Unterstützung der zentralen Behörden ein wenig verbessern. Angeblich jedoch war der Sklavenhandel um 1880 noch immer der Hauptgeschäftszweig im Nordsudan.

Zur Zeit des Mahdi kam es zur Wiederbelebung des Sklavenhandels. Die Handlungen der islamistischen Regierung in Bezug auf Sklaverei wurden zum Teil einer blutigen Geschichte, die tiefe Spuren in der südsudanesischen Interpretation der Vergangenheit hinterlassen hat. Welche Rolle sie bei der Ermutigung der islamistischen Revolte auch immer spielte (einige Forscher, wie P. M. Holt, vertreten die Ansicht, dass die Unterdrückung des Sklavenhandels durch die Regierung der Hauptgrund für den Erfolg des Mahdi gewesen sei, während andere, wie Kim Searcy, meinen, dass der Aufstand aus dem Widerstand gegen die Kopfsteuer erwuchs), ein südsudanesischer Anführer, Häuptling Makuei Bilkuei, sah die Regierung des Mahdi als Synonym für Sklavenjagden:

> Die Zerstörung kam mit dem Mahdi. Mahdi war der Mann, der Zerstörung brachte ... es war Mahdi, der die Menschen zerstörte. Seine Ansar genannten Leute waren die Leute, die Zerstörung brachten. Das wurde das Verderben der Welt genannt ... Die Ansar waren die Leute, die das Land auf den Kopf gestellt haben, zusammen mit dem Madhi und den Ägyptern. Wenn ihr die wirkliche Wahrheit wissen wollt, sie waren die Leute, die uns zerstört haben. Sie sagten: »La Illah, ila allah, Mohammed Rasul allah.« Das sangen sie, während sie metzelten und metzelten und metzelten. Das waren die Leute, die das Land zerstört haben.[104]

Geschichtswissenschaftliche Forschungen haben diesen Standpunkt ein wenig abgeschwächt, aber dennoch lässt es sich nicht leugnen, dass Häuptling Bilkuei eine grundlegende Erfahrung zusammenfasste und zuspitzte, die die Menschen in den südlichen Teilen des Sudan mit der neuen, religiös basierten Regierung in Khartum machen mussten.

Europäische Abenteurer in den Sümpfen

Nachdem der Fluss südlich des 12. Breitengrades schiffbar geworden war, boten sich europäischen Entdeckern und Händlern neue Möglichkeiten. Und es fanden sich während des 19. Jahrhunderts immer mehr davon. In Europa herrschte eine rasch wachsende Nachfrage nach Elfenbein – für Klaviertasten, Billardkugeln, Messergriffe und Ziergegenstände. J. P. d'Arnaud, einer der Ersten, die den Nil im Südsudan beschrieben, dokumentierte eine Ladung von 900 Stoßzähnen, die im März 1842 von einer osmanisch-ägyptischen Regierungsexpedition unter der Leitung von Selim Qapudan nach Khartum geschafft wurde.[105] Europäische Abenteurer wollten an diesem einträglichen Handel teilhaben. Sie waren eher Geschäftsleute als Entdecker in geografischer Mission. Edward Evans-Pritchard zufolge waren alle Beobachtungen und ethnografischen Interessen der ersten Entdecker reine »Zufallsprodukte und in jedem Fall nur schwer damit zu vereinbaren, dass sie die Einheimischen ausplünderten, wann immer ihnen das ungefährdet möglich war«.[106]

Evans-Pritchard, der selbst von der britischen Kolonialverwaltung als

Berater eingestellt worden war, um den Umgang des Empire mit seinen afrikanischen Untertanen effektiver zu gestalten, übte gnadenlose Kritik: »Nur wenige der frühen Reisenden scheinen begriffen zu haben, welchen Eindruck ihre Übergriffe auf die Einheimischen machten, und es war ihnen offenbar egal, welchen Eindruck sie hinterließen.« Im selben Essay ritt er eine scharfe Attacke gegen mehrere prominente europäische Entdecker. Über Ferdinand Werne, der seinen Bericht *Expedition zur Entdeckung der Quellen des Weißen Nil (1840–1841)*, 1848 publiziert hatte, schrieb er:

> Er war ein eitler und rachsüchtiger Mensch, der die Franzosen zutiefst hasste; und man muss sagen, dass er nur ein sehr oberflächliches Verständnis dafür hatte, was er bei den einheimischen Völkern sah, mit denen er in Kontakt kam …, und noch weniger davon, was ihm erzählt wurde.

Ein anderer berühmter Entdecker, der walisische Ingenieur John Petherick, der 1861 sein Buch *Egypt, the Soudan and Central Africa* veröffentlicht hatte, galt Evans-Pritchard als »eine nicht gerade zuverlässige Quelle und keine schätzenswerte Person«. Auch den größten Teil der Forschungen des französischen Entdeckers Antoine Brun-Rollet bewertete er als »Quatsch«. Über das Buch *Ten Years in Equatorial Afrika* 1891 des italienischen Entdeckers Gaetano Casati urteilte er, wenn der Text korrekt übersetzt worden sei, »sind die Beschreibungen nicht nur Unsinn, sondern offenbar pure Erfindung«.[107]

Eine Entdeckerin, die Evans-Pritchard nicht erwähnte, war Alexandrine Tinné, eine Frau unter diesen vielen Männern. Während die britische Satirezeitschrift *Punch* ihr den höhnischen Ratschlag gab, eine Frau gehöre an den Herd, wurde sie von David Livingstone überaus geschätzt. Der schottische Missionar und Afrikaforscher erklärte, er bringe niemandem größeren Respekt entgegen: Sie sei auf dem Nil weiter flussauf gelangt als Cäsars Centurionen.[108] Tinné gehörte zu den reichsten Erbinnen der Niederlande. Sie verlor ihre Mutter und ihre Tante, während sie nach der Nilquelle suchte, gab aber nicht auf. Als Livingstone sie so lobte, wusste er noch nicht, dass sie von einer Gruppe von Tuareg niedergemetzelt worden war. Das war passiert, als sie versuchte, die Nilquellen auf einer anderen Route als durch die Sümpfe zu erreichen – nämlich mitten durch die Sahara. John G. Millais erwähnt sie in seinem Buch *Far away up the Nile*:

Madame Alexandrine, die sagenumwobene niederländische Frau, die Mitte des 19. Jahrhunderts auf der Suche nach den Quellen des Nils ihre Mutter und Tante verlor, wurde selbst von Tuareg ermordet, als sie alleine versuchte, die Wüste im Westen zu durchqueren. Grafik von Wilhelm Gentz in der *Gartenlaube*.

> Frau Tinné ist eine romantische Gestalt unter den Nilentdeckern. Sie war schön, eine kühne Reiterin, eine gute Sprachwissenschaftlerin, aber zu gutmütig und vertrauensvoll, um sich unter die barbarischen Räuber der Wüste zu wagen, die nur eins anerkennen – die Macht von Schwert und Gewehr.[109]

Auch der Ägyptologe und Philologe E. A. Wallis Budge bewunderte sie:

> Von Fürst Halim erhielt sie ein Dampfboot, und im Mai machte sie sich an die Reise den Weißen Nil hoch. Sie wurde von allen freundlich aufgenommen, nur nicht von den Sklavenhändlern, die sie fürchteten und hassten, die sie aber einluden, sie auf die Sklavenjagd zu begleiten. Die Kunde von ihrem Reichtum, ihrer Jugend und ihrer Schönheit wurde von den Karawanen überall in Afrika verbreitet, und die Einheimischen nannten sie die Tochter des Sultans von Konstantinopel. Der berüchtigte Sklavenhändler Muhammad Kher machte ihr sogar einen Heiratsantrag und wollte sie zur Königin des Sudan machen.[110]

Die Schiffbarmachung des Nils bot auch christlichen Missionaren neue Möglichkeiten. Österreichische Missionare hatten bereits 1851 in Gondokoro im Süden, nicht weit entfernt vom heutigen Juba, einen Stützpunkt errichtet. 15 oder 20 dorthin entsandte Missionare starben schon nach wenigen Jahren, vor allem an tropischen Krankheiten, und während der ersten Jahrzehnte kam es nicht zu Bekehrungen.

Erst lange nach dem Tod dieser Pioniere sollten andere christliche Missionare die Früchte dessen ernten, was ihre Vorgänger gesät hatten; sie hatten geholfen, das Nilbecken im oberen Nilbereich der Christianisierung zu öffnen.

Europa am Rande eines Krieges im Süden des Sudan

»Long live Fashoda!« »Vive le Fashoda!« Ende der 1890er Jahre sah sich die Stadt Faschoda im südlichen Sudan unverhofft im Zentrum der Weltpolitik. Den Schlagzeilen englischer und französischer Zeitschriften nach zu urteilen, stand Europa am Rande einer Schlacht um den heiligen Ort der Schilluk am Ufer des Weißen Nils. Der Union Jack und die französische Trikolore befanden sich mitten in Afrika auf Konfrontationskurs. In den Straßen von Paris demonstrierten die Menschen für eine aktivere französische Politik gegen die ihrer Ansicht nach britische Arroganz am Nil; im viktorianischen London wurde die französische Expansion in Richtung Nil aufs Schärfste verurteilt.

Das Schiff, mit dem ich fast 100 Jahre später fuhr, legte nicht in Kodok an, wie Faschoda heute heißt, sondern ankerte im Fluss. Die Versorgungsgüter wurden von Angehörigen der Schilluk auf kleinen Booten herausgerudert; auf dem Weg zurück ans Ufer nahmen sie die an ihren Zielort gelangten Passagiere mit. Kodok ist das heilige Zentrum der Schilluk, wo seit Jahrhunderten königliche Riten und Zeremonien abgehalten werden. Es ist der Ort, an dem *Juok* sich zeigt, der Gott der Schillok, der allgegenwärtig und eng mit dem Flussgeist oder Flussgott verknüpft ist und der Nyikang erschaffen hat, den legendären Begründer des Königreichs der Schilluk. Auch der Geist von Nyikang selbst erscheint hier, sodass er gemeinsam mit jedem neuen König meditieren kann. Als ich einen Blick auf das bescheidene Städtchen am Westufer des Flusses werfe, kommt es mir unglaublich, ja fast surreal vor, dass Europa wegen dieses Nestes im Jahr 1898 am Rand eines Krieges gestanden haben soll; dass die britische Regierung an einem schönen Herbsttag, während Europa den Atem anhielt, ein Kanonenboot schickte, um die ägyptische Flagge unter dem Klang von Fanfarenstößen in Faschoda zu hissen.

Was also passierte hier kurz vor Anbruch des 20. Jahrhunderts?

Die Faschodakrise am sogenannten »Oberen Nil« und die Teilung Afrikas gehören zu den meistuntersuchten Fragen in der Geschichte des europäischen Kolonialismus. Die lange Zeit dominierenden Interpretationen dieser Krise sind Paradebeispiele dafür, wie zwei konkurrierende Weltanschauungen den Wettlauf der Mächte in Afrika zu erklären versuchten. Die marxistische Schule versuchte aufzuzeigen, dass Kolonialismus und Imperialismus das zwangsläufige Ergebnis des Kampfes um Macht und Profit zwischen den europäischen Staaten seien. Die liberale Schule hingegen vertrat die Ansicht, Imperialismus und Kolonialismus seien keinesfalls zwangsläufig entstanden, sondern zufällig oder gar »irrtümlich«. Ihre Vertreter verwiesen dazu auf die Tatsache, dass London kein imperiales Interesse zur Kontrolle dieser weit entfernten afrikanischen Regionen an den Tag gelegt habe. Dummerweise kann keines dieser Denkmodelle letztlich erklären, was sich 1898 hier zugetragen hat, als europäische Zeitungen davon berichteten, dass Frankreich und Großbritannien den Kampf um die Vorherrschaft am Nil möglicherweise bald militärisch ausfechten würden.

Als eine französische Expedition von Abenteurern unter der Führung von Brigadier Jean-Baptiste Marchand im südlichen Sudan eintraf, deutete die britischen Presse dies als ernste Herausforderung der britischen Kontrolle über das Nilbecken durch Paris. Vorsichtig ausgedrückt, hätte dies zu einem ernsten Konflikt führen können, da die Region zu dem Teil Afrikas gehörte, den die anderen europäischen Staaten schon seit 1890 als britisches »Interessensgebiet« anerkannt hatten. Abgesehen davon erzürnte es die britischen Imperialisten, dass London von den Franzosen ausgerechnet im südlichen Sudan herausgefordert wurde: Erst wenige Tage zuvor hatten ägyptisch-britische Truppen unter Herbert H. Kitchener in der »Schlacht von Omdurman« die Armee der Mahdisten im Norden des Landes vernichtend geschlagen.

Die Briten reagierten resolut mit überlegener militärischer Kraft und diplomatischer Rückendeckung. Um zu verhindern, dass sich die Franzosen am oberen Nil festsetzten, schickten sie Kitchener mit seiner Flotte von Khartum den Nil hinauf. Würde es zu Scharmützeln kommen? Würden die Briten am Ufer des Nils – im Herzen Schwarzafrikas – auf französische Soldaten schießen? Mit den uns bekannten, spannenden Erzählungen über die europäische Rivalität am Nil, über französisches Abenteurertum und britische Ablenkungsmanöver, über den Entdecker aus Paris und die politische Führung in London, die sich unfreiwillig als Herrscherin eines afrikanischen Imperiums wiederfand, gibt es ein Problem. Es ist die Tatsache, dass sie schlichtweg nicht mit dem übereinstimmen, was die Quellen uns verraten. Diese Interpretationen entstanden, ohne dass die Relevanz der Ökologie des Nils sowie deren Rezeption durch die Briten berücksichtigt wurden.

Die lange als Hauptinterpretation des Konflikts um Faschoda gängige Erklärung lässt völlig außer Acht, dass die Briten die Besetzung des gesamten oberen Niltals und des Quellgebiets schon seit Beginn der 1890er Jahre ins Auge gefasst hatten. 1894 okkupierten sie Uganda im Bereich der großen Seen und planten 1895 die Besetzung des Sudan und der Sümpfe, also lange bevor Marchands Expedition überhaupt angedacht war. Die vorherrschende Interpretation übersieht zudem, dass es bereits Anfang der 1890er Jahre in Kairo konkrete Überlegungen gegeben hatte, wie der Nil südlich der ägyptischen Grenze nutzbar gemacht werden könnte. Darüber hinaus ignoriert dieser Erklärungsversuch völlig das große hydrologische Projekt, das britische Wasserbauingenieure in Ägypten im Auftrag von Cromer und London planten. Die liberale Theorie vom »widerwilligen« oder »zögerlichen Imperialisten« basiert auf dem Argument, dem südlichen Sudan habe es an Ressourcen gemangelt, das Land habe sich »am Boden des Fasses« befunden, wie es einer der einflussreichsten Historiker einmal ausdrückte.[111] Allerdings hat sich diese Region keineswegs am Boden des Fasses befunden, vielmehr war es – um diese Metapher aufzugreifen – aufgrund des Nils ein bis zum Überlaufen volles Fass. Das Schicksal der Region wurde insbesondere durch dieses hydrologische Verhältnis zwischen dem Wasserreichtum des südlichen Sudan und dem Wohlstand Ägyptens bestimmt: Die Spitzenmanager der ägyptischen Baumwollindustrie gingen davon aus, ihre Produktion fast unbegrenzt ausweiten zu können, falls sie dafür das Wasser einsetzen könnten, das in den südlichen Feuchtgebieten nur als nutzloser Dunst zum Himmel emporstieg.

Tatsächlich verfolgten die Briten einen methodischen, expansiven Wasserimperialismus, und dessen Ausformung wurde nicht von irgendwelchen Ängsten vor Frankreich, sondern vielmehr vom massiven ägyptischen Wasserbedarf bestimmt. In diesem Kontext kam »die französische Bedrohung« freilich gelegen, da sie perfekt als diplomatisches Argument oder Waffe ausgenutzt werden konnte. London und Cromer fürchteten sich nicht vor Marchand und seinen heruntergekommenen und erschöpften Soldaten, die Franzosen hätten gegen Kitcheners Truppe im Sudan ohnehin keine Chance gehabt. Doch die französische Präsenz gab London das perfekte Alibi: Indem die französische Position als stärker dargestellt wurde, als sie war, konnten die Briten die Eroberung des gesamten Sudan nur umso leichter legitimieren. Die vermeintliche Bedrohung Ägyptens machte es zudem einfacher, das Land von der Notwendigkeit zu überzeugen, Soldaten einzuberufen sowie die Kampagne zu finanzieren, die offiziell der Wahrung ägyptischer Interessen am oberen Nil diente.

Die mit der »französischen Bedrohung« oder den »französischen Ambitionen« am oberen Nil verbundene Aufmerksamkeit erlaubte es den Briten, sich sowohl gegenüber der Weltgemeinschaft als auch in Ägypten selbst als dessen Beschützer darzustellen. Der Konflikt um Faschoda diente den Briten insofern nur dazu, ihre wirklichen Ziele durchzusetzen. Schon als Kitchener Mitte September 1898 theatralisch in ägyptische Gewänder gehüllt an der Reling des Kanonenboots stand und den Nil hinauffuhr, um die ägyptische Flagge in Faschoda zu hissen, waren Cromer und London in aller Heimlichkeit mit Überlegungen beschäftigt, wie London, unter dem Vorwand, den Sudan gemeinsam mit Ägypten zu regieren, die Macht im Sudan übernehmen und Kairo schrittweise hinausdrängen könnte.

Und Marchand? Wie schon erwähnt, hatte er gegen die Briten keine Chance. Es gab keinen Kampf auf Leben und Tod. Ganz im Gegenteil:

Am Ende hissten die Briten die französische, die ägyptische und die britische Flagge in Faschoda, retteten Marchand und seine Männer vor dem nahen Tod und schickten ihn mit einem Schiff über das Mittelmeer sicher nach Hause.

Faschoda geriet derweil, so wie der restliche Sudan, langsam, aber sicher unter britische Herrschaft.

Ein heiliger See

Im März 1921 bildete sich nahe Khor Lait in der Region, wo die Agar Dinka leben, plötzlich ein kleiner See. Solch ein Ereignis wurde natürlich in einem religiösen sowie in einem politischen Licht interpretiert; zahlreiche Pilger kamen in der Gegend zusammen.

Der See galt als Wunder, das den Dinka Gutes verhieß, den Fremden hingegen Schlechtes, das meinten jedenfalls jene Zeitgenossen, die den neuen Eindringlingen skeptisch gegenüberstanden. Die einheimische Bevölkerung glaubte, dass Kejok sich ihnen wieder zeige und Glück und Wohlstand ankündige. Kejok war ein mystischer Held und Sohn von Quay, einer Frau, die nicht von einem Mann geschwängert worden war, sondern dadurch, dass sie einen See durchwatet hatte. Das war im 18. Jahrhundert geschehen. Kejok wurde besonders geachtet, weil er frisches Wasser aus dem Boden treten lassen konnte, indem er einfach mit dem Finger auf die Erde klopfte. Als nun der See bei Khor Lait auftauchte, wurde er demnach als Kejoks Werk interpretiert. Jene Dinka, die den Briten besonders feindlich gesonnen waren und die Abneigung gegenüber den Kolonialherren verstärken wollten, stellten das Ereignis als göttlichen Aufruf zum Widerstand dar. Die Geister am Grund des Sees, so erklärte der örtliche Häuptling, hätten ihm gesagt, es sei an der Zeit, die Briten zu vertreiben; außerdem hätten ihm die Geister mitgeteilt, die Waffen der Fremden seien in der Nähe des Sees wirkungslos.

Der britische Distriktkommissar Vere Ferguson sollte die Situation klären und den drohenden Aufstand unterdrücken. So fuhr er zu diesem neuen Gewässer, um zu beweisen, dass der Gott des Sees bereit sei, die Opfergaben der Briten ebenso wie die der Dinka anzunehmen, weswegen auch kein göttlicher Wille den Abzug der Briten verlangen könne. Am Morgen der Ankunft Fergusons hatten sich 800 Dinka am See versammelt. Alle knieten am Ufer und blickten auf das Wasser. Ferguson stieg in den See, um ein Schaf zu opfern. Das Tier versank nicht, Ferguson aber ebenso wenig, anders als zuvor vom Häuptling prophezeit worden war. Die Tatsache, dass der See die Opfergabe des Briten verschmähte, bewies, dass er nicht zur einheimischen Bevölkerung gehörte, aber da Ferguson nicht ertrank, hatten die Geister offenbar einen Grund, ihn trotzdem zu akzeptieren. Ein den Briten gegenüber positiv eingestellter Dinka meinte, das Opfer habe zur falschen Tageszeit stattgefunden, am Morgen, und nicht wie üblich am Nachmittag. Aus diesem Grund kehrte Ferguson am Nachmittag zurück, stieg dieses Mal aber nicht ins Wasser, sondern verharrte im Gestrüpp am Rand des Sees. Viele beobachteten ihn, bis schließlich ein Zuschauer das Schaf nahm und ins Wasser warf, aus dem es sich wegen des Gestrüpps nicht aus eigener Kraft retten konnte. Das Opfer war angenommen, und Ferguson erklärte, dass die Rebellen den göttlichen Willen offensichtlich falsch interpretiert hatten.[112]

Fergusons Herangehensweise war typisch für die Art und Weise, wie die Briten die Menschen im Südsudan eroberten und befriedeten: Der Distriktkommissar regierte mit »offenem Ohr«, eignete sich Wissen über lokale Traditionen und Werte an und stellte Einheimische als Assistenten ein. Angesichts dessen, dass das strategische Ziel der Briten in Erwartung des großen Nilprojekts zur Trockenlegung der Sümpfe in der Herstellung und Bewahrung von Ruhe und Frieden unter möglichst geringem Einsatz bestand, war diese Politik sowohl effizient als auch vernünftig.

Die einheimische Bevölkerung schloss sich zu keinem Zeitpunkt zusammen, um gemeinsam Widerstand gegen die neuen Herrscher aus Europa zu leisten. Viele betrachteten sie als Befreier von den Ägyptern und den Mahdisten. Einflussreiche südsudanesische Intellektuelle wie Francis Deng schrieben später, die Menschen in der Region hätten die Briten als Garanten von Frieden, Sicherheit und Würde betrachtet. Er zitierte einen Stammesführer, der geäußert hatte, die Briten hätten gehört, was die Ägypter und die Mahdisten ihnen angetan hatten, und seien ihnen deswegen zu Hilfe gekommen.[113]

Zugleich hätten die Einheimischen aufgrund ihrer Armut und des Mangels an modernen Waffen ohnehin keine Chance gehabt, die Briten zu vertreiben. Ein britischer Distriktkommissar beschrieb, wie die Nuer alle fünf bis sieben Jahre ihre Krieger auswählten. *Wut Ghok*, der Viehhäuptling, leitete die Zeremonie. An besagtem Tag lagen die jungen Männer in einer langen Reihe mit zu Boden gerichteten Gesichtern neben kleinen Löchern, die für die Zeremonie gegraben worden waren. Der Medizinmann schritt die Reihe ab, ritzte mit einem Messer die Stirn der Jungen auf und ließ ihr Blut in das kleine Loch tropfen. Danach wurden die jungen Männer für einen Monat isoliert, während ihre Wunden heilten. Sofern sie keine Infektionen davongetragen hatten, wurden sie schließlich von ihren Vätern in Empfang genommen, die ihnen einen Speer und einen Ochsen gaben. Mit dieser Zeremonie wurden die Jungen zu Kriegern. Nicht unbedingt eine furchteinflößende Truppe, verglichen mit den Briten, gleichwohl schickte London 1927 Bomber in den Südsudan, als die von Vere Ferguson praktizierte Herangehensweise an ihre Grenzen gekommen war und sich die Nuer gegen die Kolonialmacht erhoben hatten. Zu den ersten Opfern dieses Aufstands gehörte Ferguson selbst.

Reisen durch den Sumpf und Theorien über die Entwicklung Afrikas

Die Erfahrung des Reisens macht es leichter zu verstehen, wie unterschiedlich die Welt wahrgenommen wird. Wo die einen meinen, dass sie ein Haus auf solidem Fundament bauen, sehen andere mitunter nur Lehm und Moor. Was der eine für ein Paradies hält, ist für den anderen nur ein trostloser Sumpf. Wo eine Person einen schönen Berg erblickt, kann eine andere nur eine beschwerliche Straße ausmachen. Denn niemand hat neben seinem Namen nur Ohren und Augen zur Verfügung; wir erben mehr als unsere Gesichtszüge und unseren Körperbau. Gedanken, Überzeugungen, Vorstellungen und Vorurteile scheinen oft gemeinsam mit dem Blut zu fließen, und man vergisst leicht, dass die meisten Dinge auch auf den Kopf gestellt werden können.

Während meiner Reise durch die Sümpfe erinnerte ich mich an einen der Klassiker, der das Reisen als Projekt beschreibt. Joris-Karl Huysmans Roman *À rebours* (»Zurück«) dreht sich um den dekadenten und menschenfeindlichen Aristokraten Duc des Esseintes. Es ist ein Handbuch in Dekadenz, aber Huysmans befasst sich auch mit der Idee des Reisens. Es sei besser, so meint sein Protagonist, eine Reise zu imaginieren als tatsächlich zu reisen, nicht zuletzt, weil er das einsame Leben den Freuden des normalen Daseins vorzog.

Der Duc des Esseintes kopiert daher die Reiserouten der größten Reedereien auf Karten, rahmt diese ein und bedeckt damit die Wände seines Schlafzimmers. Danach füllt er ein Aquarium mit Seetang und anderen meerestypischen Dingen. Jetzt kann er mithilfe der Fantasie die Freuden der Seefahrt genießen und deren unangenehme Aspekte vermeiden. Im Unterschied zu Xavier de Maistre kümmerte sich Huysmans nicht um die

Kraft und Langeweile des gewohnten Blicks. Fantasie, dachte er, könne die »vulgäre Realität« der tatsächlichen Erfahrung mehr als ersetzen. Denn letztlich wird der Reisende aufgrund aller Arten von Sorgen vom gegenwärtigen Moment abgelenkt und auf Abstand gehalten, und er wird durch all die gewöhnlichen Dinge verwirrt, denen er ausgesetzt sein wird; stets wird er den Anforderungen der Situation untergeordnet sein.

Im Vergleich zu einer monotonen, von Papyrus und Malaria umgebenen Reise durch diesen Landesteil wirken die Äußerungen Esseintes weniger dekadent als vielmehr uninteressant und langweilig. Seine Reise konnte ihn nur zu Orten führen, die er sich vorzustellen vermochte; Orte also, die er bereits kannte und die somit dieser Art von Vorstellungskraft zugänglich waren und an denen er das Konventionelle selbst nachstellen konnte. Hitze, Feuchtigkeit und Insekten machen es unangenehm, in den Sümpfen zu reisen, die dortige Realität ist daher im Sinne von Huysmans vulgär, aber die Reise ist zugleich unkonventionell und somit nicht leicht vorstellbar, wenn man zuvor nicht vor Ort gewesen ist. Angst vor dem, was hinter der nächsten Flussbiegung liegt, oder die Frage, ob der Kapitän seinen Weg durch das Papyrusmeer finden wird, sowie die unaufhörlichen Bemühungen, die Malariamücken in Schach zu halten, besonders am Nachmittag, wenn die Sonne untergeht – das alles schafft keine Ablenkung zwischen dir und dem, was du beobachten willst. Es ist die Reise selbst, welche eine Erfahrung bietet, die nur das tatsächliche Reisen bieten kann, im Gegensatz zu Bewegungen in einer Fantasiewelt. Die zentrale Sumpfregion ist eine Welt für sich, eine Sehenswürdigkeit im Wortsinn, und sie wird insbesondere dann zu einer einzigartigen Erfahrung, sobald man versteht, dass diese Gegend von ihren Bewohnern als Paradies angesehen und beschrieben wird.

»Die Kultur hält Afrika davon ab, sich weiterzuentwickeln!« Die Diskussion unter den Passagieren des Flussboots war lautstark in Gang gekommen, da es hier genügend Zeit gab, sich in Ruhe zu unterhalten. Ein Einheimischer mit einer Ritualnarbe auf der Stirn, der sich gerade als Schilluk vorgestellt hatte, wies diese Behauptung brüsk zurück: »Nein, es ist die Korruption, die alles zerstört! Korruption ist die Geißel.« Ich stand am Rande der Gruppe, die sich über die Reling beugte. Es ging auf Mittag zu, und die Hitze wurde zunehmend lähmender, als wir an den Dörfern am Fluss entlangschipperten – Viehgehege, vereinzelte Lehmhütten, Kinder, die herumliefen und uns etwas zuriefen, Männer, die gemäß der Tradition der Nuer auf einem Bein standen, gestützt auf einen Speer und völlig nackt, derweil sie ihr Vieh hüteten. Ein deutscher Doktorand meinte, die Probleme hätten mit der britischen Kolonialregierung angefangen, während ein Dinka in einem eleganten, frisch gebügelten Khakihemd die Ansicht vertrat, es sei alles die Schuld der Araber. Ich selbst habe mich an dem Gespräch nicht beteiligt. Ich fand, dass in allen Erklärungen letztlich etwas Wahres war, und dachte an all die Theorien, die ich gelesen hatte und die versuchen, die Geschichte und Entwicklung Afrikas zu erklären. Ich hatte also nichts beizutragen, bis das Boot plötzlich in einer Papyrusinsel feststeckte und ich ausssprach, was ich gedacht, aber wegen der Hitze kaum die Energie gehabt hatte, es zu sagen: »Aber welche Rolle spielt das hiesige Wassersystem?«

Jedes Buch, das die Biografie und Geschichte des Nils rekonstruieren will, muss versuchen aufzuzeigen, wie das komplizierte Flusssystem und die Erfahrungen der in seinem Becken lebenden Menschen interagieren – und warum dieses Zusammenspiel relevant für allgemeine Diskussionen und Theorien über Gesellschaft und Entwicklung ist. Es besteht kein Zweifel daran, dass ein Fluss und seine räumliche Dimension im Sinne eines geografischen Systems, in dem sich solch diametral verschiedenartige Gesellschaften befinden – am Unterlauf und im Delta die stabilste Staatenbildung der Weltgeschichte; in der Sumpfregion die gängigsten Beispiele für staatenlose Gesellschaften; um die großen Seen weiter flussaufwärts die afrikanischen Königreiche; sowie ein altes Kaiserreich auf dem äthiopischen Bergplateau, von dem der Blaue Nil herabströmt –, viel darüber erzählen können, was Gesellschafts- und Entwicklungstheorien mit universellen Ambitionen nicht übersehen dürfen. Wie steht es also um die Theorie, der zufolge die Entwicklung Afrikas nicht verstanden werden kann, ohne auch die charakteristischen Wasserlandschaften des Kontinents zu erfassen und in die Analysen zu integrieren?

Es gibt eine lange, wenn auch äußerst problematische Tradition, soziale Phänomene durch die von der Natur vorgegebenen Bedingungen zu erklären. Eine klassische Behauptung des natürlichen oder ökologischen Determinismus lautet, die sogenannte Volkskultur werde weitgehend von ihrer Umwelt bestimmt. So behauptete etwa schon Aristoteles, die Bewohner kälterer europäischer Länder seien zweifellos mutig, aber aufgrund des Klimas auch rückständig. Montesquieu, der französische Denker der Aufklärung und wichtiger Vorläufer der modernen Sozialwissenschaften, betonte den direkten Einfluss der Natur auf die Mentalität der Menschen: Heiße Klimazonen erzeugten Trägheit, eine starke Schmerzempfindlichkeit und eine übertriebene Betonung des Sexualtriebs. Georg Wilhelm Friedrich Hegel ist nicht sonderlich dafür bekannt, materielle Erklärungen für die Entwicklung der Gesellschaft anzuführen. Umso interessanter ist, dass er den Verlauf der Geschichte entscheidend durch geografische Faktoren bestimmt sah, da diese Auffassung zeigt, wie weit verbreitet die klimadeterministische Denkweise in europäischen, vorindustriellen Zeiten gewesen ist. In extremen Zonen, so Hegel, seien Kälte und Hitze zu dominant, und der Geist sei nicht in der Lage, eine Welt für sich selbst aufzubauen. Als solche sei daher die gemäßigte Zone die Bühne der Weltgeschichte. Der englische Philosoph Herbert Spencer glaubte in der Mitte des 19. Jahrhunderts, der Lauf der Geschichte beruhe auf einer Verlagerung von wärmeren und produktiveren Umgebungen, in denen ein geringeres Maß an sozialer Entwicklung erforderlich war, in kältere und weniger produktive, dafür aber herausfordernde Regionen, die weiter vom Äquator entfernt lagen.

Während wir in der fast unerträglichen Luftfeuchtigkeit und Hitze an der Reling standen, bis wir gezwungen waren, im Schatten des Steuerhauses Schutz vor der Sonne zu suchen, sagte ich, dass ich weder an diese Erklärungen noch an die vielen anderen mehr oder weniger fundierten Theorien glaubte, Afrikas mangelnde Entwicklung sei auf die Hitze, den Boden oder das allgemeine Klima zurückzuführen. In einer langfristigen Perspektive und im Vergleich zu anderen Kontinenten betrachtet, ist es unmöglich, Afrika zu verstehen, ohne die Bedeutung des ständigen und unsicheren Wechsels zwischen Regen- und Trockenzeit sowie dessen Auswirkungen auf die Siedlungsmuster und die Wirtschaft zu erfassen. Ebenso wenig kann man den Kontinent verstehen, wenn man die Rolle der Sahara als Barriere zwischen dem südlich davon gelegenen Teil Afrikas und der »Außenwelt« nicht in die Analyse miteinbezieht. Es wäre auch falsch, den Charakter der großen Flüsse des Kontinents unberücksichtigt zu lassen, die fast ausnahmslos große Wasserfälle nicht weit von ihren Quellen haben und daher nicht als Transportwege geeignet waren (der Nil ist eine Ausnahme, da seine dem Meer am nächsten gelegenen Wasserfälle an der sudanesischen Grenze beginnen). Es ist unmöglich, die nilotischen Gesellschaften zu verstehen, ohne Elemente der Sumpfökologie und der saisonalen Schwankungen der Flüsse zu berücksichtigen. Anders ausgedrückt, ist es sowohl möglich als auch sinnvoll, über einen strukturierenden Kausalzusammenhang in einem ganz bestimmten Sinne zu sprechen: Dieses Flusssystem hat den Rahmen dafür gebildet, welche gesellschaftliche Entwicklung möglich war, auch wenn der Fluss nicht bestimmt hat, was tatsächlich passiert ist.

Vom Schiffsdeck aus blicken wir ringsum auf weite Ebenen, und als die Diskussion abebbte, kam diese spezielle Stimmung auf, in der die Monotonie so monoton wurde, dass sie faszinierend wurde. Die flachen Hochebenen waren völlig baumlos und wurden nur hier und da durch ein Gebüsch am Flussufer verdeckt. Kleine braune Inseln aus totem Papyrus und trockenem Gras dümpelten im Wasser und wurden mitunter durch treibende Wasserhyazinthen ergänzt. Der Himmel war schwer und grau. Die Landschaft des Sudd war jetzt größtenteils in Silber- und Bronzetöne gefasst, als wäre der Rest des Farbenspektrums aus der Natur herausgebrannt. An den Ufern folgte ein Kraal auf den anderen (ein Kraal ist eine temporäre Siedlung mit einem Viehgehege in der Mitte). Die Menschen am Ufer nutzten getrockneten Kuhmist als Brennmaterial, wie schon seit Generationen, und der Rauch dieser Feuer schwebte über die Ebene. Alle Kraalbewohner bereiteten sich darauf vor aufzubrechen. Wie im letzten Jahr. Und im Jahr zuvor. Und seit Hunderten von Jahren. Niemand kann hier leben, wenn Regen und Überschwemmungen kommen.

Doch seit mehr als einem Jahrhundert hängt ein Damoklesschwert über dieser gesamten gigantischen Ebene und schafft ein anhaltendes Moment der Unsicherheit: der Plan, einen neuen Nil auszuheben und damit in das pulsierende geografische Herz der gesamten Region einzugreifen, wodurch der Wasserlauf, das Erscheinungsbild des Weidelands und die Art und Weise, wie Menschen leben und Tiere wandern, massiv verändert würden.

Jonglei – ein neues Aquädukt nach Norden

Kaum ein anderes Wasserprojekt der gleichen Größenordnung hat eine längere und verworrenere Geschichte als der Jongleikanal.

Die Idee für den Kanal wurde erstmals 1899 von William Garstin in einem Bericht für die britischen Regierung formuliert. Zwei Jahre später schrieb Garstin einen neuen und längeren Bericht, in dem der Kanal ebenfalls eine zentrale Rolle spielte. Erst 1904 wurde der wegweisende *Bericht über den Einzugsbereich des Oberen Nils mitsamt Vorschlägen für die Ertüchtigung dieses Flusses* veröffentlicht, in dem das Kanalprojekt vollständig beschrieben und als Schlüsselelement im britischen Masterplan für das gesamte Nilbecken aufgeführt wurde. Garstin selbst hatte Monate in der Suddregion verbracht und zeichnete schließlich eine neue Linie auf die Karte – eine Linie, die den Fluss darstellte, den er erschaffen wollte, und die schließlich unter der Bezeichnung »Garstinschnitt« bekannt wurde.

Das Projekt zielte darauf ab, den »Verlust« an Nilwasser zu reduzieren, von dem ein großer Teil bei seinem Weg durch die Sümpfe verdunstete. Kairo und die Baumwollbarone betrachteten dies als unbegreifliche Verschwendung. Daher sollte ein 360 Kilometer langer Kanal gegraben werden, der die Strömung beschleunigte und somit die Menge an »Weißgold« erhöhte, das die Baumwollfelder Ägyptens erreichte.

Cromer und die Regierung in London unterstützten den Plan. Die ersten modernen Bagger wurden nur wenige Jahre später in die Sümpfe transportiert, um die Machbarkeit des Projekts zu testen. Die Vorstellung, man könne das Wasser zähmen und es aus dieser Region, in der es im Überfluss verhanden war, nach Norden schicken, war eines der Motive, warum es die Briten überhaupt für notwendig hielten, die Kontrolle über den südlichen Sudan zu übernehmen. Großbritannien war wie immer darum bemüht, seine Kontrolle über Suez zu sichern, und um dies zu erreichen, musste der Nil kontrolliert werden.

Solange die Flussläufe so träge durch den südlichen Sudan dahinflossen, war es darüber hinaus auch völlig sinnlos, die gewaltigen Nilstaudämme in Uganda zu bauen, wie es sich London seit Anfang der 1890er Jahre vorgestellt hatte. Das »zusätzliche« dort für die Trockenzeit aufgestaute Wasser würde auf seinem Weg durch die riesigen südsudanesischen Ebenen und Feuchtgebiete verschwinden, bevor es jemals Ägypten erreichte. Die Geografie des Nils, die ganze Erscheinung des Flusses musste also verändert werden, und so wurde dem seinerzeit gewaltigsten Wasserprojekt in Cromers Plan, »den Nil in die Hand zu nehmen«, oberste Priorität eingeräumt. Wie sich jedoch herausstellte, führte eine Kombination aus technischen, wirtschaftlichen und politischen Problemen dazu, dass Großbritannien den Kanal nicht ausheben konnte, wenngleich weiterhin an dem Projekt gearbeitet wurde. Umfassende Pläne wurden in den Jahren 1919, 1920, 1925, 1929, 1934, 1936, 1938, 1948 und 1954 erstellt und veröffentlicht.

Doch während die Ingenieure Zeichnung über Zeichnung erstellten, wurde sich die britische Führung im Sudan zunehmend bewusst, welche Auswirkungen der Kanal auf nationaler, regionaler und lokaler Ebene haben würde, und war daraufhin immer skeptischer gegenüber den Plänen in ihrer vorliegenden Form eingestellt. Distriktkommissare und Gouverneure der südlichen Regionen schrieben Berichte und Briefe nach Khartum und informierten die Regierung darüber, dass das Projekt die lokale Wirtschaft zerstören und die Lebensweise der Niloten bedrohen oder völlig verändern würde. Sie wiesen auch darauf hin, dass dies die Gefahr von Unruhen erhöhen und erhebliche Probleme bei der Befriedung und Beruhigung der gesamten Region verursachen könnte.

Die Briten in Khartum verstanden allmählich, dass diese Skepsis gegenüber dem »Jongleischnitt« letztlich Londons allgemeiner Nildiplomatie entsprach, die darauf abzielte, Ägypten auf Trab zu halten, wenn es um die Fähigkeit und den Willen Großbritanniens ging, die Wasserprobleme des Landes zu lösen. Als sich herausstellte, dass die Tage des britischen Nilreichs gezählt waren, schrieb der Generalgouverneur des Sudan über das Kanalprojekt:

> Der Jongleischnitt würde die Einreise von Hunderten Europäern sowie eine weitaus größere Anzahl von Saudis usw. beinhalten, und seine Fertigstellung würde die Existenz der in dieser Region lebenden Niloten völlig durcheinanderbringen. Nur eine Regierung, die mit immenser Geduld und starken humanitären Ansichten in Verbindung mit vollständiger Macht ausgestattet ist, kann dieses Programm gegenüber den Einheimischen mit Fairness durchführen.[114]

In der Zeit, in der Großbritannien den oberen Nil regierte, verließ dieses wohl am besten durchgeplante Projekt niemals das Reißbrett. Die Interessenkonflikte innerhalb des imperialen Systems in Verbindung mit der Skepsis Ägyptens gegenüber britischen Absichten sowie die regionale Opposition vonseiten sowohl der Einheimischen wie der britischen Distriktkommissare im Südsudan verhinderten die Ausführung des Kanalprojekts und verwandelten es in eine hydropolitische Karte im diplomatischen Spiel gegen den ägyptischen Nationalismus und zur Stärkung von Londons Position in Suez.

Der Kampf um ein neues, effizienteres Nilaquädukt durch den heutigen Südsudan hat die Geschichte der Region 130 Jahre lang dominiert und wird dies auch in Zukunft tun. Die Pläne für das Projekt trugen zur ungleichmäßigen Entwicklung des Sudan bei: Der südliche Teil blieb unentwickelt, und es mangelte an Investitionen, weil einfach keine großen Infrastrukturprojekte durchgeführt werden konnten. Die gesamte Region des Sudd würde durch jede Art von Kanal radikal verändert werden, weshalb die Politik schließlich darin bestand, Investionen aufzuschieben, bis sich die Konsequenzen einer solchen Transformation deutlicher abzeichneten. Auch konnten die Briten, da sie sich als die Garanten für Ägyptens Wasser positionierten, nicht offensiv große Bewässerungsprojekte im Südsudan durchführen, selbst wenn das in ihrer Absicht gelegen hätte. Im Rahmen des großen britischen imperialen Projekts sollte diese Region kein Wasser verbrauchen, das für die Baumwollfelder am Unterlauf des Nils bestimmt war. Daher wurde der Nil in erster Linie als in den Norden führendes Aquädukt angesehen; und als Aquädukt, das im Hinblick auf den steigenden Wasserbedarf stromabwärts verbessert werden musste.

Razzien und Frieden

Die Briten hatten im Süden des Sudan ein übergeordnetes politisch-strategisches Ziel: das Gebiet zu »befrieden«. Das bedeutete, für »ausreichende Sicherheit zu möglichst geringen Kosten« zu sorgen. Zu Beginn oblag die Verwaltung hauptsächlich dem Militär, mit begrenztem Einfluss auf das lokale Leben und mit wenigen staatlichen Funktionsträgern. Bis in die 1920er Jahre waren die britischen Gouverneure im Süden des Sudan größtenteils Offiziere. Als Soldaten der anglo-ägyptischen Armee waren sie in die Region geschickt worden, ohne über Kenntnisse der Landessprache, der Geschichte oder der Kultur zu verfügen; die Briten selbst bezeichneten ihre Politik als »Verwaltung durch Razzia«. Mit Blick auf die britischen Verwaltungen im Norden und Süden des Sudan schrieb der Arabist Claude S. Jarvis, der nach dem Ersten Weltkrieg selbst als britischer Gouverneur in Ägypten gedient hatte, dass die Standards umso niedriger lagen, je weiter man den Nil nach Süden hinauffuhr. Wenn die Regierung in Khartum die Gouverneure aus den entlegeneren Bezirken zur Konsultation in die sudanesische Hauptstadt einberufen habe, hätten diese »wilderen Vertreter des menschlichen Geschlechts«, wie er sie nannte, die ganze Stimmung verdorben.[115]

Ab den 1920er Jahren wurde die »indirekte Herrschaft« zum Markenzeichen der britischen Kolonialverwaltung. So auch im Süden des Sudan, wo sie aus schierer Notwendigkeit heraus geboren wurde. London erwartete, dass sich die Kolonien zukünftig finanziell selbst trugen. Im Gegensatz zu anderen Regionen entlang des Nils wie Ägypten, Uganda, Kenia oder dem Norden des Sudan generierte die lokale Wirtschaft im südlichen Sudan keinen Überschuss, der effizient besteuert werden konnte. Die Steuererhebung erfolgte in angemessen zurückhaltender Weise, um vor Ort keine Unzufriedenheit zu provozieren. Die lokale Wirtschaft war nicht effizient genug, um den Aufbau einer großen Kolonialbürokratie zu rechtfertigen, die Staatsfinanzen reichten dafür ohnehin nicht aus. In die Entwicklung des Südsudan wurde aufgrund geringer finanzieller Kapazitäten kaum investiert, was allerdings ohnehin nicht Londons Ziel war, da die Umsetzung der britischen Kanalpläne und der übergreifenden »Strategie des Südens« von externen Wirtschaftsakteuren hätte gestört werden können.

Im gesamten südlichen Sudan gab es in der Regel nicht mehr als 30 bis 40 britische Verwaltungsbeamte. Harold MacMichael, als *Civil Secretary* in Khartum von 1926 bis 1934 Großbritanniens führender Politiker im Sudan, notierte 1928 in einem Memorandum, dass das politische Verwaltungspersonal des gesamten Landes seine maximale Anzahl von Beamten erreicht habe: 152 Personen in einem Land von mehr als 2,5 Millionen Quadratkilometern und rund sechs Millionen Einwohnern. Mit britischer Untertreibung schrieb er, er halte diesen Personalbestand nicht für zu hoch.

In der Provinz Oberer Nil saß derweil Gouverneur Willis und schrieb über verschiedene Aspekte von Politik und Verwaltung. Unterstützt wurde er dabei von einer Handvoll britischer Verwaltungsbeamten an isolierten Außenposten in einer riesigen Region, die überwiegend von den Nuer bewohnt wurde. Paternalistisch und in einer Sprache voller Stereotypen, die so manchen Kolonialbeamten gemein war, beschrieb er »sein Volk« als »intellektuell unfähig, angelernte Arbeit zu leisten, und körperlich und charakterlich unfähig, ungelernte Arbeit zu leisten«.[116]

Doch obwohl die wirtschaftliche Entwicklung bei den Briten aus verschiedenen Gründen nicht im Zentrum der Politik stand, gelang es ihnen mit ihrer außergewöhnlich bescheidenen Verwaltung insbesondere in den 1930er Jahren, Frieden in großen Teilen der Region zu schaffen. Es gab nicht länger jene »Jagdgesellschaften«, die auf der Suche nach Sklaven durch die Region wanderten, und auch die Kämpfe zwischen den verschiedenen Ethnien wurden erheblich reduziert. Es trug zur Stabilität bei, dass einige der Kolonialbeamten zehn oder 20 Jahre am selben Ort blieben. Diese Personen wurden zu nahezu legendären Figuren, nicht nur in der britischen Kolonialgeschichte, sondern auch vor Ort. Verwaltungsbeamte, die nur für kurze Zeit, also etwa zwei Jahre oder weniger an Ort und Stelle blieben, wurden eher verächtlich als »Zugvögel« bezeichnet. Im Distrikt Azande gab es in der Zeit von 1911 bis 1951 nur einen einzigen Wechsel auf dem Posten des Distriktkommissars. Auch die große Provinz Bahr al-Ghazal sah zwischen 1910 und 1934 nur vier verschiedene britische Gouverneure. Für die Distriktkommissare war es typisch, viel über »ihre« Leute zu wissen, damit sie »alle Personen dahingehend bewerten können, wie viel Steuern sie zahlen sollen«, wie es in den Richtlinien der »Eingeborenenverwaltung« im Distrikt Juba hieß.

Soweit es den südlichen Sudan betrifft, ist der Mythos vom einsamen britischen Verwalter, der unbewaffnet und zu Fuß umherstreifte (es gab fast keine Straßen oder Landebahnen, im Allgemeinen wurden dabei also weder Autos noch Flugzeuge benutzt), der bei den »Eingeborenen« lebte, über die er regierte, durchaus zutreffend. Die Fähigkeit, lokale Konflikte aufgrund ihrer Kenntnis der lokalen Kulturen zu lösen, erlaubte es den Briten, wie bereits erwähnt, eine Art Frieden zwischen den verschiedenen Bevölkerungsgruppen in der Region zu schaffen. Britische Verwaltungsbeamte schrieben nach Hause, dass es genauso sicher sei, den oberen Nil entlangzufahren, wie nach Einbruch der Dunkelheit den Hyde Park in London zu durchqueren.

»Der Mann vor Ort«, wie der Distriktkommissar in der Literatur zur Kolonialverwaltung genannt wurde, hatte jedoch keinen Einfluss auf die Ausformulierung der großen Linien der britischen Politik – und nur begrenzten in Bezug auf deren Auswirkungen. Das traf insbesondere für den Südsudan zu, wenngleich dem Distriktkommissar in der Literatur eine tendenziell eher einflussreiche Rolle eingeräumt wird. Die Regierung in London und die Briten in Kairo verfolgten dafür eine zu klare Strategie im Hinblick auf die Rolle der Region im größeren imperialen Spiel um den Nil – wie erwähnt, sollte sie in erster Linie als »Aquädukt« für die Bewässerungswirtschaften im Norden dienen. Diese allgemeine Nilstrategie trug dazu bei, eine politische Situation zu schaffen, in der die Kolonialmacht nicht zu einer Kraft für Modernisierung werden konnte – es sei denn, wie einige vorschlugen, die Sümpfe würden entwässert.

1938 zitierte einer der Distriktkommissare im Südsudan einen Reisebericht aus dem Jahr 1899, in dem es hieß, die Region sei in der Trockenzeit wasserlos und in der Regenzeit mit Wasser überfüllt – und konstatierte, dass sich die Situation nach 30 Jahren britischer Verwaltung nicht geändert habe.[117]

»Ein Menschenzoo zum Studium für Völkerkundler«

Es ist März 1931: Der Gouverneur der Provinz Oberer Nil im Südsudan beugt sich über seine »Übergabenotizen«, eine Art Bericht, der tiefe und interessante Einblicke in die Denkweise der britischen Verwaltung bietet. Nachdem die Briten Ende der 1920er Jahre eine »Pax Britannica« ausgerufen hatten, war die »Regeneration der Stammesseele« ein ausdrückliches Hauptziel. Die Verwaltungsbeamten wurden aufgefordert, nach »der wahren Organisation« zu suchen, die die Stämme »verloren« hatten. Auf diese Weise wollte Großbritannien die traditionellen Kulturen stärken und die Häuptlingsstruktur dort aufbauen, wo sie nicht existierte. Der Gouverneur fasste seine Aufgabe kurz und bündig so zusammen: Ziel sei es, »so wenig wie möglich einzugreifen«. Die Briten unterstützten die Gerichtsbarkeit der Häuptlinge und statteten kooperierende Stammesführer daher mit einigen richterlichen Befugnissen aus. Dies sollte die Verwaltung erleichtern sowie das Stammesbewusstsein stärken (beziehungsweise überhaupt erst wieder wecken). Diese Gerichte sollten, so hat man es formuliert, zu »Bastionen lokaler Zugehörigkeit, nicht zur Zitadelle nationaler Unabhängigkeit« führen.[118]

Die Briten befürchteten, eine Modernisierung der Region werde deren Stabilität untergraben und zugleich die Bevölkerung anfälliger für politische Ideen wie den Nationalismus machen. Eine wirkliche »Selbstbestimmung« dieser Menschen war nicht in Londons Interesse. Die sogenannte »Südpolitik« zielte darauf ab, den arabischen Einfluss im Süden des Landes zu unterbinden. Es ging nicht darum, den Islam zu stoppen – diese Frage beschäftigte die Briten wenig –, sondern die Verbreitung antibritischer Stimmungen zu verhindern, wie sie von arabischen Nationalisten propagiert wurden. In den 1920er und 1930er Jahren wurden ägyptische und aus dem Norden des Sudan stammende Verwaltungsbeamte im südlichen Teil des Landes entlassen, und Menschen mit arabischen Namen wurden zwangsweise getauft. Die Briten waren so nervös, dass ein sudanesischer Soldat, der 1924 in Malakal rief: »Es lebe Fuad, König Ägyptens und des Sudan!«, 18 Monate Haft erhielt und aus der Armee entlassen wurde. Nach den nationalistischen Demonstrationen in Khartum im selben Jahr, die von einem Soldaten aus dem Volk der Dinka angeführt wurden, reduzierten die inzwischen fast panischen Briten die Zahl der im Süden angesiedelten ägyptischen und nordsudanesischen Verwaltungsbeamten drastisch. Englisch wurde als Schulsprache übernommen. Die Briten bemühten sich außerdem, Erinnerungen an den arabischen Sklavenhandel lebendig zu halten und zu verstärken.

Sie taten dies aber nicht, um eine südsudanesische Verwaltungselite zu kultivieren, welche diejenige aus dem Norden ersetzen sollte. Die Briten befürchteten nämlich, dass solche Gruppen durch moderne Ideen, das heißt durch Nationalismus und antibritische Einstellungen »vergiftet« würden. Was die britische Strategie vielmehr zu vermeiden suchte, war die Entstehung einer entwurzelten und unzufriedenen Intelligenz im Süden des Sudan. Die Briten wollten den südlichen Sudan zu einer Bastion des Stammestums entwickeln, um dem aufkommenden Nationalismus im Norden entgegenzutreten.

1947 organisierten die Briten die Konferenz von Juba, auf der über die Verbindung des nördlichen und südlichen Sudan zu einer politischen Einheit verhandelt wurde. Bis zu diesem Zeitpunkt hatten die britischen Kolonialisten darüber diskutiert, ob der südliche Sudan besser einem ostafrikanischen Land zugeschlagen oder gar unter mehreren Staaten aufgeteilt werden sollte. Dies war jedoch eher eine Debatte der Briten im Sudan. In Whitehall dachte man eher daran, wie der Südsudan eingesetzt werden könnte, um den britischen Einfluss dort aufrechtzuerhalten, wo es am wichtigsten war – in Ägypten und in Suez. Die Beamten im Sudan hatten eine andere Perspektive. Da einige von ihnen eine echte Zuneigung für Land und Leute entwickelt hatten, diskutierten sie das Thema teilweise im Hinblick darauf, was sie für die Bevölkerung des Landes und für den Süden des Sudan am besten erachteten.

London und die Briten in Khartum einigten sich schließlich auf einen vereinten Sudan und beschlossen daraufhin, die »Südpolitik« zu begraben. Viele der im Süden ansässigen Distriktkommissare hielten dies für einen Verrat an den Menschen und traten dafür ein, dass der Süden des Landes unabhängig oder zu einem Teil Ostafrikas gemacht werden sollte, einige kritisierten die Strategie ihrer Regierung scharf. Einer von ihnen beklagte sich darüber, dass die Briten nichts anderes getan hätten, als »einen Menschenzoo zum Studium für Völkerkundler« zu erschaffen. Die Bevölkerung im Süden sei zu schwach und werde sich nicht dagegen wehren können, von den Eliten im Norden des Landes sowohl kulturell als auch wirtschaftlich erneut unterdrückt zu werden. Der Gouverneur von Äquatoria schrieb 1954 in einem vertraulichen Memorandum an seine Vorgesetzten in Khartum, es habe in ihrer Verantwortung gelegen, den rückständigen Südsudan zu entwickeln, sie hätten aber in dieser Hinsicht nichts erreicht. Daher sollten sie anfangen, etwas Nützliches zu tun, auf das sie »stolz sein« könnten, und den Menschen das geben, was sie mehr als alles andere wollten: Wasser für sich und ihr Vieh.[119]

Rückblickend kann kein Zweifel daran bestehen, dass die »Südpolitik« Großbritanniens stark dazu beigetragen hat, was viele langfristig für die einzige Lösung hielten, London hingegen ablehnte: ein unabhängiger Südsudan. Die Nilstrategie, die bis zum Ende des Zweiten Weltkriegs dominierte, stärkte die regionale Pattsituation, festigte die ungleichen Entwicklungsverläufe im Norden und Süden und stimulierte historische Prozesse, die letztlich aus dem Sudan zwei getrennte Staaten werden ließen.

Koloniale Forschung der Weltklasse in den Sümpfen

Das Stereotyp des britischen Kolonialbeamten – eine Mischung aus Cecil Rhodes mit seiner Profitgier und Lord Cromer mit seinem Paternalismus – hat durchaus Wurzeln in der Realität. Dennoch zeigt eine Fülle an Beispielen, dass diese Beschreibung nicht auf die ganze koloniale Verwaltung als solche angewandt werden kann, jedenfalls nicht auf die britische, die von den 1930er Jahren an im Südsudan regierte.

Ein in den 1950er Jahren im Südsudan erstellter Forschungsbericht veranschaulicht die Fähigkeit des Britischen Empire und seiner Beamter, hervorragende Forschung durchzuführen, die auf gründlichster Kenntnis der beherrschten Gebiete basierte. 1954 und 1955 veröffentlichte das Jonglei Investigation Team ein fünfbändiges Werk über den Jongleikanal und seine Auswirkungen auf die lokale Umwelt und Wirtschaft und lieferte damit einen der besten jemals erstellten Forschungsberichte zu einem Entwicklungsprojekt in Afrika ab. Hauptverantwortlich zeichnete Paul P. Howell, Leiter des East Africa Nile Walters Coordination Committee und später Ethnologe an der Universität Cambridge. London und Khartum hatten dieses Forschungsteam beauftragt, die Auswirkungen des 1948 von der ägyptischen Regierung vorgeschlagenen und von den Briten in Kairo befürworteten Projekts zu evaluieren.

Dieser Auftrag war nicht zuletzt ein taktischer Schachzug, um auf Ägypten Druck auszuüben, das gegenüber der Präsenz der Briten in Suez in zunehmendem Maße kritisch eingestellt war. Damals wie heute hegte Ägypten den starken Wunsch, den Jongleikanal zu bauen, aber mit der Durchführung der Studie verdeutlichte London den Ägyptern, wer flussaufwärts das Sagen hatte. Die für die Studie zuständigen und von den besten britischen Universitäten stammenden Kolonialbeamten betrachteten die Frage unterdessen aus einem anderen Blickwinkel. Sie zweifelten an dem Projekt ebenso wie an der fortlaufenden Verwaltung des Südsudan von Khartum aus – wenn man das Vorhaben in der geplanten Größe realisiere, so erklärten sie, werde es Ägypten und in gewissem Ausmaß auch dem Nordsudan nützen, nicht aber dem südlichen Landesteil. Trotz dieser eindeutigen Stellungnahme war der Report ausgewogen und präsentierte eine Fülle an neuen Informationen über eine Region, zu der man bislang wenig wusste.

In den fünf Bänden des Jonglei Investigation Teams stecken insgesamt 50 Jahre Arbeit, und trotz aller späteren Forschung zu diesem Kanalprojekt hat es keine Studie hinsichtlich Originalität, Qualität und Umfang mit dieser Arbeit aufnehmen können. Die Autoren begründeten sorgfältig, warum das Projekt in seiner derzeitigen Form nicht umgesetzt werden könne, und erklärten, umfangreiche Änderungen seien vonnöten. Zudem müsse die lokale Bevölkerung für die zu erwartenden Auswirkungen angemessen entschädigt werden. Auf diese Weise formte der Bericht die Grundlage für die vielen anderen Studien zu dem Thema, die in den 1970er Jahren erschienen sind und vermutlich auch künftig noch geschrieben werden, sollte das Kanalprojekt erneut auf den Tisch kommen.[120]

Der Traum von der »Nilrepublik«

Im Laufe des Sommers 1955 kursierten Gerüchte unter den südsudanesischen Soldaten, die in Torit am östlichen Ufer des Nils stationiert waren. Alle wussten, dass der Sudan am 1. Januar 1956 seine Unabhängigkeit erlangen würde, aber im Südsudan waren sich viele unsicher darüber, was das für sie bedeuten sollte. Anfang Juli 1955 machte ein Telegramm die Runde, das angeblich vom damaligen Ministerpräsidenten des Sudan, Ismail al-Azhari, stammte (im Nachhinein wurde der Text als Fälschung entlarvt). Dieses Telegramm forderte die Araber des Nordens dazu auf, die Bevölkerung im Süden zu unterdrücken und zu misshandeln. Viele meiner Freunde im Sudan beharren stur darauf, der israelische Geheimdienst habe den Text verfasst und verbreitet. Ihre Argumentation geht so: Israel trachtete zu dem Zeitpunkt danach, die Regierungen in Khartum und besonders in Kairo zu schwächen. Israel wusste, dass nichts effektiver wäre als eine Rebellion im Südsudan, da sie nicht nur Ägyptens Kontrolle des Nils flussabwärts schwächen, sondern Kairo und Khartum auch ernsthafte Probleme mit ihrem eigenen Hinterhof bescheren würde. Wer auch immer das falsche Telegramm nun wirklich schrieb, es erzielte die erwartbare Wirkung: Soldaten des Äquatorialkorps – einer von den Briten als unabhängige Militäreinheit etablierten und ausschließlich mit Soldaten des Südens besetzten Formation – rebellierten, und der bewaffnete Kampf um die »Nilrepublik« begann.

Am Beginn dieses Konflikts stand die Verurteilung eines südsudanesischen Mitglieds der Nationalversammlung. Mit der Urteilsverkündung am 22. Januar 1955 endete ein fragwürdiger Prozess. Protestdemonstrationen mündeten in Ausschreitungen, bei denen acht Demonstranten getötet wurden. Die Atmosphäre wurde zunehmend angespannt. Die Regierung in Khartum beschloss, das Äquatorialkorps in den Norden zu verlegen und von dort neue Soldaten in den Süden zu schicken. Die in Torit stationierte Division verweigerte jedoch den Befehl, griff die Offiziere an und verschaffte sich Zugang zu den Waffenlagern. Am selben Tag rebellierten auch die Mannschaften in weiteren Kasernen. Khartum erklärte den Ausnahmezustand und verlegte sofort 8000 Soldaten per Flugzeug nach Juba, wo sich die einzige Flugpiste der Region befand.

Die Rebellen rechneten mit Unterstützung der Briten, doch diese kam nicht. Generalgouverneur Knox Helm eilte aus seinem Urlaub in England in den Sudan zurück, drängte die Rebellen dazu, sich zu ergeben, und versprach ihnen einen fairen Prozess. Die Rebellen, die sich im Dschungel verstreut versteckt gehalten hatten, kamen zusammen und beschlossen, der Aufforderung Helms nachzukommen. Es wurde vereinbart, dass sie am 30. August in Torit ihre Waffen abgeben sollten. Doch am vereinbarten Tag fanden sich keine Rebellen ein; misstrauisch und ängstlich gegenüber Khartums Reaktion, hatten sie es sich in letzter Minute anders überlegt. Khartum löste die gesamte Militäreinheit auf, und Helm verließ den Sudan endgültig am 15. Dezember 1955. Die Zeit, in der die Briten den Südsudan beherrschten, war nun definitiv vorbei. Der Rebellenführer Reynaldo Loyela wurde Anfang 1956 hingerichtet. 300 seiner Anhänger sollen dasselbe Schicksal erlitten haben.

Kaum eine Staatsgründung verlief unter so viel Leid und Zwist wie die des Sudan. Als das Land am 1. Januar 1956 mit großem Pomp seine frisch erlangte Unabhängigkeit feierte, zeichnete sich bereits ab, dass der Südsudan gegen den neuen Staat rebellierte, dessen Teil er nun war.

Dieser neue Staat hatte fundamentale strukturelle Probleme. Ihm fehlten die einenden Institutionen und Ideen, über die andere Staaten typischerweise verfügen. Religion war kein konsolidierender Faktor, sondern wirkte vielmehr spaltend. Auf der einen Seite stand ein expandierender Islam mit vielen Anhängern, die ein Rechtssystem auf Grundlage der Scharia einforderten. Auf der anderen Seite standen evangelische Christen, die einen islamischen Staat nicht akzeptieren konnten. Gefangen zwischen diesen zwei Weltreligionen und von beiden als Missionsobjekt betrachtet, gab es Millionen Animisten. Darüber hinaus verfügte der neue Staat über keinerlei Persönlichkeiten wie etwa Giuseppe Garibaldi, der zu den wichtigsten Akteuren der italienischen Einigungsbewegung gehört hatte, oder Mahatma Gandhi, der den indischen Unabhängigkeitskampf gegen die Briten angeführt hatte – nur über Führer, die ihre Machtbasis hauptsächlich in einem von zwei großen Sufi-Orden im Nordsudan hatten, Khatmiyya und Qadiriya. Erst recht verfügte der Sudan, anders als viele andere afrikanische Länder, über keine nationale Befreiungsbewegung. Der im Norden als spiritueller Vorbote der Nation angesehene Mahdi wurde im Süden nur mit Terror und Sklaverei assoziiert. Die Briten, die man im Norden imperialistische Ausbeuter nannte, wurden im Süden als Beschützer und Wohltäter angesehen. Dort spürte man keinerlei Verbundenheit zu der am 1. Januar 1956 in Khartum gehissten grün-blau-weißen Flagge. Die politischen Repräsentanten der südsudanesischen Bevölkerung forderten daher keinen schnellen Abzug, sondern einen Verbleib der Briten. Sodann trachteten sie nach Lösungen, die verschiedene Formen der Verbindung mit Ostafrika statt mit Khartum nach sich zögen, während der Bevölkerung selbst vor allem am Schicksal ihrer eigenen ethnischen Gruppe oder ihres Clans gelegen war.

Um Einheit zu erzwingen und ihre eigene Machtbasis zu erweitern, versuchte die Führung in Khartum, den Süden zu arabisieren beziehungsweise zu islamisieren. Das fachte dort den Widerstand nur weiter an und führte dazu, dass sich die Menschen stärker mit »Schwarzafrika« identifizierten, wie man damals sagte. Auch die Bedeutung des Christentums wuchs, nicht zuletzt, nachdem Khartum 1964 alle christlichen Missionare des Landes verwiesen hatte. Die Rebellen erhielten Unterstützung von den Israelis, denen klar war, dass ein proisraelischer Südsudan eine Gefahr für die Wasserressourcen Ägyptens und des Nordsudan bedeuten würde. Im Fall der Fälle könnte es nützlich sein, diese Karte auszuspielen.

Vor diesen Hintergrund des Misstrauens zwischen Norden und Süden entstand die Guerillabewegung Anya-Nya (»Schlangengift« in der lokalen Sprache Madi). Der Krieg zwischen den beiden Landesteilen paralysierte bis Anfang der 1970er Jahre alle Entwicklungsinitiativen und -prozesse. 1972 unterzeichneten dann der sudanesische Präsident Numairi und der Führer von Anya-Nya, General Joseph Lagu, in Addis Abeba eine Friedensvereinbarung, sie war das Ergebnis solider diplomatischer Arbeit und politischen Scharfsinns. Der Kampf für eine von den südsudanesischen Politikern erträumte unabhängige »Nilrepublik« wurde durch einen Plan der nationalen Einheit ersetzt. Wie sich bald zeigte, war die Zeit des Friedens und der Versöhnung allerdings extrem kurzlebig. Ein Faktor, der den Krieg in den 1980er Jahren wieder aufflammen ließ, war das Aufgreifen von Garstins Kanalidee aus dem Jahr 1899. Im regionalen Entwicklungskontext hatte sie anscheinend nie an Bedeutung verloren.

»Stoppt den Kanal!«

1980 meldete sich Gamal Hassan, einer der sudanesischen Leiter des Jongleiprojekts, zu Wort und erläuterte, weshalb der Kanal aus seiner Sicht ein so wichtiges Vorhaben sei.

> Es gibt Momente in der jüngeren Geschichte von Entwicklungsländern, in denen ein Entwicklungsprojekt das Interesse und die Aufmerksamkeit eines breiten internationalen Publikums zu wecken vermag. Der Jongleikanal ist ein solches Projekt. ... Alles deutet darauf hin, dass die Menschen den Jongleikanal ohne jegliche engstirnige Furcht mit Freude erwarten. Tatsächlich ist er zum Ausdruck ihres Wunsches nach Veränderung geworden – daher ist Entwicklung oberstes Gebot dieses Projekts.[121]

Hassan lag mit dieser Beschreibung richtig. Seine Stellungnahme wurde 1980 veröffentlicht, drei Jahre nachdem der unabhängige Sudan und Ägypten das um die Jahrhundertwende von den britischen Kolonialherren entworfene Projekt wieder aufgenommen hatten. Der Fokus lag nun auf der Trockenlegung der Sümpfe, während das britische »Equatorial Nile Project« der 1940er Jahre auch vorgesehen hatte, die zentralafrikanischen Seen weiter aufzustauen, wodurch man viel mehr Wasser durch das in dem Fall fast vollständig trockengelegte Sumpfgebiet hätte schicken können. Das Vorhaben war nun auf ein abgewandeltes Kanalprojekt beschränkt. Die Sümpfe waren jetzt insgesamt sogar noch wichtiger, denn sie waren neben dem Assuandamm in Ägypten der einzige Ort am ganzen Nil, wo eine Steigerung der Wasserführung des Flusses möglich war.

Im Unterschied zu Gamal Hassan waren andere weniger optimistisch in Bezug auf die Annahme, der Kanal sei zum Ausdruck des »Wunsches nach Veränderung« der Bevölkerung im Südsudan geworden. Abel Alier, Vizepräsident des Sudan und Präsident des Hohen Exekutivrats der südsudanesischen Autonomieregion, hatte schon 1974 erklärt, der Südsudan müsse notfalls mit der Peitsche entwickelt werden – und das Jongleiprojekt sei diese Peitsche. Das Vorhaben wurde aufgrund der dadurch entstehenden Wasserstraße und einer neuen entlang des Kanals zu bauenden Asphaltstraße auch als Schlüsselfaktor gesehen, die Verbindung zwischen Norden und Süden zu verbessern.

Im März 1983 war ich selbst vor Ort, als die Arbeiten in vollem Gange waren. So konnte ich den seinerzeit größten Kanalbagger der Welt beobachten, einen Schaufelradbagger, der sich wie ein außerirdisches Monster

»Stoppt den Kanal!«

Der größte Kanalbagger der Welt – bis auf die kleinste Schraube in Einzelteile zerlegt, aus Pakistan per Schiff über das Meer bis Port Sudan verfrachtet und mit Lastwagen hinab in die Sumpfgebiete des Südsudan gebracht. Das Bild zeigt die Maschine in Aktion im März 1983, als der Autor dieses Buches zugegen war.

seinen Weg durch die afrikanische Steppe bahnte. Kraftvoll und systematisch kämpfte er sich täglich 120 Meter durch die harte Tonerde voran. Zugleich hinterließ die Maschine mithilfe eines Förderbands riesige Mengen Erde an den Kanalrändern, wo die schnelle und direkte Straßenverbindung zwischen dem Nord- und dem Südsudan gebaut werden sollte. Als Neuauflage des alten Eisenbahntraums aus den frühen Tagen der britischen Imperialzeit gab es sogar Bestrebungen, Kairo mit Kapstadt zu verbinden. Der Bagger bahnte sich vor dem Kontrast der rundherum stehenden Erdhütten und barfuß mit Speeren in den Händen die Pfade entlanglaufenden Menschen seinen Weg und war dabei ein extrem kraftvolles Symbol für die Macht moderner Technik. Diese so grundlegend ihre Umwelt umwälzende Maschine war jedoch im Gegensatz zu den in vielen anderen Gesellschaften erfolgten Vorgängen nicht Teil eines graduellen Veränderungsprozesses, sondern erschien plötzlich und ohne Warnung, als Schock. Sie stellte somit nicht nur die traditionelle Lebensweise der lokalen Bevölkerung infrage, sondern auch viele Theorien sozialen Wandels an sich. Auf dem Weg hinab zur Baustelle in Jonglei hielt ich in Malakal und sprach mit dem Franzosen, der das dort ansässige Projekthauptquartier leitete. Ich

So sah der Bagger später aus, nachdem der Krieg dem Kanalprojekt ein Ende gesetzt hatte.

fragte ihn nach seiner Meinung zu dem Kanal. Er antwortete enthusiastisch: »Was glauben Sie? Wir bauen eine neue Seine mitten in Afrika!«

Noch im gleichen Jahr brach das Projekt zusammen. Der Franzose starb an Malaria, und die Guerillakämpfer der sudanesischen Volksbefreiungsarmee entführten und töteten einige der von der französischen Firma Compagnie de Construction Internationale angeheuerten pakistanischen Arbeiter. Die Rebellenführer waren dem Kanalprojekt nicht per se abgeneigt, doch durch seine Vereitelung hofften sie, Khartum an der empfindlichsten Stelle zu treffen.

Ungefähr auf halbem Weg zwischen Malakal und Bor stehen heute die Überreste des Schaufelradbaggers – eine Maschine, die zuerst in Pakistan bei der Ausbaggerung eines Teil der 60 000 Kilometer an Kanälen zum Einsatz gekommen war, dann in Teile zerlegt und per Schiff über den Indischen Ozean und schließlich mit Zug und Lastwagen von Bur Sudan hinab in den Südsudan gebracht wurde, wo man sie Stück für Stück wieder zusammengebaut hatte. Jetzt steht dieser Bagger verrostet und einsam neben einem breiten, überwucherten Graben – ein nachhallendes Denkmal für das umfassendste gemeinsame Entwicklungsprojekt zwischen Kairo und Khartum. Er ist alles, was von einem der ambitioniertesten, aber auch umstrittensten Wasserprojekte der Welt übrig ist, das zu seiner Zeit auch ein

Symbol der sudanesisch-ägyptischen Freundschaft und Zusammenarbeit sein sollte. In der Zukunft werden Kairo und Khartum mit der Führung des neuen Südsudan verhandeln müssen, die in der Tradition jener politischen Bewegung steht, die das Jongleiprojekt in den 1980er Jahren mit Waffengewalt stoppte.

Auch wenn der Kanalbagger rostend mitten in der Steppe steht, ist das Projekt als Idee und Vision keineswegs tot. Der politische Kontext hat sich allerdings komplett verändert: Heute ist die Region, durch die der Kanal verlaufen soll, ein neuer, unabhängiger Staat. Ein Hauptanliegen der ägyptischen Nildiplomatie im Lauf der letzten 100 Jahre bestand in der Sicherung politischen Einflusses im Südsudan zwecks Unterstützung für Kanalbauvorhaben. Für die sudanesische Führung stellten die Wasserressourcen des Südsudan eine wichtige Komponente bei ihrem erklärten Vorhaben dar, die Kornkammer des Nahen Ostens zu werden.

Politiker und Staaten kommen und gehen, aber die Umwelt und die Hydrologie des Nils bleiben gleich: Die Regierungen in Kairo und Khartum hoffen und glauben jedenfalls immer noch, dass dem Nil im Südsudan bis zu 30 Milliarden Kubikmeter Wasser zugeführt werden können, und es ist daher vollkommen natürlich und logisch, dass sie alles zur Verwirklichung dieses Traums unternehmen werden. Die Verhandlungen zur Wiederaufnahme und Umsetzung des Jongleiprojekts werden allerdings noch schwieriger werden, als sie es in den über 100 Jahren des Bestehens dieses Plans schon gewesen sind.

Im Schatten des Regenwalds

Auf der ersten Etappe meiner Reise von Juba zu den Acholi-Bergen im Sudan flog ich mit einem Kleinflugzeug. Da gerade erst der zweite Bürgerkrieg ausgebrochen war und niemand den genauen Verlauf der Kriegsfront kannte, flog der Pilot zu unserer Sicherheit so dicht über den Baumwipfeln, wie er konnte. Er sagte, dass die Guerillasoldaten uns für Regierungsanhänger halten könnten und versuchen würden, uns abzuschießen, sobald sie das Flugzeug hörten. Eine Maschine im Tiefflug hingegen würden sie erst hören, wenn sie schon über ihren Köpfen vorbei wäre. Vor der Landung flog er zuerst einmal dicht über die Piste hinweg, um sich zu vergewissern, dass keine allzu großen Schlaglöcher vorhanden waren, und um die Ziegen zu vertreiben. Nachdem wir hüpfend auf dem unebenen Lehm- und Kiesboden aufgesetzt hatten, fuhren wir mit einem Pick-up in die

Berge. Auf einem Bergkamm, von dem aus man die blauen Berge in Richtung kenianischer Grenze sehen konnte, übernachteten wir bei einem schottischen Goldgräber, der hier in Gesellschaft zweier junger einheimischer Frauen seinen Lebensabend verbrachte.

Ein paar Sonnenstrahlen dringen durch die Blätter des kühlen Waldes auf einer der Bergketten in der Provinz Äquatoria, wo der Fluss Kinyeti zum Nil hinfließt. Die Mischung aus hohen Bäumen, strahlend blauem Himmel über den Bergkämmen, makellos hellgrauen Steinen, braunen, zu Boden gefallenen Blättern, von den Strahlen der tropischen Sonne nie erreichten dunklen Einbuchtungen, grünlich schimmernden Wasserlachen, einer Fülle an seltsamen Geräuschen, besonders der Klang mir unbekannter Vogelstimmen – all dies lässt der Fantasie freien Lauf. Alles wirkt verschwommen, und ich verstehe, was die Einheimischen meinen, wenn sie sagen, dass Gedanken in dieser Atmosphäre wie eine dem Schatten eines Falken folgende Hyäne ziellos umherirren. In den frühen Morgenstunden allein im Regenwald zu stehen, erzeugt eine intensive Stimmung, die man sonst vielleicht allenfalls in Träumen erlebt, in denen alles möglich zu sein scheint – man kann einen Löwen töten, indem man ihm den Kopf abreißt oder man kann wie ein Vogel fliegen.

Die Regenzeit ist gerade vorbei, und die Hänge der Hügel prangen in allen möglichen üppigen Grüntönen. Wenn man die Natur so sieht, kann man sich kaum die Bedeutung der Regenmacher in diesem Teil des Nilbeckens vorstellen. Die gesamte Region leidet jedoch darunter, dass die Niederschläge unbeständig sind. Im Zentrum des Südsudan können neun Monate zwischen zwei Regengüssen vergehen, und noch weiter südlich Richtung Grenze zu Uganda und Kenia kann die Regenzeit tückisch sein. Manchmal kommt der Regen wie erwartet, doch häufig stellt er sich nicht ein, oder er erscheint auf die falsche Weise oder zur falschen Zeit. Somit ist die Macht des Regenmachers Teil der religiös-kulturellen und folgerichtig auch der politischen Geschichte der Region.

Sitzend betrachte ich die unendlich grüne und wunderschöne Landschaft und erinnere mich daran, dass erst vor wenigen Jahren eine Regenmacherin in dieser Gegend umgebracht worden ist. Sie war für das Ausbleiben des benötigten Regens verantwortlich gemacht worden. Wenn sie die Macht über den Regen hat, so dachten die Leute, dann soll sie auch Strafe erleiden, wenn er sich nicht einstellt. Ich erinnere mich auch gut an meine ersten Reisen von Juba in die Gegend von Madi und Acholi, wo die lokalen Häuptlinge mir einen guten Draht zu den Regengöttern zuschrieben, da der Regen immer zeitgleich mit mir eintraf. Dann trat eine irreguläre Regenpause ein. Plötzlich wurde mir klar, dass man mich nicht nur aus reiner Höflichkeit so herzlich empfangen hatte, und ich machte eine Zeit lang einen Bogen um die Dörfer, um nicht mit der Trockenheit in Verbindung gebracht zu werden.

Der neue Nilstaat und George W. Bush

Kein westlicher Politiker spielte eine so große Rolle beim 2005 zustande gekommenen Friedensabkommen des Sudan wie US-Präsident George W. Bush, und wenige hatten größeren Einfluss auf die letztlich erfolgte Entscheidung des Südsudan, sich von Khartum zu lösen. Seit dem allerersten Tag seiner Präsidentschaft standen der Sudan und der Südsudan ganz oben auf der Agenda des Präsidenten. Bush war fest dazu entschlossen, hier am Nil einen wichtigen außenpolitischen Triumph zu erlangen.

Er hatte viele Gründe für ein besonderes Interesse am Sudan. Vor allem aufgrund des Drucks einiger der wichtigsten Unterstützer des Präsidenten war das Land nach und nach zu einem wichtigeren Thema der US-Politik geworden. Schon bald nach Omar Hassan al-Bashirs Putsch 1989 hatten US-amerikanische Missionare Berichte über Vorgänge im Südsudan in die Heimat geschickt, in denen von erzwungener Islamisierung und sogar Massenmorden an Christen die Rede war. Von Anfang an charakterisierten konservative Christen in den USA den Krieg im Sudan als rein religiösen Konflikt, Missionare und christliche Organisationen bezeichneten das Vorgehen gegen die sudanesischen Christen als »Völkermord«. Das war übertrieben und durch keine Fakten belegt, aber in Amerika und bis zu einem gewissen Grad in der allgemeinen öffentlichen Meinung des Westens verfestigte sich diese Ansicht zu einer Wahrheit, die den Standpunkt und das Engagement christlicher Konservativer stärkte.

Rückenwind erhielten diese Gruppen aber vor allem durch die einsetzende Kampagne gegen die Sklaverei im Land, die John Eibner ins Leben rief, der US-Direktor von Christian Solidarity International (CSI). Innerhalb kürzester Zeit sammelten Tausende Christen Geld, um von arabischen Sklavenhändlern Personen zu erwerben, die als sudanesische Christen galten. Eibner behauptet, zusammen mit Charles Jacobs, dem Prediger und Gründer der seit 1994 bestehenden American Anti-Slavery Group, mindestens 80 000 Sklaven von Sklavenhändlern freigekauft zu haben, die in der Nilregion im Südsudan operierten.[122] Evangelikale Christen in den

USA spendeten Millionen Dollar, und die Sklaverei im Sudan wurde weltweit in den Medien thematisiert.

Die *Washington Post* und der Sender *CBS News* hinterfragten die Wirksamkeit und Authentizität von Sklavenfreikäufen. Handelte es sich bei den Aktionen in Wirklichkeit um »korrupte Betrügerei«, wie einige behaupteten? *CBS News* zeigten in ihrer Sendung *60 Minutes* John Eibner beim Freikauf von Sklaven. In diesem Bericht wird Eibner gefragt, ob er glaubt, 60 000 Menschen befreit zu haben, was er bejaht. Als Nächstes wird Jim Jacobson interviewt, ein früherer Mitarbeiter Eibners. Seinen Aussagen zufolge handelt es sich bei den vermeintlichen Befreiungen um Inszenierungen: Die evangelikale Gruppe habe beim Finden und Freikauf von »Sklaven« mit der Sudanesischen Volksbefreiungsarmee (SPLA) kooperieren müssen. Die SPLA stellte Transport, Unterhändler, Schutzkräfte und Dolmetscher. Einmal, so Jim Jacobson, seien sie unangekündigt in einem Dorf angekommen – irgendetwas stimmte nicht mit der Funkverbindung –, um dort mutmaßlich als Sklaven gehaltene Kinder freizukaufen. Bei ihrer Ankunft seien aber nirgends Kinder zu sehen gewesen, woraufhin das zuständige SPLA-Mitglied einige Dorfkinder unter einem Baum versammelt und dann gesagt habe: O.K., hier sind die Sklaven. Kauft ihre Freiheit. Daraufhin beendete Jacobson seine Tätigkeit und entschloss sich, diesen Vorgang den Journalisten von *60 Minutes* zu berichten.

Die Sendungsmacher hatten auch einen katholischen Missionar gefunden, der seit 20 Jahren im Sudan lebte und Dinka sprach. Der Missionar erklärte, die für Eibner tätigen Dolmetscher übersetzten falsch, die als Sklavenhändler vorgestellten Personen seien für Geld angeworben worden, und die gesamte Operation werde von der SPLA kontrolliert. Und Eibner wisse, dass er an der Nase herumgeführt werde! Aber es schien ihn nicht zu stören, hinters Licht geführt zu werden, schließlich zahlte sich die Kampagne für beide Seiten aus: Die SPLA bekam ihr Geld, ihre Gegner standen in den Augen der Öffentlichkeit schlecht da, und die amerikanischen Christen wurden für ihre heimischen Geldgeber zu Helden, während die Welt – hereingelegt wurde. Ein Zusammenschluss aus Bürgerrechtsgruppen gegen Sklaverei im Sudan attackierte seinerseits den Bericht von *60 Minutes*. »Es war enttäuschend, dass die für den Bericht verantwortliche Person sich nicht einmal die Mühe gegeben hat zu erläutern, ob CBS die Existenz von Sklaverei an sich anerkennt«, erklärte Abdon Agaw Nhial, Vizepräsident einer sudanesischen Menschenrechtsorganisation, in einem Brief an die Produzenten der Sendung. Der Leiter des Center for Religious Freedom bei Freedom House sagte, die Medien folgten bei der Berichterstattung über den Sudan einem »Herdentrieb«.

Die evangelikalen Organisationen wurden seit den 1990er Jahren in Bezug auf den Sudan zu immer wichtigeren Akteuren der amerikanischen Außenpolitik.[123] Ihr Ziel ging weit über die Schaffung von Frieden hinaus: Es sah die Errichtung eines neuen Staates im Nilbecken unter christlicher Führung und auf christlichem Fundament vor. Konservative Christen in den USA sahen darin ein sehr erstrebenswertes Vorhaben, das ihrer Ansicht nach zu mehr Frieden und Wohlstand in der Region führen werde.

Dennoch spricht vieles dafür, dass es innerhalb des außenpolitischen Establishments der USA auch Gruppen mit traditionelleren geopolitischen Zielen gab, denen – so wie Ägypten, der arabischen Welt und Israel schon längst – die strategische Bedeutung eines neuen, elften Nilstaates oberhalb Ägyptens und des Sudan klar war. Die Beziehungen der USA zu Khartum verschlechterten sich im Verlauf der 1990er Jahre zusehends, auch weil der antiamerikanische Islamismus dort an Einfluss gewann. Angesichts des gescheiterten Attentats auf Hosni Mubarak 1995 in Addis Abeba bemühten sich die USA bei den Vereinten Nationen sehr aktiv um die Verabschiedung von Resolutionen gegen den Sudan, und 1997 beschloss der amerikanische Kongress weitreichende wirtschaftliche Sanktionen, da die Politik dieses Landes eine Bedrohung für die USA darstelle. Nach den islamistischen Anschlägen auf die US-Botschaften in Tansania und Kenia vom 7. August 1998 fror Washington alle sudanesischen Vermögenswerte in den USA ein, außerdem ließ Präsident Bill Clinton eine Arzneimittelfabrik bei Khartum bombardieren, in der angeblich Chemiewaffen produziert würden. Jeglicher amerikanische Kontakt mit dem Sudan, abgesehen von humanitären Hilfsprogrammen, kam daraufhin praktisch zum Erliegen. Im Südsudan hingegen waren die US-Amerikaner die 1990er Jahre hindurch und bis zum Friedensabkommen sehr aktiv. Zum Beispiel unterstützte die US-Regierung die Norwegian People's Aid mit großen Geldbeträgen, um diese größte NGO, die offiziell aufseiten der SPLA agierte, in deren Arbeit zu unterstützen. Der Norwegian People's Aid wurde deshalb unterstellt, sie schmuggele mit ihren Lastwagen und Flugzeugen, die von Kenia aus die Grenze überquerten, neben Hilfsgütern auch Waffen für die Guerillaarmee. Die Organisation wies diese Anschuldigungen stets zurück, aber es half nichts: Die Norwegian People's Aid war nun in Teilen des Milieus als »Norwegian People's Army« verschrien.

Dass die USA insgeheim Waffen an die Rebellen lieferten, konnte einige Jahre später hingegen zweifelsfrei dokumentiert werden. Das offenbarte sich, als auf einem ukrainischen Frachtschiff nach der Kaperung durch Piraten vor der Küste Somalias zahlreiche Panzer für den Südsudan vorgefunden wurden. Die britische Tageszeitung *The Daily Telegraph* zog Vergleiche mit den Thrillern von John Le Carré, und *WikiLeaks* enthüllte, wie die US-Diplomaten sich nach der peinlichen Enthüllung dieses illegalen Waffenhandels um Schadensbegrenzung bemühten.

Die USA drängten zu einer Friedensvereinbarung und traten für das Recht des Südsudan ein, in einem Referendum über seine Unabhängigkeit zu entscheiden. Washington spielte anschließend eine wichtige Rolle beim Training der südsudanesischen Armee und unterstützte den neuen Staat dabei, Wahlen durchzuführen und seine Unabhängigkeitsfeiern auszurichten. Die USA haben ihren Teil zur Etablierung eines unabhängigen Südsudan beigetragen.

Dabei hatten John Garang und die SPLA ursprünglich gar nicht auf die Errichtung eines unabhängigen Staates im Süden hingearbeitet. Befürworter dieser Position wurden anfangs vielmehr aus der SPLA-Führung entfernt, einige wurden sogar wegen Hochverrats hingerichtet. Garangs Ziel war ein säkularer, demokratischer und gerechterer Sudan, den er den »Neuen Sudan« nannte. Kurz nach dem Friedensabkommen von 2005 starb John Garang jedoch auf dem Rückflug von einem Treffen mit dem ugandischen Präsidenten beim Absturz seines Hubschraubers in den Imantong-Bergen – und die neue SPLA-Führung vollzog einen Kurswechsel. Bald darauf gab es einen neuen Staat im Nilbecken, der sich als christliches und dem Westen verbundenes Land definierte.

Der Kampf zwischen Islam und Christentum, den Herbert H. Kitchener in den 1870er Jahren für das Gebiet des Oberen Nils vorausgesagt hatte und der aufgrund von dessen Lage auf dem Kontinent große Bedeutung für ganz Afrika haben würde, war vom Christentum gewonnen worden, zumindest vorläufig. Ein neuer christlicher Staat war geboren, verbündet mit dem mächtigsten Land der Erde.

Noch eine Kornkammer am Nil?

»Der Nil ist alles für den Südsudan. Er ist das Leben selbst.« Ann Itto Leonardo, die erste Agrarministerin des unabhängigen Südsudan und zu dem Zeitpunkt auch amtierende Generalsekretärin des politischen Arms der Volksbefreiungsarmee, drückte ihre Sicht auf den Nil bei unserem Treffen sehr klar aus. Ich wollte mit ihr über die Vorhaben ihrer Regierung zu einem Zeitpunkt sprechen, an dem die Euphorie über die Unabhängigkeit noch frisch war; der neue Staat war noch nicht einmal formell geboren.

»Möchten Sie die neue Nationalhymne hören? Ich muss noch üben.« Sie bereite sich auf die großen Feierlichkeiten zur Geburt der Nation vor, sagte sie, und wolle mir zeigen, wie schön ihrer Ansicht nach Melodie und Text der Nationalhymne seien. Das Lied enthält gleich zweimal die gesungene Anrufung »O Herr«, als wolle man keine Zweifel an der religiösen Verfasstheit des neuen Staates aufkommen lassen. Man berichtete mir, dass »O Herr« ursprünglich viermal gesungen werden sollte, aber nach einer Chorprobe mit dem Vizepräsidenten Riek Machar habe man sich auf zweimal verständigt.

Bei unserem Gespräch unterstrich Leonardo das mystische und kulturelle Gewicht des Nils im Leben ihrer Landsleute, betonte aber auch die ökonomische Bedeutung des Flusses für den Südsudan. Schnell wurde klar, dass der Südsudan jener Gruppe der Nilanrainerstaaten beitreten würde, die das Abkommen über die Nutzung des Nilwassers und die Prämissen der Ausbeutung des Flusses neu aushandeln wollten. Leonardo erklärte mir, das Land habe großes Potenzial als Agrarnation. »Es kann die Kornkammer der Welt werden«, sagte sie voller Optimismus, »sofern Investitionen kommen und wir mehr Wasser benutzen können.«

Solche Visionen kamen mir bekannt vor. In der Zeitschrift *Scientific American* war im September 1976 zu lesen:

> Die Südhälfte des Sudan ist potenziell eine der ergiebigsten Landwirtschaftsregionen der Welt, mit dem Boden, dem Sonnenlicht und den Wasserressourcen für die Produktion enormer Mengen an Lebensmitteln, vielleicht so viel, wie im Moment die ganze Welt produziert! ... Um die Verheißungen des Südsudan zu aktivieren, müsste man diese Sümpfe trockenlegen, eine ländliche Infrastruktur aufbauen und die nomadischen Viehzüchter der Region irgendwie in sesshafte Bauern verwandeln.[124]

Jedes neue Land braucht ambitionierte Ziele beim Aufbau des Staates, und das trifft in besonderem Maße für den Südsudan zu, fehlen ihm doch die andernorts bei Staatsbildungsprozessen so wichtigen einigenden Mythen und Nationalhelden. Unrealistische Ambitionen können sich jedoch auch als Bumerang erweisen, und leichtfertig formulierte Strategieziele können langfristig negativ auf eine politische Führung zurückfallen, die ihren eigenen Versprechen nicht gerecht werden kann. Etwas in mir wollte Leonardo warnen; ich sollte ehrlich sein, ihr sagen, dass die Realität sie bald einholen werde. Theoretisch wäre der Anbau enormer Mengen an Lebensmitteln im Südsudan zwar möglich, allerdings würde er auf viele Hürden treffen. Praktisch wäre er höchstwahrscheinlich undurchführbar, weil die Regierung zu schwach und die Infrastruktur zu schlecht entwickelt ist. Aber welchen Nutzen hätten solche Einwände meinerseits? Und vielleicht würde es ja diesmal klappen.

Die Ungeduld und die Ambitionen der Ministerin sind verständlich. Je länger der Südsudan unterentwickelt bleibt, desto stärker wird der Kontrast zwischen den Errungenschaften moderner Technik in anderen Teilen der Welt und dem ungenutzten Potenzial im Südsudan mit seinen enormen landwirtschaftlich nutzbaren Flächen. Man kann dieses Potenzial auf verschiedene Weise erleben, zum Beispiel so wie ich, als ich zufällig eine Feuerjagd miterlebte. Ich war mit dem Häuptling der Luo in der Provinz Äquatoria unterwegs, und plötzlich gab er laut den Befehl, das Auto anzuhalten. Wir stürzten aus dem Wagen und rannten zu einem Feld, das sich kilometerweit bis zum Horizont zu erstrecken schien. In weiter Ferne sah ich Feuer und Rauch, und die Flammen wuchsen und wuchsen und kamen näher und näher. Ich hörte laute Schreie in einer mir unbekannten Sprache, und durch den über die Ebene ziehenden Rauch konnte ich hier und da einen Blick auf kleine Gruppen von Speerjägern erhaschen. Und dann kamen sie – rasende Antilopen. Eine nach der anderen. Blind vom Rauch und verrückt gemacht vom Feuer. Ohne den Schutz der Weite und Leere der Ebene waren sie jetzt leichte Beute.

Nach der Unabhängigkeit begann die Modernisierung der Landwirtschaft – durchgeführt von Personen, bei denen es sich je nach Sichtweise um Gauner oder Privatinvestoren handelte. Tausend Hektar große Areale wurden verpachtet. Während die einen dies als den richtigen Weg hin zu mehr Entwicklung ansahen, betrachteten andere den Vorgang als zügellosen Landraub, der ethnische Konflikte hervorrufe und außerdem unrechtmäßig sei, da das Land den lokalen Gemeinschaften gehöre. Was auch immer der Fall sein mag; wenn diese Investitionen jemals profitabel sein sollen, müssen politische Stabilität und ausreichende Infrastruktur gewährleistet sein, und das Wasser muss auch zur Stromproduktion eingesetzt werden können.

Das Hauptthema für die Zukunft des Landes ist jedenfalls weiterhin die Frage, was mit dem größten Feuchtgebiet der Welt passieren wird. Sie ist entscheidend für die Beziehungen des neuen Südsudan zu den anderen

Nilanrainerstaaten. Inzwischen ist nicht nur von einer neuen Version des Jongleiprojekts die Rede, auch eine Kanalisierung noch viel größerer Teile der Feuchtgebiete ist beabsichtigt. Im Tausch gegen Investitionen in die Infrastruktur des Südsudan könnten Milliarden Kubikmeter mehr an Wasser Richtung Norden geschickt werden. Vor allem Ägypten hat sich sehr für solche Pläne eingesetzt. Die Ziele sind ambitioniert, aber die Befürworter dieser Idee bezeichnen die Pläne als realistisch und vernünftig. Sie verweisen auf die Transformation von Wasser- und Flusssystemen in anderen Ländern wie China und den USA. Warum solle also nicht auch der Südsudan mit einer solchen Maßnahme in die Moderne katapultiert werden, der bislang durch das bestehende Ökosystem der Sümpfe in einer Entwicklungsfalle stecke. Aber wie wird sich die lokale Bevölkerung verhalten? Werden die viehzüchtenden Halbnomaden ihre so eng mit dem Ökosystem dieses Sumpfes verknüpfte Lebensweise aufgeben? Werden sie bereitwillig diesen Modernisierungsschub mitmachen, oder wird man sie einfach dazu zwingen, wie es der Präsident der südsudanesischen Regionalregierung, Abel Alier, schon in den 1970er Jahren im Zuge von Protesten gegen den Kanal für geboten hielt?

Was passiert mit dem regionalen Ökosystem, wenn die Sümpfe trockengelegt werden? Welche Auswirkungen hätte das auf die Verdunstung in der Region und somit vielleicht auch auf die Niederschlagsmengen in Äthiopien, wo der Blaue Nil entspringt? Und würde die Austrocknung der Sümpfe dazu führen, dass weniger Wasser in die Grundwasserspeicher unter den Wüsten des Sudan und Ägyptens einsickert? Niemand kennt die Antworten zu diesen Fragen über das Verhalten solch komplexer Ökosysteme.

Landwirtschaftsministerin Leonardo war sehr deutlich: Sie zeigte Verständnis für die Wünsche Ägyptens beim Bau des Jongleikanals und war erfreut über dessen Hilfsangebot zur Verbesserung der Transportkapazitäten einiger Nilzuflüsse, wenngleich sie naturgemäß wusste, dass Ägyptens Hauptanliegen dabei die Steigerung der im Norden ankommenden Wassermenge war. Dennoch wiederholte sie angesichts des beharrlichen Drängens Ägyptens zur möglichst baldigen Aufnahme der Kanalarbeiten die Position ihrer Regierung: Sollte dieser gewaltige Plan tatsächlich durchgeführt werden, so müsse dies vorsichtig und somit langsam geschehen. Daher müssten das Projekt sowie seine regionalen und lokalen Auswirkungen aufs Neue untersucht werden. Die Erfahrung lehrt, dass dies viele Jahre dauern wird, sogar bei einer stabilen Regierung in Juba. Und selbst wenn die Regierung das Projekt schließlich unterstützte, wäre keineswegs gesichert, dass die lokale Bevölkerung die Pläne akzeptiert. In einer Region, in der das staatliche Gewaltmonopol äußerst fragil ist, birgt das seine ganz eigenen Gefahren. Vieles deutet daher darauf hin, dass Ägypten und der Sudan weiterhin auf das so dringend aus dem Südsudan herbeigesehnte Wasser warten müssen.

Staatsbildung und Hydrodiplomatie

Am 9. Juli 2011 – dem Tag, an dem die neue Nationalhymne des Südsudan zum ersten Mal gespielt und seine neue Flagge zum ersten Mal über Juba gehisst wurde – wurde nicht nur ein neuer afrikanischer Staat geboren, es trat auch ein elfter Akteur in den diplomatischen Kampf um die Verteilung und Nutzung des Nilwassers. Manche Beobachter sahen damit einen ägyptischen Albtraum Wirklichkeit geworden, andere glaubten, Ägypten werden von der Schwächung des Sudan profitieren, vor allem langfristig. Im 20. Jahrhundert hatte die ägyptische Nildiplomatie jedenfalls die Gründung eines autonomen Staates in der wasserreichsten Region des Nils zu verhindern versucht, noch dazu eines Staates, der dem ägyptischen Einfluss entzogen war. 2011 kam es jedoch genau dazu – der Südsudan war geboren aus einem Krieg gegen als arabisch und islamisch definierte Länder im Norden, den er im Bündnis mit den USA, dem Westen und den weiter südlich im Nilbecken angesiedelten afrikanischen Nachbarn ausgefochten hatte.

Der neue Staat steht vor vielen Herausforderungen, nicht zuletzt weil er als solcher keinem anderen gleicht. Die einflussreiche, ursprünglich von Karl Marx formulierte Idee des Staates als »Geschäftsführer der herrschenden Klasse« trifft für den Südsudan nicht zu. Viele führende Politiker haben sowohl vor als auch nach der Unabhängigkeit vor allem ihre eigenen Interessen bedient, oder sie haben im Auftrag ihrer ethnischen Gruppe, ihres Clans beziehungsweise enger Verbündeter gehandelt. Sie konnten auch gar keine »Agenten einer herrschenden Klasse« sein, denn eine solche Klasse existiert dort nicht. Vor diesem Hintergrund kann die Regierung weder als Geschäftsführung einer herrschenden Klasse bezeichnet werden noch als Vertreterin einer Bevölkerung, der sie Rechenschaft schuldig wäre. Sie ist vielmehr eine Art mit Ölgeldern und Entwicklungshilfefonds finanziertes Sozialforum, in dem rivalisierende Gruppen und individuelle Karrieristen sich um ihren Anteil an den Staatsressourcen streiten.

Eine auch nur annähernd normale bürokratische und unabhängige Verwaltung oder eine Armee und Polizeikräfte, die über genügend Legitimität und Autorität zur Gewährleistung von Frieden und Stabilität verfügten, existieren bis heute nicht. Stattdessen hat sich immer deutlicher abgezeichnet, dass verschiedene bewaffnete Gruppen über ausreichend Waffen verfügen, um sich sowohl gegenseitig zu bekämpfen als auch die Einigkeit des Landes zu untergraben.

Neben ihrer Etablierung als Führer einer funktionierenden Nation war die Nilfrage eines der dringendsten Themen der neuen Regierung. Was wären die Konsequenzen für den Südsudan, wenn man in Khartum in der Nilfrage die Verbündeten wechselte? Was sollte der Südsudan vom 1959 im Nilabkommen festgelegten, für ein damals viel größeres und ungeteiltes Land vorgesehenen sudanesischen Anteil des Nilwassers verlangen? Und wie sollte der Südsudan Ugandas immer ambitionierteren Plänen zur Stauung des Nils für Kraftwerke begegnen, die zugleich die jahreszeitlichen Unterschiede in der Wassermenge ausgleichen könnten und damit langfristig die Zukunft der Viehzucht in den Feuchtgebieten beeinflussten? Und würde Äthiopiens künftiger Export von Hydroelektrizität eine Modernisierung des landwirtschaftlichen Sektors im Südsudan ermöglichen, was wiederum den Eigenbedarf an Nilwasser steigern würde? Viele dieser Fragen sind noch kaum erörtert worden, die politische Führung in Juba hat zudem im Vergleich mit den Regierungen anderer Nilanrainer in Bezug auf technische Fragen der Nilkontrolle und strategische Themen der Nilpolitik nur begrenzte Erfahrung und eingeschränktes Wissen.

Im Dezember 2013, nur zweieinhalb Jahre nach der Unabhängigkeit, brach im Südsudan ein Bürgerkrieg aus. Man schätzt, dass mehr als zwei Millionen Menschen vor der Gewalt in die Nachbarländer geflohen sind und nicht weniger als 200 000 Menschen in den sechs über das Land verstreuten UN-Flüchtlingslagern Zuflucht gefunden haben. Unzählige Friedensvereinbarungen wurden unterschrieben und dann von Regierung und Opposition verletzt. Alle Konfliktparteien haben darüber hinaus Zivilisten angegriffen und sind verantwortlich für willkürliche Verhaftungen und Folter, sexuelle Gewalt und den Einsatz von Kindersoldaten. Die von der ersten südsudanesischen Landwirtschaftsministerin in den Wochen vor den Unabhängigkeitsfeierlichkeiten geäußerte Vision ist nicht eingetreten. Einige Beobachter sehen den Südsudan in erster Linie als Geisel einer kleptokratischen Elite, aber aus einer breiten und langen historischen Perspektive heraus betrachtet, scheinen die Probleme des Landes noch viel grundsätzlicher zu sein. Für die meiste Zeit seiner Unabhängigkeit hat der neue Staat gegen sich selbst Krieg geführt. Wenn Bürgerkrieg und Unsicherheit alles überschatten, passiert sonst nicht viel – auch nicht mit dem Nil.

Während ich einen Artikel nach dem anderen über wieder aufflammende Kämpfe zwischen den Gruppen in den Jongleistaaten und ihre Interessen lese, frage ich mich: Wo stünde der Südsudan heute, wenn William Garstin und die Briten zu Beginn des 20. Jahrhunderts die Sümpfe trockengelegt und den Jongleikanal gebaut hätten?

DAS LAND DER GROSSEN SEEN – UGANDA

Wettlauf zur Quelle

Im Juni 1857 brach an der Küste von Sansibar eine Karawane auf, die im Inneren des afrikanischen Kontinents die Quellen des Nils suchen sollte. Das war der Auftakt zu 50 Jahren erfolgreicher und zielstrebiger britischer Untersuchungen über den Oberlauf des Weißen Nils und die Hydrologie des Flusssystems. Die Ergebnisse sollten London mit strategischen Argumenten für die Ausdehnung des Empire am Nil ausstatten.

Die Expedition bestand aus 130 Männern und 30 Zugtieren, die Leitung hatten John Hanning Speke und Richard Burton. Sie nahmen Betten, Klapptische, Werkzeug, Stühle, Zelte, Bettwäsche, Munition, Waffen, Moskitonetze, Messer, Schilde, Angelgeräte, ein Dutzend Flaschen Brandy und als Geschenke Kleidungsstücke, Messingdraht und Glasperlen mit. Die beiden Männer waren unterwegs in das Gebiet rund um die »Großen Seen«, wie sie von der lokalen Bevölkerung genannt wurden. In diese Region hatte noch kein Europäer einen Fuß gesetzt, die Männer folgten den Routen der arabischen Sklaven- und Elfenbeinjäger. Unterwegs wurde Burton so krank, dass er die Reise nicht fortsetzen konnte; er vermochte kaum etwas zu essen, lag im Delirium und fantasierte über seltsame Tiere und Menschen, denen der Kopf aus der Brust wuchs. Die beiden Europäer wurden geplagt von Moskitos und Bienen sowie von Ameisen und Skorpionen, deren Gift eine Ratte töten konnte. Speke dagegen verlor sein Gehör, nachdem er versucht hatte, mit einem Messer einen in sein Ohr gekrochenen Käfer zu entfernen. Burton und Speke verabscheuten einander, die Gegend, in der sie unterwegs waren, und die Menschen, denen sie begegneten. Speke betrachtete die Afrikaner mit rassistischer Verachtung – er fand sie faul und unzuverlässig, dazu »abschreckend schwarz und hässlich« – und war nach eigener Aussage nicht imstande, seine Schüchternheit angesichts weiblicher afrikanischer Nacktheit zu überwinden (Burton dagegen sehr wohl). Nach einer anstrengenden Reise erreichte die Expedition den Tanganjikasee, kam aber rasch zu der Erkenntnis, dass der nicht die Nilquelle sein könne.

Speke kehrte nach London zurück und suchte sich für seine nächste Nilexpedition einen neuen Gefährten, James Augustine Grant, einen 32 Jahre alten schottischen Pastorensohn, der als Soldat in Indien gedient hatte. Die neue Karawane brach ebenfalls von der afrikanischen Ostküste aus auf, wenn auch ein wenig weiter nördlich. Speke und Grant wurden von vielen Oberhäuptern afrikanischer Königreiche in der niederschlagsreichen Umgebung der »Großen Seen« wohlwollend aufgenommen. Als sie bei den Karagwe ankamen, die das südliche und schwächste dieser Königreiche bewohnten, empfing König Romanika sie in seinem Harem, der Speke zufolge aus ungeheuer dicken Frauen bestand. Die jungen Mädchen wurden mit Milch ernährt, so erfuhren sie, und bezogen Prügel, wenn sie nicht genug tranken. Eine besonders große Leibesfülle galt als Ideal. Speke bat, eine der Damen ausmessen zu dürfen. Ihr Brustumfang betrug 132 Zentimeter.

Vom oberhalb von Mwanza im heutigen Tansania gelegenen Isamilohügel aus sahen sie zum ersten Mal jenes Gewässer, das Speke nach der englischen Queen Viktoriasee nennen würde. Grant schrieb später in seinem Buch *A Walk across Africa*: »Der jetzt berühmte Viktoriasee, dessen wir erstmals in seiner ganzen Majestät ansichtig wurden, erweckte Staunen und Bewunderung.«[125] Speke setzte die Reise nun allein fort, denn Grant war zu krank dazu. Am 21. Juli 1862 erblickte er die Stelle, wo der Fluss den See verließ. Speke schrieb in seinem *Journal of the Discovery of the Source of the Nile*, es sei ein wunderschöner Anblick gewesen – »einfach unübertrefflich«.[126] Einige Tage später erreichte er die Stelle schließlich. Er hatte jetzt sein großes Lebensziel erreicht, das er seit Jahren vor Augen gehabt hatte und das zu erreichen viele andere für unmöglich hielten. In seinem Tagebuch gratulierte er sich selbst, weil er seine Theorie bewiesen hatte. Endlich hatte er das gefunden, was er als Quell eines heiligen Flusses bezeichnete, als die eigentliche Wiege der christlichen Zivilisation: »Ich sah, dass der alte Vater Nil ohne Zweifel im Victoria N'yanza entspringt, und, wie ich schon vorhergesagt hatte, ist dieser See der prachtvolle Quell des heiligen Flusses, in dem der erste Vertreter unserer Religion seine Wiege fand.« Er befahl seinen Begleitern, sich die Haare zu scheren und im heiligen Fluss zu baden, den er als Krippe des Moses bezeichnete.[127]

Nach seiner Rückkehr nach Europa wurde John Hanning Speke zu einer der Berühmtheiten seiner Generation. Der Präsident der Royal Geo-

John Hanning Speke bekam am 28. Juli 1862 als erster Europäer die Quelle des Nils in Uganda zu Gesicht; er gab ihr nach seiner Königin in London den Namen Viktoriasee. Man achte auf die Uhr und den Sextanten – Messinstrumente, die die wissenschaftliche Eroberung Afrikas symbolisierten. Stich von Samuel Hollyer (1826–1919).

graphical Society, Sir Roderick Murchison, schrieb ihm die große Entdeckung der Epoche zu. Diese Meinung wurde jedoch nicht von allen geteilt. Am 16. September wurde in Bath im Royal Mineral Water Hospital als Teil des jährlichen Treffens der British Association for the Advancement of Science eine Diskussion über die Nilquellen abgehalten. Kaum einer Veranstaltung wurden damals so große Erwartungen entgegengebracht. Speke sollte über seine Entdeckung mit seinem ehemaligen Reisegefährten und Rivalen diskutieren, mit Richard Burton, der die von Speke vorgelegten Beweise nicht akzeptierte. Das groß angekündigte Duell zum Thema Nil konnte jedoch nicht stattfinden, da Speke einen Tag zuvor verstarb. Er war auf dem Landsitz seines Vetters auf Rebhuhnjagd gewesen und hatte sich aus Versehen selbst erschossen. Speke war durch Afrika gezogen und hatte mit Löwen und Elefanten gekämpft, doch erst eine Vogeljagd in Wiltshire wurde ihm zum Verhängnis.

Nur wenige Personen werden mit der europäischen Kartierung des Nilverlaufs häufiger in Verbindung gebracht als der Waliser Henry Morton Stanley. Nachdem er einige Jahre zuvor an den Ufern des Tanganjikasees den verschollenen David Livingstone ausfindig gemacht hatte, reiste Stanley 1874 ein weiteres Mal nach Afrika. Nun wollte er den gesamten Viktoriasee erforschen, um festzustellen, ob der noch andere Abflüsse habe als den von Speke entdeckten. Am 27. Februar 1875 erreichte die Expedition das Seeufer. Einer seiner europäischen Begleiter kam durch den Wald zu Stanley gerannt, der zu krank für Fußmärsche war, und rief: »Ich habe den See gesehen, Sir, und er ist gewaltig!«[128] Auf dem Weg von der Küste zum See hatte Stanley 60 seiner ungefähr 220 Männer verloren; ein Teil hatte sich davongemacht, andere waren Krankheiten erlegen oder von Einheimischen umgebracht worden.

Am 8. März 1875 fuhr Stanley mit seinem Boot *Lady Alice* los; es hieß nach einer Dame, in die er sich während eines kurzen Aufenthalts in Europa verliebt hatte. Nachdem er 57 Tage lang am Seeufer entlanggerudert und -gesegelt war, konnte er überzeugend darlegen, dass der einzige Abfluss aus dem See bei den Riponfällen lag. Speke hatte den Wasserfall zu Ehren des ersten Präsidenten der Royal Geographical Society so genannt, George Robinson, dem Ersten Marquess of Ripon.

Ägyptens Lebenslinie wurde von diesem leicht manipulierbaren See in der Mitte Afrikas gespeist und kontrolliert. Das gab dem Viktoriasee samt seiner Umgebung eine zentrale Position im zukünftigen britischen Nilimperium.

Der Abenteurer, der eine Sklavin ehelichte

Am 14. März 1864 standen Samuel Baker und seine 14 Jahre jüngere Ehefrau Florence am Ufer des Sees, den Baker nach Queen Victorias Gemahl den »Albertsee« nennen würde. Baker hatte einen reichen Vater und konnte daher ein abenteuerliches Leben führen und auf Großwildjagd um die Welt reisen. Während eines Jagdausflugs im Osmanischen Reich war er durch das Dorf Widden im heutigen Bulgarien gekommen, wo eine 17 Jahre alte Sklavin zum Kauf angeboten wurde. Angeblich kam sie aus Siebenbürgen und hatte dort als Einzige aus ihrer Familie ein auf die Revolution von 1848 folgendes Massaker überlebt. Baker machte ein Angebot und kaufte sie für einige Lira, verliebte sich in sie und heiratete sie später. Er wusste, dass man sie in der englischen Gesellschaft nicht akzeptieren würde, deshalb beschloss er, sich einen lang gehegten Wunsch zu erfüllen: in Afrika auf Großwildjagd zu gehen und nach den Nilquellen zu suchen. Zusammen mit Florence, die sich nach seinen Worten vor nichts fürchtete, reiste er den Nil hoch bis hinter Khartum und traf in Gondokoro im Südsudan mit Speke zusammen, der flussab unterwegs war. Nach einer zwei Jahre dauernden Reise erreichten die Bakers im März 1864 endlich den Albertsee:

> Dort, wie ein See aus Quecksilber, lag tief unter uns eine gewaltige Wasserfläche – ein endloser Wasserhorizont im Süden und Südwesten, funkelnd in der Mittagssonne; und im Westen, in einer Entfernung von fünfzig oder sechzig Meilen, erhoben sich blaue Berge aus dem Schoß des Sees zu einer Höhe von 7000 Fuß oberhalb des Wasserspiegels.[129]

Endlich sah er nun den See. Das *war* nun der Augenblick, das *würde* sein Augenblick in der langen Geschichte des Nils sein – ach, was hatte er sich diesen Moment vorgestellt, in den langen Jahren, während er sich durch Sumpf, Savanne und Regenwald gekämpft, Krankheiten besiegt und sich gegen Afrikas wilde Tiere verteidigt hatte. Baker hatte eigentlich ein dreifaches »Hurra!« über den See erschallen lassen wollen. Doch als er dann endlich dort angekommen war, habe er, wie er später in seinem Bestseller über die Reise schrieb, vor Bewegung kein Wort herausgebracht. Stattdessen stiegen er und seine Frau in fieberhafter Erregung von den Ochsen, auf denen sie geritten waren. Stark geschwächt von Krankheit und Hunger, kletterten sie den steilen Hang zum Seeufer hinunter.

> Ich führte an und umklammerte einen festen Bambusstock. Meine Frau stolperte in extremer Schwäche den Pfad hinab. ... Nach einem anstrengenden Abstieg von vielleicht zwei Stunden, erschöpft durch Jahre des Fiebers, aber für den Augenblick durch den Erfolg gestärkt, erreichten wir die ebene Fläche unterhalb der Felswand ... Die Wellen brachen sich an einem weißen Kieselsteinstrand: Ich lief in den See und, durstig vor Hitze und Erschöpfung, mit einem Herzen voller Dankbarkeit, trank ich ausgiebig an der Nilquelle.[130]

Mit dem unter den erfolgreichen viktorianischen Entdeckern so verbreiteten triumphierenden Bewusstsein, Geschichte zu erschaffen, fügt er hinzu:

> Kein europäischer Fuß hatte jemals diesen Sand betreten, und niemals hatten die Augen eines weißen Mannes diese gewaltige Wasserfläche überblickt. ... Hier war das große Becken des Nils, das jeden Wassertropfen empfing, vom vorüberziehenden Regenguss wie von den wilden Gebirgsbächen, die von Zentralafrika nach Norden hin abflossen. Das hier war das große Wasserreservoir des Nils![131]

Die Entdeckung der gewaltigen Seen, aus denen der Nil seinen Ursprung nahm, sollten für den Wettlauf um Afrika immense Konsequenzen haben. Als die Briten 1882 in Ägypten die Macht ergriffen, wussten sie bereits, dass dessen Wohlstand vom Wasser dieser Seen abhängig war. Sie wussten, dass der Viktoriasee zum Besten Ägyptens ebenso genutzt werden konnte wie zu dessen Schaden. Ihre Entdeckungen führten daher dazu, dass dieses Gebiet bei der europäischen Aufteilung Afrikas im Mittelpunkt stand: Solange Ägypten von der sommerlichen Nilschwemme abhängig war, würden die Seen, wie britische Wasserplaner in den 1880er Jahren wieder und wieder betonten, »Gold wert sein«. Daher drängte London die anderen europäischen Mächte dazu, das Nilbecken als Teil des englischen »Interessenbereichs« anzuerkennen. Der Charakter und die klare politische Logik der Geografie des Nils bedeutete in Bezug auf die Strategie des Empire, dass es keine Frage war, *ob* die Briten das Umland des oberen Nils besetzen sollten, sondern *wann* und in *welcher Form.*

Die Seen bilden die Achse, um die sich die moderne Geschichte Ugandas entwickelt hat. Uganda als Staat ist kein Produkt der Nilhydrologie, sondern vor allem ein Ergebnis der britischen Strategie, den Nil als hydrologisches System und zugleich als wichtige geopolitische Waffe zu benutzen.

Der Abenteuerer, der eine Sklavin ehelichte

Samuel Baker und Florence, die seine Frau wurde, nachdem er sie auf einem Sklavenmarkt auf dem Balkan gekauft hatte. Die Zeichnung stammt von Baker und ist eine von vielen, die das gemeinsame Leben am Nil in Uganda schildern.

Entdecker oder »Entdecker«?

Heutzutage ist es leicht, in Entebbe ein kleines Propellerflugzeug zu mieten und in geringer Höhe beim Nilausfluss über den langen, schmalen See zu fliegen, der heute die Grenze zwischen Uganda und dem Kongo bildet, dann nach Osten zum Viktorianil zu kreuzen, langsam über die Murchsonfälle und die Sümpfe des Kyogasees und vorbei an den Riponfälle zu gleiten, dem einzigen Nilausfluss, und weiter zum Viktoriasee zu reisen. Das alles kann innerhalb von einer oder zwei Stunden besichtigt werden, durch das Fenster des Flugzeugs, mühelos, während man etwas Wasser aus der Flasche trinkt. Es ist deshalb leicht, die Gefahren und Strapazen zu vergessen, mit denen die Entdecker der 1860er und 1870er Jahre konfrontiert waren, und die Faszination zu belächeln oder zu banalisieren, die die Kartierung der Nilseen vor 150 Jahren auf Europa ausübte.

In der postkolonialen Kritik wurde die Frage gestellt, ob es überhaupt legitim sei, diese Europäer als Entdecker zu bezeichnen, und ob man nicht lieber von »Entdeckungen« sprechen sollte. Diese Verwendung von Anführungszeichen ist nach den Übertreibungen des Postmodernismus in Verruf gekommen, aber in unserem Zusammenhang ist sie vielleicht doch noch angebracht. Denn können wir behaupten, dass die Hauptquelle des Weißen Nils von Speke entdeckt wurde, der Ausfluss des Albertsees von Baker, und dass Stanley in den 1870er Jahren wirklich entdeckte, dass eine Vielzahl von Flüssen nicht dem Viktoriasee entströmte?

Ein historischer Überblick über die europäische Entdeckungsgeschichte, wie sie sich in Afrika und dem Nilbecken vollzog, sollte Ambivalenz und Verlogenheit bloßlegen. Die europäische Faszination für die Suche nach den Nilquellen war den Einheimischen ein Rätsel, und sie nannten die durch ihre Länder ziehenden Weißen *Mzungu* – wörtlich übersetzt »jemand, der unnütz durch die Gegend schweift«, was auf Swahili noch heute das Synonym für Weiße ist. Die Entdecker stießen nicht nur auf geografische Geheimnisse, sie wurden auch selbst zu Symbolen einer vertrauten kulturellen Beziehung. Diese selbstbewussten Burschen mit ihren Tropenhelmen verkörperten dominante Wahrnehmungen der europäischen Begegnung mit Afrika und prägten afrikanische Ansichten davon, was Europa ist und wofür es steht – nicht nur während der Ära des Kolonialismus, sondern bis heute. Ihr Erbe wurde und wird weiterhin charakterisiert durch die Tatsache, dass diese Entdeckungen den Wettlauf um Afrika auslösten und sie selbst aktive Triebkräfte für europäische Eroberungen waren. Im ersten Teil seines Buches über seine Reise zu der sogenannten Quelle

Entdecker oder »Entdecker«?

Henry Morton Stanley unternahm in den 70er und 80er Jahren des 19. Jahrhunderts viele dramatische Expeditionen am Wasserlauf des Nils. Hier ist er mit seinem persönlichen Diener Kalulu zu sehen. Foto von 1872.

des Nils beschrieb Speke Afrika und die Afrikaner dermaßen klischeehaft, dass die Kolonisierung entlang des Nils als berechtigt und sogar als historische Notwendigkeit betrachtet werden konnte.

Die europäischen Entdecker hegten keinerlei Zweifel daran, dass es Europas Mission in Afrika sei, die »primitiven Völker zu zivilisieren«. Aber sollte Stanleys Rolle in dem grauenhaften Kolonialunternehmen, das als Belgisch-Kongo bekannt wurde, nicht trotzdem anders betrachtet werden als seine sorgfältigen Beschreibungen des Ituriwalds im östlichen Teil des Nilbeckens, der Ruwenzoriberge und der Ufer des Viktoriasees? Können Bakers rassistische Beschreibungen der »Eingeborenen« nicht anders gesehen werden als seine detaillierten Schilderungen vom Ausfluss des Albertsees und des Nilsystems im nördlichen Uganda? Spekes und Burtons Angewohnheit, Einheimische zu vermessen, wann immer sich die Gelegenheit bot – Schädel, Brüste, Genitalien –, ist heute eine abstoßende Lektüre und war schon damals erniedrigend. Aber können ihre Berichte über den Viktoriasee in den 1850er Jahren nicht dennoch unabhängig von ihren Ansichten über afrikanische Gesellschaftsformen gelesen werden? Es kann nicht sein, dass jemand sich dem Kolonialsystem widersetzen muss, um sich den Titel Entdecker zu verdienen, oder dass umgekehrt jemand aufgrund seiner sozialen und politischen Einstellungen nicht mehr als »Entdecker« gelten darf.

Es ist zudem inzwischen üblich, darauf zu verweisen, dass die Entdecker im eigentlichen Sinn ja gar nichts »entdeckt«, sondern nur notiert hätten, was die Menschen bereits gewusst, aber nicht aufgeschrieben hatten. Henry Morton Stanley, der oft als Zielscheibe von fast kollektiver postmoderner oder postkolonialistischer Verdammung von »Entdeckern« herhalten musste, war einer der Ersten, die sich gegen diese Kritik verteidigten:

> Sie werden mit Vergnügen feststellen, dass wir nicht viel Grund zum Prahlen haben; dass die alten Reisenden, Geographen und Autoren eine ziemlich klare Vorstellung davon hatten, wo der Nil herkommt, dass sie gehört hatten ... von den Quellen, die Ägyptens berühmtem Strom das Leben schenkten.[132]

Der See war in der Tat schon längst bekannt, als die beiden britischen Abenteurer ihn im 19. Jahrhundert erreichten. Im 2. Jahrhundert n. Chr. saß der griechische Astronom, Mathematiker und Sofageograf Claudius Ptolemaios in der Bibliothek von Alexandria und sammelte alle bekannten Reiseberichte – darunter den des griechischen Globetrotters Diogenes, der vom Indischen Ozean her den afrikanischen Kontinent bereist und berichtet hatte, dass zwei Seen und die »Mondberge« die Quellen des Flusses seien. In seiner *Geographie* beschrieb Ptolemaios den Nil als einen heiligen Fluss, der an die zwölf Grad südlich des Äquators aus einer großen Anzahl von Zuflüssen entstehe, die wiederum Seen bilden, aus denen zwei Ströme ausfließen und sich endlich zusammentun, um den Nil zu bilden.

Die Karte des Ptolamaios war aber nie mehr als eine These, eine Behauptung, eine auf Grundlage unklarer Informationen erstellte Zeichnung; seit er seine Informationen zu Papier gebracht hatte, waren sie niemals von Leuten bestätigt worden, die sich dort aufgehalten hatten. Später zeigte die sogenannte *Tabula Rogeriana,* eine 1154 vom arabischen Gelehrten Muhammed al-Idrisi im Auftrag des normannischen Königs Roger II. von Sizilien gezeichnete Karte, einen großen See mitten in Afrika, dem der Nil entströmte. Es liegt zudem auf der Hand, dass die in der Nähe lebenden Menschen wussten, dass sie es mit einem riesigen See zu tun hatten, aus dem ein Fluss entsprang. Sie sahen den Fluss ja jeden Tag. Die Einheimischen nannten den See Nalubaale, das bedeutet ungefähr »Gottmutter« (*Lubaale* bedeutet allgemein »Gottheit«, die Vorsilbe *Na* kennzeichnet das Femininum). Im Jahre 1850 war jedoch keine dieser Karten oder Geschichten bestätigt worden, sie gehörten einfach zu den vielen Mythen, die sich um Ägyptens Lebenslinie rankten.

Als also die Royal Geographical Society in London im späteren 19. Jahrhunderts ihre Expeditionen aussandte, startete sie einen Prozess, der mit überraschender Genauigkeit komplexe geografische Zusammenhänge und hydrologische Systeme aufzeichnete und kartierte, die sich vom Herzen Afrikas bis zum Mittelmeer erstreckten – Systeme, die bisher niemand auf fester empirischer Grundlage dokumentiert hatte. Die Beobachtung dessen, was problemlos zu beobachten ist, lässt sich nicht mit wissenschaftlichen Entdeckungen vergleichen, und wenn diese beiden Arten von Beschreibungen miteinander gleichgestellt werden, verschwinden die Unterschiede zwischen Wissenschaft und bloßer Beobachtung oder lokalem Wissen. Insofern ist es legitim und nicht zwangsläufig eurozentrisch, Speke, Grant und Stanley als große Entdecker und eigenständige Pioniere zu bezeichnen.

Schiere Entschlossenheit und wissenschaftlicher Evangelismus

Unwissenheit und noch immer vorherrschende Unsicherheit in Bezug auf den Ursprung des Nils und die Vorstellung des Flusses als heilig und göttlich hingen mit einem unerklärlichen Phänomen zusammen und wurden von diesem gespeist: Wie konnte ein Fluss, der Hunderte von Kilometern unter wolkenlosem Himmel und sengender Sonne durch die Wüste strömte, in Ägypten jedes Jahr als gütige Flut erscheinen und eine ungeheuer karge Landschaft in eine außergewöhnlich fruchtbare Region verwandeln? So lange dieses Rätsel ungelöst blieb, war der Nil ein ideales Objekt für geografische und religiöse Spekulation.

Herodot untersuchte in seinen *Historien* mehrere Theorien über den Ursprung des Nils und stellte zudem seine eigene vor. Er widersprach den Griechen, die mit ihren Erkenntnissen protzen wollten und behaupteten, Passatwinde ließen den Fluss im Herbst anschwellen, da sie ihn auf Weg zum Ozean verlangsamten. Noch unlogischer sei die Theorie, so schrieb er, der Nil stamme vom Okeanos ab, einer Art Fluss oder Ozean, der die Erde umgab. Herodot neigte stattdessen zu der Annahme, dass die Sonne im Winter dem Nil das Wasser entzog.[133]

Wenn wir Balthasar Telles Glauben schenken wollen, einem Jesuiten, der 1710 über seine Reisen in Äthiopien schrieb, dem Land der östlichen Nilausläufer, fragte Alexander der Große das berühmte Orakel in der westlich von Alexandria gelegenen Oase Siwa als Erstes, wo der Nil seinen Anfang nehme.[134] Vermutlich glaubte Alexander danach für kurze Zeit, die Nilquellen gefunden zu haben, als er zu den Flüssen Hydaspes und Akesines gelangte, obwohl diese im heutigen Pakistan in den Indus münden. Griechische Geografen wussten, dass der Hydaspes nicht die eigentliche Nilquelle sein konnte, aber sie brachten diese Flüsse trotzdem mit dem Nilsystem in Verbindung, weil auch sie im Sommer Überschwemmungen brachten. Die Geografen meinten, die Menge von Sedimenten in beiden Flüssen weise auf irgendeinen Zusammenhang mit dem Nil hin.

Julius Cäsar soll sich in Ägypten beim Greis Achoreus nach dem Ursprung des Nils erkundigt und dabei behauptet haben, er begehre kein anderes Wissen mit solcher Inbrunst. Cäsar hat angeblich hinzugefügt, er würde das Römische Reich verlassen, wenn er nur diese Quelle entdecken könnte.[135] Kaiser Nero schickte Soldaten und Offiziere auf Suche nach der Nilquelle aus, aber diese Expedition war ein Misserfolg. Die Soldaten kamen nur bis zu den Sümpfen im heutigen Südsudan, das berichtete Seneca der Jüngere. (Der römische Autor und Philosoph war ein Berater Neros, bis er von diesem in den Selbstmord getrieben wurde.)

Im europäischen Mittelalter florierten die Spekulationen immer weiter. Der spanische Reisende Pedro Tafur griff im 15. Jahrhundert die seit 300 Jahren zirkulierende Geschichte über den sagenumwobenen Priesterkönig Johannes auf. Der habe die Überzeugung vertreten, dass man sich ausschließlich von Fisch ernähren müsse, wenn eine Nilexpedition von Erfolg gekrönt sein sollte. Deshalb sei es notwendig, zuerst einen neuen Menschentypus zu erschaffen. Der afrikanische Monarch sammelte also eine Gruppe von Kindern, verweigerte ihnen die Milch und ernährte sie ausschließlich von rohem Fisch. Als die Kinder dann erwachsen waren, wurden sie flussauf geschickt. Der Sage zufolge erreichten sie die Mondberge, wo sie sahen, dass der Nil durch ein Loch im Felsen aus einem der höchsten Berge strömte, und kamen nicht weiter.

Während man sich mit dieser mythologischen Niltradition beschäftigte, wurden energische Schritte unternommen, um die Geografie des Nils zu erfassen, auch wenn weiterhin Verwirrung herrschte. Ansel Adorno zum Beispiel war 1470/71 in Asien unterwegs und glaubte, der Nil entspringe in Indien und ströme durch Äthiopien nach Ägypten. Der Franziskanermönch Suriano, dessen Reiseberichte 1524 veröffentlicht wurden, teilte mit, die Nilquellen befänden sich im Paradies; aus einer heute schwer zu erfassenden Vorstellungswelt heraus glaubte er, der Fluss ströme in Äthiopien durch ein Bett aus purem Gold.

Die Leistung von Speke, Grant, Baker und Stanley, das Rätsel der Nilquellen gelöst zu haben, muss vor dem Hintergrund dieser Mythen und Spekulationen analysiert werden, denen zu ihrer Zeit noch keine gesicherten Erkenntnisse gegenübergestellt werden konnten. Nachdem zahllose Entdecker im Laufe der Jahrhunderte daran gescheitert waren, dem Nil seine geografischen Geheimnisse zu entreißen, geschah der Durchbruch dann innerhalb weniger Jahrzehnte. Die britische Historikerin Margery Perham meinte, dass diese Entdecker »menschliche Zielstrebigkeit auf eine dermaßen extreme und nackte Art illustrieren, dass diese eine symbolische Bedeutung erhält«.[136] Das Innere Afrikas war für den Europäer damals weitgehend unbekannt, der Erdteil noch längst nicht geografisch und kartografisch erfasst worden. Das lag an einer Kombination mehrerer Faktoren, so war jeglicher Schiffsverkehr flussauf vom Mittelmeer aus überaus schwierig und gefährlich, und Europäer konnten das Klima kaum vertragen. Die Malariamücke ist als Afrikas beste Verteidigungswaffe beschrieben worden. Stanley spielte auf diese Vorstellungen an:

Fatales Afrika. Ein Reisender nach dem anderen sinkt ins Grab. Es ist so ein gewaltiger Kontinent, und jedes seiner Geheimnisse ist von so vielen Schwierigkeiten umgeben – die drückende Hitze, die aus dem Boden aufsteigenden Miasmen, die ekelhaften Dünste, die jeden Pfad umhüllen, die Rohrgräser, die den Wandersmann ersticken, die wilde Wut des Eingeborenen, der jeden Zugang und Ausgang bewacht, das unbeschreiblich elende Leben in diesem wilden Erdteil, das vollständige Fehlen jeglichen Komforts, die Bitterkeit, die jeder Tag auf das Haupt des Weißen häuft, in diesem Land der Schwärze, in der karge Düsterkeit jede Faser des Seins durchdringt, und der kleinen – zu kleinen – Verheißung von Erfolg, die man verspürt, wenn man dieses Land betritt.[137]

Die Entdecker besiegten ihre Angst und unterdrückten Zweifel und Widersprüche – sofern sie überhaupt dazu neigten; ihre Biografien geben darüber keine eindeutige Antwort. Sie vertraten den europäischen Expansionsdrang zwar voller Stolz, aber sie betrachteten sich auch als Speerspitze eines militanten, wissenschaftlichen Evangelismus und glaubten fest an die Ideale von Rationalität und Wissenschaft. Um die Mitte des 19. Jahrhunderts ging diese Denkweise einher mit einem mächtigen ideologischen Trend: Ihre Vorstellungswelt wurde von dem Glauben dominiert, es gebe einen gleichsam naturgesetzlichen Fortschritt der Menschheit, es sei der Sinn der Geschichte an sich, dass Gesellschaften von einem »primitiven« zu einem entwickelten Stadium gelangten und damit auch die Mythologie zugunsten der Wissenschaft hinter sich ließen.

Diese Ansichten und Vorstellungen über den Gang der Geschichte gestatteten es den Entdeckern und ermutigten sie dazu, sich als Vertreter des weißen Mannes zu sehen, der einem noch immer im Zustand der Finsternis verharrenden Afrika die Fackel des Fortschritts brachten. Geografie war damals aus dieser Perspektive betrachtet eine militante Disziplin, die dazu diente, die wilde Natur zu besiegen und sich die Herrschaft über andere Kontinente zu sichern. Die meisten Gelehrten stimmen heutzutage darin überein, dass es bei den damaligen Entdeckungsreisen in Afrika auf einer tieferen, kulturellen Ebene darum ging, Kontrolle auszuüben, und dass die Bücher, Landkarten und Illustrationen der Entdecker folglich ebenso als Waffen analysiert werden können wie als Werke der Betrachtung oder der Wissenschaft.

Die derzeitige Zurückhaltung und Skepsis in Bezug auf die Rolle der Entdecker gibt die historische Dualität ihrer Rollen und Funktionen wieder. Sie werden in mancherlei Hinsicht weiterhin als tatenfrohe Helden ohne Furcht und Tadel betrachtet, angetrieben von ihrem persönlichen Ehrgeiz, etwas Neues zu entdecken und darüber zu schreiben. Zugleich gelten sie fast schon als Karikaturen ihrer selbst, als Gestalten mit Tropenhelmen, die an der Spitze ihrer Träger in den Kampf gegen Krankheit, Löwen, Elefanten und »Eingeborene« ziehen – dermaßen von sich überzeugt und sich selbst genug, dass die Träger und Späher, von denen sie völlig abhängig waren, aus ihren Berichten verschwinden konnten. Einige dieser Entdecker waren widerliche Rassisten, aber obwohl – oder vielleicht gerade weil – sie von ihrem Sonderstatus überzeugt waren, fanden sie die Kraft, sich gegen alle äußeren Widerstände auf die Suche nach den Geheimnissen des Nils zu machen und sie am Ende auch aufzudecken. Sie erregten neues Interesse an Afrika und an der Geografie des Nils, steigerten deren Faszination und leisteten unschätzbare Beiträge zur Erforschung dieses Erdteils. Zugleich trugen sie dazu bei, die Völker und Kulturen des Nilbeckens in einen Schleier von Vorurteilen und »Negativberichten« zu hüllen; ihre sensationellen Bestseller halfen dabei, jene Klischees und Stereotypen zu schaffen und zu verbreiten, die bis zum heutigen Tag so einen großen Einfluss auf das Afrikabild der übrigen Welt ausüben.

Das afrikanische Königreich an der Nilquelle

»Ein afrikanisches Königreich an den Nilquellen im Herzen Afrikas!« Diese Nachricht schlug um die Mitte des 19. Jahrhunderts in Europa wie eine Bombe ein.

Als Speke und Grant den Viktoriasee erreichten und der Welt mitteilten, sie hätten die Quelle entdeckt, nach der schon Cäsar und Nero gesucht hatten, erregten auch ihre Berichte über bisher unbekannte afrikanische Königreiche in der Umgebung dieses Sees großes Interesse.

Buganda, ein Königreich mit einer über mehrere Jahrhunderte zurückreichenden Geschichte, passte nicht in die damals vorherrschen Narrative über Afrika. Ethnologen und Historiker haben versucht, die Geschichte der Baganda zu rekonstruieren. Die Überlieferung der Baganda selbst besagt, dass sie gegen Ende des 15. oder zu Beginn des 16. Jahrhunderts aus dem Gebiet um den Elgonberg im Nordosten des Viktoriasees gekommen seien. Anfangs bildete sich das Königreich vor allem aus Bündnissen, die durch Heiraten zwischen der königlichen Familie und anderen wichtigen Sippen geschmiedet wurden. Zu Beginn des 18. Jahrhunderts jedoch begann der König oder *Kabaka*, außerhalb des Kernlandes von Buganda gelegene Regionen zu erobern, was zu einer festeren Zentralisation der Macht und zur Entwicklung einer königlichen Beamtenschicht führte. Die königliche Erbfolge war jedoch ein ewiges Problem, und es kam deshalb immer wieder zu Auseinandersetzungen. In der Regel wurde die Familie eines erfolglosen Thronprätendenten gleich mit ausgerottet.[138]

Die erste Begegnung zwischen einem Europäer und dem König von Buganda trug sich am 20. Februar 1862 auf einem Hügel am Viktoriasee im heutigen Kampala zu. Die Szene hat Speke in seinem Tagebuch lebhaft beschrieben, erzählt vom Standpunkt eines Europäers des 19. Jahrhunderts. Zuerst starrten Speke und König Mutesa I. einander lange Zeit wortlos an. Speke saß unter seinem Sonnenschirm, was der Hof des Königs seltsam und amüsant fand. Speke hatte, so schreibt er, Zeit genug, sich den König anzusehen. Er sah einen attraktiven, großen und athletischen Mann von vielleicht 25 Jahren, der ein prachtvolles farbenfrohes Halsband und viele Edelsteine trug. Alles, was er am Leib hatte, war geschmackvoll und elegant. Neben dem König standen sein Speer, sein Schild, sein weißer Hund und seine Frauen. Nachdem sie einander ausgiebig gemustert hatten, zog sich der König zum Essen zurück, ohne Speke etwas anzubieten. Speke wartete, bis ihm abermals eine Audienz gewährt wurde. Zuerst zeigte ihm der König eine große Gruppe seiner Frauen, dann sprachen sie über die Engländer, die den Nil hinaufreisten, doch als Speke über deren Entdeckungen reden wollte, interessierte sich der König mehr für die von Speke mitgebrachten Waffen. Die Begegnung steht symbolisch dafür, was während des nächsten Jahrhunderts die Geschichte des Nils werden und um welche Achse sie sich drehen würde: Das britische Interesse am Fluss paarte sich mit einem regionalen Spiel um Macht und Einfluss in dem, was zum britischen Nilimperium geworden war.

Das Königreich basierte auf Landwirtschaft, vor allem auf dem Anbau von Bananen. In Buganda war wegen der starken Verdunstung fast das ganze Jahr hindurch Regenzeit, was vor allem an der Nähe des Viktoriasees lag. Bugandas König hatte zudem eine Art Marine aufgebaut – sie bestand aus Einbäumen –, die auf dem »See der Gottmutter« patrouillierte. Im 17. und 18. Jahrhundert war Buganda einigen ugandischen Historikern zufolge »der Schrecken seiner Nachbarn« gewesen.[139] Die ersten Europäer, die dort eintrafen, waren davon beeindruckt, dass die Baganda, anders als andere Völker dieser Region, bekleidet waren. Der für die Kleidung verwendete Stoff, *Olubugo* genannt, wurde aus der weichen Rinde des Feigenbaums hergestellt. Um die Rinde biegsam und strapazierfähig zu

König Mutesa von Buganda (vorn), gemalt auf Grundlage einer Fotografie, die Henry Morton Stanley Ende des 19. Jahrhunderts angefertigt hatte. Der König war eine zentrale Figur im Kampf um die Quellen des Nils.

machen, entfernte man die äußere Schicht behutsam, legte die Rinde dann abwechselnd in Wasser ein und schlug sie schließlich mit einem geriffelten Holzhammer. Baumwollkleidung kam mit den arabischen Händlern, die von der ostafrikanischen Swahiliküste ins Landesinnere reisten und der Gegend ihren Namen gegeben hatten.

Mutesa I. herrschte über ein ziemlich hoch entwickeltes Königreich, das allerdings als Despot. Wer zu ihm vorgelassen wurde, schreibt Speke, dankte seinem Herrn und Herrscher gemäß der dortigen Sitte:

> Sie knieten auf dem Boden – denn niemand darf in Anwesenheit Seiner Majestät stehen – in einer Haltung wie zum Gebet, und sie hoben die Hände, während sie über einen beträchtlichen Zeitraum hinweg die Wörter *n'yanzig, n'yanzig, ai n'yanzig mkhama wangi* usw. usw. wiederholten, sich dann, erhitzt von dieser Anstrengung, flach auf den Boden warfen, wie Fische auf dem Trockenen zappelten und diese Wörter wieder und wieder ausriefen, sich dann dabei erhoben, mit lehmverschmierten Gesichtern; denn Seine Majestät in Uganda ist niemals zufrieden, solange die Untertanen nicht wie die elendesten Würmer vor ihm gekrochen sind.[140]

Speke berichtet auch, dass er dem König eines Tages ein Gewehr gab. Nachdem dieser die Waffe bewundert hatte, reichte der König sie einem jungen Diener, der sie ausprobieren sollte. Der Diener sei verschwunden, habe den ersten Menschen erschossen, der ihm über den Weg lief, und sei triumphierend zurückgekehrt. Der Mann sei tot, habe er gemeldet, die Waffe sei hervorragend. Königliche Konkubinen sind Speke zufolge fast jeden Tag getötet worden. Er habe gesehen, wie sie schrien und an einem Strick um den Hals in den sicheren Tod gezogen wurden. Der Harem lief derweil geradezu über von Frauen. Auch die Palastangestellten führten laut Speke ein unsicheres Leben. Eines Tages, als der König mit einer Mahlzeit unzufrieden war, habe er 100 Bedienstete hinrichten lassen. Einer von Spekes erbarmungslosen Kritikern, der Geograf James M'Queen, der Spekes Buch für die englische Zeitschrift *Morning Advertiser* rezensierte, bezeichnete Speke als jämmerlichen, unmoralischen Mann, vor allem, weil er sich immer wieder von Mutesa und dessen Gemahlin junge Mädchen schenken ließ. M'Queen behauptete sogar, Speke sei bisweilen dermaßen mit diesen Mädchen beschäftigt gewesen, dass er keine Zeit gefunden habe, den See gebührend zu erforschen.[141]

Das Eintreffen der Missionare

Am 3. April 1876 schrieb König Mutesa einen Brief an Queen Victoria, in dem er sich als den »größten König in Afrika« bezeichnete. Er berichtete der Königin, schon die »Mohammedaner« hätten versucht, ihn auf ihre Seite zu ziehen, nun aber wünsche er, sich ihr zu unterwerfen. Er schloss mit den Worten: »Möge Gott mit Eurer Majestät sein, möge Gott mit der Königin sein, und ich flehe Euch an, mir Papier, Tinte und Federn zu senden, denn mein Papier ist aufgebraucht.« Dieser Brief sollte einen Prozess einleiten, bei dem sich Religion und Ambitionen zur Beherrschung des Nils zu einer imperialen Politik mischten, die sich nur schwerlich überblicken oder rekonstruieren lässt. Das liegt auch daran, dass diese beiden politischen und rhetorischen Arenen so unterschiedlich und durch Welten getrennt waren.

König Mutesas Brief an Queen Victoria erregt damals ziemliches Aufsehen. Ein christlicher Gruß aus dem »schwarzen Afrika« an die Herrscherin über das größte Empire der Weltgeschichte, in einem Brief, in dem der König bat, ihr Sohn sein zu dürfen! Dieser Brief wurde nach Stanleys Besuch am Königssitz geschrieben, in dessen Verlauf dieser dem König vom Christentum erzählt hatte und von der britischen Waffentechnologie. Seit Spekes Aufenthalt hatten sich bedeutsame Veränderungen zugetragen. Das Königreich besaß nun ungefähr eine Million Einwohner und erstreckte sich über 200 Kilometer entlang des Nordwestufers des Viktoriasees. Der *Kabaka*, der zwischenzeitlich zum Islam übergetreten war, und der jetzt über eine Armee von Zehntausenden Soldaten sowie seine Einbaumflotte verfügte, wünschte aus politischen und taktischen Gründen, eine Religion einzuführen, die dem Islam Konkurrenz machen und dem wachsenden arabischen und ägyptischen Einfluss gegensteuern könnte. Als 1877 die ersten Missionare aus Europa eintrafen, beschloss Mutesa, zwei Gesandte nach London zu schicken. Sie wurden im Mai 1879 von Queen Victoria empfangen. Nach einer anderthalb Jahre währenden Reise kehrten sie zurück und schrieben einen interessanten Bericht, aus dem wir einen guten Eindruck davon erhalten, wie Europa aus einem afrikanischen Blickwinkel aussah.[142]

Mutesas Brief und der Besuch in London wiesen auch darauf hin, dass die Region um die großen Nilseen nun ein zentraler Schauplatz für einen neuen Typ von Missionaren geworden war – Märtyrer des evangelikalen Expansionismus, Menschen, die bereit waren, sich zu opfern, nicht für den Profit, sondern für Gott. Sie wanderten in den Fußspuren des legendären deutschen Ostafrikamissionars Johann Ludwig Krapf, der eigens Swahili und Nyika gelernt hatte, um den Menschen in ihrer Sprache zu predigen. Er vorlor Frau und Tochter durch die Malaria, setzte aber seine Missionsarbeit unverzagt fort. Diese Art von Missionar fügte dem britischen und modernen europäischen Kolonialismus einige Züge hinzu, die sich als bedeutend für die Geschichte des Nilbeckens erweisen sollten. Der einsame Missionar, der allein oder zusammen mit einigen gleichgesinnten Christen ins Innere Afrikas und zu den Nilseen reiste, angetrieben von der Energie, das Evangelium zu verbreiten, lieferte der Missionsgeschichte ihren frühen Heldentypus.

Aus dem Osten kam Alexander MacKay, ein von der Church Missionary Society ausgesandter schottischer Anglikaner. Er traf 1878 in Kampala ein und machte dort sofort Eindruck, vor allem, weil er im Unterschied zu vielen seiner Nachfolger auch über praktische Fähigkeiten verfügte. Im folgenden Jahr kamen aus dem Norden die katholischen Weißen Väter. Schon bald hatten beide Gruppen ihre Anhänger. Mutesa spielte die unterschiedlichen Gruppierungen gegeneinander und gegen die Priester der traditionellen Religionen seines Landes aus und versuchte, auf diese Weise seine Unabhängigkeit und Stellung als König zu stärken. Da er zudem fürchtete, die jungen Baganda am königlichen Hof könnten eine zu positive Haltung dem Christentum gegenüber einnehmen, befahl er allen Missionaren, sich am Königssitz anzusiedeln, damit er ihre Aktivitäten kontrollieren könnte.

König Mutesa starb 1884, nachdem er angeblich 98 Kinder gezeugt hatte, ihm folgte sein Sohn Mwanga II. Der neue Herrscher griff härter gegen die Christen durch und machte in Europa Schlagzeilen, als er in seinem ersten Jahr an der Macht drei Christen verbrennen ließ. Eine noch ruchlosere Tat – und fast ikonisch dafür, wie die Missionare ihre eigene Geschichte während dieser Jahre sahen – war der Mord an dem Missionar James Hannington.

Hannington war in Hurstpierpoint in Sussex geboren und hatte mit 15 die Schule verlassen, um im väterlichen Betrieb zu arbeiten. Mit 21 entschied er sich für eine kirchliche Laufbahn. 1874 wurde er ordiniert und brachte es zum Dekan, doch als er 1882 von dem Mord an Missionaren am Ufer des Viktoriasees hörte, schloss er sich der Church Missionary Society an und machte sich nach Afrika auf. Stark geschwächt von Fieber und Ruhr, musste er jedoch bereits nach einem Jahr zurückkehren. Im Januar 1885 unternahm er eine zweite Reise zum Oberlauf des Nils. Er fand einen neuen Weg, auf dem Missionare von der Küste zu den Seen gelangen konnten, und traf am 21. Oktober am Viktoriasee ein. Doch König Mwanga ließ ihn sofort ins Gefängnis werfen. In seinem Tagebuch begeisterte er sich über den »wunderbaren Blick auf den Nil«, den er bei seiner Ankunft gehabt habe, das Land sei »sehr schön«, hielt aber auch fest, dass er sich nicht lange an der Schönheit erfreuen konnte. Bald darauf wurden er und seine Gefährten von etwa zwei Dutzend Männern überfallen.

> Zweimal konnte ich ihnen fast entkommen, dann versiegten meine Kräfte, und ich wurde an den Beinen über den Boden geschleift. Ich sagte: »Herr, in deine Hände ergebe ich meinen Geist, ich sehe nur zu dir auf.« ... Ich sang »Geborgen in Jesu Armen« ... und rechnete eine ganze Stunde lang mit meinem unmittelbar bevorstehenden Tod.[143]

Einige Tage darauf – am 29. Oktober 1885 – wurde Hannington auf Befehl des Königs tatsächlich erstochen. Er gehörte zu den ersten christlichen Märtyrern in Uganda, und als Ausdruck für die Bedeutung dieses Geschehnisses wird sein Todestag in der Church of England als Gedenktag begangen. Innerhalb der Kirchen- und Missionsgeschichte bilden auch die ersten afrikanischen Konvertiten ein Heldenkapitel. In einem Fall wurden 32 Ugander verbrannt. Der Missionar Robert Pickering Ashe schilderte einen anderen dieser Gewaltakte mit drastischen Worten:

> Als Munyaga (ein frisch bekehrter Christ) überfallen wurde, war er in seinem Haus. ... Die Mörder schlichen sich vorsichtig an. Sie sahen ein Gewehr am Türpfosten lehnen und hielten inne, denn sie glaubten, er besitze ein geladenes Gewehr, das ihm Ruhe und Gelassenheit verschaffte. Als Munyaga sah, wie sehr sie sich fürchteten, sagte er, sie brauchten vor dem Gewehr keine Angst zu haben, denn er habe nicht vor, es zu benutzen. Er bat, sich sein *Kansu* (ein weißes Gewand) anziehen zu dürfen, was sie gestatteten, dann wurde er abgeführt. Sein Prozess war ein grausamer Hohn, und er wurde dazu verurteilt, in Stücke gehackt und verbrannt zu werden. Seine Peiniger schnitten ihm die Arme ab und warfen sie vor seinen Augen ins Feuer, dann schnitten sie ihm ein Bein ab, das wurde ebenfalls in die Flammen geschleudert, und schließlich wurde noch der arme verstümmelte Rumpf auf das Holzgestell gelegt, um vom Feuer verzehrt zu werden. Asche zu Asche, Staub zu Staub, in sicherer und gewisser Hoffnung auf die Auferstehung von den Toten.[144]

Mutesas dringlichstes Ziel war es gewesen, den europäischen Einfluss zur Stärkung seines Königtums einzusetzen. Er und Mwanga waren mit einer kleinen europäischen Siedlung einverstanden, wenn sie seinem Königreich unterstellt wäre und Buganda vor möglichen Angriffen schützen könnte, vor allem vor seinen traditionellen Feinden, den Bunyoro, einem ebenfalls recht mächtigen Königreich, das in der Nähe des Albertsees weiter im Norden lag. Diese Taktik schlug jedoch fehl, da die Könige die Entschlossenheit der Briten unterschätzt hatten, ihre Herrschaft nach der Machtergreifung in Ägypten auf den Oberlauf des Nils auszuweiten. König Mwanga erkannte schnell, wie die Sache enden würde: Uganda würde unter die Kontrolle der Europäer geraten. Er soll gesagt haben: »Ich bin der letzte König von Buganda. Nach meinem Tod werden die Weißen das Land an sich reißen. Solange ich lebe, werde ich das verhindern können, aber ich werde der letzte schwarze König von Buganda sein ...«[145]

Der König war hellsichtig, aber er irrte sich auch. Die Briten stürzten Mwanga, der ihnen zu mächtig und zu starrköpfig geworden war; nachdem er einen kurzen Krieg verloren hatte, wurde er 1897 auf die Seychellen ins Exil geschickt. Die Niederlage, die er vorausgesehen hatte, traf also noch zu seinen Lebzeiten ein. Die britische Kolonialstrategie strebte an sich an, die Königreiche als solche zu erhalten, wenn auch in anderer Form, um damit Londons strategische Ziele so effektiv wie möglich zu erreichen. Die Briten verstärkten ihre politische Kontrolle über Uganda durch Zusammenarbeit mit dem neuen *Kabaka*. Dieser war vier Jahre alt, als 1900 ein Vertrag mit London geschlossen wurde. Die Anführer der Baganda hofften, dass ihr Volk als Belohnung in der neuen britischen Ordnung eine privilegierte Position einnehmen würde.

Über die gewaltsamen religiösen Konflikte, die sich in den 1890er Jahren in Uganda zwischen Muslimen und Christen abspielten – und nicht zuletzt auch zwischen Katholiken, Anglikanern und Protestanten –, sind Bände geschrieben worden. Die Einschätzung dieser Ereignisse verteilt sich über die gesamte Skala zwischen Bewunderung und Kritik. So charakterisierte ein britischer Autor die Missionare von Hanningtons Church Missionary Society 1916 als »intellektuellenfeindlich, fundamentalistisch, bibeltreu, überaus antikatholisch und verortet in einer Welt des moralisch Absoluten, in der es nur Neutralität gibt«.[146] In Untersuchungen über die britische Besetzung des Landes nach 1890 wird oft angenommen, London habe sich eingeschaltet, um diese Konflikte zu klären. Die Missionare versuchten, in ihren Heimatländern Unterstützung zu mobilisieren gegen das, was sie als afrikanisches Barbarentum, katholische Perversität, islamischen Fanatismus usw. beschrieben. Die Debatte darüber, warum Zentralafrika unter britischen Einfluss gebracht werden müsse, war geprägt durch religiöse Argumente, die sich mit einem starken Sendungsbewusstsein der europäischen Zivilisation mischten.

Die religiöse Frage war jedoch nicht von überragender oder wenigstens entscheidender Bedeutung für die Ausformung der britischen Nilstrategie und -politik. Premierminister Lord Salisbury und Lord Cromer waren zweifellos weitaus weniger daran interessiert, die europäische Zivilisation und das Christentum in diesem Teil Afrikas zu verbreiten, als sie zugunsten der britischen Ökonomie und Geopolitik einzusetzen. Sie waren vielmehr fest davon überzeugt, dass Ägypten von Uganda aus kontrolliert werden könne, und dass die Region am Oberlauf des Nils, inklusive des Südsudan, deshalb unbedingt religiöse und kulturelle Identitäten entwickeln müsse, die sich von jenen unterschieden, die in Ägypten und dem Nordsudan vorherrschten.

Entscheidend für Ägyptens Zukunft

Die Briten in Kairo hatten Buganda schon seit Langem besetzen wollen. 1892 bereiste Lord Lugard die Region als Vertreter der privaten Imperial British East Africa Company.[147] Nach seiner Rückkehr nach London im Oktober desselben Jahres startete er seine Kampagne für die britische Besetzung Bugandas mit einer Rede vor der Royal Geographical Society. Zugleich verfasste Lugard ein zweibändiges Werk über Uganda und äußerte sich in zahlreichen Artikeln zu diesem Thema. Er lieferte viele unterschiedliche religiöse und wirtschaftliche Argumente für eine britische Besetzung, ging aber auch auf die Nilfrage ein, da ihm bewusst war, welche Bedeutung die Elite in Kairo und die wichtigsten Strategen in London dem beimaßen. In seiner Rede vor der Royal Geographical Society erklärte er, London müsse die Region nicht zuletzt deshalb militärisch und politisch erobern, um den Briten in Ägypten telegrafisch Informationen über ungewöhnliche Flutmengen in Uganda übermitteln zu können. Dann könnten diejenigen, die dort für landwirtschaftliche Bewässerungsmaßnahmen zuständig waren, ihre Vorsichtsmaßnahmen treffen.[148]

Die britische Führung in Ägypten diskutierte damals umfassende Pläne zur Regulierung des Nils, welche die militärische Kontrolle über die Seen voraussetzten. 1893 sprach Justin C. Ross, einer der bedeutendsten Wasserpolitiker in Ägypten, bei einer Veranstaltung in Großbritannien zu diesem Thema. Wenn man den Wasserpegel des Viktoriasees um nur einen Meter anhöbe, so deutete er dort an, könne Ägypten 30 Mal mehr Wasser erhalten, als das Land überhaupt jemals benötigen würde. Das war Musik in den Ohren jener, die in die ägyptische Landwirtschaft oder die Baumwollindustrie von Lancashire investiert hatten, und auch Ägyptens Gläubiger hörten dies gern. In Kairo veröffentlichte William Willcocks, einer der leitenden britischen Wasserexperten, kurz darauf entsprechende Planungen, nachdem er ein Jahr zuvor in einem geheimen Regierungsbericht das Wasser der afrikanischen Seen als entscheidend für Ägyptens Zukunft bezeichnet hatte.

London und seine zentralen Strategen hatten jedoch noch ein anderes Motiv für den Versuch, sich die Kontrolle über die Seen zu sichern. Sie hofften, auf diese Weise die Herrschaft über die Quelle des Weißen Nils und damit auf lange Sicht über Ägyptens politische Willensbildung an sich zu bringen. In diesem Zusammenhang ist es deshalb sowohl wichtig wie symptomatisch, dass Samuel Baker – der Abenteurer und Entdecker, der seinen Zeitgenossen als einer der bedeutendsten Nilexperten galt –

schon 1884, nur zwei Jahre nach der britischen Übernahme Ägyptens, in einem Interview mit der *Pall Mall Gazette* gesagt hatte: »Die Araber trinken seit 5000 Jahren aus diesen Brunnen. Baut eine Festung, um die Brunnen zu beherrschen, und die Araber sind eurem Wohlwollen preisgegeben.«[149] Baker setzte sich seinerzeit deshalb immer wieder öffentlich dafür ein, die Kontrolle über den Sudan und den Oberlauf des Nils zu übernehmen und den Sudan Ägypten zuzuschlagen:

> Egal welcher Unterschied zwischen den Ägyptern und uns bestehen mag, wir haben versucht, ihnen die Segnungen einer britischen Verwaltung aufzudrängen. ... Ägypten erschien uns zu jener Zeit hilflos wie ein Kind in den Armen seiner Mutter, wir nahmen es an Kindes statt an und adoptierten auch den Vizekönig, ... um rasch die belebende Wirkung der liberalen Institutionen, die von der britischen Eiche der ägyptischen Dattelpalme aufgepfropft wurden, vorführen zu können. Ein solches Aufpfropfen jedoch war eine botanische Unmöglichkeit.[150]

Er glaubte allerdings, der Versuch, die Ägypter den Briten anzugleichen, könne einen Bumerangeffekt auslösen. Als Erzimperialist lieferte Baker eine knallharte Kritik imperialistischer Arroganz und Grausamkeit, und er sah, wohin dieses Verhalten führen würde:

> Wir zwangen den Vizekönig, Ägypten nach unserem Diktat zu verwalten, wir ließen ihm keine Wahl und nahmen ihm jegliche Handlungsfreiheit, während wir zugleich versuchten, alle ägyptischen Institutionen zu anglisieren, was den Hass der herrschenden Klassen gegen ihren passiven Führer hervorrufen musste, der sich unserer Macht unterworfen hatte.[151]

Nach dieser Analyse der zukünftigen britisch-ägyptischen Beziehungen war es nur natürlich, dass Baker glaubte, London werde die Kontrolle über die Nilquellen an sich reißen, um sich für die Zukunft eine politische Waffe zu sichern. Die Denkweise der viktorianischen Politiker in London, die sich diplomatischer ausdrückten, war ebenso schlicht und direkt: Wenn ihre Kontrolle über Suez und Ägypten und damit über den Seeweg nach Indien unsicher würde, würden sie auf den Panikknopf drücken. Auf diesem Knopf stand geschrieben: Den gesamten Nil sichern! Als erster Schritt: Das Einverständnis der rivalisierenden europäischen Mächte einholen, dass der Nil in die britische Interessensphäre fällt. Das erreichten sie im Jahre 1890. Als Nächstes: Die politische und hydrologische Kontrolle über das gesamte Flussbecken sichern. Die wichtigen Reservoire des Weißen Nils waren damals von größter Bedeutung, da fast alles Sommerwasser für die Baumwollpflanzungen von dort stammte.

London reißt die Kontrolle über die Nilseen an sich

Zu Beginn der 1890er Jahre hatten die Briten bereits eine dauerhafte Kolonialverwaltung in Entebbe aufgebaut; der Ort liegt auf einer Halbinsel im Viktoriasee nicht weit von Kampala entfernt. Erst 1893 übernahm London offiziell die Herrschaft, die die Imperial British East Africa Company bisher in der Region ausgeübt hatte. Im Dezember desselben Jahres starteten die Briten eine Militärkampagne gegen den König der Bunyoro, zum Einsatz kam eine Armee aus 10 000 mit Speeren bewaffneten Bugandesen und 420 nubischen Sudanesen unter dem Kommando britischer Offiziere. Dieser Feldzug verdiene den Namen Krieg nicht, urteilte ein Brite, der seinerzeit die Gegend bereiste, es handele sich vielmehr um »eine Jagd auf Neger«. London zog nun die Kontrolle über die Regionen am Nil im Norden des Viktoriasees an sich.

1894 wurde Uganda, genauer gesagt, eine Region, die dem heutigen Uganda ungefähr entspricht, von London zum britischen Protektorat erklärt. Am 28. Mai 1895 beschloss die Regierung dann, auch alle Gebiete zwischen den Seen und dem Indischen Ozean (also das heutige Kenia) der britischen Krone zu unterwerfen. Das war klassischer Kolonialismus. Offiziell sollte der physische Raum beherrscht werden, um die »eingeborenen« Sichtweisen und Weltbilder schrittweise durch die in vielen Regionen bereits anzutreffenden westlichen Werte zu ersetzen, tatsächlich aber handelte es sich nur um eine dosierte und partielle Integration der lokalen Ökonomie in ein größeres koloniales System. Was jedoch vollständig integriert wurde, waren die grundlegenden geografischen Eigenschaften der Region: Die Nilseen wurden einer umfassenden kolonialen Struktur mit einem sehr klaren Ziel unterstellt. Die Eroberung Ugandas ist damit ein weiteres Beispiel für die Tatsache, dass Kolonialismus und Imperialismus sorgfältig untersucht werden müssen, wenn wir sie verstehen wollen; oberflächliche und populäre Vorstellungen von Imperialismus allgemein lassen solche konkreten Machtverhältnisse unbegreiflich erscheinen.

In den folgenden Jahren reisten etliche britische Wasserplaner und Ingenieure nach Uganda, um dessen Wasserverhältnisse zu untersuchen und eine Vorgehensweise Ägypten gegenüber zu entwickeln. Pläne wurden entworfen und diskutiert den Albert- und den Viktoriasee aufzustauen. Eine der ersten Maßnahmen der Briten, nachdem sie die Region an sich gebracht hatten, bestand darin, Lord Lugards Idee von 1893 in die Tat umzusetzen: Am Ausfluss des Sees wurde eine Wassermessstation eingerichtet, deren Daten nach Ägypten übermittelt wurden. Weitere Pläne zur Nutzung der Seen wurden diskutiert und vorbereitet. Nilunternehmer in Ägypten – sie könnten als Avantgarde der Moderne bezeichnet werden – bestanden darauf, den gesamten Nil als hydrologische und planungsmäßige Einheit zu behandeln. Zeitgenössisches Archivmaterial belegt, dass diese Vision von der britischen Führungselite geteilt wurde, auch wenn keine Einigkeit darüber bestand, wie schnell man vorgehen wollte, wie die Projekte finanziert werden sollten und wie der Balanceakt mit Ägypten durchzuführen sei.

1895, ein Jahr nach Übernahme der großen Seen, fasste Sir Colin Scott-Moncrieff, der ehemalige Leiter des Egyptian Public Works Department, die britische »Nilversion« im Rahmen einer in London gehaltenen Rede zusammen. Wie für alle anderen, die mit dem Nil zu tun hatten, stand es für ihn außer Frage, *ob* die Briten sich den gesamten Fluss unterwerfen sollten. Scott-Moncrieff beklagte, dass man zu den »Werken von Speke, Baker, Stanley und unserer anderen großen Entdecker« greifen müsse, um Informationen über all jene Orte zu finden, die flussaufwärts des Tempels in Philae bei Assuan lägen. »Falls ein Ausländer seine Landsleute über die Themse belehren wollte und damit anfinge, dass er niemals weiter flussauf gelangt sei als bis Greenwich, würde er vermutlich als Hochstapler betrachtet werden.«[152] Andere hochrangige Wasserplaner beschrieben diese Jahre in Bezug auf hydrologische Studien, es sei, als ob »sich ein dichter Schleier über den oberen Nil gesenkt hätte«.[153] Da Moncrieff jedoch kein Militärstratege war, ging er in seiner Rede nicht weiter darauf ein, wann und wie das gesamte Becken besetzt werden sollte. Für ihn als dem Hauptverantwortlichen für die Lebenslinie von Britisch-Ägypten gehörte die Kontrolle über den Fluss zwingenderweise in eine Hand: »Ist es nicht selbstverständlich, dass der Nil vom Viktoriasee bis zum Mittelmeer unter einer Herrschaft stehen muss?«[154]

Aufgrund ihrer stetig anwachsenden Kenntnisse über den Nil als Naturphänomen und immer besseren Daten über die Hydrologie des Flusses waren sich die Briten dessen bewusst, dass es nicht helfen würde, in ihrem frisch erworbenen Territorium der Großen Seen Staumauern und Dämme zu errichten, wenn es ihnen nicht gelänge, die Transportkapazität des Flusses weiter nördlich in den südsudanesischen Sümpfen zu steigern. Ein Plan für den Oberlauf des Nils, der nur einen Stausee in Uganda umfasste, würde abgelehnt werden, wenn er nicht zugleich Maßnahmen vorstellte, den Flusslauf im Süden des Sudan zu einem leistungsstarken Aquädukt auszubauen. Den Briten war in den 1890er Jahren bereits nur zu bewusst, dass der Blaue Nil für mindestens 80 Prozent des gesamten Wasseraufkommens in Ägypten stand, aber für London, Lord Cromer in Ägypten und seine Wasseringenieure war es viel wichtiger, dass das Sommerwasser fast vollständig aus dem Weißen Nil stammte. Aus diesem Grund konzentrierten sie sich auf diesen Zulauf. Die Ingenieure wussten außerdem, dass der Nil aufgrund der sehr unterschiedlichen, einander teilweise ergänzenden hydrologischen Eigenschaften der beiden Hauptflüsse nur dann sinnvoll zu nutzen war, wenn er im gesamten Becken gezähmt würde. In dieser Hinsicht wurden sie zu Vorreitern des Ansatzes, Flusseinzugsgebiete als hydrologische Einheit und als Planungseinheit anzusehen, um das Wasser möglichst effizient und nachhaltig zu nutzen.

Die britische hydrologische Vision und die hydropolitischen Pläne für den Nil stellten eine ganz neue Form von Wasserimperialismus dar, und die Ziele und Erfordernisse dieses Imperialismus standen hinter den meisten Maßnahmen, mit denen London seinen Herrschaftsbereich im Nilbecken erweiterte. Das Übereinkommen, das Großbritannien 1900 mit dem geschwächten Buganda traf, zeigte die Ziele der Nilstrategie. Die Briten dehnten ihre Kontrolle über das Königreich hinaus auf die umliegenden Stämme oder Völker aus, und indem sie für die gesamte Region den Namen Uganda benutzten, machten sie es zu ihrem Verbündeten. Zwar erschwerte das Bündnis mit den Baganda die Einführung von Landwirtschaft durch koloniale Siedler, allerdings hatte London ohnehin kein sonderliches Interesse daran, die Ressourcen der Region auf diese Weise zu nutzen. Das Bündnis mit den Baganda wurde zur Grundlage für ein leistungsstarkes und relativ kostengünstiges Verwaltungssystem in einer Gegend, in der sich die britische Strategie in erster Linie auf die natürlichen Wasservorräte und ihr geopolitisches und wirtschaftliches Potenzial konzentrierte.

Bis zum Ende des Zweiten Weltkriegs zielte Londons Politik in Uganda darauf ab, den Nil dort zu nutzen und zu kontrollieren, um die Wasserpolitik in Ägypten besser beeinflussen zu können; die Entwicklung Ugandas galt demgegenüber als nachrangig. Wie erwähnt, erklärte die britische Regierung im Abkommen über das Nilwasser von 1929, dass Uganda und die übrigen ostafrikanischen Anrainerstaaten keinen wirklichen Bedarf an dieser Ressource hätten. Mögliche Projekte, die diese Länder dennoch anvisierten, würden aufgrund des Abkommens die Zustimmung Kairos benötigen. Es gab viele Gründe, warum der Nil in Uganda erst nach 1950 genutzt wurde, und das Abkommen, die Nilpolitik der Briten sowie deren gesamte Einstellung gegenüber der Entwicklung Ugandas, die sich aus dieser Politik ergab, spielten offenbar eine wichtige Rolle. In Uganda blieb der Nil vorerst ungezähmt.

Wo die Tiere herrschen (durch der Menschen Gnade)

Das Boot gleitet langsam zwischen dem Albert- und dem Viktoriasee im Norden Ugandas den Weißen Nil hinauf, in der Nachmittagssonne schaue ich auf den Fluss hinaus, dessen Wasser weiß ist wie ein Himmel mit Makrelenwolken. Das Fahrzeug, mit dem ich unterwegs bin, hat nichts erhaben Königliches an sich, obwohl der Kapitän es *African Queen* genannt hat, nach dem gleichnamigen Film mit Humphrey Bogart und Katharine Hepburn, der 1950 hier gedreht wurde. Das Boot ist ungefähr so groß wie eines der Hunderte von Nilpferden, die sich ohrenzuckend sehr dicht am Boot im Wasser treiben lassen. Schon eines dieser stämmigen Wesen könnte das Boot umkippen lassen, das beunruhigend tief im Wasser liegt – so tief, dass die Krokodile, die wir sehen, sich mit Leichtigkeit einen Arm schnappen könnten, der unvorsichtigerweise auf den Bordrand gelegt wird. Der Bootsführer versichert uns, das sei noch nie vorgekommen, die Krokodile hätten hier Fisch genug, aber dennoch pressen wir die Arme fest an den Leib, als das Boot vom Ufer losgleitet. Nach zehn Minuten auf dem Fluss haben wir bereits große Nilpferdfamilien, eine Herde Wasserbüffel in vollem Galopp am Ufer und einen einsamen alten Bullen gesehen. Er ist, so erzählt uns der Kapitän, aus seiner Herde ausgestoßen worden und lebt jetzt allein dicht am Wasser, damit er im Falle eines Löwenangriffs seine Haut retten kann.

Die Nilpferde führen sich auf, als ob sie die Herren des Flusses wären. An jeder Flussbiegung kann ich sie sehen; sie schnauben gleichsam herablassend, in souveräner Verachtung von Wesen wie uns. Es ist also natürlich, dass der Murchison Falls National Park auch Paara National Park oder »Heimat der Nilpferde« genannt wird. Im Schatten der dicken Bäume, deren Zweige sich im Wasser spiegeln, dösen riesige Krokodile auf Sandbänken. Ab und zu sehe ich, wie ein Teil eines Krokodilkopfes

Wo die Tiere herrschen (durch der Menschen Gnade)

den Wasserspiegel durchbricht, nur zwei Meter vom Boot entfernt. Der Fluss beherbergt hier Afrikas größte Nilpferd- und Krokodilpopulationen. Am Ufer des Flusses, der sich nach Norden bewegt, unaufhaltsam und mit der für große Ströme typischen Unvermeidlichkeit, ziehen Elefanten, Giraffen und Büffel ihrer Wege. Die Vogelwelt hier ist unvergleichlich – allerlei Reiherarten, der kleine Eisvogel, ein afrikanischer Fischadler, mehrere Storcharten und leuchtende kleine Vögel in allen erdenklichen Farben.

Das alles vermittelt den Eindruck, dass wir uns hier im Reich der Tiere befinden. Wir Menschen sind hier die exotischen Wesen, wir sind es, die in Käfigen unterwegs sind. Nirgends sonst auf der Erde ist es möglich, sich wilden, gefährlichen Tieren dichter zu nähern als hier auf dem Nil, östlich des Albertsees – jedenfalls wenn man mit dem Leben davonkommen will. Die Gegend hier gehört zu den vielen Orten an diesem vielfältigen Fluss, die von Menschenhand vollkommen unberührt wirken. Die Tiere scheinen auch darauf zu bestehen, dass sie hier die Chefs sind; sie ignorieren uns, als ob sie die Wirklichkeit noch nicht wahrgenommen haben, die sich in den vergangenen Jahrzehntausenden entwickelt hat, und noch nicht begriffen haben, welches Wesen tatsächlich das Sagen hat.

Der Fluss füllt sich nun mehr und mehr mit weißgoldenen Schaumkappen, die aus der Ferne fehl am Platze wirken, da sie aussehen wie kleine Eisberge. Die Strömung wird stärker, und der alte Mann am Steuer wird immer aufmerksamer. Und dann, nach einer leichten Flussbiegung, ist der dramatischste Wasserfall des Weißen Nils zu sehen. Nirgendwo sonst auf seiner fast 7000 Kilometer langen Reise zum Meer explodiert der Fluss so wie hier.

Eine am Flussufer angelegte Treppe führt uns zu der Baker's Point getauften Aussichtsstelle. Angeblich stand hier vor ungefähr 150 Jahren Samuel Baker. Der Blick ist umwerfend – schäumendes Wasser, aufstiebende Gischt, im Hintergrund tropischer Wald, das alles unterlegt mit einem ununterbrochenen ohrenbetäubenden Tosen. Der Wasserfall scheint dem Fluss die letzte Energie auszusaugen, ehe dieser wieder zu dem friedlichen Strom wird, auf dem ich eben noch unterwegs war, und weiter unten in den Albertsee mündet, um dann zu den Folastromschnellen bei Nimule im Südsudan zu strömen.

Wasserfälle und Bilder von »den Anderen« und »uns«

Die Murchisonfälle kennzeichnen den Übergang vom Bunyoroplateau zu den ausgedehnten Ebenen des Acholilandes. Steigt man die Treppe hinauf, die sich vom Grund der Wasserfälle aus durch den Dschungel schlängelt, erhält man gelegentlich auch einen Blick auf die Uhurufälle oder Freedom Falls, wie sie von den Ugandern genannt werden. Sie entstehen, wenn der Fluss nach ungewöhnlich starkem Regen durch die Berge bricht. Der Name bezieht sich auf die Tatsache, dass diese Fälle, die heute normalerweise als Teil der Murchisonfälle angesehen werden, symbolträchtigerweise 1962 »geboren« wurden – im selben Jahr, als Uganda vom britischen Kolonialismus befreit wurde und als unabhängiger Staat das Licht der Welt erblickte.

Wann immer der Name erwähnt wird, bestätigt er den Erfolg und bleibenden Einfluss der Entdecker des 19. Jahrhunderts, ganz abgesehen davon, wie die an ihre Reisen anschließende Eroberung Afrikas sie zu zentralen Akteuren in der Geschichte des Kontinents machte. Der Name Murchisonfälle offenbart jedoch auch eine kulturelle Hybris und verdeutlicht, wie Macht selbstverherrlichend wirken kann – und somit banal. In gewisser Weise erscheint es recht kindisch, dass die Erbauer des Empire so besessen davon waren, die Welt nach ihren Landsleuten und Anhängern zu benennen. Wie ich nun an der schmale Klippe stehe, über die das Wasser mit geradezu ohrenbetäubendem Lärm hinunterstürzt, sodass der Rest der tropischen afrikanischen Landschaft nur noch wie hinter einer Art Scheibe zu existieren scheint, kommt es mir seltsam und unpassend vor, dass ich gezwungen bin, an einen britischen Gentleman zu denken, der nie an diesem Ort gewesen ist.

Sir Roderick Impey Murchison wurde 1792 in Schottland geboren und hatte sich zunächst einen Namen als geschickter Fuchsjäger gemacht, bevor er sich Wissenschaft und Geologie zuwandte. Bis 1871 war er 15 Jahre lang Präsident der Geological Survey of Great Britain. Seine Forschungen über das silurische und das devonische Erdzeitalter hatten großen Einfluss auf die Entwicklung der Stratigrafie. Murchison stellte unter anderem fest, dass die Sedimente des Osloer Feldes in Norwegen gefaltet waren und zum silurischen Zeitalter gehörten. Diese Entdeckung führte dazu, dass geografische Untersuchungen dieser Art auch in Norwegen eingeführt wurden. Trotz seiner Bedeutung erinnert dort nicht einmal eine Gedenktafel an ihn. In Murchisons Heimat war die Namensgebung auch anders als in Afrika; er benannte das Erdzeitalter Devon nach der Grafschaft

Devonshire in England und das Zeitalter Silur nach den vorkeltischen Siluren, die in eben der Region von Großbritannien lebten, wo Murchison seine Entdeckungen machte.

Ich stehe am Rande eines steilen, von dichtem Dschungelwald umgebenen Wasserfalls und denke an Murchison, der Afrika nie betreten hat. Da er der Leiter der Royal Geographical Society in London war, wurde der größte Wasserfall des Weißen Nils nach ihm benannt.

Die Art und Weise, wie sich die nichtafrikanische Außenwelt und insbesondere der Westen inszenierten, wie Geschichten über die Nilregion hervorgebracht und Wahrnehmungen geprägt wurden, ist nicht nur Teil der afrikanischen Geschichte, sondern auch ein entscheidender Teil der konzeptuellen und kulturellen Geschichte des Westens. Wie »Afrikaner« oder »Afrika« dargestellt und beschrieben wurden, hat die gegenwärtigen Beziehungen zwischen Europa und Afrika stets sowohl reflektiert als auch beeinflusst. Die frühe Reiseliteratur mit Geschichten vom Oberlauf des Nils prägte spätere Forscher und Politiker entscheidend und hat sich bis zu einem gewissen Grad auf die vorherrschende Denk- und Sichtweise ausgewirkt, weil die Autoren berühmt waren und ihre Bücher zu Bestsellern und Klassikern wurden. Diese Literatur und das Narrativ, das sie über die Entwicklung der Geschichte selbst und die Rolle des Westens darin präsentiert, erlangten damit nicht nur Bedeutung für die Vorstellungen von Afrika, sondern auch für die des Westens.

Die großen Nilseen und die Murchisonfälle können daher als Grundlage für einen Vergleich verschiedener Afrikabilder herangezogen werden, die in drei verschiedenen Beziehungsperioden der westlichen Welt zum Kontinent entstanden sind. Diese Bilder haben die Wahrnehmung des Westens in Afrika und die Afrikas im Westen maßgeblich beeinflusst.

»The Baker of the Nile«

Samuel Bakers Erzählungen über Afrika, den Nil und die Menschen am Fluss waren ein unmittelbarer Erfolg. Seine dramatische Prosa und seine romantischen Geschichten von den Reisen, die er gemeinsam mit seiner Frau unternahm, bewegten die Europäer. Er berichtete, wie sie mehrere Jahre in der Region herumreisten und lange Zeit als Gäste des Königs von Bunyoro im Norden Ugandas lebten. Bakers Bücher sind voller Neugierde, voller Freude über neue Dinge, und spiegeln doch zugleich seine Vorurteile wider. Seine Berichte zeugen von einer Aufgeschlossenheit gegenüber dem Unbekannten in einer Zeit, als die Welt noch als jung und unentdeckt galt.

Der weltberühmte britische Ethnologe Evans-Pritchard, den wir bereits kennengelernt haben, stand Baker und seinen Büchern äußerst kritisch gegenüber. Einige Jahrzehnte nachdem die Bücher zu Bestsellern geworden waren, äußerte sich Evans-Pritchard voller Verachtung über »den sentenziösen Sir Samuel W. Baker« und beschrieb ihn als »den unangenehmsten und dümmsten« der vielen Entdecker, die den Nil hinaufgereist waren.[155] Es gibt unterschiedliche Meinungen darüber, ob dieses Charakterporträt Bakers völlig korrekt ist, aber alle sind sich einig, dass Baker offen die Auffassung vertrat, die Afrikaner müssten »zivilisiert« werden. In seinem Buch über den Albertsee bezeichnet er England als »den großen Boss der Handelswelt«, der »die Kraft zur Zivilisation« besaß – in Bakers Augen war England schlicht »der natürliche Kolonisator der Welt«.[156]

Bakers Bücher können als durch und durch rassistisch bezeichnet werden, aber da sie geschrieben wurden, bevor die Rassentheorie ein starres Denksystem mit einer auf dem Rassenbegriff beruhenden Entwicklungstheorie und Weltanschauung etabliert hatte, ist der Rassismus hier unmittelbarer, in gewisser Weise fast unbekümmert. Baker behauptet einfach, dass es in der Region am oberen Nil »keine alten Geschichten gibt, die die Gegenwart mit Erinnerungen an die Vergangenheit verzaubern könnten; alles ist wild und brutal, hart und gefühllos«. Er schreibt weiter: »Charmante Menschen sind diese armen Schwarzen!, wie sie von mitfühlenden Engländern genannt werden.« An anderer Stelle fährt er fort: »In diesen Ländern gibt es keine Liebe … Alles ist praktisch, ohne ein Stück Romantik. Frauen werden insofern geschätzt, dass sie wertvolle Tiere sind.« Und schließlich: »So streng wir das schreckliche System der Sklaverei auch verurteilen mögen, die Ergebnisse der Emanzipation haben bewiesen, dass der Neger die Segnungen der Freiheit nicht zu schätzen weiß und der Hand, welche die Bolzen seiner Fesseln gebrochen hat, nicht das geringste Gefühl der Dankbarkeit entgegenbringt.«[157]

Baker zufolge unterschieden sich Afrikaner nicht nur in Mentalität und Kultur, sondern auch in ihrem geistigen Instrumentarium immens von den Briten. Er zweifelte nie daran, dass die Afrikaner zivilisiert werden mussten und dass die Briten dies erreichen konnten. Baker war sich jedoch nicht sicher, ob dieses Projekt jemals erfolgreich sein würde – zu groß erschien ihm die kulturelle, mentale und geistige Kluft zwischen Afrikanern und Briten.

Winston Churchill im Dschungel

Ungefähr 50 Jahre nachdem die Bakers auf einer Bootsreise in Richtung Murchisonfälle von einem wütenden Nilpferd attackiert worden waren, näherte sich Winston Churchill auf dem Fahrrad demselben Ziel. Sein 1898 publiziertes Buch über den britischen Feldzug am Nil hatte ihn einem breiteren Publikum bekannt gemacht, nun diente er als Staatssekretär im Kolonialministerium.

In dieser Funktion folgte Churchill also zu Beginn des 20. Jahrhunderts den Spuren von Florence und Samuel Baker zu den Wasserfällen; Uganda war damals bereits eine englische Kolonie geworden, und Großbritannien hatte die Kontrolle über die Quellen des Weißen Nils übernommen. Nach seiner Rückkehr schrieb Churchill in seinem Buch *Meine afrikanische Reise:*

> Das Protektorat Ostafrika ist ein Land, das für den Kolonisten, den Reisenden oder den Sportler von höchstem Interesse ist. Aber das Königreich Uganda ist ein Märchen. Statt auf eine Bohnenstange klettert man auf eine Eisenbahn, und am Ende gibt es eine wunderbare neue Welt. Die Landschaft ist anders, die Vegetation ist anders, das Klima ist anders, und vor allem sind die Menschen anders als alles, was man anderswo in der ganzen Bandbreite Afrikas sehen kann. Statt des luftigen Hochlands betreten wir einen tropischen Garten. Anstelle von nackten, bemalten Wilden, die mit ihren Speeren schlagen und im Chor zu ihren Stammeshäuptlingen plappern, präsentiert sich ein vollständiges und kunstvolles Gemeinwesen. Unter einem dynastischen König, mit einem Parlament und einem mächtigen Feudalsystem, lebt ein liebenswürdiges, gekleidetes, höfliches und intelligentes Volk zusammen in einer gut organisierten Monarchie auf dem reichen Gebiet zwischen dem Viktoria- und dem Albertsee.[158]

Nachdem er von Kampala nach Norden durch einen Wald gefahren war, den er als fantastischer bezeichnete als jeden Wald, den er jemals in Kuba und Indien durchquert hatte, kam er zu den Wasserfällen. Ausgerüstet mit Handschuhen und einem Moskitonetz gegen die Tsetsefliegen, die zu dieser Zeit noch eine tödliche Gefahr darstellten – nur wenige Jahre zuvor waren mehrere Hunderttausend Ugander durch Stiche der Fliege mit der Schlafkrankheit infiziert worden – stieg er die schmale Treppe neben dem Wasserfall hinauf.

Man kann sich gut vorstellen, wie Winston Churchill als junger Politiker am Rande des Wasserfalls am Baker's Point steht – seine Wangen sind zweifellos gerötet, nachdem er einen Teil des Wegs mit dem Fahrrad und zu Fuß in der brennenden Hitze der tropischen Sonne zurückgelegt hat – und sich von dem die Klippen hinunterstürzenden Fluss beeindrucken lässt. Er hatte den gesamten Nil bereist und meinte nun: »Diese Fälle sind sicherlich das Bemerkenswerteste im gesamten Verlauf des Nils.«[159]

Aber Churchill sah Uganda mit den Augen eines Kolonialisten, durch die Brille eines waschechten Imperialisten mit einer zivilisatorischen Entwicklungsmission. Er interessierte sich dafür, was in dieser neuen Kolonie getan werden könnte. Hier stand der konservative Politiker und erklärte, es sei »schwierig, ein Land zu finden, in dem die Bedingungen für ein praktisches Experiment in Staatssozialismus günstiger sind als in Uganda«. Das Land sei wohlhabend, die Menschen fleißig und friedlich, kapitalistische Individuen würden nur an ihre eigenen Gewinne und nicht an das Wohlergehen der Ugander denken, und es gebe keine europäischen Sonderinteressen, welche die Entwicklung behinderten oder »den Weg versperrten«, wie er es formulierte.[160]

Die rationale Voraussetzung für diese fast erhabene, staatssozialistische Rhetorik lag in den tatsächlichen und potenziellen wirtschaftlichen Eigentümlichkeiten des Nils in Uganda begründet, wie Churchill sie sah. »All diese Wasserkraft gehört dem Staat«, schrieb er.[161] Dies war die Ressourcenbasis für seine gesamte Theorie. Churchill sah in Uganda eine Zukunft, in der das gesamte Niltal von Fabriken und Lagerhäusern gesäumt sein würde: Es gebe vielleicht keinen anderen Ort auf der Welt, an dem es möglich wäre, so viel Wasser zu so geringen Kosten und mit so wenig Aufwand an Bauarbeiten zu nutzen.

Churchill war eine in vielerlei Hinsicht bemerkenswerte Person und spielte in vielen Bereichen eine wichtige historische Rolle. In Bezug auf den Nil trat er immer wieder in entscheidenden Momenten auf, entweder als Journalist, Autor oder Politiker. Und hier, wie auch an anderen Orten, zeigte er eine erstaunliche Fähigkeit, komplizierte Situationen in denkwürdigen, knappen Worten zusammenzufassen. Vor diesem Hintergrund kann Churchills Bericht über seine Afrikareise (über den sich der spätere Nobelpreisträger für Literatur 1953 mit typischer Selbstkritik hinsichtlich seiner literarischen Qualität enttäuscht äußerte) als eindrucksvolle Reflexion darüber gelesen werden, wie Vertreter eines gut etablierten Imperiums, auf dem Höhepunkt ihrer Macht, die von ihnen unterworfenen Völker betrachteten.

Das Buch zeigt auch, dass einflussreiche Staatsmänner und mächtige Politiker wie Churchill es nicht vermeiden können, Kinder ihres Zeitalters zu sein – vielmehr reifen sie zu großen Persönlichkeiten heran, eben weil sie Kinder ihres Zeitalters sind. Seine Perspektive ist nachdrücklich paternalistisch, aber nicht rassistisch, sie ist von Wissbegierde gekennzeichnet, gleichwohl ist Churchills Interpretationsrahmen von der normativen und politischen Selbstsicherheit des imperialen Antriebs bestimmt. Für Churchill verstand es sich von selbst, dass die Briten am besten wüssten, wie Afrika zu entwickeln sei – nicht aufgrund einer rassischen Überlegenheit, sondern aufgrund einer historisch bedingten Überlegenheit in Kultur und Wissen. Churchills Reiseberichte liefern so gesehen ein komprimiertes Bild des viktorianischen Evangeliums von Verbesserung und Entwicklung und drücken zugleich Paternalismus und Optimismus aus.

Bogart, Hepburn und Hemingway an den Nilfällen

50 Jahre nach Churchill, in den 1950er Jahren, tauchten verschiedene Amerikaner in der Nilregion auf, was dem zunehmenden politischen Einfluss der USA in Afrika nach dem Zweiten Weltkrieg entsprach.

Die Murchisonfälle bildeten den Hintergrund für John Hustons Film *The African Queen* von 1951 mit Humphrey Bogart und Katharine Hepburn, für den Bogart einen Oscar für seine Rolle als Flussbootkapitän gewann. Anstatt sich auf die afrikanischen Kulissen zu verlassen, die man in London gebaut hatte, brachte Huston das Filmteam nach Afrika, was zum Teil auch darin begründet lag, dass der Regisseur eine Gelegenheit für die Jagd auf Großwild suchte. Eine der berühmtesten Szenen des Films wurde direkt auf dem Weißen Nil gedreht. Die Kirche und das Dorf Kungdu errichtete man am Ufer des Albertsees in Butiaba (der dortige Hafen wurde nach den Dreharbeiten kaum mehr genutzt, aber aufgrund von Ölfunden im See später wieder hergestellt). Der Film zeigt auch die Murchisonfälle, und der rauschende Fluss darunter ist Schauplatz des berühmten Streits zwischen Hepburn und Bogart, bei dem Krokodile und Flusspferde im Hintergrund im Wasser tollen.

Hepburn berichtete in dem Buch *African Queen oder Wie ich mit Bogart, Bacall und Huston nach Afrika fuhr und beinahe den Verstand verlor* von ihren Erfahrungen. Ihre Beschreibungen sind locker und lebhaft, auch darüber, wie sie krank wurde, was Bogart nicht bemerkte oder nicht zu stören schien. Er habe zu viel getrunken, um solche Dinge beobachten zu können, meinte Hepburn nicht ohne einen gewissen Neid. Das Buch behandelt auch Afrikas »Wildheit«, das Gefühl der Andersartigkeit, das unvermittelte Auftauchen einer gewaltigen Giftschlange in der Toilette, und es zeigt auch, dass Hepburn das außergewöhnliche Leben liebt. Sie verfasst ihre Notizen natürlich als Person, die außerhalb der Sphäre der Kolonialverwaltung mit ihren Verantwortlichkeiten und Aufgaben steht; der Anspruch auf eine paternalistische Führungsrolle liegt ihr daher gänzlich fern. Andere Menschen werden als gleichwertig, aber dennoch exotisch wahrgenommen, sie sind wie Mitglieder des Filmteams, obwohl sie am Rande der Zivilisation leben. Der Dschungel repräsentiert für Hepburn das, »was fremd ist«, sie spricht über die Freude, an einem Außenposten der Zivilisation zu leben und zu überleben, wo es so schön ist, dass sie gerne irgendwann zurückkommen würde.

John Huston seinerseits wird in einem Artikel der *New York Times* vom Februar 1952 mit den Worten zitiert, dass er Einheimische engagiert habe, um das Filmteam zu unterstützen, aber viele von ihnen hätten sich geweigert, am Set aufzutauchen, aus Angst, die Filmleute seien womöglich Kannibalen. Das Bild, das er malte, entsprach den immer noch weitverbreiteten Vorstellungen von einem Afrika als Inkarnation des »Wilden«, eines Kontinents, der von der Zivilisation noch nicht gezähmt worden war. Ein Afrika also, das den faszinierenden Außenrand der Zivilisation verkörperte: eine neue Grenze und zugleich eine der letzten verbliebenen Grenzen.

Eine andere Person, die Afrika ebenfalls als am Rande der Zivilisation verortete, war Ernest Hemingway. Auch er besuchte die Murchisonfälle, wenngleich das eher unfreiwillig geschah. Im Januar 1954 stürzten er und seine Frau dort mit einem kleinen Flugzeug ab, und das nicht nur einmal, sondern gleich zweimal innerhalb von zwei Tagen. Am 21. Januar war das Paar unterwegs von Nairobi, um Belgisch-Kongo zu sehen und zu erleben. Hemingway verarbeitete die Erlebnisse in seiner Erzählung *Das Weihnachtsgeschenk*, die in der Zeitschrift *Look* veröffentlicht wurde. Eines Morgens, als sich der Nebel gehoben hatte, waren sie auf dem Weg über den Georgesee und den Albertsee in der Luft und folgten dann dem Fluss hinauf zu den Murchisonfällen, wo Mary Hemingway Fotos schoss. Ein faszinierender Anblick, wie ich aus eigener Erfahrung weiß, insbesondere wenn man den Wasserfall von einem kleinen Flugzeug aus durch einen Morgenhimmel sieht, der nach der Kälte der Nacht noch klar ist. Der Fluss stürzt die Kante des Hochplateaus hinunter, während die Sonne auf dem Wasser glitzert und sich Elefanten am Fluss entlangbewegen.

Aber die Hemingways waren an diesem Tag vom Pech verfolgt: Als ihr Pilot versuchte, einem Ibis auszuweichen, kollidierte das Flugzeug mit einer Telegraphenleitung, die durch das Ruder und die Radioantenne schnitt. Das Flugzeug stürzte unweit der Wasserfälle in die Büsche. Unglaublicherweise kamen alle drei unversehrt davon. Sie waren mindestens fünfzig Kilometer vom nächsten Dorf entfernt. Die Hitze war intensiv, als sie sich die Hänge hinaufkämpften, fort von den Krokodilen und Flusspferden. Dort oben schlugen sie ein provisorisches Lager auf. Früh am nächsten Morgen entdeckten sie ein Boot, das flussaufwärts zu den Wasserfällen fuhr. Das Boot war die *Murchison*, unterwegs auf einer privaten Kreuzfahrt mit einem britischen Arzt, der sie an Bord nahm. In Butiaba trafen die Hemingways zufällig einen Piloten, der bereits nach ihnen gesucht hatte. Sie konnten ihre Reise fortsetzen und eine provisorische Startbahn nutzen, die von Hustons Filmteam gebaut worden war. Beim Start des Flugzeugs verlor der Pilot jedoch die Kontrolle. Ein neuer Absturz. Das Flugzeug brannte. Mary schaffte es, sich durch ein Fenster zu quetschen, doch Ernest war dazu zu schwer. Da seine Arme vom Absturz am Tag zuvor noch schwarz und blau waren, musste er die Flugzeugtür mit dem Kopf aufstoßen, um ins Freie zu kommen. Es gelang ihm, dem brennenden Flugzeug zu entkommen, doch manche sagen, dass sein physischer und psychischer Verfall hiermit begonnen habe. Ernest Hemingway hatte eine schwere Beinverletzung, eine gebrochene Nase, Hörprobleme und einen Riss im Schädel, aus dem eine klare Flüssigkeit sickerte.

Der Text in *Look* skizziert unterdessen ein Afrika, das in einem ganz besonderen Sinne anders ist. Es fungiert für den Autor in erster Linie als Ort des Abenteuers – es ist der Kontinent des Abenteuers. Es empfiehlt sich, die Erzählung zusammen mit *Die grünen Hügel Afrikas* zu lesen, eines der wenigen Sachbücher von Hemingway. Der Autor schrieb es genau zwei Jahrzehnte vor seinem zweifachen Flugzeugabsturz im Anschluss an zwei Reisen nach Kenia und Tanganjika (das heutige Tansania), es basiert in erster Linie auf seinen Erfahrungen in der Region um den Manyarasee. Hemingway erklärt im Vorwort, er habe versucht, »ein wirklich wahres Buch zu schreiben, um festzustellen, ob die Eigenart eines Landes und die Eindrücke eines vierwöchigen Jagdunternehmens bei wahrheitsgetreuer Darstellung neben einem Werk der Fantasie bestehen können«.[162]

Hemingways vermeintlich wahrheitsgetreue Beobachtungen sind sowohl von Herablassung als auch von Verachtung geprägt, aber auch von

Hingabe und manchmal sogar Sehnsucht. Er liebte Afrika: »Aber ich würde dorthin zurückkehren, wo ich gern lebte, um wirklich zu leben. Nicht einfach, um mein Leben vorübergehen zu lassen. ... Ich erkannte ein gutes Land, wenn ich eines sah.«[163] Dennoch zeigt sich Hemingway die meiste Zeit grundsätzlich uninteressiert an Afrika als einem Ort, an dem es Gesellschaften mit eigener Geschichte und Zukunft gibt. Insofern unterscheidet er sich von Baker, Stanley und Churchill. Am glücklichsten und zufriedensten war er in Afrika als selig Unwissender; er bevorzugte Afrika als Hintergrund für seine eigenen Erfahrungen in der kurzen Zeit seines Aufenthalts, und schien doch davon überzeugt zu sein, dass die lokalen Jäger ihn als »Bruder« betrachteten.

Zu Beginn des Buches begegnet Hemingway Kadinsky, einem australischen Ethnologen, der die Jagd verabscheut. Was ihn nach Afrika ziehe, sagt er dem Schriftsteller, sei vielmehr die Möglichkeit, wie ein »König« zu leben:

> Das ist sehr angenehm. Wenn ich morgens aufwache, strecke ich einen Fuß raus, und der Boy stülpt ihm die Socke über. Wenn ich so weit bin, strecke ich den anderen Fuß raus, und er zieht ihm die andere Socke an. Ich steige unter dem Moskitonetz hervor in meine Unterhose, die man mir hinhält. Finden Sie das nicht einfach großartig?[164]

Hemingway schreibt verständnisvoll über Kadinsky; tatsächlich ist er völlig seiner Meinung. »Ja, das ist großartig«, erwidert er.

Der interessanteste Aspekt dieses Sachbuchs über Afrika ist jedoch nicht Hemingways Darstellung von Jagd und Tierleben, sondern vielmehr, dass es in dem Buch nicht wirklich um Afrika geht oder um eine genaue Darstellung der »Form des Landes«, wie es der Autor im Vorwort verspricht. Die »Eingeborenen«, die uns begegnen, sind einfache Leute, fast typisierte Charaktere. Sofern sich Hemingway überhaupt für sie oder ihre persönlichen Eigenschaften interessiert, dann doch allenfalls in Bezug auf die Frage, ob sie ihn bewundern. Der Schlüssel zum Verständnis der Darstellung Afrikas durch das Buch liegt in Hemingways Vorstellung vom Kontinent als »Grenzland«. Durch diese Konzeptualisierung des Ortes, an dem er sich befindet, wird er selbst zu einer Art Abbild des mutigen, unabhängigen amerikanischen Siedlers, den er so stark bewundert und der zu werden er jetzt die Chance hat.

Hemingways Sicht auf Afrika an der Peripherie der Zivilisation entspricht der dynamischen Perspektive des amerikanischen Siedlers. Und wie

Hepburn fehlte Hemingway völlig das bei den Briten übliche imperiale Verantwortungsbewusstsein und ebenso der Paternalismus. Ferner war er frei von Gedanken an Entwicklung und Entwicklungsmöglichkeiten, wie sie etwa die nachfolgende Epoche der Entwicklungshilfe im Auge hatte. Afrika war einfach ein Zufluchtsort, wo er durch den Dschungel streifen und Großwild abschießen konnte. Sein Afrika war kein Ort, der nach westlichem Vorbild umgestaltet werden sollte, Afrika war für ihn einfach das Gegenteil von Heimat. Hemingway wurde von den Grenzen der Zivilisation befreit. Die Abenteuer der Safari waren der Zufluchtsort seiner unruhigen Seele.

Ein Nilimperium voll innerer Widersprüche

Als insbesondere die USA und später die Sowjetunion in Afrika aktiver wurden, gerieten die britischen Kolonialbeamten unter stetig zunehmenden Druck seitens der neu gegründeten Vereinten Nationen sowie der antikolonialen Bewegungen. In diesem Kontext bekamen sie auch die Rivalität zwischen den neuen Supermächten zu spüren, die beide den Imperialismus als System anprangerten. In den Korridoren der Regierung in Entebbe verzeichneten die Briten einen steigenden Bedarf an kolonialer Weiterentwicklung.[165]

Auch die Briten in Uganda wurden im Laufe der Zeit immer frustrierter über Londons Politik bezüglich der Nilfrage. Die Kolonialverwaltung hatte lange Zeit Druck auf London ausgeübt, den Bau von Wasserkraftwerken in Uganda zu unterstützen, wie es Winston Churchill vor dem Ersten Weltkrieg vorgeschlagen hatte. Sie waren sich auch sicher, dass dies der Schlüssel zur Entwicklung Ugandas war. Die Kolonialbeamten in Uganda, die sich oft auf der Veranda des Victoria Hotels am Ufer des riesigen Sees versammelten und ihren Nachmittagswhisky tranken, während sie (vielleicht wehmütig) auf das tiefblaue Binnenmeer blickten, das sich nahtlos in den fernen Himmel einfügte, hatten niemals Begeisterung für das Nilabkommen von 1929 und die damit verbundenen Einschränkungen der Wassernutzung in Uganda gezeigt. Darüber hinaus hielten sie den Widerstand Ägyptens und Londons gegen die vorgeschlagenen Kraftwerke sowohl für unüberlegt als auch irrational, da die dafür nötigen Staudämme den Wasserfluss des Nils nicht verringern würden.

Für alle, die sich mit dem Kolonialismus als Phänomen oder mit dem Imperialismus als Organisator eines bestimmten politisch-wirtschaftlichen

Verhältnisses zwischen Ländern befassen, sind die inneren Widersprüche des britischen Nilimperiums und deren Verlauf äußerst interessant. Da sich die übergreifende Strategie Großbritanniens, mit der dieses Imperium einst gegründet wurde, um den Nil drehte, können die Meinungsverschiedenheiten darüber, wie sich der Fluss ausbeuten lasse, die allmähliche Auflösung ebenjenes Kolonialsystems gut aufzeigen.

Die Widersprüche zwischen den regionalen Zentren der Kolonialmacht in Afrika und der Kolonialverwaltung in London traten mit der Zeit immer deutlicher zutage. Die Art und Weise, wie das Kolonialsystem mit britischen Gesandtschaften und Verwaltungen in den verschiedenen Ländern aufgebaut worden war, funktionierte effektiv und selbstregulierend, solange die imperialen Ziele Großbritanniens in sich stimmig waren und die einzelnen Verwaltungen einer einheitlichen, von London ausgehenden Strategie folgten – und sich dieser unterwarfen. Als sich dann die verschiedenen Regionen des Nilbeckens ungleichmäßig entwickelten und die britischen Kolonialbeamten vor Ort unterschiedliche Ideen und Pläne hinsichtlich der Nutzung des Flusses in ihrem jeweiligen Verantwortungsbereich entwickelten, wäre ein mächtiges imperiales Zentrum mit einer klaren und kohärenten Strategie wichtiger als je zuvor gewesen. London war jedoch zunehmend gezwungen, mehrere miteinander in Konflikt stehende, übergeordnete strategische Überlegungen und taktische Umstände zu berücksichtigen, was nach und nach zu einer immer unentschlosseneren und unbestimmteren Politik führte.

Es stellte sich nun heraus, dass das Kolonialsystem, das unter der Führung der Regierung in London aufgebaut worden war, um eine einheitliche und dynamische Entwicklung zu gewährleisten, stattdessen interne politische Konflikte hervorbrachte und verstärkte. Die unterschiedlichen Vorstellungen der Briten in Entebbe, Juba, Khartum, Kairo und Addis Abeba über die Ausbeutung des Nils spiegelten Gegensätzlichkeiten wider, die auf tatsächlichen Interessenkonflikten zwischen verschiedenen Regionen und Ländern in Bezug auf die Nutzung des Flusses beruhten; es waren zudem Konflikte, die sich auch nicht einfach handhaben oder überwinden ließen. Auftretende Widersprüche konnten nicht einfach weggefegt oder weggewünscht werden, weil sie nun einmal vom Fluss selbst erzeugt und aufrechterhalten wurden. Gespräche in den britischen Klubs halfen hier nicht weiter: Es erwies sich als unmöglich, Streitigkeiten »wegzuprosten«, die aufgrund ihrer unterschiedlichen geografischen Lage in diesem riesigen, extrem unterschiedlichen Flusseinzugsgebiet auftraten und reproduziert wurden.

Ein Nilimperium voll innerer Widersprüche

Vom britischen Gouverneurspalast auf der Insel Zamalek mitten im Nil in Kairo aus gesehen bestand das wichtigste politische Ziel immer noch darin, Suez zu kontrollieren und die dortige britische Militärbasis aufrechtzuerhalten. Die Überwachung des Nils galt daher als zentraler Schlüssel für die Stabilität Ägyptens und die Legitimität Großbritanniens in diesem Land. Der Bedarf des Landes an mehr Wasser wurde mit dem Bevölkerungswachstum und der allgemeinen wirtschaftlichen Entwicklung immer deutlicher. Alle Einschätzungen britischer Wasserexperten und ihrer ägyptischen Partner in den für die Kontrolle des Nils zuständigen Ministerien ergaben, dass Ägypten noch viel mehr Wasser aufnehmen konnte und dass die Entwicklung des Landes konsequent von einer verstärkten Nilkontrolle abhing. Außerdem würde man den Nil für eine Industrialisierung Ägyptens als Stromquelle brauchen. Die katastrophale Flut von 1947 unterstrich außerdem, dass der Nil alles andere als gezähmt war.

Die britischen Nilexperten, die weiterhin großen Einfluss auf das für die Kontrolle des Flusses und die Förderung der Bewässerungswirtschaft zuständige ägyptische Ministerium hatten, meinten, der beste Weg, den Nil im Interesse Ägyptens zu zähmen, sei das sogenannte Century Storage Scheme. Ein Element dieses gewaltigen Plans war, den Viktoriasee und den Albertsee weiter aufzustauen und den Jongleikanal zu graben, um die Probleme im Zusammenhang mit dem verdunstenden Wasser in den Sümpfen des südlichen Sudan zu lösen. Allein ein Anstieg des Wasserspiegels am Albertsee um einen Meter würde im Sommer ungefähr so viel neues Wasser liefern, wie am alten Assuandamm gespeichert war.

Ein ähnlicher Anstieg des Wasserspiegels im Viktoriasee würde das Zwölfeinhalbfache bewirken. Da sich Verdunstung und Niederschlag in den großen Seen ausgleichen, würde eine Vergrößerung der Seeoberfläche nicht zu einer erhöhten Verdunstung führen, sodass kein Wasser verloren ginge. Die außenpolitischen Strategen in London erkannten, dass ein solcher Damm in Uganda zudem, wie Baker schon 1884 vorgeschlagen hatte, als Instrument verwendet werden könnte, um bei Bedarf Druck auf den ägyptischen Nationalismus auszuüben. Obwohl die Ägypter im Ministerium genau aus diesen Gründen skeptisch gegenüber einem Staudamm in einem Land waren, das Tausende von Kilometern südlich lag, beschloss die ägyptische Regierung, Ugandas Reaktion zu testen.

Uganda lehnte den Vorschlag sofort ab. Der dortige britische Gouverneur Sir John Hall betonte, das geplante Projekt würde den ugandischen Interessen direkt zuwiderlaufen. Es würde ugandisches Territorium unter Wasser setzen, den Victorianil negativ beeinflussen und das Energiepotenzial der Murchisonfälle um die Hälfte reduzieren (zu diesem Zeitpunkt hatte die Regierung in Uganda vage Pläne, dort ein Kraftwerk zu bauen). Um ihre Verhandlungsposition zu stärken, beauftragte die ugandische Regierung daraufhin einen gewissen Mr. Hawes als Berater für Wasserfragen.

Fast 75 Jahre nachdem Lord Cromer den ersten britischen Wasserplaner nach Kairo geschickt hatte und mehr als 25 Jahre nachdem es im Sudan eine eigene Wasserverwaltung gab, stellten die ugandischen Kolonialbehörden nun also ihren ersten Wasserexperten ein. Mr. Hawes und sein Team führten mehrere Untersuchungen am Albert- und am Viktoriasee durch, einschließlich der Gebiete in Kenia und Tanganjika. Basierend auf diesen Untersuchungen, wurde Ugandas erster nationaler Plan vorgestellt, wie mit den Wasserressourcen des Landes umgegangen werden sollte.

Gouverneur Hall und die Briten in Uganda hatten nun eine konkrete Alternative für die Nutzung der Nilseen gefunden. Sie wollten die Wasserkraft entwickeln. Ihre Vorstellungen spiegelten dabei die Visionen Winston Churchills vom Beginn des Jahrhunderts wider, den sie mit den Worten zitierten: »So viel Energie, die verschwendet wird, so viele Vorteile ungenutzt, so viel zu kontrollieren, die natürliche Kraft Afrikas nicht ergriffen?« Die Kolonialbeamten schrieben, Uganda könne mithilfe der Wasserkraft versuchen, »nicht Kupfererz, sondern elektrolytisches Kupfer zu produzieren, nicht Bauxit, sondern Aluminium, nicht Kalk, sondern Zement, keine Rohbaumwolle, sondern Stückwaren, keine Ölsaaten, sondern Seife, kein Gras oder Zellstoff, sondern fertiges Papier«.[166] Der beste Ort für den Bau seien die Owenfälle, gleich stromabwärts vom Viktoriasee. Wenn der See hier gestaut und die Wasserfälle abgesenkt würden, erreiche man eine Fallhöhe von 18 Metern. Bei der dabei möglichen konstanten Nutzung von 632 Kubikmetern Wasser pro Sekunde würde das Land sofort eine Kapazität von 150 Megawatt Energie erhalten. Diese Idee war der Ursprung dessen, was später nach vielen Jahren diplomatischen Tauziehens und Streitigkeiten zum Damm bei den Owenfällen werden sollte.

In London versuchten Regierung und Außenministerium, die Widersprüche zwischen konkurrierenden britischen Visionen und Plänen für den Nil aufzulösen. Die Gründung der Vereinten Nationen und ihre Ausrichtung auf Entwicklung der Staaten sowie Beseitigung des Kolonialismus, der zunehmende Antikolonialismus ihres Hauptverbündeten, den USA, und die zunehmende antikoloniale Stimmung nach der Unabhängigkeit Indiens im Jahr 1947 und der chinesischen Revolution im Jahr 1949 schufen eine politische Atmosphäre, die London zwang, die Entwicklung seiner Kolonien voranzutreiben. Das Kolonialsystem bemühte sich in einer Zeit, in der es von allen Seiten verurteilt wurde, um größere Legitimität. Die Briten konnten zum Beispiel nicht übersehen, dass Richard M. Nixon, von 1953 an Vizepräsident der USA, durch Asien reiste und öffentliche Reden hielt, in denen er das europäische Kolonialsystem anprangerte: Es unterdrücke den menschlichen Willen und den freien Handel, und er sähe gern, wenn es auf dem Müllhaufen der Geschichte lande. Insofern waren die Briten verpflichtet, eine stärkere Entwicklung ihrer Kolonien einschließlich Ugandas sicherzustellen, auch wenn das Spiel um Suez und die Position der Briten dort innerhalb der globalen Geopolitik immer riskanter wurden.

Die Briten im Nilbecken mussten mehr schlucken, als sie verdauen konnten, und das mit katastrophalen Folgen für das Empire.

Die Owenfälle – »Ugandas Anfang«

Steht man am Geländer des Staudamms über den Owenfällen – in Uganda nennt man ihn heute den Nalubaaledamm –, befindet man sich an einem der geschichtsträchtigsten Orte Ugandas. Die Auseinandersetzungen über den Damm sind ein lehrreiches Beispiel für hohe Politik und Wasserpolitik, für diplomatische Labyrinthe und diplomatische Geduld, doch spiegeln sie auch das tiefe Misstrauen zwischen den Ländern im Nilbecken wider. Die Geschichte des Damms widerlegt weitverbreitete Vorstellungen über die »Interessen des Imperialismus« oder die Ideen, die auf der Wahrnehmung beruhen, Imperialismus und Kolonialismus seien einheitliche Phänomene mit gemeinsamen Interessen.

Das koloniale System im Nilbecken sah sich einem unlösbaren, einzigartig erscheinenden Dilemma gegenüber, bei dem es keine gute Lösung gab und die getroffenen Entscheidungen niemanden befriedigten. Die Gegensätze zwischen den politischen Erwägungen der in den verschiedenen Ländern stationierten Briten waren aufgrund des physischen Charakters des Nils entstanden und wurden durch diesen strukturiert: Neigte sich London in der Frage nach einem Damm in Uganda zu sehr den ägyptischen Interessen zu, würde dies negative Folgen für Uganda haben und den Briten könnte vorgeworfen werden, die Entwicklung des Landes zu behindern. Unterstützte London die Projekte der ugandischen Regierung an den Seen, würde dies die potenziellen Gewinne für Ägypten reduzieren und den Zorn der Ägypter hervorrufen, die den Nil in »Feindesland« aufgestaut sähen. Ein derartiger Schritt könnte die Beziehungen der Briten zu Ägypten zerstören und sich darüber hinaus negativ auf die britische Position im Sudan auswirken. Kämen die Briten den ägyptischen Forderungen nach einem Staudamm nach, könnten sie gerechterweise dafür kritisiert werden, Uganda nur im Dienste ihrer eigenen imperialen Interessen nicht geholfen zu haben. Es handelte sich also um prinzipielle Widersprüche, die angesichts des Charakters des Nils sowie der geografischen Verortungen der Kolonialverwaltung am Fluss nicht verschwanden. Die schließlich von London gewählte Zwischenlösung rief Irritation und Kritik in Ägypten hervor und kam zudem auch den Bedürfnissen Ugandas nicht ausreichend entgegen.

Während der 1940er und 1950er Jahre gingen verschiedene Pläne und Projektvorschläge für die Seen in Entebbe ein, begleitet von politischen Leitlinien aus London. Gouverneur Hall wusste, dass es für die ägyptischen Nationalisten nahezu undenkbar war, Nildämme in Regionen zu akzeptieren, die als Feindesland galten. Die Ägypter waren bereits in den 1920er Jahren zu einer Duldung des Geziraprojekts im Sudan gezwungen gewesen. Nun würden sie Uganda nichts Derartiges zugestehen, wie Hall vermutete, insbesondere weil die Baustelle so fern der ägyptischen Grenze lag. Entebbe wurde daher überrascht, als die ägyptische Regierung die Pläne akzeptierte und nur wenige Änderungswünsche vorbrachte, welche eine verstärkte Wahrung ägyptischer Interessen durch den Bau des Damms sicherstellen sollten. Kairo verlangte zudem, dass vier ägyptische Techniker am Damm präsent blieben, um zu gewährleisten, dass das Kraftwerk nicht mehr Wasser aus dem Fluss entnehmen würde, als die zukünftige Übereinkunft erlaubte. Die ugandische Regierung in Kampala lehnte Letzteres ab, und auch London zögerte, den Ägyptern eine langfristige administrative Präsenz in Uganda einzuräumen. Schließlich hatten die Ägypter zuvor mit dem Argument, das Gebiet habe sich in den letzten Jahrzehnten des 19. Jahrhunderts unter ägyptischer Kontrolle befunden, territoriale Ansprüche angemeldet. Diese Art von administrativen Brückenköpfen könnte außerdem auch als Basis für antibritische Propaganda dienen, falls die britisch-ägyptischen Beziehungen zukünftig unter Spannung gerieten. London allerdings schluckte die diplomatische Kröte, damit der Damm endlich gebaut werden konnte.

Außenminister Ernest Bevin verkündete die britisch-ägyptische Übereinkunft am 19. Mai 1949 im Unterhaus. Umgehend erfolgten Proteste

Die Owenfälle – »Ugandas Anfang«

Der Owen-Falls-Damm wurde »Ugandas Anfang« genannt, als er 1954 nicht weit vom Austritt des Nils aus dem Viktoriasee angelegt wurde.

vonseiten der ägyptischen Nationalisten. Der gesamte Vertrag über die Owenfälle beruhe auf ungültigen Dokumenten und Diskussionen, so behaupteten sie, weil er sich auf die Übereinkunft von 1929 beziehe und Großbritannien in Afrika eine Position einräume, die weder durch das Völkerrecht gedeckt sei noch von Ägypten akzeptiert werden könne, da sie dessen nationale Interessen ignoriere. Die ägyptische Zeitung *Al Balagh* kritisierte das Abkommen vehement und schrieb: »Die Briten hatten sicher recht, als sie ihrem Außenminister nach seiner Rede im Unterhaus, welche den Abschluss des Vertrags ankündigte, Applaus spendeten, doch was die Ägypter angeht, nun, möge Gott ihnen helfen!«

Mitunter können diplomatische Verwirrungen Licht auf die Komplexität der Hydropolitik werfen, wofür die Konflikte um die Bauarbeiten an den Owenfällen ein Beispiel abgeben. Die Frage, wer den Grundstein für den Damm legen und wer bei der Zeremonie anwesend sein sollte, erwies sich für London als harte diplomatische Nuss. Wenn der Duke of Edinburgh die Feierlichkeiten eröffnete, würde der Damm nicht mehr als gemeinsames anglo-ägyptisches Projekt betrachtet werden, was Wasser auf die Mühlen der ägyptischen Skeptiker wäre. Träte er gemeinsam mit König Faruk auf, müsste der König den Grundstein legen. Dies wiederum könnte den Eindruck hervorrufen, dass Ägypten die Federführung bei diesem Projekt übernommen habe und London plötzlich die alten Ansprüche des Landes zur Kontrolle der Großen Seen akzeptiere. Das käme einem roten Tuch gleich, das vor Ugandas Nase gehalten würde. Aus diesen Gründen wollte die Regierung die gesamte Zeremonie auf Sparmodus herunterfahren; das sei besser, als falsche politische Signale auszusenden. Dem Außenminister entginge zwar die Gelegenheit, im Scheinwerferlicht zu stehen, doch wäre es wohl zweckdienlicher, wenn das Management der Uganda Electricity nur einigen »technischen« Repräsentanten Einladungen zukommen ließe. Als Politiker wünschte sich Bevin indes mehr Glanz und Gloria. Er wollte, dass die Zeremonie im Fernsehen übertragen würde, gefolgt von Bildungsprogrammen im Radio über das Projekt und die britische Nilpolitik. Das Außenministerium überdachte den gesamten Plan und kam erneut zu dem Schluss, dass keine Notwendigkeit für zusätzliches Brimborium bestünde.

Als der Damm schließlich 1954 eingeweiht wurde, hatte sich die politische Situation verändert. Nasser und die Freien Offiziere hatten in Ägypten die Macht übernommen, und die Beziehungen Großbritanniens zu dem Land waren schlechter als je zuvor. Das bedeutete aber auch, dass London nun weniger Rücksicht auf die Reaktionen Kairos auf die Zeremonie in Uganda nehmen musste. Die neue britische Regierung, angeführt von einem gealterten Premierminister Winston Churchill, schickte die junge Queen Elizabeth zur Eröffnung des Damms. 50 Jahre nachdem er als Staatssekretär für die Kolonien den Bau mehrerer Dämme in Uganda vorgeschlagen hatte, konnte Churchill schließlich die Einweihung des ersten ugandischen Damms bei den Owenfällen begleiten und zugleich gegenüber den rebellischen, antibritischen Offizieren in Ägypten Londons Einfluss am oberen Nil zur Schau stellen.

Am Samstag, dem 23. Januar 1954, begann die kommerzielle Energiegewinnung am Damm. Aus ugandischer Perspektive erschien dies so, als sei dem Land ein neues Leben geschenkt worden. Uganda hatte von Ägypten für den Verlust an generierter Wasserkraft aufgrund des ägyptischen Wasserbedarfs nicht nur fast eine Million Pfund als Ausgleich erhalten, das Projekt verwandelte den Viktoriasee zudem in das weltweit größte Wasserreservoir. Fast auf den Tag genau 50 Jahre nachdem Garstin seine Visionen vom Nil publiziert hatte, handelte es sich nun, wie ein afrikanischer Journalist sich ausdrückte, um »Ugandas Anfang«. Es sollte weitere 60 Jahre dauern, bis dieser Prozess unter Präsident Yoweri Museveni fortgesetzt wurde.

Ein britischer Premierminister als »Wasserkrieger«

Im Sommer 1956 saß Anthony Eden, der seinem Schwiegervater Winston Churchill auf den Stuhl des Premierministers gefolgt war, in der Downing Street Nr. 10 und suchte verzweifelt nach einer Möglichkeit, Nasser aufzuhalten. Der ägyptische Offizier und Machthaber hatte gerade den Suezkanal verstaatlicht. In seiner an die ägyptische Bevölkerung gerichteten, antibritischen Rede vom 26. Juli in Alexandria erwähnte Nasser zweimal Ferdinand de Lesseps. Der Name des europäischen Ingenieurs, der Mitte des 19. Jahrhunderts den Kanalbau geleitet hatte, war das Codewort, auf das Nassers Mitverschworene warteten: Sobald Lesseps erwähnt würde, träten sie in Aktion. Am nächsten Tag entrissen die Ägypter der britischen Gesellschaft, die den Kanal bis dahin kontrolliert hatte, die Macht über die Kanalverwaltung. Die Militärbasis von Suez, die in etwa der Größe von Wales entsprach und auf der zwei Jahre zuvor noch 7000 Soldaten ihren Dienst getan hatten, war zu diesem Zeitpunkt bereits Geschichte; die letzte britische Einheit hatte das Land über Port Said am 24. März 1956 verlassen. Nun drohte Nasser, den Kanal unter ägyptische Kontrolle zu bringen, der damals eine zentrale wirtschaftliche Lebensader Europas darstellte – das gesamte Rohöl des Kontinents wurde durch ihn hindurchtransportiert. Eden befand, es sei nun höchste Zeit, Nasser – den »arabischen Mussolini« – vom Thron zu stürzen.

Nasser hatte den Kanal mit der Begründung verstaatlicht, Washington und London hätten ihre Zusagen zur Finanzierung des neuen Staudamms in Assuan zurückgezogen, der Nassers großes Entwicklungsprojekt am Nil verkörperte. Um dieses Projekt zu finanzieren, brauchte Ägypten eine neue Einkommensquelle, und nichts versprach lukrativer zu sein, als die Gebühren zu kassieren, die für die Durchquerung der ägyptischen Wüste zwischen dem Mittelmeer und dem Roten Meer per Schiff verlangt würden.

London tobte. Paris tobte. Tel Aviv tobte. Doch Washington verlangte von den Ägyptern lediglich »Zurückhaltung«. Wie wir schon gesehen haben, wurde London im Kampf gegen Nasser von den USA nicht unterstützt. Die Amerikaner wollten das europäische koloniale System in der Region schwächen und aushöhlen, weil sie glaubten, es mindere ihre Handelsmöglichkeiten und gefährde die Reputation des Westens im Allgemeinen. Zum großen Missvergnügen der Briten hatte US-Außenminister John Foster Dulles einige Jahre zuvor General Muhammad Nagib, einem der Anführer der ägyptischen Revolutionsbewegung, eine Pistole geschenkt, und zwar genau in dem Augenblick, als die ägyptische Führung zu einer

Revolte gegen die britische Kontrolle der Kanalzone aufforderte. Churchill nahm die Geste als unmittelbare Unterstützung der antibritischen Kampagne wahr, verstand jedoch nur langsam – und zu spät –, worin das tatsächliche Ziel der USA in der Region bestand. Was konnte also ein frustrierter Eden, der so lange auf den Abgang Churchills aus der Downing Street gewartet hatte, im Sommer 1956 tun?

Als letzte Alternative zum Krieg fragte er sich, ob es nicht möglich sei, den Nil als Waffe einzusetzen. Wäre es möglich, den Wasserlauf des Nils in Uganda zu verändern, sodass Nasser gezwungen wäre aufzugeben? Unter strengster Geheimhaltung veranlasste er eine Untersuchung des ugandischen Wassersystems, zugleich verlangte London von den in Uganda ansässigen Wasserexperten auszuloten, wie Ägypten mithilfe des Nils getroffen werden könnte. Da der Fluss nie zuvor als Waffe eingesetzt worden war, so die britischen Mutmaßungen, könnte sich Ägypten durch eine entsprechende Drohung vielleicht in die Knie zwingen lassen. Die geopolitische Absicht dahinter war klar und einfach: Es ging um die Umsetzung dessen, was Samuel Baker schon 1884 vorgeschlagen hatte. Und es bedeutete, einen Plan B gemäß der Überlegungen Lord Lugars im Jahr 1892 anzuwenden. Die Idee im Jahr 1956 war gradlinig und despotisch: kein Nilwasser, kein Nasser. Und die Logik lautete: Nasser hatte den Briten den Kanal gestohlen; jetzt würden sie ihm den Fluss wegnehmen.

Doch war das möglich? Ende September 1956 gab die Londoner Handelskammer eine »Anmerkung zu ägyptischen Nutzpflanzen und Wasseransprüchen« heraus. Die Autoren dieses Memorandums lehnten das von Hawes, dem Wasserexperten der ugandischen Kolonialregierung, vorgeschlagene Szenario als zu simpel ab:

> Es ist schwierig vorherzusagen, welche Feldfrüchte von einer Verminderung des Wasserzuflusses aus dem Weißen Nil betroffen wären, weil die Ägypter erwägen könnten, Wasser aus dem Assuandamm früher als gewöhnlich abfließen zu lassen, um den Verlust des Wassers aus Jebel Aulia zu kompensieren. Die kritische Periode wäre dann auf Juni/Juli verschoben, und ein wichtiger Faktor wäre der Zeitpunkt der Schwemme des Blauen Nils – deren Einsetzen spürbar von Jahr zu Jahr schwankt.[167]

Am 9. Oktober wurden im Kolonialministerium die Vor- und Nachteile eines solchen Projekts erörtert. Man kam zu dem Schluss, dass es gar nicht so einfach wäre, den Ägyptern gewissermaßen den Hahn zuzudrehen – vor allem nicht kurzfristig. Eine Verminderung des Wasserflusses an den

Owenfällen würde in Ägypten erst mehrere Monate später spürbar sein, da das Wasser für den Weg von Uganda nach Ägypten eine gewisse Zeit benötigte, was sowohl an der Entfernung lag als auch an der hydrologischen Rolle der Sümpfe sowie dem natürlichen Staueffekt des Blauen Nils bei Khartum. Zwischen dem Laden der Waffe, dem Abschießen der Munition und dem Einschlagen des Projektils würde viel zu viel Zeit vergehen. Und in der Zwischenzeit wäre Großbritannien der Kritik ausgesetzt, eine solch despotische Waffe gegen ein Land einzusetzen, das ehemals ein Teil der europäischen kolonialen Welt gewesen war.

Ende Oktober 1956 gab es ein neues Memorandum vom Außenministerium: »Die Auswirkungen der Beschränkung der Austrittsmenge an den Owenfällen auf den Sudan und Ägypten«. Das Projekt würde nicht nur die Ägpyter treffen, sondern möglicherweise auch die Beziehungen zu den Alliierten im Sudan gefährden. Zuerst wären nämlich diese von einer Reduzierung des Wasserflusses betroffen, da der Sudan und die Elite, mit der die Briten dort kooperierten, eng mit der Bewässerung der Landflächen am Weißen Nil verbundene wirtschaftliche Interessen hatten. Eden verwarf schließlich die Idee, Ägypten von der Wasserzufuhr des Nils abzuschneiden.

Stattdessen begannen französische und britische Flugzeuge im Morgengrauen des 31. Oktober 1956, ägyptische Stellungen in Suez zu bombardieren, während Israel die Sinaihalbinsel angriff.

Die britische Nilpolitik im Herbst 1956 war von diversen falschen Vermutungen ausgegangen. Sie überschätzten das Potenzial der Nilwaffe als geopolitisches Instrument, weil sie zentrale Charakteristika der Hydrologie des Flusses übersahen. Sie unterschätzten den Bedarf an Nilwasser in den anderen Anrainerstaaten, was politisch ebenfalls berücksichtigt werden musste, da der Nil nun einmal auf seinem Weg nach Ägypten durch diese Länder floss. Und schließlich erfassten die Briten nicht vollständig, dass die politischen Verwaltungseinheiten, die sie selbst in den verschiedenen Ländern hatten entstehen lassen, einander widerstreitende Ideen über die sowohl politische als auch wirtschaftliche Nutzung des Nils hatten – weil eben alle Verwaltungseinheiten diese Fragen aus dem Blickwinkel des Ortes betrachteten, an dem sie stationiert waren. Wie sich herausstellte, war Hydropolitik weitaus komplizierter, als Eden und viele seiner Kollegen im Herbst 1956 annahmen. Immerhin wurde ihnen klar, dass der Nil nicht ohne Weiteres der menschlichen Hybris anheimgegeben werden konnte.

1956 war aber nicht nur das Jahr, in dem Ägypten den Suezkanal verstaatlichte, es war auch das Jahr, in dem der Sudan seine Unabhängigkeit erlangte. Das britische Nilimperium war fundamental geschwächt, und das flussaufwärts gelegene Uganda wurde für die globale Strategie Londons zunehmend unwichtiger. Ein frischer Wind der Veränderung blies durch Afrika, und 1963 erklärte auch Uganda seine Unabhängigkeit. Der Kolonialismus als System brach zusammen, wenngleich sich das Erbe der britischen Nilpolitik bis hinein in das 21. Jahrhundert nachhaltig auf die Entwicklung Ugandas auswirkte. Der Fluss hat hingegen auch in vielen anderen Bereichen eine wichtige Rolle in der Politik vieler anderer Länder gespielt; wie wir sehen werden, häufig auch auf bizarre Weise.

Idi Amin applaudiert satten Krokodilen am Nil

Eine längere Szene in Barbet Schroeders berühmtem Dokumentarfilm *General Idi Amin Dada: Ein Selbstportait* aus dem Jahr 1974 spielt auf einem Nilboot gleich unterhalb der Murchisonfälle. Wir sehen Flusspferde, Elefanten, Krokodile – und Präsident Idi Amin, der insbesondere von Letzteren fasziniert zu sein scheint. Lächelnd klatscht er in die Hände, um die Tiere zur Bewegung zu animieren. Der Regisseur berichtet in einem Interview, dass sich die betreffenden Krokodile an Amins hingerichteten Gegnern satt gefressen hätten (das Interview war weder Bestandteil des Dokumentarfilms, noch wurden dabei Aufnahmen gezeigt, auf denen Amin aus diesem Grund in die Hände klatscht). Henry Kyemba, Amins Kabinettssekretär und Minister, schrieb später im Exil, dass die Menge der Leichen ein Problem dargestellt habe. Daher wurden ganze Wagenladungen von Toten an drei Stellen in den Nil gekippt – bei den Owenfällen in Jinja, bei den Stromschnellen von Bujagali sowie im Nilpferdreservat, das im Dokumentarfilm zu sehen ist. Doch wie sich herausstellte, so Kyemba, habe es zu wenig Krokodile gegeben, um all die Ermordeten zu beseitigen. Kyemba spricht von treibenden Leichen auf dem See bei der Station an den Owenfällen. Als er einmal den Damm bei Jinja überquerte, habe er »sechs ekelhaft aufgeschwollene und verwesende Leichen im Wasser treiben sehen«. Obwohl man die Leichen in der Nähe des Damms schließlich von einem Boot aus wieder eingesammelt habe, hätten Arbeiter der nahe gelegenen Industrieanlagen ihm erzählt, dass sie fast täglich Dutzende Leichen im See entdeckten.[168]

Unter der Führung Amins war die ugandische Wirtschaft allgemein schwach, auch waren keine signifikanten Initiativen im Hinblick auf die Kontrolle des Nils ergriffen worden. Stattdessen nutzte Amin den Fluss als Müllkippe, und das nicht nur für seine Feinde, sondern angeblich auch für Menschen mit körperlichen Behinderungen. Er war bekannt dafür, gern als Mann des Volkes aufzutreten. Einmal nahm er seinen Wagen, fuhr zu einem von Kampalas Plätzen, betrat ein nahe gelegenes Geschäft und schloss sich dort einer Runde von Spielern des beliebten Brettspiels *Ajua* an. Viele kamen, um zuzusehen, darunter ein in Kampala bekannter, behinderter Mann namens Wandera Maskini. Er trat an den Tisch, starrte Amin an und begann, ihn zu beschimpfen. »Es gibt in den Läden nichts zu kaufen, und das, weil du die Asiaten aus dem Land hinausgeworfen hast.« Und dann: »Hurensohn, bring mich ruhig um, wenn du willst.« Amin sagte nichts und ging nach einer Weile. Am selben Abend verkündete Radio Uganda, dass alle, die blind oder taub seien, denen Körperteile fehlten oder die so schwach seien, dass sie staatliche Hilfe benötigten, sich bei der nächsten Polizeistation melden sollten. Am nächsten Morgen saßen Tausende von behinderten Menschen in Militärfahrzeugen und wurden nach Jinja gebracht, wo man sie in den Fluss warf.[169] Alle, die sich irgendwo festhalten wollten, wurden erschossen. Als Amin am Fluss in die Hände klatschte, sollte dies zwei Dinge erzählen: Der Diktator scheuchte nicht nur die im Wasser dösenden oder im Schatten der Bäume ruhenden gefährlichen Biester auf, er begrüßte auch seine Henker und applaudierte ihnen.

Schroeders Idee war originell: Er wollte, wie er sagte, ein Filmporträt erschaffen, indem er ein Individuum filmte, das sich durch den Film selbst porträtierte. Der Dokumentarfilm zeigt allerdings auch etwas von den in Uganda herrschenden Zuständen unter Idi Amin. Unter anderem indem er die Asiaten des Landes verwiesen hatte (sowie 500 Israelis), die ursprünglich etwa 80 Prozent der Ladenbesitzer stellten, stürzte er das Land ins wirtschaftliche Chaos. Das entfesselte wiederum eine enorme Inflation und führte zu ernsthaften Problemen bei der Beschaffung einfachster Rohwaren zur Herstellung von Grundnahrungsmitteln. Der Film dokumentiert nicht die Massentötungen und das spurlose Verschwinden zahlreicher Menschen, bezieht sich aber auf entsprechende Berichte und untermalt dies mit flüchtigen Bildern von militärischen Exekutionen. Gleichwohl inszeniert sich Amin nicht als klassischer Diktator oder von purer Macht getriebenes Individuum mit tyrannischen Zügen. Eher entsteht der Eindruck, dass Amin sich selbst als jovialen Mann vom Lande begreift. Er erzählt Geschichten aus seiner Vergangenheit, und wir sehen ihn zu der Musik einer afrikanischen Band tanzen. Amin spricht über seine angeblichen Freundschaften mit den israelischen Politikern Moshe Dayan und

Golda Meir, sagt aber auch, dass Israel den Nil vergiften wolle, um das totale Chaos zu verursachen.

Der weitaus bekanntere Spielfilm *Der letzte König von Schottland* aus dem Jahr 2006 gibt ebenfalls vor, von Präsident Idi Amin zu handeln, jedoch ist der Streifen – und wurde auch so beworben – im Grunde ein Thriller über einen weißen, gutgläubigen Entwicklungshelfer, der sich im Netz des charmanten Diktators verfängt. Der Trailer beinhaltet Nilszenen, doch im Film selbst sind der Fluss sowie Afrika selbst nur der Hintergrund, vor dem sich das persönliche Drama eines schottischen Weltverbesserers abspielt.

Regisseur Kevin MacDonald zielte darauf ab, einen »wahren Film« über Idi Amin zu erschaffen, der seiner Meinung nach neben Nelson Mandela der bekannteste Afrikaner der Geschichte sei. Seine Absicht bestand somit offiziell darin, eine Leere zu füllen: Der Film sollte zeigen, wer Amin tatsächlich war, und auf diese Weise die Voreingenommenheit der Außenwelt gegenüber Amin erklären.

Paradoxerweise befindet sich Amin nicht im Zentrum der Erzählung, vielmehr dreht sich der Film vor allem um den schottischen Entwicklungshelfer Dr. Nicholas Garrigan, der nach Uganda kommt, um in einem Krankenhaus auf dem Land zu arbeiten, dann aber als Leibarzt und engster Berater Amins endet. Dieser Samariter steht für den emotionalen Fokus der europäischen Politik jener Jahre. Der Arzt ist voller Hoffnung, hat gute Absichten und ein gutes Gewissen, insofern zeigt der Film einen klassischen Vertreter und typische Denkfiguren der Epoche der Entwicklungshilfe. Der Film beleuchtet die Weltsicht und das Selbstbild dieser Epoche und deckt ihren Charakter in einem neuen Zusammenhang auf. Ohne es zu beabsichtigen, entlarvt *Der letzte König von Schottland* jedoch auch die egozentrische Weltsicht des Hilfssystems oder genauer ausgedrückt dessen grundlegenden Archetypus. Denn wie sonst sollten wir verstehen, dass ein Film, der doch von Amin handeln soll, nicht in der Lage ist, Uganda ohne diesen europäischen Wohltäter im Zentrum der Geschichte wiederzugeben?

Der Regisseur betonte, er habe mit seinem Film kein neues *Herz der Finsternis* schaffen wollen (so lautet der Titel von Joseph Conrads berühmtem Roman), um zu vermeiden, die Stereotypen zu reproduzieren, mit denen der Kontinent immer wieder belegt wurde. Doch anstatt diese obsoleten Klischees bloß zu wiederholen, verstärkt der Film die mächtigsten zeitgenössischen Klischees sogar noch, indem er sie in ein historisches Ereignis einbaut, das sich primär außerhalb des Universums des Hilfssystems vollzieht. Der junge Doktor Garrigan distanziert sich selbst vom Heldentypus früherer Epochen; anders als der klassische europäische Abenteurer sucht er keine spannenden Zerstreuungen auf diesem »wilden« Kontinent. Stattdessen verkörpert er den heutigen Heldentypus – den westlichen Samariter, der auf dem »dunklen Kontinent« nach einem »Sinn« sucht. Dies wird allerdings in doppelter Hinsicht problematisch, da der Film, obwohl er den Entwicklungshelfer ins Zentrum stellt, die mit Idi Amin verbundene Politik relativiert.

Idi Amins Geschichte, wie wir sie kennen, ist die eines Soldaten, der seine Karten gut ausspielte, an die Macht gelangte und eine Diktatur errichtete. Die Geschichten über Amins Kannibalismus und Hexerei waren vielen Menschen bekannt, und mehr als jedes andere Individuum symbolisierte er für manche Afrikaner das Schlimmste, das Afrika je hervorgebracht hat. Vor diesem Hintergrund verstört es, dass Amin in *Der letzte König von Schottland* in ein exzentrisches, humoristisches Licht getaucht ist – und der Film ihn als eine kindliche Figur mit psychopathischen Zügen erscheinen lässt. Forest Whitakers Darstellung lässt Amin beinahe väterlich wirken, als könnte er einer von »uns« sein (was Whitaker im Trailer zum Film ebenfalls unterstreicht). Wären mehr Ugander als eigenständige, dynamische Akteure in die Geschichte des Films integriert worden, hätten sich die Begrenzungen der filmischen Perspektive deutlicher aufzeigen lassen.

Die Frau und das Wasser, das unverwundbar machen sollte

Im Mai 1986 saß eine etwa 30-jährige Frau am »Teufelsauge« oder *Wang Jok*, wie die Murchisonfälle in der Sprache der Acholi genannt werden. Da der Nil hier geradewegs, kraftvoll und ohrenbetäubend über die Felskante schießt, ist der Ort, wie viele ähnliche Stellen an diversen Gewässern, eine Kulisse für magische Rituale geworden. 1986 war die Stelle der Geburtsort für eine der seltsamsten ideologisch-militärischen Bewegungen der jüngeren afrikanischen Geschichte, und die erwähnte Frau hatte sie gegründet.

Wer es nicht besser wusste, hätte denken können, dass Alice Auma, eine kinderlose Frau aus der Gegend, am Wasserfall saß und mit sich selbst sprach, denn ihr Mund bewegte sich ganz deutlich. Doch Alice konnte kaum sprechen oder hören. Ihr Vater hatte sie zu verschiedenen Heilern gebracht, die ihr allerdings nicht helfen konnten. Tatsächlich war es der Lakwena, ein lokaler Geist, der von ihr Besitz ergriffen hatte und durch sie sprach.

Der Geist hatte ihr aufgetragen, die Wasserfälle aufzusuchen, und sie nach *Wang Jok* geführt. Da saß sie 40 Tage lang, kommunizierte aber nicht mit sich selbst, sondern mit den Flussgeistern.

Der Erzählung zufolge hatte Lakwena mit den Tieren im Paraa Nationalpark über den Krieg zwischen der Armee des damaligen Rebellenführers Yoweri Museveni und der Armee der Okello-Brüder beratschlagt. Die Brüder gehörten wie Alice zum Stamm der Acholi und hatten für einen kurzen Zeitraum von 1985 bis 1986 die Macht in Kampala innegehabt.[170]

Der Geist sagte zu den Tieren: »Ihr Tiere, Gott hat mich geschickt, um euch zu fragen, ob ihr die Verantwortung für das Blutvergießen in Uganda tragt.« Die Tiere bestritten, schuld zu sein. Der Büffel zeigte eine Wunde am Vorderbein, und das Nilpferd zeigte eine Wunde am Hinterbein. Lakwena sagte dann zu dem Wasserfall: »Wasser, ich komme, um dich nach den Sünden und dem Blutvergießen in der Welt zu fragen.« Das Wasser antwortete: »Die Menschen mit zwei Beinen töten ihre Brüder und werfen die Leichen ins Wasser.« Als der Geist das Wasser fragte, was es mit Sündern mache, sagte das Wasser: »Ich kämpfe gegen die Sünder, denn sie sind diejenigen, die für das Blutvergießen verantwortlich sind. Geh und kämpfe gegen die Sünder, weil sie ihre Brüder ins Wasser werfen.«[171]

Nach einer kurzen Rückkehr in ihr Dorf wurde Alice von Lakwena zum Mount Kilak geführt, der ihre Ankunft mit einer heftigen Explosion feierte. Der Geist sagte zu dem Berg: »Gott hat mich ausgeschickt, um herauszufinden, warum es Diebstahl gibt.« Der Berg erwiderte:

> Ich bin nirgendwo hingegangen und habe von niemandem die Kinder gestohlen. Doch kommen Menschen hierher, die die Namen derjenigen nennen, die ich töten soll [durch Verwünschungen]. Manche bitten mich um Medizin [zum Verhexen]. ... Ich will dir Wasser geben, um Krankheiten zu heilen. Aber du musst die Sünder bekämpfen.

Im August 1986 befahl Lakwena Alice, ihre Arbeit als örtliche Heilerin einzustellen. Ihre Aktivitäten hätten keinen Sinn, solange Krieg herrsche. Stattdessen gründete Alice das Holy Spirit Movement. Sie würde das Böse bekämpfen und dem Blutbad ein Ende bereiten. Alice betrachtete diese Aufgabe als göttlichen Auftrag. Um ihn zu erfüllen, war die Einnahme der Hauptstadt Kampala nötig. Dadurch würden die Acholi von aller Gewalt befreit werden, die sich im Luwerodreieck eingenistet habe, und sie könnten das Paradies auf Erden errichten.

Das Holy Spirit Movement und seine Soldaten betrachteten militärische Niederlagen als Folge moralischen Verfalls und nicht als Ergebnis militärischer Kräfteverhältnisse. Ihre Rebellion war daher nicht nur eine Rebellion im Namen der Moral, sondern auch eine natürliche Rebellion gegen die herrschenden Missstände. Die Natur war auf ihrer Seite – solange sie diese korrekt behandelten. Neben den Soldaten gab es 14 000 Geister, Bienen, Schlangen, Steine und Flüsse, die sie unterstützten. Wasser war für die Krieger von großer Bedeutung, denn es war nicht nur zentraler Bestandteil des erforderlichen Reinigungsprozesses, durch den sie in Krieger verwandelt wurden, es bot auch Schutz gegen Kugeln. Schließlich hatte der Geist erklärt: »Was immer da ist, wird vom Wasser fortgespült werden!« und »Nichts ist größer als Wasser, denn Gott hat das Wasser vor allem anderen erschaffen!« Es sei Gottes »erstgeborenes Kind.«[172]

Alice war während einer Periode der militärischen Niederlagen und moralischer und kultureller Auflösungserscheinungen eine Inspiration für die Acholi. Ungeachtet dessen bedeuteten die religiösen Traditionen und Überzeugungen der ethnischen Gruppe, dass Alices Visionen die Kraft des Glaubens enthielten. Eine ungebildete Frau ohne jede militärische Erfahrung mobilisierte in kürzester Zeit Tausende Soldaten. Ohne moderne Waffen, nur mit Steinen, Stöcken und dem Nilwasser, das die Truppe unbesiegbar machen würde, führte sie sie in den Krieg.

Der erste Angriff erfolgte nahe Lira im Norden Ugandas, an einem Arm des Kyogasees, durch den der Nil langsam hindurchfließt. Bewaffnet mit Säcken voller Steine und ihre Stöcke schwingend – derweil sie Lieder sangen, einander mit Wasser bespritzten und sich mit Sesamöl einrieben –, zog das Holy Spirit Movement in den Krieg. Obwohl seine Steine nicht wie Granaten explodierten und die feindlichen Kugeln nicht aufgehalten wurden, wie Alice versprochen hatte, fügten es den Regierungstruppen anfangs erstaunlicherweise ernsthafte Verluste zu.

Schließlich geriet Alices Armee in die Defensive, sie selbst wurde beschuldigt, eine von bösen, zerstörerischen Geistern besessene Hexe zu sein. Als die Truppe eine weitere Niederlage erlitt, ohne Kampala je erreicht zu haben, floh Alice in ein Flüchtlingscamp in Kenia. Sie behauptete, Lakwena habe sie verlassen, und verschwand aus der Geschichte Ugandas.

Die Frau, die in *Wang Jok* nach Eingebung gesucht hatte, war nicht mehr da, doch das Konzept der dem Fluss innewohnenden Kraft hat in diesem Teil des Nilbeckens eine viel längere Geschichte.

Geschichten über das heilige Wasser

Alice Aumas Glaube an die Wirkung heiligen Wassers ist Teil einer langen und komplexen afrikanischen Tradition des Wasserkults, der in vielen Ländern entlang des Nils eine bedeutende Rolle gespielt hat. Eine der berühmtesten afrikanischen Erhebungen gegen Europas Eroberungsarmeen während des Wettlaufs um Afrika war der Maji-Maji-Aufstand gegen die Deutschen im Süden Deutsch-Ostafrikas zu Beginn des 20. Jahrhunderts – *Maji Maji* bedeutet »Wasser Wasser«. Hauptsächlich mit Pfeilen und Speeren bewaffnet, vollzogen die Aufständischen einen furchtlosen Angriff auf die deutschen Garnisonen, anscheinend fest davon überzeugt, dass ihr heiliges Wasser sie unbesiegbar mache. Mit Hirsekränzen auf der Stirn marschierten sie gegen die schwer bewaffneten deutschen Soldaten und wurden niedergemäht. Am 21. Oktober 1905 begannen die Deutschen einen Gegenangriff, der die Armee der Aufständischen zu einem chaotischen Rückzug zwang, bei dem viele schrien: »Das Maji ist eine Lüge!« Die deutsche Armee trug einen überwältigenden Sieg davon, dennoch gilt der Aufstand als erste organisierte und umfassende Erhebung gegen die europäischen Kolonialherren in diesem Teil Ostafrikas. Aus Furcht vor ähnlichen Aufständen in der Zukunft begannen die Deutschen zudem, ihr Vorgehen in dem Land zu überdenken.

Die Idee der besonderen Kräfte des Wassers überlebte den Maji-Maji-Aufstand. Um die Zeit des Ausbruchs des Ersten Weltkriegs in Europa tauchte ein weiterer Wasserprophet auf, diesmal in Uganda. Sein Name war Rembe, und seinen Anhängern zufolge war er erschienen, um den Lugbara, den Nachbarn der Acholi in Norduganda, göttliche Kraft zu geben. Diese besondere Kraft könne durch das Trinken des Wassers einer Quelle im Lugbaragebiet des Nilbeckens erlangt werden. Dort sei auch eine Schlange mit einem Menschenkopf zu finden, die Weissagungen tätige. Rembe versprach seinen Anhängern, dass sie nach dem Genuss des »Yakanwassers« gegen die Gewehrkugeln der britischen Besatzungstruppen geschützt seien. Die Anhänger seiner Wassermythologie glaubten außerdem, dass Magie die Kugeln der Feinde in Wasser verwandele. Den Briten war das Aufstandspotenzial dieser Ideen bewusst, daher nahmen sie Rembe 1917 gefangen und richteten ihn hin. Dennoch hielt sich der Yakan- oder Wasserkult in einer Region, in der auch lange der Glaube vorgeherrscht hatte, dass die Schuld oder Unschuld eines Beschuldigten ermittelt werden könne, indem man ihn über Nacht im Busch an einen Baum bindet und abwartet, ob die Hyänen ihn fräßen.

Nach dem Ende des Ersten Weltkriegs brachen wieder Unruhen in Norduganda aus, erneut befeuert vom Glauben an das magische Wasser und seinen Schutz. Der Yakanaufstand von 1919 führte zum Tod von zwölf britischen Polizisten. Auch hier handelten die kolonialen Machthaber entschieden: Sie verhafteten die Anführer, und als mehrere von ihnen im Gefängnis starben, starb auch ihr Kult.

Im Lauf der Jahrhunderte sind immer wieder Wasserkulte entstanden, oft mit bedeutenden politisch-militärischen Folgen. Aufgrund des gewachsenen Bildungsniveaus im Land und des Vormarsches monotheistischer Religionen ist Alice Auma vielleicht die letzte Repräsentantin eines Wasserkults gewesen, die eine religiös-politische Bewegung in Gang setzte. Ein pervertierter Schatten hiervon lebte jedoch fort.

Der Zauberer vom Nil und die Lord's Resistance Army

Es ist Ende der 1990er Jahre. Um Gulu, eine der größeren Städte im Acholiland, kann man jeden Abend sehen, wie Kinder in langen Reihen von überall her aus den umliegenden Dörfern in Richtung Stadtzentrum strömen. Die Kinder sind auf dem Weg ins Bett – in Schulen und Krankenhäusern oder auf Bürgersteigen. Sie suchen Sicherheit und Schutz vor wiederholt geschehenen Entführungen durch die Lord's Resistance Army (LRA).

Zuvor hatte die LRA in der Nähe gelegene Schulen angegriffen und Kinder und junge Mädchen entführt. Ich war ein paar Jahre vor diesen dramatischen Ereignissen in Gulu gewesen und hatte in einem der besten Hotels der Stadt geschlafen, wo sich die Kakerlaken an den Zimmerwänden mit abblätternder Farbe tummelten und das einzige verfügbare Abendessen aus Ziegenfleisch, Reis und Yucca bestand. Einschusslöcher und von Bomben zerstörte Häuser zeugten von den brutalen Konflikten der 1970er Jahre zwischen den lokalen Erzfeinden, den Madi und Acholi, die Zehntausende Tote hinterlassen hatten. Joeseph Kony hatte diese blutige Bühne noch nicht betreten, die über Jahrzehnte das Erkennungszeichen nordugandischer Politik sein sollte.

Nach der vernichtenden Niederlage und Alice Aumas Flucht hatte Joseph Kony die Reste des Holy Spirit Movement 1987 um sich geschart und unter dem Namen Lord's Resistance Army neu formiert. In der Sprache der Acholi bedeutet *Kony* »helfen«, und Joseph Kony erklärte, er wolle eine auf den Zehn Geboten beruhende Gesellschaft aufbauen und ganz Uganda von der neuen, seit 1986 amtierenden Regierung unter Präsident Museveni befreien.

Die bald aus Uganda eintreffenden zahlreichen Berichte ließen keinen Zweifel: Kony baute eine der brutalsten militärischen Bewegungen unserer Zeit auf. Entführte Kinder wurden in Killerroboter verwandelt, die den Befehlen der Anführer blind gehorchten. Unter der Androhung, selbst getötet zu werden, überfielen diese Kindersoldaten Dörfer, wo sie den Menschen die Lippen, Ohren, Hände, Füße oder Brüste abschnitten. Manchmal sollen sie auch Familienangehörige von Opfern gezwungen haben, die abgetrennten Körperteile zu essen. Als Strafe für das Anzeigen ihrer Handlungen bei den ugandischen Behörden bohrten sie Löcher in die Lippen der Informanten und verhängten sie mit einem Vorhängeschloss. Sie verbrannten Menschen bei lebendigem Leib oder schlugen sie mit Macheten und Knüppeln tot. Joseph Kony seinerseits behauptete, er befolge nur die Befehle des Heiligen Geistes.

Doch wie entstand diese Bewegung? Und was war ihre Rolle im Machtkampf, der sich in diesem Teil des Nilbeckens abspielte? Der Versuch, den historischen Hintergrund und den Handlungskontext der Bewegung zu begreifen, impliziert keine Rechtfertigung oder Relativierung der Handlungen Konys und der von ihm propagierten Werte. Im Frühling 2012 publizierte die US-Organisation Invisible Children einen halbstündigen Dokumentarfilm über Kony. Das Video mit dem Titel »Kony 2012« wurde auf YouTube innerhalb weniger Wochen von mehreren Millionen Menschen gesehen. Dies zeigt deutlich, dass wir es hier auch mit einem Medienphänomen zu tun haben und dass die Geschichte und das Bild der LRA auch in diesem Kontext gesehen werden müssen.

Als die LRA ihre Waffen gegen Museveni erhob, entsprach das gewissermaßen der schon lange im Land vorherrschenden politischen Kultur. Der Machtkampf um die Hauptstadt Kampala hatte mehrfach zur Gründung einer Guerillaarmee durch den jeweiligen Verlierer geführt. Die relative Stärke von Konys Gruppe erklärte sich daraus, dass zu dieser Zeit keine anderen Anführer um Anhänger unter den Acholi konkurrierten, außerdem erwies sich die religiöse Weltanschauung und Rhetorik der Bewegung als sehr effektiv, da sie praktische politische Dilemmas, zu denen keine realistische Lösung existierte, scheinbar löste. Genauso wie islamistischen Terrororganisationen, gelang es der LRA, unter ihren Anhängern extreme Formen der Gewalt zu legitimieren. Als sich die LRA jedoch mit der Rekrutierung von Soldaten durch die Entführung von Kindern

Der Zauberer vom Nil und die Lord's Resistance Army

zur Karikatur einer Befreiungsarmee entwickelte, verfing sich die Rebellion in einer Reihe innerer Widersprüche, die die Bewegung mit der Zeit intern und insbesondere in ihrer Beziehung zur äußeren Welt schwächten.

Eines der wenigen Bücher über Kony trägt den Titel *The Wizard of the Nile* (»Der Zauberer vom Nil«) und stammt von dem britischen Journalisten Matthew Green. Auf dem Umschlag sieht man einen Warlord und eine AK-47 – es wirkt, als habe der Verlag die ironisch gemeinten Ratschläge des kenianischen Autors Binyavanga Wainaina aus dessen berühmten Essay *How to Write About Africa* (»Wie man über Afrika schreiben soll«) von 2005 wörtlich genommen: »Zeige nie einen normal und ausgeglichen wirkenden Afrikaner auf dem Umschlag deines Buches, oder in ihm, sofern dieser Afrikaner nicht den Nobelpreis gewonnen hat. Eine AK-47, Waschbrettbauch, nackte Brüste: nimm das.«[173] Bücher mit solchen Umschlägen lassen sich im Westen verkaufen, weil sie mit weitverbreiteten Stereotypen übereinstimmen; allerdings ist das Bild eines Warlords und einer AK-47 in diesem Fall ja tatsächlich passend. Greens Buch ist deshalb so interessant, weil er sich nicht auf Kony beschränkt, sondern versucht, die Bewegung in einen größeren regionalen Kontext des Strebens nach Macht und politischem Einfluss einzuordnen. Green zeigt, dass die islamistische Regierung des Sudan Konys Widerstandsarmee finanzierte, um sich deren Unterstützung in Khartums Krieg gegen die sudanesische Volksbefreiungsarmee im Südsudan zu sichern. Angeblich soll die LRA, die sich ja strikt auf die Zehn Gebote berief, daraufhin den Schlachtruf »Allahu akbar« verwendet haben. Auch die Regierung in Kampala hatte ein Interesse daran, diesen Krieg am Laufen zu halten und Kony halb als Wahnsinnigen und halb als Instrument der islamistischen Regierung in Khartum darzustellen. Wenn man in Kampala Konys verrückten, mörderischen Krieg als Krieg gegen Museveni und die ugandische Regierung darstellte, konnte man westliche Unterstützung für den Aufbau einer eigenen Armee erwarten.

Zugleich ist Greens Buch als eines von vielen Büchern über Afrika, die wie eine Sachbuchversion von Joseph Conrads Roman *Herz der Finsternis* erscheinen, durch und durch konventionell. Green beschreibt seine Reise »in eine der wildesten Ecken des afrikanischen Kontinents«, hinein in die Barbarei, fort von der Zivilisation. Sein Ziel ist es, Kony aufzuspüren, der bei im als Wiedergänger von Colonel Kurtz erscheint, der zentralen Figur in Conrads Roman, und ihn zu interviewen. Dem Buch mangelt es indessen an der nötigen Portion Unheimlichkeit, denn während er auf eine Begegnung mit Kony wartet, verbringt Green die Zeit so, wie es viele

Weiße in Afrika tun: Er absolviert den obligatorischen Besuch bei einem Hexendoktor, spricht mit einem katholischen Priester, der für die Bekehrung von Afrikanern sein Leben riskiert, und trifft lüsterne Entwicklungshelferinnen. *The Wizard of the Nile* ist insofern ein weiteres dieser Bücher für Leser, die keine Afrikaner sind und deren Wissen über Afrika oder Uganda bloß oberflächlich ist. Das Buch steht für eine klassische Reportagetradition, die sich um den Außenseiter dreht, den westlichen Beobachter; die journalistische Berufung. Was es aber rettet und somit dennoch lesenswert macht, ist seine Selbstironie. Wie Green den vermeintlichen Höhepunkt des Buches – seine Begegnung mit Kony – beschreibt, ist aufschlussreich. Er schildert diese als Ernüchterung – es war eine Pressekonferenz im Dschungel, die so einfach zugänglich war, dass auch Dutzende anderer Journalisten anwesend waren, während Kony, das Symbol für Despotismus und primitive Wildheit schlechthin, aussah wie ein gewöhnlicher Mann mittleren Alters in einem Anzug.

Die Friedensverhandlungen zwischen der LRA und der Regierung in Kampala brachen im April 2008 zusammen, als Kony nicht zur Unterzeichnung der Vereinbarung erschien. Stattdessen verlangte er die Zurücknahme des vom Internationalen Strafgerichtshof in Den Haag 2005 gegen ihn, seine Stellvertreter und drei weitere Rebellenkommandanten ausgestellten Haftbefehls. Natürlich musste Konys aufgrund dieses Agierens fliehen; er verschwand bei Nacht und Nebel mit einigen seiner Soldaten in den Regenwald von Ituri im Kongo, eine Gegend, die Henry Stanley in den 1870er Jahren bereist und als den schrecklichsten Ort in Afrika geschildert hatte.

Joseph Kony und seine Armee waren allerdings, anders als in dem berühmten YouTube-Video vom Frühling 2012 behauptet, nicht vergessen. Vielmehr galt auch die letzte, von George W. Bush angeordnete große Militäraktion in Afrika dem untergetauchten Rebellenführer. Washington soll Presseberichten zufolge eine von Soldaten aus Uganda, dem Kongo und dem Südsudan ausgeführte Aktion namens »Operation Lightning Thunder« durch sein neues Afrikakommando AFRICOM unterstützt haben. Im November 2008, an einem seiner letzten Tage im Weißen Haus, bewilligte Präsident Bush finanzielle und logistische Unterstützung für einen koordinierten Angriff auf die LRA im Nordosten des Kongo. Das AFRICOM steuerte ein Team aus 17 Beratern und Analysten bei und versorgte das Unternehmen mit Geheimdienstinformationen, Satellitentelefonen und großen Mengen Treibstoff. Die Operation sollte die Hauptkommandozentrale der LRA zerstören und Joseph Kony eliminieren. Trotz dreimonatiger militärischer Aktivitäten, bei denen ugandischen Truppen auf kongolesischem Boden aktiv wurden, konnte Kony jedoch nicht gefangen genommen werden. Man habe zwar Kochgeschirr, Waffen und Lebensmittel erbeutet, schrieb die ugandische Presse vorwurfsvoll, aber keinen Kony. Diese Entwicklung bestärkte all diejenigen, die behaupteten, dass Kony gar nicht gefasst werden solle. Stattdessen diene er mächtigen Interessen, indem er der »gefährliche Feind« im Dschungel bleibe. Der Krieg gegen Kony wurde unter Präsident Obama fortgeführt. Ende 2011 vereinbarten die USA mit Uganda eine militärische Zusammenarbeit, was weitere amerikanische Soldaten im Kampf gegen Kony bedeutete. Im Frühsommer 2012 wurde bestätigt, dass sich 100 amerikanische Soldaten vor Ort befanden, Informationen sammelten und den Truppen der vier Länder beratend zur Seite standen, die sich an der »Jagd nach Kony« beteiligten.[174] Außenminister John Kerry setzte für die Ergreifung Konys eine Belohnung von fünf Millionen Dollar aus. Er wurde jedoch nie gefunden, und 2017 beendeten die USA ihre sechs Jahre dauernde, 800 Millionen US-Dollar teure Jagd nach dem Rebellenführer. Offiziell galt das Unternehmen trotzdem als Erfolg. Schließlich, so General Thomas D. Waldhauser, Kommandant des AFRICOM, stelle die LRA keine Bedrohung mehr für die USA oder westliche Interessen in der Region dar.[175]

Für Außenstehende ist es fast unmöglich herauszufinden, was in dieser Region während der letzten Jahrzehnte geschehen ist. Jedes größere und kleinere Unternehmen, das auf der Suche nach wertvollen Rohstoffen in der Grenzregion zwischen Uganda, dem Sudan und dem Kongo anderen zuvorkommen möchte, traf und trifft auf eine Welt, die die Region als gefährlich, barbarisch und unberechenbar ansieht. Nicht zuletzt waren die USA an Kony als lebender Rechtfertigung für ihr jahrelanges militärisches Engagement in dieser extrem ressourcenreichen Region interessiert; Fragen nach dem Grund für ihre dortige Präsenz mussten sie dann gar nicht mehr beantworten. Unbestätigte Gerüchte besagen, dass die Amerikaner und ihre lokalen Mitstreiter große Gebiete für Außenstehende abgeriegelt haben. Fest steht jedenfalls, dass die USA vollständig von den in der Region gefundenen Edelmetallen abhängen, die sie nicht zuletzt für ihre Militärtechnik brauchen. In seiner Zeit als Kongressabgeordneter half der spätere Präsident Obama, ein Gesetz zu verabschieden, das die Rohstoffe in diesem Teil Afrikas für die USA sichern soll. In solch eine Perspektive reiht sich das aufsehenerregende YouTube-Video von 2012 ein: Es fachte die Gerüchte an, Kony werde als eine Art »barbarischer Außenposten« in Afrika benötigt, um im Schatten des »gerechten Krieges« gegen diesen wahnsinnigen Kindsentführer und Warlord in den Grenzgebieten des Kongo zu Uganda Edelmetalle zu gewinnen.

Währenddessen eröffnete der Internationale Strafgerichtshof in Den Haag seinen Prozess nicht gegen Kony, sondern gegen Dominic Ongwen. Der frühere Kommandant der Siniabrigade der LRA war selbst Kindersoldat gewesen und seinerzeit von den Rebellenführern indoktriniert worden. Sein Prozess begann am 6. Dezember 2016, die Anklage umfasst 70 Punkte, darunter Angriffe auf die Zivilbevölkerung, Mord und versuchter Mord, Vergewaltigung, sexuelle Versklavung, Zwangsehe, Folter, Verletzungen der Menschenwürde, Einberufung und Einsatz von Kindern unter 15 Jahren zur aktiven Teilnahme an Kampfhandlungen, Plünderung, Zerstörung von Eigentum und Verfolgung. Ongwen wies alle Anschuldigungen zurück. Die Anklage hat 116 Zeugen geladen, die Verteidigung 69. Mit Prozessende wird für 2020 gerechnet. In der öffentlichen Debatte ging es viel um die Rolle des lokalen Glaubens an Magie und um die Frage, ob man hier den Geistern dieses Glaubens den Prozess mache.

Wie dem auch sei, während Kony sich »irgendwo« in der Demokratischen Republik Kongo aufhält, ist im Nilbecken zum ersten Mal seit einem halben Jahrhundert Frieden eingekehrt.

Neue Entdeckungen – Öl im Nil!

Wie sich zeigen sollte, verfügen die westlichen Teile des Nilbeckens in Uganda über viele Arten von Bodenschätzen. Rund 150 Jahre nachdem Mr. und Mrs. Baker den Abhang zum See hinunterliefen, ging mit Tony Buckingham ein weiterer Brite in die Entdeckungsgeschichte Ugandas und des Albertsees ein. Buckingham stand hinter einer Firma, die große Ölvorkommen unter dem Nilsee entdeckte. Es ist ein historischer Zufall, dass der Namensgeber des Sees, Prinz Albert, im Londoner Buckingham-Palast wohnte und dass Tony Buckinghams Name mit dem des Palastes übereinstimmt, aber es ist kein Zufall, dass es ebenfalls ein Brite war, der Öl in dem von seinem Landsmann kartierten See fand.

Buckingham ist einer von vielen Briten, die nach Auflösung des Empire in Afrika weiter recht zwielichtigen Geschäften nachgingen. Diese Gruppe von Geschäftsleuten bestand zu einem guten Teil aus Personen, die zuvor in Südafrika oder Rhodesien (seit 1980 Zimbabwe) gelebt hatten und nun die zu Kolonialzeiten oder im Zuge des Zusammenbruchs des Empire entstandenen Netzwerke nutzten. Buckingham war lange eine der zentralen Figuren der südafrikanischen Firma Executive Outcomes, die in den 1990er Jahren die vielen lokalen Kriege, die Afrika verheerten, mit Söldnern versorgte. Die westlichen Medien stellten diese Kriege fast ausnahmslos als rein lokale ethnische Konflikte dar und übersahen dabei die Rolle der Waffenhändler und ihrer Interessen. Buckingham war auch einer der führenden Köpfe der Firma Sandline International, die dem Regime in Guinea für die Niederschlagung eines Aufstands Söldner, Ausbilder und Waffen besorgte. Diese Aktivität erlangte internationale Aufmerksamkeit, als ein für Guinea bestimmtes, mit Söldnern und Waffen beladenes Flugzeug auf dem Rollfeld in Zimbabwes Hauptstadt gestoppt wurde. Einige frühere Weggefährten Buckinghams, darunter der Sohn Margaret Thatchers, wurden zu vierjährigen Gefängnisstrafen und der Zahlung von 500 000 US-Dollar verurteilt, nachdem sie der Vorbereitung eines Putsches in Äquatorialguinea für schuldig befunden worden waren. Buckingham und seine Ölbohrungsfirma betonten in der Folge vehement, dass er sich schon Jahren aus dem Söldnergeschäft zurückgezogen habe.

Wie jedoch *The Observer* 1997 bemerkte, hatte Executive Outcomes größere Ziele, als bloß Waffen und Söldner zu beschaffen. Die von der Firma unterstützten Kriege dienten dazu, ihre eigentlichen Interessen bewusst zu verschleiern: »Die Söldner von Executive Outcomes sind keine einfachen Mietsoldaten. Sie sind die Vorhut enormer Wirtschaftsinteressen im heutigen Wettlauf um den mineralischen Reichtum Afrikas.« Dieser Reichtum beinhaltet Erdöl, Gold und Diamanten. Wenn das wirklich die Firmenstrategie war, funktionierte es in diesem Fall perfekt: Buckinghams Unternehmen konnte jahrelang ohne Furcht vor Angriffen in einer Region nach Öl bohren, die ansonsten durch Krieg und Konflikt gekennzeichnet war, nicht nur zwischen Uganda, Ruanda und dem Kongo, sondern auch zwischen der Regierung und Guerillagruppen sowohl in Norduganda als auch im Ostkongo. Während der Rest der Welt ausschließlich auf den Krieg und die Brutalität in Norduganda fokussiert war, transportierten Buckingham und seine Leute schwere Bohrausrüstung, Fördergerät, Geologen und Arbeiter für die Ölsuche an den Albertsee. Zur Zeit der britischen Herrschaft hatten mehrere Berichte, wie der von E. J. Wayland aus dem Jahr 1927, Ölvorkommen am Albertsee und im Rifttal bestätigt. Seitdem hatte niemand danach gesucht, und die an die Kolonialbehörden verschickten Berichte waren nicht weiter beachtet worden – bis Buckingham kam.

In Uganda, wo aufgrund des Misstrauens vieler Leute gegenüber offiziellen Verlautbarungen Verschwörungstheorien weit verbreitet sind, werden bestimmte Kriege ganz selbstverständlich als von äußeren Interessen und Investitionen getragene und fortgeführte Unternehmungen gesehen, die den Abbau von Diamanten, Gold und anderen wertvollen Metallen sowie die Jagd nach Erdölvorkommen verschleiern sollen. Solche Kriege haben natürlich immer auch innere Ursachen, aber es kann kein Zweifel daran bestehen, dass Staaten und externe, private Akteure an vielen Orten im Nilbecken regionale Unruhen aus Eigeninteresse gefördert haben.

Buckinghams Investitionen in Heritage Oil sind als extrem lukrativ beschrieben worden. Behauptungen zufolge steckten er und seine Partner zwischen 135 und 150 Millionen Dollar in das Unternehmen. Buckingham konnte 2010 durch den Verkauf der Hälfte seiner Anteile an einige der weltweit führenden Ölfirmen 84 Millionen Dollar einstreichen.[176] 2016 deckten die Panama Papers auf, dass sein Unternehmen zur Vermeidung der Zahlung von Hunderten Millionen Pfund an Steuergeldern an Uganda sogar »eilig den Firmensitz von einem Steuerparadies ins andere verlegte«.[177] Indessen wurde 2018 bekannt, dass sich der Beginn von Ugandas erster Erdölförderung erneut verschiebt, diesmal auf das Jahr 2022. Begründet wurde dies mit dem Überdenken endgültiger Investitionsentscheidungen bei den Joint-Venture-Partnern Total, China National Offshore Oil Company und Tullow. Der ursprünglich für 2013 geplante Förderbeginn war zuvor schon mehrmals verschoben worden. Währenddessen wurde die Schätzung der förderbaren Erdölmenge von ursprünglich 6,5 Milliarden Barrel auf 6 Milliarden Barrel nach unten korrigiert. Trotz 21 entdeckter Ölfelder ist noch kein Erdöl hochgepumpt worden. Auch dies hat Investitionsentscheidungen beeinflusst, sowohl was die Raffinerie als auch die Rohölpipeline anbelangt.

Die Erdölentdeckungen der Firma haben indessen einen hohen Stellenwert für Ugandas Wirtschaft. Berechnungen des ugandischen Statistikamts gehen von einer täglichen Fördermenge von 100 000 bis 150 000 Barrel aus. Das Öl wird die Region fluten, sagen die optimistischsten Stimmen. Und die Förderpläne konzentrieren sich auf die Nilseen. Deren ökonomische und politische Rolle wird sich dadurch ändern und noch komplexer werden. Immer mehr internationale Akteure mit ihren je eigenen Interessen an der Ausbeutung der Nilreservoirs werden die Bühne betreten. Neben Russland, China und Italien ist Südafrika mit einer von Jacob Zumas Neffen geleiteten Ölfirma involviert, und sollte sich die Lage in der Region noch weiter beruhigen, werden auch die großen westlichen Unternehmen zur Stelle sein. Das Öl kann zu einem stärkeren Faktor in der Wirtschaft Ugandas werden; der Präsident des Landes hat wiederholt gesagt, dass die Erlöse für die Erzeugung von mehr Wasserkraft genutzt werden sollen. Dies bedeutet für Uganda, dessen Grenzen sich vollständig innerhalb des Nilbeckens befinden, dass der Nil und seine Nebenflüsse noch stärker reguliert und ausgebeutet werden.

Zentralafrikas Binnensee

Nach stundenlangem Flug über den dünnen, blauen Streifen, der durch die endlosen Wüsten Ägyptens und des Sudan fließt, ist man beim Anflug auf Entebbe unweigerlich von der schieren Größe des Viktoriasees überwältigt. In diesem Binnensee liegen diverse Inseln verstreut, die das Idealbild eines tropischen Erholungsorts darstellen, komplett mit Palmen, plätschernden Wellen und Bungalows am Strand.

Die Luft wirkt unendlich klar und rein, da es in der Region praktisch keine Industrien gibt, die Schadstoffe ausstoßen. Der Sonnenuntergang über dem See ist von besonderer Schönheit – voller explodierender Farben und dennoch gemessen, wie die prächtigen und berühmten Übergänge von Tag zu Nacht in Ostafrika. Und dennoch gibt es einen Unterschied, denn hier spielt sich der Sonnenuntergang sowohl am Horizont als auch auf der Wasseroberfläche ab, die ihn abwechselnd verstärkt und abschwächt.

An vielen Stellen ist der See ideal, um Wassersport zu treiben. Der Wind ist das ganze Jahr über von morgens bis zum späten Nachmittag konstant. Auch wenn die Wellen manchmal ziemlich rau sein können – so gesehen gleicht der See mehr einem Ozean –, bläst der Wind nie stärker als sechs oder sieben Beaufort. Normalerweise ist der See früh morgens und ab dem späten Nachmittag ruhig, man kann auf ihm also abwechselnd Wasserski fahren und segeln. Wenn man von Kampala oder Entebbe aus mit einem Motorboot zu den Inseln hinausfährt, sieht man in der Regel weiße Segel, so weit das Auge reicht. Von einem Liegestuhl unter Inselpalmen oder einem Bootsdeck aus betrachtet, erzeugen die Größe dieses Binnenozeans und das Wellengeplätscher an den Sandstränden ein Gefühl von Beständigkeit und Ewigkeit.

Neuere Forschungen deuten indessen darauf hin, dass dieser endlos und ewig erscheinende See vor gerade einmal 14 000 Jahren komplett trocken gewesen sein könnte. Die Quelle des Nils war nicht immer dieselbe wie heute; in prähistorischer Zeit war der Fluss in Ägypten über weite Teile des Jahres trocken, was eine dauerhafte Besiedlung des heutigen Unterlaufs unmöglich machte. Viele der Nebenflüsse oberhalb des Viktoriasees, darunter auch der Kagera, fließen heute ostwärts in den See hinein, doch für Millionen Jahre, bis zum Pleistozän, floss der Kagera in westlicher Richtung, aus dem heutigen Nilbecken hinaus.

Der Viktoriasee, heute mit einer Fläche von 60 000 bis 68 000 Quadratkilometern und einem angrenzenden Abflussgebiet von 184 000 Quadratkilometern der zweitgrößte See der Welt, ist also ein junger See, dessen Volumen und Größe radikalen Schwankungen unterlegen haben. Der See ist extrem flach; seine maximale Tiefe beträgt 80 Meter, durchschnittlich liegt sie bei rund 40 Metern. Das Ufer mit seinen unzähligen kleinen Buchten ist 3500 Kilometer lang. Das Volumen des Sees ist mit 2500 Kubikkilometern (das sind nur 15 Prozent des Volumens des Tanganjikasees) indessen recht bescheiden.

Weil der See so flach ist, hat der Klimawandel eine unmittelbare Wirkung. Verringert sich seine Größe, führt dies zu weniger Niederschlag, und weniger Niederschlag lässt ihn wiederum weiter schrumpfen. Sollte das Gleichgewicht zwischen Verdunstung und Niederschlag radikal gestört werden, wird sich auch der See radikal wandeln, mit erheblichen Konsequenzen für seine lokale Nutzung, aber natürlich auch für die Verteilung und Nutzung des Wassers, denn dann wird sich die Wasserführung des Nils ändern.

2007 wurde in ganz Ostafrika Alarm geschlagen: Der Wasserspiegel des Viktoriasees war drei Meter unter seinen normalen Stand gesunken. Was war die Ursache? Menschliche Eingriffe? Das Wetter? Waren es natürliche Schwankungen? Es mangelte nicht an Vermutungen. Einige beschuldigten die ugandische Regierung: Sie pumpe zu viel Wasser aus dem See, um Energie zu produzieren. Andere waren schon immer der Ansicht gewesen, dass die neuen Staudämme den See zerstören würden. Wiederum andere Stimmen machten den Westen, die Erderwärmung und den Klimawandel verantwortlich, während einige natürliche Schwankungen am Werk sahen und dies mit einem unwiderlegbaren hydrologischen und historischen Fakt untermauerten: Messungen der Briten ergaben, dass der Wasserspiegel 1913 niedriger gewesen war als zu Beginn des 21. Jahrhunderts.[178]

»Erinnern Sie sich an die Liliputaner in Gullivers Reisen?«, fragte mich der ugandische Wissenschaftler, als wir 2011 über die historischen Veränderungen im Wasserlauf des Nils sprachen. Mit seiner Beschreibung Laputas machte sich Jonathan Swift über jene lustig, die ständig umherlaufen und das Ende der Welt oder den Kollaps aller Dinge heraufbeschwören. Die Liliputaner seiner Erzählung waren solche ewigen Propheten des Untergangs und erfanden alle möglichen Theorien über das Ende der Sonnenwärme. Jeden Morgen grüßten sie einander, indem sie ihre Ängste über die mögliche Zerstörung der Zivilisation austauschten. »Was den Nil und die großen Seen betrifft, mangelt es nicht an Leuten, die wie die Liliputaner sind«, so der Wissenschaftler weiter. Dennoch waren wir uns beim Tee am Strand einig: Niemand konnte mit Sicherheit sagen, ob die aktuellen Ängste wirklich so unbegründet waren wie jene der von Swift verspotteten Untergangspropheten.

Und genau das ist der Januskopf des Nils. In Bezug auf Klimawandel und große Stromgebiete ist die Zukunft aufgrund der Komplexität der für die Entwicklung entscheidenden Mechanismen nicht leicht vorherzusagen. Im Fall des Nilbeckens gibt es weder hydrologische und meteorologische Daten, die eine ausreichende Zeitfolge abdecken, noch Modelle, welche die Diversität des Beckens exakt erfassen.

In den Jahren nach 2007 ist der Wasserspiegel des Sees wieder langsam angestiegen und nähert sich heute wieder seinem durchschnittlichen Pegelstand von 1900. 2019 wurden Daten veröffentlicht, die zeigten, dass der Wasserstand höher war als üblich. Die in der Regenzeit zwischen März und Juni im Viktoriasee-Becken gefallene Niederschlagsmenge war höher als der normale langfristige Durchschnittswert. Die Wasserspiegel der großen ugandischen Seen – Viktoriasee, Kyogasee, Albertsee und Eduardsee – stiegen alle durch den Anstieg der Niederschlagsmenge, was auf die fortdauernde Präsenz des Regengürtels über Ostafrika zurückgeführt wurde. Der Wasserspiegel des Sees wird aus verschiedenen Gründen ohne Zweifel auch in Zukunft schwanken. Und Studien, Analysen und Diskussionen über die Verfasstheit des Sees werden so lange fortdauern, wie es Menschen im Nilbecken gibt. Veränderungen wird man politisch interpretieren und für politische Zwecke nutzen. Die fast 500 Millionen Einwohner der Länder des Stromgebiets können gleichwohl nicht auf wissenschaftliche Ergebnisse als Handlungsgrundlage warten, gerade auch weil diese sowieso angezweifelt werden würden. Deshalb müssen beim Nachdenken über den Fluss und seine Nutzung dramatische Szenarien mitberücksichtigt werden. Gerade die ewigen hydrologischen Schwankungen der Natur verdeutlichen, was für eine große Bedeutung der Fluss für die Entwicklung der Gesellschaften an seinen Ufern hat und welch zentrales Objekt von Diplomatie und Sicherheitspolitik er bleibt.

Darwins Teich, die Lehren der Evolution und Massensterben

Obgleich das Nilbecken vor allem für Großkatzen und Gnuherden bekannt ist, für die Savannen durchstreifende Zebras und Giraffen, findet man das umfangreichste Ökosystem der Tierwelt unter Wasser, direkt im Viktoriasee, wo ganz in der Nähe die Antilopen von Mutesa I. grasten.

Das kleine, weiße Motorboot gleitet langsam durch die Murchisonbucht vor den Toren Kampalas. Ich bin mit Wissenschaftlern der Universitäten von Makere und Bergen unterwegs, die auf der Suche nach Buntbarschen sind. Buntbarsche sind eigentlich kleine, unattraktive Fische, alles andere als spektakulär. Erstaunlich ist aber, dass 400 Arten dieses Fisches hier entstanden sind, die alle von fünf verschiedenen Spezies in diesem See abstammen. Faszinierend an diesem Ökosystem ist, dass Experten die Entstehung dieser Artenvielfalt auf einen außergewöhnlich kurzen Zeitraum ansetzen – ebenjene etwas mehr als 14 000 Jahre, die dieser See erst besteht. Trotz seiner Jugend ist der Viktoriasee einer der artenreichsten der Welt. Aus diesem Grund wird der See auch Darwins Teich genannt.

Doch Ende des 20. Jahrhunderts vollzogen sich im Laufe weniger Jahrzehnte dramatische Veränderungen. Der einst kristallklare See füllte sich mit schlammigem, stinkendem Wasser, und Teile des Sees erstickten zeitweise fast an Algen und Wasserhyazinthen. In einem von Hungersnöten und Aufständen gezeichneten Afrika wäre ein »toter« Viktoriasee katastrophal für die vielen Millionen Menschen, die an seinen Ufern leben. Untersuchungen zeigten auf, wie sich das schnelle Bevölkerungswachstum, die Rodung der natürlichen Ufervegetation, die boomende Fischexportindustrie, das extreme Algenwachstum und das Verklappen unbehandelten Abfalls aus Betrieben der Region auf die ökologische Gesundheit des Sees auswirkten. Regen spülte außerdem Chemikalien der landwirtschaftlichen Betriebe über die vielen Nilnebenflüsse in den See.

Bis in die späten 1970er war das Biomassegemisch des Sees relativ konstant, aber 1980 zeigte eine Untersuchung, dass sich die Zusammensetzung dramatisch verändert hatte: Der Bestand an Buntbarschen war dramatisch zurückgegangen und machte nun nur noch ein Prozent des gesamten Fischbestands im See aus, während der Anteil des Nilbarschs nun 80 Prozent betrug. Die Zahl der Buntbarscharten war auf 200 gefallen; dieser Verlust von rund 50 Prozent der Buntbarscharten war, wie ein führender

Wissenschaftler der Universität Boston anmerkte, das größte bekannte Massensterben von Wirbeltieren in der Geschichte. Zum Hauptschurken dieser Geschichte wurde der Nilbarsch auserkoren, und verantwortlich für die Misere sollte ein britischer Kolonialbeamter sein, der den Fisch in den 1950er Jahren heimlich in den ugandischen Teil des Sees entlassen hatte. Danach habe sich der Fisch über den ganzen See verteilt. Anfang der 1980er Jahre trat er jedenfalls in großen Mengen in Tansania, Kenia und Uganda auf. Da ihm ausreichend Nahrungsquellen fehlten, verlegte sich der Barsch darauf, die kleineren Barsche zu fressen. Hunderte einheimischer Arten, die sich unter den genuinen Bedingungen des Viktoriasees entwickelt hatten, waren verloren – so lautet die Geschichte des Verfalls.

Es gibt jedoch auch eine alternative Erzählung: Die Einführung des Nilbarschs war der Beginn eines ökonomischen Abenteuers. Tonne um Tonne dieses beliebten Fisches wird von großen Fangbooten aus dem See geholt. Der Fisch wird an Verarbeitungsfirmen verkauft, die sich in ausländischem Besitz befinden, wo er sogleich gereinigt, filetiert, verpackt und eingefroren wird, um dann an teure Restaurants in Nairobi und Delikatessenläden im Nahen Osten und in Europa versandt zu werden. Mit Nilbarsch lässt sich inzwischen viel Geld verdienen. Aus der Haut werden Gürtel und Geldbörsen gemacht, die Blase wird in englischen Alkoholmanufakturen als Filter verwendet und wandert in asiatische Suppen. Als Reaktion auf die internationale Nachfrage insbesondere nach Nilbarsch haben die großen Fangflotten die lokalen Fischer verdrängt. Rund 200 000 Tonnen Barsch werden jedes Jahr exportiert, und zu Beginn des 21. Jahrhunderts wurde der Fisch zu einem lukrativeren Exportgut als Kaffee und Baumwolle.

Kritiker betonen, das Fischexportgeschäft habe den Ländern um den See zwar Einnahmen beschert, die lokalen Gemeinschaften hätten jedoch nicht davon profitieren können. Anstatt als bescheidene Proteinquelle zu dienen, ist der Fisch für die lokale Bevölkerung nun zu teuer geworden. Das profitable Fischereigeschäft hat außerdem dazu geführt, dass der Bestand an Nilbarschen inzwischen radikal überfischt ist; die Zahl der Fischer hat sich in nur fünf Jahren verdoppelt. Die durchschnittliche Größe der Fische ist dramatisch gesunken. Die Ernährungs- und Landwirtschaftsorganisation der Vereinten Nationen schätzt, dass der Bestand an Nilbarschen zwischen 1998 und 2008 um 80 Prozent gesunken ist. Unterdessen haben mehrere Jahre strikter Schutzbemühungen seitens der drei Seeanrainerstaaten zu positiven Ergebnissen geführt. Und wie es aussieht, hat sich der Buntbarschbestand ebenfalls erholt. Von Wissenschaftlern lange verloren gegebene Fischarten waren in Wirklichkeit nie ganz verschwunden, und durch die geringere Menge an Nilbarschen haben sich neue ökologische Nischen aufgetan.

Das Speke Resort, Museveni und der Nil

Nicht weit vom Zentrum Kampalas liegt am Ufer des Viktoriasees der weitläufige Urlaubs- und Tagungskomplex Speke Resort, den Präsident Museveni im Rahmen des Commonwealth-Gipfels Anfang der 2000er Jahre bauen ließ. Offiziell heißt es das Munyono Resort, nach seiner Lage in dem gleichnamigen Stadtteil, doch allgemein wird es Speke genannt, eines von vielen Beispielen für die Renaissance des Afrikaforschers, mit der man vielleicht europäische Touristen anlocken möchte. Direkt über der breit geschwungenen Rezeption befindet sich eine Galerie, in deren Mitte eine Skulptur von Museveni thront, inklusive seines Markenzeichens, dem Hut mit breiter Krempe. Die Statue ist groß und beeindruckend und steht kaum in Einklang mit Musevenis ursprünglichen Angriffen auf den »Personenkult« unter Obote, dem ersten Präsidenten des unabhängigen Uganda.

Museveni ist in Uganda umstritten, was in den Ländern am Nil aufgrund ethnischer Unterschiede und ausgeprägter sozialer Ungleichheit unvermeidlich scheint. Mit Blick auf den Nil ist jedoch weniger interessant, wie Museveni die Beziehungen zwischen den Ethnien handhabt, welchen Einfluss die Könige der verschiedenen ethnischen Gruppen ausüben oder wie das Mehrparteiensystem gestaltet ist. Museveni wird vorgeworfen, autoritär und diktatorisch zu sein und seine eigenen Leute zu bevorzugen. Und an all dem ist etwas Wahres dran: Die militärischen Führungspositionen sind lange hauptsächlich für Angehörige seiner ethnischen Gruppe reserviert worden, den Ankole aus dem südwestlichen Uganda. Museveni hat die Verfassung ändern lassen, um über die ursprünglich vorgesehene Höchstdauer hinaus als Präsident amtieren zu können. Unterdessen hat das Land unter seiner Führung weitgehend Frieden genossen, abgesehen vom Krieg gegen die LRA im Norden und dem Krieg im Kongo. Die Wirtschaft hat einen Aufschwung erlebt, die Mittelschicht ist beträchtlich gewachsen, Asiaten sind wieder willkommen, und es wurde eine Art Mehrparteiensystem installiert. Seit er 1986 nach einem kurzen Guerillakrieg an die Macht gekommen ist, hat Museveni das Land auf einen Weg

Das Speke Resort, Museveni und der Nil

Das Speke Resort in Kampala am Viktoriasee zur »blauen Stunde«. Der See ist so groß wie Schottland und gleicht meistens eher einem Meer als einem See.

gebracht, der es sowohl auf diplomatischem Parkett als auch durch konkrete Baumaßnahmen am Fluss zu einer Nilmacht werden lässt.

Wenn man alles in einen breiten zeitlichen Kontext stellt und vor allem die Beziehung der Menschen zum Nil betrachtet, kann man sagen, dass Museveni und seine Regierung in Uganda eine Revolution losgetreten haben. Das Land werde nun, so Museveni, im Anschluss an die notwendige Wiederaufbauphase nach den vielen geführten Kriegen, wahrhaft entwickelt und der Fluss gezähmt sein.

Hier im Speke Resort hielt Präsident Museveni bei der Afrikanischen Wasserkonferenz 2010, an der auch ich teilnahm, eine lange Rede über Wasser und den Nil. Er sprach über die Länge des Nils, über seine Bedeutung für alle Länder in der Region, über die Wichtigkeit, das Nilbecken gegen Erosion und andere Beschädigungen zu schützen – und nicht zuletzt darüber, dass das Nilabkommen von 1929 endgültig Geschichte sei. Er nannte die Idee, dass Uganda sich allein mit Wasser aus Niederschlägen behelfen könnte, entwicklungsfeindlich, und er sprach von Afrika als einem »dunklen Kontinent«, wenn es um elektrische Energie gehe, trotz seines enormen Wasserkraftpotenzials.

Einige Jahre zuvor hatte ich ein langes Gespräch mit der angesehenen, langjährigen Wasserministerin Maria Mutagamba geführt. Wie die restliche Regierung war sie extrem darauf fokussiert, in Uganda eine eigene industrielle Revolution auszulösen; diese müsse sich hauptsächlich auf die Wasserkraft vom Nil stützen. Darüber hinaus haben Museveni und diverse seiner Minister Ugandas Bedürfnis nach künstlicher Bewässerung erörtert. Einige Regionen des Landes, wie zum Beispiel die Provinz Karamanjong im Norden, sind regelmäßig von Dürren betroffen, und viele andere Landesteile leiden während der Trockenzeit zumindest unter Wassermangel. Museveni erwähnt immer öfter Ugandas Pläne, Nilwasser nach Karamanjong zu leiten, obwohl die Ägypter gegen dieses Projekt ihr Veto eingelegt haben, weil es ihrer Ansicht nach dem Nilsystem zu viel Wasser entnähme.

Hochrangige Quellen haben mich über private Äußerungen Musevenis informiert, dass die Bevölkerung Ugandas wachsen müsse, um für einen Krieg mit Ägypten um das Wasser des Nils gerüstet zu sein. Und als die ugandische Regierung im Jahr 2011 neue Kampfflugzeuge kaufte, behaupteten verschiedene Seiten, hierdurch solle die Verteidigung der ugandischen Interessen am Nil gegen künftige ägyptische Angriffe sichergestellt werden. Die Vertrauenswürdigkeit solcher Informationen ist schwierig zu beurteilen, und es steht auch außer Zweifel, dass der »Kampf um den Nil« als Vorwand dienen kann, um das Land aus ganz anderen Gründen aufrüsten zu können. Trotz dieser martialischen Rhetorik betont die ugandische Regierung, sie wolle mit allen Staaten des Nilbeckens und besonders mit Ägypten zusammenarbeiten. Die ugandische Wasserministerin sagte mir: »Es ist der Wille Gottes, dass der Fluss so fließt, wie er es tut. Auch die Ugander müssen ihre Denkweise ändern und einsehen, dass Ägypten wirklich vom Fluss abhängig ist.«[179] Es gibt keinen Grund, an der Aufrichtigkeit dieses Wunsches zu zweifeln. Die ugandische Regierung weiß, dass eine solche Kooperation dem Land Zugang zu internationaler finanzieller Hilfe verschafft, außerdem erkennt sie den Nutzen technischen Expertenwissens aus Ägypten.

Unterdessen rief 2010 in Uganda die Nachricht Bestürzung hervor, Ägypten habe riesige Flächen Land von der Regierung in Kampala gepachtet. Ich sprach den ägyptischen Botschafter darauf an, als ich ihn kurze Zeit nach der Konferenz im Speke Resort traf. Er dementierte das Zustandekommen eines solchen Abkommens. Auf lange Sicht gesehen ist es jedoch gut möglich, dass es Investitionen dieser Art geben wird. Sie könnten die Nutzung des Flusses optimieren, zugleich würde aber auch der Nilkonflikt komplexer werden. Sollte es dazu kommen, wären reiche Ägypter am in Uganda genutzten Nilwasser beteiligt, aber Millionen armer Bauern in ägyptischen Dörfern hätten noch weniger Wasser zur Verfügung.

Die industrielle Revolution kommt nach Uganda

Wir schreiben den 19. August 2007. An den unmittelbar nördlich des Viktoriasees gelegenen Bujagalifällen taucht ein *Nfuudu*, ein traditioneller Busogaheiler, einen mit Baumrinde umwickelten Speer in einen mächtigen Wasserfall. Das ist der Höhepunkt eines animistischen Rituals, bei dem der Geist des Wasserfalls an einen anderen Ort gebracht werden soll, den die ugandische Regierung der lokalen Bevölkerung zur Verfügung gestellt hat. Der Geist benötigte ein neues Zuhause, weil die Regierung an diesem Ort, der von alters her die Heimstatt des Geistes war, ein Wasserkraftwerk bauen wollte. Nach einer Weile zog der *Nfuudu* seinen Speer aus dem Wasserfall und nahm den Geist mit an den neuen Ort. Die Heiler bestätigten den Erfolg der Verlegung. Die Gegnerschaft der lokalen Bevölkerung zum Staudamm gehörte von nun an der Vergangenheit an. Die Regierung erklärte, die Leute hätten sich klugerweise endlich mit dem für die Modernisierung Ugandas erforderlichen Wandel abgefunden.

Die Bujagalifälle lagen zehn Kilometer von der Stelle entfernt, an der sich der Nil aus dem Viktoriasee ergießt. Historisch war diese Region das rituelle Zentrum der Busoga, mit sieben bis acht Prozent der Bevölkerung die zweitgrößte ethnische Gruppe Ugandas. Daher war die Gegend um die Wasserfälle lange Zeit ein heiliger Ort. Der Bujagaligeist hat die Gemeinschaft der Busoga beschützt, solange dort die entsprechenden Rituale ausgeführt wurden. Auf Grundlage ihrer vormodernen Betrachtungsweise waren die traditionellen Stammesführer lange gegen jegliche Veränderung der Bujagalifälle, dementsprechend bekämpften einige von ihnen den Staudamm. Wie in so vielen anderen Entwicklungsländern sind solche Gruppen auch hier zu den wichtigsten Verbündeten der internationalen NGOs geworden, die sich dem Bau großer Staudämme entgegenstellen.

Die Bujagalifälle waren allerdings auch Ostafrikas wichtigster Raftingpunkt. Tausende Rafter aus aller Welt sind durch die schäumenden Stromschnellen gepaddelt und wurden dabei besonders von der ungewöhnlich großen Wassermenge angezogen, die sich durch mehrere kleinere Stromschnellen zwängte. Es war ein besonderer Schauplatz: Rund eine Million Liter Wasser pro Sekunde stürzten sich durch die Stromschnellen, umringt von extremer Fruchtbarkeit – mit tropischer Vegetation bedeckte Flussufer und kleine Inseln, dazu eine unübertroffene Vielfalt an Vögeln. Dort stand ich und war mir bewusst, dass dieser Ort bald Geschichte sein würde, und die Rafter waren sich im Klaren darüber, dass sie zu den Letzten gehörten, die diese Stromschnellen eroberten.

Der 21. August 2007, zwei Tage nach der Geisterverlegung durch die Busogaheiler, war ein historischer Tag im Leben Ugandas und des Nils. An diesem Tag legten Yoweri Museveni und Prinz Karim al-Husseini, Aga Khan der ismailitischen Muslime, den Grundstein für den Bujagalidamm. Das Kraftwerk war von der Weltbank mitfinanziert worden. Dieser Staudamm soll zusammen mit weiteren geplanten Kraftwerken die ständigen Stromausfälle beenden und die Stromversorgung verlässlicher machen, zum Nutzen von Industrie und Haushalten. Die Anlage besteht aus einem Kraftwerk, dessen fünf Turbinen jeweils 50 Megawatt produzieren können. Der Staudamm ist 52 Meter hoch, sein Fundament reicht 30 Meter in das Erdreich. Mehr als 2000 der Bauarbeiter kamen aus Uganda und alle waren mit Sicherheitsausrüstung wie Helmen, Stiefeln, Warnwesten und Seilen ausgestattet, sodass es kaum zu Unfällen kam.

Freitag, der 1. April 2011, war ein weiterer Wendepunkt in der Geschichte des Nils. An diesem Tag begannen Ingenieure mit der Umleitung des Flusses aus seinem natürlichen Bett, da der Nil für die Fertigstellung der Anlage komplett trockengelegt werden musste. Mitte Mai war das Flussbett in diesem Abschnitt zum ersten Mal seit 15 000 Jahren trocken. Nachdem der Staudamm fertiggestellt war, kehrte das Wasser in seinen natürlichen Lauf zurück. In der Zwischenzeit hatten die Ingenieure den Nil hier für immer verändert.

2012 wurde der Staudamm schließlich offiziell eröffnet. Ein bisschen zu spät, sagten viele. Im Winter 2012 war es in Kampala ständig zu Streiks und Demonstrationen gekommen. Stromausfälle zwangen Fabriken zum Unterbrechen ihrer Produktion, und die Menschen trauten sich abends nicht mehr zum Einkaufen aus dem Haus, weil sich in der Dunkelheit Überfälle häuften. Ladenbesitzer zündeten in den Straßen Reifen an.

Der Nil wird Uganda elektrifizieren, und die Elektrifizierung wird das ganze Land modernisieren. Da die Regierung schätzt, dass der tägliche Bedarf des Landes in zehn Jahren bei 1350 Megawatt liegen wird, sind noch größere Projekte in Planung, darunter der Karumadamm, der mit seinen geplanten 650 Megawatt Ugandas bedeutendste je getätigte Investition sein wird. Uganda ist auf dem Weg, etwas von seinem natürlichen

Potenzial als »Ostafrikas Kraftwerk« zu realisieren und zugleich ein wichtiger politischer Akteur im Nilbecken zu werden – mit großen Plänen für den Fluss.

Die größten Insektenschwärme der Welt und die Nilzeit

Die Bulagoinsel im Viktoriasee liegt etwa eine Stunde Fahrt mit dem Boot vom Festland entfernt. Ich stehe am höchsten Punkt der Insel, während die Sonne im Binnenmeer versinkt. In der Dämmerung erheben sich vom Wasser aus riesige, wabernde Säulen aus unzähligen Insekten; sie fliegen links neben mir, direkt hinter mir, über meinem Kopf, und auch in meinem Mund, wenn ich nicht aufpasse und der Versuchung erliege, das Wort an die Besitzerin des von mir gemieteten Bungalows zu richten. Sie hat mich mit dem Motorrad zu diesem Aussichtspunkt gebracht.

Der Viktoriasee ist das Habitat einiger der größten Insektenschwärme der Welt. Die riesigen Säulen mit vielen Millionen Einzelwesen wandern über die Wasseroberfläche und verdecken dabei zuweilen die Sonne. Sie bewegen sich in vertikalen Formationen wie übereinander marschierende Soldaten einer Armee seitwärts voran, ohne Rhythmus, aber mit tänzelnden Bewegungen. Es sind zu viele, um sie zu verscheuchen. Aber sie sind harmlos und stechen nicht.

Die emsigen Bewegungen der erwachsenen Fliegen sind verständlich; sie leben nur einen Tag. Die weiblichen Insekten sterben, nachdem sie ihre Eier gelegt haben, die männlichen Fliegen sterben gleich nach der Paarung. Die Eintagsfliegen schlüpfen in einem See, der sozialgeschichtlich betrachtet eine unendlich lange Vergangenheit zu haben scheint. Aus evolutionsgeschichtlicher Perspektive jedoch sind die 14 000 Jahre seiner Existenz nur ein Wimpernschlag; nach geologischer Zeitrechnung können wir hier vielleicht den Vergleich zwischen der Existenzdauer einer Eintagsfliege und der Lebensspanne eines Menschen ziehen. Historische Narrative sollten sich der verschiedenen Zeitvarianten bewusst sein, gerade was die gesellschaftliche Rolle des Nils betrifft. Die Nilzeit ist naturgemäß keine Eintagsfliegenzeit, und ganz sicher auch keine Menschenzeit.

Die schon erwähnten Ideen des französischen Historikers Fernand Braudel über unterschiedliche Zeitmaßstäbe sind nützliche Konzepte, aber da physikalische Einheiten wie der Nil als Teil der Geschichte existieren, wird eine Anpassung dieses Verständnisses von historischer Zeit ebenfalls notwendig. Gesellschaftliche Entwicklung kann auf ergiebige Weise vor dem Hintergrund einer fast unveränderlichen Geschichte interpretiert werden, die sich in regelmäßigen Zyklen von Tausenden von Jahren wiederholen. Das Wassersystem in den verschiedenen Regionen des Nilbeckens hat stets einen relativ stabilen Charakter aufgewiesen. Die Regenzeit ist manchmal ausgeblieben und der Fluss über die Ufer getreten, beides mit schrecklichen Folgen, aber die Schwankungen in der Niederschlagsmenge fanden über verschiedene, ausgedehnte Klimaperioden doch immer innerhalb klarer Grenzen statt. Und während sich die Größe des Nils und seine Flussrichtung unbestreitbar immer wieder veränderte, ist der Strom selbst als physikalische Einheit über die letzten 5000 Jahre relativ konstant geblieben. Im Zusammenspiel haben der Fluss und die Niederschlagsmuster fundamentalen Einfluss darauf gehabt, wie Gesellschaften sich entwickeln konnten, welche wirtschaftlichen Aktivitäten möglich beziehungsweise vorteilhaft waren, und somit auch, welche sozialen Organisationsformen passend schienen und überlebten. Diese Überlegung impliziert indessen nicht, dass der Charakter des Nils oder eine bestimmte Wasserökologie notwendigerweise bestimmte Ökonomien, Staatssysteme oder Regierungsformen begünstigt hätten, oder dass verstärkte Regulierung des Nils die Abhängigkeit von den natürlichen Fluktuationen des Flusses verringert hätte. Regen und der Fluss sind langfristig immer entscheidend gewesen, auch was den Handlungsspielraum von Gesellschaften betrifft.

Dieser besondere, an eine Analyse der extrem langen historischen Stränge gebundene geografische Determinismus hat überhaupt nichts mit jenem von Montesquieu und Aristoteles zu tun, der die Mentalitäten als bloße Ableitungen von Klima und Natur betrachtet. Ich rede hier auch nicht einer umfassenden Geschichts- oder Entwicklungstheorie das Wort, die natürliche Bedingungen als allumfassende kausale Erklärungen heranzieht. Wenn ich zeige, dass der Nil in der Tat eine solch prägende Rolle gespielt hat, ist das etwas anderes als zu akzeptieren, dass es möglich ist eine allgemeine logische Struktur von Ursache und Wirkung zu etablieren, die, grob gesagt, in einen wissenschaftlichen Diskurs über notwendige und ausreichende Bedingungen übertragen werden kann. Der Determinismus, auf den ich mich hier beziehe, hat auch nichts mit der überaus einflussreichen These des Ökologen George Evelyn Hutchinson zu tun, die besagt, dass ökologische Beziehungen als von kausalen Interaktionen beherrschte und kontrollierte Systeme interpretiert und analysiert werden sollten. Das Heranziehen der »langen Dauer« ergibt ein klareres Bild von der tief greifenden Verbindung zwischen den Schwankungen des Nilsystems und den verschiedenen Entwicklungsmöglichkeiten der Nilgesellschaften.

Man kann den Fokus jedoch auch auf eine andere Art von historischer Zeit lenken – eine Geschichte »langsamer Rhythmen« und von »Gruppen und Gliederungen«, wie Braudel es formulierte.[180] Aus einer solchen Zeitperspektive heraus betrachtet, ist es wichtig, die Bedeutung der Veränderungen (sowohl temporärer als auch systematischer Natur) von Klima, Flussverlauf und Strömung zu verstehen, um die hydroökologischen und gesellschaftlichen Konsequenzen und die Fokussierung auf signifikante neue Technologien zur Nutzbarmachung von Wasser begreifen zu können. Neue Formen der Flussregulierung haben immer wieder auf revolutionäre Weise etablierte Rahmen gesellschaftlicher Entwicklung und zwischenstaatlicher Beziehungen gesprengt und tun dies auch weiter. Der Nassersee in Ägypten, die Renaissancetalsperre in Äthiopien und die dem Viktoriasee Wasser entziehenden Pumpenprojekte in Tansania sind jeweils Beispiele für Maßnahmen, die den Rahmen für die Nilnutzung verändert haben. Solche Veränderungen können mithilfe verschiedener Modelle interpretiert werden. Allgemeine Postulate von »gesellschaftlichen Bedürfnissen« und weitverbreitete Theorien »adaptiver Prozesse« haben jedoch die Tendenz, sowohl die Rolle des Einzelnen als auch die Fähigkeit des Menschen zu übersehen, gesellschaftliche Entwicklungsmöglichkeiten in Bezug auf das geografische Umfeld ihrer Entstehung neu zu definieren.

Fortwährend werden revolutionäre Pläne zur Wassernutzung oder neue Technologien zur Wasserregulierung entwickelt. Sie waren nicht zuletzt deshalb erfolgreich, weil die Verantwortlichen die Physik und Hydrologie des Flusses kannten und die sich daraus eröffnenden Möglichkeiten abschätzen konnten. Flüsse wie der Nil heißen menschliches Verhalten gut oder bestrafen es, weil die Bewegungsform des Wassers nicht irgendwelchen Plänen unterworfen werden kann, sondern nur solchen, die die physikalische Natur des Flusses ausreichend berücksichtigen.

Vor allem im 20. Jahrhundert haben menschliche Eingriffe zur Regulierung des Nils den Charakter des Flusses radikal verändert. Dennoch ist der Mensch weit davon entfernt, den direkten Einwirkungen des Flusses zu entgehen. Verstärkte Regulierungsmaßnahmen führen, anders als es die konventionelle Weisheit und das traditionelle evolutionäre Denken implizieren, nicht zu geringerer Abhängigkeit vom Wasser. Die Beziehung zwischen »Regulierung« und »Abhängigkeit« ist weitaus subtiler, denn je mehr die Anrainerstaaten den Fluss bändigen wollen, desto abhängiger werden sie, sowohl vom Fluss selbst als auch von der Annahme, dass er stets so fließen wird wie bisher.

Auch aus der Perspektive der Ereignisgeschichte betrachtet kann es interessant sein, das Wasser ins Zentrum der Betrachtung zu rücken – um das Wasser als solches als Achse für eine Interpretation von Ereignissen funktionieren zu lassen. Braudel machte das Mittelmeer in seiner Untersuchung der regionalen Geschichte unter der Herrschaft des im 16. Jahrhundert regierenden spanischen Königs Philipp II. zu seinem, wie er sagte, Protagonisten. Flüsse können in bestimmten Gebieten und unter besonderen Bedingungen erst recht Protagonisten bei der historischen Rekonstruktion riesiger Gebiete werden. Aber – und das ist wichtig, denn es erlaubt diesem Buch die Vermeidung von einigen der Probleme, auf die Braudel bei seiner Analyse stieß – im Gegensatz zum Mittelmeer ist der Nil fortwährend im Wandel, nicht nur von Jahr zu Jahr und von Jahreszeit zu Jahreszeit, sondern auch von Minute zu Minute. Seine Rolle ist daher gleichermaßen strukturell und wechselnd, permanent und zeitweilig, starr und veränderlich. Der Nil, der in diesem Buch der Faktor ist, der die »lange Dauer« formt, steht zugleich für die Ereignisgeschichte.

Der Nil ist dabei eine Quelle, die vom Menschen direktem Eingriff und direkter Kontrolle unterworfen wurde und wird, wobei nicht nur der Charakter und die lokale Funktion des Flusses verändert wurden, sondern oftmals auch die Beziehung der Gesellschaft zu ihm. Somit kann man den Nil nicht auf eine Hintergrundkulisse reduzieren und ihn in einem Einführungskapitel verstauen, so wie geschichts- und sozialwissenschaftliche Literatur häufig mit Natur umgeht: Der Fluss fließt beständig, das lebensspendende Wasser kommt regelmäßig, Pflanzen sprießen, Elektrizität wird das ganze Jahr über hergestellt. All diese Prozesse haben ein normales »Hier und Jetzt«, und das hat Konsequenzen für die Ernte des Bauern und somit für Brautpreis und Hochzeit, für die Versorgung von Unternehmen mit Energie und somit für die Güterproduktion, für die Steuereinnahmen des Königs und somit für die Pläne des Herrschers. Abweichungen oder gar drastische Abweichungen, wie sie in Bezug auf fließendes Wasser häufig vorkommen, machen Politik- und Umweltstudien auf der Ereignisebene sowohl natürlich als auch möglich. In dieser Hinsicht müssen wir unbedingt bedenken, dass Eingriffe an einem Ort am Nil unmittelbare Konsequenzen für andere Orte im Stromgebiet haben, weil die entsprechenden Anlagen den Strom des Flusses beeinflussen und von den die Ressourcen des Flusses teilenden Menschen unterschiedlich wahrgenommen werden.

Wir steigen wieder aufs Motorrad und tragen dabei trotz der kompletten Dunkelheit dicke Sonnenbrillen, während wir die Augen zusammenkneifen und unsere Münder geschlossen halten. Auf unserem Weg hinab zum Bungalow scheinen wir im Licht des Motorradscheinwerfers von Insekten umzingelt zu sein; sie sehen aus wie eine graue Mauer zwischen uns und der stillen Dunkelheit. Wenn über dem See ein neuer Tag anbricht und ich, nach dem Erwachen auf einem Liegestuhl entspannend, meine Augen auf dem in der Morgensonne glitzernden Binnenmeer ruhen lasse, werden sie tot sein.

ÖSTLICH DES BINNENMEERS – KENIA UND TANSANIA

Die Bahn durch das Land an der Quelle des Weißen Nils

Die Zugfahrt von Mombasa nach Kisumu, vom Indischen Ozean durch das Rift Valley und weiter zum Viktoriasee, gehörte zu den klassischen Bahnreisen. Ich nehme den Port Florence Express über die alte Route von Nairobi zum Viktoriasee (der Zug wird 2012 eingestellt und 2017 durch eine mit chinesischer Hilfe errichtete neue Strecke ersetzt, auf der moderne Züge die Städte binnen weniger Stunden verbinden). Die Waggons des alten Nachtzugs zeigen noch immer Stil und Eleganz der Kolonialzeit, mit weißen Stoffservietten auf den Tischen des Speisewagens und einem Kellner, der, in ein weißes Hemd und eine frisch gebügelte schwarze Hose gewandet, höflich und aufmerksam den Tisch für die im Preis inbegriffene dreigängige Mahlzeit deckte. Jede große Zugreise hat ihre eigene Poesie, doch nur wenige können es mit der Atmosphäre in den halb leeren Waggons aufnehmen, die sich durch diese wunderschöne afrikanische Landschaft bewegen, während die Räder rhythmisch über die Gleise rattern. Ab und zu beuge ich mich (was ich immer tue, wenn die Fensterkonstruktion das gestattet) aus einem halb offenen Fenster und verstärke dadurch den traumartigen Aspekt der Bewegung, umschlossen von mir bisher noch unbekannten Landschaften. Ich absorbiere Hitze und Gerüche, höre die Geräusche der vorüberhuschenden Dörfer, sehe Zebras, Antilopen, Elefanten und Giraffen vielleicht deutlicher und würde angesichts der Szene gern ausrufen: Nicht so schnell! Halt! Kann man diese Szene nicht bitte einfrieren? Doch der Zug bewegt sich unermüdlich weiter, sein Rhythmus überträgt sich auf meinen Körper, mit einer Ungeduld, die sich mit meiner eigenen vermischt.

Ich befinde mich ganz vorn in der Lokomotive. Der Lokführer hat mich eingeladen, deutlich sehe ich die schmale einspurige Bahnlinie, die sich durch das leere kenianische Hochland dahinzieht, ehe sie zum Viktoriasee hinunter abbiegt und manchmal über beeindruckend konstruierte Brücken fährt. Von meinem Platz hier vorne neben dem Lokführer ist es nicht schwer, die Kritik nachzuvollziehen, die zu Beginn des 20. Jahrhunderts gegen die geplante Bahnlinie vorgebracht wurde: dass sie von nirgendwo nach nirgendwo führte.

Dennoch weiß ich, als ich hier stehe und die heiße Luft an meiner Stirn spüre, während ich mich aus dem Fenster beuge und das gewaltige Rift Valley mit seinem endlosen Grasland vorüberzieht, dass ich auf einer Bahnlinie unterwegs bin, die tatsächlich ein Land erschaffen hat. Als ich die Gleise ansehe, die sich zum Viktoriasee hinunterziehen, wird mir auch klar, dass einflussreiche Beschreibungen der modernen Geschichte Afrikas, wonach sich die koloniale Politik erst nach dem Zweiten Weltkrieg sichtbar auf das Land ausgewirkt habe, nicht zutreffen können.

Schlafkrankheit und Kolonialismus

Mein Reiseziel, Kisumu (ehemals Port Florence), jetzt die größte Stadt auf dem kenianischen Ufer des Viktoriasees, übte zu Beginn des 20. Jahrhunderts keinerlei Anziehungskraft auf ausländisches Kapital oder inländische Handelsinteressen aus. Der Ort war damals noch kaum eine Stadt und verfügte auch über keine Rohstoffe, die Abenteurer angelockt hätten. Es gab kein Gold, kein Silber, kein Gummi und keine Baumwolle. Aber der Ort lag am See, und diese Lage war entscheidend für seine Zukunft.

Damals wütete in der gesamten Region die Schlafkrankheit; innerhalb weniger Monate starben Hunderttausende Menschen. Für 1903 werden allein für Uganda 90 000 Todesfälle verzeichnet. Im September 1904 schätzte die Royal African Society in London, die Epidemie habe in diesem Jahre bereits 40 000 Opfer gefordert. Wer von einer infizierten Tsetsefliege gebissen wurde, war häufig dem Tod geweiht; es gab kaum eine Behandlung. Aber nun griff die britische Kolonialverwaltung ein.

Damals war man allgemein der Ansicht, das lokale Bewässerungssystem habe zum Wiederauftreten der Krankheit geführt. Während der Jahre 1898 bis 1900 wurde Afrika von einer schwerwiegenden Dürre heimgesucht, die zu umfassenden Missernten und Hungersnöten führte. Im Jahre 1900 folgten dann jedoch heftige Regengüsse, woraufhin sich die Buschvegetation am Seeufer rasch erholte. Die britische Verwaltung konnte nachweisen, dass nur einige Hundert der vielen Hunderttausend Todesfälle in Gegenden aufgetreten waren, die nicht direkt am See lagen. Somit lag rasch auf der Hand, dass die Tsetsefliege die Infektion verbreitete, da sie sich im Dickicht am Seeufer so rasch vermehren konnte. Die Briten setzten eine Reihe von Maßnahmen durch. Sie bauten ein Quarantänehospital, da Kisumu als Endpunkt der Bahnlinie inzwischen zu Bedeutung gelangt war. Die Opfer der Schlafkrankheit wurden aus ihren Wohnorten am Seeufer in die vielerorts eingerichteten Quarantänestationen verbracht. Dort angekommen, starben sie entweder oder wurden geheilt. Jeder Häuptling, dessen Territorium sich in einem zwei Kilometer breiten Streifen entlang des Sees befand, musste dieses für die folgenden sechs Monate evakuieren. Diese Anordnungen stießen auf keinen nennenswerten Widerstand, jede Familie erhielt als Anreiz einen kleinen Betrag, und für zwei Jahre wurden die Steuern erlassen.

Zwischen 1900 und 1904 starben 200 000 von den 300 000 Menschen, die am Seeufer gelebt hatten. Nach Umsetzung der britischen Maßnahmen waren zwischen 1905 und 1909 weniger als 25 000 Tote zu beklagen. Die Entwicklung war deutlich: 8003 Todesfälle 1905; 6522 1906, 4175 1908 und 1782 1909. Die Umsiedlungspolitik spiegelt die typische imperialistische Ideologie jener Zeit wider, und die Kampagne war eine Möglichkeit für die britische Kolonialverwaltung, ihre Herrschaft über die Kolonien deutlich unter Beweis zu stellen; sich selbst gegenüber und nicht zuletzt gegenüber der skeptischen Öffentlichkeit daheim in Großbritannien.

Wie so viele andere Schlachten in der Geschichte der Entwicklung konnte der Krieg gegen die Tsetsefliege nicht ein für allemal gewonnen werden. Die Ufer des Viktoriasees bieten hervorragendes Anschauungsmaterial für die spezifische Variation oder Permanenz von ökologischen Phänomenen. Die Tsetsefliege, vor der sich Winston Churchill verhüllen musste wie ein Imker, als er zu Beginn des 20. Jahrhunderts Uganda besuchte, ist dort noch immer anzutreffen. Heute ist sie nur unangenehm und störend – dermaßen störend, dass der Fahrer, den ich als Reiseführer durch die Umgebung angeheuert hatte, sich so darüber ärgerte, dass er beim Fahren nach den Fliegen schlug. Worauf er die Kontrolle über sein Fahrzeug verlor und von der Straße abkam. Der Wagen überschlug sich mehrere Male, und während ich von dem einzigen Sicherheitsgurt festgehalten wurde, hörte ich, wie mein Reisegefährte hinter mir umhergeschleudert wurde. Da er ein großer, kräftiger Mann war, machte er ganz schön viel Krach dabei. Wir konnten jedoch die schwere Wagentür aufstemmen und fast unversehrt hinaustaumeln. Als wir dann allerdings losliefen, mussten wir mit den Armen fuchteln, um nicht von Fliegen gebissen zu werden.

Drei Männer, die auf einer leeren, stillen Landstraße heftig um sich schlagen, boten zweifellos einen seltsamen Anblick, aber nicht beunruhigend genug, um das nächste vorbeifahrende Auto davon abzuhalten, zu stoppen und uns mitzunehmen.

Die Eisenbahnlinie, die ein Land erschuf

Die alte Dampflok glitt langsam in den Bahnhof von Kisumu, einem Bahnhof, der offensichtlich jahrelang bei jenen, die für den Port Florence Express zuständig waren, keine besondere Priorität genossen hatte. Wenig an ihm erinnerte an hohe Politik, Europa und das Londoner Finanzzentrum. Es ist schließlich ganz normal, dass ein Land eine Eisenbahnlinie anlegt. Extrem ungewöhnlich ist es dagegen, dass eine Eisenbahnlinie ein Land erschafft. Kenia ist vermutlich das einzige Land der Welt, das aufgrund einer Eisenbahnlinie existiert, in unserem Fall, aufgrund einer Eisenbahnlinie vom Indischen Ozean zum Viktoriasee.

Die britische Regierung hatte sich bereits 1895 zum Bau einer Eisenbahn nach Kisumu entschieden. Gegner des Projekts hielten die Strecke für völlig nutzlos. Ein radikaler Parlamentsabgeordneter, Henry Labouchère, verfasste ein Spottgedicht, in dem er sich über die Argumentation von Außenminister Curzon mokierte:

> Wozu sie gut sein soll, wer weiß das schon, / und niemand weiß, was sie wohl transportieren kann / und trotz der klugen Worte von Mylord Curzon / ist es ganz einfach eine Irrsinnsbahn.

Die britische Führung dagegen wollte sich nicht von solcher in ihren Augen engstirnigen, ignoranten Kritik beeinflussen lassen. Die Eisenbahnlinie war ein Schlüsselfaktor ihrer Strategie, mit der sie die Briten zu den Herren des Nils machen wollte. Welche politische Bedeutung dem Projekt beigemessen wurde, zeigt die Tatsache, dass im Außenministerium in London dafür eigens ein besonderer Stab eingerichtet wurde. Der Bau dieser Bahnlinie hielt aller Welt deutlich vor Augen, dass London die Nilquellen als sein eigenes Territorium betrachtete und entsprechend behandelte. Die Briten bauten die 930 Kilometer lange Strecke, die sich durch die vielen Höhenzüge zwischen dem Indischen Ozean und dem Viktoriasee dahinschlängelt, in Rekordzeit.

Die Briten traten zudem in Verhandlungen mit den Massai ein, einer

Die Eisenbahnlinie, die ein Land erschuf

Blick auf die Ugandabahn während eines Zwischenstopps in der Nähe von Mombasa. Die Aufnahme entstand bei einer der Ostafrikaexpeditionen des deutschen Forschungsreisenden Hans Meyer 1886/1911.

nilotischen Bevölkerungsgruppe, die mehrere Jahrhunderte zuvor aus dem südlichen Sudan eingewandert war, nun große Bereiche des kenianischen Hochlands beherrschte und von vielen gefürchtet wurde. Olomana, ihr geistliches Oberhaupt, gestattete den Bau der Eisenbahnlinie mitten durch Massailand, wobei Weidegrund zerstört wurde. Diese Entwicklung passte insofern zu einer unter den Massai erzählten Endzeitsage; ihr Weltuntergangsmythos handelte von einer »Eisenschlange«, die sich durch das Land der Massai winden würde.

Am 19. Dezember 1901 erreichten die Gleise den rund 800 Kilometer von Mombasa entfernten Viktoriasee. Die Endstation wurde Port Florence genannt, nach Florence Preston, der Gattin des leitenden Ingenieurs, Ronald O. Preston. Mrs. Preston hatte ihren Gatten auf der Jungfernfahrt begleitet, und ihr wurde die Ehre zuteil, den ersten Zug die letzten Meter bis zu dem gewaltigen See zu fahren. Port Florence wurde später in Kisumu umbenannt, der Zug von Nairobi nach Kisumu jedoch trug auch mehr als ein Jahrhundert später noch den Namen Port Florence Express.

Die einspurige Bahnlinie und der Hafen, in dem sie endet, bewahren noch einen Hauch der Vergangenheit, als ich den Zug nach zwei Tagen im Liegewagen verlasse, und ich verstehe nun die euphorischen zeitgenössischen Beschreibungen der Bahnlinie, die sich vom Meeresspiegel auf eine Höhe von 2300 Metern emporschlängelt, auch wenn diese Worte ein wenig übertriebenen klingen:

> Die Bahnlinie in Richtung Uganda, die jetzt so gut wie vollendet ist, stellt ein grandioses Monument für Fähigkeiten, Ausdauer und Energie der Ingenieure dar, die sie entworfen und konstruiert haben. Die Bahnlinie steigt von Mombasa aus mit einer maximalen Steigung von zwei Prozent auf eine Höhe von 8320 Fuß über dem Meeresspiegel, dann senkt sie sich zum Ufer des Viktoriasees auf 3770 Fuß hinab. Auf der gesamten Strecke von 584 Meilen vom Meer zum See führt die Bahnlinie kaum je durch ebenes Gelände und kann nur selten einer geraden Linie folgen. Fast ununterbrochen muss sie sich durch die Hügel winden und schlängeln und zugleich Hänge, die oft so steil sind, dass sie fast senkrecht abfallen, oder Hügelkämme bewältigen, die sich mit derselben Steigungsrate in ein Tal absenken.[181]

In Büchern über die Kolonialzeit wird diese Bahnlinie zumeist als klassisches Beispiel dafür angeführt, wie Großbritannien Rohstoffe aus dem Landesinneren heraussaugte: die Briten hätten die Bahnlinie gebaut, um Ugandas Baumwolle zu exportieren. Allerdings gab es in Uganda bei Weitem nicht genug Baumwolle, um diese Investition zu rechtfertigen. Außerdem war von Anfang an klar, dass es sich eher um eine »politische Eisenbahn« handelte – wie Winston Churchill das in *My African Journey* (»Meine afrikanische Reise«) ausdrückte –, denn um eine Unternehmung zum Rohstoffgewinn. Schließlich wird dieser Punkt auch durch den gewählten Streckenverlauf betont: Die Eisenbahn erreichte Uganda und Kampala erst 1931. Es dauerte also 30 Jahre, die Bahnlinie von Kisumu am Viktoriasee nach Kampala zu verlängern, während die restliche Strecke vom Indischen Ozean bis zum See binnen weniger Jahre gebaut worden war. Es ging also nicht darum, Ugandas Baumwolle nach Lancashire zu schaffen, sondern darum, den Viktoriasee dem Empire einzuverleiben.

Kenia wurde von Großbritannien nicht deshalb besetzt, weil sich die Briten für das Territorium als solches interessiert hätten. Die Region war arm an Rohstoffen, und Handel gab es nur in sehr beschränktem Maße. Wirtschaftlich gesehen, wurde sie als »totes Land« bezeichnet, als karge Wüste. Natürlich gab es in Großbritannien Investoren, die dieses Regierungsprojekt unterstützten, aber die Region wurde nur deshalb besetzt, weil sie auf dem Weg nach Uganda und zum Viktoriasee lag.

Der Bau dieser Eisenbahnlinie hat auch Hollywood fasziniert, was vermutlich vor allem an den menschenfressenden Löwen lag. Vom Kampf zwischen Mensch und wilder Natur waren die amerikanischen Filmemacher ewig besessen. Sowohl in *Bwana der Teufel* (1952) wie in *Der Geist und die Finsternis* (1996) wurden die dramatischen Ereignisse verarbeitet, die sich während der Bauarbeiten zugetragen haben. Damals wurden auf einer Brücke über den Fluss Tsavo Gleise verlegt. Die Arbeiter kampierten in Lagern am Flussufer. Nacht für Nacht überfielen Löwen die Lager, zerfetzten die Zelte und schnappten sich einen Arbeiter nach dem anderen, Panik brach aus. Erst nachdem die Löwen 28 Menschen getötet hatten, wurden sie erlegt und die Natur besiegt.

Wenn man der Bahn zum Nil folgt, folgt man der Achse, um die sich Kenias moderne Geschichte dreht. Die Bahnlinie sollte sich aber auch als entscheidend für die Entwicklung des Landes erweisen. Die Siedlerfrage und die »asiatische Frage« im heutigen Kenia sind direkte Folgen dieser Bahnlinie. Auch britische Versuche, den Juden hier eine nationale Heimstätte zu gewähren, hängen mit der Bahnlinie zusammen.

Asiatische Migranten und zionistische Projekte

»Der Asiate ist der ewige ›Andere‹«, schrieb Literaturnobelpreisträger Autor Shiva Naipaul, nachdem er in den 1970er Jahren Ostafrika besucht hatte.[182] Er bezog sich auf die Stellung der Asiaten in der dortigen Gesellschaft und schrieb diese, auf seine typisch melancholische Art, vor allem dem zu, was man als asiatische Selbstdarstellung und Weltsicht bezeichnen könnte, sowie den Reaktionen einzelner Asiaten auf Afrika. Naipauls Roman *Die letzte Kolonie* zeigt unter anderem den Asiaten Salim in einem schwierigen Zwiespalt; er ist weder Europäer noch Afrikaner. Salim kann nicht zum afrikanischen Nationalisten werden, er will aber auch kein Apologet des Westens sein, obwohl er die historische Bedeutung des Abendlandes anerkennt. Diese Position als historischer »Außenseiter« in Ostafrika resultiert in erster Linie aus der asiatischen Einwanderungsgeschichte. Asiaten wurden ins Land geholt, um einem Erdteil, der ihnen fremd war, die technologische Überlegenheit des Westens aufzudrücken.

Die Briten setzten bei der Arbeit an der Eisenbahnlinie keine Afrikaner ein. Sie holten Eisenbahnarbeiter aus Indien, mit denen sie dort bereits Erfahrungen gemacht hatten. Die Inder trafen in Daus ein, den althergebrachten arabischen Segelbooten, die noch immer für den Handel zwischen dem Persischen Golf und Ostafrika eingesetzt werden. Gegen Ende des 19. Jahrhunderts hatten diese Segelschiffe mithilfe der Monsunwinde 34 000 Inder nach Kenia gebracht.

Nach Beendigung der Bahnarbeiten waren bereits Tausende Inder als Gemüsebauern tätig oder hatten kleine Geschäfte eröffnet. Kenia hatte eine indische Minderheit bekommen. Es kam immer wieder zu Konflikten zwischen den Asiaten und der britischen Herrschaft, nicht zuletzt ging es um ihre Position im Land und um die Anzahl ihrer Vertreter in der gesetzgebenden Versammlung des Landes. Nach harten politischen Kämpfen konnten sie sich dort 1929 fünf Plätze sichern, während die Weißen elf innehatten. Obwohl es im Land viel mehr Inder als weiße Siedler gab, betrachteten die Inder das als Sieg. Afrikaner dagegen waren in diesem Gremium erst gar nicht vertreten. Zu jener Zeit wurden sie nicht einbezogen, wenn es darum ging, wie das Land regiert werden sollte.

Heute leben Inder überall in Kenia und auch in Uganda, wohin sie nach ihrer Vertreibung durch Idi Amin zurückgekehrt sind, und sie spielen eine wichtige Rolle in der wirtschaftlichen und technologischen Entwicklung der Region.

Während der Zug sich langsam dem Viktoriasee nähert, schaue ich aus dem Fenster nach Norden und frage mich: Was, wenn dieses Flachland am Oberlauf des Nils wirklich zur jüdischen nationalen Heimstätte geworden wäre? Wie hätte die Geschichte dann ausgesehen, und was wäre mit der Nilregion passiert?

Am 23. August 1903 besteigt Theodor Herzl in Basel eine Rednertribüne. Der Hauptbegründer der nur wenige Jahre alten zionistischen Bewegung schaut auf die Versammlung aus 600 Vertretern unterschiedlicher jüdischer Gemeinden. Wie eine Schockwelle durchläuft es die Anwesenden, dass Herzl, ihr Anführer, den Vorschlag der britischen Regierung unterstützt, in Ostafrika eine jüdische nationale Heimstätte einzurichten. Beinahe spaltet dieser Vorschlag die gesamte zionistische Bewegung.

Seit 1895 hatte sich London mit der Frage beschäftigt, wie sich mit der Bahnlinie zum Oberlauf des Nils genügend Einnahmen erwirtschaften lassen, um deren Wartung und Rentabilität zu sichern. Der britische Steuerzahler soll möglichst nicht zur Kasse gebeten werden. Deshalb wurden diverse Vorschläge ersonnen, um Kenia zu einer einträglichen Kolonie zu machen und den Unterhalt der Bahnlinie zu gewährleisten. Die britische Regierung wollte dabei zwei Fliegen mit einer Klappe schlagen, und als Führer des größten Imperiums der Weltgeschichte gaben sie sich dabei

Asiatische Migranten und zionistische Projekte

natürlich nicht mit Kleinigkeiten ab. Im August 1903 veröffentlichte London eine Verlautbarung: Kolonialminister Joseph Chamberlain habe dem Zionistenführer Dr. Herzl eine jüdische nationale Heimstätte in Ostafrika angeboten!

Diese Heimstätte sollte auf den Hochebenen von Kenia angelegt werden. Die britische Regierung bot Herzl und den jüdischen Organisationen Teile des im Südosten des Mount Elgon gelegenen Mauplateaus an. Die südliche Grenze würde ungefähr entlang der Bahnlinie verlaufen, die westliche fast bis zum Viktoriasee reichen. In der Literatur ist vereinzelt vom Plan einer jüdischen Heimstätte in Uganda zu lesen, aber das beruht auf einem Missverständnis. Bei dem Vorschlag ging es um ein Gebiet im heutigen Kenia, das bis zur Jahrhundertwende zum Protektorat Uganda gehörte. Die jüdischen Siedler hätten sich an den Nebenflüssen des Weißen Nils nördlich der Eisenbahnlinie und im westlichen Teil Kenias niederlassen können, Territorialrechte über die Eisenbahn oder das Ufer des Viktoriasees sollten ihnen jedoch nicht zugebilligt werden.

Das Angebot wurde unmittelbar nach den heftigen Pogromen in Russland vorgebacht. Als der Zionistische Kongress 1903 in Basel den Vorschlag diskutierte, sprach sich Herzl für die kenianische Hochebene als vorübergehenden Zufluchtsort aus. Das Angebot erregte so viel Widerspruch, dass die zionistische Bewegung darüber fast zerbrochen wäre. Doch mit 295 zu 177 Stimmen wurde beschlossen, eine »Erkundungskommission« in die Umgebung der Nilbahn zu schicken. Im folgenden Jahr brach die Delegation auf. Ihr Bericht fiel kritisch aus, einerseits wegen der Massai, andererseits wegen der dort lebenden Löwen. Der nächste Zionistische Kongress lehnte den Londoner Vorschlag 1905 dann ab. In Israel belegen die aktivsten Zionisten zuweilen die Aktivisten der Friedensbewegung mit der Schmähbezeichnung »Ugandisten der letzen Tage«, als Charakteristik für diejenigen, die als bereit gelten, das »gelobte Land« zu opfern.

Aber wie würde das Niltal heute aussehen, wenn der Zionistische Kongress 1903 Herzls Rat gefolgt wäre? Da wir gesehen haben, wie die jüdischen Siedler im kargen Palästina die Wüste zum Blühen gebracht haben, kann man sich vorstellen, wie es in der an den Viktoriasee angrenzenden Gegend aussähe, wenn sie dort Landwirtschaft und Bewässerung übernommen hätten. Heute sprechen ägyptische Verschwörungstheoretiker davon, dass Israel einen Krieg um das Nilwasser plane, um die arabische Welt und Ägypten zu schwächen. Wäre ein israelisches »gelobtes Land« zu einem zwölften Nilbeckenstaat geworden, dann könnten nicht nur die

Geschichte des Nils, sondern die gesamte Weltgeschichte einen ganz anderen Verlauf genommen haben.

Damals aber ließ sich das britische Eisenbahndilemma nicht mit den Juden lösen, deshalb musste London sich anderswo umsehen. Die Antwort lag in der Anwerbung weißer Siedler.

Der weiße Stamm auf den Hochebenen

> Hier haben wir ein Territorium (jetzt, da die Uganda-Eisenbahn gebaut worden ist), das sich perfekt als Land des weißen Mannes eignet, und ich kann das sagen, ohne einem eingeborenen Volk auch nur im Geringsten zu nahe treten zu wollen, denn das Land, um das es hier geht, ist entweder im Umkreis vieler Meilen ganz und gar unbewohnt, oder es handelt sich bei seinen Bewohnern um wandernde Jäger ohne festen Wohnsitz oder mit einem festen Wohnsitz, der außerhalb der gesunden Regionen liegt.[183]

Diese Zeilen schrieb der Botaniker, Autor, Kolonialist und Sonderkommissar für Uganda, Sir Harry Johnston, 1901 über das Plateau von Uasin Gishu; ein Jahr zuvor hatte er als Londons Verhandlungsführer ein Abkommen mit dem vier Jahre alten *Kabaka* von Buganda unterzeichnet. Uasin Gishu ist ein Massainame, da die Massai seit langer Zeit dort gelebt hatten. Zu Beginn des 20. Jahrhunderts waren sie jedoch größtenteils von rivalisierenden Ethnien vertrieben worden. Für viele Entdecker und Verwaltungsbeamte stand bereits frühzeitig fest, dass das kaum besiedelte kenianische Hochland mit seinem kühleren Klima gewaltiges Potenzial für Besiedlung durch Europäer bot. Johnston und andere meinten, die Gegend sei einfach perfekt für weiße Siedler. Aus diesem Grund hatte Johnston auch starke Kritik an dem Vorschlag geübt, dort jüdische Einwanderer anzusiedeln: Er wollte das Land für britische Untertanen reservieren, nach Möglichkeit für solche aus dem Mutterland. Hatten sie schließlich nicht Steuern gezahlt und die Bahnlinie finanziert?

Johnston ist auch ein interessantes Beispiel dafür, wie Kolonialisten ihr eigenes historisches Narrativ schufen und für dessen Verbreitung sorgten. 1899 schrieb Johnston *Die Geschichte der Kolonisation Afrikas durch fremde Rassen*, ein Buch, das noch zu Beginn der 1960er Jahre an vielen Universitäten in afrikanischen Ländern unter britischer Herrschaft benutzt wurde und als die beste Darstellung afrikanischer Geschichte galt.

Für die Beamten der britischen Kolonialverwaltung war die Sache einfach und kristallklar. Hier gab es riesige offene Landflächen mit gutem Klima, und der Staat und die unter britischer Regie gebaute Eisenbahnlinie brauchten Geld. Nur weiße Siedler besaßen die Kompetenz, das Land mit ausreichendem Profit zu bestellen, »also lasst uns welche importieren«. Ein solches Vorgehen würde für die Einheimischen natürlich nicht ohne Auswirkungen bleiben, aber im Großen und Ganzen würde die Region daraus Vorteile ziehen. So ungefähr lautete die Argumentation. Die Segregation von Europäern, Indern und Afrikanern galt zudem bis weit in die 1920er Jahre als vollständig akzeptables Vorgehen und wurde gerechtfertigt durch Kultur, Sprache, Interessen, Reinlichkeit und so weiter. Diese Politik dürfe nicht als Diskriminierung bezeichnet werden, wurde immer wieder betont, vor allem von Vertretern der Kirchen. Sie sei einfach eine praktische Lösung, ein Arrangement, das im Interesse aller Beteiligten läge. Es ist im Nachhinein betrachtet vor allem ein bezeichnendes Beispiel dafür, dass Eigeninteressen immer wieder so dargestellt werden, als ob alle etwas davon hätten.

Historisch gesehen, ist es eine unbestreitbare Tatsache, dass bis zum Eintreffen der Briten diese Gebiete mit den vorherrschenden und traditionellen afrikanischen Produktionsmethoden keine große Anzahl von Menschen ernähren konnten. Als die Europäer kamen, fanden sie breite Landstriche vor, die aufgrund lokaler Kriege unbewohnt waren. Die Europäer konnten die Produktivität steigern, indem sie Pflüge mit Ochsengespannen einführten und tiefe Brunnen anlegten, mit denen sie das ewige Wasserproblem lösten. Die angeworbenen weißen Siedler waren zudem besser gegen Missernten gerüstet, da sie mit ihrer Technologie große Vorräte über längere Zeiträume lagern konnten. Die Briten stellten sich deshalb die Frage: Warum nicht diese riesigen Landstriche urbar machen, da die Welt doch Nahrungsmittel braucht? Es wäre doch lächerlich – wenn nicht geradezu fahrlässig und verbrecherisch –, sie brach liegen zu lassen. Britische Missionare und Vertreter radikaler politischer Strömungen waren jedoch gegen die Ansiedlung von Weißen, da das Land ihrer Ansicht nach den Afrikanern gehörte. Wenn man ihnen nur Zeit ließe, würden sie das Land und die Landwirtschaft entwickeln. Der Sieger bei diesem Tauziehen war schließlich die Fraktion, die das vermeintliche Niemandsland als Land der Weißen einstufte.

Bevor die weißen Siedler in der betreffenden Region Fuß fassen konnten, musste diese aber zunächst von dem viel größeren Protektorat Uganda abgetrennt werden. Das hatte einen einfachen Grund: Ein Artikel aus dem Abkommen von 1900 zwischen Großbritannien und dem Königreich Buganda besagte, dass kein Land an Einwanderer aus Europa verpachtet werden dürfe. Um dieses Verbot zu umgehen, wurden Teile des Protektorats, das sich bis dahin bis zum Indischen Ozean ausgedehnt hatte, 1902 mit einem Federstrich in Ostafrikanisches Protektorat und später Kenia umbenannt. Nun konnte das Land an Außenstehende verpachtet werden und der König von Uganda keinen Einspruch mehr erheben.

Da Kenia nun ganz formal von London annektiert worden war, wurde die Diskriminierung der Asiaten in Kenia zu einer heißen politischen Frage in Indien: Sie durften in Kenia kein Land erwerben. Das war Wasser auf die Mühlen der indischen Nationalisten, die in dieser Entwicklung einen Beweis dafür sahen, dass die britischen Versprechen der »Gleichheit« im Commonwealth nur Gerede waren. Die Vorgehensweise in Kenia bewies »das gefährliche, nicht akzeptable Prinzip der weißen Dominanz«, wie die indische Nationalistische Partei es formulierte.

Die grundlegende britische Nilstrategie bildete also die Grundlage für das Verhältnis zwischen Europäern, Afrikanern und Asiaten in Kenia. Die Geschichte des Eisenbahnbaus dort kann als Beispiel für die vielen Vorteile gelten, die es bringt, wenn man eine Frage über einen langen Zeitraum hinweg mithilfe von Vergleichen untersucht. In der Regel ergibt es sich in dieser Langzeitperspektive, dass die Dinge komplizierter und komplexer sind, als sie erscheinen, wenn man sie unter dem konventionellen Blickwinkel betrachtet. Den Kolonialismus als »Katastrophe« oder als »einarmigen Banditen« zu bezeichnen, ist so falsch, wie ihn generell als zivilisatorischen Fortschritt darzustellen. Es ist dieses Janusköpfige, was den Kolonialismus ausmacht, und das gilt auch für die Eisenbahn, die sich so greifbar und konkret durch Kenia und seine Geschichte schlängelt.

Die Segregationspolitik in Kenia lässt sich nicht als unvermeidliche Folge des Kolonialismus erklären, sie ist eher eine ungewöhnliche Folge einer ungewöhnlichen Eisenbahnlinie. In den Siedlerregionen bildete sich eine einzigartige Gesellschaft heraus, vermutlich eine der aristokratischsten in der modernen europäischen Kolonialgeschichte. Die Siedler erschufen ihre eigene Welt. Die endlosen Weizenfelder des Hochlands, die weiten Schafsweiden und die Kaffeeplantagen waren durchsetzt mit Cricket-, Tennis- und Poloanlagen, die gewaltigen, für die Großwildjagd reservierten Gebiete machten die Gegend im Laufe der Zeit für Wohlhabende ungeheuer attraktiv. In ihrem Roman *Jenseits von Afrika*, der unter weißen Siedlern im kenianischen Hochland spielt, hat Tania Blixen diese Welt beschrieben. Doch auch das Leben der weißen Siedler war unsicher, und Blixen musste ihre geliebte Farm aufgeben, weil die Regierung sie im Stich gelassen hatte. Die britischen Kolonialbehörden setzten auf den »weißen Mann«, um die Einkünfte durch die Eisenbahn zu erhöhen und damit im Mutterland Unterstützung und Akzeptanz für das Kolonialprojekt zu sichern. Sie mussten die Wirtschaft ankurbeln, um Unterhalt und Finanzierung der Eisenbahn zu sichern. In England und Südafrika wurden nun Siedler angeworben. Das diesen Siedlern zugeteilte Land lag vor allem im Umland der Bahnlinie. Die Existenz der weißen Bevölkerung in Kenia ist einer der vielen Gründe, warum es unmöglich ist, Kenias Geschichte zu verstehen, ohne den Nil und die britische Nilstrategie zu verstehen. Und es ist deshalb überraschend, welche geringe Rolle die Nilfrage im historischen Narrativ dieses Landes spielt. Selbst die Hauptstadt Nairobi ist ein Ergebnis der britischen Nilpolitik; sie wurde an der Stelle angelegt, die fast genau auf halber Strecke zum Viktoriasee liegt.

Ein Nilstaat ohne Nation

»Wir Kenianer lernen nie. Wir müssen aufhören, die koloniale Vergangenheit zu beschuldigen, wann immer etwas schiefgeht.« Ich spreche mit einer kenianischen Geschichtsprofessorin. Wir schauen hinab auf den Rasen der Universität von Nairobi, wo Gruppen von modisch gekleideten Studentinnen und Studenten ins Gespräch vertieft sind. Die Professorin spricht über die Morde von Eldoret auf dem Plateau von Uasin Gishu. Am Neujahrstag des Jahres 2008 wurde dort eine Kirche in Brand gesteckt. 30 unbewaffnete Gottesdienstbesucher kamen in den Flammen um, weil sie der falschen Ethnie angehörten. In dem Konflikt wurden insgesamt 1200 Menschen getötet, fast 500 000 ergriffen die Flucht, ehe ein Waffenstillstandsabkommen, das der ehemalige UN-Generalsekretär Kofi Annan ausgehandelt hatte, die Gewalt beendete. Meine Freundin, die Professorin, hatte nicht unrecht: Der Kolonialismus wird schon zu lange für Afrikas Entwicklungsschwäche, die Korruption, das politische Chaos und die ethnischen Auseinandersetzungen verantwortlich gemacht. Diese herkömmliche Kritik ist, wie einflussreiche afrikanische Intellektuelle heute anführen, oft ungerecht und nicht ausreichend durchdacht. Sie führt zu einer unfruchtbaren Historisierung der aktuellen Probleme Afrikas, die auch vom Land und seiner Bevölkerung verursacht worden sein können.

Es kann jedoch genauso wenig ein Zweifel daran bestehen, dass der von den Briten zwischen dem Indischen Ozean und dem Nilbecken geschaffene Staat eine ungewöhnlich künstliche Lösung war, der eine organische und eine historische Grundlage fehlte. Kenia existiert heute vor allem, weil führende britische Strategen um 1890 den Nil als geopolitischen Faktor betrachteten, was wiederum auf den hydrologischen Charakter des Nils hinweist und was zur Teilung des Protektorats Uganda führte. Welche Bedeutung haben die Entstehung und Entwicklung Kenias für Theorien der Staatenbildung allgemein?

Eine der umstrittensten Fragen innerhalb der Disziplinen Geschichte und Gesellschaftswissenschaften ist die Entstehung von Staaten. Unter »Staat« verstehe ich hier eine autonome politische Einheit, die viele kleinere Gemeinschaften auf ihrem Territorium umfasst und einbezieht, und wo eine zentralisierte Verwaltung mit ausreichender Macht existierte, um Steuern zu erheben und einzuziehen, Gesetze zur Anwendung zu bringen sowie Armeen und andere Machtorgane aufzubauen und einzusetzen. Im Nilbecken sehen wir, dass Staatenbildungen nicht unbedingt die Ergebnisse einer natürlichen, sukzessiven Entwicklung sind. Über Hunderttausende von Jahren hinweg lebten die Menschen als Jäger und Sammler in kleinen Gruppen. Irgendwann legten sie feste Siedlungen an und begannen, Landwirtschaft zu betreiben. Erst um 5000 v. Chr. begannen die Menschen, sich langsam zu größeren politischen Einheiten zusammenzuschließen. Im Nilbecken trug sich dieser Prozess um 3000 v. Chr. im heutigen Ägypten zu, als dieses Land – Ober- und Unterägypten – unter einem Pharao vereinigt wurde. In Nubien kam es vor etwa 4500 Jahren zu einer ähnlichen Entwicklung, in Äthiopien vor fast 2000, in Uganda vor 400 Jahren und im südlichen Sudan erst heute.

Um die Geschichte des Nilbeckens und die derzeitige Situation des Nils zu verstehen, müssen wir uns klarmachen, dass Staaten sich nicht auf natürliche Weise entwickeln, sondern unter oft äußerst unterschiedlichen Bedingungen geschaffen werden. Denn wie sah diese Region im Jahre 1890 aus, als die Briten von anderen europäischen Ländern das Einverständnis erbaten, den Nil ihrer Interessensphäre einzuverleiben? Ägypten war eindeutig ein Staatsgebilde, so solide wie seit Jahrtausenden. Der Sudan war ein Staat unter der theokratischen Herrschaft des Mahdi, auch wenn dessen Legitimität in Teilen des Landes umstritten war. Es gab Königreiche in Regionen, die zum heutigen Uganda gehören, sowie in Ruanda und Burundi, einige davon mit fester, teilweise religiöser Legitimationsbasis. Und im Hochland von Abessinien herrschte der Kaiser zusammen mit der Orthodoxen Kirche. Andere Nationalstaaten gab es nicht. Kein

Empire. Kein Kalifat. Große Bereiche wurden von Sippen und Stämmen ohne irgendeine staatliche Einmischung regiert. Grenzen im europäischen Sinn gab es nicht. Es gab kulturelle, sprachliche und bisweilen militärische Grenzen, aber diese Grenzen waren durchlässig und nicht die scharfen Trennlinien, wie sie in Europa nach dem Westfälischen Frieden eingeführt worden waren. Die koloniale Logik der europäischen Nationalstaaten kollidierte mit Traditionen und Beziehungen in einem Afrika, dessen Menschen einen vollständig anderen politisch-ideologischen Hintergrund hatten. Neue Grenzen wurden gezogen, nicht unbedingt anstelle der alten, zweckdienlicheren, jedoch im Sinne einer externen Logik, der Logik des Empire. Aus Sicht der Menschen, die die Region bewohnten, aus der dieser Staat geschaffen wurde, war dies die Logik einer künstlichen, vernunftwidrigen, ausländischen und aufgezwungenen Staatenbildung.

Wenn wir Kenias Geschichte verstehen wollen, müssen wir also akzeptieren, dass es in der Geschichte des Landes vor 1890 keine Grundlage gab, auf der die Menschen, die innerhalb der Grenzen des zukünftigen Staates lebten, einen Plan für einen größeren Nationen- oder Staatenbildungsprozess entwickeln konnten. Wirtschaftliche Struktur, Bevölkerungsgröße und die natürlichen Gegebenheiten ließen es als irrational erscheinen, seine Autonomie aufgeben zu wollen, um einen Staat zu gründen. Es gab auch niemanden mit ausreichend großem Interesse oder mit wirtschaftlicher oder militärisch ausreichender Stärke, der alle anderen Bevölkerungsgruppen hätte unterwerfen können – was sich daran zeigte, dass lokale Konflikte um Weideland und Vieh zum täglichen Leben der Region gehörten. Der Afrikanist Basil Davidson hat Afrika als einen Kontinent aus starken Königreichen beschrieben; es habe autonome Akteure gegeben, die stark genug gewesen seien, um bei der Geburt ihres eigenen Staates als Hebamme zu fungieren, und die diese Position auch angestrebt hätten. Die heutigen Staaten in Afrika, so meint er, seien nicht aus der »Leere einer bewegungslosen Vergangenheit« entstanden.[184] Es kann kein Zweifel daran bestehen, dass Davidson hinsichtlich früherer Staatengründungen wie Ägypten, Nubien und Abessinien recht hat. Aber sobald diese Darstellungen verallgemeinert werden und das gesamte Nilbecken einbeziehen sollen, treffen sie nicht mehr zu, und interessante und unterschiedliche Geschichten von Staatenbildungen verschwinden.

Um aufzuzeigen, wie ungewöhnlich Kenias Geschichte als Staat wirklich ist, können wir sie mit anderen weitverbreiteten Theorien zum Thema Staatenbildung vergleichen. Die Staatswerdung von Kenia lässt sich nicht als unvermeidliche Folge einer kulturellen Globalisierung darstellen, die ihrerseits aufgrund des Triumphs der Moderne einen neuen Rahmen für Identitätspolitik hervorbringen und die, auf dieser Grundlage, Nationalstaaten und Nationalgefühle entstehen lässt. Sie kann auch nicht (wie Nationalstaaten in vielen anderen Gegenden) als Überbleibsel oder als Wiederbelebung früherer nationalistischer Mobilisierungen und Konflikte betrachtet werden. Kenia als Staat ist kein Überrest oder Produkt historischer Vorgänger und kein Restbestand einer vergangenen Epoche. Es ist auch nicht als Folge der Moderne entstanden. Kenia existiert, es ist ein bei den Vereinten Nationen vertretener Staat, es hat seine eigene Flagge, sein eigenes Parlament, seine eigenen Nationalsymbole und Nationalhelden; doch das Vorhandensein solcher Attribute und von Grenzen kann nicht als Ausdruck für den Umgang einer modernen Gesellschaft mit der Globalisierung betrachtet werden. Der kenianische Staat kann auch nicht als Beispiel für ein drittes Erklärungsmodell dienen – dass Nationen eine Konstante seien, also weder Überreste von, noch funktionale Antworten auf die Herausforderungen der modernen oder der vormodernen Welt.

Die Grenzen des modernen Kenia wurden gezogen, um keinem anderen gesellschaftlichen Bedürfnis zu dienen als den strategischen Interessen Großbritanniens und dem Wunsch des Empire, den Viktoriasee zu kontrollieren. Diese Staatenbildung war in keiner Weise in den Gesellschaften selbst verwurzelt, sie geschah ausschließlich durch eine auswärtige Macht, und die dominante Minderheit dieser auswärtigen Macht, die nun den Plan betrat, gründete einen Staat, der ihren eigenen Interessen diente.

Die britischen Kolonien im Nilbecken waren keine autonomen Einheiten. Die Rolle der Generalgouverneure oder Distriktkommissare bestand darin, die Politik des Empire durchzuführen. Die Macht lag in Whitehall und im Kolonialministerium. Die Gouverneure in Nairobi befolgten bloß deren Befehle. Das bedeutete jedoch nicht, dass dieses Zentrum der Macht allmächtig gewesen wäre. Churchill zum Beispiel kritisierte die Brutalität, mit der zu Beginn des 20. Jahrhunderts isolierten ethnischen Gruppen die britische Autorität aufgezwungen wurde, und es kam oft zu Meinungsverschiedenheiten, die bisweilen von Dauer waren – zum Beispiel im Umgang mit dem sogenannten Mau-Mau-Aufstand nach 1950. Obwohl sich die weißen Siedler in Kenia als die auserwählte Elite betrachteten, fehlte es ihnen doch an Macht oder Gelegenheit, die Nutzung des Nilwassers mit eigenen Entwicklungsprojekten voranzutreiben. Auf die Nilfrage hatten sie nicht den geringsten Einfluss. Wenn es um Verteilung und Nutzung des Wassers ging, lagen alle Entscheidungen bei London.

Kenias weiße Kolonialherrscher müssen ein starkes Bedürfnis nach Ordnung und Kontext verspürt haben, wie sie durch Zeremonien erschaffen werden, und sie müssen zudem einen gewissen Begriff von ihrer Fähigkeit besessen haben, einen Staat zu legitimieren, der den Menschen von außen übergestülpt worden war: Die Archive in Nairobi enthalten 500 Ordner nur über solche Zeremonien beziehungsweise Rituale.[185] Unsicherheit in Bezug auf die Legitimität der Macht ist ein allgemeines Phänomen in vielen Gesellschaften, und das könnte einer der Gründe sein, warum so viele Staaten bisweilen wie die Bühne in einem Drama über den Kampf um die Macht wirken. Rituale können natürlich die Werte einer Gesellschaft immer wieder bestätigen und bestimmte Formen gesellschaftlicher Organisation als besonders attraktiv oder zutreffend darstellen. Ein grundlegender Aspekt der von der herrschenden Elite praktizierten Rituale könnte darin bestehen, den Machtinhabern Vertrauen in ihre Fähigkeit zu geben, staatliche Macht auszuüben; in Kenia könnte das besonders wichtig gewesen sein, um das Fehlen anderer Vorbedingungen auszugleichen.

Es ist üblich, zwischen Nation und Staat zu unterscheiden; Erstere ist gewissermaßen ein Organismus, Letzterer eher eine territorial gebundene Organisation. Der moderne Nationenbegriff geht davon aus, dass die Nation von beidem das Beste hervorholen kann: Die Macht wird rechenschaftspflichtig, und die Gesellschaft kann sich gegen diese Macht wehren. Was dazu beitrug, einen afrikanischen und kenianischen Nationalismus entstehen zu lassen, war paradoxerweise die Trennung der Afrikaner von den hinzugezogenen Weißen und Asiaten. Die britische staatstragende Ideologie war schließlich ein ganz besonderer Saft – es handelte sich nicht um irgendeine Form von Nationalismus, sondern um eine Rhetorik, die die Propagierung zivilisatorischer Werte und die Forderung nach ethnischer Trennung miteinander verband. Diese Kombination schuf nach und nach unter den ursprünglichen Ethnien des Landes ein Bewusstsein, »afrikanisch« zu sein. Wegen der Politik der Rassentrennung entwickelten sie ein Gefühl von Gemeinsamkeit; sie alle befanden sich derselben staatlichen Autorität gegenüber in derselben untergeordneten Position. Innerhalb dieser kulturellen Atmosphäre kann die Geschichte von Tom Mboya, einem der führenden kenianischen Nationalisten, als bezeichnendes Beispiel dienen, wie Segregation und Diskriminierung kollektiv empfunden wurden. Er schreibt in seinem Buch *Freedom and After* über eine Begebenheit, die er zu einer Zeit erlebte, als in Kenia noch die Engländer herrschten. Eine Europäerin betrat das Büro, in dem er damals tätig war, schaute sich um, und als er sie mit »Guten Morgen, Madam« begrüßte, drehte sie sich um und fragte: »Ist hier jemand?«[186]

Der Staat, den die Kenianer erbten und 1963 übernahmen, ist unter der Führung von Präsidenten wie Jomo Kenyatta, Daniel arap Moi, Mwai Kibaki und Uhuru Kenyatta stetig stärker geworden. Natürlich hat es legitime Kritik am autoritären Führungsstil, an ethnischer Bevorzugung, Korruption und Ähnlichem gegeben, aber in einer Langzeitperspektive zeigt es sich, dass die politische Führung das Ziel verfolgt hat, aus dem ihnen übergebenen Staat eine Nation zu bilden. Sie hat die neue Mittelklassenelite mobilisiert und versucht, den Glauben an Kenias Zukunft zu erwecken. Dennoch ist es ihnen nicht ganz gelungen, das »Brot aus dem Mund des Häuptlings zu holen«, wie eine Redensart lautet.[187] Aber die ausgiebigen politischen Debatten über die neue Verfassung, die nach den blutigen ethnischen Konflikten der Jahre 2007 und 2008 verabschiedet wurde, scheinen die Nation auf dem Weg zu sich selbst vorangebracht zu haben.

Unter der Asche der Kirche von Eldoret schwelte dennoch eine unbehagliche Wahrheit: dass die Nilstrategie, die Londons Denken gerahmt und gelenkt hat, auch viele andere gesellschaftliche Bereiche beeinflusst hat, die nichts mit der Wassernutzung zu tun hatten. Es ist eine Ironie der Geschichte, dass dieses Land, das entstanden ist, weil es zufällig auf dem britischen Weg zu den Nilquellen lag, sich jetzt als unabhängiger Staat leichter verwirklichen kann, indem es für sein Recht kämpft, die Flüsse auszubeuten, die in den See münden, den die Briten damals erobern wollten.

Olympische Meister vom »Stony River«

Eldoret, die Bezirkshauptstadt von Uasin Gishu, liegt im Herzen des afrikanischen Kontinents, nicht weit von der Eisenbahnlinie, die den Indischen Ozean mit dem Viktoriasee verbindet. Eldoret war eine der vielen Städte, die infolge des Eisenbahnbaus entstanden und die zentrale Teile Kenias im Laufe weniger Jahre mit dem Weltmarkt und dem globalen Handel in Kontakt brachten.

Der Name Eldoret leitet sich von einem Wort der Massai ab und bedeutet »der steinige Fluss« – ein Fluss, der das spätere Stadtgebiet durchschnitt und schließlich in den Viktoriasee mündete. Die Stadt wurde gleich zu Beginn des 19. Jahrhunderts gegründet und war ursprünglich nur eine Poststation, bekannt unter der Bezeichnung »64«, weil sie 64 Meilen (103 Kilometer) vom Eisenbahnknotenpunkt in Kibigori entfernt lag.

Die ersten Bewohner stammten aus Südafrika. 280 von ihnen kamen 1909 im Hafen von Mombasa an und bahnten sich dann – ausgerüstet mit vorgefertigten Häusern sowie Pflügen, Wagen, Rindern und Schafen – langsam ihren Weg durch das Hochland. 42 Planwagen unterwegs nach »64«, um dort eine Stadt zu gründen.

Heute ist Eldoret weder für seine Entstehungsgeschichte noch für seine Größe berühmt, obwohl es sich um eine der am schnellsten wachsenden Städte Kenias handelt. Vielmehr war es ein Sohn der Stadt, der Eldoret und das kenianische Hochland durch seine Teilnahme an den Olympischen Spielen 1968 in Mexiko weltbekannt machte. Dort allerdings brach Kip Keino, Kenias große Hoffnung, während des 10 000-Meter-Laufs zunächst zusammen. Danach gewann er die Silbermedaille im 5000-Meter-Lauf. Im dritten Wettbewerb, dem 1500-Meter-Lauf, startete er gegen den amerikanischen Favoriten Jim Ryan, der für seine gnadenlosen Sprints berühmt war. Um Ryan in der letzten Runde zu schlagen, bediente sich das kenianische Team einer Taktik. Keinos Teamkollege Ben Jipcho gab in den ersten beiden Runden ein mörderisches Tempo vor. Etwa 800 Meter vor dem Ziel übernahm dann Keino die Führung. Sein Vorsprung gegenüber Ryan war zu groß, als dass er von dem Amerikaner noch eingeholt werden konnte. Unter frenetischem Beifall hatte zum ersten Mal ein Kenianer olympisches Gold über 1500 Meter gewonnen. Seine Zeit – 3:34.9 – hatte den bisherigen olympischen Rekord eingestellt. Dieser Sieg war der Beginn eines kenianischen Leichtathletikabenteuers, bei dem Läufer zu führenden Botschaftern des Landes wurden.

Seit Keinos Sieg ist die Stadt in der Provinz Oberer Nil zu einem Mekka für Langstreckenläufer geworden; internationale Gesellschaften nutzen den Ruhm der Stadt aus und investieren in Trainingsausrüstung und Sportstudios. Der Grund liegt auf der Hand: Eldoret ist die Stadt, aus der die besten Langstreckenläufer der Welt kommen. Der Stamm der Kalendjin, dessen etwa drei Millionen Menschen zehn Prozent der kenianischen Gesamtbevölkerung ausmachen, hat bei olympischen Langstreckenwettbewerben und bei Weltmeisterschaften seit den frühen 1990er Jahren mehr Medaillen gewonnen als die USA und Europa einschließlich Russland zusammengenommen. Kip Keino, Mike Boit, Wilson Kipketer (der später dänischer Staatsbürger wurde), Moses Tanui, Tegla Loroupe, Paul Tergat, Moses Kiptanui – all diese Kalendjin stammen aus dieser Region.

Viele haben über die Gründe für ihren Erfolg spekuliert. Das lokale Klima ist dabei von entscheidender Bedeutung. Etwa 2000 Meter über dem Meeresspiegel gelegen, verfügt die Region über ein angenehmes Klima, die erhöhte Lage fördert die Aufnahme von Sauerstoff im Körper. Darüber hinaus hat die Region wenig mit den klassischen Bildern von afrikanischer Armut gemein.

Unterernährung existiert nicht, und fast alle Kinder gehen zur Schule. In seiner Jugend kümmerte sich Keino um die Tiere seiner Familie und rannte durch eine von Bergen dominierte Landschaft. In bescheidenen Verhältnissen aufgewachsen, übernahm er nach und nach die Verantwortung für den Viehbestand der Familie. Im Alter von zwölf Jahren begann er mit dem Schulunterricht. Zusammen mit seinen Freunden lief er jeden Montag mit Vorräten für eine ganze Woche auf dem Rücken etwa zehn Kilometer zur Schule, und dann freitags wieder zurück nach Hause, um seiner Familie mit dem Vieh zu helfen. Keino erzählte, die Kinder seien stets in Gruppen unterwegs gewesen, um sich vor Angriffen durch Leoparden zu schützen.

Manche Beobachter vermuten besondere Gene als Ursache für den Erfolg der Läufer. Im Laufe der Zeit haben die Kalendjin Körper entwickelt, die hohe Geschwindigkeit und große Entfernungen meistern können. Da sie weder Pferde, noch Kamele oder Automobile besaßen, waren sie gezwungen ihre Beine zu benutzen. Es ist allerdings ebenfalls wichtig zu berücksichtigen, dass die Engländer ihre sportliche Kultur einschließlich des Laufsports nach Kenia exportierten. Dies führte unter anderem dazu, dass schon ein eigenes Nationalteam bereitstand, als die Flagge der britischen Kolonialisten endgültig eingeholt wurde. So gut wie alle erstklassigen Läufer stammen seitdem aus der Provinz Oberer Nil.

Masai Mara

»Bereit?« Die Pilotin dreht sich zu uns um und lächelt. Sie gibt uns keine weiteren Informationen, sondern lässt einfach den Flugzeugmotor aufheulen. Die kleine Maschine startet vom Wilson Airport in Nairobi; wir sind unterwegs nach Masai Mara. Wir blicken auf riesige Wälder hinunter, hier und dort ein Dorf, dazwischen große Farmen, während zarte Wolkentupfen die braungrüne Landschaft unter uns streifen. Schließlich landen wir in dem Masai-Mara-Naturreservat, das sich im südlichen Kenia auf der Ostseite des Nilbeckens befindet.

Als wir vom Flughafen zu dem Camp fahren, in dem wir übernachten werden, sehen wir Giraffen, Löwen, Hyänen und Strauße. Dies ist das Land der Massai, von denen es heißt, dass sie das Lied der Gräser und die Worte der Schlangen kennen, und die wie schlanke Schatten durch die Weiten der Savanne ziehen. Kaum ein anderer Stamm im ganzen Nilsystem wurde derart zu einer Ikone stilisiert. Hier entsprechen die Massai allerdings auch tatsächlich dem Stereotyp, wenn sie mit ihrer roten, über die Schultern geworfenen Decke und ihrem Speer in der Hand die Ebenen durchstreifen und sich ihre Silhouetten dabei vor dem Sonnenlicht abzeichnen.

Ein paar Tage später stehe ich vor Sonnenaufgang mit einer kleinen Gruppe von Menschen frierend in der kühlen Morgenluft zusammen, als ein paar Hundert Meter entfernt ein schwaches Licht aufflackert. Das aus derselben Richtung zu uns dringende Geräusch wird lauter und lauter. Ein großer, gelb-grün gestreifter Ballon bläht sich auf, als der Himmel im Osten gerade von einem roten Schimmer erhellt wird. Der Ballonpilot ruft mich herbei und erklärt mir, wie ich in den Korb klettern und dann nach vorn gebeugt ruhig dasitzen soll, wenn der Ballon losfliegt. Es ist fast völlig windstill. Während sich die Flammen nach oben recken und den Ballon mit heißer Luft füllen, sodass wir abheben können, erhellt die Sonne schon die Mara Plains, wohingegen die Berge in der Ferne noch von Nebel eingehüllt sind. Die Tage am Äquator brechen schnell an, und schon bald ist die ganze Ebene in Sonnenlicht getaucht.

Unter mir befindet sich nun das Masai-Mara-Naturreservat, in dem jedes Jahr Millionen von Gnus auf ihrer Suche nach Gras und Wasser auftauchen (der Bestand der Tiere hat sich seit den 1970er Jahren infolge der erfolgreichen Eindämmung der Rinderpest wieder erholt). Kleine und größere Flüsse durchziehen die Ebene, und es gibt Bäche und Wasserlöcher. Ein wahres Eldorado für die durstigen Tiere, die aus der trockenen, südlich von uns gelegenen Serengeti gekommen sind. Jedes Jahr finden hier die weltweit größten und spektakulärsten Tierwanderungen statt.

Ich kann die langen Gräser über den Korb streichen hören, als der Ballon landet. Ich stehe auf, klettere hinaus und nehme ein Glas Champagner entgegen, während mir der Pilot von seinen Befürchtungen hinsichtlich möglicher Änderungen am Wasserlauf des Maraflusses erzählt. Das könnte zu einem Kollaps der Gnu-Population führen und die Anzahl der Tiere auf ein Maß reduzieren, von dem sie sich nie wieder erholen würden. Wenn dies geschähe – meinen jedenfalls die ärgsten Pessimisten –, würden Tausende Jobs verloren gehen, das Einkommen der einheimischen Bevölkerung verschwinden und der Tourismus zusammenbrechen. Der Marafluss könnte also eine Kettenreaktion in Gang setzen, bei der ein ökologisches Desaster zu einer ökonomischen Katastrophe führen würde.

Der Marafluss entspringt in einer Höhe von 2392 Metern aus dem Napuiyapisumpf im Hochland Kenias und schlängelt sich in einem großen Bogen über etwa 395 Kilometer bis hinunter zum Viktoriasee. Hinter dem Mau-Steilhang, einer 3000 Meter hohen Felsformation auf der Westseite des Rift Valley, fließt er – nachdem er verschiedene kleine Flüsse in sich aufgenommen hat – durch die offene Savanne und durch riesige Steppen, wo die Massai und ihre Tiere herrschen. Nach Durchquerung des Masai-Mara-Naturreservats wird der Fluss zur Grenze zwischen Kenia und Tansania, von wo aus er in den noch berühmteren Serengeti-Nationalpark führt. Der Fluss ist die Hauptader zwischen dem Naturreservat und dem Nationalpark. Er kommt durchaus nicht als beeindruckende schäumende Flut daher, spielt aber trotz seiner bescheidenen Erscheinung eine fundamentale Rolle in der Ökologie und Ökonomie der Region. In der Trockenzeit ist der Fluss eher seicht, doch kann sich seine Wassermenge in der Regenzeit mitunter verdoppeln. Der Wasserstand schwankt sowohl im Laufe der Monate als auch in der Abfolge mehrerer Jahre. Zu Beginn des 21. Jahrhunderts hieß es allerdings auch, dass der Klimawandel und die Abholzung von Wäldern zu einer anhaltenden Reduzierung der Wassermenge geführt hätten.

In der öffentlichen Diskussion Kenias werden meist zwei Gründe für die Veränderungen im Ökosystem genannt: das Klima und die Landnutzung flussaufwärts. Da weite Teile der Vegetation immer häufiger großen Farmen sowie Siedlungen der indigenen Bevölkerung weichen müssen, fließt das Regenwasser schneller in den Fluss ab. Dies führt zu häufigeren Überschwemmungen und hat zudem die Folge, dass die Mara-Feuchtgebiete in Tansania das ganze Jahr über bestehen. Setzt sich dieser Trend fort, werden die Gnus nicht mehr gezwungen sein, ihre Wanderungen in das Masai-Mara-Naturreservat zu unternehmen. Damit würde die spektakuläre Migration der Tiere Vergangenheit sein – und mit ihr wichtige Teile der kenianischen Tourismusindustrie.

Nach seiner Wahl 2008 sagte der damalige Ministerpräsident Raila Odinga, dass für die Zukunft Kenias nur wenige Dinge wichtiger seien als die Rettung des größten autochthonen Bergwalds in Ostafrika – des Mauwalds. Die Regierung erließ strengere Gesetze, vertrieb (begleitet von heftigen Protesten) arme Siedler, die sich dort illegal niedergelassen hatten, und initiierte eine Aufforstungskampagne. Indem sich die Regierung auf die Aufforstung konzentrierte, griff sie nicht nur zu einer lokalen Lösung, sondern präsentierte sich selbst als perfektes Beispiel dafür, wie im Zeitalter der Globalisierung neue Arten globaler Bewegungen entstehen können, durch die lokale politische Initiativen sowohl legitimiert als auch gerechtfertigt werden. Aufforstung ist, zusätzlich zu ihrem lokalen Nutzen und Erfolgen, zu einem globalen Ritus geworden, mit dem sich Gemeinschaftsgefühl und Glaube an die Zukunft ausdrücken lassen. Sie zielt eigentlich darauf ab, konkrete ökologische Probleme zu lösen, wird aber auch, aufgrund ritualisierter Erwartungen an Wachstum und gutes Leben, durch die Idee einer gemeinsamen Erfahrung oder eine Erinnerung an sie sinnvolle gemeinschaftliche Grundhaltungen hervorbringen können.

Nur wenige Länder stehen in puncto Aufforstung im internationalen Vergleich so gut da wie Kenia. Dies ist zum Teil der kenianischen Nobelpreisträgerin Wangari Maathai geschuldet, die den Preis insbesondere auch deswegen zugesprochen bekam, weil sie Aufforstung als Mittel entdeckt hat, Konflikte zu entschärfen. Gleichwohl kann die Bewegung natürlich auch als Symptom einer neuen politisch-ökologischen Bewusstwerdung im Nilbecken interpretiert werden. Das Nilsystem ist ein wertvoller Schatz, wie die Menschen immer häufiger sagen, ein Schatz, der wertvoller ist als alles andere, der jedoch auch zerstört werden kann, wenn dem Wasser, dem Fluss und dem Nilbecken sowie all den in seinem Niederschlagsgebiet wachsenden Bäumen nicht die gebührende Aufmerksamkeit und Pflege zuteil wird.

Die Luo und Barack Obamas Reise

Das Volk der Luo, das an der Ostküste des Viktoriasees in Kenia lebt, war außerhalb des Landes lange eine unbekannte ethnische Gruppe. Dies änderte sich 2008 zumindest für eine Weile, da der Vater des damaligen US-Präsidenten Barack Obama aus dem Volk der Luo stammte.

Nicht nur das Wasser im Nilbecken befindet sich seit Jahrtausenden in konstantem Fluss. Seit alters her hat es hier auch ständige Bewegung von Menschen und ethnischen Gruppen gegeben, die der Dunkelheit und Undurchdringlichkeit des Regenwalds trotzten, die an den Flussufern auf die Trockenzeit warteten, um das Wasser zu durchwaten, wenn der Regen nachließ und die Flut zurückging, und die auf der permanenten Suche nach Wasser und Weidegründen mitunter gewalttätigen Auseinandersetzungen mit anderen ethnischen Gruppen ausgeliefert waren. Die Luo gelangten vor etwa 500 Jahren an das Ufer des Viktoriasees.

Die Luo werden auch als »Fluss-See-Niloten« bezeichnet. Der Name unterstreicht, wie sehr ihre ganze Gesellschaft von den hydro-ökologischen

Bedingungen geformt wurde und wie ihre sozialen Institutionen und Traditionen mit diesen verknüpft sind. Die Luo kamen aus dem heutigen Südsudan, vermutlich aus der Region, wo die Flüsse Meride und Sue-Jur aufeinandertreffen, ehe diese in einen weiteren Nebenfluss des Weißen Nils, den Bahr al-Ghazal, münden. Linguistisch sind die Luo unter anderen mit den Nuer und den Dinka im Südsudan verwandt, mit den Anuak in Äthiopien und im Sudan, die immer noch von Viehzucht leben, sowie mit den Acholi in Uganda, die wie die Luo dauerhafte Siedlungsformen entwickelt haben. Unklar ist, weswegen die Luo den südlichen Sudan verließen, der mündlichen Überlieferung zufolge war es der Kriegerhäuptling Ramogi Ajwang, der sein Volk vor etwa 500 Jahren in das heutige Kenia führte.

Als Lord Lugard als Repräsentant der British Imperial East Africa Company in den frühen 1890er Jahren an das Ostufer des Viktoriasees gelangte, traf er auf diese große Ethnie, die von Landwirtschaft, Fischfang und ein wenig Viehzucht lebte und deren Angehörige stets nackt herumliefen, Männer wie Frauen. Niemand ging zur Schule, weil es keine Schulen gab; niemand lebte in Städten, weil es keine Städte gab; niemand trug Kleidung, weil es keine Kleidung gab usw. Ein anderer Brite, John Wallace Pringle, der leitende Ingenieur der Nairobi-Kisumu-Eisenbahn, schrieb über die Luo im Geist jener paternalistischen Ideologie, welche das europäische Denken dieser Zeit charakterisierte:

> Sie haben die typischen Negergesichter, mit großem Mund, dicken, hervortretenden Lippen und vorspringendem Kiefer. Sie sind keine echte Kriegerrasse. Ihre Speere haben lange Schäfte und schlecht befestigte Eisenspitzen, die fast immer rostig und schmutzig sind; auch ihre Schilde sind schlecht geformt und schlecht gefertigt. In der Regel tragen sie keine Waffen, dafür aber angespitzte Stöcke, und wenn sie sich erst vergewissert haben, dass eine Karawane keine üblen Absichten hegt, drängen sie völlig unbewaffnet und unbekleidet auf den Lagerplatz und legen überaus freundliche Gefühle an den Tag. ... Sie besitzen prächtige Herden aus Rindern, Schafen und Ziegen, fühlen sich aber nicht ermuntert, ihre Herden zu vergrößern, welche von ihren eher kriegerischen Nachbarn der Nandi und Lumbwa stets neugierig beäugt werden.[188]

Heute gehören die Luo zu den größten ethnischen Gruppen Kenias, wenngleich ihre Sprecher der Regierung in Nairobi seit Langem vorwerfen, die Bedürfnisse und Interessen dieser Volksgruppe zu missachten. Die Luo sind niemals Allianzen mit den Briten eingegangen, anders als dies etwa die Kikuyu für einen gewissen Zeitraum taten, von denen sie sich historisch gesehen beherrscht sahen. Wie viele ethnische Gruppen in Afrika sind sie von europäischen und anderen ausländischen Ethnologen ausgiebig erforscht worden, in den letzten Jahren auch von Ethnologen aus dem Volk der Luo selbst. Eines der hervorstechendsten Merkmale ihrer traditionellen Kultur bestand in der Verbindung, die die Gruppe zu ihrem Land und ihren Vorfahren hatte. Die Luo, insbesondere schwangere Frauen und Kinder, waren als »Erdesser« bekannt. Lange wurde darüber diskutiert, ob dieses Verhalten die mündliche Überlieferung der Existenz als wanderndes Volk kompensieren sollte und ob diese Verbundenheit mit den Vorfahren und der Erde dazu beitrug, einen allgemeinen Konservatismus zu formen, eine Art Mangel an Veränderungswillen. Welche Gründe dieser Sitte auch immer zugrunde liegen, so kann man doch in Kisumu noch heute in Supermärkten Erde kaufen, die an verschiedenen Orten gesammelt wurde und zum Verzehr gedacht ist.

Kit Mikayi ist eine etwa 20 Meter hohe Felsformation, die sich 29 Kilometer nördlich von Kisumu westlich der Straße befindet, die in das Familiendorf der Obamas führt. Der Name Kit Mikayi bedeutet in der Sprache der Luo »Fels der ersten Frau«. Die Tatsache, dass alle Dinge eine Geschichte zu erzählen haben, ist in der afrikanischen Naturreligion beziehungsweise dem afrikanischen Animismus ein ständig wiederkehrendes Thema. Damit wird die antimoderne Konzeption übermittelt, dass sich die Gegenwart immerfort der Vergangenheit zuwendet. Die Geschichte des Felses geht so: Vor langer Zeit lebte hier ein alter Mann namens Ngeso, der den Felsen herzlich liebte. Jeden Morgen nach dem Erwachen ging er zu einer Höhle in dem Felsen und blieb dort den ganzen Tag, sodass seine Frau jeden Tag gezwungen war, ihm sein Frühstück und Mittagessen dorthin zu bringen. Der alte Mann fühlte sich derart zu dem Felsen hingezogen, war so besessen von ihm, dass eines Tages Leute kamen und seine Frau fragten, was denn passiert sei. Sie erwiderte, dass er zu seiner ersten Frau, Mikayi, zurückgekehrt sei. Danach hieß der Fels nur noch »Fels der ersten Frau« (Kit Mikayi). Der Fels und die Geschichte spiegeln somit auch die Tradition der Luo wider, die Polygamie zu praktizieren.

Für lange Zeit war der Felsen ein heiliger Ort für Zeremonien und Opferfeste der Luo. Nur selten war die Zeremonie jedoch so feierlich wie am 1. November 2008, wenngleich es gar keinen Grund gab, ein Opfer zu bringen: Barack Obamas Sieg bei der Präsidentschaftswahl in den USA wurde als bahnbrechender kollektiver Triumph empfunden; als Triumph über dominante Stereotypen im Hinblick auf die Kultur der Luo.

Nyangomo Kogelo war plötzlich nicht mehr das verschlafene Dorf, das es vor Obamas Sieg gewesen war. Im Restaurant des kürzlich dort errichteten Hotels, das passenderweise den Namen »The White House« trägt, aß ich einige Jahre später einmal frisch gegrillten köstlichen Fisch. Die Straße zum Dorf war erst kurz zuvor asphaltiert worden, und bald darauf hatte man auch Stromleitungen verlegt. Die Botschaft lautete: Hier lebt Obamas Großmutter, die alte Frau, die Obama »Granny Sarah« genannt hatte!

Ich fahre über eine unbefestigte Straße aus roter Erde, passiere Frauen, die Getreide zum Markt bringen, und uniformierte Schulkinder auf dem Weg nach Hause. Am Ende der Straße gelange ich zur Farm der Obamas, wo Kälber umherspringen und Avocados wachsen und das Zufahrtstor von einem Polizisten bewacht wird. Granny Sarah zieht mich in eine Ecke des Hofs, wo sich das Grab von Obamas Vater befindet. Die schlichte Inschrift lautet: Barack Hussein Obama, geboren 1936, gestorben 1982.

Als ich mit der lächelnden und überaus freundlichen Sarah Obama im Garten hinter ihrem Haus über das Leben in Kenia rede, wird mir klar, welch fantastische Reise die Familie Obama von hier bis zum Weißen Haus in Washington gemacht hat, von der Peripherie des Nilbeckens ins Zentrum der westlichen Welt. Vermutlich denkt Barack Obama beim Zubettgehen an andere Dinge, doch solch ein steiler und plötzlicher Aufstieg kann durch keine Theorie über die Funktionsweise von Gesellschaften erklärt werden. In diesem Zusammenhang erscheinen Ideen wie Klassenmobilität, Klassenaufstieg, »Bruch mit Rollenerwartungen« oder »soziale Mobilität« wie antiquierte Trivialitäten. Barack Obamas Geschichte lässt unsere Konzepte über Gesellschaften und Rollen archaisch wirken, denn wenn alles möglich ist – wie dieses Beispiel beweist –, muss die Sinnhaftigkeit solcher Konzepte hinterfragt werden.

Obama selbst erklärte, dieses Märchen sei durch eine von John F. Kennedy lancierte außenpolitische Initiative möglich geworden. Während einer Wahlkampfveranstaltung in Selma, Alabama im März 2008 sagte er:

> Die Kennedys entschieden also: »Wir bauen eine Luftbrücke … Wir gehen nach Afrika und fangen an, junge Afrikaner in dieses Land zu bringen und ihnen Stipendien zu geben, sodass sie lernen können, was für ein wunderbares Land Amerika ist.« Dieser junge Mann namens Barack Obama [senior] erhielt eines dieser Tickets und kam in dieses Land.[189]

Die Geschichte entsprach nicht ganz den Tatsachen. Obamas Vater gehörte zu der Gruppe von 81 Studenten, die schon ein Jahr, bevor Kennedys Idee umgesetzt wurde, in die USA gingen und an der Universität von Hawaii zu studieren anfingen. Allerdings stellte die Privatstiftung der Familie Kennedy 1960 Geld für die Flugreise von 243 weiteren afrikanischen Studenten zur Verfügung. Senator John F. Kennedy war die treibende Kraft, die Schauspieler Harry Belafonte und Sidney Poitier gehörten zu den Unterstützern dieser Kampagne. Auch der bereits erwähnte Tom Mboya, eine der führenden Personen der kenianischen Nationalisten und ebenfalls ein Luo, betrieb Lobbyarbeit für die Initiative. Unterdessen zeigten später publik gemachte CIA-Dokumente, dass die ganze Angelegenheit auch als Deckmanöver für gewichtige außenpolitische Interessen der Amerikaner diente. Noch während Kenia unter der Herrschaft der Briten stand und mit der Sowjetunion im Kalten Krieg zugleich ein neuer Rivale die Bühne betrat, wollte man in Ostafrika eine proamerikanische Elite formen. Welche Motive auch immer dahintersteckten, am 14. September 1960 landeten dank der Joseph P. Kennedy Jr. Foundation zwei Flugzeuge mit afrikanischen Studenten in New York.

Zwischen 1959 und 1963 kamen durch diese Operation fast 800 Studenten aus Ostafrika – überwiegend Kenianer, aber auch einige aus Tanganjika (heute Tansania) und aus Uganda – in die USA. Die »Luftbrückengeneration« erzielte bemerkenswerte Erfolge. Bei Rückkehr in ihre Heimat wurden viele von ihnen zu politischen Schlüsselfiguren oder leitenden Forschern und Wissenschaftlern. In Kenia errangen sie schnell die Hälfte der Parlamentssitze und viele Posten in Ministerien und obersten Verwaltungsetagen. Dazu gehörte auch die 2004 mit dem Friedensnobelpreis ausgezeichnete Wangari Maathai.

Wichtig festzuhalten ist hier, dass nicht die CIA oder die Kennedys allein hinter der Initiative standen. Vielmehr ist die Luftbrücke eines der zahlreichen Beispiele, welche verdeutlichen, wie sehr die USA bemüht waren, in Ländern, von denen allgemein bekannt war, dass sie bald unabhängige Staaten sein würden, eine neue Elite für sich zu gewinnen. Zweifellos galt das auch für die Politik John F. Kennedys. Damit sollte nicht allein die Ausbreitung des Kommunismus unterbunden werden, wie es in der Rhetorik des Kalten Krieges hieß, man wollte auch die privilegierte Position Großbritanniens in den bisherigen Kolonien schwächen, die bald zu unabhängigen Staaten würden. Die Lektüre der vertraulich eingestuften Vermerke der britischen Abgesandten in den verschiedenen Hauptstädten des Nilbeckens offenbart, dass man sich der Bedrohung des Nilimperiums durch die Amerikaner früh bewusst war. Man kann sich nachgerade vorstellen, wie sich die britischen Vertreter in Afrika die Haare rauften. Mit einem fast grenzenlosen Gefühl von kolonialem Paternalismus betrachteten sie sich selbst als Afrikas »Hüter« – als diejenigen, die den Kontinent kannten, die Sprache sprachen, den Aufbau der nationalen Institutionen verantwortet hatten und die über Kontakte zu der und Einfluss auf die Elite verfügten. Und dann kamen also diese jungen, ignoranten Yankees und drängen sie beiseite. Ändern ließ sich das nicht, denn Washington hatte die Dollars, während Großbritannien nach dem Zweiten Weltkrieg so gut wie pleite war. So gesehen gibt es also eine klare Verbindungslinie zwischen der Pistole, die Außenminister John Foster Dulles dem antibritischen, ägyptischen Putschisten Nagib im Jahr 1953 als Geschenk überreichte, und der Luftbrücke für ostafrikanische Studenten nach New York 1960: Die USA wollten das ihrer Meinung nach archaische europäische Kolonialsystem beenden und einen freien Handel etablieren. Und sie trugen den Sieg davon: Anfang der 1960er Jahre erlangten die ehemaligen britischen Kolonien im Nilbecken ihre Unabhängigkeit, und die meisten von ihnen wählten die USA als Alliierten.

Die Transformation der Luo von einer ethnischen Gruppe, die noch vor einem Jahrhundert nackt an den Stränden des Viktoriasees umherwandelte, inmitten einer der weltweit am wenigsten entwickelten Gesellschaften, in eine Bevölkerungsgruppe, die 2008 einen der Ihren als Präsident der Vereinigten Staaten stellen konnte – und noch dazu die Tatsache feiern, dass zum ersten Mal ein Luo den Stuhl des kenianischen Ministerpräsidenten erklommen hatte –, spielte sich indes vor dem Hintergrund einer praktisch unveränderten Nilökologie ab. Bis vor Kurzem flossen die durch das Gebiet der Luo im westlichen Kenia führenden Flüsse genauso wie in den 1890er Jahren, als Lord Lugard die Gegend bereiste.

Doch mittlerweile gibt es auch hier einen Veränderungsprozess.

Kenia und die Nilfrage

»Überschwemmung, Tod und Zerstörung im ganzen Land«. Die Titelseiten der kenianischen Zeitungen im Dezember 2011 waren voller dramatischer Berichte über die seit Wochen anhaltenden massiven Regenfälle, die »eine Schneise der Verwüstung« hinterlassen hatten.[190]

Ich war gerade in Kisumu, als ich von der katastrophalen Überschwemmung hörte. Früh am Morgen fuhren wir daher zum Nzoiafluss im Westen Kenias, dem größten Nilzufluss des Landes, um die Zerstörungen anzusehen und mit den Menschen zu reden. Zehntausende waren gezwungen, in höher liegende Gebiete zu flüchten, als der Fluss über die Ufer trat, Dämme brachen und Dutzende Menschen ertranken. Geschäfte standen halb unter Wasser, Schulen und Krankenhäuser waren geschlossen. Der Fluss war zu einem mächtigen und gewaltigen Strom geworden und überflutete ein Dorf, das sonst trocken und geschützt an seinem Ufer ruhte. Im Westen Kenias gibt es keine nennenswerten Staudämme, die das Wasser in Grenzen halten oder es für die Trockenzeit speichern. An dem zum Viktoriasee hinunterführenden Fluss stehen ein paar Kraftwerke, die das soziale und wirtschaftliche Leben in der Region stark verändert haben, da es nun Tag und Nacht in vielen Dörfern Strom gibt, die zuvor ohne Elektrizität leben mussten. Wie einer meiner Gesprächspartner äußerte, während wir uns über diese Vorteile unterhielten: »Die jungen Leute können sich heute direkt im Dorf bei Facebook einloggen, anstatt dafür bis nach Kisumu fahren zu müssen.« Ich sprach auch mit einem amerikanischen Unternehmer; er bewirtschaftete die in derselben Region angesiedelte größte Reisfarm Kenias und war im Laufe weniger Jahre zum wichtigsten Reisproduzenten des Landes geworden. Er wollte weiter expandieren. Bislang nutze man das Wasser aus dem örtlichen Sumpf zur Bewässerung, erklärte er, langfristig gesehen werde dafür aber Wasser aus dem Nil erforderlich sein.

Nach dem Jahr 2010 änderte die kenianische Regierung ihre Nilpolitik, was sich schon jetzt enorm auf das Land und das Nilbecken als solches auswirkt und erst recht in Zukunft auswirken wird. Die kenianische Erfahrung mit dem Nil gleicht einer langen, holprigen Straße. Das unabhängige Kenia betrachtete die kolonialen Nilabkommen gänzlich anders als die Briten in Kenia und durfte nun auch seine Ansichten äußern. Bereits in den frühen 1960er Jahren erwog das kenianische Parlament, von Ägypten eine Kompensation für all das Wasser zu fordern, das nach Norden floss, ohne dass es die Kenianer selbst nutzen durften. Nach der Ölkrise von 1973/74 gewann diese Nilrhetorik zunehmend an Bedeutung. Da die Araber so viel für das Öl verlangten, das sie fördern, so meinten kenianische Politiker, sollen sie umgekehrt auch für das Wasser bezahlen, das sie aus Kenia erhalten. Doch sobald solche Forderungen erörtert wurden, unterband die Regierung jede weitere Diskussion. Kenia hat dennoch seit Langem deutlich gemacht, dass es das Abkommen von 1929 nicht länger akzeptieren will. Der erste Präsident des Landes, der berühmte Jomo Kenyatta, sagte schon unmittelbar nach der Erringung der Unabhängigkeit, dass wer immer im Namen Kenias Verträge geschlossen habe, sich bei den Vereinten Nationen melden und diese registrieren lassen müsse. Dafür setzte er eine Frist von zwei Jahren. Da niemand die Verantwortung für das Nilabkommen übernahm, erklärte Kenyatta es schließlich für ungültig.

Diese Nilrhetorik wurde nach und nach immer expliziter. 2003 bemerkte der aus einer im westlichen Nilbecken liegenden Region Kenias stammende Außenminister Moses Wetangula unter dem Beifall von Parlamentsabgeordneten, die Regierung werde »unter keinen Umständen weitere Beschränkungen in der Nutzung des Wassers aus dem Viktoriasee akzeptieren«, da sie vor Unterzeichnung des Abkommens »weder dazu konsultiert wurde noch daran beteiligt« gewesen sei. Raila Odinga, erst Energieminister und später Ministerpräsident, sagte ebenfalls deutlich, dass das Nilabkommen von 1929 einer Prüfung unterzogen werden müsse. Als Vertreter der Luo unterstrich er die Dringlichkeit der Angelegenheit – das geografische und ethnische Gravitationszentrum der kenianischen Politik hatte sich zugunsten der Westteile des Landes und des Nilbeckens verschoben. Für die weiter flussabwärts gelegenen Länder, die den Status quo in den Abkommen über die Verteilung des Nilwassers bewahren wollten, war das keine gute Nachricht.

Kenia verfolgt mittlerweile eine eher vorausschauende Wasserpolitik. Es gibt Pläne zum Bau von Wasserkraftwerken, und insbesondere möchte das Land die künstliche Bewässerung der sich zum Viktoriasee erstreckenden Gebiete vorantreiben. Dem Beispiel Tansanias folgend, will Kenia auch mehr Wasser aus dem See in die Städte und Siedlungen pumpen, in denen es an Wasser mangelt.

So schnell wie möglich schloss sich Kenia der Übereinkunft an, die Tansania, Uganda, Ruanda und Äthiopien bereits am 14. Mai 2010 in Entebbe unterzeichnet hatten. Als die kenianische Ministerin für Wasserwirtschaft ihre Unterschrift unter das Abkommen setzte, sagte sie:

> Nichts wird uns jetzt mehr davon abhalten, das Wasser nach unseren Wünschen zu verwenden. Ägypten und der Sudan sollten sich uns im Geiste der Kooperation auf der Basis *Ein Nil, Ein Nilbecken, Eine Vision* anschließen. ... Zwei Staaten von neun werden uns nicht daran hindern, das Rahmenwerk umzusetzen.

In Kenia sprechen die Menschen seit Langem ganz offen über das Thema und fragen sich: Ist es gerecht, dass ein Tausende Kilometer weiter stromabwärts gelegenes Land über das Leben von Millionen von Menschen am

Oberlauf des Nils bestimmt? Wie lange soll die Region Ostafrika noch von den Launen der Natur und unzuverlässigen Regenfällen abhängig sein, anstatt sich selbst ernähren zu können? Welche Art von Heuchelei ermöglichte es Großbritannien, Ägypten einen Sonderstatus zu verleihen – und das auf Kosten von Ländern, die ständig Probleme haben, genug Lebensmittel für ihre Bevölkerung zu produzieren, weil ihnen das Recht verweigert wird, ihr eigenes Wasser zu verwenden?

2010 stellten Präsident Mwai Kibaki und Ministerpräsident Raila Odinga eine Initiative zur Lösung der Lebensmittelkrise vor. Wie schon andernorts, wurde beschlossen, von der niederschlagsbasierten Landwirtschaft auf die Bewässerungswirtschaft umzusteigen. Alte, außer Betrieb genommene Unternehmen würden wiederhergestellt und neue aufgebaut werden. Der Umstieg auf künstliche Bewässerung sollte die Maisernte in Kenia um 14 Millionen Säcke pro Erntesaison erhöhen. Kenias Plan für die Selbstversorgung erfordere, so sagten die beteiligten Politiker, nun endlich mit der Ausbeutung des Nilwassers zu beginnen, das bislang beinahe völlig ungenutzt und unreguliert in den zweitgrößten See der Erde fließe. Die auf künstliche Bewässerung ausgerichtete Strategie ist Teil der *Kenia Vision 2030,* die darauf abzielt, den Staat bis zu diesem Zeitpunkt in ein Mittellohnland zu verwandeln und allen Einwohnern eine hohe Lebensqualität zu ermöglichen.

Als ich am Nzoia entlangfuhr, traf ich auf viele Menschen, die ungeduldig auf den Beginn der Bauarbeiten warteten, aber auch auf solche, die sich skeptisch gegenüber den von der Regierung beschlossenen Staudämmen zeigten. Erneut wären dadurch viele Anwohner des Flusses zu einem Umzug gezwungen. Im Nachhall der Flutkatastrophe kamen lokale und zentrale Behörden 2012 überein, das gesamte Nilbecken zum Gegenstand eines umfassenden Entwicklungsplans zu machen. Als erster Schritt sollte ein großer Staudamm gebaut werden, der über eine Million Menschen im Nilbecken vor Überschwemmungen beschützen und sie mit Energie und Wasser für die künstliche Bewässerung versorgen würde. Wie alle vergleichbaren Bauwerke an kenianischen Wasserläufen wurde der Staudamm als Grundlage für die regionale Entwicklung betrachtet.

Kenia plant, auch die im Westen des Landes in den Viktoriasee mündenden Nilzuflüsse anzuzapfen. Die Ägypter könnten das als Bedrohung auffassen, sollten sich deswegen aber keine Sorgen machen. Die physische Natur des Nils wird Ägypten retten. Abgesehen davon könnte auch mangelnder politischer Entscheidungswille in Kenia die Ambitionen des Nilstaates verzögern und verkleinern.

Die Wiege der Menschheit

Auf der ganzen Welt ist Tansania als der Ort bekannt, an dem vermutlich einst die Geschichte der Menschheit begann. Im Westen befinden sich die weiten Ebenen der Serengeti, im Osten liegt der Ngorongorokrater. Vor etwa 500 000 Jahren zwangen vulkanische Aktivitäten am äußersten Rand des Nilbeckens den Fluss in eine andere Richtung. Über Hunderttausende von Jahren schnitt er sich dann immer tiefer in die Savanne hinein und legte dabei eine fossile Schicht nach der anderen frei. Aus purem Zufall wurde eine ferne Vergangenheit aufgedeckt.

Die Geschichte der Entdeckung der Olduvaischlucht ist in archäologischen Kreisen geradezu legendär. Der deutsche Neurologe und Paläontologe Wilhelm Kattwinkel stieß auf sie, als er sich mit seiner Frau zwischen 1910 und 1911 auf einer privat finanzierten Reise zur Erforschung der Schlafkrankheit befand.

Einige Jahrzehnte später, in den 1950er Jahren, legten die Paläontologen Mary und Louis Leakey, auch bekannt als die »First Family« der Paläontologie, die Grundlage für ihre Karrieren, als sie an dieser Stelle mit ihren Grabungen begannen. Mary Leakey hatte schon 1948 auf der Rusingainsel im Viktoriasee Skelettreste von menschlichen Vorfahren gefunden. Bei den *Proconsul africanus* handelt es sich um die frühesten Vertreter der Hominiden, die bislang ausgegraben wurden. In der Olduvaischlucht grub sie 1959 ein weiteres Skelettfragment eines frühen Hominiden aus. Ihr Ehemann, Louis Leakey, taufte dieses Individuum *Zinjanthropus boisei*. Bekannter wurde es allerdings unter dem Spitznamen »Nussknackermann«, weil man glaubte, dass seine enormen Eckzähne ihn besonders zum Verzehr von Nüssen befähigten. Ob es sich bei der Schlucht tatsächlich um die Wiege der Menschheit handelt, wie Louis Leakey mit seinem Sinn für PR und griffige Bezeichnungen behauptete, ist natürlich fraglich, da niemals ausgeschlossen werden kann, dass irgendwann noch ältere Fossilien entdeckt werden. Ungeachtet dessen war die Entdeckung jedoch überaus bedeutsam für das Verständnis der Evolutionsgeschichte.

Die von Mary Leakey entdeckten Skelettfragmente wurden auf ein Alter von 1,7 Millionen Jahren geschätzt – der Nussknackermann war eine Sensation. 1960 gruben Mary Leakey und ihr Sohn Jonathan noch weitere Skelette aus, bei denen es sich ihrer Ansicht nach um weiterentwickelte und menschenähnliche Hominiden gehandelt haben musste und die sie daher *Homo habilis* nannten. In dieser Region wurden zudem Fußspuren von aufrecht gehenden Individuen gefunden, die etwa 3,5 Millionen Jahre alt sind (eine exakte Datierung ist schwierig, da es sich um drei Individuen handelte, die zu verschiedenen Zeiten einem Weg an einem Flussufer folgten).

Der *Homo habilis* wog etwa 40 Kilo und war nicht mehr als einen Meter groß. Seine Zähne gleichen denen eines modernen Menschen, doch da er anscheinend längere Arme als dieser hatte, kletterte er vermutlich häufiger in den Bäumen herum. Er hatte ein größeres Gehirn, jedoch kleinere Muskeln als anthropoide Affen. Diese Kreatur, die im tansanischen Teil des Nilbeckens lebte, befand sich vermutlich irgendwo auf halbem Weg der Transformation vom Affen zum Menschen.

Der Nussknackermann und der *Homo habilis* sind frühere Zeugnisse davon, dass das Niltal eine zentrale Region der menschlichen Evolution war; sie stellen eine klare Verbindung zu einigen der frühesten Beispiele von Werkzeugnutzung dar, wie sie im Norden des Sudan am Nil zu finden sind, sowie zu der mächtigen Frühzivilisation, die an den Ufern des Nils in Ägypten entstand. Irgendwann in der Zwischenzeit sind die ersten Menschen den Nil hinabgewandert und haben die Erde bevölkert.

Bismarck und der Felsen am Rande des Wassers

Im Hafen von Mwanza, der zweitgrößten Stadt Tansanias, sieht man eine sonderbare Felsformation aus dem Viktoriasee herausragen – den Bismarckstein. Er ist nach dem deutschen Reichskanzler Otto von Bismarck benannt, der Teile Ostafrikas 1885 unter die Herrschaft Berlins brachte. Als die Deutschen diesen Teil Afrikas kontrollierten, errichteten sie eine Statue des »Eisernen Kanzlers« auf der Felsspitze. Als die Briten Tansania nach dem Ersten Weltkrieg als ein Mandat vom Völkerbund erhielten, entfernten sie dieses Symbol des deutschen Imperialismus und vereitelter Ambitionen wieder. Die Felsformation, von Wind und Wellen glatt poliert, steht hingegen noch immer dicht am Ufer und ist Mwanzas Wahrzeichen geworden.

Tansanias Nilgeschichte dreht sich um Mwanza. Aufgrund ihrer Lage am Viktoriasee wurde die Stadt einst zu einem natürlichen Drehkreuz für den Sklavenhandel zwischen dem Gebiet der Großen Seen und der Insel Sansibar. Seit Tausenden von Jahren waren verschiedene ethnische Gruppen durch diese Region gezogen, sie waren in der Regel eine Mischung aus Jägern und Sammlern. Doch auch Agrargesellschaften, die ihren Lebensunterhalt mit Landwirtschaft und Fischfang bestritten, gab es bereits.

Die Geschichte des Sklavenhandels ist seit der Ankunft arabischer Händler in dieser Region dokumentiert. Das gesamte 19. Jahrhundert hindurch wurden Afrikaner in Ketten gelegt und wie Tiere an die Küste getrieben. Viele wurden vom Oberhaupt in Mwanza im Ausgleich für kleine Geschenke an arabische Händler verkauft, die meisten jedoch wurden, nachdem sie von lokalen Häuptlingen auf der Westseite des Sees gefangen worden waren, von Sklavenhändlern nach Sansibar verschleppt. Dieser Ort war die Endstation auf dem »Highway zur Hölle«, wie Stanley die Sklavenroute vom Viktoriasee zum Indischen Ozean bezeichnete. Auf dem Isamilohügel in Mwanza stand auch John Hanning Speke und betrachtete als erster Europäer den großen zentralafrikanischen See, aus dem der Nil heraustritt. Doch erst mit den Deutschen kam am Ende des 19. Jahrhunderts die Moderne nach Mwanza, wenngleich auf eine eher pervertierte Art und Weise.

Die Geschichte der deutschen Landnahme im Nilbecken ist bizarr und repräsentiert den kolonialen Geist der Eroberungen in seiner widerwärtigsten Form. Einer der wichtigsten Protagonisten jener Zeit war Dr. Carl Peters, der für eine Weile den deutschen Nationalismus und Expansionsdrang verkörpern sollte, bis er in Ungnade fiel. Die Nationalsozialisten wussten ihn wieder zu schätzen und gaben seine Werke in einer dreibändigen Ausgabe neu heraus. Peters reiste Ende 1884 mit zwei Begleitern landeinwärts zu den Usambarabergen, die heute zu Tansania gehören. Am 17. Dezember desselben Jahres bewegte sich eine seltsame Karawane in Richtung auf die Küstenstadt Bagamoyo zu. Peters, von Beruf Historiker, der auch noch Philosophie und Geografie studiert hatte und ein Anhänger Schopenhauers war, kehrte von seinem kurzen Ausflug ins Binnenland zurück. Er war krank, ließ sich in seiner Hängematte tragen und bedeutete seinen Trägern, sich schneller zu bewegen, indem er seine Pistole schwang. Der erst 28-Jährige trug einen Stapel vorgefertigter, unterschriebener Verträge bei sich. Ein Häuptling nach dem anderen hatte ein Papier unterzeichnet, das er nicht lesen konnte und mit dem er im Gegenzug für ein vages Schutzversprechen gegen äußere Feinde sein Territorium samt allen Rechten und Privilegien an die von Peters geleitete Gesellschaft für deutsche Kolonisation überschrieb. Dieser an Fieber erkrankte Akademiker hatte sich kurz vor seiner Abreise aus Deutschland in seinem Buch *Willenswelt und Weltwille* noch mit Metaphysik beschäftigt (ohne großen Erfolg übrigens, kaum jemand kaufte das Werk); nun wurde er zum Eroberer eines deutschen Herrschaftsbereichs in Afrika.

Als Peters 1885 nach Berlin zurückkehrte, wurde dort auf der Kongokonferenz gerade die Aufteilung großer Bereiche des afrikanischen Kontinents zwischen den europäischen Kolonialmächten formalisiert (ein Vertreter des Osmanischen Reichs war ebenfalls anwesend). Peters konnte Bismarck nun darüber informieren, dass eine deutsche ostafrikanische Kolonie bereits existiere – es gelte lediglich, den Anspruch auf sie zu erheben und so zu sichern. Bismarck äußerte sich zunächst abschätzig über die von Peters »erworbenen« Gebiete. Als der jedoch erklärte, der belgische König zeige Interesse an dem Territorium, stellte der Reichskanzler die Gebiete unter den offiziellen Schutz des Deutschen Reichs. Fortan unterstützte er die Idee der Errichtung eines Protektorats Deutsch-Ostafrika auch finanziell. Unterdessen rekrutierte Peters in Afrika zahlreiche Agenten, um weitere Abkommen zu sichern. Das Motto dieser Agenten lautete »schnell, kühn und rücksichtslos«.

Als der Sultan von Sansibar von dem geplanten Protektorat hörte – das auch sein eigenes Territorium umfassen sollte –, schickte er eine Protestnote an den deutschen Kaiser. Diese erreichte Berlin im Mai 1885, und Bismarck fragte Peters, wie er darauf reagieren solle. Peters Antwort stand für eine Kanonenbootpolitik in Reinkultur: Es gebe gegenüber dem Sultanspalast in Sansibar eine Lagune, die tief genug sei, um dort mit Kriegsschiffen zu ankern. Schon kurze Zeit danach, am 7. August 1885, drangen fünf deutsche Kreuzer in die Lagune bei Sansibar ein und richteten ihre Geschütze auf den Palast. Bismarck forderte, der Sultan möge sein Festlandterritorium dem deutschen Kaiser überlassen, oder er bekomme die Konsequenzen zu spüren. Als die britische Regierung von diesem Ultimatum erfuhr – im Zeitalter des Telegramms geschah dies alsbald –, drängte Großbritannien auf einen Kompromiss: Berlin und London sollten sich über die Grenzen der ostafrikanischen Gebiete einigen. Noch vor Ende August wurde der Plan angenommen, im Jahr darauf das Deutsch-Britische Grenzabkommen unterzeichnet. Der britische Konsul, der mit Londons Nilstrategie und der Haltung seines Landes gegenüber Bismarcks Aktivitäten in Sansibar nicht einverstanden war, wurde gegen seinen Willen dazu gezwungen, Londons diplomatische Entscheidung mitzutragen. Er musste den Sultan überreden, ein Abkommen zu unterzeichnen, mit dem dieser einen riesigen Teil seines Festlandterritoriums aufgab. Im September kehrten die deutschen Kriegsschiffe nach Europa zurück; Bismarck hatte seine Kolonie bekommen.

1890 begab sich Carl Peters erneut in das Landesinnere und erreichte das Königreich von Buganda. Er wollte auch den dortigen König dazu drängen, ein Abkommen zu unterzeichnen, mit dem dieser ein deutsches

Carl Peters baute das Kolonialgebiet Deutsch-Ostafrika auf und verhielt sich dabei äußerst brutal gegenüber der einheimischen Bevölkerung, was sogar zu seiner unehrenhaften Entlassung aus dem Reichsdienst führte.

Protektorat für die Region akzeptierte. Für London kam dies natürlich nicht infrage, und Bismarck bestätigte schließlich mittels diplomatischer Vereinbarungen, dass die Deutschen den Nil als britisches Interessengebiet anerkannten. Peters' Ambitionen wurden an diesem Punkt von Berlin begrenzt. Gleichwohl wurde er zum Reichskommissar ernannt und war Mitglied der Deutsch-Britischen Grenzkommission, die 1892 den noch heute bestehenden Grenzverlauf zwischen Kenia und Tansania festlegte.

Unterdessen führte Peters' brutales Verhalten gegenüber der Lokalbevölkerung am Kilimandscharo zu einem Aufstand der Chagga. Die rund um das Bergmassiv lebende Ethnie hatte die einzige südlich der Sahara existierende Bewässerungswirtschaft entwickelt, indem sie das ständig von der schneebedeckten Spitze über die Felshänge des Berges hinunterfließende Gletscherwasser kanalisierte und auf ihre Felder leitete (noch heute werden die landwirtschaftlichen Flächen am Fuße des Kilimandscharos auf diese Weise bewässert). Peters hatte erfahren, dass ein Diener mit seiner afrikanischen Konkubine namens Jagodia schlief. Das junge Mädchen wurde zunächst ausgepeitscht und dann gehenkt. Der SPD-Vorsitzende August Bebel las im Reichstag Briefe vor, aus denen hervorging, dass Peters die Exekution eigenhändig durchgeführt hatte. Dieser Mord war kein Einzelfall, und so führten die Verbrechen schließlich zu gewaltsamer Gegenwehr. Begleitet von einer immer stärker werdenden antikolonialen Bewegung in Deutschland, führte diese zu einer Reform der deutschen Ostafrikapolitik. Peters wurde zurückberufen und 1897 wegen mehrerer in Afrika begangener Verbrechen unehrenhaft aus dem Reichsdienst entlassen.

In den folgenden Jahren unternahm die deutsche Regierung beachtliche Anstrengungen, um die Kolonien in Ostafrika zu entwickeln. Die Einführung neuer und profitablerer Landwirtschaftsprodukte wie Kaffee, Sisal und Baumwolle wurde indes von großen Teilen der einheimischen Bevölkerung vehement abgelehnt, insbesondere als Arbeiter für die Plantagen zwangsrekrutiert wurden. 1905 ereignete sich der berühmte Maji-Maji-Aufstand, die erste größere und gewalttätige Revolte gegen die europäische Kolonisierung in Ostafrika. Faszinierend ist dieser Aufstand besonders für alle an Naturmythologie und an der kulturellen Bedeutung des Wassers interessierten Beobachter: Er war gewissermaßen der Vorläufer von Alice Aumas Holy Spirit Movement acht Jahrzehnte später, und wie bei diesen Ereignissen am ugandischen Nilwasserfall Wang Jok spielte auch die Kommunikation mit Wassergeistern eine wichtige Rolle.

Der Maji-Maji-Aufstand wurde von dem Glauben befeuert, dass eine Mischung aus Wasser, Rizinusöl und Hirsesamen die Menschen unverwundbar gegenüber Gewehr- und Revolverkugeln mache. Der Geist der Revolte verbreitete sich wie ein Lauffeuer. Ausgerüstet mit Kränzen aus Hirsehalmen, übten die Aufständischen blutige Rache an den Deutschen. Als diese Verstärkung erhielten, war die Niederlage jedoch unausweichlich. Die Rebellen mussten erkennen, dass sie das Wasser keineswegs beschützte. Der deutsche Befehlshaber Graf Gustav Adolf von Götzen zeigte bei seinem Vorgehen gegenüber der Zivilbevölkerung keine Gnade und setzte auf eine Politik der verbrannten Erde. Seine Truppen marschierten durch das Land, zerstörten Feldfrüchte und Getreidespeicher und steckten ganze Dörfer in Brand. Vermutlich sind über 100 000 Afrikaner infolge dieser gezielt herbeigeführten Hungersnot umgekommen.

Deutsch-Ostafrika bestand aus den heutigen Staaten Tansania (ohne Sansibar), Ruanda und Burundi. Wie wir gesehen haben, wurde Deutschland quasi von einem Tag auf den anderen zur Kolonialmacht, während England und Frankreich im Unterschied dazu ihre Imperien über Jahre hinweg aufgebaut hatten. In weniger als einem Jahr erwarb Berlin zwischen April 1884 und Februar 1885 Kolonien in Afrika und im Pazifik, deren Fläche zusammengenommen um ein Vielfaches größer war als das Territorium des Deutschen Reichs. Aus britischer Sicht stellte die deutsche

Besetzung dieser Gebiete kein strategisches Problem dar. Die damals bestehenden Konflikte zwischen Berlin und London werden in der historischen Literatur gern übertrieben dargestellt, nicht zuletzt, weil viele dazu tendieren, die Geschichte rückwärts zu lesen – vom Ersten Weltkrieg her. Gegen Ende des 19. Jahrhunderts hatten die beiden Mächte keine grundlegenden Differenzen in Afrika; die Deutschen unterstützten die Briten vielmehr in ihrem Bestreben, das Nilbecken und Ägypten als ihr Interessensgebiet zu sichern. London hatte seinerseits keinerlei Interesse an den südlich, östlich und westlich vom Viktoriasee gelegenen Gebieten, weshalb man den Deutschen zugestand, dort eine afrikanische Kolonie aufzubauen. Die Region am Oberlauf des Nils kann daher als Beispiel für einen Augenblick in der Geschichte des Kolonialismus gesehen werden, in dem zwei europäische Mächte sich über die Aufteilung afrikanischen Territoriums verständigten.

Es gibt eine Geschichte über den inhärenten Zufall bei den Grenzziehungen durch die Kolonisten, die zwar gut klingt und daher oft erzählt wird, allerdings nicht ganz korrekt ist. Die Grenze zwischen dem britisch beherrschten Kenia und dem deutsch besetzten Tansania ist auf der Landkarte als eine gerade Linie zu erkennen, die jedoch am Kilimandscharo einen Knick macht, wodurch der Berg auf der tansanischen Seite der Grenze liegt. Die Unterbrechung dieser Geraden wird in dieser Geschichte Queen Victoria zugeschrieben, die nach genauen Erwägungen gesagt haben soll, dass ihr Enkel Kaiser Wilhelm II. hohe Berge so sehr liebe, dass der Kilimandscharo ihr Geschenk an ihn sein solle. Die Probleme bei dieser Geschichte fangen damit an, dass die Grenze schon 1886 gezogen wurde, also zwei Jahre vor Wilhelms Thronbesteigung. Darüber hinaus ignoriert sie die Tatsache, dass beide Seiten wussten, wie wichtig das Gletscherwasser für die Bewässerungswirtschaft der Chagga am Fuße des Kilimandscharo in Tansania war. Carl Peters' persönlicher, ungebändigter Imperialismus wurde demnach von der Rationalität eines staatlichen diplomatischen Imperialismus abgelöst.

Eine unbekannte europäische Seeschlacht auf einem Nilsee

Am 5. August 1914, nur wenige Wochen nach den tödlichen Schüssen von Sarajevo und einen Tag nach dem Kriegseintritt der Briten, griffen Truppen aus Britisch-Uganda die deutschen Stellungen entlang des Viktoriasees an. London hatte entschieden, deutsche Standorte ohne Telegrafenverbindung auszuschalten und die Marine ihrer Basen zu berauben. Der Erste Weltkrieg war am oberen Nil angekommen. Die bescheidenen Zusammenstöße dort resultierten nicht so sehr aus der Nilfrage, wenngleich Berlin sich natürlich der besonderen Bedeutung des Viktoriasees für die imperiale Gesamtstrategie der Briten bewusst war. Vielmehr demonstrierte die Seeschlacht von 1914, dass der obere Nil eine Arena für europäische Machtkämpfe geworden war.[191]

Wie sich herausstellte, hatten sich die Deutschen bemüht, eine Flotte auf dem Viktoriasee aufzubauen. Sie bestand aus dem 1910 in Hamburg gebauten 90-Tonnen-Dampfer *Muansa*, dem 1907 gebauten Zwölftonner *Heinrich Otto*, dem kleineren Dampfer *Albert Schwarz* und dem Motorboot *Schwaben*. Kleine, oft von den Dampfern gezogene Dhaus wurden als Truppentransporter verwendet.

Die Deutschen wollten die wachsenden Ausgaben für Kämpfe in Ostafrika mit Gold aus den Minen in ihren Kolonien bestreiten. Unterdessen sorgten in London Gerüchte für Unruhe, die Deutschen wollten Wasser aus dem Viktoriasee pumpen, um es für den Betrieb ihrer Goldminen südlich des Sees zu benutzen. Dies bedrohte das britische Monopol über die Nutzung des Nils, und sollte der deutsche Plan bekannt werden, würde er auch die Position Großbritanniens in Ägypten schwächen. Die britische Flotte auf dem See bestand aus sechs Schiffen, die eigentlich der ugandischen Eisenbahn als Fähren dienten, auf die man aber kurzerhand Waffen montiert hatte. Der deutsche Kommandant in Mwanza, Hauptmann Wilhelm Bock von Wülfingen, erhielt den Befehl, gegen Kisumu vorzurücken, um die Brücken der Eisenbahnstrecke vom Indischen Ozean zum Viktoriasee zu zerstören.

Im September 1914 marschierten 52 Deutsche, 266 Askaris (einheimische Soldaten in den Kolonialtruppen der europäischen Mächte) und 101 Krieger aus dem am südöstlichen Seeufer lebenden Stamm der Wagaya gegen den Endhaltepunkt der Eisenbahn im heutigen Kenia. Sie waren mit drei Maschinengewehren und einer 37-mm-Feldkanone bewaffnet. Die britische Garnison in Kisumu bestand aus 90 Askaris, 100 Polizisten und 130 Freiwilligen der Stadtgarde. Das deutsche Kommando überschritt die Grenze und nahm den Hafen von Karungu am 9. September ein. Der Dampfer *Muansa* flankierte das Unternehmen mit seinen Kanonen vom Viktoriasee aus. Sodann rückten die Deutschen in Richtung Kisii vor, damals ein kleines Dorf mit nur wenigen Einwohnern. Die Briten antworteten, indem sie von Uganda aus so viele Soldaten wie möglich über den

See schickten. Sie wurden von dem bewaffneten Dampfer *Kavirondo* geschützt. Während die Deutschen im August 1914 in Belgien eingefallen waren, rückten die Briten mit ihrer kleinen Truppe am Viktoriasee vor. Am 13. September eroberten sie Kisii zurück und fanden dort noch fünf verwundete Deutsche und 16 verwundete Askaris vor. Die britische Kontrolle über Kisii und den in der Nähe gelegenen Nilsee war wiederhergestellt.

Am 6. März 1915 wurde die vor der Insel Nafuba ankernde *Muansa* Opfer eines überraschenden Kanonenangriffs der britischen *Winfred*. Die Deutschen verließen ihr beschädigtes Schiff, schlugen am Strand aber den britischen Versuch zurück, es zu übernehmen. Später zogen die Deutschen die schwer beschädigte *Muansa* nach Mwanza, wo sie am 15. März eingedockt wurde. Die Reparatur dauerte drei Monate. Am 12. September 1915 erhielten die Deutschen eine 105-mm-Kanone aus Königsberg. Sie wurde zum Schutz der Siedlung vor britischen Seeangriffen auf einem Hügel über Mwanza aufgestellt, konnte die deutsche Position allerdings nicht dauerhaft sichern. Als die Briten im Zuge ihrer 1916 erfolgten Offensive Mwanza tatsächlich angriffen, zogen sich die Deutschen nach Süden zurück. Die Briten sprengten die Kanone und die Telegrafenverbindung und versenkten die *Muansa*. Damit hatte London die Kontrolle über den gesamten Viktoriasee zurückgewonnen.

Diese Gefechte auf dem Nilsee hatten etwas Operettenhaftes an sich. Gleichwohl forderte der Krieg zwischen Deutschland und Großbritannien in Ostafrika genug Todesopfer. Insgesamt bestanden die alliierten Kräfte aus rund einer Million Mann, davon 600 000 afrikanische Träger. Zehntausende, meist Afrikaner, starben an Krankheiten, Unterernährung und Erschöpfung.

Koloniale Abkommen und die Gegenwart des Nils

Die Außenwelt sieht das einstige Tanganjika – von April 1964 an hieß es »Vereinigte Republik von Tanganjika und Sansibar« und rund ein halbes Jahr später dann »Vereinigte Republik Tansania« – üblicherweise als ein dem Indischen Ozean und der Swahiliküste zugewandtes Land. In der Realität jedoch befinden sich große Teile des Landes im Nilbecken, und es hat zu verschiedenen Zeiten immer wieder Pläne gegeben, die Nebenflüsse im oberen Becken zu nutzen, bevor sie sich in das Binnenmeer ergießen. Die nordwestlichen Teile des Landes erhalten nur wenigen, äußerst unberechenbaren Niederschlag. Während des Ersten Weltkriegs erörterten die Deutschen die erwähnten Pläne, für lokale Goldminenvorhaben Wasser aus dem Viktoriasee zu pumpen. Sie prüften auch, Wasser zu entnehmen, um es zur Bewässerung, für den Transport und zur Energiegewinnung zu nutzen. London schob alldem einen Riegel vor.

Als die Briten nach dem Ersten Weltkrieg die Kontrolle über Tanganjika übernahmen, wurden all diese Pläne und Ideen begraben. Im Kontext der Großmachtrivalitäten und imperialen Strategien standen für die Briten ihre Interessen in Ägypten und ihre Position in Suez immer an erster Stelle. Außerdem blockierte das Nilabkommen von 1929 jegliche Entwicklung des Nilbeckens in Tansania, solange die Briten dort das Sagen hatten. London hatte schließlich geschworen, es werde in seinen ostafrikanischen Beckenregionen nichts geschehen, was Ägyptens Wasserinteressen beeinträchtige. Erst Mitte der 1950er Jahre änderte sich diese Politik, als sich die Beziehungen zu Ägypten derart verschlechtert hatten, dass es Großbritannien für an der Zeit hielt, seine Kontrolle über den Nil als Druckmittel gegen Kairo einzusetzen. Aber zu dieser Zeit war das Empire schon geschwächt. Selbst als die Kolonialbehörden in Uganda insgeheim (und wie sich herausstellte: vergeblich) Pläne zur Änderung des Nilverlaufs im Land diskutierten, ergriffen die Briten die Gelegenheit, dem Viktoriasee in der Smith-Sound-Bucht Wasser für Bewässerung in Tanganjika zu entnehmen. In Berichten über die Entwicklung des Landes identifizierten sie den Regenmangel als wichtigsten hemmenden Faktor für landwirtschaftliches Wachstum.[192] Der sporadische Niederschlag sei ungleich im Land verteilt und entlade sich häufig in sintflutartigen Wolkenbrüchen, sodass das Wasser schnell ablaufe und die Pflanzen wenig aufnehmen könnten. Aber bis zu Londons erzwungener Aufgabe seiner Kolonien tat sich in Sachen Nilregulierung nichts.

Am 30. November 1961, wenige Tage vor Erlangung der Unabhängigkeit, wurde klar, dass Tanganjika mehr mit dem Nil vorhatte, als es die britischen Herrscher in all den Jahrzehnten zuvor getan hatten. Deren Nilstrategie spielte für die zukünftige Nutzung des Sees und der in ihn mündenden Flüsse keine Rolle mehr. Vielmehr machte sich die Nationalversammlung in Daressalam die in der internationalen juristischen Fachliteratur später sogenannte Nyerere-Doktrin zu eigen, benannt nach dem ersten Ministerpräsidenten Tanganjikas, Julius Nyerere. Dieser Doktrin zufolge war das Land nicht verpflichtet, das Abkommen von 1929 einzuhalten, das die Briten für das Land geschlossen hatten und das eine Nutzung des Nils ohne Ägyptens Einverständnis ausschloss.

Nach der Doktrin des ersten Ministerpräsidenten von Tanganjika, Julius Nyerere, waren die neuen unabhängigen Staaten nicht an Abkommen gebunden, die die Kolonialherren geschlossen hatten.

Nyerere war 1922 als eines von 26 Kindern in Butiama in Tanganjikas Mararegion im äußersten Südosten des oberen Nilbeckens als Sohn eines Häuptlings der Zanaki geboren worden, studierte als erster Tanganjikaner in Großbritannien, wo er an der Universität Edinburgh Anfang der 1950er Jahre seinen Abschluss in Wirtschaft und Geschichte machte. Anschließend kehrte Nyerere nach Tanganjika zurück und wurde zum Anführer der Befreiungsbewegung gegen die Briten. Er begann, sich auch für die Nutzbarmachung der Flüsse zu interessieren, die aus seiner Heimatregion hinab zum Viktoriasee strömen. Dabei hatte er besonders das Kagerabecken im Blick, welches das Land mit seinen zwei westlichen Nachbarn Burundi und Ruanda teilt.

Für die neue Staatsführung des Landes, das nach seiner Vereinigung mit Sansibar von 1964 an Tansania hieß, stellte sich die Frage: Konnte sie mit den Nilflüssen nach Belieben verfahren oder musste sie im Geist des 1929 zwischen London und Kairo vereinbarten Abkommens erst das Einverständnis Ägyptens einholen? War ein unabhängiges Tansania an Vereinbarungen gebunden, die von seinen europäischen Herrschern getroffen worden waren? Und noch grundsätzlicher: Mussten sich neue unabhängige Staaten generell an internationale Abkommen halten, die von ihren Kolonialherren unterzeichnet worden waren?[193]

Ein neuer Staat kann formell auf verschiedene Weise entstehen, was sich juristisch unterschiedlich auf die Rechtskräftigkeit vorheriger Vereinbarungen auswirkt, die diesen Staat als Vertragspartei nennen. Er kann zum

Beispiel seine Unabhängigkeit von einer Kolonialmacht erlangen und dadurch gleichberechtigtes Mitglied der Staatengemeinschaft werden. Neue Staaten können auch durch die Auflösung eines ursprünglichen Staatengebildes entstehen, wie dies im Fall der Sowjetunion, der Tschechoslowakei und Jugoslawiens der Fall war. Schließlich können sich ursprünglich unabhängige Länder durch ein internationales Abkommen zu einer größeren Einheit zusammenschließen. Die Frage der Legitimität und des Status unterzeichneter diplomatischer Vereinbarungen ist daher wichtig, und die Art des Umgangs mit diesen Angelegenheiten kann globale Auswirkungen haben.

Grundsätzlich erben neue Staaten die von ihren Vorläufern verabschiedeten internationalen Verpflichtungen. Vor dem Hintergrund der in den 1950er und 1960er Jahren erfolgten Erlangung der Unabhängigkeit vieler afrikanischer Kolonialstaaten besagte die Nyerere-Doktrin, dass diese neuen Staaten eine selektive Haltung gegenüber den von Kolonialmächten unterzeichneten Vereinbarungen einnehmen müssen. Nyerere war der Ansicht, dass internationale Vereinbarungen aus der Kolonialzeit nach Erlangung der Unabhängigkeit eines Staates neu verhandelt werden müssten, da Staaten oder Nationen nicht an Vereinbarungen gebunden sein könnten, die sie nicht aus einer souveränen Position heraus ratifiziert hätten. Nach Nyereres Auffassung könne nur ein vollständig souveräner Staat diese in seinem Namen unterzeichneten internationalen Vereinbarungen überprüfen und entscheiden, welche zu akzeptieren und welche abzulehnen seien. Auch wenn dieser eklektizistische Ansatz nicht neu war und damals bereits in der internationalen Rechtsprechung angewandt wurde, gilt Nyerere als die Person, die diese Staatsnachfolgeregelungen in einer modernen Formulierung zusammengefasst hat.

Die Nyerere-Doktrin schließt eine Erneuerung oder Ausweitung von Vereinbarungen nicht aus und lehnt diese keinesfalls kategorisch ab. Nyerere versuchte vielmehr, einen Maßstab für die praktische Anwendung der Doktrin zu etablieren: Frühere Vereinbarungen sollten für eine befristete Dauer weiterhin gültig bleiben, während sich die nachfolgenden Vertragsparteien einigten, was zu erneuern, was neu zu verhandeln und was zu den Akten zu legen wäre.

Nyerere brachte das Abkommen von 1929 in den 1960er Jahren vor den Internationalen Gerichtshof in Den Haag. Tansania verlor den Prozess; das Gericht stützte die Haltung Ägyptens, wonach das Abkommen auch für ehemalige Kolonien bindend sei. Seitdem hat die Nyerere-Doktrin jedoch zunehmend Unterstützer gefunden. Zunächst wurde sie von anderen Ländern mit kolonialer Vergangenheit übernommen und fand dann mit der Zeit auch allgemeinere Zustimmung. Sie ist auch zur wichtigen Inspirationsquelle für die zwei Wiener Konventionen über die Staatennachfolge geworden. Die in den frühen 1960ern in Den Haag erfolgte Rechtsprechung scheint heute über weniger Bedeutung und Legitimität zu verfügen, als es damals der Fall war. Die Nyerere-Doktrin spielte letztlich auch eine wichtige Rolle im juristischen Kampf der Länder am Oberlauf des Nils für die Annulierung des Abkommens von 1929. Tansania gehört zu den Staaten, die sich in dieser Angelegenheit nach wie vor am deutlichsten äußern; sein Wasserminister wurde zum Wortführer der Unterzeichnerstaaten des Abkommens von Entebbe aus dem Jahr 2010 bestimmt, mit dem erstmals formell und gemeinschaftlich Ägyptens Vorherrschaft über die Nilangelegenheiten herausgefordert sowie Bedeutung und Inhalt des Abkommens von 1929 infrage gestellt wurden.

Das Land der Geschenkökonomie

»Wussten Sie, dass unser wichtigster Oppositionsführer im Wahlkampf versprochen hat, sämtliche Entwicklungshilfe für Tansania abzulehnen?« Mein tansanischer Wissenschaftskollege wollte mich mit dieser Frage überraschen – und das gelang ihm auch. Ich wusste nicht, dass dieses Thema in den Wahlen von 2010 eine wichtige Rolle gespielt hatte. Solche Meldungen schaffen es selten in die westlichen Medien, deren Afrikabild noch immer von Entwicklungshilfeinstitutionen, westlichen Nichtregierungsorganisationen und Angelina Jolie dominiert wird.

Wenige Länder haben gemischtere Erfahrungen mit dieser Art Geschenkökonomie gemacht als Tansania. Der ursprünglich 1925 in der Zeitschrift *L'Année Sociologique* veröffentlichte Essay *Die Gabe* des französischen Soziologen Marcel Mauss ist ein Klassiker.[194] Obwohl sein Datenmaterial von Ureinwohnern der Nordostküste der USA und Bewohnern der Westpazifikregion stammt, hilft der Text, auch die inneren Beziehungen in vielen afrikanischen Gesellschaften zu verstehen, die von Klientelismus und familiären Verpflichtungen geprägt sind. Darüber hinaus erleichtert er die Analyse der Beziehungen zwischen »Gebern« und »Empfängern« innerhalb des internationalen Entwicklungshilfesystems. Wenige Regionen sind mehr von der Geschenkökonomie des Zeitalters der Entwicklungshilfe bestimmt worden als die Nilländer im Allgemeinen und Tansania im Besonderen.

Mauss schreibt über den Austausch von Geschenken in Gesellschaften, die er archaisch nennt. Das System gegenseitigen Austauschs von Geschenken ist »total« und kann somit einen generellen Einblick in diese Gesellschaften liefern. Der Geschenkaustausch stellt eine Interaktion dar, die alle gesellschaftlichen Institutionen zugleich einbezieht. Durch sein Geschenk erlangt der Geber Macht über den Empfänger, eine Macht, die nur schwer ausgeglichen werden kann. Der Austausch von Geschenken sorgt außerdem dafür, dass die Gesellschaft in einen Nebel von Verpflichtungen eingehüllt ist, ein feinmaschiges Netz allumfassender und zirkulierender Verbindlichkeiten. Jeder schuldet jedem etwas, was Mauss zufolge die Integrationskraft der Geschenkökonomie ausmacht.

Mauss beschreibt die Umstände, die das Geben und Nehmen von Geschenken begleiten. Mit dem Akt des Gebens zeigt sich ein Individuum als jemand, der freigiebig ist und somit Respekt verdient. Mit der Annahme des Geschenks demonstriert ein Individuum Respekt für den Geber und zeigt sich hierdurch ebenfalls großzügig. Durch einen Gegendienst beweist ein Individuum sodann, dass seine persönliche Ehre mindestens auf einer Ebene mit der des zuerst Schenkenden steht. Die Vergabe von Geschenken bindet die Akteure durch das Geben, Nehmen und Erbringen eines Gegendiensts moralisch aneinander. Zugleich unterstreicht Mauss die konkurrierenden und strategischen Aspekte des Schenkungsaktes. Indem man mehr als sein Rivale gibt, oder, wie ich hinzufügen möchte, indem man mehr Dankbarkeit zeigt als andere Empfänger von Geschenken, fordert man größeren Respekt ein. Mauss zeigt, dass ein Geschenk in traditionellen Gesellschaften eine extrem komplexe Rolle spielt, da es eine ökonomische, politische, die Verwandtschaft betreffende, juristische, mythologische, religiöse, magische, praktische, persönliche und eine soziale Bedeutung hat. Die Macht von Geschenken beruht auf dieser vielschichtigen Einbettung in die soziale Landschaft.

Innerhalb des internationalen Entwicklungshilfesystems ist die Geschenkbeziehung typischerweise Ausdruck eines zynischeren Spiels. Der Geber hegt die Erwartung, dass der Empfänger tut, wie ihm geheißen – sei es durch die Einführung einer anderen Wirtschaftspolitik, einer anderen Menschenrechtspolitik oder einer anderen Umweltpolitik. Das Geschenk wird rhetorisch als der bindende Faktor in einer Entwicklungspartnerschaft unter Gleichen beschrieben, aber es beinhaltet stets ein Element des Zwangs. Andererseits verspürt der Empfänger moderner Entwicklungshilfe nicht die gleiche Form von Verpflichtung wie in dem Modell von Mauss. Die Empfänger wissen, dass den Gebern das *Zeigen* von Dankbarkeit wichtiger ist als *tatsächliche* Dankbarkeit, denn die gebenden Personen, die Nichtregierungsorganisationen oder die staatlichen Stellen müssen sich in ihren Heimatländern, den Geberländern, als erfolgreiche Geber darstellen können. All die Zeremonien, in denen Dorfbewohner sich zu Ehren der Geber zu Tänzen und Beifallsstürmen versammeln und in denen diese sich unermüdlich sonnen, mögen deshalb für die Tanzenden sozial entwürdigend sein. Zugleich sind sie aber auch eine clevere und zynische Investition, um den Erhalt neuer Geschenke abzusichern – sie sind, mit anderen Worten, kalkulierte Aktionen.

Eine Fülle an Material ist über die Bedeutung der Kolonialzeit für die Entwicklung der Staaten des Nilbeckens geschrieben worden. Das Zeitalter der Entwicklungshilfe besteht nun schon so lang, wie das Nilbecken Teil des Britischen Empire war. Trotz dieser Tatsache sind die Auswirkungen der Geschenkökonomie auf diese Region kaum analysiert worden. Unser Wissen über die Konsequenzen der vielen Milliarden Dollar, die im Lauf weniger Jahrzehnte in die Entwicklung dieser Länder gesteckt worden sind, ist dementsprechend bruchstückhaft und dürftig.

Die moderne Geschichte der Kontrolle des Nils lässt sich jedoch nicht verstehen, ohne die Macht und die Rolle dieser »Geschenke« zu begreifen. Eine der zentralen Institutionen des internationalen Entwicklungshilfesystems, die Weltbank, votiert aufgrund ihrer Interpretation der Rechtmäßigkeit des Nilabkommens gegen Kredite für Wasserbauprojekte im oberen Nilbecken, wenn sich einer der Anrainerstaaten gegen diese Vorhaben ausspricht. Im Kontext der Wasserpolitik muss das Verständnis des Geschenks demnach von der maussschen Betrachtungsweise befreit werden. Das Geschenk kann bewusst als diplomatisches Mittel eingesetzt werden und ist dabei gerade aufgrund seines Charakters effektiver als praktisch alle anderen Maßnahmen. Dementsprechend können wir das Diktum des französischen Philosophen Jaques Derrida, Geschenke seien ein Ding der Unmöglichkeit, vom Kopf auf die Füße stellen und stattdessen behaupten, dass in diesem Kontext das Geschenk die einzige Handlungsoption ist.

Die internationale Gemeinschaft und ihre Geschenke könnten eine gewisse Rolle dabei spielen, die Kriegs- und Konfliktgefahr zu reduzieren, die sich aus der Nilnutzung ergibt. Der Akt der Annahme solcher Geschenke kann für die Empfänger eine wichtige Machtressource darstellen und dabei helfen, Parteien an den Verhandlungstisch zu bringen. Und nicht zuletzt können die Geschenke als Belohnung für Offenheit gegenüber diplomatischem oder kooperativem Verhalten in Nilfragen dazu beitragen, die wirtschaftliche Zusammenarbeit auf anderen Gebieten zu stimulieren.

Der Zug der Gnus

Ein wabernder See aus Muskeln und Stärke, aber auch eine eindringliche Veranschaulichung der Scheu und Kraft von Herdenmentalität erreicht den Marafluss: Gnus stehen, von einer unbestimmten Furcht befallen, zögerlich und schnuppernd an seinem südlichen Ufer. Sie müssen unbedingt die andere Flussseite erreichen, denn von dort bringt der Wind den Geruch von Regen und frischem Gras. Eine Herde steht am Fluss am Rande des Serengeti-Nationalparks mit seinen scheinbar unendlichen Weiten; der Park ist so weit, offen und flach, dass man gewissermaßen die Wolken zwischen den Beinen eines Straußes sehen kann. Das kleinste Anzeichen von Gefahr – eine Änderung der Windrichtung, die verdächtige Form eines den Fluss hinabfließenden Baumstamms, das träge Schlagen der Flügel eines in weiter Ferne vom Flussufer abhebenden Geiers – kann die ganze Herde zur Umkehr bewegen. Der dumpfe Klang Abertausender galoppierender Hufe auf dem Boden ist beeindruckend. Die Herde ist so groß, dass die Gnus für eine Richtungsänderung bis zu zwei Stunden benötigen können. Aber sie kommen jedes Mal zurück. Die Macht des Instinkts ist unerbittlich: Sie müssen einfach das gelobte Grasland erreichen, dessen Existenz auf der anderen Seite sie spüren können.

Es führt kein Weg daran vorbei; die Gnus müssen früher oder später den Fluss überqueren. Etwas treibt die Tiere voran. Der Bedarf an feuchtem, grünem Gras wiegt schwerer als die Gefahr der Flussüberquerung. Die Tiere an der Spitze beugen sich schließlich dem Druck der von hinten herandrängenden Artgenossen, und plötzlich schnellt die ganze Herde wie auf Kommando und ohne zu zögern voran.

Die Gnus drängt es ins Wasser, um das andere Ufer zu erreichen. Es ist notwendig, unabwendbar; sie haben keine Wahl. Dies ist der einzige Weg zum Regen und zu den grünen Weiten. Wären die Tiere, die als Erste in das Wasser drängen, zu der Formulierung eines Gedankens fähig, so ginge es darin vermutlich um die Hoffnung, unter den Glücklichen zu sein, die den Mäulern der Krokodile entkommen, sich sozusagen nicht dem Allgemeinwohl opfern zu müssen. In diesem brutalen Spiel sind sie die Opfer. Hyänen, Löwen, Leoparden und sogar Panther profitieren davon, wie das Nilsystem diesen Überfluss an Frischfleisch generiert.

Auf ihren ewigen Wanderungen über die Weiten des oberen Nilbeckens sind die Gnus, Zebras und Antilopen dazu gezwungen, sich dem wechselnden Charakter der Wasserlandschaft anzupassen. In dieser Hinsicht haben die Gnus etwas mit Zugvögeln gemein. In der Trockenzeit schließen sich kleinere Herden zu einer Armee von rund einer Million Tieren zusammen, dazu kommen noch einmal halb so viele Zebras und Gazellen. Spektakulär durch die Ebene donnernd, zieht diese Masse dann nordwärts von der Serengeti in Tansania bis zur Masai Mara in Kenia, dem Muster und den Bewegungen des Regens folgend, und kehrt im Oktober zurück.

Die Wanderung der Gnus über die Weiten der Masai Mara verdeutlicht exemplarisch die Bedeutung des Wassers. Die Gnus tun das, was jedes Lebewesen tun muss, aber wie sie es tun, unterstreicht auf dramatische Weise eine unumstößliche Tatsache: Ein jedes Lebewesen, ob Tier oder Mensch, benötigt um jeden Preis Wasser zum Überleben. In der Umwelt des Nilsystems verdeutlicht diese Migration auch die Künstlichkeit nationaler Grenzen. Denn jedes Jahr nehmen die Gnus nach einer kurzen Auszeit, bei der im äußersten Süden der Serengeti in der Gegend der Olduvaischlucht in Tansania mehrere Hunderttausend Gnukälber geboren werden, ihre ewige Wanderung wieder auf. Diese Migration hat im Grunde keinen Anfang und kein Ende; sie macht das Leben der Gnus aus, und mit ihnen wandern rund 300 000 Gazellen, 200 000 Zebras, dazu Hyänen, Löwen und andere Aasfresser, von Tansania nach Kenia und wieder zurück, wie es seit undenklichen Zeiten der Fall gewesen ist.

Was ist der Nil?

Ein Nebenfluss, der nach Meinung der Ägypter unbedingt zum Nilbecken gezählt werden muss, gehört nach Auffassung der Tansanianer keineswegs dazu. Es handele sich einfach um einen Fluss auf ihrem Staatsgebiet, daher könne das Land mit ihm machen, was es wolle. Der ägyptische Standpunkt hingegen geht davon aus, dass alle Nebenflüsse Teil des Nilsystems seien und somit unter das Abkommen von 1929 fielen.

Solche Dispute können als Beispiele dafür dienen, wie sich Werte, Ideen und Vorstellungen zwischen Mensch und Natur schleichen und unsere Sichtweise beeinflussen. Wenn ich hier stehe und den Marafluss betrachte, sehe ich naturgemäß nicht den Fluss als solchen; ich nehme ihn aus meiner Perspektive wahr. Das bedeutet nicht, dass der Nil nicht unabhängig von mir oder meiner Art, ihn zu betrachten, existiert. Er existiert, fließt, hat Auswirkungen und erzeugt Möglichkeiten, auch wenn urbane Eliten in Daressalam, Entebbe, Nairobi oder Kairo nie daran denken oder es erwähnen würden. Die strukturierende soziale Rolle des Flusses lässt sich

Was ist der Nil?

nur verstehen, wenn man untersucht, wie er fließt und wie sich die Art seiner Nutzung auf das soziale Leben in verschiedenen Teilen des Beckens auswirkt. Das gilt selbst dann, wenn dies nicht bedacht oder thematisiert wird. Tatsächlich mag der Fluss in jenen Regionen, in denen die Bevölkerung diese Thematik nicht diskutiert oder den Nil nicht als wichtig angesehen hat, zeitweise eine rein mechanische, blinde und tödliche Bedeutung erlangt haben.

Im 20. Jahrhundert transportierte der Nil jährlich rund 84 Milliarden Kubikmeter Wasser. Diese Durchflussmenge darf man allerdings nicht als feste Größe betrachten, wenngleich dies viele tun; die Angabe ist natürlich nur ein Durchschnittswert. So führte der Nil in den Jahren 1878/79 beispielsweise 150 Milliarden Kubikmeter Wasser und 1984/85 nur 42 Milliarden. In der Zeit von 1871 bis 1953 lag der Durchschnitt bei 92,4 Milliarden Kubikmeter Wasser, während er von 1871 bis 1901 107 Milliarden betrug. Ende der 1960er und Anfang der 1970er Jahre lag der Durchschnitt bei fast 90 Milliarden Kubikmeter, in der Zeit von 1977 bis 1987 aber nur bei 72 Milliarden. Von 1899 bis 1959 betrug der Durchschnitt 84 Milliarden – und das wurde in dem 1959 geschlossenen Abkommen zwischen Ägypten und dem Sudan als offizieller Maßstab festgelegt. Seitdem wird diese Zahl in unzähligen Nachschlagewerken als Tatsache angegeben.

Da der Ort für die Messung beeinflusst, welche Wassermenge festgestellt wird, ist seine Auswahl von großer politischer Bedeutung. Eine objektive, auf wissenschaftlichen Kriterien beruhende Festlegung des »korrekten« Messorts ist dabei unmöglich. Ende des 19. Jahrhunderts beschlossen die Briten, dass Assuan der Hauptort für die Messungen sein sollte, und seitdem ist es dabei geblieben. Von einem rein hydrologischen Standpunkt aus betrachtet, hätte man genauso gut die Messstationen wählen können, die nach der 1898 erfolgten Besetzung des Sudan durch die Briten flussaufwärts errichtet wurden. Jedoch reflektierte der Messort Assuan die imperiale Nilstrategie und hydropolitische Entscheidungen (hätte man stattdessen zum Beispiel den Ort gewählt, an dem der Atbara in den Hauptstrom fließt, wäre vermutlich eine um rund zehn Prozent größere Menge gemessen worden).

Wenn Wasser zwischen zahlreichen wasserdurstigen Staaten aufgeteilt werden muss, entsteht unweigerlich die zentrale Frage: Wie viel Wasser ist vorhanden? Da dies nicht objektiv beantwortet werden kann, ist die offiziell verkündete Wassermenge in solch großen internationalen Flüssen das Ergebnis von Kräfteverhältnissen und politischem Gezänk. Selbst die

Festlegung der Jahre, die als Referenzperiode für einen »durchschnittlichen« Wasserablauf des Nils gelten sollen, spiegelt politische Kräfteverhältnisse wider. Dementsprechend repräsentieren hydrologische Daten keine objektiven Informationen über einen Fluss, sondern reflektieren den Einfluss von Politik und Diplomatie. Daher hat die Art, wie solche hydrologischen Daten beschrieben werden, auch politische Konsequenzen, die leicht übersehen werden, wenn man die Hydrowissenschaften als rein faktenbasiert ansieht.

Die Natur des Flusses kann nicht objektiv beschrieben werden, egal wie sehr Naturwissenschaftler, Wasserplaner oder Politiker das Gegenteil behaupten mögen. Meinungsverschiedenheiten über die Natur des Nils und die richtige Art seiner Nutzbarmachung bestehen auch darüber, von welchem Ort entlang des Flusses dieser betrachtet und beschrieben werden soll. Jede Gruppe blickt aus ihrer eigenen Perspektive auf den Fluss – seien es die Viehnomaden im Südsudan, die dem jahreszeitlichen Rhythmus des Nils über die Flutebenen folgen, die Bauern im ägyptischen Delta, die dringend mehr Wasser bedürfen, oder die in Flussnähe lebenden Lehmhüttenbewohner in Äthiopien, die keine Elektrizität haben. Bei ihnen allen wird man auf unterschiedliche Darstellungen des Flusses in Bezug auf die Betrachtung seines Wassers sowie bezüglich dessen Bedeutung und bestmöglicher Nutzung stoßen.

Jemand, der wie ich von außen auf den Fluss blickt, muss daher mit der weitverbreiteten Vorstellung brechen, dass jeder soziale Dissens allein mit Hinweis auf soziale Beziehungen erklärt werden kann. Meinungsverschiedenheiten zwischen Akteuren in den verschiedenen Ländern des Nils haben auch eine konkrete, physische Grundlage. Überhaupt muss die Vorstellung vom Nil als »objektive« Natur entschieden zurückgewiesen werden, da man den Fluss als physisches Phänomen immer durch bestimmte soziale und kulturelle Linsen betrachten wird. Und doch habe ich als Außenstehender einen Vorteil: Es sollte mir möglich sein, mich von allen geografisch determinierten Perspektiven zu distanzieren, mögen sie aus einer stromaufwärts oder stromabwärts gelegenen Position heraus entstehen. Doch obwohl ich in diesem Sinne eine unvoreingenommene Betrachtungsweise einnehmen und mich dem Fluss aus verschiedenen Haltungen und Perspektiven heraus nähern kann, ist die Beschreibung seiner wahrhaftigen Art schlechterdings unmöglich.

Den See anzapfen und Ägypten trotzen

Zu Beginn des 21. Jahrhunderts traf die tansanische Regierung eine dramatische Entscheidung: Sie verkündete die Entnahme von Wasser aus dem Viktoriasee ohne vorherige Absprache mit Ägypten. Ungeachtet der Proteste aus Kairo, wo man auf das Abkommen von 1929 verwies, würde der Staat Wasser für die Nutzung in südlich des Sees gelegenen, trockenen Gebieten verwenden. Aus nilhistorischer Perspektive war dieses für sich genommen relativ bescheidene Vorhaben ein Wendepunkt. Von den 1950er Jahren an hatte die damals unter britischer Kontrolle stehende tanganjikanische Presse das Nilabkommen kritisiert und über die Existenz eines Geheimplans berichtet, die gesamte Seeprovinz in Nordtanganjika mit dem Wasser des Viktoriasees zu bewässern. Die strenge Geheimhaltung dieses Projekts war darauf zurückzuführen, dass damit das Wasserabkommen von 1929 und somit die britische Nilstrategie hintertrieben wurde. In der Presse wurden aus der Seeprovinz stammende Mitglieder des Tanganyika Legislative Council mit den Worten zitiert: »Wir haben all dieses Seewasser direkt vor unserer Haustür, können aber nichts davon für unsere Haushalte bekommen.« Der Viktoriasee und der Nil seien zwei der bedeutendsten Dinge in Afrika, und äußerst wichtig für Ostafrika, aber wesentlich für Ägypten und den Sudan – »in der Tat entscheidend über Leben und Tod«.[195]

Einige Jahrzehnte später untersuchte die tansanische Regierung, ob es möglich und zweckdienlich wäre, dem See an der Smith-Sound-Bucht Wasser zu entnehmen und es nach Shinyanga und in einige Städte der Region Mwanza zu transportieren. 1999 und 2000 wurde eine neue Untersuchung durchgeführt. Diese kam zu dem Ergebnis, dass das Projekt technisch machbar sei. Als Nächstes ging es um die Finanzierung des Vorhabens, und 2001 ließ der Präsident prüfen, ob das Land dieses Vorhaben aus eigener Kraft realisieren könne. Im Haushalt 2004/05 wurden Mittel für das Projekt bereitgestellt, und die Arbeiten konnten beginnen.

Die Regierung hatte beschlossen, dem See Wasser zu entnehmen und damit die Wassersituation in den relativ trockenen und wasserarmen Landesteilen zu verbessern, wo die meisten Flüsse in der Trockenzeit versiegen und die traditionelle Macht von Regenmachern ein klarer Ausdruck der Unbeständigkeit und Willkür des Niederschlags ist. Aus dem See, der zu 49 Prozent in Tansania liegt, sei viel Wasser zu holen, so die Tansanier. Das Regierungsvorhaben trägt verschiedene Namen – Kahama Water Project, Lake Victoria Project und Shinyanga Project – und wurde im Februar 2004 begonnen. Die Regierung betonte, Tansania könne es selbst finanzieren. Das aus der Smith-Sound-Bucht entnommene Wasser soll über eine 170 Kilometer lange Pipeline in die Städte Kahama und Shinyanga sowie zu 54 Dörfern transportiert werden, wobei außerdem die große regionale Goldindustrie profitieren würde. Das Wasser wird vom See zu den Mabalehügeln gepumpt, wo es in einem Tank gesammelt und von dort aus weitergeleitet wird. In einem ersten Schritt will man 450 000 Menschen mit Wasser in ausreichender Menge und Qualität versorgen. In der nächsten Phase soll die Wasserversorgung auf rund 120 000 Kubikmeter pro Tag anwachsen und bis 2025 rund eine Million Menschen erreichen.

Im September 2010 besuchte der tansanische Präsident Jakaya Kikwete die Region und sprach zu der lokalen Bevölkerung. Er bezeichnete das Projekt als einen Triumph für das Land, und Pressberichten zufolge meldeten sich bei der Gelegenheit Frauen zu Wort, die der Regierung für die Rettung ihrer Ehen dankten: Bislang hätten sie Stunden gehen müssen, um Wasser für den Haushalt zu beschaffen, und dies habe negativen Einfluss auf sie selbst, ihre Familie und ihre Ehe gehabt.

Ägypten argumentierte vom Standpunkt seiner eigenen Interessen aus gegen das Projekt und beharrte darauf, es könne die Wasserführung des Nils flussabwärts negativ beeinflussen. Daher habe Tansania ohne Ägyptens vorheriges Einverständnis kein Recht zur Durchführung des Vorhabens. Dabei verwies Kairo auf die seiner Ansicht nach immer noch verbindliche internationale Rechtsprechung und das Nilabkommen. In der Region wurde Tansanias Entscheidung, das Projekt gegen den Willen der ägyptischen Regierung fortzuführen, als Beleg dafür gesehen, dass das Land sowohl mit Ägypten die Geduld verloren hatte, als auch mit den anderen Ländern die an den offenbar zu nichts führenden Verhandlungen um das Nilwasser beteiligt waren. Währenddessen hob Tansania hervor, dass das aus dem Vorhaben gewonnene Wasser vor allem Privathaushalten zugutekommen und nicht für die Bewässerung landwirtschaftlicher Flächen genutzt werden solle. Aufgrund des somit relativ geringen Wasserverbrauchs werde das Projekt weder den Pegelstand des Sees noch des Nils beeinflussen und somit auch nicht unter das Abkommen von 1929 fallen.

Die Medien sahen schon die Gefahr eines Krieges heraufziehen und prognostizierten, Ägypten werde sich dem Vorhaben um jeden Preis widersetzen. Am Ende jedoch beschränkte sich die Regierung in Kairo auf heftige Protestnoten. Das Land griff also nur zu traditionellen diplomatischen Mitteln, auch wenn seine Sprecher betonten, dass bei allem Willen zum Dialog auch andere Mittel in Erwägung gezogen würden.

Tansanias Vorgehen war historisch: Zum ersten Mal brach ein Land des Oberlaufs direkt und offen mit Ägyptens Vetorecht bei der Kontrolle des Nils. Und wie sich zeigen sollte, hatte Tansania noch ambitioniertere Pläne. Einer davon beinhaltete den Transport von Wasser zum Vembereplateau, und zwar doch für landwirtschaftliche Zwecke. Den Planungen zufolge sollten ungefähr 200 000 Hektar Land bewässert werden. Das Vorhaben war ursprünglich während des Ersten Weltkriegs von deutschen Siedlern ins Spiel gebracht worden, aber Großbritannien und das Abkommen von 1929 schoben diesem Plan damals einen Riegel vor. Nach und nach formulierte Tansanias Führung Pläne für die Entwicklung des Landes, in denen die Nutzung des Nilwassers für die künstliche Bewässerung eine immer wichtigere Rolle einnahm. Präsident Kikwete kündigte 2011 an, die Regierung wolle mehr als fünf Milliarden US-Dollar in entsprechende Anlagen investieren, um die Erträge der Landwirtschaft zu steigern.[196]

Trotz seiner Lage am Rand des Nilbeckens hat Tansania eine entscheidende Rolle bei der Durchsetzung grundlegender Änderungen innerhalb des Nilsystems gespielt. Dies geschah auf eine Weise, die Ägypten immer gefürchtet hatte: Ein eher unbedeutender Nilstaat mit einem eher unbedeutenden Wasserverbrauch setzte einen Prozess in Gang, der die Legitimität der alten kolonialen Abkommen untergrub.

ZU DEN NILQUELLEN IN ZENTRALAFRIKA – RUANDA, DEMOKRATISCHE REPUBLIK KONGO UND BURUNDI

Wo der Fluss spaltet und sammelt

Im Jahre 1994 rief die Regierung von Uganda Teile des Viktoriasees zum Katastrophengebiet aus. Tausende von Leichen trieben dort, wo die Menschen ihr Trinkwasser holten und die Fische schwammen, die sie verzehrten. In Kisumu auf dem zu Kenia gehörigen Seeufer untersagte die Regierung den Verzehr von Fischen, da diese sich von menschlichen Überresten ernährten. Nach Jahrtausenden, in denen der Nil als einträgliche und sagenumwobene Lebensquelle galt, war er zum Symbol von Tod und Verstümmelung geworden. Die Leichen im See waren während des Völkermords in Ruanda in den Fluss geworfen worden – in jenem Land, von dem ein Dorfpriester dort angeblich gesagt hatte, in der Hölle gebe es keine Teufel mehr, sie seien jetzt alle hier. Die vom Fluss angetriebenen Toten machten der Welt nachdrücklich bewusst, dass das kleine, aber dicht besiedelte Ruanda ebenfalls zum Nilbecken gehörte.

An die 80 Prozent des ruandischen Gebiets liegen darin, Ruandas wichtigste Flüsse, der Nyabarongo, der Akanyaru und der Kagera, münden allesamt in den Viktoriasee. Der Nyabarongo fließt träge durch die Landschaft und beschreibt dabei einen weiten Bogen. Der Kagera oder Akgera sammelt in Ostruanda Niederschläge und holt Wasser aus dem Ruvubu, der aus Burundi kommt, und aus dem Nyabarongo. Die Nilzuflüsse in Ruanda wurden nur in geringem Maß für die Bewässerung genutzt, Staudämme zur Energiegewinnung gibt es überhaupt nicht.

Die Nebenflüsse des Nils dienten jedoch als wichtige rituelle Symbole, als politische Waffen, als kulturelle Metaphern und mystische Grenzen. Als die brutalsten Hutu die Tutsi in den Fluss warfen, oftmals enthauptet oder mit auf den Rücken gefesselten Händen, versahen sie diese Taten mit einem Codenamen: Man setze die Tutsi »in einen Bus nach Äthiopien«, dem Land, aus dem sie nach Ansicht der Extremisten gekommen waren. Zugleich handelte es sich dabei um eine Handlung, die in einer tiefen wassermythologischen Tradition verwurzelt war. In der Ideologie der extremistischen Hutu wird der Fluss als Deportationsmittel beschrieben, mit dem die Tutsi nicht nur aus ihrer Heimat, sondern überhaupt aus dieser Welt geschafft werden, was den Tutsi der Überlieferung nach den Eintritt in den Kreislauf des Lebens versperrt.

Nach 1994 hat Ruanda eine bemerkenswerte Verwandlung durchlaufen. Im ersten Jahrzehnt des 21. Jahrhunderts wurde das Land als eines der wichtigsten Symbole für die sogenannte afrikanische Renaissance bezeichnet und teilweise auch anerkannt. Es ist Ruandas erklärtes Ziel, zur afrikanischen Schweiz zu werden. Dieser Ehrgeiz prägt auch die Rolle dieses Landes im Kampf um die Nutzung und Aufteilung des Nilwassers. Im vorkolonialen Ruanda teilte der Nyabarongo der herrschenden religiösen Vorstellung zufolge das Land in zwei geheiligte Hälften. Jetzt soll dieser Fluss stattdessen für ein nationales Projekt ausgebeutet werden, um das Land zu modernisieren und zu einen.

Plastiktüten und Feuerlöscher

Bevor ich die Grenze zwischen Uganda und Ruanda überquerte, war ich mit einem Auto von Kampala aus am Viktoriasee entlanggefahren. Unterwegs wies uns ein Schild darauf hin, dass wir an dieser Stelle den Äquator passierten. Die Regenzeit hatte gerade begonnen, deshalb strömten Flüsse und Bäche in reißendem Tempo zum Binnenmeer hinab. Wenn wir anhielten, geschah das, um dem optimistischen Rauschen von fließendem Wasser zu lauschen, oder um eine üppig grüne, dampfende Nillandschaft zu filmen – der absolute Kontrast zu den trostlosen Wüsten, die der Nil in Ägypten und Nubien durchströmt. Ich war in Kigali mit Präsident Paul Kagame verabredet und außerdem unterwegs zu einer kürzlich entdeckten weiteren Nilquelle in Ruanda, dicht an der Grenze zum unruhigen Kongo.

»Feuerlöscher«, sagt der Fahrer in klangvollem ugandischen Englisch. Ich war mir jedenfalls sicher, er habe Feuerlöscher gesagt, dachte aber, das könne ja wohl nicht stimmen. Ich schaute mich besorgt zur Rückbank um und ließ meinen Blick umherwandern, aber dort brannte doch gar nichts! Der Fahrer wiederholte dieses Wort mehrmals und bestand darauf, dass uns nichts anderes übrig blieb als zu warten. Er müsse das Gerät und ein Schild besorgen, sagte er. Ich war sicher, mich verhört zu haben. »Brauchen wir wirklich einen Feuerlöscher? Und ein Warndreieck?« Doch, er müsse beides bei Bekannten ausleihen, sagte er. Also kaufte ich mir im nächstgelegenen Café eine kalte Cola, setzte mich hin und wartete geduldig auf die Rückkehr des Fahrers. Nach einiger Zeit kehrte er triumphierend zurück, mit einem dreieckigen Schild und einem Feuerlöscher unter dem Arm. Ich war also in einer ugandischen Grenzstadt gestrandet – wegen eines Feuerlöschers. Der Fahrer hatte nur seine Pflicht getan, denn niemand durfte ohne einen Feuerlöscher und ein Warndreieck im Wagen auf ruandischen Straßen unterwegs sein. Und wie sich der ugandische Fahrer ausdrückte: Da kannst du deine Probleme nicht damit lösen, indem du einen Polizisten bestichst. Ich freute mich wirklich auf meinen ersten Besuch in diesem Land.

Der Grenzübergang auf der ugandischen Seite ähnelte all den anderen, an die ich mich in Afrika gewöhnt hatte. Menschenmengen, laute Stimmen, Chaos, verdreckte, stinkende Toiletten. Einmal musste ich mich von drei Männern losreißen, die mich unbedingt zu einem bestimmten Colakiosk begleiten wollten, gegen Provision, nehme ich an. Sie hielten mich buchstäblich wie den Zauberer von Oz fest, bis ich mich auf den Boden setzte und sie anstarrte wie der Dorftrottel, der ich in dieser Menschenmenge war und wie der ich zweifellos auch aussah. Mehr sorgte ich mich allerdings darum, dass mich jemand, aus welchem unerfindlichen Grund auch immer, vor dem Grenzposten in die falsche Warteschlange dirigierte.

Als wir endlich die Grenze zu Ruanda übertraten, kam ich mir vor wie in einer anderen Welt. Die Atmosphäre dort war ganz anders. Entspannt. Geordnet. Hinter dem Schalter ein höflicher Zollbeamter: »Willkommen in Ruanda. Haben Sie irgendwelche Plastiktüten? Wenn ja, dann muss ich die beschlagnahmen.« Die Art, wie Ruanda seine Grenzkontrollen organisiert, hatte anscheinend augenblicklich die gewünschte Wirkung auf alle, die schon mal in Afrika gereist waren und an diesem Tag die Grenze überquerten. In einem Land, in dem Menschen einander mit Buschmessern abgeschlachtet hatten, baten sie uns höflich, unsere Plastiktüten herzugeben? Ich hätte applaudieren mögen, war zugleich aber besorgt: Wie sollte ich in einer solchen Atmosphäre der Zielstrebigkeit und des Verwandlungseifers die Distanz des Beobachters wahren? Andererseits deutete die Ordnung am Grenzposten auch auf eine Kehrseite hin: Westliche Journalisten haben kritisiert, Ruanda entwickele sich seit Kagames Regierungsantritt zu einem Polizeistaat, in dem zahlreiche Menschen von der Armee ermordet worden seien.

Wir setzten uns ins Auto, fuhren schneller als 60 Kilometer pro Stunde (die neue Geschwindigkeitsbegrenzung), dafür mit Feuerlöscher und Warndreieck im Kofferraum, und ich fühlte mich sicherer als jemals zuvor in einem fahrenden Auto. Am Straßenrand und vor den Häusern und Lehmhütten, an denen wir vorbeikamen, lag nicht ein Fetzen Papier herum, und während der Nil sonst vielerorts aussieht wie ein Aufbewahrungsort für Plastikflaschen, war sein hiesiger Nebenfluss ziemlich sauber. Nichts entsprach den Stereotypen über Afrika oder meinen früheren Reiseerfahrungen. Das machte mich etwas misstrauisch. War diese ganze Organisation möglicherweise nur eine oberflächliche Geste, ein absurder Hinweis auf erzwungenen Bürgergeist und das Ergebnis der eisernen Faust eines autoritären Staatsoberhauptes? War es ein perverser Ausdruck von »Imagemanagement«, inszeniert von einem diktatorischen Regime, das die Menschenrechte verletzte? Oder zeigte sich darin ein großes Aufbauprojekt, ein Zivilisierungsplan für dieses leidgeprüfte Land am Nil, das vor gewaltigen Herausforderungen stand? Ruanda gehört schließlich zu den am dichtesten besiedelten Ländern der Welt. Sein Gebiet umfasst etwa 26 000 Quadratkilometer. 1978 lebten dort 191 Menschen pro Quadratkilometer, 2002 waren es schon 326. 2018 wurde die Bevölkerungszahl auf 12,3 Millionen Menschen geschätzt, und 2030 werden in Ruanda vermutlich 25 Millionen leben, also fast 1000 Menschen pro Quadratkilometer. Der Großteil der Bevölkerung ist jünger als 20, und über 80 Prozent dieser Menschen leben in Dörfern.

Kigali ist eine Stadt, deren Name den schlimmsten Zivilisationsbruch der Zeit nach dem Zweiten Weltkrieg symbolisiert. Als in der Nachmittagssonne die Stadt an den Hängen auftauchte, blätterte ich rasch in einigen der Bücher über Ruanda, die ich mir zur Vorbereitung auf meinen Termin mit Kagame zugelegt hatte, während ich zugleich unterschiedliche Reiserouten studierte, die mich durch den tropischen Regenwald zur Nilquelle führen sollten.

Hotel Ruanda und die Straße am Fluss

»Fahren Sie zurück über die Flussstraße. Die ist frei.« Einer der Anführer der Hutumiliz sagt das zu Paul Rusesabagina, dem Manager des Hôtel des Mille Collines in dem weltberühmten Film *Hotel Ruanda*. Paul fährt diese Straße entlang und auf den Nil zu. Es ist neblig. Die Fahrt ist schwierig, so viele Huckel. Der Zuschauer hat einen Verdacht, worüber Paul da in Kigali fährt, und er sieht, wie dieser nach und nach von Unruhe erfüllt wird; die Augen können seine Angst nicht verhehlen. Das Gefühl, dass etwas Schreckliches passiert ist, überträgt sich vom Hotelmanager auf den

Zuschauer, aber man weiß nicht genau, was die Reifen da treffen. Der Wagen hält, und als Paul aussteigt, stolpert er. Und das, worüber er stolpert, sind verstümmelte Tote. Er sieht überall Leichen. Der im Hintergrund träge dahinfließende Nil ist gefüllt mit Toten. Der Fluss wird hier Nyabarongo genannt, er ist auf dem Weg zum Viktoriasee, ohne Eile trägt er die Beweise für das dunkelste Kapitel in Ruandas Geschichte mit sich. Im Radio teilt ein Sprecher mit, dass aus dem See 40 000 Tote geborgen worden sind.

Hotel Ruanda ist ein aufwühlender Film. Er erzählt die Geschichte von Paul Rusesabagina, der als ein ruandischer Oskar Schindler gezeigt wird, ein Hutu, der sich verzweifelt bemüht, seine Familie zu retten, aber auch den Tutsi und den gemäßigten Hutu zu helfen, die die Hutumiliz ausrotten will. Während alle anderen versagen, sogar die Vereinten Nationen, ist Rusesabagina nicht nur der Retter, sondern repräsentiert auch das, was von der Zivilisation inmitten ihres ansonsten vollständigen Zusammenbruchs noch übrig ist. Don Cheadle spielt die Rolle des Hotelmanagers, der besticht, überredet und manipuliert – doch immer mit seinem humanitären Ziel im Blick. Der Film handelt außerdem vom Kommandeur der kleinen UN-Truppe in Ruanda, General Roméo Dallaire, der verzweifelt – und weitgehend vergeblich – versucht, mit seinen schließlich nur noch 270 Soldaten Sicherheitszonen zu schaffen. Später erlitt er einen Nervenzusammenbruch, schied aus der kanadischen Armee aus und versuchte zweimal, sich das Leben zu nehmen.

Der Film trug dazu bei, Kigali eine neue Aura zu geben; nun hängt nicht mehr nur der Schatten der Bestialität über der Stadt, es gibt auch eine Art gnädiges Licht. Wenn man den Film heute sieht, wird seine Mehrdeutigkeit noch verstärkt durch die Tatsache, dass der Hotelmanager und Protagonist zu einem der profiliertesten Gegner von Kagame wurde. Von seinem kanadischen Exil aus hat Rusesabagina einen steten Strom vernichtender Anklagen gegen Kagame und dessen Regime veröffentlicht, in denen er dem Präsidenten Menschenrechtsverletzungen zur Last legt. Rusesabagina behauptete, Ruanda werde von einer kleinen Clique von Tutsi beherrscht und ausgebeutet, während Kagames Anhänger Rusesabagina vorwarfen, sich als Helden aufzuspielen, am Völkermord zu verdienen und die Hutuguerilla gegen das Regime zu unterstützen.

Das Hôtel des Mille Collines liegt nur fünf Minuten zu Fuß von Kigalis moderner Innenstadt entfernt. Es ist umgeben von hohen Bäumen, in denen eine Vielzahl von Vögeln haust, und ein Schwimmbecken dominiert das Gelände. Wenn man heute dort sitzt, an einem jener angenehmen Nachmittage, mit denen Kigali aufgrund des Klimas und seiner Lage auf 900 Metern über dem Meeresspiegel gesegnet ist, wenn man zuschaut, wie Kinder spielen und Erwachsene sich in freundliche Unterhaltungen vertiefen, dann lässt sich kaum begreifen, was sich an diesem Ort zugetragen hat, als das organisierte Böse das Land ergriff und die Resultate seines mörderischen Tuns in die flussab gelegenen Beckenländer exportierte.

Ein Brief vom Ground Zero

»Aber Daddy, aber Daddy?«, fragt der Junge geduldig und mit kindlicher Unschuld. Sein Vater hat sichtlich Schwierigkeiten, die richtigen Worte zu finden – wie soll man einem Kind auch erklären, warum Menschen ihre Nachbarn in Stücke hacken?

Ich stehe in Kigalis Völkermordgedenkstätte. Sie liegt im Bezirk Gisozi und ist ein großes weißes Gebäude, von dem aus sich ein weiter Blick öffnet. Das Gebäude wurde dort errichtet, wo nach Angaben des Museums 250 000 Menschen begraben sind. Hier ist das Jahr 1994 in seinen grausamen Einzelheiten, aber zugleich zurückhaltend und ohne dramatische Effekte dokumentiert. Die nüchterne Darstellung steigert die Wirkung der Ausstellung nur umso mehr. Raum für Raum präsentiert sie Zeugnisse von Hass, Verrat und Barbarei.

Neben mir steht eine kleine ruandische Familie, Mutter, Vater und Sohn. Der Vater liest seinem Sohn langsam den Text auf den Informationstafeln vor. Die Familie in den abgedunkelten, stillen Räumen vor diesen Wandtafeln, die den kollektiven Wahnsinn dokumentieren, versinnbildlicht den Versuch, über Generationen hinweg Erfahrungen zu vermitteln. Es ist ein rührender Versuch angesichts des Abgrunds, der sich zwischen gutem Willen und Versagen auftun kann. Ich merke, dass mir die Tränen kommen, und denke mir: Niemand kann mich jetzt sehen. Ich bin erbärmlich. Ich verstehe nichts, und ich komme von außen. Ich ziehe mein gelbes Notizbuch hervor, gewinne meine Selbstbeherrschung zurück und schreibe weiter den Text der Informationstafeln ab. Eine zentrale Botschaft des Films *Hotel Ruanda* wird von Paul ausgesprochen, der sagt: »Ich habe keine Geschichte. Ich habe keine Erinnerung. Ich bin ein Idiot.« Und doch, frage ich mich hier, umgeben von den vielen Fotos und Dokumenten, die von Wille und Fähigkeit der Menschen zeugen, einander auszurotten: Wäre es nicht besser, das alles zu vergessen? Es aus dem kollektiven Gedächtnis zu tilgen? Einfach weiterzugehen und sich auf die Zukunft zu konzentrieren? Aber die Menschen in Ruanda und die Regierung Kagame haben ihren Entschluss gefasst. Sie wollen nicht vergessen, und sie sagen, sie können es auch nicht.

Die Regierung ist sich zudem der Tatsache bewusst, dass ihre Version der Geschehnisse von 1994 entscheidend dazu beiträgt, ihre Autorität im neuen Ruanda zu legitimieren. Die Berichte über den Völkermord und die Passivität der internationalen Gemeinschaft haben außerhalb des Landes Schuldgefühle erweckt, was es der derzeitigen Regierung in Ruanda leichter macht, sich kritikwürdig zu verhalten, ohne Kritik fürchten zu müssen. Und indem die Regierung aufzeigen kann, wohin ethnischer Hass führt, und indem sie dafür sorgt, dass der Völkermord den Hutuextremisten angelastet wird, kann sie ihre Vision eines modernen Ruanda, in dem keine ethnischen Gruppen mehr existieren oder wenigstens eine Rolle spielen, umso überzeugender propagieren.

Die Länder am Nil teilen eine Geschichte voller spannender sozialer Experimente, die konventionelle Vorstellungen infrage stellen, wie man Dinge regeln soll. In Ruanda, wo die Nebenflüsse des Weißen Nils als Waffen in der von den Hutuextremisten propagierten »Endlösung der Tutsifrage« betrachtet wurden, müssen sich ethnische Gruppen miteinander versöhnen, ohne sich mit der Vergangenheit auszusöhnen.

Was ist Ethnizität?

»Wir sind jetzt alle Ruander.« Die Frau beugt ihren Oberkörper vor und klopft energisch mit dem Zeigefinger auf den Tisch. Etwa 15 Jahre nach dem Völkermord sitze ich mit einigen Ruandern um einen Cafétisch, trinke Kaffee und diskutiere über ruandische Politik. Unsere Gesprächspartnerin ist überaus direkt: Es gebe keine ethnischen Gruppen in Ruanda, es gebe keinen wirklichen Unterschied zwischen Hutu und Tutsi. Die Unterscheidung sei ein Relikt aus der Kolonialzeit. »Wir sind jetzt alle Ruander«, wiederholt sie. Jemand widerspricht, wobei er sich verstohlen umschaut, denn er weiß, dass er jetzt etwas sagt, das in Ruanda nicht mehr salonfähig ist: »Natürlich gibt es immer noch Tutsi und Hutu. Die Belgier haben diese Kategorien zwar instrumentalisiert und verstärkt, aber nicht erfunden. Allerdings kann auch ich keinen Unterschied zwischen uns sehen.«

Die Frage, was Ethnizität ist, wie ethnisches Bewusstsein entsteht und wie es sich selbst rechtfertigt, wurde in unzähligen Studien behandelt, und viele dieser Untersuchungen beziehen dabei Beispiele aus den Ländern am Nil ein. Das liegt auf der Hand, denn im Nilbecken leben Hunderte ethnischer Gruppen mit sehr unterschiedlichen Sprachen und kulturellen Traditionen. Viele davon haben innerhalb des variationsreichen Ökosystems des Nils ihre spezifischen Nischen besetzt, während andere Gruppen darum kämpfen, auf dieselben Ressourcen und Territorien Zugriff zu erhalten. Die umfangreiche und einflussreiche Forschungstradition, die sich dem Thema Ethnizität widmet, wurde von europäischen Kolonialmächten gefördert und finanziert. In allen Ländern entlang des Nils beauftragten die Kolonialverwaltungen prominente Ethnologen damit, einheimische Gesellschaften und deren kulturelle Traditionen zu untersuchen. In dieser Zeit wurden auch grundlegende Konzepte über Tribalismus und Ethnizität formuliert, und es wurde wegweisendes Datenmaterial gesammelt. Studien zum Thema Ethnizität haben sich zumeist auf die Nilanrainer konzentriert, weil das Konfliktniveau zwischen manchen ethnischen Gruppen hoch war und die entsprechenden Konflikte nicht selten blutig verliefen. Tausende von Büchern und Zehntausende von Artikeln wurden über die Nuer und die Azande geschrieben, über die Massai und die Kikuyu, die Amhana und die Oromo, die Baganda und die Lango – und nicht zuletzt über die Hutu und die Tutsi.

Wenige politische Fragen werden auf die Dauer wichtiger für die Zukunft des Nils sein als die, wie diese Staaten mit den Herausforderungen umzugehen gedenken, die sich aus dem Spannungsverhältnis zwischen Ethnizität, kulturellem Pluralismus und nationaler Einheit ergeben. Jeder Staat hat unterschiedliche Wege eingeschlagen, und in jedem Staat hat sich im Laufe der Zeit radikal verändert, wie man mit dem »ethnischen Problem« umgeht. So wurde in Äthiopien nach 1995 eine neue Verwaltungsstruktur eingeführt: Während die Regierung zuvor gegen ethnische Organisationen vorgegangen war, beschloss Premierminister Meles Zenawi, die unterschiedlichen ethnischen Gruppen »ihre« Regionen regieren zu lassen. Sie wurden ermutigt, ihre sprachliche und kulturelle Eigenständigkeit zu entwickelen, solange sich dies nicht gegen die Integrität des äthiopischen Staates richtete. In Ruanda, wo Völkermord und Bürgerkrieg erst kurz zuvor beendet worden waren, erließ die Regierung Kagame zur selben Zeit hingegen das erwähnte Verbot, die Existenz ethnischer Gruppen auch nur zu thematisieren. Das müsse so sein, erklärte die Regierung, denn nur eine solche Politik könne den Konflikten ein Ende setzen, die das Land mehrfach in einen Bürgerkrieg gestürzt hatten.

Allgemeine Theorien und Aussagen über Ethnizität müssen deshalb

Was ist Ethnizität?

auch berücksichtigen, welch unterschiedliche Ausformungen Ethnizität im Nilbecken angenommen hat und wie damit jeweils umgegangen wurde. Seit Kenia, Uganda, der Sudan, Ruanda und Burundi zwischen 1990 und 2010 von blutigen ethnischen Konflikten erschüttert wurden, ist es unmöglich geworden, über diese Regionen zu sprechen, ohne sie durch einen »ethnischen Filter« zu sehen. Das Konzept der Ethnizität war jahrzehntelang aus der öffentlichen Diskussion vollständig verschwunden – noch um die Mitte der 1980er Jahre durfte es im offiziellen westlichen Diskurs über die Herausforderungen in Afrika nicht verwendet werden. Nun ist es zu einer dominanten, geradezu alles beherrschenden Kategorie geworden, mit der die Entwicklungen auf dem Kontinent interpretiert werden.

Wenn man am Nil entlangreist, wird man immer wieder auf neue ethnische Gruppen mit ihren unterschiedlichen Sprachen stoßen, und oft ist man mit dem Hass und den Vorurteilen konfrontiert, die sie einander entgegenbringen. Wenn man erst erkannt hat, wie viele der Konflikte in der Region von ethnischen Auseinandersetzungen geprägt waren und sind, werden wenige Fragen dringlicher als die, wie sich eine gemeinsam empfundene Ethnizität schaffen lässt. Was bildet den Ausgangspunkt für die Beschreibung von Menschen als Teil einer ethnischen Gruppe?

Was genau macht eigentlich Hutu oder Tutsi aus? Die Ruander hier am Cafétisch können den Unterschied zwischen einem Hutu und einem Tutsi kaum erkennen oder hören, und selbst die Hutuextremisten mussten sich Ausweise vorlegen lassen, um ihre Opfer zu bestimmen. Darin ist auch die große Gemeinsamkeit zwischen Ruanda und Burundi zu finden: In beiden Ländern führen Bevölkerungsgruppen eine Koexistenz, zwischen denen nur minimale greifbare Unterschiede bestehen, die aber dennoch auf eine Geschichte voller blutiger Zusammenstöße zurückblicken. Historiker und andere Forscher betonen, dass beide Gruppen dieselbe Sprache sprechen, oft genug untereinander geheiratet haben (zumindest zeitweise) und viele kulturelle Gemeinsamkeiten aufweisen. Die kolonialen Machthaber beschrieben die Tutsi als groß und schlank und die Hutu als kleiner und untersetzt, in der Realität ist es aber oft unmöglich, jemandem aufgrund der Erscheinung anzusehen, welcher der beiden Gruppen er angehört. Die Unterschiede machten sich in der Vergangenheit wesentlich an den jeweiligen Lebensweisen fest, wobei jedoch selbst die Faustregel, wonach die Hutu Ackerbauern waren und die Tutsi Viehzüchter, neueren Forschungen zufolge zu einfach ist.

Eine Theorie beschreibt Ethnizität als eine Identität, die von Akteuren in Transaktionen zwischen profitmaximierenden Individuen angenommen wird. Einfacher, wenn auch weniger präzise ausgedrückt: In Interaktionen zwischen Individuen, die jeweils eigene Interessen verfolgen, geht es um die Frage, ob sich ethnische Verbindungen in bestimmten Situationen bezahlt machen. Es kann kaum einen Zweifel daran geben, dass Ethnizität in unterschiedlichen Situationen mehr oder weniger relevant ist, aber die Frage bleibt: Kann diese Theorie auch die gewaltigen Emotionen erklären, die ethnische Konflikte in der Geschichte der Nilländer auslösen und freisetzen? Es geht hier um Konflikte, die die Legitimität des Staates an sich gefährden und die bewusst versuchen, die Einheit zu unterminieren, auf der dieser Staat gegründet wurde. Mit anderen Worten: Lassen sich die Massaker an Tutsi und Hutu auf einen Kampf zwischen Identitäten reduzieren, die in Situationen entstehen oder an Bedeutung gewinnen, in denen es um Transaktionen geht?

Um die Geschichte der Nilländer und das dort existierende Problem der Ethnizität zu erklären, muss man meiner Ansicht nach den Hass einbeziehen, der sich in unterschiedlichen Situationen immer wieder manifestiert. Hass ist ein Wert, den Mörder vertreten – auch wenn es ein durch und durch perverser »Wert« ist. Er wird gespeist aus Erzählungen über kollektive Erfahrungen oder durch ein spezifisches historisches Narrativ. Hass versucht, den anderen auszulöschen. Es geht dabei eher um Rache, nicht um Glück. Einem Menschen, der hasst, ist es egal, wie sich seine Handlungen für ihn selbst auswirken; es geht um etwas viel Grundlegenderes als um den Gewinn, der sich aus einem Transaktionsprozess ergibt. Es geht um Überzeugungen und Gewissheiten. Sie existieren unabhängig von den spezifischen Transaktionen, an denen sich Menschen beteiligen, werden durch diese aber unzweifelhaft verstärkt oder geschwächt. Beim Blutbad in Ruanda ging es um viel grundsätzlichere Fragen als darum, »Unterschiede zu schaffen« oder eine Identität zu stärken – es ging um etwas durch und durch Materielles, aber auch Kulturelles.

Diese Darstellungsweise mag verkürzt wirken; sie nähert sich dem Problem, wie die Ethnizität erforscht werden kann, auf eine antiintellektuelle Weise, während sie doch zugleich Ethnizität als Problem intellektualisiert. Aber Theorien über Ethnizität, die auf dem Konzept von Zugehörigkeit als »Freifahrschein« beruhen, werden die Geschehnisse in Ruanda schwerlich erklären können. Diese ahistorische Herangehensweise an Ethnizität wird indes verständlich, wenn man ihren historischen Kontext betrachtet: Sie ist geprägt von Vorstellungen der 1950er und 1960er Jahre, als Ethnizität, wie Religion, als vorübergehende Laune betrachtet wurde, als Gefühl, das der gesellschaftliche Entwicklungsprozess und die Modernisierung auf den Schrotthaufen der Geschichte verbannen würden. Ethnizität und ethnische Mobilisierung galten als Randphänomene, die von der Entwicklung immer weiter beiseitegeschoben würden und nur in bestimmten sozialen Situationen wieder auftauchen könnten.

Inzwischen hat es sich ein ums andere Mal gezeigt, dass es Ethnizität tatsächlich gibt und sie relativ (wenngleich nicht vollständig) unabhängig ist von dem Kontext, in dem sie sich äußert. Obwohl sie aber einen historischen Hintergrund hat, darf sie deshalb nicht als etwas Grundlegendes und Unveränderliches betrachtet werden. Innerhalb einer Gesellschaft werden Vorstellungen über den ethnischen Hintergrund oder die Eigenschaften gewisser Gruppen kontinuierlich im Licht neuer Erfahrungen neu interpretiert werden – mit anderen Worten: Ethnizität ist dynamisch. Ethnische Identität ist deshalb auch ein Narrativ über einen Lebenslauf. Sie ist eine Geschichte, die sich immer wieder entwickelt, die sich verzweigt und wächst, die aber an einer speziellen Kontinuität aus einer kollektiv definierten Vergangenheit festhält. In der ethnischen Identität verschmelzen grundlegende Unterschiede, die durch zahllose Geschichten über ihren Hintergrund und ihren Wert historisch definiert werden. Und es sind diese Unterschiede und Geschichten, die sich durch bestimmte soziale Transaktionen zwischen Einzelpersonen und Gruppen verstärken.

Aber damit nicht genug. Wie erklärt sich beispielsweise, dass Tutsi und Hutu in den Zwillingsländern Ruanda und Burundi so unterschiedliche Beziehungen zueinander pflegen? Offensichtlich sind die Massaker in Ruanda nicht auf einen bestimmten Grad an ethnischem Bewusstsein oder auf gesellschaftliche Transaktionsprozesse zurückzuführen. Auch die gesellschaftliche Organisation muss analysiert werden. Das Ausmaß an ethnischer Gewalt kann ebenso durch soziale Strukturen bedingt sein wie durch bewusst wahrgenommene kulturelle Unterschiede.

Die beiden Länder waren zu der Zeit, als die Tutsi dort jeweils einwanderten, unterschiedlich verfasst. Das beeinflusste, wie sie sich in der Region ansiedelten und welche Rolle sie in der Aufnahmegesellschaft einnahmen. Dadurch veränderten sie sowohl die Beziehungen zwischen den Gruppen als auch das Erleben dieser Beziehungen und das entsprechende Verhalten. In Burundi lebten die meisten Tutsi in einer bestimmten Gegend, die Bututsi genannt wurde. Dort machten sie zwischen 80 und 85 Prozent der Bevölkerung aus. In den meisten anderen Gegenden von Burundi sind dagegen nur wenige Tutsi zu finden. In Ruanda waren die Siedlungen der Tutsi dagegen über das ganze Land verstreut, mit Ausnahme des nördlichen Landesteils, wo nur vereinzelt Tutsi lebten. In der

Praxis bestand somit in Ruanda ein strenges Kastensystem, bei dem eine Minderheit von Tutsi über eine Bevölkerungsmehrheit herrschte, die den Hutu angehörte. Burundis Besiedlungsmuster sorgte hingegen für eine größere Flexibilität im Rahmen des Kastensystems. Solche Unterschiede in externen, nichtethnischen Beziehungen erwiesen sich als entscheidend für den Umgang beider Länder mit Ethnizität.

Der Politikwissenschaftler Samuel Huntington hat die These aufgestellt, dass sich eine Gesellschaft umso langsamer politisch mobilisieren lässt, je stärker sie aufgefächert ist und je komplizierter ihre soziale Struktur ist. Durch die Unterschiede zwischen Klassen und Berufsgruppen sowie zwischen Stadt und Land sind dann die Arenen des gesellschaftlichen Lebens kaum miteinander verbunden. Darum werden in solchen Gesellschaften in der Regel nur einzelne Gruppen durch politische Bewegungen erfasst. Überwiegend homogene Gesellschaften oder Gesellschaften mit sehr schlichten Strukturen (die beispielsweise lediglich durch die Aufteilung zwischen einer Oligarchie, die alles besitzt, und Bauern, die nichts haben, gegliedert sind) oder Gesellschaften, die vertikal in klar definierte ethnische oder lokale Gruppen aufgeteilt sind, sind dagegen anfälliger für Entwicklungen, bei denen große Teile der Bevölkerung rasch mobilisiert werden.

Der Völkermord in Ruanda gilt als der »effektivste« Genozid aller Zeiten – angeblich wurde innerhalb von drei Monaten eine Million Menschen ermordet. Einiges daran, wie diese Morde durchgeführt wurden, weist auf ein kosmologisches Weltbild hin, das mit einer traditionellen, wirkmächtigen Regenmacherideologie zusammenhängt.[197] Viele der Opfer wurden extremen Gewalttaten unterworfen, zu denen auch Kastration und genitale Verstümmelung gehörten. In der ruandischen Überlieferung war der König ein Regenmacher, der den Strom lebenswichtiger Kräfte lenkte. Im Rahmen dieser Ideologie kann der König seinen Thron verlieren oder getötet werden, wenn er lebenswichtige Kräfte wie Regen und Fruchtbarkeit nicht zum Besten seines Volkes kontrolliert und verteilt. In der Propaganda der extremistischen Hutu wurden die gesellschaftlich dominierenden Tutsi beschuldigt, die kosmischen und lebenswichtigen Kräfte im Land zu blockieren und damit den Fortbestand der Gesellschaft insgesamt zu gefährden. Gemäß der Logik, dass der König in solchen Fällen getötet werden darf, gerieten die Tutsi aufgrund der ihnen zugeschriebenen destruktiven Rolle, in der sie angeblich den Strom des lebenswichtigen Wassers und anderer Lebenskräfte aufhielten, in das Fadenkreuz der Extremisten. Diese Kosmologie bildete eine stärkere historische Grundlage als die Frage der Ethnizität; hier flossen mehrere unterschiedliche Ideologien und Überzeugungen zusammen, was letztlich zum zivilisatorischen Zusammenbruch führte.

Es erfordert einen ungewöhnlich starken Willen, Sendungsbewusstsein und staatsmännisches Geschick, eine solche Gesellschaft auf einen Kurs zu lenken, der zu Entwicklung, Demokratie und Stabilität führt. Immer wieder wird versucht, deren Schwächen und innere Widersprüche auszunutzen, die oft in ethnische Begriffe gefasst sind. Wer diesen Kontext ignoriert, wird sehr leicht in arrogantes Moralisieren verfallen, wenn er die Rolle des in Nilländern regierenden Staatsoberhauptes zu beschreiben versucht. Denn nichts ist einfacher oder befriedigender, als andere für die Verletzung von Werten zu verdammen, die man selbst für allgemeingültig oder gottgegeben hält. Vor allem beim Versuch, die historische Entwicklung des Nilbeckens zu verstehen, klafft ein gewaltiger analytischer Abgrund zwischen Kulturrelativismus und ahistorischem Universalismus. Dieses Buch will nicht zuletzt zeigen, dass Geschichte am besten rekonstruiert und die Gegenwart am besten eingeschätzt werden kann, wenn man sich von Ort zu Ort innerhalb des durch das einigende Element des Nilbeckens definierten Bereichs bewegt.

Eine Metamorphose

In den anderthalb Jahrzehnten nach dem Völkermord hat Ruanda eine bemerkenswerte Entwicklung durchlaufen. Der Besuch der staatlichen Grundschulen ist kostenfrei, die staatliche Gesundheitsfürsorge für alle zugänglich. Schon 2010 verfügte ein Viertel der Ruander über ein Mobiltelefon, der Staat hatte 2300 Kilometer Glasfaserkabel verlegt, um den Zugang zum Internet zu erleichtern. In Kigali konnte man bereits zu diesem Zeitpunkt per Mobiltelefon Geld überweisen, und Bauern konnten sich durch einen Messengerdienst namens eSoko (E-Markt) über aktuelle Marktpreise informieren. Auch Busfahrkarten ließen sich schon über ein Smartcardsystem namens Twende beziehen. Im Parlament stellten Frauen die Mehrheit der Abgeordneten, und man konnte davon ausgehen, das sagten jedenfalls meine Gewährsleute, dass Beamte morgens pünktlich zu Beginn des Arbeitstags an ihrem Platz erschienen.

Auch wenn viele Unterstützer dieses Landes es bei der Lobpreisung dieser Leistungen etwas übertreiben, so ist festzustellen, dass Ruandas Wirtschaft in den vergangenen Jahrzehnten so stark gewachsen ist wie in keinem anderen Land der Welt. Bisweilen ist sogar die Rede vom »ruandischen Modell« als Parallele zum »asiatischen Tiger«. Denn Ruanda ist ein rohstoffarmes Land, das dennoch mit erstaunlicher Schnelligkeit in einem Bereich nach dem anderen in das Zeitalter der Moderne eingetreten ist. Das Bruttosozialprodukt hat sich vervielfacht. Die meisten Beobachter werden der Einschätzung zustimmen, dass dies vor allem der Vision eines Einzigen zu verdanken ist: des zum Präsidenten aufgestiegenen ehemaligen Generals Paul Kagame.

Trotz der unter seiner Präsidentschaft erzielten Fortschritte ist Kagame weiterhin umstritten. Schweden und die Niederlande zum Beispiel stellten um 2010 jegliche Hilfe für Ruanda ein, weil sie die Politik seiner Regierung als antidemokratisch bezeichneten. Die internationale Nichtregierungsorganisation Reporter ohne Grenzen verlangte von der EU, die Präsidentschaftswahlen in Ruanda nicht finanziell zu unterstützen, weil Kagame Zeitungen verboten, Journalisten ins Gefängnis gesteckt und die Opposition unter dem Vorwand zum Schweigen gebracht habe, sie rufe zu ethnischem Hass auf und leugne den Genozid. Inzwischen haben Schweden und die Niederlanden ihre Entwicklungshilfe für Ruanda wieder aufgenommen, und eine Art unabhängige Medienkommission im Land hat der Presse Berichte über die Lage vorgelegt, in denen die Liberalisierung fast schon gelobt wird.[198] Reporter ohne Grenzen nennt Kagame jedoch weiterhin einen »Zerstörer der Pressefreiheit« und behauptet, die Informationsfreiheit werde seit Jahren immer weiter eingeschränkt.

Andererseits ist Kagame mehrfach mit Preisen ausgezeichnet worden und wurde als Retter Ruandas und Vorbild für andere afrikanische Politiker beschrieben; die USA und Großbritannien hatten ihn bereits vor seinem Machtantritt unterstützt. Kagame und seine Regierung argumentieren, die ruandische Bevölkerung könne nicht über Nacht erzogen werden: Es sei zum Nutzen aller, jeglichen Versuch zu unterbinden, die Politik zu ethnisieren, folglich müsse man die Pressefreiheit begrenzen und könne sie nur langsam erweitern.

Nach einem kurzen Spaziergang vom Hotel durch einen gepflegten Park und nachdem ich höflich durch die wenigen Sicherheitskontrollen geleitet worden bin, stehe ich in dem schlicht eingerichteten Raum, in dem ich den Präsidenten treffen werde. Ich weiß, dass der Mann, der mir gegenüberstehen wird, nicht der Heilige ist, für den ihn seine Anhänger ausgeben. Er war in Uganda der Sicherheitschef von Musevenis Guerilla, ist erbarmungslos gegen seine Gegner vorgegangen, und die von ihm angeführte Miliz hat während des Krieges in Ruanda Unschuldige hingemetzelt.

Eine Metamorphose 427

Der ruandische Präsident Paul Kagame, hier während der Münchner Sicherheitskonferenz 2017, gilt als Initiator für den Aufschwung seines Landes, ihm wird aber auch eine antidemokratische Politik vorgeworfen.

Der Präsident betritt den Raum – ein hochgewachsener, dünner Mann, der den Gast aufmerksam und mit festem, aber bescheidenem Handschlag begrüßt. Ohne Zeit für Höflichkeitsfloskeln zu verschwenden, nimmt er in einem schlichten Holzsessel Platz und bleibt, leicht zurückgelehnt, während der knappen Stunde, die unser Gespräch dauert, in dieser unbequemen Haltung sitzen. Kagame drückt sich präzise und offen aus. Er schildert mir Ruandas überaus ehrgeizige Ziele für die Zukunft, die in den Zeitungen und auf öffentlichen Veranstaltungen überall im Land diskutiert werden. Es gehe darum, eine Wiederholung des Völkermords unmöglich zu machen – vermeintliche Bagatellen, wie das Verbot von Plastiktüten, stellte er dabei als kleine Schritte einer viel weiter gefassten Entwicklungsstrategie dar. Zentral seien Selbstversorgung und Selbstvertrauen und die Überzeugung, dass man positive Änderungen bewirken könne, ohne auf Hilfe von außen zu warten. Der Präsident lässt auch keine Zweifel an der Tatsache, dass Ruanda den Nil zu Bewässerung und Energiegewinnung nutzen müsse, wenn sich das Land noch weiterentwickeln soll. Auch er lehnt das Nilabkommen von 1929 ab, es sei einfach veraltet, allerdings betont er, dass alle Länder zusammenarbeiten müssten, um den Fluss auf die bestmögliche Weise zu bewirtschaften.

Nach unserem Gespräch bin ich, ehrlich gesagt, beeindruckt, und ich habe den unauslöschlichen Eindruck, dass Paul Kagames Visionen weit über Eigeninteresse oder Chauvinismus hinausgehen. Zugleich aber ist mir bewusst, dass nichts irreführender sein kann als ein solcher Eindruck.

Die Geschichte hat ihm nicht viel an Unterstützung oder Ermutigung geschenkt; wenn er Erfolg haben will, muss er das Land deshalb auf neue Wege leiten. Als Ruanda 1962 seine Unabhängigkeit erlangte, übernahm die Elite der Hutu im Land die Macht, da diese Ethnie die Bevölkerungsmehrheit stellte. Die Regierung war korrupt und unfähig, erwies sich aber als nützlicher Verbündeter für die belgischen Firmen; diese hatten ihre Tätigkeit auch nach der Unabhängigkeit fortsetzen können, da die westlichen Mächte nach dem Zusammenbruch des Kolonialsystems innerhalb der afrikanischen Ordnung weiterhin eine wichtige Rolle spielten. Schließlich übernahm Frankreich die Verantwortung – so wurde das damals ausgedrückt – für die ehemaligen Kolonien Ruanda und Burundi. Die Elite der Hutu in Ruanda hielt sich mit militärischer Unterstützung aus Paris und mit gegen die Tutsi gerichteter Demagogie an der Macht. Die ethnischen Spannungen gipfelten schon kurz nach der Unabhängigkeit in einem gegen die Tutsi gerichteten Pogrom. Viele flohen in die Nachbarländer, vor allem nach Uganda.

1987 wurde dort die von den Tutsi dominierte Guerillaorganisation Ruandische Patriotische Front (Front patriotique rwandais – FPR) gegründet. 1990 fiel die FPR in Ruanda ein, um die Macht an sich zu reißen, und griff Regierungstruppen an. Viele Angehörige der FPR, unter ihnen Kagame, hatten 1986 geholfen, Museveni in Kampala an die Macht zu bringen, nun unterstützte der ugandische Präsident die FPR gegen die Regierung in Kigali. Die Führung in Uganda wurde wiederum von den USA unterstützt, die nach Ende des Kalten Krieges Frankreichs Position in Zentralafrika schwächen wollten, um auf die dortigen Bodenschätze zugreifen zu können. Als die FPR von ihren in Uganda gelegenen Stützpunkten aus Ruanda überfiel, nutzten die USA das somit aus, um ihre eigene Position in der Region zu stärken. Der erste Angriff wurde von ruandischen Regierungstruppen zurückgeworfen, weshalb Kagame unmittelbar aus den USA zurückkehrte, wo er eine militärische Ausbildung

Eine Metamorphose

erhalten hatte, um sich an die Spitze der FPR-Truppen zu stellen. Er reorganisierte die FPR, erhielt von der ugandischen Führung militärische Ausrüstung und startete 1993 einen weiteren Angriff.

Natürlich schaltete sich Frankreich ein, um den Status quo zu verteidigen. Paris unterstützte die von Hutu dominierte Regierung und deren Parteigänger. Ein Sieg der FPR über die Regierung von Ruanda galt als Bedrohung für den französischen Einfluss in der Region. Paris ließ daraufhin Fallschirmjäger einfliegen, um die ruandische Armee zu verstärken. Nicht nur die herrschende Elite, auch viele einfache Hutu fürchteten das Vorrücken der FPR. Ihre Horrorvorstellung war eine Rückkehr zum alten Zustand einer Herrschaft der Tutsi. Viele erinnerten sich an die brutalen Überfälle der Tutsi auf die Hutu in Burundi; Ähnliches hatte es früher auch in der Geschichte Ruandas gegeben. Je weiter Kagames Truppen auf die Regierungssoldaten vorrückten und je stärker sie die Macht der ruandischen Regierung gefährdeten, desto stärker wurde die Bevölkerungsgruppe der Hutu mobilisiert. Zwar schlossen Regierung und FPR schließlich einen Waffenstillstand. Die erstarkten Aufständischen jedoch, die sich auf die Hilfe aus Uganda, den USA und Großbritannien stützen konnten, hatten kein Interesse daran, auf halber Strecke innezuhalten, da der Sieg zum Greifen nahe schien.

Der Auslöser für den nun beginnenden Völkermord war der Abschuss des Flugzeugs, in dem am 6. April 1994 Juvénal Habyarimana und Cyprien Ntaryamira unterwegs waren, die Präsidenten Ruandas und Burundis. Beide waren Hutu und kamen bei dem Anschlag zusammen mit sieben weiteren Passagieren und drei Besatzungsmitgliedern ums Leben. Es konnte niemals eindeutig geklärt werden, was damals genau passierte und wer den Abschuss durchführte. Die Opposition in Ruanda vertritt die Ansicht, dass Kagames Truppen verantwortlich waren und damit auch einen Großteil der Verantwortung für das folgende Blutbad tragen. Kagame weist diese Vorwürfe als leere, verleumderische Behauptungen zurück. Mit dem Tod der beiden Präsidenten war auch der Waffenstillstand hinfällig, die Feindseligkeiten zwischen FPR und Regierungstruppen flammten wieder auf. Bereits 30 Minuten nach dem Abschuss begannen Extremisten der Hutu, prominente Tutsi und Befürworter eines Friedensabkommens mit der FPR zu ermorden, wenige Tage später wurden in ganz Ruanda Massaker an den Tutsi verübt. Die Medien betrieben massive, gegen die Tutsi gerichtete Agitation, und im ganzen Land bewaffneten sich Hutu-Chauvinisten. Angeblich bestanden bereits Pläne, »den Feind« zu eliminieren, also sämtliche Tutsi und alle Hutu, die sich dem chauvinistischen Programm nicht anschließen wollten. Nachdem extremistische Hutu Hunderttausende ermordet hatten, marschierte die von Tutsi dominierte FPR in Kigali ein, und Paul Kagame wurde Präsident.

Angesichts der erwähnten Umgestaltung des Landes unter Kagame wird ein anderes Element seiner Politik häufig übersehen – die Anglisierung Ruandas. Diese nach 1994 durchgeführte Politik ist allerdings wichtig, wenn wir die komplexe Großmachtpolitik in der Region verstehen wollen. Frankreich wurde die Unterstützung der für den Genozid Verantwortlichen zur Last gelegt, und nachdem ein französischer Richter erklärt hatte, Kagame wegen seiner mutmaßlichen Rolle bei dem Abschuss der Präsidentenmaschine vor Gericht stellen zu wollen, wurden die diplomatischen Beziehungen zwischen Kigali und Paris sogar vorübergehend eingestellt. Stattdessen erhielt Kagame weiterhin von den USA finanzielle, politische und moralische Unterstützung. Nach seinem Rücktritt als britischer Premierminister wurde Tony Blair 2007 offiziell zu Kagames Berater ernannt. Seit 2008 ist Englisch von der Grundschule bis zur Universität die einzige Unterrichtssprache in Ruanda, während noch wenige Jahre zuvor Französisch die dominierende Sprache gewesen war.

Frankreich war im Spiel der Großmächte im Nilbecken wieder einmal zu einem ziemlich belanglosen Mitspieler geworden.

Aber so, wie Londons geräuschvolle Kampagnen gegen Jean-Baptiste Marchand in Faschoda 1898 vor allem ein großes Ablenkungsmanöver gewesen waren, um von Interessen des Empire in der Region abzulenken, ist für die Großmächte nicht so sehr von Bedeutung, welche Sprache in Ruanda verwendet wird, sondern zu welchen Naturreichtümern und Bodenschätzen die Beteiligten durch eine Allianz mit Kigali Zugang erhalten können. Es ist allgemein bekannt, dass die Diamanten und das etwa für Smartphones benötigte Coltan, die in der Demokratischen Republik Kongo unter häufig menschenunwürdigen Bedingungen gefördert werden, ihren Weg durch Ruanda nehmen.

Ruandas relativer Erfolg kann sich für Kagame paradoxerweise zu einem großen Problem entwickeln, denn je mehr sich das Land entwickelt und je stabiler es wirkt, umso stärker und energischer wird verlangt werden, dass es sich wie eine etablierte, erfahrene Demokratie aufführt. Die Frage ist, ob Kagame und seine Regierung nicht nur den Staat, sondern auch eine neue Form von Nationalbewusstsein entwickeln können, um die Gesellschaft gewissermaßen von ihrer Geschichte zu befreien. Ein vernünftiger Umgang mit der Nilfrage kann diese Entwicklung befördern, ein Nationalgefühl erschaffen, das die ethnischen Barrieren überschreitet, und zu einer treibenden Kraft in anderen Bereichen regionaler Zusammenarbeit werden, die für dieses kleine Land ganz oben am Nil und fern des Meeres von lebenswichtiger Bedeutung sind.

Ein amerikanischer Pastor an der Quelle des Nils

Die USA und Großbritannien hatten in diesem stromaufwärts gelegenen Land immer stärkere Positionen erlangt, und dies auf ganz verschiedenen Wegen.

Als Barack Obama als Präsident vereidigt wurde, bestimmte er den umstrittenen evangelikalen Pastor Rick Warren dazu, den religiösen Teil der Zeremonie zu leiten. Der Pastor, der als Obamas Freund und Gebetspartner beschrieben wird, erklärte einmal im Gespräch mit Larry King in dessen Late-Night-Show, seine Agenda umfasse zwei Punkte: das spirituelle Klima der USA in einer Ära des Niedergangs – und Ruanda.

Wer also ist dieser Rick Warren, der Ruanda zu einer Angelegenheit von großem persönlichen Interesse erklärte und nicht nur an der Vereidigung Obamas teilnahm, sondern auch an der Kagames? 1980 gründete Warren die Saddleback Church, die später zur achtgrößten konfessionellen Vereinigung der USA wurde, und veröffentlichte 2002 den Bestseller *Leben mit Vision*. Obama sprach 2006 in seiner Kirche, Hillary Clinton tat dies 2007. Warren durfte vor den Vereinten Nationen sprechen, beim Weltwirtschaftsforum in Davos und an der Harvard University. Von 2005 bis 2006 war er ein designiertes Mitglied des Council of Foreign Relations und wurde 2005 vom *US News and World Report* als einer von »America's Top 25 Leaders« bezeichnet. Das *Time Magazin* kürte ihn 2004 zu einer der 15 weltweit wichtigsten Führungspersönlichkeiten und 2005 zu einem der 100 einflussreichsten Menschen der Welt. *Newsweek* rechnete ihn 2006 zu den 15 Leuten, »die Amerika großartig machen«.

Die offizielle Geschichte darüber, was Warren mit Ruanda verbindet, lautet folgendermaßen: Präsident Kagame besuchte einen Mann namens Joe Ritchie in Chicago. Dort entdeckte er Warrens Buch im Regal und fragte, ob er es sich ausleihen könne. Kurz danach erhielt Warren einen Brief von Kagame, in dem der Präsident den Pastor bat, in sein Land zu kommen und beim Wiederaufbau zu helfen. Er halte Warren für zukunftsorientiert und pragmatisch, erklärte Kagame, und diese Eigenschaften benötige Ruanda dringend. Es mag dahingestellt sein, ob die Geschichte der Wahrheit entspricht, fest steht jedoch, dass Warrens enge Verbindung zu

Kagame in die übergeordnete US-Strategie für die Region hineinpasste – vielleicht sogar zu gut, um als rein zufällig betrachtet zu werden.

Als Kagame seinen Brief abschickte, war Warren bereits ein berühmter und mächtiger Mann. Es handelte sich bei ihm also keineswegs um einen unbedeutenden Pastor, der seine Bemühungen auf Ruanda zu konzentrieren gedachte. Seit über 50 Jahren hatte Warren daran gearbeitet, ein weitreichendes internationales Netzwerk aus christlichen Freiwilligen aufzubauen, die in der Lage sein sollten, rund um die Welt Hilfsbedürftigen beizustehen. Ruanda war Modell und Versuchsrahmen für diese Strategie. Offenbar ermutigte der Pastor mehr als 2000 Mitglieder seiner Saddleback Church, in kleinen Gruppen nach Ruanda zu gehen, um dort in Kooperation mit 600 ruandischen Kirchen eine nationale Strategie umzusetzen. Geschäftsleute und Mitglieder des ruandischen Parlaments waren ebenfalls daran beteiligt.

Warren begann seine Arbeit in Ruanda im Jahr 2005 und besuchte das Land in den folgenden drei Jahren etwa zehn Mal. Er habe Pläne für ein langfristiges Engagement in dem Land, sagte Warren, und unterrichte Pastoren, damit sie auch Gesundheitsfürsorge anbieten konnten. Im Juli 2008 hatten 200 ruandische Geistliche ein dreijähriges, von Warren und seinen Mitstreitern erarbeitetes Programm absolviert.[199] Die Abschlussfeier fand in einem Stadion mit 20 000 Gästen statt, Warren hielt die Predigt: Gott habe keine Menschen erschaffen, die keine Visionen haben – die nicht »zielgesteuert« seien. Warrens Mentor C. Peter Wagner schrieb in seinem Buch *Dominion*, dessen Projekt gehe Hand in Hand mit der übergeordneten Strategie, dem Christentum in der Gesellschaft Macht zu verschaffen.[200] Als Mitglied des Beraterstabs von Kagame hielt Warren 2012 eine Rede, in der er den Präsidenten als Mann mit Integrität lobte; schon jetzt sei Ruanda Vorbild für Afrika, in zehn Jahren jedoch werde es Vorbild für die ganze Welt sein.[201]

Kagame wurde von führenden amerikanischen Außenpolitikern dabei unterstützt, seine eigene Reputation und die Ruandas aufzubauen und zu schützen. Diese Verbindung kam im Zusammenhang mit einer UN-Untersuchung über den Krieg in Ruanda ans Tageslicht, über die die *New York Times* im August 2010 berichtete. Kagames Truppen wurden demnach beschuldigt, nach 1994 im Kongo Zehntausende von Hutu getötet zu haben. Die Regierung in Kigali hat niemals abgestritten, Milizionäre der Hutu angegriffen zu haben, die sich im Nachbarland unter die Bevölkerung gemischt hätten. Der UN-Bericht aber spricht auch davon, dass dabei ganz bewusst Zivilisten ins Visier genommen worden seien – und das bereits vor Beginn des Völkermords durch die extremistischen Hutu.[202] Ruanda reagierte negativ, als bekannt wurde, dass solch ein Bericht existiert. Auf heftige Intervention Kigalis und Washingtons hin sowie nach einer internen UN-Debatte wurde der Bericht nicht zur Veröffentlichung freigegeben. 16 Jahre später wurde eine Zusammenfassung von 14 Seiten vorgelegt. Demnach haben Kagames Rebellen seinerzeit systematisch unbewaffnete Zivilisten zusammengetrieben, um sie zu töten. Die Ermittler sagen aus, die Amerikaner seien überaus aktiv vorgegangen, um die UNO von der Veröffentlichung des Untersuchungsberichts abzuhalten – vermutlich weil sie fürchteten, die Berichte über Gewalt gegen Hutus könnten den Bürgerkrieg erneut anfachen –, und dass Ruandas Regierung beide Berichte als unzutreffend bezeichnet habe.

Eine neue Ära, derweil die Grenze sich verschiebt

Die Rusomofälle am Kageranil an der Grenze zwischen Ruanda und Tansania lassen sich, was Größe und Pracht anbelangt, nicht mit den Murchisonfällen vergleichen oder mit den einstigen Wasserfällen des Blauen Nils (die allerdings nur noch ein Schatten ihrer selbst sind, seit die Äthiopier Anfang des 21. Jahrhunderts flussaufwärts ein Kraftwerk gebaut haben und das Wasser seitdem großteils durch dessen Turbinen geleitet wird). Davon abgesehen, liegen die Fälle an einer strategisch wichtigen Stelle, nämlich genau dort, wo der Fluss in diesem Teil Afrikas am einfachsten überquert werden kann. In der Geschichte des Landes ist dieser Ort nicht unwichtig. Hier hatte Graf Gustav Adolf von Götzen, der spätere Gouverneur von Deutsch-Ostafrika, gegen Ende des 19. Jahrhunderts zum ersten Mal Ruanda betreten, und hier hatten die Belgier im Ersten Weltkrieg Schützengräben ausgehoben für den Fall einer Schlacht gegen Deutschland, das die andere Seite des Flusses besetzt hielt. Die Fälle gerieten auch 1994 in den Fokus der Weltöffentlichkeit, als Journalisten von dort über den chaotischen Exodus aus Ruanda berichteten, bei dem Tausende Menschen verzweifelt versuchten, die Brücke zu überqueren, die sich hier über den Fluss spannt. Die Pressevertreter beobachteten die Szenen, die sich auf der Brücke abspielten, und zählten die Leichen, die an den Stromschnellen vorbeigetrieben wurden.

Mittlerweile sind die Regierungen von Burundi, Ruanda und Tansania übereingekommen, an dieser Stelle ein weiteres Kraftwerk zu bauen. Laut Plan soll es 90 Megawatt Strom erzeugen, die zu gleichen Teilen unter den drei Ländern aufgeteilt werden. Kein gigantisches Projekt, jedoch ein bedeutsamer historischer Schritt in der Region. Zum einen wird der Nil zum ersten Mal in diesem Teil Afrikas reguliert werden, und zum anderen handelt es sich um ein Kooperationsprojekt zwischen drei Ländern, die sehr unterschiedliche Entwicklungsstrategien verfolgen. 2013 genehmigten die Weltbank und die Afrikanische Entwicklungsbank Kredite, mit denen die Fertigstellung der Anlage abgesichert wurde. 2016 hat man in Kigali die Verträge über die Errichtung des Kraftwerks unterzeichnet. Die Feier anlässlich des Baubeginns fand am 30. März 2017 in Ngara in Tansania statt. Fertigstellung und kommerzielle Nutzung des Kraftwerks werden für das Jahr 2020 oder 2021 erwartet. Das Projekt ist ein Beispiel dafür, wie die Flussregulierung Widersprüche und unterschiedliche Traditionen überwinden kann, nicht zuletzt auch weil der multinationale Charakter der Ressource keinem der Länder einen Alleingang erlaubt. Um noch ein Kraftwerk am Nyabarongo bauen zu können, hat die ruandische Regierung im Januar 2010 ein Kreditabkommen mit einer indischen Bank und einem indischen Unternehmen unterzeichnet. Das Kraftwerk am Mwogo, einem Zufluss des Nyabarongo, wurde im Oktober 2014 fertiggestellt. Es handelte sich um das bisher größte Wasserkraftwerk des Landes und wurde am 5. März 2015 offiziell von Präsident Kagame eingeweiht.

Ungeachtet dessen stellt das Nilsystem weiterhin eine Quelle für Konflikte zwischen Burundi und Ruanda dar, weil die beiden Grenzflüsse Akanyaru/Kanyaru und Kagera/Nyabarongo seit der Grenzziehung zwischen den Ländern im Jahr 1960 ihren Verlauf geändert haben.

Gorillas im Nebel

Im Herzen Afrikas, so hoch oben in den Bergen, dass man eher friert als schwitzt, befinden sich riesige, uralte Vulkane, die bis zu 3500 Meter in den Himmel ragen. Hier befinden sich auch die fast vollständig von üppigem, grünem Regenwald bedeckten Virungaberge. In dieser Region wirkte Dian Fossey, die berühmte Expertin für die Berggorillas dieser Region. Die vom Indischen Ozean herangetriebene, warme Äquatorialluft steigt an den Vulkanen in die Höhe und erzeugt ein ungewöhnlich feuchtes, doch relativ kühles Klima.

Als ich am Morgen meinen Bungalow verlasse und zu den Bergen hochschaue, wo die Gorillas leben, ist das ganze Gebiet in Nebel gehüllt. Dank des erfolgreichen Kampfes gegen Wilderer konnten die im Nilbecken angestammten Menschenaffen gerettet werden. Die größten Gruppen von ihnen leben hier im Vulkannationalpark. Ruanda hat die Gorillas in seine PR eingespannt, mit der das Ansehen des Landes aufgebessert werden soll; die Affengruppe, die ich hier fast an der Grenze zum Kongo treffen werde, wird Amahoro genannt – was Frieden bedeutet.

Nach mehrstündiger Fahrt in einem Wagen mit Allradantrieb vorbei an Landwirtschaftsflächen am Fuße der Berge – auf dem letzten Stück der ungewöhnlich holprigen Straße waren wir gezwungen, so langsam zu fahren, dass Kinder neben dem Wagen herliefen und uns um »Dollars« anbettelten – kommen wir ans Ziel. Paul, der erfahrene Guide, führt uns in die Berge. Die Geräusche des Regenwalds und seine Feuchtigkeit sowie die Art, wie das Licht auf Lianen und alte Baumstämme fällt, kreieren eine geradezu mystische Atmosphäre. Bunte Vögel flattern zwischen den Bäumen umher und machen unerwarteten Lärm, während Paul mit einem Stock auf Elefanten- und Büffelfährten deutet, die wir unterwegs kreuzen.

Angeführt von einem Mann mit Machete, bahnen wir uns den Weg durch Unterholz und dichten Wald voller junger Bäume. Ganz plötzlich sehen wir nur wenige Meter entfernt von uns eine Familie von großen schwarzen Berggorillas. Auf Pauls Anweisung stehen wir ganz still und reglos da. Dann klatscht er plötzlich in die Hände und ruft den Tieren etwas zu, spricht mit ihnen und schwingt dabei seinen Stock, um sie zu animieren. Schon bald ist auf den Ästen der umliegenden Bäume Bewegung zu verzeichnen: Einige Gorillas flitzen die Bäume hoch, andere klettern hinunter, während wieder andere sich von Ast zu Ast schwingen, als wollten sie mit ihren Vorfahren aus alten Tarzanfilmen konkurrieren. Wenn Touristen kommen, benehmen sich die Berggorillas genau so, wie sie es nach Ansicht unseres Guides sollen. Ihr Chef, ein anderthalb Meter großer, überaus männlich wirkender Silberrücken mit blanker Brust und riesigen Händen und Füßen, blickt mich furchtlos und weit weniger neugierig an als ich ihn.

Wir gehen weiter durch den Wald und treffen auf andere Gorillafamilien. Im Gegensatz zu Menschen und auch zu anderen großen Tieren waren Berggorillas nie von Flüssen oder Seen abhängig. Sie decken ihren Wasserbedarf durch den Verzehr von Pflanzen des Regenwalds, der fast immer von kühlen feuchten Wolken umhüllt ist. Deshalb müssen die Berggorillas auch nie umherwandern und große Gebiete auf der Suche nach Wasser durchstreifen. Sie sind und bleiben die Gorillas im Nebel.

Auf dem Rückweg spricht Paul über die Gorillas und ihre Lebensweise und erwähnt dabei immer wieder Dian Fossey; sie habe ganz wesentlich zum Schutz dieser Exemplare unserer nächsten Verwandten beigetragen. Fossey schrieb 1983 ihr Buch *Gorillas im Nebel* und wurde weltberühmt, nicht zuletzt durch die Verfilmung mit Sigourney Weaver in der Hauptrolle fünf Jahre danach. In ihrem Tagebuch schreibt Fossey, sie sei weder vom Schicksal noch vom Zufall nach Afrika gebracht worden, sondern durch das tiefe Bedürfnis, mit wilden Tieren zu leben, die durch den Kontakt mit Menschen noch nicht völlig verändert waren. Hier, mit Blick auf die Virungaberge, fand sie den idealen Ausgangspunkt für ihre Arbeit. Ihre Forschungsstation wurde unter dem Namen »Camp im Nebel« bekannt. Fosseys Leben an diesem Ort ist in gewisser Weise ebenfalls in Nebel gehüllt. Nicht wegen ihrer mitunter seltsamen Tagebucheinträge oder weil sie sich mit so gut wie allen verkrachte – sie schoss auf ihre Feinde, bewarf Eindringlinge mit Affenkot und ließ Leute ins Gefängnis werfen, sobald sie ihre Gorillas bedrohten –, sondern weil sie in Gegenwart der Gorillas ermordet wurde, mit deren Schutz und Beobachtung sie ihr Leben verbracht hatte. Niemand weiß, wer es getan hat, doch alle wissen, dass sie viele Feinde hatte.[203] Begraben wurde sie in der von ihr gegründeten Forschungsstation, neben den letzten Ruhestätten der mit ihr befreundeten Gorillas. Auf ihrem Grabstein steht: »Dian Fossey / 1932–1985 / Niemand hat Gorillas mehr geliebt.«

Der letzte Tagebucheintrag vor ihrer Ermordung lautet: »Wenn man sich auf den Sinn des Lebens besinnt, schwelgt man nicht so sehr in Erinnerungen, sondern konzentriert sich auf die Wahrung der Zukunft.«[204]

Die Nilquelle im Regenwald

Ich wurde vom örtlichen Polizeichef in meinem Hotel in Gisenyi abgeholt, als das Tageslicht anbrach und der Wasseroberfläche des überraschend schönen Kivusees, gleich an der Grenze zum Kongo, einen eigenartigen, milchweißen Schimmer verlieh. Auf dem See sah man nur die von den Rudern zweier Fischer verursachten Ringe. Ich hatte mit frisch gebratenen Eiern und heißem Kaffee auf der Terrasse des Hotels gesessen und mich auf unsere »Expedition« zu der am weitesten von seiner Mündung entfernten Quelle des Nils gefreut. Die Atmosphäre war ein wenig surreal, weil genau an dieser Stelle eine der größten Massenfluchten in der Geschichte der Menschheit stattgefunden hatte: Mehr als 850 000 Menschen – Männer, Frauen und Kinder – waren zwischen dem 14. und dem 18. Juli 1994 von Ruanda in den Kongo geflohen. Sie hatten gefürchtet, dass die Tutsi unter der Führung Kagames, der jetzt in Kigali regierte, Rache an allen Hutu üben würden. Hier saß ich also in diesem wunderschönen Morgenlicht und dachte: Endlich werde ich die Quelle des Weißen Nils sehen.

Nach mehreren Stunden Fahrt im Südwesten dieses »Landes der 1000 Hügel« kamen wir zum Nationalpark Nyungwewald, dessen Artenvielfalt gigantisch ist und der mehr als 280 Vogelarten beherbergt. Als ich die Quelle des Weißen Nils aufsuchte, waren nur wenige Ruander je dort gewesen, weil der Ort damals noch nicht an das Straßennetz des Landes angebunden war. Am Rande des Nationalparks wurden wir von einem kleinen Trupp der ruandischen Armee empfangen, die der Präsident zu unserem Schutz in der zu jener Zeit noch potenziell unruhigen Region abkommandiert hatte; vielleicht waren sie aber auch nur gekommen, um sicherzustellen, dass wir uns an den vereinbarten Plan hielten.

Während wir möglichst still immer tiefer und tiefer in den Regenwald eindrangen, stellte ich mir in Gedanken die fast 7000 Kilometer nördlich liegende Mittelmeerküste vor und dachte, dass ein Teil des von hier stammenden Nilwassers irgendwann an südeuropäische Strände plätschert, wo Touristen die Sonne genießen. Während ich auf unserem Weg über umgestürzte Bäume kletterte, dachte ich an Orte weiter unten am Nil wie Kairo, Karnak, Khartum, Bor und den Viktoriasee, die alle so gänzlich verschieden voneinander sind, und dann das Erlebnis hier.

Wir konnten die Quelle erst sehen und hören, als wir uns direkt darüber befanden. Der Geburtsort des Weißen Nils ist in keiner Weise bemerkenswert oder sensationell. Ein schmaler, sehr feiner Streifen braunen Wassers tröpfelt von einem nicht allzu hohen Felsüberhang herab. Das ist er auch schon: der fast drollig wirkende Anfang des Nils. Die Bescheidenheit der Quelle illustriert jedoch auf perfekte Weise die Bedeutung der elf Länder für den Nil, durch die er hindurchfließt und von denen er Wasser aufnimmt. Der ganze Charakter des Nilbeckens wird in dieser Quelle zusammengefasst: Der Fluss sammelt Wassertropfen, die über einem Zehntel des riesigen afrikanischen Kontinents herabfallen. Die winzige Quelle hebt dabei den geografischen Umfang des Nilbeckens und die einzigartig verbindende Rolle des Wassers hervor. Erst all die Hunderttausende solch kleiner Wasserläufe verwandeln den Nil in einen historischen Fluss – und in ein politisches Streitobjekt zwischen Ländern, in denen bald mehr als eine halbe Milliarde Menschen leben werden.

Die Entdeckung dieser Quelle, die am weitesten von der Mündung des Flusses entfernt liegt, hat ebenfalls eine Geschichte. Richard Kandt, der deutsche Arzt und Entdecker, der 1907 Kigali gründete, schrieb in seinem Buch über die Quellen des Nils, dass sich die »wahre Quelle« dort befinden müsse, wo der Kagera begann, und berichtete von der Entdeckung einer Quelle im Nyungwewald.[205] 1961 brach der in Ruanda lebende deutsche Pastor Stephan Bettentrup auf, um die von Kandt beschriebene Quelle zu finden. Er stützte sich auf die Theorie seines Landsmanns, folgte einfach dem Nyabarongo und entdeckte einen weiter oben im Flussbecken liegenden Sumpf.

In den 1960er Jahren veröffentlichte eine kleine Forschergruppe, die sogenannte Wasedagruppe, eine von Hand gezeichnete Karte der Sumpfregion, die Bettentrup einige Jahre zuvor besucht hatte. Sie entdeckten einen kleinen Zufluss auf der Ostseite, den Rukarara. Nach eingehenden Untersuchungen kamen sie zu dem Schluss, dass dies die am weitesten vom Mittelmeer entfernte Quelle sein müsse, und brachten an einem Baum eine hölzerne Tafel mit der Inschrift »Source du Nil – 1969 27 Apr« an.

Im Jahr 2006 wurde die Quelle von der häufig erwähnten »Aufstieg zum Nil«-Expedition abermals »entdeckt«. Eine dreiköpfige Gruppe aus Großbritannien und Neuseeland inszenierte ihr Abenteuer in das Herz Afrikas als moderne Expedition im Geiste Stanleys und Spekes. In drei Booten fuhren sie 6700 Kilometer den Nil hinauf. Dabei wurde einer der Teilnehmer im Norden Ugandas getötet. Mithilfe von GPS-Koordinaten und einem aufblasbaren Gummifloß setzten die beiden anderen ihre Expedition fort und fuhren den Rukarara hinauf. Sie errechneten, dass der Nil 107 Kilometer länger war, als zuvor angenommen. Als sie die Quelle erreichten, wo das Wasser von dem Felsüberhang hinuntertröpfelt, äußerte einer der beiden, die Geschichte sei »neu geschrieben« worden.

Das war ein wenig übertrieben, schließlich hatten sie doch lediglich die vier Jahrzehnte zuvor gemachten Aufzeichnungen der Wasedagruppe bestätigt. Im Jahr 1969 war Ruanda noch ein frankophones Land, wie es die an der Quelle angebrachte Tafel bestätigen könnte, sofern sie dort noch hinge. Als ich die Quelle 2009 besichtigte, befand sich dort ein neues Hinweisschild: »Source of the Nile«. Ein ebenso simples wie eindeutiges Symbol für den historischen Machtverlust Frankreichs in dieser Region.

Ich werfe einen letzten Blick auf die Nilquelle. Ich weiß, dass ich diesen Ort nie wiedersehen werde. Doch ich weiß ebenfalls, dass dieser winzige Wasserlauf, diese ersten Tropfen eines langen und berühmten Flusses, Ruanda für immer mit den politischen Entwicklungen in Ägypten sowie allen anderen Nilanrainerstaaten verknüpfen werden.

»Herz der Finsternis« – Conrad und eine Biografie über den Nil

Ein als Nilreise vom Mittelmeer in das Innere Afrikas konzipiertes Buch kann nicht geschrieben werden, ohne dabei Joseph Conrads *Herz der Finsternis* und die berühmte, den Kongo hinaufführende Reise unerwähnt zu lassen. Der Roman wurde 1902 zum ersten Mal veröffentlicht und gilt als *die* Geschichte über das Verhältnis von Zivilisation und Afrika.[206] Mit etwas über 100 Seiten ist das Buch ein Paradebeispiel für die Kraft von Literatur und Ideen sowie, in diesem Fall, für die Erschaffung von Wahrnehmungen und Bildern von »den Anderen« und »uns« sowie über das Verhältnis zwischen Barbarei und Zivilisation.

Conrads Roman ist eines dieser kanonischen Bücher, die man nicht unvoreingenommen lesen kann; es ist nicht nur Teil des literarischen Bewusstseins, sondern auch Teil der Selbstreflexion der modernen Gesellschaft, die sich immer wieder mit diesem Werk auseinandergesetzt hat. Das bekannteste Beispiel ist Francis Ford Coppolas Spielfilm *Apocalypse Now* aus dem Jahr 1979, der die Handlung des Buches in den Vietnamkrieg verlegt. Von der Literaturkritik wurde der Roman als tiefgründige und vernichtende Kritik am europäischen Imperialismus im Allgemeinen sowie am belgischen Kolonialismus im Besonderen interpretiert, als Entlarvung der Idee von einem zivilisierenden Europa als eine sich selbst verherrlichende Vorstellung, die eine barbarische Wahrheit verbirgt. Selbstverständlich kann das Buch auch als Reise in das menschliche Innere gelesen werden; eine metaphorische Untersuchung der trüben Gewässer der eigenen Seele. Es ist vielschichtig – einer der Gründe für seinen Erfolg.

Als ich im nördlichen Uganda auf einem Hotelbalkon mit Ausblick auf den Nil sitze, lese ich *Herz der Finsternis* erneut. Das Einzige, was die Ruhe vor dem abendlichen Froschkonzert stört, sind die Angestellten, die versuchen, einige wilde Elefanten vom Hotelgelände zu vertreiben, indem sie laut in die Hände klatschen und das Gebrüll von Löwen nachahmen. Conrads Text zieht mich hinein in die verstörende Geschichte von Marlows Reise den großen Strom hinauf und in das mysteriöse Herz Afrikas, das auch das Herz des Bösen ist, und während ich hier in ebenjener Region sitze, die jahrzehntelang von der Lord's Resistance Army terrorisiert wurde, kommt es mir vor, als handele das Buch von etwas anderem, als ich zunächst dachte, von etwas anderem, als die gängigen Interpretationen behaupten.

Der Autor gibt schon mit dem genialen und ambivalenten Titel seines

Romans die Stimmung vor. Das *Herz der Finsternis* ist eine düstere, verstörende Metapher, welche die Paradoxien enthält, die die Geschichte tragen – ein gnadenloser innerer Widerspruch, ein Kampf zwischen Schöpfung und Zerstörung, zwischen Heroismus und Verrat, zwischen Wahrheit und Lüge, aber auch zwischen der gesellschaftlichen Realität und der beschränkten Möglichkeit, in Worte zu fassen, was sich bei der Begegnung von Kulturen grundsätzlich abspielt.

Der Seemann Marlow ist der Ich-Erzähler in Conrads Roman. Er erzählt seine Geschichte, während er sich an Bord einer Jacht in der Themsemündung befindet und vier Freunden davon berichtet, was geschah, nachdem er sich als Kapitän eines Flussschiffs für eine belgische Kolonialgesellschaft anheuern ließ, die an einem der großen afrikanischen Flüsse Handel betrieb. Diese Reise sollte ihn für immer verändern.

Nachdem Marlow das Schiff repariert hat, mit dem er zur 800 Meilen flussaufwärts gelegenen Station fahren soll, deren Leiter sich seit einem Jahr nicht mehr gemeldet hat, nimmt er eine Gruppe von Schwarzen, die er als »Kannibalen« bezeichnet, als Mannschaft an Bord und bricht auf.

> Wir besuchten weitere Orte mit skurrilen Namen, an denen sich der fröhliche Tanz von Tod und Handel in einer ruhigen und erdigen Atmosphäre wie in einer überhitzten Katakombe abspielt; entlang der ganzen formlosen Küste, die von gefährlicher Strömung umspült wird, als ob die Natur selbst versucht hätte, Eindringlinge abzuwehren; hinein und heraus aus Flüssen, die vom Tod ins Leben strömten, deren Ufer fauliger Morast bildete, deren Wasser zu Schleim verdickt waren und in verkrümmte Mangroven eindrangen, die sich am Ende einer ohnmächtigen Verzweiflung zu winden schienen. Nirgendwo hielten wir lange genug, um einen besonderen Eindruck zu gewinnen. Es war wie eine müde Pilgerreise zwischen Andeutungen von Albträumen.[207]

Je tiefer er in den Kontinent eindringt, desto unheimlicher erscheint dieser. Die Stimmung ist düster und unheilschwanger: »Wir waren vom Verständnis unserer Umgebung abgeschnitten; wir glitten dahin wie Gespenster, erstaunt und heimlich entsetzt, wie es gesunde Menschen angesichts eines Ausbruchs von Begeisterung in einem Irrenhaus wohl sind.«[208] Unmittelbar vor Ankunft an der Station erklingt aus dem Dschungel ein unbeschreiblicher Klageruf, Trommeln und Schreie erschallen, der Flussdampfer wird von Pfeilen und mit treibenden Baumstämmen angegriffen, der schwarze Steuermann tödlich von einem Speer getroffen. Conrad schildert die Gewalt und das Blutvergießen mit Zurückhaltung, und mit diesem literarischen Mittel verstärkt er das allgemeine Gefühl von Pessimismus und Dunkelheit. Der Text vermittelt dem Leser das vage Gefühl, Marlow habe jetzt, nachdem er so weit in den Kontinent eingedrungen ist, endlich die Wahrheit über diesen Erdteil erkannt. Er hat »das Herz der Dunkelheit« betreten – gleichbedeutend mit der Dunkelheit des Lebens selbst.

Weit im Dschungel findet er schließlich Mr. Kurtz, der in Europa als hartgesottener Elfenbeinhändler sowie als versierter Musiker und Journalist gilt, der aber die Einheimischen rund um seine Station mittels Kulthandlungen an sich gebunden hat. Sie verehren Kurtz in geradezu religiöser Weise und führen für ihn seine Straf- und Eroberungszüge durch. Der Angriff auf das Schiff ist ebenfalls auf seine Anweisung durchgeführt worden; Kurtz will im Dschungel bleiben. Doch er ist todkrank, mit einer Trage wird er auf das Boot gebracht, um zusammen mit den von ihm erbeuteten Elfenbeinschätzen flussabwärts zur Handelsstation transportiert zu werden. Unterwegs vertraut er Marlow seine persönlichen Unterlagen sowie ein Foto einer Frau an. Dieser beschreibt, wie der ehemalige Stationsleiter stirbt: »Er flüsterte tränenerstickt bei einem Bild, bei einer Vision – er schrie zweimal auf, ein Schrei, der nicht mehr als ein einziger Atemzug war: ›Das Grauen! Das Grauen!‹« Kurtz bringt hiermit auf den Punkt, was für Marlow seine Erfahrungen im Dschungel ausmachen.

Marlow verteidigt Kurtz, obwohl er erfährt, von welch grenzenloser Gier dieser getrieben war und wie barbarisch er sich als Stationsleiter verhalten hat. Anstatt ihn zu kritisieren, bricht Marlow eine Lanze für ihn und relativiert seine Handlungen. Vielleicht ist Kurtz verrückt geworden, so Marlow, doch hat er dennoch Lügen und Täuschungen bloßgelegt. Marlow reist durch einen real existierenden, physischen Albtraum, aber er entgeht den emotionalen Konsequenzen, indem er nur beobachtet. Als er später Kurtz' Braut trifft und ihr dessen letzte Worte wiedergeben soll, lügt Marlow. Der Verlobten erzählt er, Kurtz habe mit seinem letzten Atemzug ihren Namen gesagt.

Geografisch gesehen, bewegt sich die Handlung des Romans auf einem großen Fluss von einem Ort zum anderen, doch diese Orte – und das ist wichtig, denn es unterstreicht die Allgemeingültigkeit der Geschichte – bleiben namenlos. Sie symbolisieren eher einen mentalen Zustand als konkrete Punkte auf einer Landkarte. Conrad porträtiert Afrika oder den Kongo nicht, wie dies andere Autoren getan haben, als Antithese zu Europa. Sein Buch ist kein Buch über den Kongo und dessen Entwicklung oder über tatsächliche, sich dort abspielende Geschichten. Stattdessen dient der Fluss als exotische Szenerie, in der sich ein komplexes Zivilisationsdrama entfaltet und auf die Marlow seine eigenen Dilemmata und Ängste projiziert. Das hier beschriebene Afrika ist mit anderen Worten ein Afrika, das mehr über Marlows und Conrads Perspektive sagt als über Afrika selbst.

Bezeichnenderweise taucht der Name »Kongo« im Buch überhaupt nicht auf. Die Reise über den anonymen Fluss dient als Metapher und als Bühne für einen Bildungsprozess, in dessen Verlauf Marlow erkennt, dass sich unter der Maske des europäischen Humanismus ein schlimmeres Übel verbirgt als die »primitive« Bestialität der im Dschungel verborgenen Angreifer. Zu Beginn des 20. Jahrhunderts erreichte die Idee des zivilisierenden Europa ihren Zenit, und der Roman setzt sich kritisch mit der Art und Weise auseinander, in der dies zu jener Zeit verstanden und ausgedrückt wurde. Noch präziser allerdings funktioniert das Buch als Kommentar zu den naiven Konzeptionen und Selbstbildern Europas.

Indem Kurtz das trügerische Selbstverständnis der europäischen Kultur entlarvt, findet er Marlows Anerkennung, der ganz bewusst die Unwahrheit über ihn sagt, um nicht nur die Erinnerung an ihn, sondern an dessen existenzielles Projekt zu bewahren, sich nicht den Konventionen seiner Herkunft zu beugen. Auch wenn das Leben im Dschungel Kurtz ungehobelt und zynisch gemacht hat, muss er respektiert werden; nicht weil er »in Wahrheit« leben wollte, wie die deutsche Version eines Helden aus den Stücken Henrik Ibsens, sondern weil es ihm gelungen war, aus der dominierenden Perspektive jener Zeit auszubrechen.

In diesem Zusammenhang ist der Text also interessant: Er versucht, sich als Beispiel dessen darzustellen, was er kritisiert, und hinterfragt die Geschichte westlicher Ideen und Perspektiven über Afrika. Der Roman erscheint aus heutiger Sicht in seinen Darstellungen von Afrikanern klar durch die Zeit gefärbt, in der Menschen ohne persönliche Identität, als kulturell primitiv, in gewisser Weise als eine Art metaphysische Erweiterung des dunklen und gefährlichen Dschungels angesehen wurden, den die Europäer durchqueren. Das Buch ist insofern ein Produkt der Welt- und Selbstbilder in der Spätphase der europäischen Erkundungen Afrikas.

Conrads Text allein als konventionelle Kritik an der ewigen kriegerischen Natur des Menschen zu lesen oder als »Protest gegen den Imperialismus«, würde ihm jedoch einiges seiner Kraft und Originalität rauben. Marlow ist nicht lediglich ein Vertreter antiimperialistischer Ansichten; eine solche Interpretation würde das Buch vereinfachen und banalisieren –

und seine Doppelnatur auslöschen. Das Buch in ein solches Schema einzuordnen, hieße, seine wirklich beunruhigenden Elemente zu verschleiern und die Opposition, die es gegen die Konventionen seiner Zeit aufbringt, fast prosaisch erscheinen zu lassen.

Die politische und moralische Doppelbödigkeit dieses Romans spiegelt sich darüber hinaus in der Tatsache wider, dass der Autor selbst ein aktiver Teilhaber am kolonialen Projekt im Kongo war, und auf genau diese Doppelbödigkeit weisen afrikanische Intellektuelle wie der nigerianische Autor und Kritiker Chinua Achebe hin, wenn sie den Roman als rassistisch und als keineswegs antiimperialistisch kritisieren. Conrad beschreibt eine Realität, die grotesk brutal ist, gleichwohl ist es eine Realität, zu der man sich in Beziehung setzen und über die man nachdenken muss, wenn die Zivilisation erhalten werden soll. Sein Buch entlarvt europäische Lügen über Afrika – die Lügen über Europa aber, die in Afrika existierten, entlarvt es nicht. Die konventionellen Interpretationen dieses Romans, die bislang die Debatte dominieren, haben daher neue, stereotype Vorstellungen von Europa und Afrika hervorgebracht – nämlich von Afrika als dem »dunklen« barbarischen Kontinent und vom kolonisierenden Europa als Synonym für den Zusammenbruch der Zivilisation.

Und ebendieser Aspekt des Romans hat ihm eine Art Modellfunktion beschert, indem er nun anderen Autoren als Klischee in ihrer Begegnung mit Afrika dient. Unzählige Beschreibungen von Reisen durch Afrika im Allgemeinen und auf Flüssen im Besonderen haben sich der Metaphern und der Bilder Conrads bedient oder sich auf sein Buch als literarische Inspirationsquelle bezogen. Es ist fast unmöglich, über den Kongo zu sprechen, ohne an Marlow zu denken.

Insofern sollte Conrads Buch besser als historisches Dokument gelesen werden, in dem sich der Zeitgeist ausdrückt, der Afrika als gesichtslos, unbestimmt, als in einem projizierten Traum existierend beschrieb und in dem der europäische Einfluss dort in einer Sprache formuliert wurde, die heute archaisch anmutet. Conrad erlaubt Marlow, sich von der Katastrophe, vom Terror und vom Herzen der Dunkelheit zu befreien, indem er ihm erlaubt, an der Wahrheit zu scheitern. Kurtz' grimmige, fast prophetische Sicht auf das Verhältnis zwischen Zivilisation und Barbarei bleibt dadurch unkommentiert. Da der Rahmen des Romans aus Marlows Erzählung über seine Erlebnisse besteht, wird das Buch auch zu einer Geschichte über ihn selbst. Der Roman ist eine Reise in Marlows eigenen verdrehten Verstand und sein persönliches »Herz der Finsternis«. Weit über eine psychologische Studie hinausgehend, unterstreicht diese literarische Methode auch ein Interpretationsproblem: Um »den Anderen« erzählerisch zu gestalten, zu beschreiben oder zu verstehen, muss man nicht allein nach der Wahrheit hinter herkömmlichen Bildern und Stereotypen suchen, sondern sich auch selbst begreifen.

Gerade aufgrund des Einflusses von *Herz der Finsternis* auf das Afrikabild war es wichtig, das vorliegende Buch ohne eine einzige Parallele zu Kurtz' Erlebnissen im Dschungel oder Marlows Flussexpedition zu schreiben. Auch wenn mein Buch, so wie Conrads, eine Reise auf einem riesigen Fluss vom Ozean bis in das Innerste Afrikas behandelt, habe ich es mir zum Ziel gesetzt, mich von den Assoziationen, die mit Begriffen wie dem »dunklen Kontinent« verbunden sind, ebenso zu distanzieren wie von der Exotisierung Afrikas oder der Versuchung, mich als mutigen Reisenden zu stilisieren. Hier sitze ich mit meinem Handy auf einem Balkon mit Blick auf den Fluss, kurz bevor er an der Grenze zum Kongo in den Albertsee fließt, unter einer friedlichen Nachmittagssonne, mit Internet und Fernseher auf meinem Zimmer. Zwar birgt die hiesige Umgebung auch heute durchaus Gefahren – erst kürzlich wurde eine Touristin vor dem Hotel von einem Elefanten getötet; sie dachte wahrscheinlich, das Tier sei zahm – doch wäre es außergewöhnlich ahistorisch und erbärmlich, Parallelen zwischen Marlows Reise durch den Kongo zu Beginn des 20. Jahrhunderts und Reisen entlang des Nils etwa 100 Jahre später zu ziehen.

Schneebedeckte Mondberge am Äquator

> In den Mondbergen ... hat der ägyptische Nil seinen Ursprung. Auf seinem Kurs nach Norden schneidet er horizontal durch den Äquator. Viele Flüsse kommen von diesem Berg und vereinen sich zu einem großen See. Aus diesem See kommt der Nil, der größte und schönste aller Flüsse auf der Erde.[209]

Seit der griechische Astronom und Mathematiker Claudius Ptolemäus vor etwa 2000 Jahren auf seiner Weltkarte den Ursprung des Nils in den Mondbergen und zwei Seen im Zentrum des afrikanischen Kontinents verortete, ranken sich Mythen um diese Berge. Indes war es Henry Morton Stanley, der ihre Rolle im hydrologischen System des Nils zu bestimmen vermochte. In seinem berühmten Buch *Im dunkelsten Afrika* macht er sich selbst zum Bestandteil seiner Entdeckungsgeschichte, minimiert aber seine eigene Bedeutung, wohingegen zeitgenössische Befürworter des Im-

Schneebedeckte Mondberge am Äquator

perialismus ihn geradezu in den Himmel lobten. Stanley befuhr den Kongo im Jahr 1887 und folgte dem Semliki flussaufwärts in Richtung Albertsee. Dort sah Stanley am 25. Mai 1888 nach einer zweistündigen Fahrt als erster Europäer jenen »riesigen schneebedeckten Berg« vor sich auftauchen, den der arabische Geograf Scheabeddin Mondberg genannt hatte. Stanley übernahm die Bezeichnung der einheimischen Mtsora, für die das Gebirge Rwenzori hieß. In ihrer Sprache bedeutet dies »Regenmacher«, und genau das ist der Berg auch. An seinen Hängen bilden sich kontinuierlich Wolken, weswegen der Gipfel oft monatelang nicht zu sehen ist. Mitunter tritt er plötzlich aus den dichten Wolken hervor, doch selbst in der kurzen Periode zwischen Regenzeit und Trockenzeit ist der Gipfel nur in den frühen Morgenstunden erkennbar; in der Trockenzeit ist er von einem scheinbar ewigen Dunst umhüllt.

Der italienische Bergsteiger und Forschungsreisende Luigi Amedeo di Savoia-Aosta, Herzog der Abruzzen, war der erste Europäer, der den Gipfel bestieg. Wenngleich nach Stanleys Entdeckung und Beschreibung des Gebirges fast 20 Jahre vergangen waren, schien der Herzog überwältigt zu sein; seine Stimmung war geradezu überschwänglich poetisch, wenn man seiner Erzählung Glauben schenken darf:

> Nachdem ich die kleine Flagge entfaltet hatte, die mir Ihre Majestät Königin Margherita vor meiner Abreise in Rom gegeben hatte, befestigte ich sie, begleitet von dem dreifachen Ruf »Viva Margherita!«, »Viva Alexandra!« und »Viva l'Italia!« an einem Stock, der auf dem höchsten Punkt der schneebedeckten Kuppel gepflanzt war. Die Winde ließen die Trikolore über dem Schnee flattern, der bis zu diesem Zeitpunkt nur den Atem des Sturms gekannt hatte ...[210]

Die herzogliche Expedition demonstriert auf paradoxe, selbstverherrlichende Weise die europäische Gewohnheit, afrikanische Landmarken nach den eigenen Herrschern zu benennen. In diesem Zusammenhang ist der Vorschlag des Herzogs bei einem Treffen der Royal Geographical Society in London, bei dem auch der britische König anwesend war, äußerst bezeichnend:

> Ich schlage daher vor, den Berg oder das Massiv, das die fünf höchsten Gipfel trägt – Margherita (16 816 Fuß), Alexandra (16 750 Fuß), Elena (16 388 Fuß), Savoia (16 340 Fuß) und Moebius (16 214 Fuß) – Stanleyberg zu nennen. Der zweithöchsten Gruppe, den Duwoi von Ibanda aus

gesehen, gebe ich den Namen Speke, in Erinnerung an den Entdecker der Riponfälle, dem Ursprung des Nils; und den höchsten Gipfel dieses Massivs nenne ich nach dem König von Italien, Vittorio Emanuele (16 080 Fuß); und den unteren und südlicheren, vom unteren Mobukotal aus gesehen, benenne ich nach Sir H. Johnston (15 906 Fuß). Dem dritten Massiv (Semper, Kiyanja oder Ngemwimbi) gebe ich den Namen Bakerberg in Erinnerung an den Reisenden, der den Albertsee entdeckte und als Erster diese Berge sah und ihren höchsten Punkt (15 988 Fuß) nach dem König von England benannte.

Und so weiter und so fort, bis er alle Berge nach Italienern und Briten benannt hatte.

König Leopold II., ein Schurkenstaat und die Nildiplomatie

Eine Person aus einem anderen europäischen Land sollte indes für immer mit dem Kongo assoziiert werden; die Ironie der Geschichte ließ sie aus Brüssel kommen, das nach dem Zweiten Weltkrieg zur Hauptstadt des neuen, friedlichen Europa wurde. Die meisten Historiker sind sich darin einig, dass Brüssel im ausgehenden 19. Jahrhundert hingegen die Hauptstadt des europäischen Kolonialismus in seiner brutalsten Form war. König Leopold II. bleibt für immer als »Fürst der Finsternis« in Erinnerung, ein Erzimperialist, der in seinem Freistaat Kongo seine ganz persönliche Vorstellung von Kolonialismus kreierte.

Tatsächlich war es die Zusammenarbeit des Königs mit Henry Morton Stanley, die im Endeffekt zum Aufbau einer riesigen Privatkolonie führte, die durch blanken Terror beherrscht wurde. Als Stanley von den Belgiern angesprochen wurde, war er noch nicht als »Napoleon des afrikanischen Reisens« bekannt, und es dauerte noch lange, bis irgendjemand auf die Idee kam, die Karte Afrikas als »Denkmal für Stanley« zu bezeichnen. Jedoch war Stanley gerade als David Livingstones sehr berühmter Retter nach Europa zurückgekehrt. 1877 hatte er dann seine dreijährige Expedition zum Viktoria- und zum Albertsee abgeschlossen. Mit unvergleichlichem Sinn für Selbstvermarktung gestatte er, dass sein Konterfei für den Verkauf aller möglichen Waren – von Seife bis zu dem Fleischextrakt Bovril – verwendet wurde. Er warb dafür, den Kongo in Livingstonefluss umzubenennen, und nutzte diese Bezeichnung nach seiner Rückkehr bei seinen Vorträgen in der Royal Geographical Society sowie in seinem Buch über die Reise immer wieder, hatte damit aber keinen Erfolg.[211]

Stanley wollte London davon überzeugen, seine nächste Kongoexpedition zu unterstützen, allerdings waren die Briten an diesem Teil Afrikas nicht sonderlich interessiert. König Leopold II. hingegen hatte bereits zwei Männer dorthin entsandt, die Stanley auf seiner Heimreise aus dem Kongo getroffen hatte. Leopold hatte eine Organisation gegründet, deren Name Programm war: »Association Internationale pour l'Exploration et la Civilisation de l'Afrique Centrale« (Internationale Vereinigung für die Erforschung und Zivilisierung Zentralafrikas). Wie sich zeigen sollte, handelte es sich bei diesem Unternehmen um ein krasses Beispiel für Eigeninteresse unter dem Deckmantel des Altruismus, Plünderung von Ressourcen unter dem Banner Gottes und für einen Atavismus, der sich als Modernität ausgab. Zwei Jahre nach seiner Rückkehr aus Afrika führte Stanley die Kongoexpedition des belgischen Königs an.

Diese Expedition unterschied sich indes von der vorhergegangenen. Sie bestand aus mehreren Hundert Männern, die sich auf zwei schweren Dampfbooten über den Fluss bewegten. Stanley brachte sein Silberservice mit, aus dem er jeden Morgen seinen Tee trank. Und sie kamen mit Waffen – mit vielen Waffen. Es waren die Exzesse und die Gewalt auf dieser Afrikaexpedition, die letztlich Stanleys Vermächtnis prägen sollten. Einer der Teilnehmer, James Jameson, Erbe eines irischen Whiskeyproduzenten, soll zum Preis von sechs Taschentüchern ein zehnjähriges Mädchen gekauft haben, um sie als Sklavin an Kannibalen zu übergeben. Er habe dokumentieren wollen, wie sie zerstückelt, gekocht und dann aufgegessen wurde. Stanley soll mit Zorn und Abscheu reagiert haben, als er davon erfuhr, als Leiter der Expedition trug er dennoch die Verantwortung für dieses Verhalten. James Jameson starb später im Dschungel an Fieber.

König Leopold II. fuhr hartnäckig fort, sein Projekt in die Tat umzusetzen. Mit morbidem Sinn für das Propagandapotenzial, das dem geschriebenen Wort innewohnt, nannte er das von ihm gegründete Territorium »Freistaat Kongo«. Historiker haben im Hinblick auf die Behandlung der Kongolesen durch die Belgier Parallelen zum Holocaust gezogen; etwa zehn Millionen Menschen sollen der Kolonialmacht in diesem Land zum Opfer gefallen sein.[212] Leopold stieg zum größten Landbesitzer der Welt und vermutlich auch der Weltgeschichte auf. Die Historiker sind sich einig, dass der König von Belgien seinerzeit niemals eine rund eine Million Quadratkilometer umfassende Kolonie hätte erwerben können, wenn die

Großmächte ihn dabei nicht unterstützt hätten. In der ersten Dekade seines kolonialen Abenteuers erhielt er beispielsweise Unterstützung von der britischen Regierung, die auf diese Weise ihre Nilstrategie flankieren wollte. In der Literatur über den Kongo und den europäischen Kolonialismus wird dieser politische Aspekt meist übersehen.

Bereits 1894, nur vier Jahre nachdem die Briten den Nil als ihr Interessensgebiet definiert hatten, kam London mit dem belgischen König überein, ihm den Status eines privaten Imperiumbauers zuzubilligen. Aus diesem Grund erlangte König Leopold II. die Herrschaft über diesen riesigen Teil Afrikas auch als Privatperson und nicht in seiner Funktion als König von Belgien. Im Gegenzug akzeptierte Leopold in einem Abkommen das Niltal als britische Interessensphäre. Die Beziehung zu London war sogar so eng, dass Leopold angeboten wurde, das Westufer des Nils im Süden des Sudan bis hinauf nach Faschoda auf Lebenszeit zu »mieten«. Die belgischen Truppen des Königs erledigten im Kongo auch eine Arbeit, die London selbst nicht zu bewältigen vermochte, nämlich den Einfluss der »Derwische« zurückzudrängen, wie die restlichen Truppen des osmanischen Imperiums, die sich in der Region aufhielten, herabsetzend genannt wurden. Außerdem sollten die Belgier den Machtbereich der nubischen Soldaten aus dem Norden des Sudan beschränken, gegen die London unter Rücksichtnahme auf seine Alliierten in Kairo nicht selbst zu Felde ziehen konnte. Die Briten verließen sich auf Leopold, weil sie seine Schwäche und seine Abhängigkeit von London kannten. Infolgedessen stießen kritische Berichte über die Herrschaft Leopolds bei der britischen Regierung auf taube Ohren. Sie sorgten sich eher über ein mögliches Machtvakuum in diesem Grenzgebiet des Nilbeckens.

Mit diesem Manöver von 1894 – demselben Jahr, in dem London Uganda besetzte, und ein Jahr bevor General Kitchener den Auftrag erhielt, die Besetzung des Sudan vorzubereiten – stellten die Briten sicher, dass dieser Teil des Nilbeckens nicht unter die Herrschaft einer anderen Macht geraten würde. Der belgische König erwies sich als williges Instrument der Briten. Wenn Leopold mehr Land wolle, so Londons Außenminister Lansdowne, der sich der geopolitischen Rolle des Nils bewusst war, »dann lasst uns ihm unbedingt mehr geben« – solange damit nicht die langfristigen Interessen der Briten am Nil tangiert würden.

William Garstins hydrologische Missionen am Oberlauf des Nils und des Kongos zu Beginn des 20. Jahrhunderts erforderten dann eine Neuauslegung und Erweiterung der 1894 getroffenen Übereinkunft mit Leopold. Etwa zur selben Zeit, als Garstin den Oberlauf des Nils inspizierte,

Der belgische König Leopold II. erwarb im Kongo eine rund eine Million Quadratkilometer große Privatkolonie, über die er mit blankem Terror herrschte.

hatte Leopold vorgeschlagen, den Semliki als Transportroute zu nutzen. Garstin informierte Lord Cromer darüber, dass diese Idee hohe Investitionen erfordere, nicht zuletzt müsste man dann permanentere Häfen am Albertsee errichten.[213] Dies wiederum könnte die britischen Pläne gefährden, den Albertsee als Regulierungsreservoir zu nutzen. Leopolds Vorschläge wurden daher sowohl von den Briten in Kairo als auch von der Regierung in London zurückgewiesen. Diese neuen Ambitionen für das Kongonilbecken mögen die Briten darüber hinaus auch dazu angetrieben haben, den Kolonialismus des belgischen Königs bloßzustellen, somit die alte, mit ihm getroffene Übereinkunft zu untergraben und stattdessen auf eine stärker vorhersehbare und langfristige Kooperation mit einer belgischen Regierung zu setzen.

Und so beriefen die Briten eine Kommission, die König Leopolds Herrschaftsstil in der Öffentlichkeit bekannt machte. Der Ire Roger Casement, damals britischer Konsul im kongolesischen Boma, wurde 1903 von London aufgefordert, die Zustände im Land zu untersuchen. Casement erstellte einen langen, detaillierten Bericht und legte den als Casement Report bekannt gewordenen Text 1904 dem britischen Parlament vor.[214] Er erweiterte die politische Grundlage für den Prozess, an dessen

Ende Leopold gezwungen wurde, den Kongo als seine private Kolonie aufzugeben.

Der 9. Mai 1906 ist eines der vielen Daten von großer diplomatischer Bedeutung in der Geschichte des Nils, für die Entwicklung der gesamten Region sowie für die Weltpolitik. An diesem Tag unterzeichnete London eine neue Vereinbarung mit Belgien und König Leopold II., welche die Kontinuität und Beständigkeit der britischen Nilstrategie zu jener Zeit unterstrich. Artikel III betraf den Nil und war kristallklar formuliert. Er besagte, dass »die Regierung des Unabhängigen Staates Kongo verspricht, keinerlei Bauwerk am oder nahe des Semliki oder des Isango zu bauen oder den Bau zu gestatten, welches zu einer Reduzierung des Wasserflusses in den Albertsee führen könnte, ohne sich mit der sudanesischen Regierung darüber zu einigen«. Das anglo-belgische Abkommen von 1894, leicht modifiziert im Jahr 1906, verbot also Bauwerke jedweder Art im Kongo, welche die Wassermenge des Nils beeinträchtigen könnten.

Der Kongonil

Nachdem ich den Yei, einen Nebenfluss des Nils im Südsudan, überquert habe, fahre ich weiter südwärts in Richtung der Grenze zum Kongo. Ein Polizist hält mich an und fragt in einem derb klingenden Englisch mit französischem Akzent: »Was zum Teufel tun Sie hier?« Er mustert mich wie einen dieser weißen europäischen Abenteurer, die Blutdiamanten aus der Demokratischen Republik Kongo schmuggeln. »Ich möchte den Nil sehen«, erwidere ich. Die Antwort muss ihn wohl überrascht haben, jedenfalls lächelt er plötzlich, stempelt meinen Pass und winkt uns weiter.

Aus purer Freude, die Grenze zur Demokratischen Republik Kongo so unkompliziert überquert zu haben, halten mein sudanesischer Reisebegleiter und ich im nächsten Dorf, um Tee zu trinken. Der Cafébesitzer oder vielleicht auch ein paar Gäste haben offenbar den 1967 erschienenen Roman *Preis der Wahrheit* des Kenianers Ngũgĩ wa Thiong'o gelesen. In der Geschichte findet sich der Protagonist in einem Café wieder, das den Namen *Your Friend Unto Death, or Friend for short* trägt und in dem der Besitzer das Motto des Cafés mit großen Buchstaben an die Wand gemalt hat: »Kommet her zu mir alle, die ihr mühselig und beladen seid; ich will euch erquicken.«[215] In diesem Café, das wir nun betreten, fehlt zwar das Bibelzitat, doch an der Wand hinter der Kassiererin hängt ein Zettel, auf dem dasselbe Gedicht steht wie in dem Roman:

Da der Mensch zum Menschen ungerecht gewesen ist, / Zeig mir den Mann, dem ich vertrauen kann. / Zu meinem Leidwesen habe ich vielen vertraut, / Also, mein Freund, komm morgen auf Kredit.

Wir fahren weiter in das Land hinein, aber plötzlich verwandeln sich die bedrohlichen Wolken, die wir schon zuvor gesehen haben, in ein von Blitz und Donner begleitetes Inferno – nur wenig ist mit einem Gewitter über den Steppen am Nil vergleichbar. Blitze schlagen wieder und wieder mit ohrenbetäubendem Krachen zu, und ich weiß, was jetzt kommen wird. Mir bleibt nichts anderes übrig, als den Wagen anzuhalten. Und dann, nach einer oder zwei Minuten, kommt der Regen. Es regnet so heftig, wie es in Europa niemals geschieht, und wir werden fast taub von dem unaufhörlichen Getrommel auf das Wagendach. Wir hocken da, bewegen uns keinen Meter weiter, können nichts anderes tun, als eine Zigarette anzuzünden und abzuwarten. Der überwältigende Regenguss hört so plötzlich auf, wie er angefangen hat. Und dann tauchen wie aus dem Nichts lachende Männer und Frauen und Kinder auf und schieben unseren Wagen auf sicheren Untergrund, da der Regen die Straße in einen Sumpfboden verwandelt hat.

Hydrologisch gesehen, ist der kongolesische Teil des Nilbeckens noch unerforscht. Was am Semliki, dem längsten Nilnebenfluss in der Demokratischen Republik Kongo, passiert, ist für den Wasserfluss des Nils vergleichsweise unbedeutend. Nachdem die britischen Wasserplaner in Ägypten und im Sudan mit König Leopold übereingekommen waren, dass er ohne britische Zustimmung keine Änderungen an den Nebenflüssen vornehmen würde, interessierten sie sich nicht weiter für den Semliki.

Der Semliki fließt aus dem nördlichen Ende des Eduardsees und ist durchschnittlich 20 bis 30 Meter breit. Auf seiner 150 Kilometer langen Reise vom Eduardsee zum Albertsee fällt er um 290 Meter ab. Im oberen Bereich fließt das Wasser schnell, das Flussbett ist felsig und von dichtem Wald gesäumt. An einer Stelle ist der Semliki nur zehn Meter breit und strömt durch eine Schlucht. Detailstudien über die mögliche Ausnutzung von Wasserkraft an diesem Fluss gibt es nicht, gleichwohl verfügt er über großes Potenzial: Die Schätzungen gehen von etwa 100 Megawatt aus. In der Savanne weiter flussabwärts bewegt er sich langsam, ehe er sich schließlich träge auf den Albertsee zuschlängelt. Eine ganze Kette von Altwasserseen westlich des Wasserlaufs deutet darauf hin, dass das Flussbett über längere Zeit einen anderen Weg durch die Savanne genommen hat.

Das Rwenzorigebirge besteht aus sechs durch tiefe Kluften voneinander getrennte Bergmassive. Schmelzwasser und Regenwasser fließen an diversen Stellen gen Norden Richtung Nil. Die Demokratische Republik Kongo ist so riesig, dass der Kongonil nur etwa ein Prozent des Gesamtgebiets tangiert. Für die Menschen im Nordosten des östlichen Landesteils ist der Fluss gleichwohl von großer Bedeutung; die Provinz Nordkivu, das Gebiet der ehemaligen Provinz Orientale sowie der Ituriwald, den Stanley so sehr gefürchtet und so genau beschrieben hatte, liegen im Nilbecken. In der Provinz Ituri hat 2004 die Organisation Démocratie et Civisme pour le Développement Integral de l'Ituri (Organisation Demokratie und Bürgertum für die integrale Entwicklung von Ituri) ein Entwicklungsprojekt auf den Weg gebracht, bei dem man zum ersten Mal in der Planungsgeschichte der Region die Nutzung des Nils ins Auge fasste. Auch wurden Pläne für den Bau von Wasserkraftwerken am Semliki sowie für den Wiederaufbau der Hafenanlagen in Kasenyi und Mahagi am Albertsee erörtert. Darüber hinaus wurde vorgeschlagen, dass etwa 10 000 Hektar Land mit Wasser aus den Nebenflüssen des Nils bewässert werden könnten.

Als Wasserressource wird der Nil für die Demokratische Republik Kongo niemals große wirtschaftliche Bedeutung erlangen. Gleichwohl könnte sich dieses Nilprojekt in Zukunft als wichtiges politisches Thema erweisen. Der Regierung in Kinshasa stehen nur begrenzte Mittel zur Verfügung. Durch die Unterstützung solcher Projekte könnte sie die staatliche Autorität in einer Region stärken, die lange von Gesetzlosigkeit und nicht selten von Rohstoffdieben in der Uniform von Guerillasoldaten dominiert wurde. Die dortigen reichen Mineralvorkommen haben global ökonomisches Interesse geweckt, zugleich machen nur sehr wenige Akteure enorme Profite.

Nur eine starke Zentralregierung kann die Interessen der örtlichen Bevölkerung effektiv vertreten, auch im Hinblick auf die Nutzung und Verwertung des Nils, da dieses Vorhaben diplomatische Aktivität auf staatlicher Ebene erfordert, sowohl gegenüber anderen Ländern in der Region als auch im Hinblick auf internationale Investoren sowie die internationale Gebergemeinschaft. Die Regierung in Kinshasa hat noch immer einen schwierigen Weg vor sich. Zu viele internationale Akteure wollen in diesem Teil der Welt ihre Interessen durchsetzen; Stabilität und staatliche Kontrolle sind für sie zweitrangig. Sie sind somit zum großen Teil für das Chaos im östlichen Kongo verantwortlich, während die »internationale Gemeinschaft« durch dieses Bild sozusagen ihr vorgefasstes Paradigma bestätigt sieht. Es dient als schlagender Beweis dafür, dass Afrika nicht den Afrikanern überlassen werden dürfe.

Albertsee oder Mobutusee?

Fliegt man über den Albertsee, sieht man einen lang gezogenen See, der sich dunkelblau gen Süden erstreckt. Auf der kongolesischen Seite fallen die Berge tief zum Wasser hin ab und treffen auf ihr Spiegelbild in einem Gewässer, das Mobutu-Sese-Seko-See hätte heißen können, sofern sich der Wunsch des ebenso ruhmsüchtigen wie verbrecherischen Landesvaters erfüllt hätte.

Joseph Désiré Mobutu hatte wie viele andere aus Belgisch-Kongo in Brüssel studiert, ehe er Anfang der 1960er Jahre in sein Heimatland zurückkehrte, das 1960 unabhängig geworden war. Kurz danach wurde der Befreiungsheld und erste Präsident der damaligen Republik Kongo, Patrice Lumumba, ermordet. Vier Jahrzehnte später enthüllte eine Untersuchungskommission, dass Lumumba mit einigen Begleitern von Mobutus Männern entführt und von Soldaten unter dem Kommando belgischer Offiziere erschossen wurde. Seine Leiche wurde in Batteriesäure aufgelöst und die Überreste verbrannt.[216] Mobutu übernahm 1965 durch einen von der CIA gestützten Staatsstreich die Macht. Zu seinem politischen Programm gehörte die Stärkung der nationalen Identität; dafür wollte er etwas entwickeln, das als »nationale Authentizität« bezeichnet wurde.

Mobutu, der nicht zuletzt aufgrund seiner Gegnerschaft zu Angola sowie der sowjetischen und kubanischen Präsenz im Nachbarland lange von den USA gestützt wurde, versuchte, sein Ansehen durch einen der größten PR-Knüller jener Zeit zu verbessern. Er lud Cassius Clay, den einstigen Boxweltmeister im Schwergewicht, und seinen Kontrahenten George Foreman ein, einen Titelkampf in Kinshasa auszufechten. Cassius Clay war zum Islam konvertiert und hatte den Namen Muhammad Ali angenommen. Der Kampf sollte zum berühmtesten Boxkampf der Geschichte werden und fand am 30. Oktober 1974 vor 60 000 Zuschauern sowie dem weltweit größten TV-Kameraaufkommen in Kinshasa statt. Muhammad Ali gewann in der achten Runde durch K.O. Die Veranstaltungen vor und während des Kampfes bleiben unvergessen. Der Kampf war Grundlage für Norman Mailers 1975 erschienenes Buch *Der Kampf* sowie den mit einem Oscar ausgezeichneten Dokumentarfilm *When We Were Kings*. In *Ali*, der 2001 entstandenen Filmbiografie über die Boxlegende, ist der Kampf Höhepunkt des Filmdramas. Der 1997 entstandene Hit *Rumble in the Jungle* (Schlägerei im Dschungel) der Hip-Hop-Band Fugees rief Assoziationen an Joseph Conrads Buch wach, in dem das Land als dunkel, wild und jenseits der Zivilisation liegend gezeigt wurde.

Als Teil seines Programms zur Bildung einer neuen »nationalen Authentizität« taufte Mobutu das Land in Zaire um, das von dem kongolesischen Begriff *nzere* oder *nzadi* abstammt, was »der Fluss, der alle Flüsse verschlingt« bedeutet. Eine passende Bezeichnung für den majestätischen Fluss, der das Land durchzieht, das seit 1997 Demokratische Republik Kongo heißt. Daher war es auch ganz natürlich, dass Mobutu von der Idee, dass der größte See des Landes den Namen eines britischen Prinzgemahls tragen sollte, nur weil Samuel Baker ihn 1864 so getauft hatte, nicht eben begeistert war. Mobutu taufte den Albertsee um und benannte ihn nach sich selbst.

Uganda, das dieses natürliche Nilreservoir mit dem Kongo teilt, hielt diesen konzeptuellen Eroberungsversuch für keinen guten Einfall. Nachdem Mobutus Herrschaft sich von »schlecht« in »grauenhaft« wandelte und dabei zum Paradebeispiel für Kleptokratie als Regierungsform avancierte (schätzungsweise wanderten 90 Prozent des Staatseinkommens direkt in Mobutus Taschen, und selbst wenn diese Zahlen übertrieben sein sollten: Das Regime war äußerst korrupt), konnten auch die USA ihn nicht länger beschützen. Mobutu wurde mit Unterstützung aus Ruanda, Uganda und den USA 1997 durch Laurent-Désiré Kabila ersetzt, und der See erhielt auch im Kongo wieder den Namen des Prinzgemahls, der nie einen Fuß nach Zentralafrika setzte.

Kabila wurde 2001 ermordet, woraufhin sein Sohn Joseph die Regierungsgeschäfte übernahm. Seine Regierung versucht seit Längerem, die staatliche Legitimität in dem Teil des Landes zu etablieren, durch den der Semliki fließt, und führt zu diesem Zweck Entwicklungsprojekte entlang des Flusses durch. Schrittweise hat die Regierung der Demokratischen Republik Kongo Maßnahmen zu einer möglichen Verwertung der Ressourcen im Nilbecken offengelegt. In dieser Region, in der fast ununterbrochen Unruhen geherrscht hatten, befeuert durch verschiedene Guerillagruppen, die weniger politische Ziele verfolgten, als vielmehr die örtlichen Ressourcen unter ihre Kontrolle bringen wollten.

Die Erfordernisse einer sicheren und permanenten Wasserversorgung für die Entwicklung von Industrie und Energiegewinnung am Nilbecken bedeuten zudem, dass die Demokratische Republik Kongo die Übereinkünfte von 1894 und 1906 ebenfalls nicht als bindend anerkennt. Allerdings ist regionale Stabilität für Kinshasa noch wichtiger. Die Nildiplomatie der Regierung versucht, sowohl den Bedarf des Landes an Wasser aus dem Nil zu berücksichtigen, als auch sicherzustellen, dass sich kein Nachbarland in die inneren Angelegenheiten des Kongo einmischt, so wie es Anrainerstaaten und andere Länder für lange Zeit immer wieder getan haben. In diesem Zusammenhang hat Kinshasa Unterstützung bei Ägypten gesucht – einer der Gründe dafür, weshalb beide Länder sich im Unterschied zu den flussaufwärts gelegenen Staaten weigern, die Nilvereinbarung von 2010 zu unterzeichnen.

»Sind Sie der Einzige, der über den Nil in der Demokratischen Republik Kongo schreiben kann?« Wir hatten jeden Stein umgedreht auf der Suche nach einem Kongolesen, der ein Kapitel für das von mir herausgegebene Buch über den Nil in der postkolonialen Epoche schreiben könnte. »Ja, ich glaube schon«, erwiderte Raphael Tshimanga, »aber so wirklich kann ich das auch nicht, das gehört nicht zu meinem Bereich.« Es entstand zwar trotzdem in sehr kurzer Zeit ein gutes Kapitel,[217] doch wie die Geschichte zeigt, ist der unabhängige Kongo trotz der Tatsache, dass das Land so eng mit der Geschichte des Nils verknüpft ist, ein eher unbedeutender Spieler im Nilbecken, und auch die Forschungskapazitäten des Landes sind noch immer begrenzt.

Eine fließende Grenze

»Der Fluss verändert sich, also tut es die Grenze auch.« Als hätten die Kongolesen nicht schon genug Probleme in dieser Region, teilen sie sich hier auch noch eine Grenze mit Uganda, die sich aus natürlichen Ursachen ständig verschiebt. Der von William Garstin Anfang des 20. Jahrhunderts untersuchte Semliki, den König Leopold II. schiffbar machen wollte, ändert seinen Lauf. Er fließt am Nordende des Eduardsees in die Demokratische Republik Kongo und weiter nordwärts bis zum Albertsee. Über weite Strecken formt er die Grenze zwischen dem Kongo und Uganda. Die belgisch-ugandische Grenzkommission beschloss zu Beginn des 20. Jahrhunderts einfach, dass dieser Fluss die Grenze zwischen den beiden Ländern bilden sollte, wusste aber nicht, dass sie damit eine ihren Verlauf ändernde Grenze festgelegt und hinterlassen hatte.

Am 7. Dezember 2010 führte die englische Tageszeitung *The Guardian* ein Interview mit einem lokalen ugandischen Bauern: »Das von unseren Großeltern bestellte Land liegt jetzt im Kongo. Es wird jetzt von der kongolesischen Regierung kontrolliert … Ich muss hingehen und vor ihnen niederknien: Kongos Führung.« Mit dramatischen Worten wurde behauptet, dass Uganda im Schrumpfen begriffen sei, zum Vorteil des Kongo. Eine ernste Anschuldigung – wenn sie denn wahr wäre. In Wirklichkeit ist eher das Gegenteil der Fall. An einigen Stellen hat der Kongo Fläche verloren, an anderen Stellen Uganda. Insgesamt betrachtet ist seit 1960 durch die Veränderungen des Flusslaufs jedoch Ugandas Fläche gewachsen und die des Kongo geschrumpft.

Der *Guardian* lieferte auch gleich eine Ursache für die Veränderung des Flusslaufes. Der Klimawandel sei schuld:

> Der Schnee auf den Berggipfeln ist in den letzten 100 Jahren aufgrund des menschengemachten globalen Anstiegs der Temperaturen stark zurückgegangen. Das veränderte Klima auf den Bergen – und der damit einhergehende starke Niederschlag – ist zumindest teilweise die Ursache für die Änderungen im Flusslauf auf der weiten Ebene darunter.

Das Ruwenzorigebirge habe heute weniger Gletscher und daher werde Uganda kleiner, behauptete das Blatt. Doch das war eine vorschnell getroffene Aussage. Zunächst einmal hat niemand präzise Informationen darüber, wie sich die Gletscher der Region über einen längeren Zeitraum hinweg entwickelt haben. Der 1906 vom Herzog der Abruzzen so begeistert beschriebene Schnee könnte einem besonders regenreichen Jahr geschuldet und daher völlig atypisch gewesen sein. Es reicht nicht, die Beobachtungen eines einzelnen vergangenen Jahres als Grundlage heranzuziehen, um Entwicklungstrends solchen Ausmaßes zu bestimmen. Außerdem macht Schmelzwasser nur einen Bruchteil des Wasserstroms aus: Der Fluss wird hauptsächlich durch lokalen Niederschlag gespeist. In den Jahren vor 2010 hat es ziemlich viel geregnet, wenn auch nicht mehr als Mitte der 1960er Jahre, als es den vom *Guardian* zitierten Wissenschaftlern zufolge eine Vielzahl von Gletschern gab. Seit diesem Artikel sind viele Studien und Artikel erschienen, die ein komplettes Verschwinden der Gletscher des Ruwenzorigebirges bis 2025 voraussagen. Dies hätte dramatische Auswirkungen, doch da wir so wenig über das Verhalten der Gletscher in der Vergangenheit wissen, darf durchaus angezweifelt werden, dass dieser Alarmismus berechtigt ist.

Auf ugandischer Seite ist die lokale Bevölkerung vielfach angehalten worden, das Flussufer aufzuforsten und ihr Vieh davon fernzuhalten, um das Ufer zu schützen und so ein weiteres Vordringen des Flusses auf ugandisches Gebiet zu verhindern. Die Nebenflüsse des Nils folgen jedoch in Bezug auf Hydrologie und Topografie ihren eigenen Gesetzen.

»Dr. Livingstone, nehme ich an?«

In Burundis damaliger Hauptstadt Bujumbura (2018 wurde sie nach Gitega verlegt) checke ich im Source du Nil ein, einem der gehobenen Hotels der Stadt. Meine Suite besteht aus zwei Zimmern und mag gut und gerne 50 Quadratmeter messen. Das Source du Nil war immer das Hotel der Expats und Entwicklungshelfer und diente gleichsam der Betonung des Unterschieds zwischen Gebern und Empfängern von Hilfsleistungen. Meine Zimmer bieten einen Blick auf den großen Hotelpool, wo ein UN-Mitarbeiter aus Kenia stundenlang seine Bahnen zieht. Als ich ihm später beim Mittagessen begegne, gratuliere ich ihm zu seiner Ausdauer.

Auf dem Tisch vor mir liegen ein paar Broschüren und Bücher über das Land, die ich von zu Hause mitgebracht habe. Die in ihnen enthaltenen Geschichten über den Gedenkstein zu Ehren Livingstones und Stanleys, die Nilquelle und das städtische Fußballstadion rufen bei mir nur eine Mischung aus Gleichgültigkeit und Selbsthass hervor; meine sonst übliche Wissbegierde und Neugier wird plötzlich von Apathie überschattet. Ich bin erschöpft vom Reisen und habe nur den Wunsch, im Bett zu bleiben und dann mit dem ersten Flugzeug nach Hause zu fliegen.

Ich öffne meinen Koffer, werfe ein paar Kleidungsstücke auf einen Stuhl, finde Herodot und beginne mit der Lektüre der trockenen, leidenschaftslosen Prosa des griechischen Historikers. Mitunter steckt das Buch voller ermüdender Details. Dennoch erscheint gerade diese anstrengende Dichte an Fakten so seriös und vertrauenswürdig; sie macht Teile des Buches auf merkwürdige Weise zeitlos und somit bis heute lesenswert. Besonders gefallen mir die bereits erwähnten Stellen, an denen Herodot Mutmaßungen über die Quellen des Nils anstellt und rundheraus erklärt, diese Frage niemals klären zu können. Während ich hier in dem tiefen, etwas ausgefransten Sessel in einer 50-Quadratmeter-Suite des Source du Nil sitze, versuche ich mir vorzustellen, wie Herodot vor mehr als 2500 Jahren auf der Elefanteninsel in Ägypten kehrtmachte, weil ihm im Unterschied zu mir die Weiterreise unmöglich war. Ich reiße mich zusammen, ziehe mich an, binde mir die Schuhe, koche eine Tasse heißes Wasser auf, rühre etwas Instantkaffee ein und bin kurz darauf auf dem Weg nach unten, um zur Nilquelle zu fahren.

Außerhalb Bujumburas nehme ich die Landstraße Richtung Süden und komme in das kleine Dorf Mugere auf der burundischen Seite des Tanganjikasees. Auf einer Ebene mit einer weiten, offenen Sicht über den tiefblauen See steht ein großer, einsamer Stein. Das in der Nachmittagssonne

David Livingstone, der bekannteste aller Entdecker, der erfolglos nach den Quellen des Nils suchte. Er starb in Afrika, zwei Jahre nach der berühmten Begegnung zwischen ihm und Stanley.

grell leuchtende Grün lässt den grauen Stein in dieser flachen, steinarmen Landschaft noch mehr als Fremdkörper erscheinen. Auf der anderen Seite des Sees kann man deutlich die Demokratische Republik Kongo sehen.

Auf dem Stein ist eingeritzt: »Livingstone Stanley 25-XI-1871«.

Der Missionar David Livingstone und der zum Afrikaforscher gewordene Journalist Henry Morton Stanley hielten sich hier im November 1871 zwei Tage und Nächte auf. Livingstone war 1865 von der Royal Geographical Society in diese Gebiete südlich des Viktoriasees gesandt worden, weil man die Quelle des Nils irgendwo hier vermutete. Seine Erkundungen führten jedoch zu keinem Durchbruch, und 1871 beschäftigte sich die europäische und US-amerikanische Presse eingehend mit der Frage nach seinem Verbleib. Schließlich wurde Stanley von einer amerikanischen Zeitung damit beauftragt, den berühmten in Afrika verschollenen europäischen Helden, Missionar und Forschungsreisenden zu finden.

Der Aufenthalt der beiden auf dieser Ebene am Ufer des Sees fand zwei Wochen nach einem ikonischen Moment der Geschichte der europäischen Entdeckungsreisen statt. Im etwas weiter südlich am Tanganjikasee gelegenen Ort Ujiji (aus dem Suaheli übersetzt, bedeutet der Name »In der Wildnis segeln«) kommen zwei weiße Männer aufeinander zu. Stanley streckt dem bärtigen Mann vor ihm die Hand entgegen und grüßt ihn schlicht mit den Worten: »Dr. Livingstone, nehme ich an?« Nachdem er zum Auffinden dieses Mannes sein Leben riskiert hatte, muss diese seltsame Mischung aus grenzenloser Lässigkeit und Reserviertheit die Nachwelt fasziniert haben. Die Begründung für diese Begrüßung ist interessant. Stanley schrieb:

> Ich wäre zu ihm gelaufen, fühlte mich jedoch von der Menschenmenge eingeschüchtert – hätte ihn umarmt, war mir aber nicht sicher, wie er darauf reagieren würde; also tat ich, was moralische Feigheit und falscher Stolz mir als zweitbeste Handlungsweise anrieten – ich ging entschlossen auf ihn zu, lüftete den Hut und sagte: »Dr. Livingstone, nehme ich an?«[218]

Nach dieser Begegnung ließen sich die beiden auf dem See in einem Kanu von Einheimischen weiter nach Norden bringen, wobei sie im Schatten einer Abdeckung ganz hinten im Boot saßen, wie Zeichnungen von ihrer Reise zeigen. Sie wollten untersuchen, ob irgendwelche Flüsse den See Richtung Nordosten verließen. Die Reise dauerte 28 Tage. Am 25. November 1871 kamen sie in Mugere an, wo sie Livingstones Vermutung überprüfen wollten, dass der Nil aus dem Tanganjikasee floss. Anders als in unzähligen Artikeln behauptet, fand Livingstones und Stanleys erste Begegnung also nicht an diesem Ort statt. Vielmehr kamen sie gemeinsam hierher, um die Quellen des Nils zu finden. Livingstone war davon überzeugt, dass der Tanganjikasee die Quelle war. Wie sich zeigen sollte, lag er mit seinen Annahmen über die Flusssysteme jedoch vollkommen falsch.

Dennoch war er der Lösung näher, als die Welt bei seinem Tod dachte. Einer der Nebenflüsse des Nils beginnt tatsächlich nur einige Kilometer von dem großen Stein in Mugere entfernt. Die nach Norden hin gelegenen Berge, die Livingstone und Stanley vom Tanganjikasee aus bewundern konnten, liegen zwischen dem Stein in Mugere und der Quelle – sie stellen die Wasserscheide dar, und auf der anderen Seite macht sich das Wasser auf in Richtung Mittelmeer.

Königreich und Kolonie

An der Universität von Bujumbura wird eine Nilkonferenz abgehalten, und ich bin hier, um einen Vortrag zu halten. Als einer von wenigen Wasserexperten Burundis spricht auch der ehemalige Minister für Wasserfragen, Pascal Nkurunziza, auf dieser Konferenz. Er sieht sich bemüßigt, die

Rolle des Nils für Burundi von Grund auf zu erklären: wie die Zuflüsse heißen, woher sie kommen, welche Bedeutung sie haben und so weiter. Wir schreiben das Jahr 2009, und der diplomatische »Kampf um den Nil« ist in der Region in vollem Gang, aber offensichtlich haben sich die meisten Wissenschaftler in Burundi mit der Nilfrage bislang nicht näher beschäftigt, selbst jene nicht, die sich hier für das Seminar über Burundi und das Nilbecken versammelt haben.

Burundi sieht sich erst in jüngster Zeit als Nilland. Es gab eine Fülle an internen Konflikten und Problemen zu bewältigen, und das Kongobecken schien wichtiger zu sein als der Nil. Burundi war ursprünglich Land der Twa, die zu den Volksgruppen gehören, die als »Pygmänen« bezeichnet werden und über Zentralafrika verstreut lebten. Dann kamen die Hutu, und im 16. Jahrhundert begann die Einwanderung der Tutsi. Die Tutsi errichteten ein erstes Königreich und stiegen zu dessen herrschender Kaste auf. Das bis 1966 bestehende Königreich Burundi wurde dann in der zweiten Hälfte des 17. Jahrhunderts von Ntare Rushatsi (Ntare I.) gegründet und hatte ungefähr die gleichen Grenzen wie das heutige Burundi. Die Gesellschaft war strikt nach ethnischen Kriterien organisiert. Die Menschen betrieben Viehzucht und regenbasierte Landwirtschaft.

Der europäische Kolonialismus ist für die vielen ethnischen Konflikte Afrikas verantwortlich gemacht worden. Als Argument wird angeführt, dass die Europäer Grenzen mitten durch die Siedlungsgebiete ethnischer Gruppen zogen, welche dann unter einer Teile-und-herrsche-Politik litten. Das Beispiel Burundis und Ruandas widerspricht jedoch dieser allgemeinen Theorie. Die Grenzen der beiden Länder sind bereits in präkolonialer Zeit gezogen worden, und doch ist es auch dort zu ethnischen Konflikten und Massenmorden gekommen. Burundi wurde 1890 zu einem Teil Deutsch-Ostafrikas. Die Deutschen waren an der Kolonie nicht besonders interessiert, und obwohl sich das Land wirtschaftlich etwas entwickelte, kümmerte sich Berlin nicht allzu sehr um Modernisierung oder Zentralisierung. Diese Strategie begünstigte naturgemäß die vor Ankunft der Deutschen herrschende Bevölkerungsgruppe, da sie von diesen eingesetzt wurde, um die Kolonie in einfacher und günstiger Weise zu verwalten. Der deutsche Afrikaforscher Hans Meyer sah die Dominanz der Tutsi als Ergebnis ihrer angeborenen Überlegenheit – sie hätten »überlegene Intelligenz, Gemütsruhe, Geschicklichkeit, Rassestolz, Solidarität und politisches Talent«. Heute erklärt man die Dominanz der Tutsi damit, dass sie ihr Vieh gewissermaßen als Brechstange benutzten, als eine Form wirtschaftlicher Macht, um die Hutu zu unterdrücken. Sie führten eine besondere Art von Viehvertrag ein, durch den sie unumschränkte politische Rechte über die Hutu erwarben.

Ohne Zweifel machten sich die Kolonialmächte bestehende Unterschiede zunutze und verstärkten sie. Während des Ersten Weltkriegs – etwa zu der Zeit, als London und Berlin auf dem Viktoriasee aufeinander schossen – besetzte Belgien 1916 das Gebiet und bekam 1923 vom Völkerbund offiziell die Verantwortung dafür übertragen. 1925 formten die Belgier eine Verwaltungsregion, die das von ihnen so bezeichnete Ruanda-Urundi und Belgisch-Kongo abdeckte. Sie gründeten eine von Brüssel aus regierte, lockere »Union« zwischen diesen äußerst peripheren Nilländern. Ihre allgemeine Nilpolitik blieb dabei durchweg bestehen: Die Belgier hatten London geschworen, im von ihnen beherrschten Gebiet die Finger vom Nil zu lassen.

Dennoch lag ihnen daran, dass sich die koloniale Verwaltung aus Erträgen finanzieren ließe, die im Land selbst erwirtschaftet wurden. Daher zwangen sie die Hutu, Kaffee anzubauen. Um ihren Willen durchzusetzen, ließen die Belgier die Tutsi Druck auf die Hutu ausüben, und diese Allianz zwischen den Tutsi und der Kolonialmacht schürte die Gegnerschaft zwischen Hutu und Tutsi. Zudem sollte die von den Belgiern betriebene Politik wissenschaftlich begründet werden. Sogenannte Rasseforscher streuten die Behauptung, die Tutsi seien »kaukasischer« Herkunft und deshalb den Hutu rassisch überlegen. In der Folge erhielt jeder Einwohner der Region einen Personalausweis, der ihn als Hutu oder Tutsi markierte.

1946 wurde Ruanda-Urundi ein UN-Treuhandgebiet unter belgischer Verwaltung. Im Zuge des allgemeinen Wandels nach dem Zweiten Weltkrieg war sich Belgien bewusst, dass auch seine Verwaltung in Afrika Reformen benötigte. Da die von den Hutus gebildete Bevölkerungsmehrheit durch Brüssels Allianz mit der Minderheit der Tutsi von der politischen Macht ferngehalten wurde, fürchteten die Belgier um die Stabilität der Region. Tatsächlich unterminierten sie diese Stabilität jedoch selbst, als belgische Militärs im November 1959 die Hutu ermunterten, sich gegen die Tutsi aufzulehnen. Dem Aufstand fielen laut einem UNO-Bericht 20 000 bis 100 000 Tutsi zum Opfer. Die Autoren dieses Berichts gehen auch davon aus, dass die Massaker zudem in Kooperation mit den lokalen belgischen Behörden durchgeführt wurden. In jedem Fall veränderte der Gewaltausbruch die politische und soziale Struktur in Ruanda-Urundi. Über 150 000 Tutsi flohen ins Exil, und die vor Ort Verbliebenen wurden von jeglicher politischen Macht ausgeschlossen. 1962 zogen sich die Belgier zurück, und Ruanda und Burundi wurden unabhängige Länder, in denen jeweils die Hutu die Bevölkerungsmehrheit stellten. Wie sich später zeigen würde, wurde damals die Grundlage für spätere Völkermorde gelegt.

Selbstreflexion und Masken

»Kann das wahr sein?«, frage ich mich, auf einer Restaurantterrasse in Bujumbura sitzend. Die Atmosphäre ist außergewöhnlich angenehm und freundlich. Ein paar Lampen halten die tiefe Dunkelheit auf Abstand. Die Menschen unterhalten sich an den Tischen in ruhigem Ton, jemand lacht, alles erscheint mir vollig friedlich, fast intim – vielleicht wird meine Wahrnehmung von der Hitze beeinflusst.

Was ich hier beobachte, ist wirklich nicht das, was man in einem Land erwarten würde, in dem den Vereinten Nationen zufolge zwei Völkermorde verübt wurden. Ich sitze in einem friedlichen Außenrestaurant in der Hauptstadt eines Landes, dessen Bürger sich immer wieder gegenseitig umgebracht haben, wo Abertausende wie Tiere abgeschlachtet worden sind, und doch sehe ich um mich herum nur Milde, Freundlichkeit und Zurückhaltung. Das Gehirn spielt einem mitunter einen Streich. Die von mir beobachtete Realität ist definitiv nicht die, die ich erwartet habe, andererseits sehe ich auch nur einen Ausschnitt von ihr. Ich bin jetzt schon einige Tage hier, aber persönliche Beobachtungen täuschen. Um Burundi zu verstehen, kann man sich nicht bloß auf seine Augen und Ohren verlassen, und es reicht auch nicht, mit einem Kellner, einem Taxifahrer oder einem Präsidenten zu sprechen – man muss sich dieses Verständnis mühsam erarbeiten.

Wenn man Afrika oder »das Andere« oder Europa oder gar sich selbst verstehen will, muss man sich auch darüber im Klaren sein, wie vorherrschende Sichtweisen unser Sehen und Verstehen beeinflussen. Weder als Europäer noch als Afrikaner sollte man seine eigene Geschichte und Position in Bezug auf das Beschriebene vergessen, wenn man die Geschichte Ostafrikas deuten will; genauso muss eine Person, die über Europa schreibt, über den Filter reflektieren, der ihren Blick auf diesen Kontinent möglicherweise einfärbt, und über die Zwänge und Einschränkungen nachdenken, die aus verschiedenen Interpretationstraditionen erwachsen.

Es muss einem also klar sein, dass der eigene Hintergrund beeinflusst, was man sieht und wie man das Gesehene interpretiert. Jeder Beobachter muss versuchen, sich darüber Rechenschaft abzulegen, wie sich die eigene mentale Verfassung, die eigenen Meinungen, Theorien und Sichtweisen auswirken, da der Akt des seriösen Deutens sozialer Phänomene ein gewisses Maß an Selbstreflexion voraussetzt. Man muss mit der eigenen Geschichte in Bezug auf Ideen, Überzeugungen und politisch-ideologisches Verhalten als Individuum und sozial verortetes Subjekt vertraut sein, um sich selbst von außen betrachten zu können (was natürlich nicht vollständig möglich ist). Das kann vor allem in Kontexten ergiebig sein, die von Aktivitäten dominiert sind, welche Stereotypen und Vorstellungen erzeugen. Es ist eine wichtige Komponente jeden Vorhabens, das ein Verständnis der umgebenden Welt (und Selbsterkenntnis) zum Ziel hat.

Man kann also seinem persönlichen Eurozentrismus (oder auch dem Arabzentrismus usw.) nicht entkommen, weil man sich beim Schreiben über die Geschichte des Nils weder als weiße oder schwarze Person aus Norwegen noch als weiße oder schwarze Person aus Uganda aus der eigenen Position befreien kann. Niemand hat Zugang zu einer objekten »Wahrheit« über die Biografie des Nils oder die Entwicklung der Nilländer, stets wird unsere Erkenntnis durch unsere Perspektive beeinflusst. Aber ein nichtafrikanischer oder europäischer Beobachter zu sein, ist keineswegs ein Mangel, wie dies viele derjenigen behaupten, die von Edward Saids Kritik des Orientalismus beeinflusst sind, es ist weder relativer Nachteil noch Schranke. Europäer befinden sich bei der Analyse des Nils nicht in einer »schlechteren« Position als Araber oder Afrikaner, denn jeder hat seine eigenen »blinden Flecken«. Sobald daher die Wertigkeit von Forschern aufgrund solcher inhärent wertender Unterscheidungslinien und Hierarchien definiert wird (und manche daher vom Diskurs ausgeschlossen werden), entzieht man nicht nur der Kommunikation unter Gleichen die Basis, sondern auch den Sozialwissenschaften und der Geschichte als Idee und Projekt.

Ein Bewusstsein über die Geschichte und die Macht von Ideen und Weltbildern erlaubt uns ein gewisses Maß an Freiheit bei der Wahl des eigenen analytischen Standpunkts. Durch die Aneignung einer kritischen Haltung gegenüber Ideen der Vergangenheit ermöglicht ein solches Bewusstsein Spielräume, die nicht zwangsläufig illusorisch sind, sowie Alternativen und Sichtweisen, die sich sonst nicht aufgetan hätten. Es erlaubt dem Einzelnen den Eintritt in einen inneren Dialog; tatsächlich zwingt es uns zum Selbstgespräch und zur Auseinandersetzung mit der eigenen Geschichte und ermutigt uns zugleich zu mehr Offenheit gegenüber den Sichtweisen und Vorhaben »des Anderen«.

Als Beobachter und Außenstehender stürze ich mich also in die Diskussion über Burundi mit meinem Freund Pascal, dem ehemaligen Minister, der nun als Wissenschaftler arbeitet und die Freundlichkeit besaß, mir sein Land zu zeigen.

Rivalität an allen Fronten

Der Kampf um Macht und Einfluss am Nil ist in den letzten beiden Jahrhunderten einer der zentralen Konflikte zwischen Frankreich und England gewesen, wobei mal die eine und mal die andere Macht im Nilbecken Oberwasser hatte. Er begann 1799 mit Napoleons Marsch durch das flache Nildelta in Ägypten und hat sich mit der Zeit geografisch gesehen den Fluss hinaufbewegt. Nach Ende des Kalten Krieges haben die kulturellen und wirtschaftlichen Interessen der USA und Großbritanniens die einstige Grande Nation nach und nach beiseitegeschoben. Nachdem Ruanda die frankophone Welt verlassen hatte, blieb im Nilbecken nur noch Burundi im französischen Einflussbereich. Der Trend scheint unumkehrbar; in naher Zukunft könnte Burundi aufgrund des verstärkten Austauschs mit seinen englischsprachigen Nachbarn ebenfalls auf Englisch umstellen.

Seit Burundi 1962 seine Unabhängigkeit erlangte, hat Frankreich militärische und politische Berater im Land gehabt. Es hat viele Unruhen sowie kleinere und größere Bürgerkriege gegeben, vor allem zwischen der Mehrheit der Hutu und der Minderheit der Tutsi, die meistens die Regierungsmacht innegehabt und die militärische Kontrolle ausgeübt haben. 1970 brach ein Krieg zwischen den Hutu und Tutsi aus. Mehrere Hunderttausend Menschen wurden in diesem Konflikt getötet, was vor dem Hintergrund des Vietnamkriegs, der Ping-Pong-Diplomatie zwischen China und den USA und des Krieges gegen die portugiesische Kolonialmacht in Angola und Mosambik international kaum beachtet wurde. Nachdem die Hutu im April 1972 damit gescheitert waren, die Macht zu übernehmen, übte die Regierung mithilfe des Militärs furchtbare Rache. Etwa 200 000 Hutu (und einige Tutsi) wurden laut Berichten umgebracht, und mehr als 300 000 flohen außer Landes, hauptsächlich nach Tansania. Gut ausgebildete Hutu wurden dabei gezielt verfolgt.

Als Sieger aus den ersten Präsidentschaftswahlen des Landes ging am 2. Juni 1993 mit Melchior Ndadaye der Kandidat des Front pour la démocratie au Burundi (Front für die Demokratie in Burundi) hervor. Dieser erste Präsident Burundis aus der Volksgruppe der Hutu wurde jedoch nur wenige Monate nach der Wahl ermordet. Der zweite Präsident aus der Volksgruppe der Hutu, Cyprien Ntaryamira, kam am 6. April 1994 bei dem Attentat auf das Flugzeug des ruandischen Präsidenten ums Leben. In der Folge begannen Jugendbanden der Hutu, Tutsi zu ermorden, während die von den Tutsi kontrollierte Armee Hutu umbrachte. Im Juli 1996 vereinbarten sechs Staaten die Entsendung von Friedenstruppen, um den Bürgerkrieg in Burundi zu beenden. Die von den Tutsi beherrschte Armee misstraute dem Friedensprozess und initiierte einen Putsch, durch den der dritte Präsident aus der Volksgruppe der Hutu abgesetzt wurde. Sein Amt übernahm stattdessen der Tutsi Pierre Buyoya. Mit kurzer Unterbrechung blieb dieser bis 2003 an der Macht und richtete eine Übergangsregierung ein, die im April dieses Jahres die Macht an den Hutu Domitien Ndayizeye übergab.

Während dieser Zeit interner Konflikte stieg Burundi zu einem der ärmsten Länder der Welt ab. Die extrem hohe Rate an Analphabeten und die schreckliche Kindersterblichkeit sowie das Fehlen moderner Wirtschaftsaktivitäten lassen Frankreichs »Bündnispartner« in der Region nicht gerade als Aushängeschild erfolgreicher Politik erscheinen.

Der Guerillaführer, der von einem Norweger erlöst wurde

Es ist Samstag, der 23. August 2003. Auf einem Hügel hinter dem Fußballstadion in Bujumbura liegt der bis an die Zähne bewaffnete Rebellenführer Pierre Nkurunziza mit seinen Elitetruppen. Sein Vater, ein Parlamentsabgeordneter und Gouverneur, war in einem der vielen ethnischen Konflikte des Landes getötet worden, als er selbst neun Jahre alt war. Fünf seiner Geschwister ließen ihr Leben in ähnlichen Konflikten. Pierre Nkurunziza wurde verwundet, als die Armee 1995 die Universität von Bujumbura stürmte. Daraufhin floh er in den Busch, wo er später zum Guerillaführer wurde. An diesem Samstag lauschen Nkurunziza und seine Soldaten den Worten des norwegischen Predigers Aril Edvardsen, der über mächtige Lautsprecher in der Stadt eine evangelikale Missionskampagne durchführt.

Die Menschen in Burundi müssten sich entscheiden!, predigt Edvardsen. Entweder sie ließen Jesus in ihr Land, auf dass es ein leuchtender Stern für ganz Afrika werde, oder Barabbas werde herrschen, und alle wüssten, was er ausrichten könne. Die Friedensverhandlungen in Südafrika zwischen Burundis Regierung und der Oppositionsbewegung Conseil National Pour la Défense de la Démocratie – Forces pour la Défense de la Démocratie (Nationaler Rat zur Verteidigung der Demokratie – Kräfte für die Verteidigung der Demokratie) sind gerade gescheitert. Doch anstatt sofort ins Rebellenhauptquartier an der tansanischen Grenze zurückzukehren, hat sich der Guerillaführer auf einem Hügel hinter dem Stadion von Bujumbura in den Büschen versteckt, um den Worten Aril Edvardsens zu lauschen.

Pierre Nkurunziza war katholisch erzogen worden und wurde an diesem Tag nicht zum evangelikalen Christen. Der Rebellenführer kehrte anschließend an die Front zurück und kämpfte weiter gegen die Regierungstruppen, hielt aber gleichzeitig den Kontakt zu Burundis Präsidenten aufrecht. Und die Predigt klang in Nkurunziza offenbar nach. Einem seiner Offiziere zufolge erklärte er, Gottes Stimme vernommen zu haben. Drei Monate später habe er, so gab derselbe Offizier Nkurunzizas Worte wieder, Jesus Christus als »seinen persönlichen Erlöser durch den Glauben in seinem Herzen« empfangen. Am 16. November 2003 schloss er schließlich ein Friedensabkommen mit Präsident Domitien Ndayizeye, das die gemeinsame Ausübung der Regierungsverantwortung vorsah. Aus der Rebellenbewegung wurde eine politische Partei. Am 23. November bildete der Präsident sein Kabinett um, um einen Platz für Nkurunziza als »Minister für gute Regierungsführung« frei zu machen. Am 6. Dezember 2003 traf dieser in Begleitung vieler Rebellensoldaten in Bujumbara ein und legte die Waffen nieder. Das Land stand beinahe unter Schock, weil der Krieg so abrupt geendet hatte, und viele Menschen jubelten vor Freude.

Nkurunziza war bald darauf in den nationalen Medien zu vernehmen, in denen er verkündete, er sei erlöst worden und wolle sich nun für den Frieden in seinem Land einsetzen. Er bekannte sich öffentlich zum Christentum und bat die ganze Nation um Vergebung für das Böse, das er seinem Volk angetan habe.

Im September 2005 wurde Nkurunziza zum Präsidenten gewählt. Die Wahlbeteiligung lag offiziell bei 70 Prozent, er erhielt 92 Prozent der Stimmen. Burundi verabschiedete eine neue Verfassung, die die alte von 1962 ablöste. Seitdem müssen der Präsident und der Vizepräsident verschiedenen Ethnien entstammen. Außerdem sollen die Regierung und das Parlament zu 60 Prozent aus Hutu und zu 40 Prozent aus Tutsi zusammengesetzt sein, und der Frauenanteil der gewählten Abgeordneten muss bei mindestens 30 Prozent liegen. Drei Sitze im Parlament sind für Vertreter der Volksgruppe der Twa vorgesehen. Laut der neuen Verfassung soll keine ethnische Gruppe mehr als 50 Prozent der Soldaten stellen.

Nkurunzizas Führungsstil erwies sich als ungewöhnlich. Er und seine Frau richteten in ihrem Haus Gebets- und Bibelkreise ein. Besucher haben mir erzählt, dass Sitzungen mitunter plötzlich unterbrochen wurden, weil der Präsident beten musste oder weil sein Privatchor den Raum betrat, um ein religiöses Lied anzustimmen. Ungeachtet seines informellen Stils ist der Präsident von der Opposition für seine autoritären Anwandlungen kritisiert worden. Nkurunziza hat eine Kampagne namens »Gebetsfeldzug« ins Leben gerufen, und er organisiert auch Fußballturniere. So spielte etwa sein FC Hallelujah im August 2010 im Stadion von Bujumbura gegen ruandische Regierungsbeamte (Kagame saß im Publikum, während Nkurunziza zur großen Freude des Publikums mit Fußballkniffen und Dribbelfolgen aufwartete). Fast auf den Tag genau sieben Jahre nachdem Nkurunziza die Rede Edvardsens gehört hatte, nahmen an diesem Ort Tausende Menschen an einer der großen Versammlungen des Präsidenten teil, bei denen es sich zugleich um religiöse Events handelte. Nkurunziza wusch Armen die Füße und teilte Schuhe aus. Sein Motiv war deutlich: Als Präsident wollte er gegenüber seinen Wählern als demütig erscheinen. In schwarzem Anzug und T-Shirt und mit einem Mikrofon bewaffnet, sang und tanzte er mit seinem Chor das Lied *Komeza Gusenga*, »Bete weiter«.

Ohne Zweifel gelang es dem Präsidenten, ein stabileres und friedlicheres Burundi zu schaffen. 2010 wurde er mit mehr als 90 Prozent der Stimmen wiedergewählt. Von der Europäischen Union entsandte internationale Beobachter konnten keine größeren Unregelmäßigkeiten feststellen, aber die Opposition boykottierte die Wahl, weil es bei den Lokalwahlen im selben Jahr erheblichen Wahlbetrug gegeben habe. Politische Beobachter befürchteten weiterhin, dass ein neuer Bürgerkrieg ausbrechen könnte, und westliche Gesandte in Bujumbura drückten im Juni 2011 in einem Kommuniqué ihre Besorgnis über im Zuge der Wahlen durch Sicherheitsbeamte verübte Fälle von Mord und Folter aus. Im April 2015 verkündete Nkurunziza, sich um eine dritte Amtszeit bewerben zu wollen. Die Opposition sprach von einem Bruch der Verfassung, da diese eine dritte Amtszeit für Präsidenten ausschließe. Die Anhänger Nkurunzizas dagegen erklärten, seine erste Amtszeit dürfe man nicht mitzählen, da er damals vom Parlament und nicht direkt von den Wählern eingesetzt worden sei. In der Folge kam es zu Demonstrationen und Unruhen. Radiostationen wurden geschlossen. Mitte Mai erklärte der ehemalige Chef des burundischen Geheimdiensts den Präsidenten für abgesetzt, als dieser an einem Gipfel im Nachbarland Tansania teilnahm. Einer der Putschisten rief zum bewaffneten Aufstand gegen Nkurunziza auf. Es kam zu Kämpfen, und die burundische Regierung gab bekannt, ihre Soldaten hätten Rebellen getötet, die durch den Nyungwewald von Ruanda aus nach Nordburundi eingedrungen seien. Die Regierung in Kigali bestritt, dass von ruandischem Territorium ein Angriff auf das Nachbarland ausgeführt worden sei. Die von Teilen der Opposition boykottierte Präsidentenwahl fand im Juli statt, und Nkurunziza gewann sie mit fast 70 Prozent der abgegebenen Stimmen.

Bei aller Uneinigkeit über die Herrschaft Nkurunzizas kann doch gesagt werden, dass Burundi in den Jahrzehnten seit seiner Regierungsübernahme eine lange Periode relativer Stabilität und bedeutenden wirtschaftlichen Wachstums erlebt hat und dem Land, das sich nunmehr zu den zentralen Akteuren im Kampf um den Nil gesellt hat, nicht zuletzt eine Befreiung aus seiner Isolation gelungen ist.

Umwerben, Teppiche und Wasser

»Burundi unterstützt Ägyptens Bestreben, seinen rechtmäßigen Anteil am Nilwasser zu verteidigen«, erklärte Burundis Vizepräsident Gervais Rovkiri Anfang Dezember 2010 gegenüber ägyptischen Medien auf einer gemeinsamen Pressekonferenz mit dem ägyptischen Premierminister Ahmed Nazif. Es schien, als hätte Ägypten mit seiner Strategie Erfolg gehabt, Burundi von der Unterzeichnung des Kooperationsrahmenabkommens für das Nilbecken vom 14. Mai 2010 abzuhalten. Die Medien hoben Rovkiris Dialog- und Kooperationsbereitschaft hervor, und Ägyptens Premierminister dankte Burundi für seine Unterstützung.

Im Januar 2011 war dann in äthiopischen Zeitungen von Gerüchten zu lesen, nach denen Ägypten Burundis Muslime mobilisiert habe, um die Haltung ihres Landes in der Nilfrage zu beeinflussen: Obwohl die Muslime nur zehn Prozent der burundischen Bevölkerung ausmachten, sei das jährliche Fest des Fastenbrechens vor Kurzem zum Feiertag erklärt worden. Bereits im Herbst 2010 war gemeldet worden, Ägypten habe versucht, burundische Politiker und hohe Beamte mit Geschenken zu bestechen. Unter anderem hätten burundische Minister ganze Flugzeugladungen mit orientalischen Teppichen erhalten.

Alle Staaten des Nilbeckens schauten nun auf Burundi: Würde das

Land das von den anderen Anrainerstaaten des oberen Nils initiierte Abkommen unterzeichnen? Plötzlich war Burundis Stimme auf dem hydropolitischen Schlachtfeld von Gewicht. Die Entscheidung des Landes würde von entscheidender Bedeutung für den weiteren Verlauf der ganzen Nilfrage sein.

Burundis Teil des Nilbeckens besteht aus den Flüssen Kanyaru/Nyabarongo, Kagera und Ruvubu. Das Land verfügt über relativ reiche Wasservorkommen und reichlich Niederschlag. Für das Land als Ganzes ist das Kongobecken wichtiger, vor allem wegen des vom Kivusee zum Tanganjikasee fließenden Ruziziflusses und der an seinem Lauf erbauten Wasserkraftwerke. Der Ruvubu ist 480 Kilometer lang, hat einen Niederschlagsbereich von 12 300 Quadratkilometern und fließt direkt oberhalb der Rusumofälle in den Kagera. An dieser Stelle bauen Tansania, Ruanda und Burundi das größte Kraftwerk der Region. Burundi schickt ungefähr 2,6 Milliarden Kubikmeter Wasser zum Nil, hat aber selbst nie einen Nutzen davon gehabt. Da das Land südlich des Viktoriasees liegt, war es nie an das Abkommen von 1929 gebunden. Allerdings trafen die Belgier für Burundi eine separate Vereinbarung mit London, mit der sie jeglicher Nutzung der Flüsse des Nilbeckens ohne die vorherige Zustimmung durch London abschworen. Diese Vereinbarung ist vom unabhängigen Burundi jedoch nie als bindend angesehen worden, sodass das Land immer ein Dorn im Auge der Nilpolitiker Ägyptens gewesen ist.

Burundis Regierung hat sich dazu mehrmals deutlich geäußert. Umwelt- und Wasserminister Degratias N'Duimana erklärte, Ägypten müsse damit aufhören, seinem Land vorzuschreiben, wie viel Nilwasser es nutzen könne. Sowohl N'Duimana als auch Präsident Nkurunziza erzählten mir bei Interviews, dass sie keine Nilpolitik akzeptieren könnten, die sie oder andere Anrainerstaaten des oberen Nils an der Nutzung von Nilwasser hindern würde. Sie trugen diese Aussagen nicht auf aggressive Weise, sondern vielmehr als Tatsachen vor. Ohne einen Hauch von Kritik an Ägypten oder anderen Ländern des unteren Nils erklärte der Präsident mir diplomatisch: »Kein Abkommen ist perfekt. Alle Abkommen spiegeln die Zeit wider, in der sie getroffen worden sind. Daher kann ein Abkommen immer verbessert werden.«

Am 28. Februar 2011 machte Burundi seinen Standpunkt endgültig deutlich – just als der Arabische Frühling in Ägypten in vollem Gange war, unterzeichnete Burundi als sechster Staat das Kooperationsrahmenabkommen für das Nilbecken.

Die Pyramide an der Quelle

Wir sind auf der Nationalstraße 7 im südburundischen Rutovu unterwegs und fahren zur Quelle des Ruvyironza, wie der obere Kagera in diesem Landesteil genannt wird. Die Straße windet sich die Hügel hinter Bujumbura hinauf, und der Blick über die Stadt und den See weitet sich zusehends. Hier stehen nur wenige Häuser am Straßenrand, doch umso mehr Frauen sind in der Hitze auf der Straße zu Fuß unterwegs, farbenfroh gekleidet und mit einem Korb mit Wäsche, Lebensmitteln oder irgendwelchen anderen Dingen auf ihrem Kopf. Sie erzeugen gleichermaßen ein Bild von Burundis Verarmung und dem fortwährenden Bemühen zu ihrer Überwindung. Im Hintergrund sehe ich die Umrisse der Stadt und der Landschaft in einem Dunst verschwimmen, der sich, aus den Hügeln kommend, auf den smaragdfarbenen See zu ergießen scheint.

1910 schilderte Adolf Friedrich zu Mecklenburg Ruanda und Burundi als Orte, an denen Viehzucht und Bienenkultur gediehen und der bestellte Boden reiche Ernte gebe; die dicht bevölkerte, liebreizende Hügellandschaft dieses fruchtbaren Landes mit seinen konstant strömenden Gewässern verfüge über ein unvergleichbar erfrischendes und gesundes Klima.[219] Ein Jahrhundert später ergibt sich im Großen und Ganzen noch immer dasselbe Bild, auch wenn man es wegen der Geschichte des Landes unweigerlich mit einer gewissen Melancholie und Trauer betrachtet. Man kommt nicht umhin, dem Optimismus von 1910 spätere Bilder von blutigen ethnischen Konflikten und Armut entgegenzusetzen.

Während wir durch diese einladende grüne Hügellandschaft mit ihren fotogenen Teeplantagen und kleinen Dörfern fahren, schalten wir das Autoradio ein. Dort hören wir Burundis Trommler. Die markanten Rhythmen des weltberühmten königlichen Schlagensembles begleiten uns auf unserer Fahrt durch die sanft geschwungenen Hügel.

Burundis Trommler sind Teil einer langen Tradition. Es gibt die Sage von einem König, der vor langer Zeit in Begleitung eines Stiers aus einem fernen Land nach Burundi kam. Er tötete den Stier und spannte dessen Haut zum Trocknen über ein Loch. Dann legte er sich hin, um zu schlafen. Plötzlich erwachte er von einem trommelnden Geräusch. Eine Schlange hatte vergeblich versucht, aus dem Loch zu kriechen, und war dabei mit ihrem Kopf immer wieder von unten gegen die aufgespannte Haut gestoßen. Daraufhin befahl der König seinen Untertanen, aus einem Baumstamm eine hohle Röhre anzufertigen und die Stierhaut darüberzuspannen. Das wurde die heilige Trommel *Inkiranya*. Die Trommel symbolisierte

Die Pyramide an der Quelle

Die Minipyramide an der Quelle des Nils in Burundi wurde in den 1930er Jahren gebaut und unterstreicht das geografische Band und die Schicksalsgemeinschaft zwischen den Ländern an diesem gigantischen Wasserlauf.

fortan die Macht und Legitimität der Königsfamilie und das Wohlergehen des Königreichs.

Ich hatte die faszinierenden Rhythmen der Trommel schon vorher gehört; die tanzenden Trommler sind Teil von Joni Mitchells Song *The Hissing of Summer Lawns* (Das Rauschen von Sommerwiesen) und sind als »Buschtrommeln« in Werner Herzogs *Fitzcarraldo* zu hören, einem unvergesslichen und außergewöhnlichen Film über einen exzentrischen Abenteurer und Opernliebhaber und sein besessenes Bestreben, am Amazonas ein Opernhaus zu errichten.

Nach ein paar Stunden Fahrt erreichen wir die Provinz Bururi, wo die Quelle des Ruvyironza liegt. Die hier und da auftauchenden Hinweisschilder am Straßenrand bezeugen, dass wir uns auf dem richtigen Weg befinden, doch als wir den vermeintlichen Ort der Quelle erreichen, ist kein Schild zu sehen, geschweige denn ein Café oder Informationsstand. Keine Menschenseele weit und breit. Schließlich kommt ein alter Mann auf uns zu. Ich verstehe kein Wort von dem, was er sagt, aber seinen Gesten entnehme ich die Bedeutung, dass die Quelle attraktiv und das Nilbecken riesig sei. Er führt uns zu einer kleinen Mulde, wo der Quell von einer

Mauer aus Stein und Zement geschützt dem Boden entspringt. Denkbar prosaisch und alltäglich erscheint dieser Ort, bezeichnend für den Stellenwert des Wassers in diesem niederschlagsreichen Land – und vollkommen bar jener Aura von Religiosität und Respekt, mit der das Wasser in vielen anderen Gesellschaften umgeben ist, wo es ein kostbares und unbeständiges Gut und somit schrecklich notwendig ist.

Auf der anderen Straßenseite ist auf einem Hügel, der den Kongo und die nördlich gelegene Flussebene überblickt, eine Pyramide zu sehen. Auf diesem kleinen Gipfel in Burundi steht eine winzige Replik der ägyptischen Monumentalbauten. 1937 ermittelte der deutsche Afrikaforscher Burkhart Waldecker diesen Ort als eine ganz besondere Quelle des Nils: Es gibt keine Stelle weiter südlich in Afrika, von der aus das Wasser zum Viktoriasee und weiter nach Ägypten hinabfloss. Daher wurde die Pyramide gebaut, um die Verbindung Burundis mit dem Land am unteren Ende des Nilbeckens zu betonen.

Die Pyramide verkörpert Burundis geografische Grundlage für das plötzliche Auftreten als wichtiger Akteur im geopolitischen Wettstreit um die Kontrolle über den Nil. Sie ist nicht länger bloß architektonisches Kuriosum und Denkmal für Entdeckereitelkeit. Vielmehr ist sie Ausdruck einer neuen, unumstößlichen realpolitischen Wahrheit, die auf absehbare Zeit Bestand haben wird. Wie der burundische Wasserminister in seinem Büro in Bujumbura, dieser nicht weit vom Herzen des riesigen afrikanischen Kontinents gelegenen Stadt, zu mir sagte: Der Nil ist wie eine Nabelschnur, die Burundi mit dem Mittelmeer verbindet.

DER WASSERTURM IM OSTEN – ERITREA UND ÄTHIOPIEN

Eine Eisenbahnfahrt und eine Art-déco-Hauptstadt am Horn von Afrika

Die Dampflokomotive müht sich den steinigen Gebirgshang hoch. Die Strecke dieser Schmalspurbahn wurde aus dem Felsen herausgemeißelt, und an einigen Stellen ist die Trasse auf dem sie fährt, nur wenige Meter breit. Wenn ich mich aus dem Fenster beuge, sehe ich manchmal mehrere Hundert Meter geradewegs nach unten. Der Lokomotivführer wirft mir durch das offene Fenster einen aufmunternden Blick zu, ein Lächeln erhellt sein rußiges Gesicht, und er hebt den Daumen, während seine Mannschaft Kohlen schippt. Auf einer hinten am Waggon angebrachten offenen Plattform steht der Bremser. Seine Aufgabe ist es, per Hand die Zugbremsen zu betätigen, wenn es bergab geht, damit der Zug nicht entgleist, wenn die Lokomotive Probleme hat. Uns wird starker Kaffee serviert, aufgebrüht von frisch gerösteten Kaffeebohnen, was nur angemessen wirkt, schließlich befinden wir uns in einer Gegend, wo wilde Kaffeepflanzen wachsen und erstmals die kräftigenden Eigenschaften dieses Getränks beobachtet wurden. Eine Bande unverschämter Affen hockt auf dem Felsüberhang oberhalb eines Tunneleingangs und amüsiert sich damit, Steine auf die Schienen zu werfen.

Die Bahnlinie wurde 1911 fertiggestellt; sie führt von Massawa am Indischen Ozean nach Asmara, das durch seine Lage auf 2325 Metern über dem Meer eine der höchstgelegenen Hauptstädte der Welt ist. Damals waren die selbsternannten Erben des Römischen Reichs an den Nil zurückgekehrt, 2000 Jahre nach Julius Cäsar. Jetzt konnte Rom Eritrea seinen persönlichen Stempel aufdrücken. 20 Jahre zuvor hatte Italien die Kontrolle über das Land an sich gerissen. Die Bahnlinie war ein Triumph der Ingenieurskunst: 20 Tunnel und 65 Brücken verteilen sich über die kurze Strecke vom Tiefland in das hochgelegene Asmara. Die Steigung beträgt über weite Strecken einen auf 30 Meter.

Die Bahnlinie von Massawa nach Asmara wurde von italienischen Arbeitern verlegt, als deren Regierung nach und nach große Bereiche des eritreischen Binnenlandes für sich beanspruchte, um dort Kaffee für den Export zu erwerben und sich als Kolonialmacht zu präsentieren, deren Herrschaft von Dauer sein würde. Die Strecke galt als Investition, mit deren Hilfe Rom die weitreichenden Pläne für die wirtschaftliche Expansion und Ansiedlung von Italienern in Eritrea umsetzen wollte. Sie war außerdem als kraftvolles Symbol der modernen Zivilisation und für Italiens technologische Kompetenz gedacht. Die moderne Technologie der Bahnlinie sollte zur Legitimierung einer expandierenden europäischen Kolonialmacht beitragen, und das Ergebnis zieht sich als wahrlich unvergessliche Spur quer durch das Land.

Ich bedanke mich für den Kaffee, und, gesättigt von Eindrücken, springe ich aus dem Zug, nachdem er langsam in den alten, ockergelben Bahnhof von Asmara eingefahren ist. Mir geht sehr bald auf, dass diese Bahnfahrt auf zwei wichtige Charakteristika des heutigen Eritrea hinweist: Neben dem Einfluss des italienischen Kolonialismus ist dies die politische Unabhängigkeit und die Tatsache, wie stark dieses Land auf eigene Kraft setzt. Die Eisenbahnlinie aus der Kolonialzeit wurde während des Krieges um Eritreas Unabhängigkeit von Äthiopien zwischen 1961 und 1991 zerstört. Nur wenige Jahre nachdem Eritrea 1993 offiziell seine Unabhängigkeit erlangt hatte, wurde die Bahnstrecke wieder hergestellt. Obwohl die UNO befunden hatte, der Wiederaufbau sei zu kostspielig, machten sich die Eritreer an die Arbeit, wobei es der Regierung gelang, die Bevölkerung zu mobilisieren. Die Bahn wurde allerdings nur von Touristen benutzt, und da aufgrund der lange gestörten Beziehung zu Äthiopien und des internationalen Boykotts gegen Eritrea bis heute nur wenige Besucher den Weg in dieses Gebirgsland finden, hat man den Betrieb der Strecke vor einigen Jahren »bis auf Weiteres« eingestellt. Wer wie ich mit der Bahn fahren will, mietet die Lokomotive mit einem einzigen Waggon. Für mich hat sich die Ausgabe auf jeden Fall gelohnt, denn es handelt sich um eine der spektakulärsten Bahnstrecken der ganzen Welt.

»Ich gehe nicht mit dir ins Postamt. Manchmal schaue ich dort aber vorbei, einfach, um die Atmosphäre in mich aufzunehmen, dieses Gefühl von Ordnung, Zielstrebigkeit und Ästhetik, das von Fresken und Briefkästen geschaffen wird.« Der sudanesische Flüchtling, mit dem ich mich getroffen hatte, der Freund eines Freundes, sah erschöpft aus, fügte aber hinzu: »Wir könnten uns stattdessen heute Abend in einem italienischen Restaurant treffen.«

In der Innenstadt von Asmara liegt eines der schönsten Postämter der Welt, es wurde 1916 erbaut. Sowie ich davon gehört hatte, war mir klar, dass ich es besuchen musste. Das Postamt an sich ist weder überwältigend noch prachtvoll. Wenn es ungewöhnlich harmonisch und zurückhaltend wirkt, dann liegt das am Verhältnis zwischen Raum und Fresken und Schaltern und Briefkästen. Da das Gebäude als funktionales Postamt geplant war (und als solches immer noch dient), ist die Ausschmückung eher bescheiden. Dennoch erscheint es als Füllhorn des Alltagslebens, was noch betont wird durch die Tatsache, dass die Fresken im Atrium Motive aus Land- und Forstwirtschaft in verschiedenen Landesteilen Eritreas zeigen. Das Postamt wurde errichtet, um den zu Beginn des 20. Jahrhunderts immer zahlreicher ins Land strömenden Italienern den Kontakt zu ihrem Heimatland zu ermöglichen. Es sollte ein architektonischer Ausdruck des italienischen Kolonialismus sein, dessen Fortschritte zeigen und zugleich auf Roms weiter reichende Pläne für diese Region hinweisen.

Asmara wurde 1900 zur Hauptstadt der italienischen Kolonie ernannt. Die Kolonialverwaltung teilte die Stadt in vier klar umrissene Zonen ein. Ein Bereich war allein den Europäern vorbehalten. Weiterhin gab es einen gemischten Bezirk für Europäer, Juden, Araber und wenige Eritreer. Der dritte Bereich war ein »Eingeborenenbezirk«, und der vierte diente als Industrie- und Gewerbegebiet. Zehn Jahre zuvor, am 1. Januar 1890, hatten italienische Truppen die Küste von Eritrea besetzt. Doch erst unter Benito Mussolini und vor allem in den Jahren nach 1936 entwickelte sich Asmara zu der Stadt, wie wir sie heute kennen – einer Art urbanen Utopie des Faschismus in Ostafrika.[220]

Die Stadt sollte den Tausenden Italienern, die sich zweifellos hier einfinden würden, eine Heimstätte bieten. Am Ende trafen in den 1930er Jahren mehr als 300 000 italienische Soldaten in Eritrea ein. Dazu kamen 50 000 Italiener, die in unterschiedlichen Infrastrukturprojekten beschäftigt waren. Italiener stellten schließlich etwa zwölf Prozent der Einwohnerschaft von Asmara.

Für Mussolini und seine Architekten war diese im Hochland gelegene Stadt ein Versuchslabor für Architekturstile wie Rationalismus, Futurismus und Monumentalismus, vermischt auf eine Weise, die nach Meinung einiger Beobachter so in Italien niemals akzeptiert worden wäre. Die Architektur wurde jedoch nicht zu dem Aushängeschild für faschistischen Größenwahn, den man hätte erwarten können. Stattdessen zeugt sie von Mäßigung und ästhetischem Gleichgewicht.

Asmara ist geprägt von einer architektonischen Mischung aus verschiedenen Epochen. Nicht weit entfernt von der Liberation Avenue befinden sich die modischen Restaurants mit Espressomaschinen und köstlichen Speisen, italienische Villen mit Romeo-und-Julia-Balkonen, es gibt mit nordkoreanischer Hilfe errichtete Häuser, Moscheen, Kirchen und ein Opernhaus sowie Cafés mit Holzöfen – die Pizza, die wir an jenem Abend verzehrten, hatte einen dünnen, knusprigen Boden. Die italienische Segregationspolitik ist längst Geschichte, und in der Umgebung des Postamts kann man das Gefühl haben, durch eine italienisch-afrikanische Stadt zu schlendern, friedlich und freundlich, von Art-déco-Architektur geprägt, die ein Teil der eritreischen Kultur geworden ist.

Italien als Nilmacht

Als Italien gegen Ende des 19. Jahrhunderts diesen Teil des Horns von Afrika eroberte, geschah das aufgrund einer geheimen Absprache mit Großbritannien und wurde im Rahmen der britischen Nilstrategie gestattet. Italien konnte sich Londons Unterstützung sichern, weil die britische Regierung einen Verbündeten und ein Gegengewicht zum osmanisch-ägyptischen Expansionsstreben in der Region brauchte. Das Osmanische Reich hatte im 16. Jahrhundert Massawa besetzt und Teile von Eritrea erobert, und die Nachfolger des ägyptischen Khedive Muhammad Ali hatten nach 1870 versucht, auch Abessinien an sich zu bringen. Die italienische Besetzung trug dazu bei, das Osmanische Reich in dieser Region zu schwächen, vergleichbar mit König Leopold II., der in Zusammenarbeit mit London die letzten Überreste des osmanischen Einflusses an der Südwestflanke des Nilbeckens im Kongo beseitigte.

Ferner fungierte Rom als Gegengewicht zu dem abessinischen Kaiser Menelik II., den man in London als zu mächtig befand. Britische Strategen gingen davon aus, die italienische Anwesenheit in Eritrea werde den Kaiser davon abhalten, ein extrem starkes und damit auch extrem gefährliches Reich aufzubauen. Sie setzten zugleich darauf, sich Menelik andienen zu können, wenn dieser Verbündete gegen das expansive Italien benötigte, was ihnen den erwünschten Einfluss in der Region sichern würde. Ein Großteil der Wissenschaftler, die sich mit der Aufteilung Afrikas beschäftigen, sehen in der Rivalität zwischen Großbritannien und Italien einen der Gründe für Londons Entschluss, das übrige Nilbecken zu besetzen.[221] Aber das ist nicht der Fall. Großbritannien ließ sich auf das Geheimabkommen ein, durch das Rom zu Beginn der 1890er Jahre Eritrea an sich bringen konnte, weil Rom als Gegengewicht zum Kaiser von Abessinien gebraucht wurde, wenn die langfristige britische Nilstrategie Erfolg haben sollte.

Von Anfang an setzte London Roms Expansionsdrang aber auch eine klare Grenze: Die Italiener mussten am Ufer des Nils anhalten. Als Italien versuchte, seine Gebiete in Richtung Sudan und Äthiopien auszudehnen, die Kassala einzubeziehen und die Herrschaft über den Fluss Tekeze zu erlangen (der im Sudan und in Ägypten Atbara genannt wird), wies die britische Regierung diese Pläne zurück. Am 7. Februar 1891 nahm Premierminister Salisbury in London Lord Cromers Vorschlag an, Rom zum Ausgleich die sudanesischen Regionen Suakin und Tokar zu überlassen. Am 15. April 1891 wurde ein entsprechendes anglo-italienisches Protokoll unterschrieben. Der genaue Grenzverlauf zwischen Äthiopien und Eritrea blieb allerdings eine heiß umstrittene Frage; die Uneinigkeit darüber war die Hauptursache für Grenzkonflikte, die zwischen 1998 und 2000 zu militärischen Zusammenstößen beider Länder führte. In Artikel III des Protokolls machten die Italiener das für die Briten wichtigste Zugeständnis, dass sie nämlich »am Fluss Atbara im Zusammenhang mit Bewässerung keinerlei Arbeiten vornehmen würden, die dessen Zustrom zum Nil empfindlich verändern würden«.

Im Jahre 1889 schloss Italien außerdem ein Abkommen mit Abessinien und Kaiser Menelik II. ab – den sogenannten Vertrag von Wuchale. Dieses Abkommen wird in der historischen Literatur ausgiebig diskutiert und ist für Äthiopien wie Eritrea gleichermaßen wichtig, da der Kaiser Eritrea als italienische Kolonie anerkannte. Die Italiener behaupteten jedoch, dass der Vertrag außerdem Abessinien zum italienischen Protektorat mache. 1893 kündigte Menelik den Vertrag daher mit der Begründung auf, die Italiener hätten ihn falsch interpretiert. Die Briten teilten die Sicht des Kaisers, denn sie wollten Italien durchaus nicht als Herrscher über Abessinien – den Wasserturm des Nils – sehen, nachdem sie selbst erst wenige Jahre zuvor die Herrschaft in Ägypten an sich gerissen hatten. Da der Kaiser den Vertrag zurückwies, erklärte Italien ihm zwei Jahre später den Krieg. In einer der blutigsten Schlachten der Kolonialzeit – der Schlacht von Adua – trug Abessinien am 1. März 1896 den Sieg davon, auch dank russischer Militärhilfe. Der Vertrag von Wuchale wurde aufgehoben, und Italien erkannte Abessinien in einem neuen Abkommen als vollständig souveränen und unabhängigen Staat an. Im Gegenzug durfte Rom Eritrea behalten. Die Entwicklung vollzog sich ungefähr so, wie die Briten kalkuliert und gehofft hatten.

Einige Jahrzehnte darauf wurde Italien von einer neuen Welle des Imperialismus erfasst. 1922 hatte Mussolini in Rom die Macht ergriffen und verdeutlicht, dass Italien sich mit seinen begrenzten afrikanischen Eroberungen und Territorien nicht zufriedengeben würde. Die italienischen Faschisten schürten eine starke nationalistische Rachsucht Abessinien gegenüber; die demütigende Niederlage von 1896 war nicht vergessen. Vordergründig ging es Mussolini um die Bahnverbindung zwischen Eritrea und den von Italien kontrollierten Teilen Somalias, dem sogenannten Italienisch-Somaliland. Die abessinischen Kaiser von Menelik bis zu Haile Selassi (er wurde 1930 zum Kaiser gekrönt, leitete Abessiniens Geschicke de facto jedoch vom Ersten Weltkrieg bis zu seinem Tod im Jahr 1974) betrachteten ihrerseits Eritrea weiterhin als natürliche Erweiterung des abessinischen Reichs. Für Addis Abeba war das nicht nur eine Frage des Territoriums: Eritrea war von entscheidender strategischer Bedeutung, da es den Zugang zum Ozean ermöglichte.

Das geopolitische Spiel um Eritrea in den Jahren nach 1890 muss im Zusammenhang mit Abessiniens Lage im Nilbecken betrachtet werden, und die zentrale Achse, um die sich dieses Spiel drehte, waren die britische Pläne zum weiteren Aufstauen des Tanasees, des Hauptreservoirs des Blauen Nils in der Region. Die Italiener verlangten von Großbritannien, sie aktiv oder passiv dabei zu unterstützen, ihren Einfluss in Abessinien zu vergrößern und Eritrea mit Italienisch-Somaliland vereinen zu können. Die Briten wiederum machten ihr Verhalten gegenüber Italien davon abhängig, ob Rom ihren Plan für einen Stausee mittrug. Der abessinische Kaiser dagegen verlangte von den Briten, ihn bei seinen Plänen für Eritrea zu unterstützen – entweder im Austausch oder als Ausgleich für eine mögliche Unterstützung des britischen Vorhabens am Tanasee. Mussolini und Haile Selassie wussten beide, dass dieses Projekt für die Briten in der Region von übergeordneter Bedeutung war.[222]

Eritrea im Austausch gegen einen Nildamm

Es ist Mai 2011. Eines der für öffentliche Versammlungen meistgenutzten Gebäude im Zentrum von Asmara ist voll besetzt, an den Wänden des Saals drängen sich die Menschen. Sie sind gekommen, um meinen Vortrag über Eritrea und den Nil zu hören und zu erfahren, was ich über die Geschichte des Landes zu erzählen habe. Diese kann nach meinem Verständnis nicht verstanden werden, ohne die Strategie des britischen Nilempire und die Taktiken der Kaiser von Abessinien einzubeziehen: Letztere wollten das Land nicht aufteilen lassen, und zugleich strebten sie danach, die Grenzen ihres Herrschaftsbereichs zu erweitern. Diese Perspektive ist, wie ich weiß, nur wenigen Eritreern vertraut, da die britische Politik weitgehend unbekannt geblieben und die relevante diplomatische Korrespondenz in Archiven in London und Addis Abbeba kaum aufgearbeitet und analysiert worden ist.

Ich beginne meinen Vortrag mit Ausführungen über den Nil in der britischen Ära. Im Londoner Außenministerium habe ich dazu meterweise Kartons mit Unterlagen und Briefen zur britischen Nilpolitik und dem Horn von Afrika durchgesehen und gelesen. Diese vielen Dokumente vermitteln einen überaus klaren Eindruck vom übergeordneten Interesse der Briten in dieser Region. Ich erzähle meinem Publikum, wie London sich die Kontrolle über die Wassernutzung im gesamten Nilbecken sichern und am Tanasee am Blauen Nil einen Staudamm errichten wollte. Strategische und wirtschaftliche Bedeutung gewann dieses Projekt vor allem nach der ägyptischen Revolution 1919, Ägyptens offizieller Unabhängigkeit 1922 und seit die Briten durch die Einrichtung der gewaltigen Baumwollplantagen in Gezira im Sudan 1925 den Blauen Nil wirtschaftlich zu nutzen begannen. Großbritannien wollte durch diesen Staudamm die Pflanzungen in Gezira erweitern und damit die englische Textilindustrie stärken, zudem hätte es seine hydropolitische Macht über ein immer wasserdurstigeres Ägypten erweitern können.

London bemühte sich bis zur Mitte der 1920er Jahre, die Unterstützung des Kaisers von Abessinien für das Dammprojekt zu sichern, doch Haile Selassie trat – wie sich die britischen Diplomaten ausdrückten – zögernd von einem Fuß auf den anderen. Schließlich begriffen die Gesandten, dass er mit den Gegenleistungen ihrer Regierung nicht zufrieden war. Ein Botschafter nach dem anderen verfasste frustrierte Berichte über des Kaisers Starrsinn, seine offenkundige Gleichgültigkeit und seine Unentschlossenheit. Sein vermeintlich fehlendes Interesse verdross die britischen Diplomaten, und nicht wenige interpretierten dieses Verhalten als eine Mischung aus Apathie und Trägheit. In Wirklichkeit war das genaue Gegenteil der Fall: Es stellte sich heraus, dass der Kaiser über ein ungewöhnlich scharfes Gedächtnis und solide Kenntnisse über den Nil verfügte; London unterschätzte Haile Selassies diplomatische Klugheit ein ums andere Mal.

In der Zwischenkriegszeit verfolgte der Kaiser die Strategie, das Land zusammenzuhalten, europäische Pläne zu dessen Aufteilung zu vereiteln und britische Unterstützung für sein Vorhaben zu erlangen, Eritrea seinem

Äthiopiens Kaiser Haile Selassie herrschte circa 50 Jahre lang über das Land.

Reich einzuverleiben. Die Eritreafrage fungierte auch als politisches Projekt, das sein ansonsten ethnisch und religiös gespaltenes Abessinien einen sollte. Diese Ziele ließen sich nach Ansicht des Kaisers durch den Tausch von Land gegen Wasser erreichen. Er spielte mit dem Gedanken, sich Landgewinn und Garantien zu sichern, indem er London das Recht auf einen Staudamm am Tanasee gewährte.

Die Briten jedoch wollten den Kaiser in seinen eritreischen Ambitionen nicht unterstützen, denn sie führten zugleich streng geheime Verhandlungen mit Mussolini. Sie wollten die Möglichkeit ausloten, ihre eigenen Interessen in Abessinien zu sichern, indem sie den Kaiser mithilfe Roms unter Druck setzten. Bis in die 1930er Jahre hinein gingen sie davon aus, dass die Zusammenarbeit mit Mussolini ihnen den Damm sichern würde. Die europäische Großmachtpolitik trug insofern also dazu bei, Eritreas Unabhängigkeit von Abessinien zu sichern, indem sie dessen Status als italienische Kolonie stärkte.

Allerdings drangen 1935 italienische Truppen von ihren Stützpunkten in Eritrea aus in Abessinien ein. Umfassende Kriegsvorbereitungen hatten die Gegensätze zwischen Italien und Abessinien bereits zuvor verstärkt. Den faschistischen Invasionstruppen gehörten neben 200 000 Italienern auch 50 000 eritreische Soldaten an. Sie rückten schnell vor, woraufhin der äthiopische Kaiser aus dem Land floh. Diese Tatsache veranlasste den radikalen und einflussreichen afroamerikanischen Intellektuellen Marcus Garvey zu seinem im Frühjahr 1937 erschienenen berühmten Artikel *Das Scheitern von Haile Selassie als Kaiser*, in dem er ihn als einen »Neger, der selbst Sklaven hält«, bezeichnete, der sich feige ins Exil nach London geflüchtet habe, während in Afrika nun »Schwarze gegen Schwarze« kämpften. Rodolfo Graziani, Oberkommandierender von Mussolinis Invasionsheer, habe die eritreischen Askaris vorausgeschickt und sei mit seinen italienischen Soldaten erst in Addis Abeba eingezogen, als festgestanden habe, dass die Eritreer die Lage im Griff hatten.[223]

Nachdem Großbritannien 1939 Italien den Krieg erklärt hatte, unterstützte London Haile Selassie und dessen Anhänger dabei, die Italiener aus Abessinien zu vertreiben. Nach einer kurzen und erfolgreichen Militärkampagne mussten die Italiener sich im Mai 1941 aus dem gesamten Horn von Afrika zurückziehen. Sofort stellte sich nun die Frage: Was sollte mit Eritrea geschehen, da London nun de facto die Herrschaft über dieses Land innehatte? In London wurden mehrere Lösungsvorschläge diskutiert, darunter die Aufteilung Eritreas. Man erwog, die vorwiegend muslimischen Landesteile dem Sudan zuzuschlagen und die christlichen mit Abessinien zu vereinen. 1943 wurde überlegt, Massawa und die nördlichsten Teile von Tigray und Asmara an Abessinien fallen zu lassen. Großbritannien war nun allerdings eine geschwächte Weltmacht. Jetzt traten die USA und die Sowjetunion als neue Global Player hervor, und die endgültige Entscheidung über Eritreas Zukunft wurde auf die Zeit nach Kriegsende verschoben. Als es so weit war, stellten die Vereinten Nationen Eritrea unter britische Verwaltung.

Londons Differenzen mit dem besiegten Italien spielten jetzt keine Rolle mehr, und die anderen Siegermächte waren wenig daran interessiert, Eritrea als eigenständiges Land zu erhalten. Die USA und Großbritannien hatten zudem signalisiert, dass sie Haile Selassies Anspruch auf Eritrea als Belohnung für seine Kriegsanstrengungen und seine Freundschaft zu den Westmächten unterstützen würden. Die Briten verfolgten noch immer ihre Dammbaupläne in Abessinien, um auch von dort aus mittels des Nils auf Ägypten Druck ausüben zu können.

1952 wurde bei den Vereinten Nationen abermals darüber debattiert, ob Eritrea Abessinien einverleibt, ein unabhängiger Staat oder eine begrenzt autonome Region im abessinischen Reich werden sollte. Man entschied sich für die letztgenannte Variante – das war die Lösung, die Großbritannien und vor allem die USA anstrebten. Offiziell hieß es, über den Beitritt solle in einer Volksabstimmung entschieden werden.[224] 1953 errichteten die USA im eritreischen Kagnew eine ihrer wichtigsten Abhorchstationen. Als 1962 der Termin der Volksabstimmung näher rückte, mehrten sich im Land die Stimmen, die für eine vollständige Unabhängigkeit eintraten. Haile Selassie jedoch sagte die Abstimmung ab und erklärte Eritrea mit Zustimmung der Großmächte zu einer abessinischen Provinz, der nur ein geringes Ausmaß an Selbstverwaltung zugestanden wurde.

Die auf meinen Vortrag folgende Diskussion war lebhaft, aber nicht erhitzt. Ich glaube, meine Erklärung ließ die Politik des Kaisers und der Briten zumindest rational erscheinen und konnte dazu beitragen, bis zu einem gewissen Grad Verständnis, wenn auch keine Akzeptanz für die Positionen Ägyptens und Abessiniens zu schaffen.

Der Fluss als Metapher und Grenze

1962 stand Haile Selassie am Ufer des Mareb, dem Grenzfluss zwischen Eritrea und Äthiopien, und sagte, »indem wir den Mareb überschreiten, werden wir die Grenze beseitigen«. Diese habe die »Brüder« auf beiden

Flussufern zu lange voneinander getrennt. Bestandteil dieser Vereinigung war allerdings auch die Auflösung des eritreischen Parlaments und die Annexion dieses Landes. 1994 stand ich an derselben Stelle, auf der Brücke über den Mareb, der Gash genannt wird, wenn er die unfruchtbaren Ebenen des Sudan erreicht. Aber ich sah keinen Fluss, keine physische Grenze, die ich hätte überschreiten können.

Im Jahr zuvor hatte Eritrea nach einem lang anhaltenden Krieg seine Unabhängigkeit von Äthiopien errungen. Ich war unter anderem hergekommen, um mehr über die unbekannte und unerwartete Rolle meines Heimatlands in der Geschichte Eritreas in Erfahrung zu bringen. Norwegen hatte sich Jahrzehnte zuvor in der UN-Kommission zu Eritrea zusammen mit Südafrika am deutlichsten für den Anschluss Eritreas an Abessinien ausgesprochen. Der norwegische Vertreter argumentierte damals, Eritrea verfüge nicht über die wirtschaftlichen Voraussetzungen für eine langfristige Entwicklung als unabhängiger Staat und würde von ethnischen und religiösen Konflikten zerrissen werden. Außerdem verlöre Abessinien durch ein unabhängiges Eritrea seinen Zugang zum Meer, und das würde zu einem späteren Zeitpunkt zwangsläufig zu einem neuen Krieg führen. 30 Jahre später leitete die Hilfsorganisation der Norwegischen Kirche in den von der Eritrean Peoples' Liberation Front kontrollierten Gebieten einen sehr weitreichenden und grenzüberschreitenden humanitären Einsatz, den auch andere europäische Kirchen und Staaten unterstützten. Norwegen trug damals entscheidend dazu bei, dass diese Befreiungsbewegung politisch, wirtschaftlich und militärisch stark genug wurde, um im Unabhängigkeitskrieg schließlich den Sieg davonzutragen. Verblüffenderweise nahm Norwegen seine neue Rolle ein, ohne dass über diesen Kurswechsel und die Gründe dafür auch nur einmal öffentlich debattiert worden wäre. Das Land orientierte sich einfach an dem, was die Norweger als eine Art notwendige »humanitäre Verpflichtung« betrachteten. Berührt durch die berühmten Aufnahmen der BBC aus dem Camp Korem, wollte die Öffentlichkeit den Notleidenden helfen, wie auch immer die politischen Hintergründe sein mochten. Erst nach und nach wurde erkennbar, dass die Hilfsorganisation der Norwegischen Kirche die politischen Ziele der Eritrean Peoples' Liberation Front voll und ganz unterstützte. Es gibt keinerlei Hinweise darauf, dass irgendjemand innerhalb der norwegischen Führungselite erkannt hätte, dass ihr Land eine nicht unwichtige Rolle bei dem Versuch spielte, am Horn von Afrika und im Nilbecken einem neuen Staat auf die Beine zu helfen.

Als ich 1994 an der Grenze mitten auf der Brücke stand, kurz nach

Ausrufung der Unabhängigkeit Eritreas, war die Atmosphäre dort nicht nur friedlich, sondern geradezu überschwänglich. Die Beziehung zwischen Eritrea und Äthiopien und den neuen politischen Führern der beiden Länder, Isaias Afewerki und Meles Zenawi, war freundschaftlich. Sie hatten in den 1980er Jahren Schulter an Schulter gegen das äthiopische Regime gekämpft. Nur wenige Jahre später brach jedoch ein weiterer und blutigerer Krieg zwischen den beiden benachbarten Ländern aus, bei dem die Brücke über den Mareb zerstört wurde. (Inzwischen ist sie wiederhergestellt worden und nun eines der vielen Symbole für den Versuch, gute Nachbarschaft zu bewahren.)

Ich sagte meinem Fahrer, er könne eine Zigarette rauchen und auf mich warten. Ich wolle diesen steinernen Fluss überqueren, erklärte ich. Die Sonne brannte, und ein heißer Nachmittagswind blies mir ins Gesicht. Der Fluss war ausgetrocknet – nur Steine waren zu sehen, Tausende von grauen Felsbrocken, die die Landschaft prägten. Das war keine Folge des Klimawandels, neuer Stauanlagen stromaufwärts oder anderer Bauprojekte. Es war einfach schon immer so gewesen, jedes Jahr für mehrere Monate, denn so ist der Fluss eben, so ist das Klima hier.

Als ich durch die graue, steinige Mulde wanderte, die sich durch die versengte Landschaft wand, begriff ich zum ersten Mal wirklich, wie geografische Gegebenheiten die grundlegenden Metaphern einer Sprache beeinflussen können. Der Fluss ist ein Bild, auf das Menschen in aller Welt und zu allen Zeiten immer zurückgegriffen haben, um Gefühle zu beschreiben oder soziale Beziehungen zu erklären. Er ist zu einem Bild des Ewigen und des Flüchtigen geworden, des Stroms der Geschichte und der Macht der Gegenwart, zu einem Bild von Intimität und Gefahr, vom Schönsten und vom Entsetzlichsten, und seine vielen widersprüchlichen Funktionen werden als Bild des menschlichen Bewusstseins verwendet. Die umfangreichsten Überlegungen über den Fluss als Metapher finden sich in William James monumentalem und ungemein einflussreichen Buch *Grundlagen der Psychologie* von 1890, in dem der Autor die Vorstellung des »Bewusstseinsflusses« vorstellt: »Jedes bestimmte Bild im Geist wird von dem freien Wasser, das es umfließt, durchtränkt und eingefärbt.« Jedoch übersieht die Psychologie James zufolge, dass das Bewusstsein wie ein Fluss dahinströme und ununterbrochen davoneile.[225] Der Fluss ist auch eine viel benutzte Metapher für das Unbewusste, denn in der physischen Außenwelt signalisiert er unkontrollierbare Tiefen, er trägt die Last und die Macht des Unsichtbaren in sich und steht sowohl für die kontrollierbaren wie die unkontrollierbaren Kräfte. Vor allem aber ist der Fluss, seit Heraklit feststellte, dass ein Mensch nie zweimal in denselben Fluss steigen könne, zu einem fast abgenutzten Symbol für das Rätsel der Identität geworden.

Das Problem beim Mareb, den ich sehe und durchschreite, ist in einem solchen Zusammenhang und in Bezug auf Flussmetaphern, dass er nicht fließt. Deshalb kann er weder das Unbewusste noch das Bewusste symbolisieren, weder den Fluss der Geschichte noch das Ewige. Der Fluss ist trocken, obwohl er zu einer anderen Jahreszeit durch die Landschaft schäumen wird. Zu bestimmten Zeiten ist die Flut des Mareb unbezwinglich, während sie zu anderen Zeiten nicht existiert – dann ist da nur eine trockene, felsige Senke in der Landschaft. Der Mareb repräsentiert die perfekte Antithese zu strömungsreichen europäischen Flüssen, die sich durch ihr ewiges Fließen auszeichnen, eine Tatsache, die betont, dass die Metapher vom Fluss von Sprache zu Sprache variieren muss. Während ich durch das Flussbett des Mareb wandere und kleine Steine hochtrete, formuliere ich die folgende Hypothese: Die Tatsache, dass sich Flüsse voneinander unterscheiden, war bedeutsam in der Entwicklung der grundlegenden Metaphern in den unterschiedlichen Sprachen, aber auf eine Weise, die noch nicht befriedigend erforscht worden ist. Dabei greift jede Sprache in die Beziehung zwischen Menschen und Flüssen ein und wird wichtig dafür sein, wie Flüsse, Menschen und ihre Beziehung zueinander aufgefasst werden.

Der trockene, steinige Boden des Mareb ist deshalb keine passende Metapher für das Unbewusste oder das Bewusste, aber er kann als brauchbares Bild dienen für die Verletzlichkeit des Klimas dieser Region und als Erinnerung daran, dass viele gern die jahreszeitlich bedingten Unterschiede im Flusslauf einebnen würden.

Ein Wechselbalg unter den Nationen

In den Jahren, die auf Eritreas Unabhängigkeit 1993 folgten, wurde das Land nach und nach aus der Gemeinschaft der Nationen ausgeschlossen, oder, wie Kritiker meinen, es entschied sich selbst dazu, sich immer weiter zu isolieren. Der Regierung wurden schwere Verstöße gegen die Menschenrechte und die Unterstützung der islamistischen Terrorgruppe Al-Shabab in Somalia sowie allgemein eine destabilisierende Rolle am Horn von Afrika zur Last gelegt. Die Vereinten Nationen verhängten entsprechende Sanktionen gegen das Land.

Als ich 1994 Asmara besuchte, freute man sich dort noch über die Befreiung von der äthiopischen Herrschaft und den erst seit wenigen Monaten eingekehrten Frieden. Die Menschen saßen in den Straßencafés und diskutierten mit leiser Stimme bis in die späten Abendstunden bei einem Kaffee oder einem Bier soziale Fragen. Es konnte durchaus vorkommen, dass man den Präsidenten sah, wie er ohne Begleitung von Leibwächtern über die Straße ging und sich dann an einem Tisch niederließ, um sich mit den Menschen zu unterhalten. Auf den Straßen gab es kaum Autos, und ich war ebenso wie andere Besucher damals von der gelassenen Stimmung beeindruckt. Es dauerte jedoch nicht lange, bis die Vertreter der internationalen Hilfs- und Nichtregierungsorganisationen und der Vereinten Nationen mit der Regierung in Konflikt gerieten und schwerwiegende Vorwürfe gegen das neue Regime erhoben.

Umstritten war unter anderem die von der Regierung erlassene Vorschrift, dass sich ausländische Organisationen bei der zuständigen staatlichen Behörde registrieren lassen mussten; die Regierung bestand zudem darauf, die Finanzen dieser Organisationen zu überprüfen. Die Behörden begründeten dies damit, dass man diese Informationen brauche, um das Land zu regieren. Paradoxerweise wurde die eritreische Regierung dafür kritisiert, dass sie sich die zentrale Formel der Hilfsorganisationen zu eigen gemacht hatte – »Hilfe zur Selbsthilfe« – und nun verlangte, die »Empfängerseite« solle die Kontrolle behalten. Nun zeigte sich, dass die ausländischen Helfer und ihre stimmgewaltigsten Fürsprecher nichts so sehr ablehnten wie just die Übernahme der Politik, die sie offiziell allgemein vertraten.

Die Forderungen der Regierung wurden als autoritär bezeichnet und als unzulässige Übergriffe auf die Zivilgesellschaft gebrandmarkt. Dabei verlangte die Regierung in Asmara von den Hilfsorganisationen nicht mehr als westliche Geberstaaten von den Nichtregierungsorganisationen in ihren eigenen Ländern. 1994 sprach ich in Eritrea mit Vertretern dieser Organisationen, während wir in dem überaus angenehmen Hochlandklima in Straßencafés saßen und uns von der bemerkenswerten warmen Stille der Hauptstadt einhüllen ließen. Alle stellten sich uneingeschränkt positiv zu Eritreas Ziel, eine unabhängige, souveräne Nation zu werden. Zugleich aber kritisierten sie mit harten Worten, was sie als autoritäre Einmischung des Staates in ihre Angelegenheiten bezeichneten. Die ausländischen Organisationen weigerten sich, sich einer solchen Kontrolle zu unterwerfen: Sie bestanden darauf, autonom zu sein und nach Belieben verfahren zu dürfen (was sie in den meisten anderen afrikanischen Ländern auch taten), da sie glaubten, zum Besten der Armen im Land zu handeln. Sie verlangten weiterhin das Recht auf zollfreien Import von Gütern, und vor allem wollten sie nicht in die Vorhaben der Regierung einbezogen werden – schließlich verträten sie ja die »Zivilgesellschaft« und setzten sich für die »Demokratie« ein.

Die Verantwortlichen, die sich aufseiten des eritreischen Staates darum bemühten, die ausländische Hilfe zu kontrollieren, waren in vielen Fällen dieselben Personen, denen diese Organisationen während des Krieges Millionen von Dollars gegeben hatten. Aber damals waren sie einfach Empfänger von Nothilfe gewesen und hatten weder die Zeit noch das Bedürfnis gehabt, diese Hilfen zu kontrollieren. Sie wären auch gar nicht in der Position dazu gewesen. Jetzt, da sie den neuen Staat aufbauen mussten, befanden sie sich in einer vollständig anderen Lage: Als Vertreter eines neuen Staates wollten sie selbst entscheiden, was das Beste für ihr Land war, und grenzten daher die Macht der internationalen Nichtregierungsorganisationen ein. Die ehemaligen Guerillasoldaten, die mit diesen Organisationen zu tun hatten und die ich in ihren neuen Regierungsbüros interviewte, hielten ihr Vorgehen für logisch und notwendig. Und damit setzte die Spaltung ein, durch die Eritrea in der internationalen Politik zum Paria wurde. Viele von denen, die den Eritreern geholfen hatten, wandten sich nun gegen sie. Viele Vertreter der ausländischen Nichtregierungsorganisationen, mit denen ich gesprochen habe und die so viel an Kraft und Mitteln in den eritreischen Unabhängigkeitskampf investiert hatten, wussten erstaunlich wenig über die Geschichte der Region. Sie wiesen zudem einen befremdlichen Mangel an Sympathie für das starke Bedürfnis der Eritreer auf, zu zeigen, dass sie nun endlich die Herren in ihrem eigenen Land waren.

Es kann kein Zweifel daran bestehen, dass Eritrea unter der Führung von Präsident Isaias Afewerki einen bemerkenswerten Wandel durchgemacht hat. Alle Statistiken deuten an, dass wenige Entwicklungsländer größere Erfolge im Kampf gegen Aids, Analphabetismus und Korruption aufzuweisen haben. Eritrea ist ein relativ rohstoffarmes Land, und die Produktivität des Landes wird dadurch begrenzt, dass seine Wirtschaft viele Jahre lang auf einen weiteren Waffengang mit dem Nachbarland Äthiopien ausgerichtet war. Es ist unmöglich, die vielen Geschichten über Folter, Verschwinden und brutale Unterdrückung, die über Eritrea im Umlauf sind, zu bestätigen oder zu widerlegen. Zudem haben viele Akteure jahrzehntelang aus naheliegenden Gründen ein Interesse daran gehabt, den Ruf des Landes zu schädigen. Allerdings ist ebenfalls offensichtlich, dass

Präsident Afewerki über die Jahre hinweg einen immer autoritäreren Kurs eingeschlagen hat, sodass immer mehr von dem, was im Land passiert, von seiner Person und seinen Entscheidungen abhängt.

Eritrea ist seit Jahrzehnten relativ isoliert; ein geschlossener Einparteienstaat in einem permanenten Schwebezustand zwischen Krieg und Frieden. Die Tatsache, dass seit dem Jahr 2000 immer mehr junge Eritreer ihr Heimatland verlassen, zeigt deren wachsende Desillusionierung über den Stand der Dinge. Immer mehr Menschen scheinen zu dem Schluss zu kommen, dass die Situation unhaltbar ist. Zugleich profitiert die eritreische Wirtschaft von den vielen Emigranten, die ihren daheimgebliebenen Familienangehörigen aus dem Ausland Geld schicken. Eritrea hat sich zudem geweigert, sich in gleichem Maße wie die anderen Länder an der Nilbeckeninitiative zu beteiligen; dieses weitreichende Projekt wurde 1999 begonnen und von der Weltbank und anderen Staaten finanziell unterstützt. Das ist ein typisches Zeichen für den eritreischen Eigensinn und den Willen, allein zurechtzukommen.

Unruhestifter oder Friedensmakler?

Im Juni 2010 ist Eritreas Präsident Isaias Afewerki auf Staatsbesuch in Ägypten, um unter anderem über den Nil zu diskutieren. Viele der anderen stromauf liegenden Länder haben sich gegen Ägyptens Willen am 14. Mai in Entebbe zusammengeschlossen, um das neue Abkommen über die Nutzung des Flusses zu unterzeichnen. Den regierungstreuen ägyptischen Zeitungen zufolge fordert Afewerki während seines Besuchs, Ägypten möge Äthiopien den Krieg erklären. Schließlich bedrohe Äthiopiens Regulierung des Blauen Nils Ägyptens wichtigste Interessen.

Im Jahre darauf traf ich in Asmara mit Präsident Afewerki zusammen, und als ich vor dem Interview durch den überaus schlicht eingerichteten Amtssitz des Präsidenten herumgeführt wurde, ein im italienischen neoklassizistischen Stil errichtetes Gebäude, versuchte ich, die politischen Alternativen vom eritreischen Standpunkt aus zu durchdenken. Für Eritrea, so dachte ich, gibt es gute Gründe, in seinen Konflikten mit Äthiopien Ägyptens Nähe zu suchen. Es wäre auch keine Überraschung, wenn Ägypten Eritrea als Verbündeten bei seinem Versuch gewinnen wollte, Äthiopien zu destabilisieren – denn ein destabilisiertes Äthiopien wäre ein schwaches Äthiopien, und ein schwaches Äthiopien könnte keine weitreichenden Nilprojekte durchsetzen. Wer in Ägypten mit dem Gedanken an einen militärischen Angriff auf Äthiopien spielte, würde es für einen strategischen Vorteil halten, Eritrea als engen Partner an seiner Seite zu wissen: Aufgrund seiner Lage kann das Land in einem solchen Fall als Versorgungsbasis dienen, wie schon bei Italiens Offensive in den 1930er Jahren. Die 912 Kilometer lange Grenze zwischen den beiden Ländern verläuft zudem in einem unübersichtlichen Gebiet, das nur schwer zu überwachen und zu kontrollieren ist.

Dass Eritrea das neue Nilabkommen nicht mit den anderen stromauf gelegenen Ländern unterzeichnen wollte und damit die gegen Kairo gerichtete Front durchbrach, war ohne Zweifel vorteilhaft für Ägypten, weshalb Eritrea einen Gegendienst erwarten konnte – zum Beispiel Unterstützung in den Konflikten mit seinem Nachbarn. In Ägypten übte eine Anzahl von führenden Intellektuellen allerdings scharfe Kritik an Eritrea: Das Land fische im Trüben, Ägyptens Interessen sei mit einem Krieg gegen Äthiopien nicht gedient, weshalb man lieber wirtschaftliche Zusammenarbeit anstreben sollte. In Asmara hatte man selbstverständlich registriert, dass Äthiopien nach Partnern suchte, um Eritreas Präsidenten zu entmachten, falls dieser seine Politik in der Region nicht änderte. Aus Sicht der Regierung in Addis Abeba bestand diese Politik darin, ihre Gegner zu fördern.

Ich traf also Präsident Afewerki in seinem von Italienern errichteten Palast. Er selbst lebt bescheiden, wie es das Ethos der Befreiungsjahre vorschreibt. Trotz der in Oppositionskreisen umlaufenden Gerüchte, nach denen er sterbenskrank sei und an einer Sprachstörung leide, machte der Präsident auf mich den Eindruck von guter Gesundheit. Als ich ihn fragte, was er 2010 gemeint habe, als er von Ägypten verlangte, Krieg gegen Äthiopien zu führen, bestritt er, diese von ägyptischen Zeitungen kolportierten Aussagen jemals gemacht zu haben. Er habe niemals Ägypten aufgefordert, Äthiopien den Krieg zu erklären. »Das ist doch einfach unsinnig. Denn warum sollte man wem auch immer zuliebe gegeneinander Krieg führen, und was wäre der Vorteil eines solchen Krieges? Aber solches Gerede ist gerade populär.« Wann immer eine Regierung vor internen Problemen stehe, sagte er, dann »wird sie zu solchen Behauptungen greifen«.[226] Sich aufgrund des mit Äthiopien bestehenden Grenzkonflikts mit Ägypten oder dem Sudan zusammenzutun, wäre naiv und kurzsichtig. Es ergäbe einfach keinen Sinn, sagte er, und wäre eine törichte Politik.

Der Präsident hatte offenkundig nicht die Absicht, offen mit mir zu sprechen. Alle seine Äußerungen waren zweifellos als diplomatische Geste gemeint, denn unser Gespräch wurde auch von den Regierungsmedien aufgezeichnet und von ihnen am nächsten Tag ausgestrahlt. Dennoch waren seine Argumente logisch und vernünftig. Bei den Berichten aus Kairo handelte es sich, das zeigen die folgenden Ereignisse, aller Wahrscheinlichkeit nach um gezielt gestreute Gerüchte. Sie sollten als Versuch der ehemaligen ägyptischen Elite betrachtet werden, die Situation stromauf zu destabilisieren, während daheim zugleich der Eindruck geschaffen werden sollte, die ägyptischen Ansprüche auf das Nilwasser seien in Gefahr und die Regierung in Kairo vertrete die Interessen ihrer Bürger.

Obwohl die Veröffentlichungen über Präsident Afewerkis Staatsbesuch am Unterlauf des Nils im Jahre 2010 vermutlich nicht genau das wiedergaben, was gesagt worden war, zeigten sie doch deutlich, dass die regionale Nilpolitik Eritrea in einen weiträumigen und entscheidenden Kampf um Macht und Einfluss über den Fluss zwischen Ägypten und Äthiopien hineinziehen wird.

Ein Überraschungsbesuch in Asmara

Nachdem sich die eritreisch-äthiopischen Beziehungen seit vielen Jahren in dem Schwebezustand zwischen Krieg und Frieden befunden hatten, erlebte Asmara im Sommer 2018 etwas, das die meisten Beobachter noch wenige Monate zuvor für unvorstellbar gehalten hätten. Am 8. Juli besuchte der neue äthiopische Präsident Abiy Ahmed die eritreische Hauptstadt und wurde von Afewerki herzlich umarmt. Am nächsten Morgen gaben die beiden in der eritreischen Hauptstadt die Wiederaufnahme der diplomatischen und wirtschaftlichen Beziehungen zwischen beiden Ländern bekannt. Dieses Treffen ist als der eritreisch-äthiopische Friedensgipfel in die Geschichte eingegangen.

Der Prozess, der zu diesem Gipfel führte, hatte sich überaus zügig entwickelt. Einen knappen Monat zuvor, am 5. Juni, hatte das Exekutivkomitee der regierenden Revolutionären Demokratischen Front der Äthiopischen Völker seine Bereitschaft mitgeteilt, die 2002 getroffene Entscheidung der eritreisch-äthiopischen Grenzkommission zu akzeptieren und umzusetzen. Dieser Entschluss hat höchstwahrscheinlich nicht nur die internationale Öffentlichkeit, sondern auch die Regierung in Asmara überrascht, denn er stellte die äthiopische Politik der 16 Jahre zuvor auf den Kopf. Die äthiopische Regierungspartei forderte Eritrea nunmehr auf, das Friedensangebot bedingungslos zu erwidern und umzusetzen. Die eritreische Regierung äußerte sich zwei Wochen lang nicht. Am 20. Juni, dem

»Märtyrertag« des Landes, hielt Präsident Afewerki eine Rede, in der er über »zwei verlorene Generationen von Möglichkeiten« sprach und ankündigte, seine Regierung werde eine Delegation nach Addis Abeba schicken, um die »derzeitigen Entwicklungen« zu sondieren und »einen Plan für kontinuierliches Vorgehen in der Zukunft zu erarbeiten«. Damit war der Friedensvorschlag angenommen.

Die Reaktion Eritreas auf das äthiopische Angebot wurde positiv aufgenommen, allgemein gelobt und brachte auch andere Staaten in Zugzwang. Das US-State Department vollzog beispielsweise eine atemberaubende Kehrtwendung. Kurz zuvor hatte es Afewerki noch als Paria betrachtet, nun begeisterten sich die amerikanischen Diplomaten über die »mutige Initiative«. Das Friedensabkommen konnte als Triumph für den eritreischen Präsidenten betrachtet werden, da es die Position seiner Regierung stützte, wonach Teile des Landes seit dem Jahr 2000 illegal von Äthiopien besetzt waren. Zudem führte die Aussöhnung mit Äthiopien zur Aufhebung der vom UN-Sicherheitsrat gegen Eritrea verhängten Sanktionen. Damit öffneten sich neue Möglichkeiten für ausländische Investitionen, vor allem im Bereich des Bergbaus. Die Wirtschaft, die in den vergangenen Jahren ein starkes Wachstum verzeichnet hatte, wurde durch die Grenzöffnung noch weiter gefördert.

Zwar kann die eritreische Regierung nun nicht mehr auf die äthiopischen Feindseligkeiten und die UN-Sanktionen verweisen, um ihre autoritäre Innenpolitik zu verteidigen. Sie könnte die Fortsetzung dieser Politik nun jedoch mit dem Argument rechtfertigen, dass Eritrea noch etwas Zeit brauche, um eine pluralistische Demokratie zu werden. Ein weiterer Faktor, der nicht übersehen werden sollte, ist die Volksbefreiungsfront von Tigray (TPLF). Diese Organisation hatte seit 1991 zur äthiopischen Regierungskoalition gehört, befindet sich seit 2018 aber in der Opposition. Ein Grund für die von Addis Abeba ausgehende Friedensinitiative und deren Annahme durch Asmara war vermutlich, dass sich die beiden Regierungen gegen diesen gemeinsamen Gegner zusammenschließen wollten. Präsident Afewerki hatte sich in seiner Rede vom 20. Juni positiv über Äthiopien geäußert, legte aber größeres Gewicht darauf, das »toxische und bösartige Erbe der TPLF« zu verurteilen. Er warnte davor, die »TPLF-Geier« würden nun versuchen, den positiven Wandel in der Beziehung zwischen den beiden Ländern sowie in Äthiopien selbst von ihrer Basis in der Umgebung des Tekezeflusses und der Stadt Badme aus zu torpedieren.

Die andauernden und immer komplexeren Rivalitäten zwischen einer wachsenden Anzahl von regionalen und globalen Bewerbern um Macht und Einfluss am Horn von Afrika und in den stromauf gelegenen Nilstaaten werden in dem Bemühen um eine friedliche und freundschaftliche Beziehung zwischen diesen beiden Nachbarn im Nilbecken auch weiterhin für Probleme sorgen.

Zum Wasserturm des Nils

Ich fliege entlang des Blauen Nils Richtung Osten in den Sudan über das Bewässerungsprojekt von Gezira, und die gewaltige Ebene unter uns sieht aus wie eine riesige Steppdecke in unterschiedlichen Grüntönen. Ein Rechteck nach dem anderen aus grünem Ackerland liegt unter mir, begrenzt und eingeteilt durch Kanäle wie durch schnurgerade Pinselstriche, die sich kreuz und quer durch die Landschaft bis zum Horizont ziehen. Im Licht der Nachmittagssonne werden die Kontraste betont und verstärkt; die Berge im Osten und die Wüste im Norden sehen trostloser aus denn je, während die Felder noch fruchtbarer wirken. Das Geziraprojekt, die Hinterlassenschaft aus britischer Zeit, ist nun dem sudanesischen Staat unterstellt, aber ohne das Wasser, das aus Äthiopien und den Bergen im Osten kommt und in diesem weiten Tiefland in Tausende von schmalen Kanälen gelenkt wird, wäre dieses gewaltige Projekt unmöglich. Das Flugzeug steuert die Berge an, auf dem Weg zur wahren Quelle und zum Wasserspeicher des Nilbeckens.

Erst aus der Nähe betrachtet, wird die konkrete Bedeutung sichtbar, die der Fluss für das Leben der Menschen hat: im Alltagsleben, im Leben am Flussufer, an den Bewässerungskanälen oder in den Häusern, die jeden Abend durch aus dem Nil gewonnenen Strom beleuchtet werden, wo Mädchen und Jungen im Licht der Leselampen ihre Hausaufgaben machen, wo Wasser geholt und Mahlzeiten zubereitet werden. Nur aus einer gewissen Entfernung jedoch ist das komplexe, geopolitische Potenzial des Nils und seine entscheidende Rolle als historischer Mitspieler deutlich und klar zu erkennen.

Unter mir kann ich den Blauen Nil sehen, der im Schnitt jedes Jahr an die 60 Milliarden Kubikmeter Wasser in den Nil in Ägypten strömen lässt. Rechts und links: der nach Norden fließende Atbara und der nach Süden ziehende Baro-Sobat. Der Atbara fließt aus dem Grenzgebiet zwischen Eritrea und Äthiopien und trägt 12 Milliarden Kubikmeter Wasser mit sich; der Baro-Sobat führt an die 10 Milliarden Kubikmeter pro Jahr, von dem vieles in den Sümpfen des südlichen Sudan verloren geht. An die 90 Prozent des gesamten Wassers im Nassersee stammt aus dem Land, in das ich unterwegs bin.

In den äthiopischen Bergen sind die Vorboten kommenden Regens und oft heftiger Gewitter leicht zu entdecken. Regenbögen zeichnen ihre klaren Farben vor einem schwarzen Himmel ab, und die Natur scheint am Rand einer Katastrophe zu schweben. Im Land seiner Geburt spielt der Blaue Nil nicht die Rolle des Wohltäters und Lebensspenders wie im ägyptischen Delta, sondern tritt eher mit der Gewalt und Wut eines strafenden, rachsüchtigen Gottes auf.

Die Winde Afrikas formen den Fluss. Auf ihrem Weg vom Südatlantik überqueren sie den nordafrikanischen Kontinent, absorbieren das über Regenwäldern und Seen verdunstete Wasser, schwer beladen ziehen sie dann über den ofenheißen Sudan, bis die Winde plötzlich auf die Felsen des äthiopischen Hochlands treffen, die sich oft überaus steil bis zu 4000 Meter über dem Meeresspiegel erheben. Die Regenmengen sind die Folge von Höhenunterschieden und jahreszeitlichen Veränderungen im atmosphärischen Druck, der die Windsysteme beeinflusst.

Von den mehr als 120 Milliarden Kubikmetern Regen, die pro Jahr auf Äthiopien fallen, bleiben nur drei Prozent in diesem Land. Der Rest fließt in die Länder im Tiefland – nach Somalia und Kenia im Süden, aber vor allem mit dem Nil nach Westen und Norden. Wenn Äthiopien keine Vulkangipfel hätte und wenn der Wind nicht gegen sie schlüge, sodass der Regen jeden Sommer und Herbst, von Mitte Juni bis September, in gewaltigen Güssen vom Himmel stürzt, dann würde sich kein Fluss in aller Eile zu den Ebenen hinabschlängeln und den Schlamm aus den Bergen mitbringen, der seit Jahrtausenden die Hunderte von Kilometern weiter nördlich gelegene Wüste in eine der fruchtbarsten Regionen auf der Welt verwandelt. Der Wind, der Regen und die Berge hier formen Ägypten immer weiter durch ihre getreuen Aktivitäten.

Äthiopien schickt also nicht nur Wasser, sondern gewissermaßen das Land selbst – in Gestalt des Schlamms, der es zusammen mit dem Wasser ermöglicht hat, unfruchtbare Wüste in blühende, ertragreiche Gärten zu verwandeln. Der Regen, der seit Jahrtausenden jeden Herbst in den nördlich gelegenen Wüstenregionen einen Prozess auslöst, in dessen Verlauf die Natur durch die Hinterlassenschaften des Flusses neu belebt wird, trifft bei den Bauern Äthiopiens in Gestalt von heftigen Gewittern und reißenden Regengüssen ein und verwandelt ehemals trockene Flussbetten und Stromtäler in Gegenden, die urbar gemacht werden können.

Ein übergeordnetes Paradoxon, das unabhängig von der Regierungsform Äthiopiens Zukunft dominieren wird, ist deshalb dieses: Äthiopien ist Afrikas Wasserturm, doch nur ein kleiner Teil des Landes wird künstlich bewässert, und bis vor kurzer Zeit hat das Land weniger als fünf Prozent seines Potenzials an Wasserkraft ausgenutzt. Der Energiebedarf des Landes ist im neuen Jahrtausend aufgrund einer ziemlich hohen und stabilen wirtschaftlichen Entwicklung rasch angewachsen, während einige Regionen zugleich von schwerwiegender Dürre heimgesucht wurden. 1950 lebten in Äthiopien etwa 18 Millionen Menschen, zu Beginn des 21. Jahrhunderts stieg die Zahl auf mehr als 80 Millionen; zum ersten Mal mehr als in Ägypten. 2018 schätzte man, dass in dem ostafrikanischen Land 109 Millionen Menschen leben, verglichen mit 98 Millionen in Ägypten und 41 Millionen im Sudan. Nach Schätzungen der Vereinten Nationen wird die äthiopische Bevölkerung bis 2050 auf mehr als 170 Millionen Menschen angewachsen sein. Die Notwendigkeit, den Nil zur Stromgewinnung und Bewässerung zu nutzen, wird deshalb immer stärker werden, und die äthiopische Politik wird sich in immer stärkerem Maße diesem Problem widmen und Wege zu seiner Lösung finden müssen, wer auch immer gerade an der Macht ist.

Aksum und das Hochland

Bis Großbritannien das Nilbecken 1890 zu seinem politisch-strategischen Interessensgebiet erklärte und es als solches auf der berüchtigten Berliner Kongokonferenz von 1884/85 auch zuerkannt bekam, spielte der Nil für die Entwicklung Äthiopiens nur eine Nebenrolle. Kulturelle Einflüsse von außen erreichten das Land nicht über den Fluss, wie dies andernorts häufig der Fall war, weil man diesen nicht mit Schiffen befahren konnte, wie unter anderen Burchard Heinrich Jessen zu Beginn des neuen Jahrhunderts feststellen musste. Ebenso wenig ließen sich an seinen Ufern Karawanenrouten nach Abessinien hinein einrichten. Stattdessen gelangten Güter und Ideen über den Rücken des östlichen Hochlands von Norden her in das Land – etwa auf der Route, die später von den Italienern ausgewählt wurde, um ihre sogenannte *Strada Imperiale* von Asmara nach Addis Abeba zu bauen. Entlang der Strecke von Aksum und Aduwa nach Süden lagen auch die alten kulturellen Zentren der äthiopisch-orthodoxen Kirche wie etwa Debra Libanos und Lalibela mit seinen Steinkirchen.

Die vielen Erzählungen über die Entstehung und frühe Geschichte Äthiopiens sind im *Kebra Nagast* (Ruhm der Könige) festgehalten, dem

Aksum und das Hochland

im 13. und 14. Jahrhundert entstandenen Nationalepos, und dieses Epos verweist ebenfalls auf die Nord-Süd-Verbindung. Das erste Königreich von Aksum, auch Aksumitisches Reich genannt, befand sich im 4. und 5. Jahrhundert auf seinem Höhepunkt. Seine Herrscher regierten ein Gebiet, das von den Randzonen der Sahara im Westen über das Rote Meer hinweg nach Osten bis Mekka im heutigen Saudi-Arabien reichte. Um das Jahr 1270 wurde eine neue Dynastie im Hochland von Abessinien gegründet. Dem *Kebra Nagast* zufolge gründete sich diese Dynastie auf den männlichen Nachkommen der alten aksumitischen Könige und galt daher als Fortführung der Dynastie Salomons. Der Herrscher nannte sich selbst König der Könige. Dieses zweite Königreich von Aksum existierte vom 13. Jahrhundert bis zur islamischen Invasion im 16. Jahrhundert.

Der Mythos um die äthiopische Staatsgründung und die Königin von Saba lautet wie folgt: Sie wurde in Aksum als Tochter eines lokalen Herrschers geboren, der zum König gewählt worden war, nachdem er einen Drachen getötet hatte, der die Bevölkerung terrorisierte. Die Königin reiste mit Geschenken aus Gold und Elfenbein zu König Salomon nach Jerusalem. Der König sagte: »Eine Frau von strahlender Schönheit ist vom Ende der Welt zu mir gekommen. Was weiß ich? Wird Gott ihr meinen Samen geben?«[227] Die Königin lebte in Salomons Palast, wurde schwanger und gebar dem König einen Sohn, Menelik. In der Nacht der Geburt träumte Salomon, dass die Sonne über seinem Land schien, sich dann aber zurückzog, um Licht auf das Land am Nil zu werfen. Menelik wurde später in Jerusalem als König Menelik von Abessinien gekrönt. Vor seiner Abreise aus Jerusalem hatte er Kopien der Steintafeln des Mose anfertigen lassen. Diese tauschte er gegen die Originale aus, welche er mit sich nach Aksum nahm. Zu spät bemerkte Salomon den Diebstahl. Er schickte Soldaten nach Menelik und seinen Männern, doch die Soldaten machten kehrt, als sie sahen, wie sich Meneliks Pferde und Wagen in die Luft erhoben. Als Menelik und seine Leute den Tekeze erreichten, wurden sie unter dem Schutz des Erzengels Michael wieder auf den Boden gesetzt. Den Äthiopiern wurde dieser Überlieferung zufolge im Namen der Menschheit die Verantwortung für die Steintafeln übertragen, auf die Moses die zehn von Gott erhaltenen Gebote geschrieben hatte.

Das *Kebra Nagast* erläutert, was für die Größe eines Königs entscheidend ist: der Besitz des Tabernakels von Zion sowie ein Stammvater, der einen geheimen Pakt mit Gott geschlossen hatte. Die Herrscher des in der Literatur so bezeichneten Salomonischen Staates behaupteten, ihre Ahnenreihe bis zurück auf König Salomon von Jerusalem führen zu können.

Äthiopien hat eine lange Geschichte als Kaiserreich mit einer orthodoxen Kirche. Der Ursprung des Staates ist mit mythischen Erzählungen über die Königin von Saba in Verbindung gebracht worden. Sie soll von Äthiopien nach Jerusalem gereist sein und mit König Salomon den ersten äthiopischen Kaiser, Menelik I., gezeugt haben. Malerei von Edward John Poynter (1836–1919).

Indem das Epos also die göttliche Abstammung des äthiopischen Königshauses von Salomon und über diesen bis zurück zu Adam betont, stellt es Äthiopien als entscheidenden Faktor in Gottes Plan für die Welt dar. Diesem Narrativ der äthiopischen Orthodoxie zufolge wurde Abessinien zum neuen Zion, und die Äthiopier wurden zu Gottes auserwähltem Volk.

Diese äthiopische »Schöpfungsgeschichte« stattete die traditionelle äthiopische Politik somit mit einem Vorrat an religiöser Bedeutung aus. Als das Christentum Anfang des 4. Jahrhunderts zur Religion des Königshofes und des Landes wurde, war Abessinien eine regionale Supermacht, bis sich das Kalifat vom Unterlauf des Nils aus in Afrika ausbreitete. Genauso wie die Expansion des Osmanischen Reichs die christlichen Kulturen im Kaukasus und auf dem Balkan schwächte, führte die muslimische Kontrolle über das Nilbecken und über das Rote Meer zu einem immer begrenzteren Einfluss des christlichen Kaiserreichs in Ostafrika. Durch die Invasion muslimischer Truppen unter Ahmad Gran im 16. Jahrhundert gerieten die äthiopischen Herrscher unter Druck und baten um Hilfe. Die wurde ihnen von den Portugiesen gewährt, deren darauffolgende Präsenz in Äthiopien unter anderem dazu führte, dass Jesuitenmönche im 17. Jahrhundert die Quellen des Blauen Nils beschrieben.

Die Jahrhunderte überdauernde Überzeugung der Äthiopier, Gottes auserwähltes Volk zu sein und mit dem Nil nicht nur über einen heiligen Fluss, sondern sogar über den eigentlichen Fluss des Paradieses zu verfügen, spielte in der regionalen Machtpolitik eine wichtige Rolle. Obwohl diese Thematik aus dem offiziellen Diskurs in Äthiopien völlig verschwunden ist, besteht jedoch kein Grund zu der Annahme, dass sie ein für alle Mal auf dem Müllhaufen der Geschichte gelandet ist. Sie kann wiederbelebt werden, weil Religion und Politik in dem ewigen Tauziehen zwischen verschiedenen ethnischen Gruppen, religiösen Gemeinschaften und Ländern in diesem großen internationalen Flussbecken eng miteinander verflochten sind. Strukturell betrachtet, ist es jedoch von größerem Interesse, dass die Äthiopier sich immer intensiver mit der Nilpolitik auseinandersetzen und dass sich das Land neu ausrichtet – sowohl nach Osten hin wie auch nach dem restlichen Afrika.

Die Begrenzung des Augenblicks

»Sie müssen jeden Moment so erleben, als wäre es Ihr letzter«, sagt der Pilot mit lauter Stimme, als der Hubschrauber plötzlich von dem schmalen Grasstreifen im äthiopischen Hochland abhebt. Ringsum bietet sich ein meilenweiter Blick in alle Richtungen. In der erdrückend heißen Schlucht des Blauen Nils fliegen wir an einsamen Ufern entlang. Der Nil fließt hier in einem großen Bogen, wie ein Gefangener der mächtigen Schlucht; einige Male windet er sich, doch meistens schneidet er gerade durch die Felsen und fließt auf dem Grunde tiefer Kluften. Auf einer Strecke von mehr als 500 Kilometern ist der Fluss überwiegend unzugänglich, die steilen Schluchten sind mitunter bis zu 1000 Meter tief. Ganz zutreffend wurde der Blaue Nil als der »Everest der Flüsse« beschrieben und galt in einem Artikel über Forschergeschichte noch 1970 als die »letzte unbezwungene Hölle auf Erden«.[228] In diesen Regionen hat der Nil seit Tausenden von Jahren sein eigenes Leben geführt, ist nie eines Menschen ansichtig geworden und labte kein durstiges Tier an seinen Ufern. Die Schneise, die der Fluss durch die Landschaft geschlagen hat, ist so unverändert wie die sich gegen den Morgenhimmel abzeichnenden Berge.

Der Pilot, der sich so gut gelaunt über die Kostbarkeit des Augenblicks geäußert hat, lässt die Hubschraubertür offen, damit ich alles sehen kann. Nachdem er einen prüfenden Blick auf meine Sicherheitsgurte wirft, beginnt er so waghalsig zu manövrieren, als befände er sich in einem James-Bond-Film. Nur wenige Zentimeter über der Wasseroberfläche flitzen wir hier und da über den Fluss, auf beiden Seiten eingerahmt von nackten Felswänden. Das Unbehagen, das der Pilot ganz bewusst in mir wecken will, lässt die einsamen Berge und den Fluss noch dramatischer wirken, nicht beängstigend, aber doch fremdartig und unnahbar, denn durch die geöffnete Tür betrachte ich die Landschaft wie in einem Film.

Wir können nie wissen, wie unsere Worte auf andere Menschen wirken, und so hat auch der Pilot, dem ich nie zuvor begegnet bin, keine Ahnung, dass seine Bemerkung augenblicklich einen quälenden, verwirrenden Gedankenstrom in mir ausgelöst hat. Er kann nicht wissen, dass ich Historiker bin und mich daher oft mit Zeit und dem Konzept von Zeit beschäftige. Denn was genau ist ein Augenblick, was ist Vergangenheit, was ist tatsächlich Gegenwart, wenn sogar ein Erlebnis (wie der Flug mit einem Hubschrauber über den Blauen Nil) oder eine Bemerkung (wie der Haiku-ähnliche Kommentar des Piloten) im Augenblick des Geschehens als historisches Phänomen betrachtet werden können? Wie ist der Augenblick zu verstehen, wenn ich, während der Pilot den Hubschrauber abrupt zur Seite kippt, hinausschaue und dabei von dem umgeben bin, was »ewig unwandelbar« war, doch in wenigen Jahre unwiederbringlich der Vergangenheit angehören wird? Eine Staatsführung, die die Gegenwart des Nils als von seiner Vergangenheit getrennt ansieht beziehungsweise bei der Betrachtung des Flusses nur wenige Jahre zurückblickt, eine Staatsführung, die den Nil isoliert von den mächtigen und langfristigen Prozessen wahrnimmt, die sein Potenzial geschaffen haben, eine solche Staatsführung wird die sogenannte realpolitische Konzeption der Welt als Ort, an dem noch immer das Gesetz des Dschungels vorherrscht, in eine sich selbst erfüllende Prophezeiung verwandeln.

Wenn ich mir die Beständigkeit des Flusses in diesen tiefen Schluchten und seine Fähigkeit vergegenwärtige, sich ewig immer tiefer und tiefer zu graben, und dann einen Blick auf den Piloten werfe und sehe, welchen Spaß es ihm macht, mich durch seine tollkühnen Flugmanöver zu erschrecken, dann erscheint mir das Konzept, nur für den Augenblick zu leben oder nur an den heutigen Tag zu denken, eigenartig und banal. Und ganz besonders gilt dies hier am Nil: Wenn Staatsführung und öffentliche Meinung in den Ländern des Nilbeckens nicht entschieden auf langfristige

Perspektiven bezüglich Regulierung und gemeinsamer Nutzung des Nils hinarbeiten, sind Konflikte unvermeidbar, und der Fluss könnte zerstört werden. Denn unsere Gegenwart ist in der langen und ereignisreichen Geschichte des Flusses nur ein flüchtiger Augenblick.

Die Klosterinsel, das Meer und das Ende der Welt

Der Tanasee, aus dem der Blaue Nil heraustritt, steht seit Langem im Zentrum von Machtpolitik und Diplomatie welthistorischen Ausmaßes. Der See ist 84 Kilometer lang und bis zu 66 Kilometer breit, doch mit einer durchschnittlichen Wassertiefe von acht Metern für ein Gewässer dieser Größe ungewöhnlich flach. An seinen von Palmen und Akazien gesäumten Ufern wachsen auch Kaffeepflanzen mit ihren roten Beeren, die einst aus Arabien hierhergebracht wurden.

Die Tanaregion war sowohl das politische als auch das religiöse Zentrum des christlichen Reichs, das im äthiopischen Hochland zwischen dem Zusammenbruch der Dynastie der Zagwe im 14. Jahrhundert und der Etablierung von Gonder als ständigem Zentrum zu Beginn des 17. Jahrhunderts geschaffen wurde. Etwa 20 der 37 Inseln im Tanasee beherbergen orthodoxe Klöster oder Kirchen. Zwei Klöster haben eine große religiöse Bedeutung: Tana Kirkos und Daga Istafanos.

Tana Kirkos liegt etwa drei Bootsstunden von Bahir Dar entfernt, der Stadt am Tanasee, die Haile Selassie in den 1950er Jahren zur neuen Hauptstadt des Landes machen wollte. Nachdem ich den unruhig und grau wirkenden See in einem Mietboot überquert habe, erreiche ich die Klosterinsel, die sich plötzlich gleich einem Felsen aus dem See erhebt. Mit ruhiger Hand setzt der Skipper das Boot ans Ufer, wo wir von Mönchen in langen gelben Umhängen begrüßt werden. Sie alle bewegen sich langsam, haben einen Stock dabei und sprechen leise miteinander. Schließlich winken sie mir zu: »Komm!«

Wir steigen einen steilen Pfad hinauf und gelangen zu einigen braunen Lehmhäusern, die auf einer Wiese am Gipfel der Insel errichtet wurden. Eine Handvoll Mönche hockt auf einem gefällten Baumstamm. Ausdruckslos blicken sie über den See, in dem sich die Wolken am Himmel spiegeln. Es gibt hier weder Radio noch Telefon. Keinen Strom. Nur das Geräusch von Insekten und Vögeln und menschlichen Schritten. Sofort werde ich von der besonderen Stimmung der Insel ergriffen. Die Atmosphäre passt zu den Legenden, die man sich über religiöse Persönlichkeiten erzählt, die hier gelebt haben. Etwa die über Yared, der den Vögeln das Singen beibrachte, oder die von Tekle Haymanot, der acht Jahre lang aufrecht stand und betete, bis er einen Fuß verlor. Er ist Äthiopiens meistverehrter Heiliger und wird häufig als alter Mann mit Flügeln und einem Fuß abgebildet. Darüber hinaus gibt es hier auch die Legende von der Jungfrau Maria, die am Jüngsten Tag Fürbitte für den Kannibalen Belai einlegt, der 72 Menschen gegessen hatte, aber später bereute und einem Aussätzigen Wasser gab.

Tana Kirkos soll nicht nur die Insel sein, auf der Moses' Steintafeln mit den Zehn Geboten über Jahrhunderte aufbewahrt wurden, sondern auch der Ort, an dem die Jungfrau Maria, das Jesuskind und Josef nach ihrer Flucht vor Herodes drei Monate gelebt haben. Die Mönche hier behaupten, man könne noch Spuren von ihnen sehen. Einer von ihnen gibt mir ein Zeichen, ihm zu folgen. Auf einem hohen Felsvorsprung auf einem steilen Hang mit Blick auf den See zeigt er es mir - deutliche Spuren, von denen er inbrünstig behauptet, sie wären die Fußabdrücke von Jesus und Maria. Der Mönch tritt an eine Spitze des Felsens und weist mich auf eine winzige Kapelle hin, von der er sagt, dass sie über Spuren erbaut sei, die Marias Gewand auf dem Boden hinterlassen habe, als sie dort saß. »Du verstehst?«, fragt der Mönch. »Jesus war fünf Jahre alt, als er auf die Insel kam.«

Die Geschichte der Mönche lautet so: Nachdem Maria, Jesus und Josef zur Flucht vor Herodes gezwungen wurden und Ägypten erreichten, lebten sie zwei Jahre lang auf einem Berg in der Wüste. Eines Tages zeigte Jesus auf ein Land in der Ferne, und als seine Mutter fragte, welches Land das sei, erwiderte er: »Äthiopien.« Von unsichtbaren Heiligen und fünf Löwen begleitet, machte sich die kleine Familie auf. Auf dem Weg nach Aksum kamen sie durch Eritrea und gelangten schließlich zu einem Kloster nördlich von Gonder. Die Löwen blieben dort. Der Rest des kleinen Gefolges ging weiter und erreichte dann das Kloster Marefit Mariam am Ufer des Tanasees. Von dort aus fuhren sie mit einem Papyrusboot nach Tana Kirkos. Eines Tages erschien ein Engel und bat sie, nach Israel zurückzukehren, aber die Jungfrau Maria wollte bleiben. In Israel war sie bedroht und zur Flucht gezwungen worden, hier hingegen hatte sie Gastfreundschaft erfahren, und deshalb wollte sie die Insel nicht verlassen. Ein Heiliger konnte sie dann aber zum Aufbruch überreden, indem er sagte, dass Jesus der Sohn Gottes sei und nach Israel zurückkehren müsse, um für die Sünden der Menschheit am Kreuz zu sterben. Vor ihrer Abreise badeten Maria und Jesus im Tanasee, ein Ereignis, dass

Schilfboot auf dem Tanasee, der Hauptquelle des Blauen Nils in Äthiopien.

die Heiligkeit des Sees offenbar steigerte. Danach trug die Jungfrau Maria den Wolken auf: »Tragt uns!« Und von den Wolken wurden Jesus, Josef und sie selbst nach Israel zurückgetragen. Als sie Äthiopien verließen, segneten sie das Land, und aus diesem Grund wird Äthiopien so häufig in der Bibel erwähnt.[229]

Der Name des Tanasees (beziehungsweise *Tsanasee* in alter Schreibweise) wird als Verweis auf dieses Ereignis interpretiert. In der altäthiopischen Sprache bedeutet *tseane* »bedeckt von«, wie die Wolken, die Maria, Jesus und Josef zurück nach Israel trugen. Die Bezeichnung des Hauptreservoirs des Blauen Nils ist demnach tief in christlicher Tradition verwurzelt.

Das Schicksal des Tanasees ist auch Gegenstand eines apokalyptischen Szenariums: In den Tiefen des Sees befinden sich demnach ein heiliges Goldkreuz sowie ein Schatz aus Gold und Silber, die nicht eher entdeckt werden, bis die *Ferengis*, die weißen Männer, den See entwässern und austrocknen. Dann wird sich der Teufel erheben und die Menschen zu sich rufen, und das Ende der Welt ist gekommen.[230]

Ein äthiopischer Philosoph und Höhlenbewohner

Nördlich vom Tanasee, nahe des kürzlich errichteten Tekezedamms, befindet sich die Höhle von Zär'a a Yaqob, einem der führenden Denker in der Geschichte Äthiopiens. Im 17. Jahrhundert lebte er dort zwei Jahre lang als Eremit und entwickelte seine Philosophie. Yaqob stammte aus einer armen Bauernfamilie in Aksum und studierte in seiner Jugend heilige christliche Texte. Später zog er sich in die Höhle nahe Tekeze zurück, um Schutz vor den Anschuldigungen König Susenyos zu finden, der ihm vorwarf, ein Feind des äthiopisch-orthodoxen Glaubens zu sein. Yaqob äußerte wiederholt, er lerne in dieser einsamen Höhle mehr als in der Gesellschaft andere Gelehrter.

Dieser Denker des 17. Jahrhunderts ist einer der wenigen afrikanischen Intellektuellen, deren Philosophie schriftlich festgehalten wurde. Heute erinnert man sich an ihn dank des kanadischen Professors Claude Sumner, der Anfang der 1950er Jahre nach Äthiopien zog. Sumner entdeckte, dass das weithin bekannte äthiopische Buch *Reflektionen* nicht wie zuvor allgemein angenommen von dem im 19. Jahrhundert in Äthiopien lebenden italienischen Kapuzinermönch Giusto d'Urbino geschrieben worden war, sondern von Yaqob.

Zär'a a Yaqob sah in Gott einen Gesetzgeber, der die Gesetze auf Grundlage korrekter Moral ersann. Allerdings habe der Mensch das Recht, das Richtige oder das Falsche zu tun. Im Christentum und im Islam könne Gott also Richtlinien erlassen, er entziehe den Menschen aber niemals ihren freien Willen und die Fähigkeit, ihren Verstand zu nutzen. Yaqob zufolge werden die Gesetze Gottes somit von denen beeinflusst, die sie interpretieren – beispielsweise von religiösen Führern. Wenn diese Gottes Willen deuten, bedienen sie sich mit vollem Recht ihres eigenen freien Willens. Dadurch entsteht jedoch ein Problem für diejenigen, die sich an den Gesetzesdeutungen orientieren, die andere Personen formuliert haben; sie versagen sich selbst ebenjenen freien Willen oder lassen sich ihn von anderen versagen, weil sie Festlegungen über Gut und Böse folgen, die von anderen getroffen wurden.[231]

Gott erschuf den Menschen, sodass er Herr über seine eigenen Handlungen sein sollte, damit diese so werden, wie sie eben werden – gut oder böse. Diese Ideen passen zu einer modernen Richtung innerhalb der theologischen Moraltheorie, welche die Konsequenzen einer Handlung hervorhebt und diese mitunter zum Kriterium oder zur Prüfung für den Grad der Güte oder moralischen Korrektheit eines Menschen macht.

Mit dem Buch *Die Rationalität des menschlichen Herzens* unter dem Arm gehe ich am Ufer des Tanasees entlang. Das Buch wurde von Zär'a a Yaqob geschrieben und später von Teodros Kiros ins Englische übersetzt. 2005 erschien eine Neuauflage. Der Text wurde vor etwa 400 Jahren in einer Höhle im oberen Nilbecken verfasst, aber Teile davon wirken erstaunlich modern und rational. Wenn man den philosophischen Ansatz dieses Buches in die Überlegungen Äthiopiens und anderer Länder zur Nutzung des Nils und der sich daraus ergebenden Folgen integriert, kann er seine anhaltende Relevanz in einer Region beweisen, in der religiöser Dogmatismus und extreme Versionen einer Ethik der Überzeugung auf dem Vormarsch sind.

Massentaufen in Bahir Dar

In der völligen Dunkelheit der Nacht stehen Priester und Mönche mit Kerzen in den Händen am Ufer des Tanasees und stimmen einen monotonen, feierlichen Gesang an. Es ist nicht nur der kühle Morgenwind, der mich leicht erzittern lässt, sondern auch die Stimmung dieser jährlich wiederkehrenden Zeremonie. Das Gesicht dem See und der Sonne zugewandt, die sich langsam erhebt und einen gelbroten Schimmer auf das Wasser, die Bäume und die Menschen hier am Ura-Kidane-Meret-Kloster auf der Zegehalbinsel wirft, segnet der Priester das Wasser und füllt eine Messingschale. In langen weißen Gewändern treten die Menschen, die erneut getauft werden wollen, einer nach dem anderen hervor und neigen ihren Kopf zu Boden, woraufhin der Priester das in der Schale gesammelte heilige Wasser aus dem Tanasee über ihren Schädel gießt.

Timkat bedeutet in der von der die hiesige Kirche dominierenden ethnischen Gruppe gesprochenen amharischen Sprache »Eintauchen«. Die eigentliche Zeremonie findet am frühen Morgen statt, das Fest hat allerdings schon am Vortag begonnen. Auf den Inseln im Tanasee, in Bahir Dar und an vielen anderen Orten in Äthiopien wird Timkat zum Gedenken an die Taufe Jesu durch Johannes den Täufer im Jordan zelebriert. Der Akt gilt als eine Taufe der Menschheit, ein Akt der Gnade, der als eine Art Verhaltenscode für die ganze Welt fungiert. Das Fest findet jedes Jahr an einem bestimmten Tag statt. Wo es möglich ist, wird Wasser aus dem Tanasee und dem Blauen Nil für die Zeremonie verwendet, das kraft der mythologischen, religiösen Bedeutung des Flusses zum Medium wird, das die Getauften mit Gott verbindet.

Die Massentaufe ist eine alte Tradition. Als der Schotte James Bruce um 1770 durch Äthiopien reiste, beschrieb er detailliert, wie sich die Zeremonie abspielt. Wie viele der britischen Entdecker, fokussierte Bruce besonders auf Nacktheit und Geschlecht, vermutlich auch, weil dies dabei half, seine Bücher zu verkaufen, da Nacktheit der britischen Leserschaft zu jener Zeit eher weniger vertraut war.

> Die Taufe ... begann um Mitternacht, und der alte Gelehrte tauchte jeden Menschen unter Wasser, nahm ihn am Kopf und sagte: »Ich taufe dich im Namen des Vaters, des Sohnes und des Heiligen Geistes.« Es war am vollsten bei Sonnenaufgang und endete gegen neun Uhr morgens; eine lange Zeit für einen alten Mann, in eiskaltem Wasser zu stehen. Die Zahl der Anwesenden (da Frauen verwirrenderweise zugelassen waren) konnte nicht weniger als 40 000 betragen; sodass dieser Täufergeneral in den neun Stunden, die er amtierte, genug Bewegung gehabt haben muss, um sich warm zu halten, wenn 40 000 (viele von ihnen nackte Schönheiten) durch seine Hände gingen. ... Die Frauen waren vor den Männern völlig nackt, nicht einmal ein Fetzen Tuch bedeckte ihre Blöße. Ich fürchte, ohne ein so geeignetes Medium wie eisiges Wasser wäre den Interessen der Religion wenig gedient gewesen, einem Priester (wenn auch einem alten) unter so vielen kühnen und nackten Schönheiten vertraut zu haben, insbesondere da er sie in den ersten sechs Stunden im Dunkeln um sich hatte.[232]

Bruce berichtete, dass die Menschen zu jener Zeit an den Geist des Nils glaubten und ihn »den ewigen Gott, das Licht der Welt, das Auge der Welt, den Gott des Friedens, ihren Retter und den Vater des Universums« nannten. Er sprach auch mit dem *Shum*, dem Flusspriester, dessen Titel *Kefla Abai* lautete, Diener des Flusses.

Als wir mit dem Boot von der Halbinsel zurück nach Bahir Dar fahren, machen wir einen kleinen Umweg entlang des Seeauslasses, der von einem Sumpf mit hohen Papyruspflanzen umgeben ist. Hier beginnt der Blaue Nil, der einige Kilometer weiter flussabwärts über eine Felskante stürzt und sich dabei in einen der mächtigsten und schönsten Wasserfälle Afrikas verwandelt. Plötzlich fällt der Bootsmotor aus – das Benzin ist verbraucht. Der peinlich berührte Skipper reagiert umgehend, und bevor wir es wirklich mitbekommen, ist er auch schon im Wasser. Derweil Flusspferde laut grunzend nur wenige Meter von uns entfernt im Wasser treiben und die Ängstlichsten unter uns schon den brausenden Wasserfall in der Ferne hören, nimmt er das Bootstau zwischen die Zähne und zieht das

Äthiopisch-orthodoxe Christen am Ufer des Tanasees bei Sonnenaufgang, kurz bevor sie im Rahmen des jährlichen Timkatfests im heiligen Nilwasser neu getauft werden.

Gefährt und uns in Sicherheit, hält ein anderes Boot an, das etwas Benzin entbehren kann, und fährt schließlich weiter, als ob er so etwas jeden Tag machte.

Die Straßen in Bahir Dar sind voller Menschen. Das Timkatfest ist in vollem Gang; eine Explosion aus Geräuschen, Farben und Stimmen. Irgendwo werden Flöten gespielt. Die seltsamsten Instrumente werden geschlagen. Eine Kopie der Bundeslade wird von der Hauptkirche zum Ort der Taufen getragen. Die Prozession in Bahir Dar überstrahlt alle anderen, und der das Ritual abhaltende Priester trägt die Replik der Bundeslade auf seinem Kopf. Sie wird von einem mit Gold- und Silberfäden durchwirkten Tuch geschützt, außerdem hat der Priester Zeremonienschirme aufgespannt, um seine kostbare Last zusätzlich zu beschützen. Obwohl Bahir Dar direkt am See liegt, verlagert sich das Fest jetzt zum Meskelplatz in der Innenstadt. Hier gibt es ein Taufbecken – das *Bahire Timiket* –, wo das Wasser vom obersten religiösen Führer zunächst gesegnet wird, bevor es die Priester auf die Köpfe der Gläubigen träufeln. Das Timkatfest ist eine

Einer der Wasserfälle des Blauen Nils im äthiopischen Hochgebirge, bevor diese teilweise in Rohre verlegt wurden. In der lokalen amharischen Sprache heißen die Wasserfälle Tissisatfälle oder Tis Abay – übersetzt: »Das rauchende Wasser« oder »Der rauchende Fluss«.

religiöse Zeremonie, die zur Bekräftigung des persönlichen Glaubens dient, aber darüber hinaus auch die Macht der Kirche in der Gesellschaft verdeutlicht.

Die Rolle des Tanasees in den Erzählungen und Institutionen der orthodoxen Kirche beeinflusst daher nicht nur die Beziehung der Menschen zum Nil und seinem Wasser, sondern auch die Weise, wie der Fluss gezähmt und entwickelt worden ist. Mit anderen Worten: Auch die Biografie des Flusses und seine religiösen und rituellen Dimensionen sind hier auf komplexe Weise miteinander verwoben – und wie immer hat dies weitreichende politische Konsequenzen.

Der heilige Nil und der Schotte, der sich als Entdecker der Quelle ausgab

Gish Abay lautet der Name der Quelle des Blauen Nils, doch so heißt auch ein kleiner Ort im westlichen Teil Godschams in der äthiopischen Region Amhara. Der Gigil Abay oder Kleine Nil entspringt hier; er ist der größte der etwa 60 in den Tanasee mündenden Flüsse. Das Wasser in diesem Fluss galt schon immer als heilig, und man sagt ihm legendäre Kräfte nach. Die heilige Natur des Wassers beruht auf Geschichten aus dem Alten Testament. In der Genesis lesen wir:

> Und ein Strom ging aus von Eden, den Garten zu bewässern; und von dort aus teilte er sich und wurde zu vier Flüssen. / Der Name des ersten ist Pison; dieser ist es, der das ganze Land Hawila umfließt, wo das Gold ist; / und das Gold dieses Landes ist gut; daselbst ist das Bdellion und der Stein Onyx. / Und der Name des zweiten Flusses: Gihon; dieser ist es, der das ganze Land Kusch umfließt.[233]

Bevor der Nilzufluss Abay genannt wurde, hieß er Gihon, wie einer der vier Flüsse, die aus dem Himmel und dem Garten Eden fließen. Der orthodoxen Überlieferung zufolge war Gihon, während Adam und Eva im Paradies lebten, der Fluss des Lebens, und als die beiden ersten Menschen aus dem Paradies verjagt wurden, strömte Gihon vom Himmel auf die Erde. Wenn wir dieser Denkweise folgen, muss der Blaue Nil also aus dem Himmel kommen.

Die ersten Europäer, die die Quelle des Blauen Nils in Äthiopien sahen, waren Portugiesen, die 1541 zusammen mit Cristovão da Gama dorthin geschickt worden waren. Dieser war der Sohn Vasco da Gamas, des portugiesischen Seefahrers, der als Erster die Route von Europa nach Indien über das Kap der Guten Hoffnung befahren hatte. Die Portugiesen spielten eine bedeutende Rolle im Kampf der orthodoxen Kirche gegen den Vorstoß des Islam sowie später gegen die Eroberungsversuche des Osmanischen Reichs in Äthiopien. Wann genau die Portugiesen die Quelle des Nils zum ersten Mal erblickten, ist ungewiss, da das Ereignis nicht dokumentiert wurde. Wir wissen jedoch, dass der Jesuitenpater Pedro Páez den Ort zu Beginn des 17. Jahrhunderts besuchte. In *Wegbeschreibung ihrer Reisen*, geschrieben von dem Jesuiten und Missionar Jerónimo Lobo (in England wurde das Buch später unter dem Titel *Eine kurze Darstellung des Nilflusses* publiziert), wird das Jahr 1613 genannt. James Bruce hat Ende des 18. Jahrhunderts dagegen ausgerechnet, das Ereignis müsse 1615 stattgefunden haben. Der Jesuit Athanasius Kircher publizierte eine lateinische Version von Páez' Bericht, die den 21. April 1618 als das »offizielle« Datum festlegte. In seiner *Geschichte Äthiopiens* beschrieb Páez den Ort:

> Als ich im Gefolge des Kaisers und seiner Armee hier war, stieg ich auf diese Erhebung und untersuchte alle Dinge mit äußerster Genauigkeit. Ich fand dort zwei kreisförmige Quellen, jeweils etwa vier Handbreit im Durchmesser, und sah mit Vergnügen, was die Könige von Persien, Cyrus und Cambysses, was Alexander und der berühmte Julius Cäsar hatten sehen wollen. … Die beiden Augen der Quelle entspringen nicht oben auf dem Berg, sondern verschwinden am Fuße der Erhebung aus dem Blickfeld. … Die zweite Quelle befindet sich im Osten, etwa einen Steinwurf entfernt.[234]

In dem fünfbändigen Werk, das James Bruce 1790 veröffentlichte und in dem er die Reisen beschrieb, die er um 1770 unternommen hatte, trug er sich selbst in die Weltgeschichte ein, indem er behauptete, die Quelle des Blauen Nils als erster Europäer gesehen und ein uraltes Mysterium gelöst zu haben:

> Es ist leichter zu erraten, als den Zustand meines Geistes in diesem Augenblick zu beschreiben – an jener Stelle zu stehen, die das Genie, die Industrie und die Forschung sowohl der Alten als auch der Moderne über fast 3000 Jahre hinweg verblüfft hatte. … Obwohl ich nur ein auf eigene Faust reisender Brite war, triumphierte ich hier in meinen eigenen Gedanken über Könige und ihre Armeen. … [Die Quelle des Nils] war 3000 Jahre lang die Palme, die vor allen Nationen der Welt als *detur dignissimo* geschwungen wurde und für die ich in meinen übermütigen Stunden mein Leben zu riskieren bereit war, das ich seit Langem beschlossen hatte, entweder zu verlieren oder diese Entdeckung, eine Trophäe, bei der ich keinen Konkurrenten fürchten musste, zu Ehren meines Landes meinem Souverän, dessen Diener ich war, zu Füßen zu legen.[235]

Der Schotte erhob in einem Atemzug sein Glas auf Georg III. und die Jungfrau Maria. Die Person, auf die er eigentlich seinen Toast ausbrachte, war allerdings er selbst. Bruces Buch unterstreicht, wie der Drang nach Entdeckungen und das Bedürfnis nach Selbstbestätigung zwei Seiten derselben Medaille sein können. Denn obwohl er das geografische Wissen

Der Schotte James Bruce veröffentlichte Ende des 18. Jahrhunderts ein Buch in fünf Bänden über seine Reise zu den Quellen des Blauen Nils auf Äthiopiens Hochebene. Stich von Samuel Freeman (1773–1857).

über Äthiopien erweiterte, machte er keine neuen großen Entdeckungen; immerhin wusste er, dass die portugiesischen Jesuiten vor ihm dagewesen waren und darüber in einem 1618 herausgegebenen Buch geschrieben hatten, also mehr als anderthalb Jahrhunderte vor Erscheinen seines eigenen Buches. Als solches wirft Bruces fünfbändiges Werk seinen Schatten voraus auf eine in Bezug auf Afrika bestehende Tendenz westlicher Literatur, deren Autoren sich als Helden inszenieren, die als Eroberer des Unbekannten und des Exotischen auftreten.

Gish Abay ist heute eine der wenigen Pilgerstätten im Nilbecken, und vielleicht sogar die einzige von Bedeutung, die direkt an den Fluss gekoppelt ist. Nur äthiopisch-orthodoxe Christen haben Zugang zu der Quelle. Dahinter steckt die Vorstellung, Ungläubige könnten die Quelle verunreinigen und allein aufgrund ihrer Wesensart das Wasser weniger heilig werden lassen. An der Quelle selbst ist es verboten, Schuhe zu tragen, und ein grünes Zelt spannt sich zum Schutz über den Ort. Draußen warten die Menschen in langen Schlangen darauf, dass ihnen das in Flaschen abgefüllte Wasser aus dem Zelt herausgereicht wird. Zunächst wird das Wasser von den Priestern gesegnet. Das Wasser ist heilig, wird aber aufgrund der Segnung umso heiliger. Die Menschen glauben, die wundersame Wirkung des Wassers wirke bis in die 70. Generation hinein. Es kann auch von Menschen genutzt werden, die nicht selbst nach Gish Abay kommen können, und alle, die mit dem Wasser getauft werden, sind frei von Sünde, Krankheit und Missgeschick.

Die fortgesetzte zeitgenössische Verehrung der Heiligkeit des Wassers aus der Quelle sowie der Glaube an die christlich-orthodoxe Tradition, wonach der Blaue Nil der Fluss des Paradieses ist, verleihen dem geopolitischen Machtkampf darüber, wie der Nil genutzt und kontrolliert werden sollte, eine potenzielle religiöse Dimension, die sich auch in die Zukunft erstreckt.

Der Priesterkönig Johannes und die Jungfrau Maria beherrschen den Nil

Etwa 1000 Jahre lang gab es zahlreiche Geschichten darüber, wie Äthiopien seine Position im Quellgebiet des Nils nutzte, um Ägypten zu strafen. Während der Herrschaft der fatimidischen Dynastie unter Sultan al-Mustansir wurde in Ägypten im Jahr 1090 darüber gerätselt, ob Äthiopien die Macht habe, den Wasserfluss des Nils zu beeinflussen. In jenem Jahr war die Nilschwemme ausgeblieben, mit katastrophalen Folgen für Ägypten. Der Schriftsteller al-Makin berichtete, der Sultan habe den koptischen Patriarchen Michael von Alexandria nach Äthiopien entsandt, um die Äthiopier um eine Wiedereinsetzung der Nilschwemme zu bitten, was sie daraufhin taten.[236]

Obwohl die Äthiopier den Nil damals natürlich nicht »abstellen« konnten, hatte der Glaube oder die Befürchtung, dass sie diese Fähigkeiten besäßen, eine nicht zu unterschätzende Bedeutung. 1384 besuchte der Florentiner Simone Sigoli Ägypten, Sinai und Palästina. Ihm wurde erzählt, dass der Sultan Steuern an Priesterkönig Johannes in Äthiopien entrichte, weil dieser die Schleusen des Nils in seiner Macht habe. Die Schleusen stünden nur halb offen, und um Äthiopien davon abzuhalten, Ägypten zu ertränken, hätten sich die Ägypter zu Tributzahlungen an Johannes verpflichtet.

Der britische Historiker Richard Pankhurst zitiert den venezianischen Gelehrten Alessandro Zorzi, der Mitte des 16. Jahrhunderts berichtete, Johannes hätte den Muslimen das Wasser wegnehmen und verhindern können, dass es Kairo erreicht. Er habe dies aber nicht in die Tat umgesetzt, weil er fürchtete, dass die Muslime »die Kirchen und die christlichen Mönche in Jerusalem vernichten würden, und jene in Ägypten, wo es viele von ihnen gab«. In Europa war dieser Mythos ab 1335 bekannt, als der Gelehrte Jacob von Verona nach Palästina aufbrach und von Äthiopiens Macht über den Nil Bericht erstattete.[237]

Über Jahrhunderte waren die Christen überzeugt, die Nilschwemme sei eines der Wunder der Jungfrau Maria. Während eines Krieges zwischen Christen und Muslimen sei Maria erschienen und habe gesagt, dass Gott dem äthiopischen Kaiser Dawit das Wissen und die Macht verliehen habe, den Lauf des Nils zu ändern. Das habe die Muslime geängstigt, und sie erklärten, keine Feinde der Christen zu sein, woraufhin der äthiopische Kaiser Maria dankte. In Mirakel 268 des *Tä'amrä Maryam* (Wunder der Maria) ist die Geschichte wie folgt beschrieben:

Und um Mitternacht dieses Tages erschien die Muttergottes Maria, die zweifache Jungfrau, Trägerin Gottes, dem Kaiser Dawit von Äthiopien und sagte zu ihm: Oh, mein Geliebter und Geliebter meines Sohnes Jesus Christus, jetzt habe ich in deinem Namen zu meinem Sohn gebetet und ihm gesagt, dass du gehen und meine Nation, die Christen, retten willst, und so hat Er dir deinen Weg gewährt und diesen für dich geebnet. Steh nun auf und wandele! Und er wird durch deine Hand viele Wunder vollbringen ... Und Gott gab ihm Weisheit, und er sperrte [den Nil], damit er nicht in das Land Ägypten hinabfiele, weil es im Land der Ägypter keinen Regen gibt; solange das Wasser des [Nils], das aus Äthiopien fließt, sie nicht erreicht, pflügen sie nicht, säen keine Samen und bekommen überhaupt kein Wasser ... Und da sagte Dawit, Kaiser von Äthiopien: War nicht einmal gesagt worden: Das Wasser zurückzuhalten, ist wie einen Krieg zu beginnen, aber der Wille Gottes, des Herrn der Christen, möge geschehen.[238]

Besatzung oder Übereinkunft?

Als die Briten gegen Ende des 19. Jahrhunderts die Kontrolle über das gesamte Nilbecken errangen, lautete eine der Fragen: Was machen wir mit Äthiopien? Die Strategen in London interessierten sich nicht im Mindesten für die religiöse Dimension des Blauen Nils. Sie dachten nur an seine ökonomische und geopolitische Bedeutung und waren sich, anders als viele Historiker behauptet haben, von 1880 an vollkommen der Tatsache bewusst, dass fast das gesamte Nilwasser aus Äthiopien kam.

Äthiopien war das alte mythische Land des Priesterkönigs Johannes, von dem die Europäer des Mittelalters glaubten, er regiere ein riesiges christliches, von islamischen Staaten umgebenes Reich. Tatsächlich gab es in diesem Reich eine starke orthodoxe Kirche, die von vielen Christen im

Westen lange Zeit nicht als Bestandteil des Christentums anerkannt wurde. Seine imperiale Regierungsform, die auf eine lange Ahnenreihe verweisen konnte, reichte tief in die vorchristliche Geschichte zurück. Das Land lag technologisch und wissenschaftlich weit hinter Europa zurück, als die Europäer begannen, sich im Rahmen ihrer Expansion in Afrika für dieses Land zu interessieren. Seit dem späten 18. Jahrhundert schätzten europäische Beobachter das Land und seine Bevölkerung gering. Ein typisches Beispiel dafür ist James Baum, der 1927 ein Buch mit dem vielsagenden Titel *Wildes Abessinien* veröffentlichte. Darin beschrieb er seine Beobachtungen, die er auf einer Expedition des Chicagoer Field-Museums gemacht hatte, und meinte abschätzig, die Äthiopier hätten nicht einmal Waffen entwickelt, mit denen sich wilde Tiere töten ließen; sie hätten nichts zum Fortschritt der Menschheit beigetragen.[239]

Derlei Beschreibungen von Afrika entstanden, als sich der zivilisatorische imperiale Eifer auf seinem Höhepunkt befand, und daher spiegeln sie oft eher europäische Ideologien und Weltanschauungen wider als die Realität in Afrika selbst. Die geografischen Bedingungen im äthiopischen Hochland waren günstig für die Landwirtschaft. Wenn es genug regnete, war es möglich, die Felder mehrmals im Jahr zu bestellen, wann immer man wollte. Die Zivilisation von Aksum hat unter anderem massive Obelisken hinterlassen, die sowohl ihre technologische Kompetenz als auch ihre soziale Organisation bezeugen. In der heutigen Stadt Aksum kann man noch immer mehrere dieser Obelisken sehen. Die mit 25 Metern zweithöchste Stele ist im 4. Jahrhundert n. Chr. errichtet worden und erst 2005 aus Rom an ihren originalen Standort zurückgekehrt; auf Geheiß Mussolinis war sie 1937 als Kriegsbeute nach Italien verschifft worden. Offensichtlich sind theoretisches Wissen, praktische Fähigkeiten und organisatorisches Talent erforderlich, um solche Strukturen aufzubauen. Gleiches galt für den Damm in Kohaito, der fast 2000 Jahre alt und noch immer in Gebrauch ist, sowie für das Bad der Königin von Saba. Der Wohlstand dieser Zivilisation hing von der Menge des Regens ab, ohne den die Landwirtschaft nicht gedeihen konnte. Sie entwickelte sich in Zeiten guter Niederschläge auf natürliche Weise weiter, verfiel jedoch, wenn diese ausblieben. Daher ist dieser Teil des äthiopischen Hochlands einer der Orte auf der Welt, an denen Dürrekatastrophen schon immer untrennbar zur Geschichte gehörten.[240] Aksums Vorteil lag in der Möglichkeit begründet, dort Brunnen zu graben, was sich in der ursprünglichen Bedeutung seines Namens widerspiegelt: »Brunnen des Häuptlings«.

Wie sich zeigte, nahm London keinerlei Rücksicht auf die Tatsache, dass Äthiopien mit seinem christlich-orthodoxen Hintergrund, seiner räumlichen Nähe zu zentralen Regionen des Islam sowie seinem Entwicklungspotenzial perfekt geeignet gewesen wäre, die Werte der europäischen christlichen Zivilisation zu verbreiten. Auch interessierten sich die Briten nicht für die Ressourcen des Landes. Übliche hegemoniale Beschreibungen des imperialistischen Projekts helfen ebenso wenig für das Verständnis des Geschehens. Die konkrete Politik des Kolonialismus oder des Imperialismus kann nicht ohne den Blick auf ihre Akteure analysiert werden, die bestimmte Ziele und Pläne verfolgten. Auch diesem Thema muss man sich auf konkrete Weise nähern: Was haben die wichtigsten britischen Strategen in Bezug auf Äthiopien gedacht und getan?

Als die britische Führung überlegte, wie mit Äthiopien zu verfahren sei, war ein Faktor in ihrer Gleichung, dass sie dort bereits militärische Erfahrung besaßen. Sie hatten einen berühmten Überraschungsangriff auf das Land gestartet, eine Art Vorläufer der »Operation Entebbe«. Im Jahr 1976 waren 100 israelische Kommandosoldaten im Laufe einer Nacht 4000 Kilometer in einem Transportflugzeug von Israel zur Quelle des Weißen Nils in Uganda geflogen, um die Passagiere eines Air-France-Flugzeugs zu befreien. Diese befanden sich in der Gewalt von Angehörigen der Volksfront für die Befreiung Palästinas, die die Maschine in die ugandische Hauptstadt entführt hatten. Das Einsatzkommando rettete die Entführten und tötete die Terroristen. Die Ereignisse des Jahres 1864 nahmen sich in mancher Hinsicht ähnlich aus: Damals waren der britische Konsul und mehrere andere Europäer in Äthiopien von Kaiser Tewodros II. entführt und in Magdala gefangen gehalten worden. Alle Versuche, die Gefangenen durch Verhandlungen freizubekommen, schlugen fehl. Nachdem die Gefangenen vier Jahre lang inhaftiert gewesen waren, gab Queen Victoria schließlich die Entscheidung bekannt, eine Militärexpedition zur Rettung der Geiseln zu entsenden. 1868 marschierte Sir Robert Napier mit 1600 Mann in Äthiopien ein. Der Kampf um die Festung Magdala, in der sich der Kaiser verschanzt hatte, ist in unzähligen Büchern wiedergegeben worden. Tewodros hatte nicht genügend Unterstützung von lokalen Kriegsherren erhalten. Als die Briten seine Festung angriffen und stürmten, nahm er sich das Leben, anstatt sich zu ergeben. Nachdem der Herrscher Äthiopiens somit durch eigene Hand gestorben war, befreiten Napiers Truppen die Gefangenen, machten Kriegsbeute und verließen das Land. Die Briten hatten 1868 weder den Drang noch das Interesse, Äthiopien militärisch oder politisch zu erobern.

Auch als Afrika 1880 unter den europäischen Mächten aufgeteilt und das Nilbecken als britische Interessensphäre anerkannt wurde, wollte die britische Regierung Äthiopien, den Wasserturm des Nils, weder besetzen noch in eine Kolonie verwandeln. Die Briten hatten nur ein einziges, jedoch alles überragendes Interesse, nämlich das Wasser, das von Äthiopien nach Ägypten floss. Allerdings gab es für London keinen Grund, deshalb die Kontrolle über Äthiopien anzustreben. Während die Hydrologie des Nils bei Londons Entscheidung, den Sudan und Uganda am Weißen Nil zu erobern, eine große Rolle spielte, war ebenjene Hydrologie Ursache dafür, dass die Eroberung Äthiopiens als nutzlos betrachtet wurde. Es ist eine grundlegende Tatsache, dass der größte Teil des Wassers über einen Zeitraum von drei Monaten im Herbst vom äthiopischen Hochland herabströmt. Da es so viel Schlamm mit sich führt, konnte das Wasser mit der damals verfügbaren Technologie zum Bau von Staudämmen nicht für eine längere Zeit aufgestaut werden. Die Baumwollfelder, auf denen die Rohstoffe für die Textilindustrie in Lancashire produziert wurden und die es Ägypten ermöglichten, durch erzielte Exportgewinne seine Schulden bei europäischen Banken zurückzuzahlen, benötigten im Frühjahr und Sommer Wasser und lagen im Herbst brach.

London optierte daher für eine Vereinbarung mit Kaiser Menelik II., mit der dieser die Kontrolle über das Nilsystem in seinem Land aufgab und darüber hinaus zusicherte, keinen Tropfen Wasser aus dem Nil zu entnehmen, ohne vorab die Zustimmung Londons einzuholen. Nach eingehender Korrespondenz mit dem Berater Meneliks, dem Schweizer Ingenieur Alfred Ilg, stimmte London zu, dass Äthiopien das Wasser als Stromquelle nutzen könne, sofern dies den Wasserfluss des Nils stromabwärts nicht beeinträchtige. Angeblich erhielten die Briten auch ein Versprechen vom Kaiser, dass Äthiopien zuerst die Briten um Hilfe und Rat bitten würde, falls das Land jemals beabsichtigen sollte, Dämme am Nil oder an einem seiner Nebenflüsse zu bauen.[241]

Großbritannien übte jetzt die politische Kontrolle über das äthiopische Nilsystem aus, in der Erwartung, dass es in absehbarer Zeit wirtschaftlich vorteilhaft sowie technologisch möglich sein würde, einen Staudamm in Äthiopien zu bauen, über den sie dann selbst die Kontrolle behielten. Im Ausgleich dafür erhielt der Kaiser die britische Unterstützung für seine expansionistische Politik gegenüber anderen ethnischen Gruppen, deren Siedlungsgebiete an die zentralen Regionen seines Imperiums grenzten. Menelik tauschte gewissermaßen »Wasser gegen Land« beziehungsweise die Souveränität über den Nil gegen die Unterstützung bei der Ausweitung seines Territoriums. Der Kaiser betrachtete Großbritannien auch als Gegengewicht zu anderen europäischen Staaten und ihrer Politik gegenüber Äthiopien, insbesondere zu Italien – dem Land, mit dem er im Krieg gelegen und das er in der Schlacht von Adua so ruhmreich besiegt hatte.

Das Abkommen mit Kaiser Menelik II., das die diplomatischen und strategischen Interessen der Briten am Nil in Äthiopien absichern sollte, wurde 1902 unterzeichnet (Ägypten beharrt noch heute auf der Gültigkeit und Verbindlichkeit des Abkommens). Zur selben Zeit, und hier sind die Quellen eindeutig, fassten die britischen Imperialisten die Errichtung eines Staudamms an der Mündung des Tanasees ins Auge. Dennoch stoppten Lord Cromer in Ägypten und die Regierung in London die Initiative eines britischen Investors, der den Bau eines solchen Damms bereits für 1903 geplant hatte.[242] Die politische Führung hielt die Umsetzung eines solchen Projekts für verfrüht; London wollte Ägypten und den äthiopischen Kaiser nicht unnötigerweise herausfordern. Vor allem sollte der Damm unter Kontrolle der britischen Regierung bleiben und ihren imperialen Strategien dienen. Daher verfolgten die Briten unter der Führung von Lord Cromer einen diplomatischen Kurs, der darauf abzielte – sei es durch Argumente, durch Bestechung oder durch finanzielle Entschädigung –, die Unterstützung Äthiopiens für den Bau des Staudamms zu gewinnen.

Dieser Damm an den Quellen des Blauen Nils sollte mehreren Zwecken dienen. Die Kontrolle über die Quellen des Blauen Nils würde den Briten ein mächtiges Werkzeug gegen ägyptische Nationalisten in die Hand geben, sollte ihre Position in Suez bedroht sein. Der Damm würde zudem eine wichtige wirtschaftliche Rolle spielen: Nach der Eröffnung des Bewässerungsprogramms im sudanesischen Gezira im Jahr 1925 benötigten die Briten mehr Wasser für ihre großen Projekte im Nilbecken.

In die Geschichte der großen Hydropolitik am Tanasee waren, wie wir gesehen haben, Eritrea, London, die Regierung des Sudan, die ägyptischen Nationalisten, Kaiser Haile Selassi, amerikanische Unternehmen und nicht zuletzt Mussolini eingebunden. Relativ ungeklärt bleibt, welche Rolle der Kampf für den Damm im Vorfeld des Zweiten Weltkriegs gespielt hat.

Roms und Londons heimlicher Plan

Das Staudammprojekt am Tanasee gewann für Großbritannien während des Ersten Weltkriegs neue Bedeutung, und so warb London bei der äthiopischen Führung sowohl um passive wie aktive Unterstützung für diesen

Bau. Wieder wurden alle Mittel eingesetzt, auch Bestechung oder »Bakschisch«, wie die Bürokraten im Außenministerium es mit dem im ganzen Nordosten Afrikas verbreiteten arabischen Ausdruck nannten. London versprach sogar, die von den Briten nach der Schlacht von Magdala geraubte Kaiserkrone zurückzugeben. Berauscht von ihrer kolonialen Macht, hatten die Briten dem Kaiser auch wiederholt die Hochebene von Boma versprochen, die zu diesem Zeitpunkt zum südlichen Sudan gehörte. Sie wollten ihm ferner bei der Gründung einer Hafenstadt am Roten Meer behilflich sein, sofern ihm dies nützlich erscheine. Doch Kaiser Haile Selassie »trödelte herum«, wie die Briten es formulierten, und er tat dies aus mehreren nachvollziehbaren Gründen. Einer davon war die beim Thema Nilwasser schnell entstehende Vermischung von Religion und Politik; der Kaiser fürchtete die Reaktion der Kirche, wenn der Wasserspiegel des Tanasees angehoben würde, denn dies würde die Klosterinseln bedrohen. Doch vor allem wollte er, dass ihn die Briten bei seiner Eritreapolitik unterstützten, vergebens, wie wir gesehen haben.

Als London zunehmend die Hoffnung aufgab, dass Addis Abeba erlaubte, den Tanadamm zu errichten, konzentrierte man sich stattdessen darauf, Mussolinis Zustimmung zu erwirken. Tatsächlich etablierten die Briten zu diesem Zweck eine streng geheime diplomatische Beziehung mit den italienischen Faschisten. Es war für sie dabei von allerhöchster Wichtigkeit, diese in den 1920er Jahren erfolgten Gespräche über das Nilprojekt und die damit verbundenen Pläne zu einer eventuellen Aufteilung Äthiopiens absolut geheim zu halten. Man war sich in London bewusst, dass die Reaktionen in Äthiopien und Ägypten, der Weltgemeinschaft und des Völkerbunds sowie aufgrund der wachsenden antikolonialen Stimmung nicht zuletzt in den USA und England selbst verheerend sein würden, sobald die Öffentlichkeit von diesen Verhandlungen erführe. Seit die Briten die vagen Pläne der Äthiopier abgeschmettert hatten, mit amerikanischer Hilfe selbst einen Staudamm am Tanasee zu bauen, war die Beziehung zu Haile Selassie an einem Tiefpunkt angelangt. Würden Londons mit Italien besprochene Pläne an die Öffentlichkeit gelangen, wäre dies kaum eine Sternstunde britischer Diplomatie. Beamte des Außenministeriums entschieden daher unter anderem schon einmal vorsorglich, einen Brief des Kaisers an den britischen König zurückzuhalten, in dem dieser einfach darum bat, sich um die junge Kaisertochter zu kümmern, während diese England besuchte.

Und so kam es, dass Großbritannien Mitte der 1920er Jahre unter größter Geheimhaltung ein Abkommen mit Italien schloss, mit dem die

Roms und Londons heimlicher Plan

beiden Länder Äthiopien de facto unter sich aufteilten. Italien würde seine gewünschte Eisenbahn von Eritrea nach Italienisch-Somaliland bauen können und im Gegenzug Londons Pläne für den Tanasee unterstützen.

Die ursprüngliche Mitteilung der britischen Regierung an Mussolini besagte, dass er sich ja der zentralen Rolle des Blauen Nils für die Bewässerung in Ägypten und dem Sudan bewusst sei: Man habe ihn über die Verhandlungen in Addis Abeba informiert, mit denen London eine Konzession zu erhalten suchte, um »treuhänderisch für die sudanesische Regierung und unter Beachtung der ägyptischen Interessen« einen Staudamm am Tanasee zu errichten. Besagte Verhandlungen hätten bislang zu keinem praktischen Ergebnis geführt. Weiter heißt es in der Mitteilung:

> Daher habe ich unter Befolgung der Anweisungen des Außenministers Seiner Majestät die Ehre, Eure Exzellenz bei den Verhandlungen in Addis Abeba mit der abessinischen Regierung um Unterstützung für den Erhalt einer Konzession für die Regierung Seiner Majestät zur Errichtung eines Staudamms am Tanasee und das damit einhergehende Recht zum Betrieb einer Verbindungsstraße für den Transport von Geräten, Mitarbeitern etc. sowie das Recht zum Betrieb einer entsprechenden der Instandhaltung und dem Schutz des Damms dienenden Einrichtung am See selbst zu bitten. Die Regierung Seiner Majestät ist im Gegenzug dazu bereit, die italienische Regierung dabei zu unterstützen, von der abessinischen Regierung die Konzession für den Bau und Betrieb einer Eisenbahn von der eritreischen Grenze zur Grenze von Italienisch-Somaliland zu erhalten. Diese Eisenbahn und alle zu ihrem Bau und zu ihrem Betrieb erforderlichen Arbeiten hätten selbstverständlich vollständig freien Durchlass durch die oben erwähnte Verbindungsstraße.

Die Regierung in London erklärte, sie sei zudem bereit, »einen exklusiven italienischen Einfluss im Westen Abessiniens und im gesamten von der Eisenbahn durchquerten Gebiet anzuerkennen«, und versprach, »alle italienischen Forderungen nach wirtschaftlichen Konzessionen in obigem Gebiet zu unterstützen«.[243]

London und Rom hielten sich für besonders schlau. Doch dann schlug die Bombe ein. Die geheime Korrespondenz wurde öffentlich gemacht; durch wen, ist bis heute unklar. Nun wusste die ganze Welt, dass die Briten und Mussolini gemeinsam einen streng geheimen Plan gegen Äthiopien ausgeheckt hatten, dem einzigen afrikanischen Land, das niemals Kolonie gewesen war und im Völkerbund großes Ansehen genoss. Die Veröffentlichung dieser geheimen Verhandlungen schwächte Londons Position radikal, sowohl Äthiopien und Ägypten betreffend, aber auch in der heimischen öffentlichen Meinung und unter Antifaschisten weltweit.

Um diese politische Krise zu lösen, startete London neue, streng geheime Verhandlungen mit Mussolini. Nun sollte ein akzeptablerer Text formuliert werden, den man dann als das ursprüngliche Abkommen präsentieren wollte. Das zuvor zur Presse durchgesickerte Dokument wollte man dann als Fälschung bezeichnen. Doch das war einfacher gesagt als getan, schließlich musste der Text auch Mussolinis Zustimmung finden. Andernfalls hätte er enthüllen können, dass die Briten nicht nur mit ihm verhandelt hatten, sondern nun zudem versuchten, die Welt hinters Licht zu führen. Das hätte London noch größere Probleme bereitet. Nach langem Tauziehen, bei dem Großbritannien somit mehr als Italien zu verlieren hatte, einigten sich Mussolini und London schließlich auf ein Dokument, das sie als »Original« an den Völkerbund schicken konnten. Durch diesen diplomatischen Skandal und die Versuche der Schadensbegrenzung hatte Mussolini London fortan in der Hand. Dies sollte ihm später nutzen, als er beschloss, in Äthiopien einzumarschieren und zum Tanasee vorzurücken.

Mussolini am See

Am 3. Oktober 1935 standen am Marebfluss an der Grenze zwischen Eritrea und Äthiopien 200 000 Soldaten zum Angriff bereit, darunter viele Eritreer als Askaris. Die Invasionsarmee wurde von 200 italienischen Journalisten begleitet. Als der »Duce« an jenem Morgen den Befehl gab vorzurücken, marschierten die Truppen in Äthiopien ein. Die italienische Presse hatte das Land unter anderem als »barbarische Inkompetenz von einem Staat« bezeichnet, sodass die Invasion als etwas dargestellt wurde, was man heute wohl einen humanitären Einsatz in einem »failed state« nennen würde.

Dies war Mussolinis Krieg. Er war Ministerpräsident und Regierungschef, Oberbefehlshaber der faschistischen Miliz und seit 1933 Minister für Krieg, Marine, Luftfahrt, Kolonien und Äußeres. Die von den Äthiopiern lange befürchtete Besatzung wurde Realität. Die Italiener rissen die Kontrolle über das ganze Horn von Afrika an sich und rächten sich dabei für ihre demütigende Niederlage bei der Schlacht von Adua vier Jahrzehnte zuvor.

Für den Faschisten Benito Mussolini, der 1922 die Macht in Italien ergriffen hatte, war der Angriff auf Äthiopien eine Rache für die dortige Niederlage Italiens 1895. Er hatte über mehr als zehn Jahre hinweg mit den Briten streng geheime Verhandlungen über den Nil in Äthiopien geführt und wusste, dass sie ihn nicht abhalten würden. Hier grüßen Äthiopier das Foto Mussolinis mit dem faschistischen Gruß.

Als in Rom die Nachricht eintraf, dass die Invasionstruppen am Abend des 5. Mai 1936 Addis Abeba eingenommen hatte, versammelten sich jubelnde Menschenmassen in den Straßen der italienischen Hauptstadt. In seiner Rede vom Balkon des Palazzo Venezia verkündete der Diktator: »Italien hat in den 30 Jahrhunderten seiner Geschichte viele feierliche und denkwürdige Momente erlebt – dies ist ohne Zweifel einer der feierlichsten und denkwürdigsten. Italiener, Menschen in aller Welt: Der Friede ist zurückgekehrt.«[244]

Die Menge wollte ihn nicht gehen lassen. Zehnmal erschien der »Duce« auf dem Balkon und winkte. Jugendliche Angehörige der verschiedenen faschistischen Verbände sangen die neu komponierte *Hymne an das Imperium*. Es herrschte eine elektrisierte Stimmung. Die Besetzung Äthiopiens war Mussolinis größter Moment als Führer dessen, was er als Reinkarnation des Römischen Reichs bezeichnete.

Mussolini hatte die Verhandlungen über den Tanasee seit 1925 aufmerksam verfolgt. Als seine Flugzeuge Äthiopien bombardierten und seine Soldaten in Richtung des Gewässers marschierten, schlug der italienische Botschafter Verhandlungen mit Großbritannien vor.

Ein Staudamm und das Vorspiel zum Zweiten Weltkrieg

Am 9. Mai 1936 verkündete Mussolini, dass Äthiopien fortan zu Italien gehöre und der italienische König nun der neue Herrscher dieses Landes sei. Marschall Pietro Badoglio wurde zum Statthalter und Vizekönig ernannt und erhielt alle Macht im Land. Damit war Italienisch-Ostafrika geboren.

Wie würde die Welt reagieren? Wie würde der Völkerbund, der das Recht kleinerer Staaten auf Selbstbestimmung schützen sollte, mit Italiens Besetzung Äthiopiens umgehen? Kaiser Haile Selassie, der aus seinem Land fliehen musste und die ersten Kriegsjahre im englischen Bath verbrachte, wandte sich am 30. Juni 1936 vor dem Völkerbund als legitimer Staatsführer an die Welt: »Millionen Männer und Frauen auf der ganzen Welt verfolgen heute besorgt Beratungen des Völkerbunds. Sie wissen, dass sich in dieser tragischen Stunde das Schicksal des Bundes entscheidet.« Der Kaiser schloss mit der Erklärung, dass der Völkerbund Selbstmord beginge, wenn er sich in dieser Situation Italien fügte. »Heute sind wir dran. Morgen werdet ihr an der Reihe sein.«

Der Kaiser sollte recht behalten. Der von den Briten und Franzosen dominierte Völkerbund verfasste eine extrem milde Resolution. Die Briten erlaubten den Italienern auch die Nutzung des Flugraums über dem Sudan und des Suezkanals für den Transport von militärischem Gerät, sodass Italien gleichsam zur Beibehaltung seines Kurses ermutigt wurde. Hitler beobachtete den Kampf gegen den britischen Imperialismus in Afrika aufmerksam und interpretierte Londons Reaktion als ein Zeichen von Schwäche, das ihm grünes Licht gab für die Besetzung des Rheinlands im selben Jahr. Der Völkerbund hatte seine Glaubwürdigkeit verloren.

Was wäre geschehen, wenn der Völkerbund Italien unmittelbar mit

Sanktionen belegt hätte? Wenn Großbritannien jeglichen italienischen Transport und Handel auf dem Suezkanal unterbunden hätte? Das wäre ein klares Signal an alle Aggressoren gewesen: Krieg und Besetzung zahlen sich nicht aus. Es hätte dem Bund neue Legitimität verschafft. Die meisten Historiker sind sich darin einig, dass die Tatenlosigkeit der internationalen Gemeinschaft nach der Besetzung Äthiopiens 1936 die Bereitschaft des nationalsozialistischen Deutschland beförderte, seinerseits mit Gewalt gegen seine Nachbarn vorzugehen. Ihnen erscheint die britische Politik in diesem Fall zudem irrational: London hatte keine Interessen in Äthiopien, es gab nichts, was Großbritannien von einer Verurteilung Italiens hätte abhalten können. Und doch wurde es unterlassen.

Typisch für diese Sichtweise ist die Arbeit des äußerst einflussreichen britischen Historikers Alan J. P. Taylor, der in seinem Buch *Die Ursprünge des Zweiten Weltkrieges* schrieb, die italienische Eroberung Abessiniens habe die imperialen Interessen Großbritanniens nicht berührt.[245] Die Schwäche dieses Arguments besteht jedoch darin, dass die Briten in Wirklichkeit äußerst zentrale strategische Interessen in Äthiopien hatten, die allerdings nicht zutage treten, wenn man nach typischen wirtschaftlichen Aspekten wie Kapitalexporten, Investitionsportfolios und dergleichen sucht. Wenn man nur nach britischen Investitionen schaut, ist da tatsächlich nichts von Bedeutung zu finden. Der britische Gesandte in Äthiopien brachte es 1931 in einer vertraulichen Note an das britische Außenministerium auf den Punkt: Niemand in der Londoner City käme auf die Idee, Geld in Äthiopien zu investieren, denn es gebe dort ganz einfach nichts zu holen.

Unterdessen wurde Äthiopiens Schicksal durch seine Lage im oberen Nilbecken besiegelt. Durch sie war es Italien möglich, das Land ohne nennenswerten internationalen Protest zu besetzen. Bereits 1934 bemerkte das Londoner Außenministerium:

> Falls und wenn wir in Sachen Tana Druck machen wollen, können wir die Hilfe der Italiener bekommen und auf die gewissenhafte Erfüllung unseres Teils der Vereinbarung von 1925 verweisen. ... Tana ist in naher Zukunft so sehr unser größtes potenzielles Interesse in Äthiopien, sodass es mindestens voreilig erscheint zu erwägen, es aufzugeben.[246]

Der streng geheime Strategiebericht des ehemaligen Generalgouverneurs im Sudan Lord Maffey über die britische Politik in der Region ließ ebenfalls keinen Zweifel daran, was London wichtig war: »Für den Fall des

Verschwindens von Äthiopien als unabhängiger Staat sollte die Regierung Seiner Majestät sich um die Sicherung territorialer Kontrolle über den Tanasee und einen entsprechenden Verbindungskorridor zum Sudan bemühen.« Maffey konstatierte abschließend, dass London somit keinen Grund zum »Widerstand gegen eine italienische Besetzung Abessiniens« habe.[247]

Am 16. April 1938 wurde eine neue Vereinbarung zwischen den Briten und Italien verkündet, der sogenannte Perth-Ciano-Pakt, benannt nach den beiden Außenministern, Lord Perth und Graf Ciano. Die Vereinbarung behandelte zwei Hauptfragen: Die Briten erkannten Italiens Herrschaft über Äthiopien an, und die Italiener, die im Jargon der Briten schon einen »Finger in der Tana-Torte« hatten, versprachen den Briten, sie beim Bau ihres Damms dort zu unterstützen:

> Die italienische Regierung bestätigt gegenüber der Regierung des Vereinigten Königreichs die von ihr der Regierung des Vereinigten Königreichs am 3. April 1936 gegebene und vom italienischen Außenminister gegenüber dem Botschafter Seiner Majestät in Rom am 31. Dezember 1936 bekräftigte Zusicherung, dass die italienische Regierung sich ihrer Verpflichtungen gegenüber der Regierung des Vereinigten Königreichs in der Angelegenheit des Tanasees vollkommen bewusst ist und diese keineswegs ignorieren oder leugnen will.[248]

Die Italiener hatten die Briten über den Tisch gezogen. Die Briten erhielten ihren Damm nicht. Und in Großbritannien war die Opposition zu diesem Abkommen so heftig, dass die dafür verantwortlichen Minister zum Rücktritt gezwungen wurden. Schon vor dem Zweiten Weltkrieg kamen die Grundfesten der britischen Nilstrategie ins Rutschen.

1941 beschlossen die Briten, Italien im Rahmen ihrer Weltkriegsstrategie aus Äthiopien zu vertreiben. Sie verbündeten sich mit Haile Selassie, der vom britischen Militär heimlich ins Nilbecken zurückgebracht wurde. Er beschreibt in seiner Autobiografie, wie er den Hafen von Alexandria versteckt in einem gestohlenen italienischen Boot erreichte und von dort aus in den Sudan weitereilte. Als der Kaiser im Januar 1941 in der gleich südlich der Grenze zu Ägypten gelegenen Stadt Wadi Halfa ankam, schritt er zum Nil hinab, tauchte seine Hände in den Fluss, formte sie zu einem Gefäß, hob sie sodann an seinen Mund und trank. Es sei, so erzählte er seinen englischen Begleitern, ein bewegender Moment für ihn, denn was er trinke, sei ein Sinnbild Äthiopiens.

Der Kalte Krieg und Hydropolitik

Unmittelbar nach der Befreiung Äthiopiens von der italienischen Besatzung lud der Kaiser die Amerikaner in sein Land ein. London erkannte schnell, dass dies der Anfang vom Ende ihrer starken Position in Addis Abeba war. Die Amerikaner konnten dem Kaiser nämlich wirtschaftliche Unterstützung für seine Infrastrukturprojekte bieten, während London nach dem Zweiten Weltkrieg bankrott war. Schon bald darauf wurde Ägypten unter Nassers Führung nicht nur zunehmend antibritisch, sondern auch antiamerikanisch. Aus diesem Grund wurde Äthiopien noch wichtiger für die Afrikastrategie der USA. Das amerikanische Büro für Urbarmachung in Washington wurde entlang des Blauen Nils in Äthiopien sehr aktiv. Ursprünglich war diese Behörde gegründet worden, um Talsperrenprojekte und die Wasserversorgung in den westlichen Bundesstaaten der USA aufzubauen; nach Abschluss der großen Projekte in Nordamerika waren seine Mitarbeiter aber auch mit der Planung von Wasserkraftprojekten im Ausland beschäftigt, die den politischen und wirtschaftlichen Interessen der USA dienten.

Die Amerikaner erstellten ausführliche Berichte und legten umfassende Projektvorschläge auf den Tisch, die aus Äthiopien eine Macht am Nil gemacht hätten. Für Washington war die Veröffentlichung dieser Berichte zu jener Zeit höchstwahrscheinlich vor allem ein politisches Manöver; es war eine klare Ansage an Nasser in Kairo und seine Verbündeten in Moskau, dass die Amerikaner flussaufwärts präsent waren und Äthiopien zu einer Politik der Nilkontrolle ermuntern könnten, die Ägypten und den neuen Assuandamm treffen würde. Die Berichte waren auch Washingtons Botschaft an Haile Selassie, dass die Amerikaner über die von ihm benötigte technologische und hydrologische Kompetenz verfügten, die man bei den Briten vermisst hatte. In der Praxis geschah jedoch nichts. Die Regierung des Kaisers hatte weder die nötige ökonomische und politische Kraft zum entschlossenen Kampf gegen Äthiopiens Unterentwicklung noch den politischen Willen. Zudem pochten sowohl die USA als auch die Weltbank auf Vereinbarungen zwischen den Nilländern, bevor sie bereit waren, irgendwelche Dämme zu bauen. Trotzdem war die Drohung mit einem Staudammbau flussaufwärts eine günstige und doch wirkungsvolle diplomatische Strategie.

Anfang der 1970er Jahre wurde Kaiser Haile Selassie dann gestürzt. Er hatte Äthiopien trotz des intensiven Drucks der Europäer zusammengehalten, die das Land in Interessensphären aufteilen wollten. Mit seiner

Nildiplomatie hatte er zudem Großbritannien immer wieder überlistet. Er hatte die Briten am Bau des Tanadamms gehindert, weil er die lokalen Auswirkungen als auch das langfristige Ziel Großbritanniens gefürchtet hatte, die Region eng an den Sudan zu binden, und er keinen adäquaten Ausgleich erhielt. Jedoch hatte seine Regierung weder die Stärke noch das Geld, um eigenständig größere Nilvorhaben durchzuführen, und die Briten hatten sein in den 1920er Jahren angestrebtes Bündnis mit amerikanischen Firmen zum Bau eines äthiopischen Interessen dienenden Staudamms am Tanasee vereitelt.

Am Abend des 11. September 1974, es war dasselbe Datum, an dem angeblich 2000 Jahre zuvor die Königin von Saba zur Gründung des Kaiserreichs aus Israel nach Ostafrika zurückgekehrt war, strahlte das staatliche Fernsehen zwei Sendungen aus, die das Publikum auf das bevorstehende Ende der langen Abfolge äthiopischer Kaiser vorbereiten sollten. In der einen Sendung ging es um reiche Äthiopier sowie den Luxus und die Extravaganz am kaiserlichen Hof, die andere Sendung behandelte Äthiopiens groteske Armut und die hungernde Bevölkerung. Am frühen Morgen des nächsten Tages fuhr eine kleine Gruppe von Offizieren zum kaiserlichen Palast und ließ Haile Selassie zu sich rufen. Nachdem er in vollem Staat vor ihnen erschienen war, wurde ihm eine Erklärung seiner Absetzung vorgelesen. Haile Selassie sagte, er akzeptiere die Entscheidung, wenn es für die Menschen so am besten sei. Dann wurde er aus dem Palast zu einem wartenden Auto geführt und in den Generalstab verbracht. Eine Stunde später verkündete Radio Addis Abeba, Äthiopien sei von Haile Selassies Unterdrückung befreit worden.

Damit hatte auch die Rastafaribewegung, im Westen vor allem durch Bob Marley bekannt, ihren *Jah* oder Gott verloren. Das Wort Rastafari ist zusammengesetzt aus *Ras*, was Kaiser oder Herzog bedeutet, und *Tafari*, Haile Selassies Geburtsname. Den Hintergrund dieses speziellen Glaubens bilden die vielen Erwähnungen Äthiopiens in der Bibel, und Haile Selassies Titel bei seiner Krönung zum Kaiser: König der Könige, Gebieter der Gebieter, siegreicher Löwe von Juda, Auserwählter Gottes und Licht der Welt. Der Kaiser, der einst als Afrikas Befreier angesehen worden war, als Überwinder des Kolonialismus, starb in seiner Zelle; vermutlich wurde er von Äthiopiens neuen Machthabern umgebracht.

Der neuen Regierung von Mengistu Haile Mariam war bewusst, dass auch sie Äthiopien nur dann weiterentwickeln konnte, wenn sie den Nil stärker regulierte. Während in Ägypten inzwischen der USA-freundliche Präsident Sadat im Amt war, wurde Äthiopien nun von Kommunisten regiert, und die Sowjetunion war mit allerlei Projekten der Entwicklungshilfe im Land aktiv. Zu dieser Zeit entwickelten die Äthiopier neue Ideen zur Nutzung des Nils und bliesen den Staub von den alten. In den 1980er Jahren präsentierte Äthiopien Pläne, für deren Realisierung es die Hälfte vom Wasser des Blauen Nils hätte abzweigen müssen. Anstatt dies als Vorhaben zu sehen, das Addis Abeba wirklich umsetzen wollte, sollte man die Veröffentlichung der Pläne eher als eine Form der Wasserdiplomatie betrachten. Es handelte sich erneut um das Signal an Ägypten und an die USA, dass Äthiopien und die Sowjetunion flussaufwärts ein starkes Blatt in der Hand hielten, das sie im auf seinem Höhepunkt befindlichen Kalten Krieg jederzeit ausspielen konnten.

Auch das Projekt des Regimes, weite Teile der Bevölkerung aus trockenen Landesteilen in Regionen umzusiedeln, die für die Landwirtschaft besser geeignet erschienen, war mit Plänen zur verstärkten Nilnutzung im Land verbunden. Der Widerstand gegen diese Umsiedlungspläne stellte sich jedoch als eine der wichtigsten Ursachen für den Fall der Regierung in den frühen 1990er Jahren heraus.

Der Wasserturm erkennt sein Schicksal

Wenige Dinge veranschaulichen die lange Geschichte des äthiopischen Staates besser als das Bad der Königin von Saba in Aksum. Besonders gefällt mir der Kontrast zwischen den kahlen, grauen Steinformationen neben dem Bad, zu dem Stufen hinunterführen, die seit ewigen Zeiten von der lokalen Bevölkerung genutzt werden, und der gelben orthodoxen Kirche, die im Schatten eines Eukalyptushains direkt neben dem Bad steht. Das Bad macht beispielhaft deutlich, dass die Zivilisation von Aksum Wasser auf verschiedene Weise genutzt hat.

Nach einer ganztägigen Autofahrt von Aksum aus, wo der orthodoxen Kirche zufolge Moses originale Steintafeln aufbewahrt und jedes Jahr in einer bunten Prozession umhergetragen werden, erreicht unser Geländewagen eine Anlage, die einen revolutionären Transformationsprozess in Gang setzte. Dieser Prozess hat im Laufe weniger Jahre die Kräfteverhältnisse entlang des Blauen Nils und auch den Entwicklungspfad Äthiopiens verändert. Hinter der neuen, exzellenten und pfeilgeraden Asphaltstraße über das Tafelland ragen in der Ferne die bis zu 4500 Meter hohen Simienberge auf. Wir verlassen die Straße, halten am Eingang der Anlage und sprechen mit dem Wächter des Geländes. Wir werden erwartet und finden uns schon kurz darauf bei einem Fünf-Gänge-Menü wieder, das der chinesische Koch des Barackenlagers mit aus China mitgebrachten Zutaten zubereitet hat.

Als 2006 der Grundstein des neuen Staudamms gelegt wurde, reiste ich zum Tekezefluss, um mir anzuschauen, was auf lange Sicht gesehen vermutlich als Ort von entscheidender historischer Bedeutung betrachtet werden wird. An dieser Stelle wurde das erste große äthiopische Nilprojekt verwirklicht. Eine enorme Mauer aus Zement und Beton sollte sich schon bald über dem Tekeze erheben, der sich hier durch enge Bergschluchten windet. Der Damm testete gleichsam die Entschlossenheit Äthiopiens und die Reaktion der flussabwärts gelegenen Staaten. Der Tekeze ist einer der wichtigsten Nilzuflüsse und hat seinen Ursprung unweit der berühmten Felsenkirchen von Lalibela im zentralen äthiopischen Hochland.

Während der Fahrt zum Damm zeigte mir der verantwortliche chinesische Ingenieur voller Enthusiasmus die Bauzeichnungen für das Projekt. In der tiefen Kluft, die der Fluss an dieser Stelle durch den Fels gegraben hat, entstand eine fast 200 Meter hohe Betonmauer. Ich stieg in die Schlucht hinab, um die Mauer und die intensive Hitze zu spüren, sprach mit dem amerikanischen Ingenieur, der für eine an den Plänen beteiligte Firma arbeitete, suchte das in den Berg hineingebaute Kraftwerk auf und wagte mich bis an die Felskante, um ein Gespür für die gewaltigen Dimensionen des Staudamms zu bekommen. 2009 wurde er fertiggestellt.

Die Äthiopier hatten sich und der ganzen Welt bewiesen, dass sie den Nil zähmen konnten. Dies hatte weitreichende politische Auswirkungen: Wenn sie diesen Damm bauen konnten, würden sie im Prinzip noch weitere folgen lassen können. Und das taten sie, und zwar in einer Geschwindigkeit, die im Vergleich zu den Nilprojekten, die zuvor in Äthiopien realisiert worden waren, geradezu rasend erscheint.

Ohne politische Stabilität und wirtschaftliches Wachstum hätte diese Entwicklung nicht stattfinden können. Stabilität reicht jedoch nicht, um die Veränderungen zu erklären, die sich hier vollzogen haben. Im Grunde hat die Geschichte technologischer Entwicklungen zu einer Situation geführt, in der die Karten für künftige Auseinandersetzungen über die effektivste Nutzung des Nils beständig neu gemischt werden. Der Fortschritt in der Technologie des Staudammbaus und die Möglichkeit, Wasser in Rohren über Berge und weite Entfernungen zu transportieren, kann Vorhaben ermöglichen, von denen man bislang nur träumte.

Die Tekezetalsperre während des Baus 2006. Drei Jahre später wurde sie fertiggestellt.

Der Stand der Technik ist nicht länger das entscheidende Hemmnis für die Nutzung des Nilwassers flussaufwärts. Nunmehr hängt alles am Vorhandensein des notwendigen politischen Willens und ausreichender wirtschaftlicher Leistung.

Tiefenökologie, Spiegel und das Zeichen des Flusses

Wir schreiben das Jahr 2011, und die Äthiopier haben inzwischen nicht nur den Tekezedamm fertiggestellt, sondern auch das Laufwasserkraftwerk von Tana Beles eröffnet, mit dem Wasser aus dem Tanasee durch einen Bergtunnel zur Bewässerung und Stromerzeugung zu den Tälern unterhalb des Sees verbracht wird. Diverse Studien für neue Vorhaben am Blauen Nil sind in Arbeit.

Eine lebhafte Diskussion zwischen Äthiopiern, Norwegern, Engländern und Italienern über neue äthiopische Staudammprojekte ist in vollem Gange. Um den Tisch versammelt sind Hydrologen und Dammbauer, und sie alle teilen den Enthusiasmus für die äthiopischen Pläne. Niemand von uns stellt die Notwendigkeit der Nilregulierung infrage. Wir sitzen in einer Art Kneipe, aber nachdem der Regen stundenlang heftig auf das Dach geprasselt ist und sich der Hof, den wir zum Kauf von Tee oder Bier queren müssen, in eine mehr oder weniger unpassierbare Schlammwüste verwandelt hat, ist ihr Charme ein wenig verloren gegangen.

Früher am Tag hatte ich mit derselben Gruppe aus Ingenieuren und Hydrologen mitten im äthiopischen Hochland an einem Berghang über dem Blauen Nil gestanden. Die äthiopische Regierung hatte sie darum gebeten, die Möglichkeiten für den Bau eines der höchsten Staudämme der Welt zu skizzieren. Wenn man sie dabei beobachtete, wie sie auf Stellen hindeuteten und den besten Ort für das Fundament erörterten, wie sie diskutierten, welche Form der Damm erhalten sollte, wie er sein könnte und müsste und welche weiteren Studien nötig wären, war ihre Erfahrung unverkennbar. Die Ingenieure erzählten mir auch, dass sie schon überall auf der Welt Flüsse gezähmt hätten. Sie näherten sich der Aufgabe ohne Sentimentalität, und aus unseren Gesprächen ging sehr deutlich hervor, dass sie sich selbst als eine Art Speerspitze des Fortschritts sahen.

Als Außenstehender und als typisch machtloser Intellektueller fragte ich mich, während wir über Megawatt, Schlickmengen und geologische Verhältnisse sprachen: Was wäre in diesem Land passiert, wenn es dort eine Bürgerbewegung mit tiefenökologischen Slogans wie »Lasst die Flüsse leben« gegeben hätte? Wie wäre ein solches Konzept in den Ländern des Nilbeckens aufgenommen worden?

Die Tiefenökologie gründet auf der Idee, dass der Mensch eng mit der Natur verknüpft ist; Menschheit und Natur sind eins. Das Konzept wendet sich gegen jegliche Form des Anthropozentrismus, der die menschliche Existenz als Grundlage und Quelle aller Werte ansieht. Nach eigenem

Verständnis steht die Tiefenökologie daher für eine Alternative, die oft mit einer Wassermetapher beschrieben wird: Man will »mit dem Strom schwimmen« und im Einklang mit der Natur leben, anstatt diese zu kontrollieren und zu bändigen, was bedeuten würde, »gegen den Strom zu schwimmen«. Verfechter der Tiefenökologie müssen daher bei kohärenter Befolgung ihrer Prinzipien auch in Äthiopien Staudämme und die Flussregulierung ablehnen, da nur ungezähmte Flüsse im Interesse des Landes wären.

Vor dem Hintergrund von Äthiopiens aktueller Entwicklungssituation würden viele Menschen die Tiefenökologie wohl eher als äußerst reaktionäre, irgendwie extremistische Denkweise sehen, die von sehr spezifischen historischen und geografischen Beziehungen zwischen Mensch und Natur oder Mensch und Fluss geprägt ist. Denn obgleich die Tiefenökologie behauptet, aus einer westlichen, dualistischen Mentalität ausbrechen zu wollen, spiegelt sie eher den Versuch wider, die nordeuropäischen Erfahrungen zu verallgemeinern, in denen Flüsse, wenn sie nicht sowieso schon gezähmt sind, üblicherweise gebändigt und harmlos *erscheinen*. Als politische Konsequenz einer solchen Philosophie würde das ganze Wasser, das jedes Jahr für wenige Monate von Äthiopien hinabströmt, in den Sudan und nach Ägypten durchgelassen werden, da so nun einmal die Natur des Nils sei.

Derartige Ideen stießen unter den hier anwesenden italienischen, niederländischen, äthiopischen und norwegischen Ingenieuren auf keinen fruchtbaren Boden; sie verstanden sich nicht nur als Speerspitze des Fortschritts, sondern auch als Soldaten im Entwicklungskampf Äthiopiens zur Verringerung der Armut. Ihnen ging es darum, die Beziehung zwischen Mensch und Natur zum Vorteil der Äthiopier zu verändern, und dies bedeutete für sie zwangsläufig, »gegen den Strom zu schwimmen«. Würde Äthiopien tiefenökologisch »mit dem Strom schwimmen«, müsste es das Projekt der eigenen Modernisierung aufgeben. Der Text des Abkommens von 1902, in dem das Land versprach, das Wasser aller Nebenflüsse des Nils ungehindert durchfließen zu lassen, könnte in diesem Fall neu interpretiert werden als ein früher, tiefenökologischer Schwur.

Wenn man den Nil als lebenden Organismus betrachtet, der wie alle Lebewesen nach der Erfüllung seines Selbsterhaltungstriebs trachtet, dann muss man »den Fluss leben lassen«.

Die Tiefenökologie verbietet es, in die Natur einzugreifen, um sie zu verändern, außer zur Befriedigung elementarer Bedürfnisse. Allerdings kann man nicht »mit dem Strom schwimmend« den Nil unangetastet lassen und zugleich »elementare Bedürfnisse« befriedigen. Untergraben derlei Widersprüche und die Abwesenheit jeglicher klarer Kriterien zur Definition von »elementaren Bedürfnissen« die Relevanz der Tiefenökologie? Das Nilwasser ist lebensnotwendig, es wird gebraucht, damit Mensch und Tier nicht verdursten oder verhungern. Zudem ändert sich beständig, was im Falle des Wassers und somit der Wasserkontrolle als elementares Bedürfnis definiert wird. Die Entscheidung darüber, was lebensnotwendig ist und was nicht, ist schwierig. Das gilt auch, wenn man versucht, diese Frage unter Berücksichtigung der Sorge um die Biodiversität zu beantworten. Und dies gilt umso mehr vor dem Hintergrund, dass die Kraft eines von Rohren und Turbinen gebändigten Flusses quer durch das Land (oder aus dem Land heraus) zu anderswo lebenden Menschen transportiert werden kann, die wiederum ein anderes Verständnis von »elementaren Bedürfnissen« haben.

Hätte eine tiefenökologische Bewegung im Nilbecken weite Teile der Region zu fortwährender Armut und einem Schicksal verdammt, auf ewig Sklaven der Launen des Flusses zu sein? Wie auch immer die Antwort auf diese Frage ausfallen mag, eines ist klar: Die empirischen Grundlagen dieser Philosophie erscheinen erstaunlich provinziell, da ihre grundlegenden Flussmetaphern nicht greifen, wenn es um die Beziehungen zwischen Mensch und Wasser in solchen Regionen geht, in denen die Kluft zwischen Wasserbedarf und Wasservorrat ständig wächst.

In der Geschichte sind Staudämme stets Ausdruck des Willens von Ländern oder Gesellschaften gewesen, ihre Lebenssituation zu verbessern. Innerhalb des internationalen Entwicklungshilfesystems herrschte jedoch lange die Idee vor, dass insbesondere die afrikanischen Länder diese Art moderner Großtechnologie nicht meistern können. Unzählige Bücher und Berichte sind über Afrikas sogenannte »Weiße Elefanten« geschrieben worden – also Großprojekte, welche die in sie gesetzten Erwartungen nicht erfüllt haben, weil die jeweiligen Kosten ihren Nutzen überstiegen. Afrika, so die Schlussfolgerung dieser Texte, müsse mit Technik kleineren Maßstabs entwickelt werden. Diese Weltsicht hielt die Länder davon ab, ihre Wasserressourcen zu nutzen – nicht weil das im Interesse der Menschen dort lag, sondern aufgrund wohlmeinender Vorurteile.

Vorherrschende ideologische Trends innerhalb der internationalen Kreise der Entwicklungshilfe gingen lange davon aus, moderne Technik sei für Afrika grundsätzlich unpassend. Als ich in den 1980er Jahren für die Vereinten Nationen nach Afrika reiste, verlangte man von mir, einen Einführungskurs zu absolvieren, der von der norwegischen Agentur für Entwicklungszusammenarbeit und einigen dafür engagierten Ethnologen organisiert wurde. Dort sollte ich »etwas über die afrikanische Kultur lernen«, um ein guter Entwicklungshelfer zu werden. An einem der Nachmittage hockten wir uns im Kreis auf den Boden. Bei dem Rollenspiel ging es um die Begegnung mit einem afrikanischen Häuptling, natürlich unter einer Akazie. Die Rolle des Häuptlings wechselte im Kreis. Indem wir dem »Stammesältesten« zuhörten, so die Grundidee, verstünden wir Afrika. Der wahre Test für das Verstehen war die Vermeidung jeglicher Vorschläge, die den Einsatz moderner Technik beinhalteten. Wir konnten solche Vorschläge natürlich machen, aber das hätte uns als Idioten beziehungsweise Technokraten oder Ingenieure offenbart. Dem »Häuptling« die Idee eines großen Staudamms auch nur zu unterbreiten oder diese gar mit ihm zu erörtern, war zu dieser Zeit schlicht undenkbar. Das Hauptproblem war dabei nicht einmal, dass wir unter der Akazie eine Perspektive einnehmen sollten, die im Einklang mit der des vermeintlichen Häuptlings stand, auch wenn dies naturgemäß bedeutete, sich an den Status quo anzupassen. Befremdlicher war vielmehr, dass die tatsächlichen Dilemmata der Entwicklung plötzlich nicht mehr existierten. Man kannte ja die richtige Antwort schon, und Alternativen dazu waren nicht nur falsch, sondern auch lächerlich. Um nicht Teil dieser extrem peinlichen Situation mit ihren einstudierten Dialogen zu werden, stand ich unvermittelt auf, stopfte alles, was ich dabeihatte, in eine Plastiktüte, sagte, dass ich an dieser Sache nicht teilnehmen könne, und verließ den Kurs – meine Beziehung zum Entwicklungshilfemilieu sollte nie mehr dieselbe sein.

Bob Geldofs Äthiopien – ein Land ohne Flüsse

Noch einmal schlenderte ich auf der kurzen Schotterstraße und dem Pfad zu den Tisissatfällen hinauf, um zu sehen, wie dieser wundervolle Ort seit dem Bau eines Kraftwerks seiner Kraft und Schönheit beraubt worden ist. Nachdem ich Bob Geldofs Beschreibung desselben Wegs in seinem Buch *Geldof in Africa* gelesen habe, in dem er ihn als strapaziöse, ja fast gefährliche Dschungeltour beschreibt, denke ich: Der Westen kann nicht genug bekommen von Geschichten über den weißen Mann, der als Macho diesen exotischen, fremden Kontinent erobert, während die Wirklichkeit aus einem netten kleinen Spaziergang in einer parkähnlichen Landschaft besteht.[249]

Derselbe Bob Geldof spielte eine wichtige Rolle dabei, die Vorstellung zu prägen, Äthiopien sei ein hilfloses Land, das in seinem Elend und seiner

Armut vollständig vom weißen Mann abhängig ist, der als Führer, Helfer und Retter auftritt. Seit der Hungersnot von 1984, die von der BBC in ein seltsames Weltspektakel voller moralischer und ideologischer Bedeutung verwandelt wurde und die Bob Geldof nutzte, um den ganzen Globus zu animieren, Afrika zu helfen, galt dieses Land lange als Inbegriff von Armut und Bedürftigkeit. Ohne Entwicklungshilfe schien Äthiopien nicht lebensfähig zu sein.

Nur wenige Länder sind derart zum Opfer der in der übrigen Welt über sie herrschenden Vorstellung geworden wie Äthiopien. Das legendäre Reich des Priesterkönigs Johannes – barbarisch, verschlossen, unerreichbar, aber doch exotisch – wurde am Ende des 20. Jahrhunderts zum Synonym für Dürre, Hungersnot und westliche Hilfe. Es half den Äthiopiern nicht, dass der ikonische Marathonläufer Abebe Bikila mit seinem Barfußlauf bei den Olympischen Spielen von 1960 in den Straßen von Rom und vier Jahre später noch einmal in Tokio alle Konkurrenten hinter sich ließ und Geschichte schrieb. Keiner der vielen Weltklasseläufer aus Äthiopien konnte das Bild ändern, das man sich im Westen von ihrem Land machte.

Anfang der 1990er Jahre besuchte ich das Land zum ersten Mal. Obwohl ich gerade ein Buch über die paternalistische Sicht auf Entwicklungsländer im Zeitalter der Entwicklungshilfe geschrieben und viele Bücher über die Geschichte Äthiopiens gelesen hatte, war ich auf die Realität in diesem Land nicht vorbereitet. Ich konnte es einfach nicht wahrnehmen, ohne die bedrückenden Fernsehbilder von hungernden und sterbenden Kindern im Kopf zu haben.

Es war Mai. Die Temperatur war mit etwas über 20 Grad sehr angenehm. Mit einem sudanesischen Freund fuhr ich über das Land. So kamen wir an kleinen, in weiß gekleideten Menschengruppen vorbei, die mit ihren Picknickkörben unter Bäumen saßen. Sie schienen überall zu sein – links und rechts, vor und hinter uns. Ihr Gelächter erreichte uns wie Klänge aus einer Traumwelt. Als ich nach Hause zurückkehrte und dort von der Natur in Äthiopien sprach, den Bergen, der Sonne und vom Wohlstand, den ich in diesem Land gesehen und bewundert hatte, wurde ich scharf und moralisierend kritisiert: Ob mir denn jegliches Mitgefühl ermangele? Wie könne ich nur so blind gegenüber der Not der Menschen sein?

Die Dürren der 1970er und 1980er Jahre und die Fernsehbilder von den Lagern, in denen die Hungernden ihre Notrationen erhielten, hatten Äthiopien auf ein absolutes Symbol für das Elend der Welt reduziert. Diese vom periodischen Ausbleiben des Regens erzeugten und von den internationalen Medien verbreiteten Bilder pervertierten die Vorstellungen von Äthiopien, das in den Touristenbroschüren zu Recht als Land mit 13 Monaten Sonnenschein im Jahr gepriesen wird. Die Bilder von 1984 sind ein ums andere Mal von einem großen und wachsenden Entwicklungs- und Nothilfesystem produziert und reproduziert worden. Jedes zweite Jahr erklären Hilfsorganisationen, dass Millionen Menschen aufgrund der schlimmsten je dagewesenen Dürre vom Hungertod bedroht seien, und bitten um Geldspenden zur Rettung von Menschenleben.

Es sind solche Bilder, die den Katastrophenhelfern sowohl fortlaufende Legitimität innerhalb der Gebergesellschaften als auch dauerhafte Beschäftigung verschaffen. Äthiopien hat das Schicksal erlitten, die präferierte Bühne dieser barmherzigen Samariter zu sein. Zweifellos liegen Teile Äthiopiens in einer von Dürre betroffenen Klimazone. Dass dieses Land regelmäßig Nothilfe erhielt, war jedoch nicht einfach Folge dieser Trockenperioden, sondern auch das Resultat politischer Entscheidungen: Die äthiopische Regierung war sich der politischen Macht kostenloser Lebensmittelverteilung bewusst. In den letzten zwei Jahrzehnten waren die Dürreprobleme kontrollierbar.

Wer von einem anderen Äthiopien erzählte, dem begegnete man über die Jahre mit Ablehnung – nicht nur mit passivem Widerstand, sondern auch mit aktiver Propaganda –, weil alternative Bilder von einem prosperierenden Äthiopien die Existenzgrundlage einer ganzen Industrie bedrohen. Diese Bilder rütteln an den Grundfesten des Selbstverständnisses der Entwicklungshelfer, die fest davon überzeugt sind, unentbehrlich zu sein, und sie gefährden deren Position in den westlichen Gesellschaften.

Die Vorstellung von Äthiopien als einem Land, das vom guten Willen und der Barmherzigkeit der westlichen Welt abhinge, ist natürlich nicht von Bob Geldof begründet worden. Aber er wurde zu ihrem Symbol, als er von einem Äthiopien sang, in dem »nichts jemals wächst«, wo »weder Regen noch Flüsse strömen«, und wo man vielleicht gar nicht wisse, »dass Weihnachten ist«, obwohl es doch ein christliches Land sei.

Die Große Talsperre der äthiopischen Wiedergeburt

Im April 2011 legte Äthiopiens Premierminister Meles Zenawi den Grundstein für eine neue gigantische Talsperre, die nach Fertigstellung die größte in Afrika sein wird: 145 Meter hoch und 1800 Meter lang. Der Stausee wird mit 63 Milliarden Kubikmetern Stauvermögen die doppelte

Äthiopiens Premierminister 1995–2012, Meles Zenawi, will als der äthiopische Staatsführer in die Geschichte eingehen, durch den Äthiopien zu einer Nilmacht geworden ist.

Wassermenge des Tanasees haben. Bei 40 Grad im Schatten hielt Zenawi am Ort der zukünftigen Talsperre eine Rede an die äthiopische Bevölkerung, in der er versprach, dem Land stehe dank dieses nationalen Projekts eine neue und leuchtendere Zukunft bevor.

Die Idee zum Bau einer großen Talsperre am Blauen Nil war alles andere als neu. Die Stelle war schon Jahrzehnte zuvor als geeignet identifiziert worden. Seitdem hatte das Vorhaben unter dem Codenamen »Project X« auf dem Zeichenbrett der staatlichen Elektrizitätsgesellschaft gelegen. Lange Zeit waren die Pläne geheim gehalten worden. Als dann im Frühling 2011 die Proteste am Tahrirplatz in Ägypten ihren Höhepunkt erreichten, beschloss die äthiopische Regierung, das Vorhaben bekannt zu geben. Es firmierte zuerst als Jahrtausendtalsperre und wurde dann umbenannt in Große Talsperre der äthiopischen Wiedergeburt. Premierminister Meles erklärte: »An keinem anderen Punkt entlang des Nils, tatsächlich an keinem anderen Fluss, könnten wir eine größere Talsperre bauen.« Und er legte Wert darauf zu betonen: »Zu den berücksichtigten Bedenken bei unserer Entscheidung für den Bau der Niltalsperre mit unseren eigenen Mitteln gehörte auch die Vermeidung jeglicher negativer Konsequenzen für unsere Nachbarn.«[250]

Die Talsperre war die letzte und ambitionierteste Initiative einer konsistenten Nilwasserpolitik, die von der äthiopischen Regierung seit den 1990er Jahren verfolgt wurde. Somit entwickelte sich das Land unter Meles Zenawi zu einer hydropolitischen Regionalmacht. Meles war einst Guerillasoldat gewesen, der sich, dem Zeitgeist der 1970er und 1980er Jahre folgend, als überzeugter Anhänger des Marxismus-Leninismus präsentiert hatte. Er und seine Gefolgsleute übernahmen nach einigen Jahren des Bürgerkriegs gegen das Regime von Mengistu Haile Mariam 1991 die Macht und setzten eine Politik in Gang, die Äthiopien, den Fluss und die Machtverhältnisse im Nilbecken veränderten.

Ich traf Meles Zenawi zum ersten Mal 2005 und dann wieder im Büro des Premierministers in Addis Abeba im Frühling 2011, als wir über die Nilproblematik sprachen und er mir von dem neuen Talsperrenprojekt erzählte. Deshalb war ich hier: Um ihn nach seiner Meinung zu dem Thema zu befragen. Er legte ein sehr gutes Verständnis von Nilhydrologie und Nilpolitik an den Tag, seine Strategie war dabei klar und blieb während seiner Zeit als Premierminister im Großen und Ganzen konstant. Natürlich kamen wir auch auf das Abkommen von 1902 zu sprechen. Seiner Meinung nach bestand die zentrale Frage darin, ob Äthiopien etwas von diesem Wasser nutzen könne.

Der Vertrag hindert uns nicht daran. Die Position von Äthiopien besteht darin, dass wir nach internationaler Gesetzgebung das Recht zu fairer und angemessener Nutzung des Wassers haben. Hoffentlich kann dies mit dem Verständnis und der Unterstützung der flussabwärts gelegenen Länder und unter Zusammenarbeit mit ihnen geschehen. Doch am Ende ist es eine Frage unseres Überlebens.[251]

Auf diese Weise erklärte er das Abkommen für ungültig. Wie sich zeigte, ließ er den Worten Taten folgen, und zwei Jahre später begann Äthiopien mit dem Bau des Tekezedamms und danach mit dem Projekt in Tana Beles. Aber die Talsperre der Wiedergeburt, über die er mich im März 2011 informierte, stellt alles in den Schatten.

Als ich ihn zu den Konsequenzen für die flussabwärts gelegenen Länder befragte, bekräftigte er den Wunsch Äthiopiens nach Zusammenarbeit und betonte den Nutzen, den die Talsperre auch für diese Länder haben werde, besonders für den Sudan.

> Zenawi verwarf vollständig die alte Politik, Ägypten mit der »Wasserwaffe« zu drohen:
>
> Die Äthiopier haben den Ägyptern stets und vor allem nach der arabischen Eroberung Ägyptens mit der Behinderung des Nilwasserstroms gedroht, sollten sie nicht die Patriarchen nach Äthiopien schicken. Die Äthiopier jener Tage hatten keine Möglichkeit, den Nil zu stoppen, die Drohung war daher stärker, als sie hätte sein sollen. Ich denke, die Zukunft wird – früher oder später – in einer Politik des Rationalismus bestehen, aber es wird noch eine Weile dauern, bis wir die Spuren der Vergangenheit vollständig hinter uns lassen können.

Unter Meles Zenawis Führung war Äthiopien zunehmend entschlossen, sein Potenzial als Regionalmacht im Nilbecken auszuschöpfen. Das Land verfügte endlich über die technischen Möglichkeiten, den Strom des Nils zu stoppen. Zum ersten Mal in Jahrtausenden stauen die Äthiopier also den Fluss an immer mehr Orten und mit immer größeren Staudämmen. Und Addis Abeba betonte dabei wiederholt, dass diese Vorhaben nicht gegen die flussabwärts gelegenen Länder gerichtet seien, sondern auch ihren Interessen entsprächen. Alle Seiten würden gewinnen.

Dennoch, so beklagte der Premierminister, griffen die Ägypter zu Drohungen, um Äthiopien an dem zu hindern, was er als das legale Recht und die politische Pflicht zur Entwicklung seines Landes bezeichnete. Er behauptete, die ägyptischen Eliten hätten immer wieder versucht, Äthiopien zu destabilisieren, indem sie dessen Bevölkerung dazu anstifteten, sich gegenseitig umzubringen. Außerdem habe Ägypten die Vergabe ausländischer Kredite an sein Land blockiert. Angehörige der ägyptischen Führung hätten Briefe an Geber und multilaterale Finanzinstitutionen geschrieben, um diese von der Unterstützung des Projekts abzubringen. Tatsächlich kann es keinen Zweifel daran geben, dass Ägypten mit fieberhaften diplomatischen Aktivitäten die Talsperre zu verhindern suchte. Als Antwort auf die von ihm ausgemachte Gegnerschaft Ägyptens zu dem Vorhaben unternahm Meles einen völlig überraschenden Schritt: Er bemühte sich, die nötigen Finanzmittel für die Talsperre im Land selbst aufzubringen. Dafür sollte die gesamte äthiopische Bevölkerung in einer nie dagewesenen Kampagne mobilisiert werden. Das Vorhaben wurde mit 4,7 Milliarden US-Dollar veranschlagt. Das Resultat dieser nationalen Geldbeschaffungsaktion würde bedeutenden Einfluss auf die Machtbeziehungen in der ganzen Region haben. Sollte es scheitern, wäre dies ein gewaltiger Rückschlag für die äthiopische Regierung und ihren Rückhalt in der Bevölkerung. In dem Fall könnte es lange dauern, bis Äthiopien erneut in der Lage wäre, Ägyptens historische Vorherrschaft auf diese Weise herauszufordern. Meles argumentierte, die Eliten in Kairo hätten das Szenario einer Bedrohung der ägyptischen Wasserversorgung aufgebauscht, um ihre Macht über die eigene Bevölkerung zu sichern. Ägyptens »Unterlaufkomplex« sei von den Eliten dieses Landes als Instrument zur Festigung ihrer Position geschaffen worden. Nun könnten sie sich als die Vorkämpfer für die Wasserinteressen der gesamten Nation in Szene setzen, als wären sie die einzige Hoffnung der Menschen in Ägypten zur Beibehaltung ihrer Lebensader.

Diese Angst, so Meles, basiere auf einem Mythos. Ägyptens Führung und Bevölkerung müssten begreifen, dass einzig die Zusammenarbeit ihr Land nach vorne bringe. So schloss der äthiopische Premierminister mit all der Klarheit und Überzeugung, mit denen er sich in bestimmten politischen Kreisen auf internationalem politischen Parkett äußerster Beliebtheit erfreute – während seine Rhetorik von der äthiopischen Opposition als die eines Autokraten angesehen wurde.

Wird Donald Trump das rote Band durchschneiden?

Neun Jahre später gibt die Große Talsperre der äthiopischen Wiedergeburt immer noch Anlass zu ernsten politischen Zusammenstößen zwischen Äthiopien und Ägypten. Auch nach Meles Zenawis Tod haben alle äthiopischen Regierungen die Talsperre als wichtigstes nationales Entwicklungsprojekt angesehen. Sie soll Äthiopien in das Kraftwerk Ostafrikas verwandeln, das Land elektrifizieren und einen. Der Bau der Talsperre hat sich ohne ernste Rückschläge oder Unterbrechungen vollzogen, dennoch ist die geplante Einweihung immer wieder verschoben worden.

Das Projekt ist die ganze Zeit sowohl extern als auch intern politischen Problemen und Widerständen begegnet. 2012 von WikiLeaks veröffentlichte Dokumente zeigen, dass die ägyptische Führung im Jahr 2010 offenbar erwog, die Talsperre mit Flugzeugen zu bombardieren, aber die Idee wurde vom ägyptischen Militär abgelehnt. Als Filmaufnahmen zeigten, wie der ägyptische Präsident Mohammed Mursi von der Muslimbruderschaft und andere Spitzenpolitiker Möglichkeiten zur Destabilisierung Äthiopiens erörterten, um einen Baustopp der Talsperre herbeizuführen, schien dies äthiopische Verschwörungstheorien über Ägyptens führende

Hand in den Konflikten und Kriegen am Horn von Afrika zu bestätigen. Mursi sprach auch offen davon, die ägyptischen Nilinteressen mit militärischen Mitteln zu schützen. Nach der Machtübernahme durch General Abdel Fattah al-Sisi änderte sich Ägyptens offizielle Nilpolitik: Das Land akzeptierte die Talsperre, unterstützte Äthiopiens Entscheidung zu ihrem Bau, wollte aber darüber verhandeln, wie sie betrieben und gefüllt würde. Letzterer Punkt ist natürlich äußerst wichtig für Ägypten, denn je schneller der Stausee gefüllt wird, desto weniger Wasser wird der Nil in den entsprechenden Jahren in das Land bringen. Die Geschwindigkeit der Befüllung des Stausees war somit ein ständiger Zankapfel.

Unterdessen ereignete sich in Äthiopien im Juli 2018 ein schockierender Tod. Der Chefingenieur der Talsperre der Wiedergeburt Semegnew Bekele wurde in einem Geländewagen, der am belebten Meskelplatz mitten in Addis Abeba geparkt war, erschossen aufgefunden. Neben ihm lag eine Pistole. Der Mann, der seit dem Baubeginn 2011 der Leiter des Talsperrenprojekts gewesen war, hatte sich offiziellen Angaben zufolge selbst erschossen. Viele sahen in Bekeles Karriere einen nationaler Traum Wirklichkeit geworden, und so war der Chefingenieur zum Nationalhelden avanciert. Er war das vertrauenswürdige, bekannte Gesicht der optimistischen Pläne für ein neues Äthiopien.

Bekele war für eine Pressekonferenz in die Hauptstadt gereist, in der es um Verzögerungen beim Bau der Talsperre und um Vorwürfe von Korruption und Misswirtschaft gehen sollte. Letztere waren nicht gegen Bekele gerichtet, sondern gegen die mit dem Projekt betraute staatliche Firma. Die Nachricht von Bekeles Tod löste in Äthiopien Trauer und Bestürzung aus, und eine Flut von Theorien über das Geschehen ergoss sich in die Öffentlichkeit. Das Projekt verzögerte sich weiter, und der neue Premierminister Abiy Ahmed erklärte, dass die Talsperre bei derzeitiger Baugeschwindigkeit frühestens in zehn Jahren fertiggestellt sein würde. Seit Bekeles Tod bedrohen andauernde Spannungen zwischen den vielen ethnischen Gruppen die stabile Durchführung des Projekts. Einige Aktivisten behaupten, eine »Balkanisierung« Äthiopiens sei unvermeidbar, und wieder machen viele Ägypten für die Förderung dieser Spaltung verantwortlich.

2019 erhielt Abiy Ahmed den Friedensnobelpreis. Nach dem plötzlichen Rücktritt von Hailemariam Desalegn hatte er 2018 das Amt des Ministerpräsidenten übernommen. Ahmed ließ sofort einen Großteil der politischen Gefangenen frei, hob den Ausnahmezustand auf und kündigte an, den Beschluss einer von den Vereinten Nationen unterstützten inter-

Semegnew Bekele, Chefingenieur der Renaissancetalsperre in Äthiopien, auf der Baustelle, 2017. Die äthiopische Regierung veröffentlichte die Baupläne für diesen enormen Damm quer über den Blauen Nil mitten während der Proteste auf dem Tahrir-Platz in Ägypten 2011.

nationalen Schiedskommission über den Grenzverlauf zwischen Äthiopien und Eritrea anzuerkennen und die umstrittenen, von äthiopischen Truppen seit Langem besetzten Gebiete zurückzugeben. Danach reiste er nach Asmara und erklärte gemeinsam mit dem Präsidenten von Eritrea den Krieg zwischen den beiden Ländern für beendet.

Nach einigen Monaten im Amt besetzte er außerdem die Hälfte der Ministerposten mit Frauen. Er kam als Parteivorsitzender der Demokratischen Organisation des Oromovolkes an die Macht, eine der vier ethnischen Parteien, aus denen sich das regierende Parteienbündnis Revolutionäre Demokratische Front der Äthiopischen Völker zusammensetzt. Seine Ernennung zum Ministerpräsidenten beendete in dem Land, in dem auf die Zugehörigkeit zu den verschiedenen Ethnien großer Wert gelegt wird, die aus Sicht vieler 27 Jahre bestehende Vorherrschaft der Tigrinya. Diese hatten wiederum in den frühen 1990er Jahren die jahrhundertelange Vormachtstellung der Amharen beendet.

Bei seinem bekanntesten öffentlichen Auftritt nach der Zuerkennung des Friedensnobelpreises schilderte Abiy Ahmed erneut die herausragende Rolle des Nils in der regionalen Geopolitik. Im äthiopischen Parlament bemerkte er während einer Fragestunde mit Blick auf eine mögliche Bedrohung durch Ägypten: »Einige sprechen von der Anwendung von Gewalt. Ich möchte betonen, dass keine Macht Äthiopien vom Bau einer Talsperre abhalten könnte.« Und weiter: »Sollte ein Krieg notwendig werden, könnten wir Millionen kampfbereit machen. Wenn die einen Raketen abfeuern können, können die anderen Bomben werfen. Aber das möchte ja wohl niemand von uns.« Währenddessen gingen die Verhandlungen über die Talsperre weiter. Ägypten behauptete, die äthiopische Delegation blockiere eine Einigung und lehne alle Vorschläge ab, welche die Wasserinteressen Ägyptens berücksichtigten. Ihr Plan enthalte keine Aussagen dazu, wie mit möglicherweise in Zukunft auftretenden Dürren umgegangen werden solle. Äthiopien wies Kairos Bewertung der Gespräche zurück und erklärte, von Blockade könne keine Rede sein. Im Parlament hob Abiy Ahmed hervor, dass sein Land fest entschlossen sei, das von den früheren Regierungschefs auf den Weg gebrachte Talsperrenprojekt fertigzustellen, weil es sich um ein exzellentes Vorhaben handele.

Wenige Tage darauf gelang es Ägypten, die USA und die Weltbank mit an den Verhandlungstisch zu bekommen und damit die Angelegenheit zu internationalisieren. Äthiopien hatte dies zuvor immer abgelehnt; in Addis Abeba wusste man, dass sich die USA und die Weltbank tendenziell auf die Seite Ägyptens stellen würden. Sisi sprach mit US-Präsident Donald Trump, und der beschloss, Amerikas politisches und wirtschaftliches Gewicht in die Verhandlungen einzubringen.

Als Trump im November 2019 mit den Delegationen aus Ägypten, Äthiopien und dem Sudan im Weißen Haus zusammenkam, ungefähr ein Jahrhundert nachdem die Briten, die Ägypter, die Äthiopier und die sudanesische Regierung unter der Kontrolle Londons über die Lösung von Staudammkonflikten am Blauen Nil gesprochen hatten, äußerte er den Wunsch, bei der Einweihung dieser Talsperre am Blauen Nil »das rote Band durchzuschneiden«.

Das Osmanische Reich, das Britische Empire und das Französische Kaiserreich sind längst verschwunden. Die wesentlich vom physischen Charakter des Flusses geformten Gegensätze zwischen Ländern und Regionen im Nilbecken sind hingegen immer noch da. Nichts könnte die Relevanz einer langfristig angelegten Betrachtung der Geschichte des Nils deutlicher machen als die in Washington auf höchster Ebene stattfindenden Verhandlungen über die Kontrolle und Nutzung des Nils. Sie werden genau in diesen Tagen fortgeführt, in denen ich meine Flussbiografie beende.

Was auch immer am Ende bei den Gesprächen herauskommen mag, ihr Ergebnis wird die Zukunft und das Schicksal Hunderter Millionen Menschen noch lange begleiten.

ZUM ABSCHLUSS

Das Ende der Reise

Über Jahrtausende galt der Nil als längster Fluss der Welt, was jedoch in jüngster Zeit von einzelnen brasilianischen und peruanischen Forschern bestritten wurde. Diese Forscher haben eine weiter südlich gelegene Amazonasquelle entdeckt und große Teile des Mündungsgebiets als Teil des Flusses definiert. Die internationale Forscherszene hat allerdings noch nicht das letzte Wort gesprochen (unter anderem, weil es ja unmöglich ist, objektiv zu definieren, wo der Anfang und das Ende eines Flusses liegen; die Weise, wie das Wasser durch eine Landschaft fließt, macht eine solche Definition doch gerade schwierig). Bis auf Weiteres gilt für die meisten weiterhin der Nil als der längste Fluss der Welt.

Nun fliege ich von Khartum aus über den Nil, nordwärts zum Mittelmeer und in Richtung Europa. Der letzte Schimmer des Sonnenuntergangs ist verschwunden. Alles ist schwarz. Unter dem Flugzeug liegt die Wüste, menschenleer und öde. Gleich im Norden von Khartum sind nur hier und da einige wenige Lichter zu sehen, wie aufgereiht zu einem dünnen Strich, der nach Norden weist. Dann bilden die Lichter nach und nach ein immer dichteres Muster, deshalb weiß ich, dass wir nun Ägypten erreicht haben. Aus diesem Muster wird schließlich eine kompakte gelbe Lichtblume, umgeben von tiefer Dunkelheit im Westen und Osten – und auch im Norden, denn dort liegt das Meer. Der Nil ist natürlich nicht der einzige Faden in diesem Teppich, der aus Gesellschaft und Wirtschaft des Nillaufs gebildet wird, aber er ist mit Abstand der wichtigste Kettfaden, der das Gewebe zusammenhält. Ja, die nächtliche Dunkelheit, die diesen dünnen Streifen umgibt, betont noch, dass er in Wirklichkeit *das Einzige* ist, was den Teppich zusammenhält.

Der Fluss der Geschichte und seine Zukunft

Es war in der Umgebung der südlichsten und östlichsten Teile dieses gewaltigen Flusslaufs, der ein Zehntel des afrikanischen Kontinents bedeckt, wo sich die ersten Hominiden bewegten, die Vorläufer der Menschen. »Lucy« lebte in Äthiopien; in der Nähe der Oluvaischlucht in der Serengeti im heutigen Tansania streiften der »Nussknackermann« und der »Handyman« umher. An einem Flusslauf wurden 3,7 Jahrmillionen alte Fußspuren entdeckt. Einige der ältesten Zeugnisse menschlicher Gesellschaften, unterschiedliche Arten von Werkzeugen, sind 200 000 Jahre alt und stammen aus einem im nördlichen Sudan am Nil gelegenen Gebiet. Aus diesen Regionen am Nil wanderten einige wenige Sippen los und bevölkerten schließlich den gesamten Erdball.

Der Nil, wie er jetzt als Ganzjahresfluss dahinströmt, entstand vor ungefähr 15 000 Jahren. Nachdem die Sahara austrocknete und zur Wüste wurde und nachdem Menschen von dort ins Niltal ausgewandert waren, dauerte es nur wenige Jahrtausende, bis die Menschen die ersten Versuche unternahmen, den Fluss zu nutzen. Vor ungefähr 5000 Jahren wurden primitive Wälle aus Erde und Sand angelegt, um das Flusswasser einzudämmen; das geschah in jenem Gebiet, aus dem später Ägypten werden sollte. Die mächtigste aller antiken Zivilisationen entwickelte sich durch die Nutzung der natürlich schwankenden Wasser- und Schlammmengen im Fluss und entwickelte die produktivste Landwirtschaft der damaligen Zeit. Mensch und Gesellschaft passten sich den natürlichen Veränderungen des Nils an, und so verlief das Leben am Fluss für ungefähr 3000 Jahre.

2000 Jahre v. Chr. wurden dann in stetig wachsendem Ausmaß kleine Hebevorrichtungen in Gebrauch genommen. Dadurch konnte Wasser aus dem Fluss und aus kleinen, von Menschenhand geschaffenen Kanälen gehoben und über den Wüstensand geführt werden, sodass man an einigen wenigen Orten die Felder das ganze Jahr über bestellen konnte. Allerdings wurde der Fluss jahrtausendelang fast nur in Ägypten und im gewissen Umfang auch in den nubischen Teilen des Sudan landwirtschaftlich genutzt. Andernorts strömte das Wasser einfach vorbei; es wurde gefischt, an einigen Strecken wurde der Fluss als Transportweg verwendet, und natürlich tranken Tiere und Menschen das Flusswasser, aber zumeist war der Nil das Werk der Natur, unberührt von Menschenhand.

Dieser Zustand hielt fast 2000 Jahre lang an. Die Beziehung des Menschen zum Fluss blieb mehr oder weniger unverändert.

Dann setzten dramatische Geschehnisse ein, zuerst in Ägypten. Um die Mitte des 19. Jahrhunderts wurde unter Muhammad Ali im Norden des Deltas ein Damm angelegt. Dadurch stieg der Wasserstand in Flüssen und Kanälen, und plötzlich konnte das Delta an vielen Orten das ganze Jahr hindurch landwirtschaftlich genutzt werden. Dann kamen die Briten. Sie reparierten und verbesserten den Damm und legten etliche weitere hydraulische Bauprojekte an, dessen wichtigstes der 1902 vollendete Assuandamm war, der errichtet wurde, um in den Jahreszeiten mit zu wenig Wasser die Wasserversorgung in Ägypten zu verbessern. Die Briten schlossen mit allen anderen Akteuren in der Region eine Reihe von Abkommen, die darauf abzielten, den ägyptischen Wasserbedarf zu sichern. Die britische technologische Eroberung des Nils wurde durch den ägyptischen Politiker Gamal Abdel Nasser bis zur äußersten Konsequenz weitergeführt. Der auf seine Initiative gebaute Hohe Damm verwandelte bei seiner Fertigstellung 1971 den Nil in einen von der Regierung kontrollierten ägyptischen Bewässerungskanal.

Um die Mitte der 1920er Jahre wurde der Sudan zu einem hydraulischen Staat unter britischer Ägide, als britische Unternehmen den Sennardamm am Blauen Nil errichteten; 1954 schließlich wurde der Damm an den Owenfällen am Auslauf des Viktoriasees in Uganda angelegt, beides gegen den energischen Widerstand ägyptischer Nationalisten. Aber noch immer war der größte Teil des Gewässers naturbelassen und ungezähmt und entzog sich der Kontrolle. Dieser Zustand hielt an bis zum Beginn des 21. Jahrhunderts.

Nun änderte sich alles innerhalb weniger Jahre. Überall an seinem Verlauf wurde der Nil zu einem Fluss, den die meisten Regierungen der Anrainerstaaten plötzlich messen, regulieren und sich dienstbar machen wollten. In Ägypten wurde 2002 das Toshkaprojekt ins Leben gerufen: In der Sahara sollte mithilfe des Nilwassers ein neues, von Menschenhand geschaffenes Niltal entstehen. 2009 weihte der sudanesische Präsident Bashir den südlich der ägyptischen Grenze gelegenen Merowedamm ein. Im selben Jahr eröffnete der äthiopische Premierminister an einem der wichtigsten Zuflüsse zum Blauen Nil den Tekezedamm.

Im folgenden Jahr eröffnete der Präsident von Tansania das Shinyangaprojekt, bei dem zum ersten Mal Wasser aus dem Viktoriasee in die trockenen Gebiete des Landes gepumpt wird. Tansania hat ein Projekt durchgeführt, das von britischer Seite während des Ersten Weltkriegs gestoppt worden war, als die Gegend unter der Herrschaft der Deutschen stand, die Wasser für ihre Bergbauprojekte benötigten; Ägypten hatte es nur wenige

Jahre zuvor notfalls mit Waffengewalt verhindern wollen. Im selben Jahr 2010 gaben die Regierungen von Burundi, Tansania und Ruanda ihr Vorhaben bekannt, einen gemeinsamen Damm bei den Rusomofällen zu bauen. Die politische Führung in Kenia legte einen Plan vor, der die Nutzung der Nilflüsse zu Stromgewinnung und Bewässerung in den ärmsten Teilen im Westen des Landes sichern sollte, während Uganda klarstellte, dass die industrielle Revolution auf der dem Nilwasser innewohnenden Energie beruhen werde, weshalb das Land am Nil weitere Stauwerke benötige. Im selben Jahr beschlossen die Vertreter der stromauf gelegenen Länder gegen den Willen Ägyptens und des Sudan, gemeinsam einen neuen Nilvertrag abzuschließen. Im März 2011 kündigte die äthiopische Regierung dann den Bau des Riesendamms am Blauen Nil an, jenes Damms, der bald den Namen Große Talsperre der äthiopischen Wiedergeburt erhielt.

Wenn in 1000 Jahren Touristen den Nil bereisen, wird ihnen vermutlich erzählt werden, dass die großen Dämme die Tempel unserer Zeit waren. Der Nil wurde nicht aus religiösen Gründen verehrt, sondern weil er Strom und wirtschaftliches Wachstum schenken konnte. Jahrtausendelang durfte der Nil frei und unberührt von menschlichen Eingriffen dahinfließen; nun wurden das Aussehen des Flusses und damit die dort lebenden Gesellschaften innerhalb weniger Jahrzehnte radikal verändert. Wenn sich die Touristen der Zukunft die Strukturen der Nildämme genauer ansehen, dann werden sie feststellen, dass es weder in der großen Architektur willkürliche Linien und grundlose Formen gibt noch bei den gigantischen Hydrostrukturen. Sie alle stehen in einem engen Zusammenhang mit den Bedürfnissen, Wünschen und dominanten Auffassungen der Gesellschaften und ihrer Machthaber.

Der Nil ist mittels gewaltiger Anlagen gezähmt worden, die die pharaonischen Denkmäler in ihrer Größe weit in den Schatten stellen und sich, was die Ästhetik der Macht angeht, durchaus mit ihnen messen können. Die zukünftigen Touristen werden entdecken, dass die Menschen durch die Zähmung des Flusses Notwendigkeiten einer ganz anderen Art unterworfen sind. Linien und Formen werden nämlich auch vom Charakter des Nils oder seinem »hydrologischen Wesen« eingerahmt. Die Touristen der Zukunft werden Geschichten hören und Bücher lesen über die oft komplizierten, geheimnisvollen und lange geheim gehaltenen Dramen hinter diesen Tempeln der Modernität im Niltal.

Die Entwicklung der letzten Jahre war einzigartig und revolutionierend. Kaum ein anderes internationales Flussbecken wurde in so kurzer

Zeit in einem so weiten Gebiet schneller und radikaler verändert. Als ich in diesen Jahren die verschiedenen Nilstaaten bereiste und mit Regierungsangehörigen, Fachleuten und Akademikern sprach, gewann ich überall denselben Eindruck: Der Nil wird als eine Art Perpetuum mobile angesehen, als Grundbedingung und als immerwährender Motor für gesellschaftlichen Wandel und Entwicklung. Ein Nildiskurs hat sich entwickelt, der geprägt ist vom Verständnis und Anerkennung der Interessen anderer Staaten. Derlei war nicht in diesem Umfang vorhanden, als die Nilbeckeninitiative am Ende des 20. Jahrhunderts gestartet wurde. Doch auch wenn von Dialog und Zusammenarbeit die Rede ist, so gilt doch zumeist weiterhin das Prinzip, dass zuerst mahlt, wer zuerst kommt; die Situation ist gewissermaßen von einer hydrologischen Anarchie geprägt, während zugleich Staatsoberhäupter versuchen, Zusammenarbeit und gegenseitiges Verständnis zu beschwören.

In Anbetracht der Tatsache, dass die Wassermenge nicht unerschöpflich ist, kann der Nil nicht jederzeit alle Bedürfnisse befriedigen. Es ist also positiv, dass in der Gegend immer neue Wasservorkommen entdeckt werden. Unter Ägypten, dem Sudan und Teilen Tansanias gibt es gewaltige Grundwasserseen, die den Nutzungsdruck auf den Fluss erleichtern werden. Allerdings ist es viel teurer, Grundwasser zu fördern, als Nilwasser in Kanäle zu pumpen. Die Zukunft der gesamten Region beruht auf der Frage, ob die Länder den Nil auf eine optimale und kooperative Weise nutzen können.

Die Konzentration allein auf die juristischen, ethischen oder politischen Aspekte wird nicht das Klima schaffen können, das für eine dauerhafte und langfristige Zusammenarbeit nötig ist. Vielmehr muss ein Verständnis für den Fluss entwickelt werden, eine Art einfühlender Solidarität mit ihm und allem, was an seinen Ufern lebt, beruhend auf Kenntnissen davon, wie der Fluss von den Quellen bis zur Mündung verläuft – durch Sumpf, Wald und Wüste –, und dabei außerdem Rücksicht auf seine fließende, aber ungeheuer ereignisreiche Geschichte nimmt. Zusammenarbeit und Solidarität bei der Nutzung des Nils werden komplexe soziale und kulturelle Unterschiede zwischen Gesellschaften und Bevölkerungsgruppen einbeziehen und überwinden müssen, dafür ist es zugleich aber notwendig, dass diese Zusammenarbeit in festem Boden wurzelt. Dieses Buch wurde aus der Überzeugung heraus geschrieben, dass es in einer Situation, in der sich die Rolle des Flusses radikal verändert und der Kampf um seine Nutzung an Intensität zunimmt, entscheidend ist, seine übersehenen Mythen und Sagen zu sammeln und der Vergessenheit zu entreißen. Wenn die andauernde Degradierung der Umwelt des Nils bekämpft werden soll, müssen das Verständnis und die Sympathie für dieses blaue Band gesteigert werden, das Hunderte von Millionen von Menschen zu einer Schicksalsgemeinschaft zusammenbringt und auf Tausende Weisen mit der Weltgeschichte verwoben ist. Ich wollte durch mein Buch die Wissenslücke füllen, die in Bezug auf Verständnis für und Überlegungen über die wichtigste Energiequelle der Region besteht, über einen Weltstrom voll an geschichtlicher Bedeutung.

Immer wieder ist der große Krieg um den Nil prophezeit worden. Das hat seine Gründe. Der mit dem Friedensnobelpreis ausgezeichnete Präsident Anwar as-Sadat sagte 1979, Ägypten werde zu den Waffen greifen, wenn jemand auch nur einen Tropfen Wasser aus dem Nil nähme. Der mit dem Nobelpreis ausgezeichnete Premierminister Abiy Ahmed erklärte 2019, Äthiopien sei bereit, für das Recht seines Landes, die Große Talsperre der äthiopischen Wiedergeburt zu errichten, Krieg zu führen. Es hat immer viele Unkenrufe gegeben, und pessimistische Vorwarnungen machen es leichter, auf das zu verweisen, was in Studien über die Außenpolitik der Staaten als »Gesetz des Dschungels« bezeichnet worden ist. Denn wenn alle glauben, dass nur Falschspieler oder Regierungsoberhäupter am Tisch sitzen, die ausschließlich an ihre eigenen Interessen denken, dann nehmen sich alle Akteure möglichst viele Freiheiten heraus. Aber es gibt Alternativen zum Krieg und zur unbegrenzten Herrschaft des Stärkeren.

Ein langer Fluss wie der Nil verfügt über Ressourcen, die es ermöglichen, echte Win-win-Lösungen zu erarbeiten. Die Betonung gemeinsamer Interessen muss keine Tarnung für die Durchsetzung der eigenen Interessen sein. Stellen Sie sich drei Kinder vor, die sich um eine Trommel streiten. Thale will die Trommel, weil sie als Einzige darauf spielen kann. Nikolai seinerseits behauptet, er müsse sie haben, da er so arm ist, dass er kein anderes Spielzeug besitzt. Christiane macht dagegen geltend, dass die Trommel ihr gehört, weil sie sie hergestellt hat. Wer bekommt die Trommel? Die Antwort ist, dass es auf diese Frage keine einfache »richtige« Antwort gibt.[252] Alle drei können gewichtige Gründe für ihren Standpunkt anführen, und es wird sich zeigen, dass es nicht eine einzige perfekte soziale Gerechtigkeit gibt, auf die sich alle drei auf rationaler Grundlage einigen können. Gerechtigkeit ist also eine pluralistische Vorstellung mit vielen Dimensionen, die nicht auf ein einfaches Ideal reduziert werden kann.

Es liegt auf der Hand, dass es im Nilbecken keine vollkommene Gerechtigkeit gibt, auf die sich alle einigen können, und erst recht keine Ideallösung. Nach einem perfekten Abkommen zwischen den Ländern am Flusslauf zu streben, würde die Lösung für konkrete Probleme in der Nilnutzung der einzelnen Länder nur verlangsamen. Sinnvoller ist es, praktikable Lösungen zu suchen.

Die Statue in Rom

Ich bin wieder in Italien, auf der Piazza Navona im Herzen Roms. Ehe die Stadt erwacht, und gerade als die Sonne die Spitze des gestohlenen ägyptischen Obelisken mitten im Springbrunnen erreicht, wandere ich umher. Der deutlichste und schönste Ausdruck für die Position des Nils in der Ideengeschichte des Barocks steht hier. Berninis berühmter Brunnen der vier Flüsse wurde im Auftrag von Papst Innozenz X. geschaffen und 1651 eingeweiht. Er symbolisiert den besonderen Platz des Nils im Weltbild und in den Glaubensauffassungen der damaligen Zeit deutlicher als ir-

Berninis Vierströmebrunnen auf der Piazza Navona in Rom, erbaut 1648–1651, ist einer der deutlichsten Ausdrücke für den besonderen Platz des Nils in der mythischen und religiösen Weltgeschichte. Der Nilgott ist mit einem Stück Stoff vor dem Gesicht dargestellt.

gendein anderes Kunstwerk. Das Zentrum der Anlage bildet ein großer ägyptischer Obelisk. Er ist umgeben von vier riesigen Flussgottheiten. Wie es in der europäischen Kunstgeschichte häufig vorkam, wurden diese als große, kräftige Männergestalten dargestellt. Aber ein Flussgott schert aus. Er hält sich ein Stück Stoff vor das Gesicht. Er weiß nicht, wo er entsprang, und wir können ihm nicht in die Augen sehen. Das ist der Gott des Nils. Nur der Nil besaß in der europäischen Vorstellungswelt des 17. Jahrhunderts diese geheimnisvolle Aura. Von diesem Fluss war in der Bibel so oft die Rede, er wurde als Fluss des Paradieses bezeichnet und bewässerte die Kornkammer der Antike, aber woher er kam, war noch immer unbekannt. Die Menschen zu Berninis Zeit begriffen nicht, woher diese märchenhafte Fruchtbarkeit stammte, aber ihnen war klar, dass, wer immer das Wasser dieses Flusses kontrolliert, große Macht besitzt.

Nach und nach wurden dem Nil seine Geheimnisse entrissen. Die Quellen sind bekannt. Die Hydrologie ist kartiert. Und nach und nach hat es sich auch herausgestellt, dass, wer den Fluss kontrolliert, größere Macht besitzt denn je. Deshalb wird der Kampf um seine Nutzung die Region und die Welt auch in den kommenden Jahrzehnten und Jahrhunderten prägen.

Der Nil hat keine Binde mehr vor den Augen. Seine Biografie ist eher eine Quelle des Wissens, nicht nur über den Fluss selbst, sondern auch über Afrika, die Welt und uns selbst.

ANHANG

Über dieses Buch

Die Idee zu diesem Buch kam mir im Grunde vor ungefähr 30 Jahren beim Gang über die Puddefjordsbrücke in Bergen, der regenreichen Stadt an Norwegens Westküste. Während der Regen mir ins Gesicht peitschte und ich sah, wie das Wasser die umliegenden Berge herabstürzte, dachte ich an die nubische Wüste, wo zwischen zwei Regengüssen Jahre vergehen können, und wo alles Leben sich dem Nil zuwendet, der sich wie ein blaues Lebensband durch ockerfarbenen Sand windet. Ich war gerade von meiner ersten Reise nach Ägypten und in den Sudan zurückgekehrt.

Während ich meinen im stürmischen Regen umklappenden Schirm zu retten suchte, fasste ich den Entschluss zum Schreiben eines Buches über die Geschichte des Nils – über die langen Linien, die schicksalhaften Ereignisse und darüber, wie der Nil die Entwicklung von Gesellschaften geformt und reflektiert hat. Und ich würde das Buch so schreiben, dass ich selbst Lust hätte, es zu lesen.

Aber erst mal musste ich mehr forschen.

Zunächst schrieb ich meine Abschlussarbeit über den Jongleikanal im Südsudan zu Ende. Dieser gigantische Kanal, den das Britische Empire auf dem Höhepunkt seiner Macht mitten in Afrika durch den größten Sumpf der Welt graben wollte, hatte mich von Anfang an fasziniert. Er existierte fast 100 Jahre lang nur auf dem Zeichenbrett und war dabei ein ganz zentraler Baustein in Londons Bestreben, den Nil dem Menschen untertan zu machen. Niemand hatte bislang zu der Geschichte dieses Megaprojekts geforscht. Der Leiter des sudanesischen Nationalarchivs Dr. Abu Salim half mir, in seinem Archiv in Khartum alte Dokumente aufzuspüren. Jonathan Jennes, Projektleiter bei den Vereinten Nationen für das neue, vom Sudan und Ägypten angestrebte Kanalvorhaben, gab mir nützliche Hinweise über Jonglei und versorgte mich mit Ansprechpartnern rund um das Projekt, sodass ich dort hinfahren konnte. Später traf ich auch Dr. P. P. Howell, den Leiter des kolonialen Forschungsprojekts über die Auswirkungen des Kanals. Doch ohne die Bibliothekare der Universitätsbibliothek in Bergen wäre ich nicht weit gekommen, denn zu der Zeit konnte das Aufstöbern und Ausleihen eines englischen Buches aus dem 19. Jahrhundert Wochen in Anspruch nehmen, während man heute vielleicht das gleiche Buch innerhalb von Sekunden im Netz findet und herunterlädt.

Ich fasste früh den Beschluss, zu reisen und den ganzen Wasserlauf zu sehen. Nachdem ich meine Abschlussarbeit eingereicht hatte, arbeitete ich deshalb 1983/84 für die Vereinten Nationen im Südsudan. Das war damals die einzige Möglichkeit, dort hinzukommen. Niemand wollte bei mir daheim ein solches Forschungsvorhaben in Afrika finanzieren, schließlich ging es darin nicht um Norweger. Außerdem war 1983 der Bürgerkrieg erneut ausgebrochen, das Gebiet war für Forscher gesperrt. Der Aufenthalt gab mir einen gewissen Einblick in die Verhältnisse im Südsudan und in Norduganda, und ein paar Jahre später kamen Mitarbeiter der Weltbank nach Oslo und fragten mich unter anderem, ob ich für die Zeit nach dem Krieg ein Strategiepapier zu den Entwicklungsperspektiven im Südsudan schreiben könne. Ich antwortete, dass der Krieg nie aufhören werde und dass ich nicht über die Kompetenz für das Verfassen eines solchen Papiers verfügte. Stattdessen erbot ich mich, eine Übersicht über die gesamte von 1850 bis 1990 zum Südsudan erschienene Literatur zu erstellen, die dann alle benutzen könnten. Nicht gerade spektakulär oder dem Ruhme förderlich, aber ein paar Leute im Außenministerium hielten das für eine gute Idee und bewilligten der Universität Bergen Unterstützung für ein solches Projekt.

Ich legte zwei Bibliografien an, eine zweibändige über den Südsudan mit allen rund 7000 Titeln, die bis zum Jahr 2000 über die Region erschienen waren (erst zu diesem Zeitpunkt wurde ich fertig), und eine über den Nil (am Ende drei Bände). Eine Gruppe Forscher und Bibliothekare half mir dabei: Kjell Hødnebø, Yosa Wawa, Anne M. Groth, Tom Johnsen, Eirik Øgaard und Eirik Hovden. Nützliche Tipps bekam ich auch von dem Historiker und Verleger Douglas Johnsen in Oxford und von Professor Martin Daly, einem der weltweit führenden Historiker über den Sudan und Ägypten. Zur selben Zeit redigierte ich ein paar Bücher über die Region mit Beiträgen von Forschern aus einer Reihe verschiedener Länder. Besonders die Zusammenarbeit mit dem Bergenser Ethnologen Sharif Harir war fruchtbar für mein Verständnis von Ethnizität und sudanesischer Politik (leider ging er später der Wissenschaft verloren und wurde Anführer einer der Guerillagruppen in Darfur).

Über dieses Buch

Die ganze Zeit über arbeitete ich parallel an einem umfassenden Geschichtsbuch über die britische Kolonialpolitik, die Aufteilung Afrikas und die Nilfrage. Wieder bin ich denen zu Dank verpflichtet, die mir in den verschiedenen Archiven geholfen haben, ob in Kansas, Khartum, Kampala, Addis Abeba, Durham, London oder Princeton. Die Gespräche an den Ufern des Nils in Kairo mit Professor Robert O. Collins von der Universität Santa Barbara waren hilfreich, doch besonders möchte ich Martin Daly für das Lesen und Kommentieren des Manuskripts danken und meinem englischen Verlag IB Tauris sowie meinem Lektor David Stonestreet, die das Buch 2004 veröffentlichten.

2004 hatte ich mir also einen guten Überblick über die Literatur im Allgemeinen verschafft und eine ungeheuer detaillierte Schilderung der Rolle der Briten von 1882 bis 1956 verfasst. In der Zwischenzeit hatte ich Ägyptens Botschafter in Norwegen Magdy Hefny getroffen, der seine diplomatische Karriere aufgab und stattdessen nach Bergen fuhr, um dort mit mir über den Nil zu forschen. Er öffnete mir die Tür zu Dr. Abu Zeid, Ägyptens langjährigem Wasserminister mit Kontakten zu Politikern in der ganzen Region, und das führte wiederum zu vielen Gesprächen mit Ägyptens führenden Hydrologen und Wasserplanern. Gleichzeitig lud ich Yacob Arsano, später einer der hervorragendsten Forscher Äthiopiens zu Hydropolitik, an die Universität ein.

Es war äußerst lehrreich, die fortwährenden Diskussionen über den Nil sowohl vom äthiopischen als auch vom ägyptischen Standpunkt aus zu betrachten. Dabei wurde mir noch stärker bewusst, wie wichtig die Bewahrung der eigenen Unabhängigkeit ist. Ich achtete also darauf, bei den politischen Prozessen in dem Gebiet völlig außen vor zu bleiben und mich nicht an irgendwelchen Projekten zu beteiligen oder von Thinktanks einspannen zu lassen, denn nur als unabhängiger Beobachter konnte ich von Nutzen sein.

Ich möchte der Universität Bergen dafür danken, dass sie mir über viele Jahre eine freie Verfolgung meiner Forschungsinteressen ermöglicht und meine Arbeit mit einem Forschungsprogramm über die Region unterstützt hat. Das Nile Basin Research Program an der Universität ermöglichte die Veröffentlichung eines Buches über den Nil in der postkolonialen Epoche. Es deckt den Zeitraum von 1956 bis 2005 ab. Forscher aus den Nilländern – Pascal Nkurunziza, Robert Balagira, Honest Prosper Ngowi, Raphael M. Tshimanga, Mary C. Mwiandi, James Mulira, Yacob Arsano, Fadwa Taha, Hosam E. Rabie Elemam – verbrachten 2007 gemeinsam mit mir mehrere Monate in Norwegen und haben mit zu dem Buch beigetragen. Als Teil dieses Kooperationsprojekts und als Beteiligter beim Dreh zweier auch den Nil behandelnden Fernsehdokumentationen über die Rolle des Wassers in der Welt – *Eine Reise in die Geschichte des Wassers* und *Eine Reise in die Zukunft des Wassers* – war ich viel in dem Gebiet unterwegs.

Es war zu dieser Zeit, bei einem dieser sommerlichen Gartenfeste für norwegische Autoren in Oslo, wo man aufgrund der gelösten Atmosphäre leicht zu viel verspricht, dass Harald Engelstad vom Aschehoug Verlag mich fragte, ob ich mir ein Buch über den Nil auf Norwegisch vorstellen könnte. Er würde liebend gern ein solches Buch verlegen, sagte er. »Nette Idee«, antwortete ich, »aber nicht jetzt. Muss erst was anderes schreiben.« In Wirklichkeit ging ich sofort heim und begann mit der Gliederung; ich hatte ja Lust dazu, verschob es aber wieder.

Am Zentrum für Grundlagenforschung wurde ich 2008 zum Leiter einer internationalen Forschungsgruppe bestellt, die die Rolle des Wassers in Geschichte und Gesellschaft untersuchte. Das war ein stimulierendes Milieu, und ich möchte besonders den Mitgliedern der »Kerngruppe« Richard Coopey, Graham Chapman, Roar Hagen, Eva Jakobsson und Terje Østigård danken. Während wir an drei neuen Büchern in der Serie »Eine Geschichte des Wassers« arbeiteten, deren Herausgeber ich bin, Dutzende führende internationale Forscher an das Zentrum einluden und ich außerdem an einem anderen langwierigen Projekt weiterforschte (die erste Phase der industriellen Revolution), dachte ich auch weiter an das Nilbuch. Es war vertagt worden, gewiss, doch indem ich ständig mehr über die globale und historische Rolle von Wasser in der Gesellschaft lernte, verstand ich auch nach und nach den speziellen Charakter und die besondere Rolle des Nils besser. Ich wurde mir auch immer klarer darüber, dass das mir vorschwebende Buch aus lauter kleinen Teilen bestehen müsste, und dass es wie eine Reise von der Mündung bis zur Quelle zu konzipieren wäre, wie eine Art Reiseführer.

Eine späte Abendstunde in einem Hinterhofgarten in Kigali brachte mich schließlich indirekt zum Schreiben. Hintergrund war ein Dokumentarfilm für das staatliche norwegische Fernsehen. Erik Hannemann, Produzent des Films, und Tore Sætersdal, Leiter des Nilprogramms an der Universität Bergen, überredeten mich dort, das Drehbuch für einen Film über den Nil zu schreiben und mich auch am Dreh zu beteiligen. Die Produktion großer Dokumentarfilme ist extrem arbeitsaufwendig, aber da wir schon so viel Material von Dokumentationen hätten, an denen ich zuvor beteiligt gewesen war, und ich gerade den Präsidenten von Ruanda inter-

Über dieses Buch

viewt hätte, würde es ganz einfach sein, diesen Film zu machen, sagten sie. Ich ließ mich widerstrebend überzeugen. Die Arbeiten an dem Film begannen, das Projekt erhielt Geld, und es gab keinen Weg zurück. Ich musste endlich Zeit für das Fernsehmanuskript freischaufeln, und im selben Zug nahm ich mir auch die Zeit für das Buch. Gedankt sei also Tore und Erik – ohne ihr Filmprojekt hätte es auch kein Buch über den Nil gegeben, jedenfalls nicht so bald. Die Arbeit an der Fernsehserie führte auch zu einer Reihe von Gesprächen mit führenden Politikern in der Region. Von den vielen norwegischen Botschaftern, die uns bei dieser Arbeit geholfen haben, möchte ich besonders den Botschafter in Äthiopien und im Sudan Nils Petter Kjemperud und den Botschafter in Eritrea Bård Hopland erwähnen.

Sodann wurde das Buch durch einen historischen Zufall zu einer Zeit in der langen Geschichte des Nils geschrieben, in der die Bedeutung und das Aussehen des Flusses radikaler als jemals zuvor verändert wurde, was dazu führte, dass die Geschichte der ganzen Umgebung in einem neuen Licht erscheint. Eine Reihe von Leuten haben das Manuskript oder Teile davon gelesen, kommentiert und Vorschläge gemacht: Øyvind Andresen, Harald Engelstad, Svein Gjerdåker, Anne M. Groth, Astrid Groth, Roar Hagen, Petter Larsson, Ove Stoknes, Terje Østigård und Ivar Larssen-Aas. Ich muss auch Per Christian Magnus, Robert Reinlund, Kjell Solberg und Tore Sætersdal danken, vor allem aber Erik Hannemann für die nette Reisebegleitung bei einigen der Touren.

Noch einmal sehe ich den Nil auf seinem Weg zum Mittelmeer vor mir, unerbittlich und unaufhaltsam in seinem langen Lauf, denn das Wasser wird sich immer seinen Weg zu einem tieferen Punkt suchen. Während meiner Arbeit an diesem Buch hat der Nil Millionen Menschen und Tieren Leben gespendet; Militärstrategen und Politiker haben Landkarten von dem Fluss ausgebreitet und über sie gebeugt von Krieg, Frieden und Macht gesprochen; Tausende Hydrologen und Ingenieure haben den Fluss vermessen und Dämme gebaut, um ihn zu regulieren, und vom Delta im Norden bis zu den Quellen im Süden sind Liebespaare an die Ufer des Flusses hinabgestiegen und haben die Wasserromantik auf sich wirken lassen.

Nun ist das Buch fertig, aber der Nil wird ewig weiterfließen.

Zeitleiste

14 000 v. Chr.: Der Viktoriasee entsteht als Reservoir für den Weißen Nil. Der Nil wird in dem später als Ägypten bekannten Land zu einem ganzjährigen Fluss.

7000–6000: Migration von Bewohnern aus der immer trockener werdenden Sahara in das Niltal.

3100: Basierend auf Flutbewässerung und der Kontrolle des Handels auf dem Fluss, etabliert sich die Herrschaft der Pharaonen. Das erste bekannte Bild eines Pharaos zeigt ihn bei der Einweihung eines Kanals. Um das Jahr 3000 werden Oberägypten und Unterägypten zu einem Land vereint.

3100: Gründung von Memphis, der ersten Hauptstadt des vereinigten Ägypten. Die Stadt am Nil wird hinter Wällen errichtet, um sie vor der herbstlichen Schwemme zu beschützen.

2650: Die ersten pyramidenförmigen Grabstätten für Pharaonen werden am Westufer des Nils errichtet.

2500: Blütezeit der Kermazivilisation in den Flussebenen Nubiens im heutigen Sudan.

1990: Unter der Herrschaft von Amenemhet I. wird der Nil in Ägypten mithilfe des natürlich entstandenen Fayyumbeckens als regulierendem Reservoir kontrolliert.

600: Thales von Milet, der frühe Philosoph, nach dessen Auffassung Wasser der Ursprung von allem sei, reist im Niltal umher.

400: Der griechische Schriftsteller Herodot, bekannt als Vater der Geschichtsschreibung, beschreibt den Nil und die nicht mehr existenten Flüsse in Ägypten. Aufenthalt auf der Insel Elephantine in Oberägypten.

331: Gründung von Alexandria durch Alexander den Großen. Die Stadt floriert aufgrund ihres klug gewählten Standorts und der Nutzung des Nilsystems als Transportader und Trinkwasserreservoir.

48: Rom erobert Ägypten, und Julius Cäsar segelt in den Hafen von Alexandria. Im Jahr darauf unternehmen er und Kleopatra ihre sagenumwobene Reise auf dem Nil. Ägypten wird zur Kornkammer des Römischen Reichs.

642 n. Chr.: (Jahr 20 gemäß muslimischer Zeitrechnung): Arabische Truppen besetzen Ägypten.

Zeitleiste

643:	Kalif Umar, der zweite Herrscher des ersten muslimischen Staates in Ägypten, schreibt einen Brief an den Nil, worin er um mehr Wasser bittet.
861:	Der Abbasiden-Kalif al-Mutawakkil gibt den Befehl zum Bau eines Nilometers auf der Nilinsel Roda in Kairo.
1500:	Das im Vergleich zum übrigen Afrika niederschlagsreiche Königreich von Buganda wird mit einer auf Bananenanbau beruhenden Ökonomie in der Region um den Viktoriasee gegründet.
1798:	Im Sommer marschiert Napoleon in Ägypten ein, im Juli siegen seine Truppen in der berühmten »Schlacht bei den Pyramiden«.
1798:	Im August besiegt die britische die französische Flotte in der »Schlacht um den Nil« in der Bucht vor der Mündung des Nils.
1802:	Der Rosettastein wird den Franzosen in Ägypten entrissen und als Teil der britischen Kriegsbeute nach London verbracht. Mithilfe des Steins kann die alte Sprache der Ägypter übersetzt werden, und die Menschheit erhält völlig neue Kenntnisse über die altägyptische Welt.
1805:	Muhammad Ali übernimmt die Macht in Ägypten. Er forciert die Modernisierung Ägyptens und stützt sich dabei auf Entwicklung und Reformierung des Bewässerungssystems.
1843:	Auf der Suche nach den Quellen des Nils stirbt der norwegische Langstreckenläufer Mensen Ernst in Oberägypten.
1848:	Der Nil wird im südlichen Sudan durch Soldaten der osmanisch-ägyptischen Besatzungsarmee erstmals schiffbar gemacht.
1862:	Die von Muhammad Ali initiierten Dämme am Eingang des Nildeltas werden mit französischer Hilfe fertiggestellt. Die Dämme bilden die Grundlage für ganzjährige Bewässerung in großen Teilen des Deltas.
1862:	Der britische Afrikaforscher John Hanning Speke entdeckt, dass der Weiße Nil aus dem Viktoriasee herausfließt. Er benennt den See nach der britischen Queen.
1864:	Samuel Baker kommt zum Albertsee und entdeckt dessen Zugehörigkeit zum Nilsystem.
1869:	Der von Frankreich gebaute Suezkanal wird eröffnet. Die Briten sichern sich große Aktienanteile an dem Projekt. Die strategische Position Ägyptens verändert sich.
1869:	Henrik Ibsen bereist den Nil und nimmt als Vertreter des schwedischen Königs an der Eröffnung des Suezkanals teil.

1871:	Henry Morton Stanley rudert bei einer Expedition über den Viktoriasee und bestätigt, dass allein der Nil aus dem See austritt.
1882:	Nach kriegerischen Auseinandersetzungen, wie etwa der Schlacht bei Tel el-Kebir, bei der ägyptische Nationalisten den Nil als Kriegswaffe einsetzen wollten, besetzen die Briten Ägypten.
1884–85:	Der Brite Charles Gordon, auch bekannt unter der Bezeichnung China-Gordon, wird in Khartum von feindlichen Kräften umzingelt. Die über den Wasserweg organisierte Verstärkung kommt zu spät. Gordon wird von Truppen des Mahdi ermordet, und islamistische Kräfte übernehmen die Macht im Sudan.
1890:	Großbritannien setzt durch, dass die anderen europäischen Mächte das Nilbecken als britisches Interessensgebiet anerkennen.
1891:	Die Briten erzielen mit Italien ein Abkommen über Eritrea, in dem sich die Italiener verpflichten, keine Bauwerke am Nil oder dessen Nebenflüssen zu errichten, durch die der Wasserzufluss nach Ägypten negativ beeinflusst werden könnte.
1894:	Die Briten besetzen die Region um den Viktoria- und den Albertsee und unterwerfen das gesamte Gebiet bis zum Indischen Ozean.
1895:	Großbritannien beschließt den Bau einer Eisenbahnstrecke vom Indischen Ozean zum Viktoriasee.
1896:	Schlacht bei Adua in Äthiopien. Als einzige afrikanische Macht besiegt Äthiopien einen europäischen Eindringling, in diesem Fall Italien, in einer kriegerischen Auseinandersetzung.
1896–98:	In dem von Winston Churchill so bezeichneten »Flusskrieg« besetzen die Briten den Sudan.
1898:	Die »Schlacht bei Faschoda« im Süden des Sudan zwischen Frankreich und Großbritannien bringt nach damaliger Einschätzung der Medien Europa an den Rand eines Krieges. Die gesamte Region gerät unter die Kontrolle Londons.
1899:	Zum ersten Mal schlagen die Briten offiziell die Anlage eines neuen Flussbetts für den Nil im Süden des Sudan vor.
1901:	Die Eisenbahnstrecke zwischen Indischem Ozean und Viktoriasee wird fertiggestellt. Im selben Jahr erfolgt die Staatsgründung Kenias, wodurch die Eisenbahnlinie finanziert und gewinnträchtig betrieben werden kann.
1902:	Fertigstellung des von den Briten gebauten ersten Assuandamms.
1902:	London trifft ein Abkommen mit Menelik II. von Abessinien, in dem unter anderem die Nutzung des Nils in Äthiopien festgelegt wird.

Zeitleiste

1904:	Britische Übereinkunft mit König Leopold von Belgien über die Nutzung des Nils im Kongo.
1904:	Der Bericht über das obere Nilbecken, das wichtigste Planungsdokument des britischen Nilimperiums unter der Federführung von William Garstin, dem obersten Beauftragten für die Kontrolle des Nils, wird veröffentlicht.
1905–06:	Der aus dem norwegischen Larvik stammende B. H. Jessen versucht als Erster, dem Blauen Nil stromaufwärts mit Boot und Packeseln zu folgen.
1919:	Beginn der ägyptischen Revolution. 1922 wird das Land formal unabhängig, doch London behält weiterhin die Kontrolle über alle den Nil betreffenden Fragen.
1924:	Der von den Briten erbaute Sannardamm wird eröffnet. Der Sudan wird zu einem hydraulischen Staat.
1924:	Um Ägypten wegen politischen Ungehorsams bestrafen zu können, wenden die Briten mit dem sogenannten Allenby-Ultimatum zum ersten Mal ihre Macht über den Nil im Sudan an.
1927:	Die geheime Korrespondenz zwischen London und Rom über den Tanasee in Äthiopien gerät an die Öffentlichkeit und führt zu einer diplomatischen Katastrophe für Großbritannien.
1928:	Ras Tafari Makonnen wird zum König der Könige gekrönt und nimmt zwei Jahre später den Namen Kaiser Haile Selassie an.
1929:	Ägypten und London unterzeichnen das später so bezeichnete Nilabkommen. Die Ägypter erhalten ein Vetorecht hinsichtlich aller Projekte in den britischen Kolonicgebieten Ostafrikas, welche den Wasserzufluss in das Land reduzieren könnten. Die Briten erklären zugleich, dass für ihre Kolonien kein Bedarf an Wasser aus dem Nil besteht.
1952:	Staatsstreich der Freien Offiziere. Gamal Abdel Nasser kommt in Ägypten an die Macht.
1954:	Mit der Begründung »München liegt am Nil« erwägt der britische Premierminister Winston Churchill die Bombardierung Khartums.
1954:	Einweihung des Damms an den Owenfällen in Uganda durch Queen Elizabeth. Vier ägyptische Ingenieure sollen kontrollieren, dass Uganda dem Nil nicht mehr Wasser entnimmt als vertraglich festgelegt.
1954:	Veröffentlichung des fünfbändigen Berichts über das Jongleiprojekt im Süden des Sudan.

1954:	Ernest Hemingway überlebt an zwei aufeinanderfolgenden Tagen zwei Flugzeugabstürze am Weißen Nil und an den Murchisonfällen in Uganda.
1956:	Der Sudan wird unabhängig. Ägypten verstaatlicht den Suezkanal, woraufhin London eine Reduzierung der Wassermenge im Nil erwägt, um Nassers Regime auszutrocknen.
1959:	Zwischen den Nilländern Ägypten und Sudan wird die Vereinbarung über die vollständige Nutzung des Nils getroffen. Der Sudan erhält 18,5 Milliarden Kubikmeter Wasser zugesprochen und Ägypten 55,5 Milliarden.
1962–63:	Die britischen Kolonien in Ostafrika werden unabhängig.
1971:	Mit sowjetischer Hilfe wird der Assuandamm fertiggestellt. Durch ihn kann eine Wassermenge gespeichert werden, die den ägyptischen Bedarf zwei Jahren lang deckt.
1979:	Ägypten und der Sudan beginnen 90 Jahre nach den ersten Entwürfen mit den Arbeiten am Jongleikanal.
1983:	Die Bauarbeiten werden von der Guerilla im Süden des Sudan gestoppt.
1983:	Einführung der Scharia im Sudan. Der Präsident kippt symbolträchtig Whisky in den Fluss. Der Bürgerkrieg mit dem südlichen Landesteil wird immer unversöhnlicher.
1999:	Die Nilbeckeninitiative wird in der ugandischen Hauptstadt Entebbe gegründet. Mit Ausnahme von Eritrea, das die Rolle eines Beobachters vorzieht, beteiligen sich alle Nilanrainerstaaten. Die Initiative wird finanziell vom System der internationalen Entwicklungshilfe gefördert.
2005:	Nicht weit vom Assuandamm im Süden Ägyptens weiht die ägyptische Regierung das Toshkaprojekt ein. Ziel ist der Aufbau eines neuen, von Menschen geschaffenen Niltals in der Wüste, das Platz für Millionen von Menschen bietet.
2009:	Der Merowedamm am Nil wird im Sudan eingeweiht.
2010:	Die Tekezedamm am Atbara wird in Äthiopien eingeweiht.
2010:	Abkommen zwischen Äthiopien, Uganda, Ruanda, Tansania und Kenia (2011 auch Burundi) über den Nil. Ägypten und der Sudan legen Protest ein.
2010:	Einweihung des Shinyangaprojekts in Tansania durch den Präsidenten des Landes. Zum ersten Mal wird Wasser aus dem Viktoriasee zur Bewässerung trockener Gebiete gepumpt.

Zeitleiste

2010:	Einweihung des Projekts von Tana Beles in Äthiopien. Nilwasser wird durch Rohre aus dem Tanasee durch die Berge geleitet und für künstliche Bewässerung genutzt.
2011:	Der Südsudan wird zum elften Staat am Wasserlauf des Nils und verfügt im Gegensatz zum nördlich gelegenen Wüstenstaat Sudan über große Wasservorräte.
2011:	Aufruhr in Ägypten und Sturz Mubaraks.
2011:	Pläne für die Große Talsperre der äthiopischen Wiedergeburt werden veröffentlicht. Diese größte Talsperre am Nil soll nahe der Grenze zum Sudan am Blauen Nil errichtet werden.
2012:	Einweihung des Bujagaldamms bei den gleichnamigen Stromschnellen am Weißen Nil durch den ugandischen Präsidenten.
2012:	Der Kandidat der Muslimbruderschaft Mursi gewinnt die Präsidentenwahl in Ägypten. Der Minister für Bewässerung wird Premierminister. Auf seiner ersten Auslandsreise besucht der ägyptische Präsident für drei Tage Äthiopien – den Wasserturm des Nils.
2013:	Durch ein Versehen wird im Fernsehen das Protokoll einer geheimen Sitzung ägyptischer Politiker veröffentlicht, die darüber diskutierten, wie Ägypten das Nachbarland Äthiopien destabilisieren oder militärisch angreifen könnte. Im selben Jahr putscht sich General Abdel Fattah al-Sisi, Verteidigungsminister und Oberkommandierender des ägyptischen Heeres, an die Macht. Die Muslimbruderschaft wird verboten.
2014:	Sisi wird zum Präsidenten Ägyptens gewählt. Später erfolgte Wahlgänge sichern ihm über die kommenden Jahre die Macht.
2018:	Der äthiopische Ministerpräsident Abiy Ahmed begibt sich auf historische Mission nach Asmara in Eritrea, um den jahrelangen Konflikt mit dem Nachbarland zu beenden.
2019:	Abiy Ahmed erhält den Friedensnobelpreis. Der ägyptische Präsident al-Sisi wird zum Vorsitzenden der Afrikanischen Union gewählt. Beide Politiker betonen gleichzeitig, mit allen Mitteln für ihre Interessen am Nil kämpfen zu wollen. Im Sudan wird Omar al-Bashir gestürzt, doch auch die neue politische Führung im Sudan äußert sich überwiegend positiv über die Große Talsperre der äthiopischen Wiedergeburt.
2020:	Die US-Regierung von Donald Trump spielt zum ersten Mal in der Geschichte eine zentrale Rolle als Vermittlerin am Nil, insbesondere bei den Verhandlungen über die Talsperre der äthiopischen Wiedergeburt zwischen den Ländern Ägypten, Sudan und Äthiopien.

Anmerkungen

1. Zum Mosaik: Meyboom 1995. Zum Verhältnis zwischen Ägypten und der Entwicklung der römischen und griechischen Kultur: Freeman 1996; Rouller 1972.
2. Zitiert nach Ellen/Amt 2003: 328–331.
3. Vgl. Said 1993. Es gibt zahlreiche Berichte über die Hydrologie und Physiografie des Nils. Für eine Übersicht vgl. Tvedt 2004b.
4. Für ein Beispiel einer früheren Arbeit vgl. etwa Mariette/Brodrik 1890. Für eine kurze Übersicht vgl. Hewison 2008.
5. Forbes 1964–1972.
6. Es gibt eine umfassende Literatur über das altägyptische Weltbild. Interessant fand ich vor allem: Anthes 1959; Assmann 1995; Blackman 1925; Faulkner 1969; Faulkner 2007; Griffiths 1960; MacQuitty 1976; Trigger 2003; Wainwright 1963.
7. Diese Mythologie ist heute nicht mehr so leicht zu verstehen, weil sie voraussetzt, dass Pyramiden und Grabkammern am Flussufer liegen. Doch das war fast 5000 Jahre lang ja der Fall. Bis weit ins 20. Jahrhundert hinein spiegelten sich die Pyramiden in der fließenden, mythischen Grenze zwischen den beiden Welten. Aber als der Nil dann gezähmt wurde, endete diese Beziehung zwischen Grab und Fluss.
8. Herodot, Historien, 2. Buch, Kap. 13.
9. Zitiert nach Hawkes 1973: 318.
10. Die drei Nilarme waren der Pelusische, der Sebennytische und der Kanobische. Vgl. Hassan 1997: 1–74.
11. Forster 1982. Vgl. auch Marlow 1971 und Pollard/Reid 2006.
12. Russell 1962: 3.
13. Aristoteles 1907: 13.
14. Einige Historiker haben behauptet, das Schiff sei etwa 90 Meter lang und 15 Meter breit gewesen, diese Angaben sind allerdings umstritten. Es gibt keine zeitgenössische Beschreibung des Schiffs, wohl aber detaillierte Angaben über große Schiffe mit mehreren Räumen und großartigen Verzierungen, die 100 Jahre zuvor von demselben Königsgeschlecht erbaut wurden.
15. Für eine Erörterung und Beschreibung der Reise vgl. Hillard 2002.
16. Über kaum eine andere Person wurden mehr Biografien geschrieben als über Kleopatra. Dies verdeutlicht, welche Rolle sie zu Lebzeiten spielte und welche Rolle ihr in der Mythenbildung der Folgezeit zugeschrieben wurde: Charveau 1997; Grant 1986; Roller 2010; Volkmann 1953; Tyldesley 2008; Walker/Higgs 2001.
17. Apostelgeschichten: 7, 22.
18. Jesaja: 19, 21.
19. Matthäus: 2, 13.

Anmerkungen 563

20 Vgl. etwa Atens 1801: 78.
21 Zwei Bücher, welche die generellen Aspekte der arabischen und islamischen Eroberung Ägyptens behandeln, jedoch weniger Gewicht auf das Thema Nil legen, sind Marsot 2007 (es fasst den ganzen Zeitabschnitt auf etwa 150 Seiten zusammen und ist besonders interessant für die Zeit nach Muhammad Ali) und Kennedy 2007.
22 Diese Geschichte wird erzählt u. a. in Jalal ad-din as-Suyuti (1996).
23 Für eine klassische europäische Beschreibung Ägyptens im frühen 19. Jahrhundert vgl. Lane 1836 [1908].
24 Zitiert nach al-Jabarti, 1994, 2: 196.
25 Vgl. Cole 2008 und Hamilton 2001.
26 Vgl. Chandler 1966.
27 Vgl. Cole 2008.
28 Vgl. Burleigh 2008.
29 Die französische Erstausgabe erschien 1825.
30 Nelsons Brief vom 3.8.1798 ist abgedruckt in Pelham, 1836: 413.
31 Zitiert in Jenkyns: 92.
32 Zitiert in Baines 1823, Bd. 1: 428.
33 Vgl. Brown 1994: 116–137, besonders aber Willcocks 1889. Willcocks war über Jahrzehnte einer der leitenden britischen Wassertechniker, wurde allerdings Anfang der 1920er Jahre verurteilt, weil er Informationen über den Wasserfluss des Nils bekannt gemacht hatte, die im Widerspruch dazu standen, was die Briten als ihre Interessen definierten.
34 Zitiert nach Brown 1994: 129.
35 Vgl. Allin 2000.
36 Vgl. Tuchman 2004.
37 Diskutiert in Lewis 2014, Anm. 67.
38 Vgl. Ferguson 2002.
39 Zitiert nach Mitchell 1991: 21.
40 Vgl. etwa Sawyer 2010.
41 Vgl. Tyerman 2006.
42 Forscher am ägyptischen Küstenforschungsinstitut haben festgestellt, dass sich die Küste in der Gegend um Rashid seit 1989 im Durchschnitt jährlich 58 Meter ins Landesinnere verschoben hat.
43 Plinius, Historia naturalis, Buch 36, Kap.12.
44 Russel 1836: 122.
45 El Bashir 1983.
46 Ibn Battuta 1929: 40 und 50.
47 Vgl. Lobo 2017.
48 Shakespeare, Antonius und Kleopatra, II 7, 17–23.
49 Im alten Ägypten bestand das Jahr aus drei Jahreszeiten, benannt nach den Erscheinungsformen des Nils. Akhet war, wenn das Land unter Wasser stand, also die Bewässerungszeit. Peret war die Jahreszeit, wenn das Land wieder aus dem

Wasser auftauchte und die Zeit der Aussaat gekommen war (der Nil war normalerweise im November zurück in seinem üblichen Flussbett), und Shomu war die Jahreszeit der Wasserknappheit und der Ernte.

50 Es würde zu weit führen, alle Literatur aufzulisten, die den Abschnitten über den Nil und den Kampf um die Nutzung des Nils von 1882 bis heute zugrunde liegen. Ich verweise deshalb auf Tvedt 2004, Tvedt 2008 und Tvedt 2010, wo umfassendes Quellenmaterial sowie alle relevanten Bücher über diese Thematik in unterschiedlichen Zusammenhängen aufgelistet sind. Eine Ausnahme bilden die Werke, aus denen direkt zitiert wird.
51 Cromer 1908: II, 130.
52 Ebd.: 146–147.
53 Zitiert in Sadat 1957: VII.
54 Vgl. Tvedt 2004a: 189–321.
55 Joesten 1960: 59.
56 Vgl. Danielson 1997.
57 Nightingale 1987: 32.
58 Homer, Ilias, Buch I, 9. Gesang.
59 Nightingale 1987: 78.
60 Flaubert 1979: 169.
61 Vgl. den Aufsatz des Historikers Ibrahim Amin Ghali von 1969: »Touristes romains en Egypte à Rome dans la Haute Egypte«, in: *Cahiers d'histoire égyptienne 11:* 43–62.
62 Herodot, Historien, 2. Buch, Kapitel 35–98.
63 Zitiert nach Tvedt, 2004a: 25.
64 Brief von Cromer an Lansdowne, 15.3.1905, FO 407/164, PRO. London.
65 Herodot, Historien, 2. Buch II, Kapitel 13.
66 Er sagte: »We depend upon the Nile 100 percent in our life, so if anyone, at any moment, thinks to deprive us of our life we shall never hesitate (to go to war) because it is a matter of life or death.« Waterbury, 1979, S. 78.
67 Vgl. *Egypt Independent* vom 12.10.2012.
68 Interview in der Dokumentationsserie *Eine Reise in die Zukunft des Wassers*.
69 Welsby 2006.
70 Adams 1977: 199.
71 Trevor-Roper 1964: 9.
72 Quarterly Review XXVIII (1823): 93.
73 Baker 1982: 11.
74 Natürlich gibt es umfassende Literatur zu dieser Frage, doch vgl. besonders Robinson und Gallagher 1961 und 1981.
75 Budge 1907, Bd. 2: 254.
76 Crowfoot 1919: 183.
77 Holt 1967: 97.
78 Churchill 2005: 9.
79 Ebd.: 143.

Anmerkungen

80 Baker 1871: 4.
81 Churchill 2005: 151.
82 Ferguson 2003: 375.
83 Foreign Office Memorandum, Murray, 4.1.1923, »Memorandum on the political situation in Egypt«, FO 371/8972, PRO. London.
84 Lloyd 1906: 301.
85 Jessen 1906: 12.
86 Ebd.: 21.
87 Prayers of Consecration by the Rt. Rev. Bishop Gwynne and the Mufti of the Sudan, 636/6/2, SAD, Sudan Archive, Durham University, England, zitiert in Tvedt 2004a: 112–113.
88 Ebd.
89 Fabunmi 1960: 73.
90 Sudan Government, 1945. The Advisory Council for the Northern Sudan, held at the Palace, Khartoum, from 15th to 18th May, 1944. Khartoum; ausführlicher zitiert in Tvedt, 2004a, 1981.
91 Vgl. das Buch von Staatssekretär Shuckburgh, 1986, zitiert in Tvedt 2004a: 198.
92 Sudanese president inaugurates Merowe Dam on Nile river, in: People's Daily online, 3.3.2009 (http://en.people.cn/90001/90778/90858/90866/6605330.html; Zugriff 24.5.2020).
93 Für eine Beschreibung des Projekts und dessen Hintergrunds vgl. Osman u.a. 2001.
94 Robertson, 1974: 104.
95 Lyons, 1905: 664.
96 Evans-Pritchard 1954: 64, auch zitiert in Burton 1982: 477.
97 Lienhart 1961: 104.
98 Bedri, 1939: 123.
99 Lienhardt 1954, vgl. auch Burton 1982: 477.
100 Evans-Pritchard, 1956: 31.
101 Für einen Überblick über diese Literatur vgl. Tvedt 2004b.
102 Deng 1978: 133–134.
103 Vgl. Northrup 2007 für afrikanische Sklaverei, und Sikainga 1989 für arabische Sklaverei.
104 Sikainga 1989: 133.
105 Die osmanisch-ägyptische Expedition am Weißen Nil fand 1840/41 statt. Sie führte etwa 15 Kilometer den Sobat hoch und weiter nach Gondokoro, dem heutigen Juba. Eine Expedition 1842 sollte noch weiter flussauf vorstoßen, wurde aber bei Rejaf im heutigen Südsudan von Soldaten aufgehalten.
106 Evans-Pritchard 1971: 132.
107 Ebd.: 131–143.
108 Vgl. Waller 1874, II: 339.
109 Millais 1924: 86.
110 Budge, 1907 II: 314.

111 Vgl. Robinson/Gallagher 1953: 15 für diese Formulierung. Für einen Überblick der Diskussion vgl. Tvedt 2010.
112 Jackson 1955: 180.
113 Deng 1978: 150–158.
114 Sir Hubert Huddleston an Sir Harold MacMichael, 6.2.1947, National Records Archive of Sudan, Khartum.
115 Jarvis 1937: 120.
116 Governor Upper Nile, 1928, Memorandum, Chapt. 3: 3, National Records Archive of Sudan, Khartum.
117 B.R. Marwood, Handling Over Notes, DC Bor District, UNP 1/51/13: 174, National Records Archive of Sudan, Khartum.
118 Collins 1968: 178.
119 Governor Equatoria, S. Freigoun, 2.12.1954, DAHLA, Sudan Archive, Durham, England.
120 Vgl. dazu Tvedt 2004b.
121 Executive Organ, National Council for the Development of the Jonglei Canal Area, 1980: 6, 18.
122 Hertzke 2004: 112.
123 Siehe z.B. Mead 2006.
124 Hopper 1976: 202.
125 Grant, 1864: 196.
126 Speke, 1863: 459.
127 Ebd.: 461, 467.
128 Stanley, 1878: 142.
129 Baker 1888: 308.
130 Ebd.: 309.
131 Ebd.: 313.
132 Stanley, 1891: 291.
133 Herodot, Historien, 19. Buch, Kapitel 28.
134 Telles, 1710.
135 Cheesman 1968: 13.
136 Perham/Simmons 1967: 14.
137 Stanley 1909: 296.
138 Als Buganda unter britische Herrschaft geriet, wurde das Swahili-Wort »Uganda« auf das Königreich und die umliegenden Gebiete angewandt. Buganda existierte jedoch weiterhin als Protektorat und Provinz und ist heute ein Königreich innerhalb Ugandas.
139 Kagwa/Kiwanuka 1971, IV.
140 Speke 1863: 293.
141 Vgl. Moorehead 1960.
142 Für einige ihrer Berichte über den fremden Erdteil Europa vgl. Muvanga 2005.
143 Zitiert nach Dawson, 1888: 225.
144 Ashe 1890: 227.

Anmerkungen

145 Mwangas Einschätzung ist in einem Brief vom November 1885 überliefert, den Siméon Lourdel an Charles Martial Lavigerie schrieb, einen französischen Kardinal und Missionsleiter in Afrika; zitiert in Robinson/Smith 1979: 100.
146 Stock 1916.
147 Lord Lugard wurde später mit dem Slogan »indirektes Regieren« in Verbindung gebracht. Dieses System wandte er u. a. später an, als er Nigeria mit seinen 20 Millionen Einwohnern mit einem Beamtenstand aus circa 200 Briten verwaltete.
148 Lugard 1892: 827.
149 Baker 1884a.
150 Baker 1884b: 27.
151 Ebd.
152 Scott-Moncrieff 1895: 405.
153 Garstin 1909: 135.
154 Scott-Moncrieff 1895: 418.
155 Evans-Pritchard 1971: 134.
156 Baker, 1866, I: XXI.
157 Ebd.: XI, 43, 63, 218–219, 292.
158 Churchill 1908: 56.
159 Ebd.: 97.
160 Ebd.: 123.
161 Ebd.: 155.
162 Hemingway 1954: 6.
163 Ebd.: 262.
164 Hemingway 1935: 34.
165 Diese gesamte Diskussion um den Damm bei den Owenfällen beruht auf umfangreichem Quellenmaterial, das insbesondere in Tvedt 2004a: 154–189 dargestellt ist.
166 Hall an A. Creech Jones, Staatssekretär für die Kolonien, 3.3.1948, FO 371/69231, PRO. London. Zitiert in Tvedt 2004: 212.
167 Zitiert nach Tvedt 2004: 307.
168 Kyemba 1977: 53.
169 DRUM, Januar 1987.
170 1985 saß ich mit einem bewaffneten Polizisten an einer Straßensperre in Nimule, der Grenzstadt zwischen Sudan und Uganda, als die nicht organisierte Acholiarmee mit ihren wenigen Lastwagen über die Grenze nach Uganda donnerte, um Milton Obote als Machthaber in Kampala zu beerben. Die Okelloarmee ging schnell in die Defensive, und Museveni wurde im selben Jahr als Befreiungsheld in Kampala aufgenommen und ist seitdem an der Macht.
171 Zitiert in Behrend 1999: 30.
172 Ebd.: 63.
173 Wainaina 2005.
174 John Ryan, »Troops making progress in hunt for Kony«, USA Today vom 29.5.2012.

175 Statement of General Thomas D. Waldhauser, United States Marine Corps Commander United States Africa Command Before The Senate Committee on Armed Services, 13.3.2018.
176 Blackhall 2011: 157.
177 »Tory donors' links to offshore firms revealed in leaked Panama Papers«, *The Guardian* vom 4.4.2016.
178 Für 1913 siehe die Daten in MacDonald 1919.
179 Interview des Autors mit der ugandischen Wasserministerin für eine Fernsehdokumentation über den Nil.
180 Vgl. Braudel 1995 für die auf historisches Material angewendete Zeitdiskussion.
181 Buckley 1903: 353.
182 Naipaul 1979.
183 Ochieng/Mason 1992: 150.
184 Davidson 1969: 267.
185 Ebd.: 113.
186 Mboya 1963: 29.
187 Vgl. Fanon 1963: 111.
188 Pringle 1893: 138.
189 »Obama Overstates Kennedy's Role in Helping His Father«, *Washington Post* vom 30.3.2008.
190 Vgl. etwa *The Standard* vom 5.12.2011.
191 Die relativ geringe Beachtung dieses Aspekts in Übersichtswerken über die Region bedeutet nicht, dass gar nichts darüber geschrieben worden wäre. Siehe zum Beispiel Moyse-Bartlett 1956 und Wilson 1938.
192 Siehe zum Beispiel den entsprechenden Bericht der Weltbank, World Bank, 1961: 16.
193 Für eine Diskussion der Nyerere-Doktrin siehe zum Beispiel Makonnen 1984.
194 Deutsche Ausgabe Mauss 1968.
195 Für Zitate und Quellen siehe Tvedt 2004a.
196 Vgl. dazu die Meldungen in *The Guardian* vom 19.11.2001 und *The Daily News* vom 12.11.2011.
197 Für eine Analyse dieses Sachverhalts vgl. Taylor 1994.
198 Rwanda Media Commission, 2015. The state of media freedom in Rwanda (https://t1p.de/ae1w, Zugriff 5.6.2020).
199 Für eine Beschreibung von Warren und seiner Arbeit vgl. Alexis Okeowo, »Rick Warren in Rwanda«, in: n+1 vom 18.8.2010 (http://nplusonemag.com/rick-warren-in-rwanda, Zugriff 9.6.2020).
200 Vgl. Wagner 2008.
201 »Rick Warren Guiding Rwanda's New Leaders, Calls Nation His ›Other‹ Home«, *The Christian Post* vom 7.8.2012.
202 Vgl. UNHCR 2010.
203 Vgl. etwa Hayes 1991 und Mowat 1987.

Anmerkungen

204 Zitiert nach Mowat 1987: 413.
205 Kandt 1904.
206 Joseph Conrads Roman wurde seit der Erstveröffentlichung als Buch im Jahr 1902 in unzähligen Neuauflagen und Übersetzungen publiziert. Die Geschichte erschien zunächst 1899 als dreiteiliger Fortsetzungsroman in *Blackwood's Edinburgh Magazine*, also ein Jahr nach der Schlacht von Omdurman.
207 Conrad 1990: 11.
208 Ebd.: 32.
209 Stanley 1878: 10.
210 Dieses und die folgenden Zitate aus Abruzzi 1907.
211 Vgl. den Titel seines 1878 erschienen Buches: *Through the Dark Continent or the Sources of the Nile Around the Great Lakes of Equatorila Africa and Down the Livingstone River to the Atlantic Ocean*.
212 Vgl. etwa Hochschild 2005.
213 Tvedt 2004a: 348.
214 Siehe den kommentierten Abdruck in Vellut/Vangroenweghe 1985.
215 Matthäus 11, 28.
216 Vgl. Bacquelaine u.a., 2001.
217 Vgl. Tshimanga 2010.
218 Stanley 1902: 412.
219 Mecklenburg 2014.
220 Vgl. Denison 2003.
221 Es würde zu viel Platz einnehmen, hier auf Einzelwerke hinzuweisen. Die Literatur über den Kampf um Abessinien und Eritrea ist fast so umfangreich wie die zur Faschoda-Krise im südlichen Sudan. Beide Forschungsgebiete haben noch eine weitere Gemeinsamkeit: Beide übersehen oder gehen zu wenig auf die wohlüberlegte und umfassende britische Nilstrategie ein.
222 Für eine umfassendere Analyse des geopolitischen Spiels von Italien, Eritrea und Abessinien vgl. Tvedt 2004a: 39–44, 113–236, 247–260.
223 Garvey 1937.
224 Vgl. z.B. die Rede von Außenminister John Foster Dulles vor der UN, zitiert bei Selassie 1989: 37.
225 James 1890, I: 255.
226 Das Interview findet sich in meiner zweieinhalb Stunden langen Fernsehdokumentation *The Nile Quest* (2012).
227 Zitiert nach Brooks 1969.
228 Blashford-Snell 1970: 43.
229 Vgl. Østigård / Firew 2013 sowie Chessmann 1936: 175, 188.
230 Vgl. Norden 1930: 215.
231 Für eine Zusammenfassung und Erörterung vgl. Sumner 1985.
232 Bruce 1790, III: 328.
233 Genesis 2: 10–13.
234 Zitiert nach Beckingham / Huntingford 1954: 23–24.

235 Bruce 1790, III: 603–604.
236 Pankhurst 2000.
237 Donzel 2000.
238 Zitiert nach Six 1999: 66.
239 Baum 1927: 54.
240 Butzer 1981: 471.
241 Vgl. Tvedt 2004a: 126–130 für eingehendere Analysen und Diskussionen dieses Abkommens. Für weitere Einzelheiten hinsichtlich der Korrespondenz vgl. FO 93/218, PRO. London.
242 Für weitere Details über diese komplexe hydropolitische Geschichte vgl. Tvedt 2004.
243 Graham an Mussolini, 14.12.1925, Anlage 1 in No. 1, Graham an Chamberlain, 1.1.1926, FO 371/11563, PRO. London. Diese Version ist die Originalversion mit den handschriftlich im Text vermerkten Änderungsvorschlägen. Vgl. dazu Tvedt 2004: 127, dort in einer viel breiteren Perspektive diskutiert.
244 Zitiert in Barker 1936: 129.
245 Taylor 1961: 89.
246 Memorandum Außenministerium, Wallinger, 5.6.1934, FO 371/18032, PRO. London.
247 Bericht des ressortübergreifenden Komitees britischer Interessen in Äthiopien, später bekannt als Maffey-Bericht, in: Maffey an das Außenministerium, 18.6.1935, FO 371/19186, PRO. London. Siehe auch Tvedt 2004.
248 Siehe Außenministerium 371/22010, PRO. London.
249 Geldof 2006.
250 The speech made by the late PM Meles Zenawi of Ethiopia at the official commencement, groundbreaking ceremony of the Grand Ethiopian Renaissance Dam (GERD) project, in: Remembering Meles Zenawi, the Prime Minister of Ethiopia (https://t1p.de/c1f5, Zugriff 9.6.2020).
251 Siehe meine beiden mit Zenawi geführten Interviews in meinen Dokumentarfilmen *The Future of Water* (2007) und *The Nile Quest* (2012).
252 Das Beispiel stammt aus Amartya Sens Buch *The Idea of Justice*.

Literaturverzeichnis

Abruzzi, H. R. H., the Duke of, 1907. »The Snows of the Nile: Being an Account of the Exploration of the Peaks, Passes and Glaciers of Ruwenzori«, The Geographical Journal, 29, 2: 121–146.
Adams, William Y., 1977. Nubia: Corridor to Africa. London.
Allen, Susan J. und Emilie Amt (Hg.), 2003. The Crusades: A Reader: 328–331. Peterborough, Ont.
al-Jabarti, Abd-al-Rahman, 1994. Abd-al-Rahman al-Jabarti's History of Egypt, herausgegeben und übersetzt von Thomas Phillip und Moshe Perlmann. Stuttgart.
Allin, Michael, 1998. Zarafa – A Giraffe's True Story: From deep in Africa to the Heart of Paris. New York (deutsche Ausgabe: 2000. Zarafa: Die außergewöhnliche Reise einer Giraffe aus dem tiefsten Afrika ins Herz von Paris. München/Zürich).
Anderson, Benedict, 1991. Imagined Communities: Reflections on the Origin and Spread of Nationalism (ergänzte Neuauflage). London (deutsche Ausgabe: 2005. Die Erfindung der Nation: Zur Karriere eines folgenreichen Konzepts. Frankfurt a. M./New York).
Antes, John, 1800. Observations on the Manners and Customs of the Egyptians: The Overflowing of the Nile and Its Effects, with Remarks on the Plague and other Subjects. Written during a residence of twelve years in Cairo and its vicinity. London (deutsche Ausgabe: 1801. Beobachtungen über die Sitten und Gebräuche der Aegypter, über die Nilüberschwemmung und ihren Einfluss, nebst Bemerkungen über die Pest und andere Gegenstände, während eines zwölfjährigen Aufenthaltes in Kahira und in seiner Nachbarschaft niedergeschrieben. Gera/Leipzig).
Anthes, Rudolf, 1959. »Egyptian Theology in the Third Millennium B. C.«, Journal of Near Eastern Studies. 18, 3: 169–212.
Aristoteles, 1907. Metaphysik: Ins Deutsche übertragen von Adolf Lassan, Jena.
Arsano, Yacob, 2010. »Institutional Development and Water Management in the Ethiopian Nile Basin«, Terje Tvedt (Hg.). The River Nile in the Post-Colonial Age: Conflict and Cooperation among the Nile Basin Countries: 161–177. London/New York.
Ashe, Robert P., 1890. Two Kings of Uganda or Life by the Shores of Victoria N'yanza: Being an Account of a Residence of Six Years in Eastern Equatorial Africa. London.
Assmann, Jan, 1983. Re und Amun: Die Krise des polytheistischen Weltbilds im Ägypten der 18.–20. Dynastie. Freiburg/Schweiz.
Baines, Edward, 1823. History of the Wars of the French Revolution. London.
Baker, Samuel, 1867. The Albert N'yanza: Great Basin of the Nile and Explorations

of the Nile Sources, 2 Bde. London (deutsche Ausgabe: 1876. Der Albert N'yanza, das Große Becken des Nils und die Erforschung der Nilquellen. Gera).

Baker, Samuel, 1871. The Nile Tributaries of Abyssinia and the Sword Hunters of the Hamran Arabs. London (deutsche Ausgabe: 1968. Die Nilzuflüsse in Abyssinien: Forschungsreise vom Atbara zum Blauen Nil und Jagden in Wüsten und Wildnissen. Braunschweig).

Baker, Samuel, 1884a. »The Abandonment of The Soudan – An Interview with Sir Samuel Baker«, Pall Mall Gazette, February 7th: 11–12.

Baker, Samuel, 1884b. »Egypt's Proper Frontier«, Nineteenth Century, 16, 1: 27–46.

Bacquelaine, Daniel u.a., 2001. Rapport d'Enquête parlementaire visant à déterminer les circonstances exactes de l'assassinat de Patrice Lumumba et l'implication éventuelle des responsables politiques belges. 2 Bde. Brüssel.

Barker, Arthur J., 1971. The Rape of Ethiopia 1936. New York.

Bates, Darrell, 1984. The Fashoda Incident of 1898: Encounter on the Nile. Oxford.

Baum, James, 1927. Savage Abyssinia. New York.

Beckingham, Charles F. und George W. B. Huntingford, 1954. Some Records of Ethiopia 1593–1646: Being Extracts from the History of High Ethiopia or Abassia by Manoel De Almeida. Together with Bahrey's History of the Galla. London.

Bedoyre, Cammilla de, Bob Cambell, Dian Fossey, 2005. Dian Fossey: Letters from the Mist. London (deutsche Ausgabe: 2005. Briefe aus Afrika: Dian Fossey: Mein Leben mit den Gorillas. München).

Bedri, Ibrahim E., 1939. »Notes on Dinka Religious Beliefs in Their Hereditary Chiefs and Rain Makers«, Sudan Notes & Records, 22, 1: 125–131.

Behrend, Heike, 1999. Alice Lakwena & the Holy Spirits: War in Northern Uganda 1985–97. Oxford (deutsche Ausgabe: 1993. Alice und die Geister: Krieg im Norden Ugandas. München).

Bermann, Richard A., 1931. The Mahdi of Allah. London/New York (deutsche Ausgabe: Arnold Höllriegel [d.i. Richard A. Bermann], 1931. Die Derwischtrommel: Das Leben des erwarteten Mahdi. Berlin).

Blackhall, Sue, 2011. Simon Mann: The Real Story. Barnsley.

Blackman, Aylward M., 1925. »Osiris or the Sun-God? A Reply to Mr. Perry«, The Journal of Egyptian Archaeology, 11, 3/4: 201–209.

Blashford-Snell, John N., 1970. »Conquest of the Blue Nile«, The Geographical Journal, 136, 1: 42–60.

Blixen, Karen, 2010. Jenseits von Afrika, mit einem Nachwort von Ulrike Draesner. Zürich.

Blount, Henry, 1638. A Voyage Into the Levant: A Briefe Relation of a Iourney, Performed by Master Henry Blunt Gentleman, from England by the Way of Venice, into Dalmatia, Sclavonia, Bosnah, Hungary, Macedonia, Thessaly, Thrace, Rhodes and Egypt, Unto Gran Cairo. London (deutsche Ausgabe: 1687. Des Edlen Herrn Henrich Blunt, Englischen Herrn und Ritters Morgenländische Reise, durch Dalmatien, Sklavonien, Thrazien und Egypten, etc. Helmstädt.

Literaturverzeichnis

Braudel, Fernaud, 1975. The Mediterranean and the Mediterranean World in the Age of Philip II. New York (deutsche Ausgabe: 2001. Das Mittelmeer und die mediterrane Welt in der Epoche Philipps II., 3 Bde. Darmstadt).
Brenton Edward, Pelham, 1836. The Naval History of Great Britain, from the Year MDCCLXXXIII. to MDCCCXXXVI. London.
Brooks, Miguel F., 1969. A Modern Translation of Kebra Nagast: The Glory of Kings. Kingston.
Brown, Michael E., 1998. Theories of War and Peace (International Security Readers). Cambridge, Mass.
Brown, Nathan J., 1994. »Who Abolished Corvee Labour in Egypt and Why?«, Past & Present, 144: 116–137.
Brown, Roger G., 1970. Fashoda Reconsidered: The Impact of Domestic Politics on French Policy in Africa 1893–1898. Baltimore.
Bruce, J., 1790. Travels to Discover the Source of the Nile, in the Years 1768, 1769, 1770, 1771, 1772, and 1773, 5 Bde. London (deutsche Ausgabe: 1791. Reisen zur Entdeckung der Quellen des Nils in den Jahren 1768, 1769, 1770, 1771, 1772 und 1773: in fünf Bänden. Leipzig).
Buckley, R.B., 1903. »Colonization and Irrigation in East Africa Protectorate«, The Geographical Journal, 21, 4: 349–371.
Budge, Ernest A. Wallis, 1907. The Egyptian Sudan: Its History and Monuments, 2 Bde. London.
Burleigh, Nina, 2008. Mirage: Napoleon's Scientists and the Unveiling of Egypt. New York.
Burton, John W., 1982. »Nilotic Women: A Diachronic Perspective«, The Journal of Modern African Studies, 20, 3: 467–491.
Butzer Karl W., 1981. »Rise and Fall of Axum, Ethiopia: A Geo-Archaeological Interpretation«, American Antiquity, 46, 3: 471–495.
Chandler, David G., 1966. The Campaigns of Napoleon. New York.
Chauveau, Michel, 1997. Cleopatra: Beyond the Myth. Ithaca.
Chauveau, Michel, 2000. Egypt in the Age of Cleopatra: History and Society under the Ptolemies. Ithaca.
Chavanne, Josef, 1883. Afrikas Ströme und Flüsse: Ein Beitrag zur Hydrographie des dunkeln Erdtheils. Wien.
Chélu, Alfred J., 1891. De l'Équateur à la Méditerranée: Le Nil, le Soudan, l'Égypte. Paris.
Cheesman, Robert E., 1968. Lake Tana and the Blue Nile. London.
Churchill, Winston, 1908. My African Journey. London.
Churchill, Winston, 2005. The River War: A Historical Account of the Reconquest of The Soudan. London (deutsche Ausgabe: 2009. Kreuzzug gegen das Reich des Mahdi. Frankfurt a.M.).
Cocheris, Jules, 1903. Situation internationale de l'Égypte et du Soudan. Paris.
Cole, Juan, 2008. Napoleon's Egypt. London (deutsche Ausgabe: 2010. Die Schlacht bei den Pyramiden: Napoleon erobert den Orient. Stuttgart).

Collins, Robert O. (Hg.), 1969. The Partition of Africa: Illusion or Necessity. New York.
Conrad, Joseph, 1990. Heart of Darkness. New York (deutsche Ausgabe: XXXX. Das Herz der Finsternis. XXXX).
Cromer, Evelyn B., Earl of, 1885–1907. Reports by his Majesty's Agent and Consul-General on the Finances, Administration and Conditions of Egypt and the Sudan, London.
Cromer, Earl of, 1908. Modern Egypt, 2 Bde. London (deutsche Ausgabe: 1908. Das heutige Ägypten, 2 Bde. Berlin).
Crouchley, Arthur E., 1938. The Economic Development of Modern Egypt. London.
Crowfoot, John W., 1919. »Angels of the Nile«, Sudan Notes & Records, 2, 3: 183–197.
Danielson, Virginia L., 1997. The Voice of Egypt: Umm Khulthum, Arabic Song, and Egyptian Society in the 20th Century. Chicago.
Davidson, Basil, 1959. Old Africa Rediscovered. London (deutsche Ausgabe: 1961. Urzeit und Geschichte Afrikas. Reinbek bei Hamburg).
Dawson, Edwin C. (Hg.), 1888. The Last Journals of Bishop Hannington, Being Narratives of a Journey through Palestine in 1884 and a Journey through Masai-Land and U'soga in 1885. London.
De Witte, Ludo, 2001. The assassination of Lumumba. London (deutsche Ausgabe: 2001. Regierungsauftrag Mord: Der Tod Lumumbas und die Kongo-Krise. Leipzig).
Deng, Francis M., 1978. Africans of Two Worlds: The Dinka in Afro-Arab Sudan. Khartoum.
Denison, Edward u.a., 2003. Asmara: Africa's Secret Modernist City. London.
DeYoung, Gregg, 2000. »Astronomy in Ancient Egypt«, in Helaine Selin (Hg.). Astronomy across Cultures: The History of Non-Western Astronomy, Bd. 1: 475–508. Dordrecht.
Devall, Bill und George Session, 1985. Deep Ecology: Living As if Nature Mattered. Salt Lake City, Utah.
Donzel, Emery van, 2000. »The Legend of the Blue Nile in Europe«, in Haggai Erlich und Israel Gershoni (Hg.). The Nile: Histories, Cultures, Myths: 121–130. Boulder, Col./London.
Duffield, Mark und John Prendergast, 1994. Without Troops and Tanks: Humanitarian Intervention in Ethiopia and Eritrea. Lawrenceville, NJ.
El Bashir, Ahmed, 1983. The United States, Slavery and Slave Trade in the Nile Valley. Lanham, Maryland.
Elemam, Hosam E., Rabie 2010. »Egypt and Collective Action Mechanisms in the Nile Basin«, in Terje Tvedt (Hg.). The River Nile in the Post-Colonial Age: Conflict and Cooperation among the Nile Basin Countries: 217–236. London/New York.
El Nazir, Osman A. und Govind D. Desai, 2001. Kenana: Kingdom of Green Gold. London.

El Saadawi, Nawal, 1975. God dies by the Nile. London (deutsche Ausgabe: 1994. Gott stirbt am Nil. München).
Eltahir, Elfatih A. B. und Guiling Wang, 1999. »Nilometers, El Niño, and Climate Variability«, Geophysical Research Letters, 26, 4: 489–492.
Evans-Pritchard, Edward E., 1940. The Nuer: A Description of the Modes of Livelihood and Political Institutions of a Nilotic People. Oxford.
Evans-Pritchard, Edward E., 1954. »A Problem of Nuer Religious Thought«, Sociologus 4, 1: 23–42.
Evans-Pritchard, Edward E., 1956. Nuer Religion. NewYork/Oxford.
Evans-Pritchard, Edward E., 1969. Some Aspects of Marriage and the Family Among the Nuer (Nachdruck der Ausgabe von 1945). Manchester/Lusaka.
Evans-Pritchard, Edward E., 1971. »Sources, with Particular Reference to Southern Sudan«, Cahiers d'Études Africaines, 11, 41: 129–179.
Executive Organ, National Council for the Development of the Jonglei Canal Area, 1980. Jonglei Canal: A Development Project in the Sudan. Khartoum.
Fabunmi, Lawrence A., 1960. The Sudan in Anglo-Egyptian Relations, 1800–1956. London.
Fanon, Franz, 1963. The Wretched of the Earth. (mit einem Vorwort von Jean-Paul Sartre). New York.
Fanon, Frantz, 2018. Die Verdammten dieser Erde. Frankfurt a.M.: Suhrkamp.
Faulkner, Raymond O., 1969. The Ancient Egyptian Pyramid Texts. Oxford.
Faulkner, Raymond O., 2007. The Ancient Egyptian Coffin Texts. Oxford.
Ferguson, Niall, 1999. The House of Rothschild: The World's Banker, 1849–1998, Bd. 2. New York (deutsche Ausgabe: 2002. Die Geschichte der Rothschilds: Propheten des Geldes, Bd. 2: 1849–1899. Stuttgart/München).
Ferguson, Niall, 2003. Empire: How Britain Made the Modern World. London.
Flaubert, Gustave und Francis Steegmuller, 1979. Flaubert in Egypt: A Sensibility on Tour: A Narrative Drawn from Gustave Flaubert's Travel Notes and Letters. Chicago.
Forbes, Robert J., 1955. Studies in Ancient Technology, Bd. 2. Leiden.
Forster, Edward M., 1982. Alexandria: A History and a Guide. London.
Freeman, Charles, 1996. Egypt, Greece and Rome: Civilizations of the Ancient Mediterranean. Oxford.
Friedlander, María-José und Bob Friedlander, 2007. Ethiopia's Hidden Treasures: A Guide to the Paintings of the Remote Churches of Ethiopia. Addis Abeba.
Fryer, Geoffrey, 1960. »Concerning the Proposed Introduction of Nile Perch into Lake Victoria«, East African Agricultural and Forestry Journal, 25, 4: 267–270.
Gaetano, Casati, 1891. Ten Years in Equatorial Africa and the Return with Emin Pasha. London (deutsche Ausgabe: 1900. Zehn Jahre im Herzen von Afrika. Gera).
Garstin, William, 1899. Note on the Soudan. Cairo.
Garstin, William, 1899. Report on the Soudan: HMSO Parliamentary Accounts and Papers, 112: 925–951. London.

Garstin, William, 1901. Despatch from His Majesty's Agent and Consul-General at Cairo inclosing a Report as to Irrigation Projects on the Upper Nile. London.

Garstin, William, 1904. Report upon the Basin of the Upper Nile with Proposals for the Improvement of That River. Cairo.

Garstin, William, 1905. »Some Problems of the Upper Nile«, Nineteenth Century and After, 343: 345–366.

Garstin, William, 1909. »Fifty Years of Nile Exploration, and Some of Its Results«, The Geographical Journal, 33, 2: 117–147.

Garvey, Marcus, 1937. »The Failure of Haile Selassie as Emperor«, Editorial, The Black Man, März/April.

Geldof, Bob, 2006. Geldof in Africa. London.

Ghali, Ibrahim Amin, 1969. »Tourist Romains en Égypte et Égyptiens á Rome sans le Haute Égypte«, Cahiers d'historie Égyptienne, 11: 43–62.

Gordon, Joel, 2002. Revolutionary Melodrama: Popular Film and Civic Identity in Nasser's Egypt. Chicago.

Government of Tanganyika, 1955. Tanganyika: A Review of Its Resources and Development. Dar-es-Salaam.

Grant, James A., 1864. A Walk across Africa or Domestic Scenes from My Nile Journal. London/Edinburgh.

Grant, Michael, 1972. Kleopatra. New York (deutsche Ausgabe: 1998. Kleopatra. Bergisch Gladbach).

Green, Matthew, 2008. The Wizard of the Nile: The Hunt for Africa's Most Wanted. Northampton, Mass.

Griffiths, John G., 1960. The Conflict of Horus and Seth from Egyptian and Classical Sources: A Study in Ancient Mythology. Liverpool.

Grogan, Ewart S., 1900. From the Cape to Cairo: The First Traverse of Africa from South to North. London.

Hamilton, Jill, 2001. Marengo: The Myth of Napoleon's Horse. London.

Hassan, Fekri A., 1997. »The Dynamics of a Riverine Civilization: A Geoarchaeological Perspective on the Nile Valley, Egypt«, World Archaeology, 29, 1: 51–74.

Hawkes, Jacquetta, 1973. The First Great Civilizations: Life in Mesopotamia, the Indus Valley, and Egypt. New York.

Hayes, Harold, 1991. The Dark Romance of Dian Fossey. London (deutsche Ausgabe: 1993. Dian Fossey: Die einsame Frau des Waldes. München).

Hemingway, Ernest, 1935. Green Hills of Africa. New York (deutsche Ausgabe: 2005. Die grünen Hügel Afrikas. Reinbek bei Hamburg).

Hepburn, Katharine, 1987. The African Queen Or How I Went to Africa with Bogie, Bacall and Huston and Almost Lost My Mind. New York.

Hepburn, Katharine, 1992. African Queen oder Wie ich mit Bogart, Bacall und Huston nach Afrika fuhr und beinahe den Verstand verlor. München.

Herodot, 1756. Des Herodotus neun Bücher der Geschichte, aus dem Griechischen übersetzt und mit einem Register, in welchem einige nöthige Erläuterungen mit eingeschaltet sind, versehen von Johann Eustachius Goldhagen. Lemgo.

Herodot von Halikarnass, 2017. Geschichte. Stuttgart.

Hillard, Thomas W., 2002. »The Nile Cruise of Cleopatra and Caesar«, The Classical Quarterly, 52, 2: 549–554.

Hobsbawm, Eric, 1983. The Invention of Tradition, Cambridge.

Hochschild, Adam, 1998. King Leopold's Ghost: A Story of Greed, Terror and Heroism in Colonial Africa. Boston (deutsche Ausgabe: 2012. Schatten über dem Kongo: Die Geschichte eines der großen, fast vergessenen Menschheitsverbrechen. Stuttgart).

Hollings, Mary A., 1917. Life of Sir Colin C. Scott-Moncrieff. London.

Holt, Peter M., ³1967. A Modern History of the Sudan: From the Funj Sultanate to the Present Day. London.

Homer, 2019. Ilias. Köln.

Hopkins, Nicholas, 2003. Upper Egypt: Life Along the Nile. Højbjerg.

Hopper, William D., 1976. »The Development of Agriculture in Developing Countries«, Scientific American, 235, 3: 197–205.

Hurst, Harold E., 1927. »Progress in the Study of the Hydrology of the Nile in the Last Twenty Years«, The Geographical Journal, 70, 5: 440–458.

Ibn Battuta, 1929. Travels in Africa and Asia 1325–1354 (übersetzt und herausgegeben von H. A. R. Gibb). London (deutsche Ausgabe: 2010. Die Wunder des Morgenlandes: Reisen durch Afrika und Asien. München).

Jackson, Henry, 1955. Behind the Modern Sudan. London.

James, William, 1890. The Principles of Psychology, 2 Bde. New York.

Jarvis, Claude S., 1937. Oriental Spotlight. London.

Jarvis, Claude S., 1936. »Flood-Stage Records of the River Nile«, Transactions of the American Society of Civil Engineers, 101: 1012–1071.

Jenkyns, Richard, 2004. Westminster Abbey. London.

Jessen, Burchard H., 1906. W. N. McMillan's Expeditions and Big Game Hunting in the Sudan, Abyssinia, and British East Africa. London.

Jessen, Burchard H., 1905. »South-Western Abyssinia«, The Geographic Journal, 25, 2: 158–171.

Joesten, Joachim, 1960. Nasser: The Rise to Power. Westport, Conn.

Kagwa, Apolo, 1971. The Kings of Buganda, herausgegeben von M. S. M. Kiwanuka. Kampala.

Kalfatovic, Martin R., 1992. Nile Notes of a Howadji: A Bibliography of Travelers' Tales from Egypt, from the Earliest Times to 1918. London/Metuchen, NJ.

Kandt, Richard, 1904. Caput Nili: Eine Empfindsame Reise zu den Quellen des Nils. Berlin.

Kendall, Robert L., 1969. »An Ecological History of the Lake Victoria Basin«, Ecological Monographs, 39, 2: 121–176.

Kennedy, Hugh, 2007. The Great Arab Conquests: How the Spread of Islam Changed the World We Live In. Boston.

Klöden, Gustav Adolf von, 1856. Das Stromsystem des oberen Nil nach den neuesten Kenntnissen mit Bezug auf die älteren Nachrichten. Berlin.

Kiros, Teodros, 2005. Zara Yacob: Rationality of the Human Heart. Lawrenceville, NJ.
Kyemba, Henry, 1977. A State of Blood: The Inside Story of Idi Amin. New York.
Lane, Edward William, 1836. Manners and Customs of the Modern Egyptians. London (deutsche Ausgabe: 1856. Sitten und Gebräuche der heutigen Egypter. Leipzig).
Lawson, Fred H., 2010. »Nile River Flows and Political Order in Ottoman Egypt«, in Terje Tvedt und Richard Coopey (Hg.). Rivers and Society: From Early Civilizations to Modern Times: 203–220, London/New York.
Leitz, Christian, 1999. Magical and Medical Papyri of the New Kingdom. London.
Lewis, Bernard, 2002. What Went wrong?: The Clash Between Islam and Modernity in the Middle East. London (deutsche Ausgabe: 2014. Der Untergang des Morgenlandes: Warum die islamische Welt ihre Vormacht verlor. Köln).
Lewis, David L., 1988. The Race to Fashoda: European Colonialism and African Resistance in the Scramble for Africa. New York, NY.
Lienhardt, Godfrey, 1961. Divinity and Experience: The Religion of the Dinka. Oxford.
Lienhardt, Godfrey, 1954. »The Shilluk of the Upper Nile«, in Daryll Forde (Hg.). African Worlds: Studies in the Cosmological Ideas and Social Values of African Peoples: 138–163. London.
Linant de Bellefonds, Louis M. A., 1872–1873. Mémoires sur les principaux travaux d'utilité publique exécutés en Égypte depuis la plus haute antiquité jusqu'à nos jours. Paris.
Lloyd, Albert B., 1906. Uganda to Khartoum: Life and Adventure on the Upper Nile. London.
Lobo, Jerómino, 1791. A Short Relation of the River Nile, Of its Source and Current; Of its Overflowing the Campagnia of Aegypt, 'till it runs into the Mediterranean; And of Other Curiosities. London (deutsche Ausgabe: 2017. Reise nach Habessinien. Norderstedt).
Lowenthal, David, 1985. The Past is a Foreign Country. Cambridge.
Lugard, Frederick D., 1893. The Rise of Our East African Empire, 2 Bde. Edinburgh/London.
Lugard, Frederick D., 1892. »Travels from the East Coast to Uganda, Lake Albert Edward, and Lake Albert«, Proceedings of the Royal Geographical Society and Monthly Record of Geography, New Monthly Series, 14, 12: 817–841.
Lyons, Henry G., 1906. The Physiography of the River Nile and Its Basin. Cairo.
MacDonald, Murdoch, 1920. Nile Control: A Statement of the Necessity for Further Control of the Nile to Complete the Development of Egypt and Develop a Certain Area in the Sudan, with Particulars of the Physical Conditions to be Considered and a Programme of the Engineering Works Involved, Bd. 2. Cairo.
MacQuitty, William, 1976. Island of Isis: Philae, Temple of the Nile. London.
Magnus, Philip M., 1958. Kitchener: Portrait of an Imperialist. London.

Maistre, Xavier de, 1825. Expédition nocturne autour de ma chambre. Paris
Makonnen, Yilma, 1984. The Nyerere Doctrine of State Succession and the New State of East Africa. Arusha.
Margoliouth, David S. und Walter S. Tyrwhitt, 1912. Cairo, Jerusalem, and Damascus: Three Chief Cities of the Egyptian Sultans. New York.
Mariette, Auguste und Mary Brodrik, 1890. Outlines of Ancient Egyptian History. London.
Marlowe, John, 1971. The Golden Age of Alexandria: From Its Foundation by Alexander the Great in 331 BC to Its Capture by the Arabs in 642 AD. London.
Mason-Bey, Alexander, 1881. »Note sur les nilomètres et le mesurage des affluents du Nil, notamment du Nil blanc«, Bulletin de Sociéte de geographie d'Égypte, 1–2: 51–56.
Mauss, Marcel, 1968. Die Gabe. Die Form und Funktion des Austauschs in archaischen Gesellschaften. Frankfurt a.M.
Mboya, Tom, 1963. Freedom and After. London.
Mead, George Herbert, 1934. Mind, Self and Society from the Standpoint of a Social Behaviorist. Chicago.
Mead, George H., 2017. Geist, Identität und Gesellschaft aus der Sicht des Sozialbehaviorismus. Frankfurt a.M.
Mead, Walter Russel, 2006. »God's Country?«, Foreign Affairs 85, 2: 24–43.
Mecklenburg, A. F., 1910. In the Heart of Africa. London (deutsche Ausgabe: 2014. Ins innerste Afrika. Norderstedt).
Meredith, Martin, 2005. The State of Africa: A History of Fifty Years of Independence. London.
Meyboom, Paul G. P., 1995. The Nile Mosaic of Palestrina: Early Evidence of Egyptian Religion in Italy. Leiden.
Millais, John G., 1924. Far Away up the Nile. London.
Milner, Alfred, 1892. England in Egypt. London.
Mitchell, Timothy, 1991. Colonising Egypt. Berkeley.
Moorehead, Alan, 1960. The White Nile. London (deutsche Ausgabe: 1962. Die Quellen des Nil: Abenteuer und Entdeckung. Stuttgart).
Mowat, Farley, 1987. Woman in the Mists: The Story of Dian Fossey and the Mountain Gorillas of Africa. New York: Warner Books. (deutsche Ausgabe: 1990. Das Ende der Fährte: Die Geschichte der Dian Fossey. Bergisch Gladbach).
Moyse-Bartlett, Hubert, 1956. The King's African Rifles: A Study in the Military History of East and Central Africa, 1890–1945. Aldershot.
Mulira, James, 2010. »Independent Uganda and the Nile: Hydroelectric Projects and Plans«, in Terje Tvedt (Hg.). The River Nile in the Post-Colonial Age: Conflict and Cooperation among the Nile Basin Countries: 125–161. London/New York.
Munro-Hay, Stuart, 1991. Aksum: An African Civilisation of Late Antiquity. Edinburgh.
Mutesa, King of Buganda, 1967. The Desecration of My Kingdom. London.

Muwanga, Jozef, 2005. On the Kabaka's Road for Uganda: A Contribution to the Positive Mind of Buganda. Kampala.

Mwiandi, Mary C., 2010. »The Nile Waters and the Socio-Economic Development of Western Kenya«, in Terje Tvedt (Hg.). The River Nile in the Post-Colonial Age: Conflict and Cooperation among the Nile Basin Countries: 93–124. London/New York.

Naipaul, V. S., 1979. The Bend of the River. London (deutsche Ausgabe: 2012. An der Biegung des großen Flusses. Frankfurt a.M.).

Ndisi, John W., 1974. A Study in the Economic and Social Life of the Luo of Kenya. Uppsala.

Ngowi, Honest Prosper, 2010. »Unlocking Economic Growth and Development Potential: The Nile Basin Approach in Tanzania«, in Terje Tvedt (Hg.). The River Nile in the Post-Colonial Age: Conflict and Cooperation among the Nile Basin Countries: 57–72. London/New York.

Nightingale, Florence, 1987. Letters from Egypt: A Journey on the Nile 1849–50. New York.

Nkurunziza, Pascal, 2010. »Burundi and the Nile: Water Resource Management and National Development«, in Terje Tvedt (Hg.). The River Nile in the Post-Colonial Age: Conflict and Cooperation among the Nile Basin Countries: 13–30. London/New York.

Norden, Hermann, 1930. Africa's last Empire: Through Abyssinia to Lake Tana and the Country of the Falasha. London (deutsche Ausgabe: 1930. Durch Abessinien und Erythräa: Reiseerlebnisse. Berlin).

Ochieng, William R. und Robert M. Maxon, 1992. An Economic History of Kenya. Nairobi.

Østigård, Terje, 2009. »Christianity and Islam as Nile Religions in Egypt: Syncretism and Continuity«, in Terje Østigård (Hg.). Water, Culture and Identity: Comparing Past and Present Traditions in the Nile Basin Region: 141–164. Bergen.

Østigård, Terje und Gedef A. Firew, 2013. The Source of the Blue Nile – Water Rituals, and Traditions in the Lake Tana Region. Newcastle upon Tyne.

Paice, Edward, 2008. Tip and Run: The Untold Tragedy of the Great War in Africa. London.

Pakenham, Thomas, 1991. The Scramble for Africa, 1876–1912. London (deutsche Ausgabe: 1994. Der kauernde Löwe: Die Kolonialisierung Afrikas, 1876–1912. Düsseldorf).

Pankhurst, Richard, 2000. »Ethiopia's Alleged Control of the Nile«, in Haggai Erlich und Israel Gershoni, (Hg.). The Nile: Histories, Cultures, Myths: 25–38. Boulder, Col./London.

Parker, Richard A., 1974. »Ancient Egyptian Astronomy«, Philosophical Transactions of the Royal Society of London, 276, 1257: 51–65.

Pascha, Emin-Bey, 1879. »Die Strombarren des Bahr-el-Djebel«, Petermanns Geographische Mitteilungen, 25: 273–274.

Perham, Margery und Jack Simmons, 1963. African Discovery: An Anthology of Exploration. London.
Perras, Arne, 2006. Carl Peters and German Imperialism 1856–1918: A Political Biography. Oxford.
Petherick, John und Katherine Petherick, 1869. Travels in Central Africa, and Explorations of the Western Nile Tributaries. Farnborough.
Plinius Secundus, C., 1962. Natural History, übersetzt von D. E. Eichholz. Cambridge, Mass.
Plinius Secundus, Gaius, 2008. Naturkunde, 5 Bde. Darmstadt.
Pollard, Justin und Howard Reid, 2006. The Rise and Fall of Alexandria: Birthplace of the Modern Mind. New York.
Pringle, John W., 1893. »With the Railway Survey to Victoria Nyanza«, The Geographical Journal, 2, 2: 112–139.
Ritter, James, 1995. »Measure for Measure: Mathematics in Egypt and Mesopotamia«, in Michel Serres (Hg.). A History of Scientific Thought: Elements of a History of Science: 44–72. Oxford.
Ritter, James, 2000. »Egyptian Mathematics«, in Helaine Selin (Hg.). Mathematics across Cultures: The History of Non-Western Mathematics: 115–136. Dordrecht.
Robertson, James, 1974. Transition in Africa: From Direct Rule to Independence. London.
Robinson, David und Douglas Smith, 1979. Sources of the African Past: Case Studies of Five Nineteenth-Century African Societies. New York.
Robinson, Ronald und John Gallagher (mit Alice Denny), ²1981. Africa and the Victorians: The Official Mind of Imperialism. London.
Robinson, Ronald und John Gallagher, 1953. »The Imperialism of Free Trade«, The Economic History Review, Second Series, 6, 1: 1–15.
Roller, Duane W., 2010. Cleopatra: A Biography. Oxford: Oxford University Press.
Ross, Colonel J. C., 1893. »Irrigation and Agriculture in Egypt«, The Scottish Geographical Magazine, 9, 4: 169–193.
Roullet, Anne, 1972. The Egyptian and Egyptianizing Monuments of Imperial Rome. Leiden.
Russell, Bertrand, 1962. History of Western Philosophy. London.
Russell, Bertrand, 2017. Philosophie des Abendlandes: Ihr Zusammenhang mit der politischen und der sozialen Entwicklung. Köln.
Russell, Michael, 1831. View of Ancient Egypt with an Outline of Its Natural History. New York (deutsche Ausgabe: 1840. Gemälde von Ägypten in alter und neuer Zeit, 2 Bde. Leipzig).
Rzóska, Julian (Hg.), 1976. The Nile: Biology of an Ancient River. The Hague.
Sabry, Hussein Z., 1982. Sovereignty for Sudan. London.
Sadat, Anwar as-, 1957. Revolt on the Nile. London.
Said, Edward, 1978. Orientalism. New York (deutsche Ausgabe: 2019. Orientalismus. Frankfurt a.M.).
Said, Rushdi, 1981. The Geological Evolution of the River Nile. New York.

Said, Rushdi, 1993. The River Nile: Geology, Hydrology and Utilization. Oxford.
Sawyer, Ralph D., 2010. »Aquatic Warfare in Historic China«, in Terje Tvedt, Graham Chapman und Roar Hagen (Hg.). Water, Geopolitics and the New World Order: 111–137. London/New York.
Sayyid-Marsot, Afaf Lutfi, 2007. A History of Egypt from the Arab Conquest to the Present. Cambridge.
Scott-Moncrieff, Colin, 1895. »The Nile«, Proceedings of the Royal Institution of Great Britain, 14: 405–418.
Selassie, Bereket H., 1989. Eritrea and the United Nations and Other Essays. Trenton, NJ.
Sen, Amartya, 2009. The Idea of Justice. Cambridge (deutsche Ausgabe: 2017. Die Idee der Gerechtigkeit. München).
Shakespeare, William, 2003. Antonius und Kleopatra. München.
Shillington, Kevin, 2005. Encyclopedia of African History, 3 Bde. London.
Shuckburgh, Evelyn, 1986. Descent to Suez: Diaries 1951–56. London.
Six, Veronika, 1999. »Water, the Nile, and the Tä'amrä Maryam: Miracles of the Virgin Mary in the Ethiopian Version«, Aethiopica, 2: 53–68.
Speke, John Hanning, 1863. Journal of the Discovery of the Source of the Nile. London (deutsche Ausgabe: 2019. Die Entdeckung der Nilquellen: am Viktoriasee 1861/62. Wiesbaden).
Stanley, Dorothy (Hg.), 1909. The Autobiography of Sir Henry Morton Stanley. Boston and New York: Houghton Mifflin Company (deutsche Ausgabe: o. J. (1949). Mein Leben. Basel).
Stanley, Henry Morton, 1878. Through the Dark Continent or the Sources of the Nile around the Great Lakes of the Equatorial Africa and Down the Livingstone River to the Atlantic Ocean, Bd. 1. New York (deutsche Ausgabe: 1912. Stanleys Reise durch den dunklen Weltteil. Stuttgart).
Stanley, Henry Morton, 1891. In Darkest Africa or the Quest, Resque and Retreat of Emin Governor from Africa, 2 Bde. New York (deutsche Ausgabe: 1928. Im dunkelsten Afrika. Leipzig).
Stanley, Henry Morton, 1902. How I found Livingstone: Travel, Adventures and Discoveries in Central Africa. New York (deutsche Ausgabe: 2014. Wie ich Livingstone fand: Reisen und Entdeckungen in Zentral-Afrika, 1871. Wiesbaden).
Stock, Eugene, 1916. The History of the Church Missionary Society: Its Environment, Its Men and Its Work, 3 Bde. London.
Sumner, Claude, 1985. Classical Ethiopian Philosophy. Addis Abeba.
Suyuti, Jalal ad-din as, 1996. The History of the Khalifahs Who Took the Right Way. London.
Taha, Fadwa, 2010. »The History of the Nile Waters in the Sudan«, in Terje Tvedt (Hg.). The River Nile in the Post-Colonial Age: Conflict and Cooperation among the Nile Basin Countries: 179–216.
Taylor, Alan J. P., 1950. »Prelude to Faschoda: The Question of the Upper Nile, 1894–5«, The English Historical Review, 65, 254: 52–80.

Taylor, Alan J. P., 1961. The Origins of the Second World War. New York (deutsche Ausgabe: 1962. Die Ursprünge des Zweiten Weltkrieges. Gütersloh).

Taylor, Christopher C., 1994. Sacrifice as Terror: The Rwandan Genocide of 1994. Oxford.

Telles, Balthazar, 1710. The Travels of the Jesuits in Ethiopia. London.

Thomas, Harold B. und Robert Scott, 1935. Uganda. London.

Tignor, Robert L., 1966. Modernization and British Colonial Rule in Egypt, 1882–1914. Princeton, N.J.

Trench, Charles C., 1993. Men Who Ruled Kenya: The Kenya Administration, 1892–1963. London/New York.

Trevor-Roper, Hugh, 1964. Rise of Christian Europe. London (deutsche Ausgabe: 1971. Der Aufstieg des christlichen Europas. Wien/München).

Trigger, Bruce, 2003. Understanding Early Civilizations: A Comparative Study. Cambridge.

Tshimanga, Raphael M., 2010. »The Congo Nile: Water Use, Policies and Challenges«, in Terje Tvedt (Hg.). The River Nile in the Post-Colonial Age: Conflict and Cooperation among the Nile Basin Countries: 73–92. London/New York.

Tuchman, Barbara, 1956. Bible and Sword: England and Palestine from the Bronze Age to Balfour. New York.

Tuchman, Barbara, 2004. Bibel und Schwert: Palästina und der Westen, vom frühen Mittelalter bis zur Balfour-Declaration 1917. Frankfurt a.M.

Tvedt, Terje, 2002. Verdensbilder og selvbilder: En humanitær stormakts intellektuelle historie. Oslo.

Tvedt, Terje, 2004a. The River Nile in the Age of the British: Political Ecology and the Quest for Economic Power. London/New York, NY.

Tvedt, Terje, 2004b. The Nile: An Annotated Bibliography, zweite, erweiterte Ausgabe. London/New York.

Tvedt, Terje, 22004c. The Southern Sudan: An Annotated Bibliography, 2 Bde., London/New York.

Tvedt, Terje und Eva Jacobsson (Hg.), 2006. Water Control and River Biographies, in Terje Tvedt (Hg.). A History of Water, Bd. 1, Series 1. London/New York.

Tvedt, Terje und Terje Østigård (Hg.), 2006. The World of Water. London/New York.

Tvedt, Terje und Erik Hovden, 2008. A Bibliography on the River Nile, 3 Bde., Bergen.

Tvedt, Terje und Terje Østigard (Hg.), 2010. Ideas of Water: From Ancient Societies to the Modern World. London/New York.

Tvedt, Terje, Graham Chapman und Roar Hagen (Hg.), 2010. Water, Geopolitics and the New World Order. London/New York.

Tvedt, Terje und Richard Coopey (Hg.), 2006. The Political Economy of Water. London/New York.

Tvedt, Terje und Richard Coopey (Hg.), 2010. Rivers and Society: From Early Civilization to Modern Times. London/New York.

Tvedt, Terje (Hg.), 2010. The River Nile in the Post-Colonial Age: Conflict and Cooperation in the Nile Basin Countries. London/New York.
Tvedt, Terje, 2011. »Hydrology and Empire: The Nile, Water Imperialism and the Partition of Africa«, The Journal of Imperial and Commonwealth History, 39, 2: 173–194.
Tyerman, Christopher, 2006. God's War: A New History of the Crusades. Cambridge, Mass.
Tyldesley, Joyce, 2008. Cleopatra: Last Queen of Egypt. New York.
UNHCR, Democratic Republic of the Congo, 1993–2003: Report of the Mapping Exercise documenting the most serious violations of human rights and international humanitarian law committed within the territory of the Democratic Republic of the Congo between March 1993 and June 2003, Genf 2010 (https://t1p.de/tpig, Zugriff 5.6.2020).
Vantini, Giovanni, 1976. Christianity in Medieval Nubia. Cairo: Istituto Italiano di Cultura.
Vellut, J.-L., Vangroenweghe, D., 1985. Le Rapport Casement (Enquêtes et documents d'histoire africaine), Louvain.
Ventre-Bey, 1893. Hydrologie du bassin du Nil: Essai sur la prévision des crues du Fleuve, Kairo.
Wagner, Peter, 2008. Dominion!: How Kingdom Action Can Change the World. Grand Rapids, Mich.
Wainaina, Binyavanga, 2005. How to write about Africa. Nairobi.
Wainwright, Gerald A., 1963. »The Origin of Storm-Gods in Egypt«, The Journal of Egyptian Archaeology, 49: 13–20.
Walker, Susan und Peter Higgs (Hg.), 2001. Cleopatra of Egypt: From History to Myth. London.
Waller, H. (Hg.), 1874. The Late Journals of David Livingstone in Central Africa, 2 Bde. London (deutsche Ausgabe: David Livingstone (vervollständigt von Horace Waller), 1875. Letzte Reise von David Livingstone in Centralafrika von 1865 bis zu seinem Tode 1873, 2 Bde. Hamburg).
Warren, Rick, 2002. The Purpose Driven Life. Grand Rapids, Mich (deutsche Ausgabe: 2014. Leben mit Vision: Wozu um alles in der Welt lebe ich? Aßlar).
Waterbury, John, 1979. The Hydropolitics of the Nile Valley. Syracuse, NY.
Wells, Ronald, 1996. »Astronomy in Egypt«, in Christopher Walker (Hg.). Astronomy before the Telescope: 28–41. London.
Welsby, Derek A., 2002. The Medieval Kingdoms of Nubia: Pagans, Christians and Muslims along the Middle Nile. London.
Welsby, Derek A., 2006. »Settlement in Nubia in the Medieval Period«, in Isabella Caneva u. Alessandro Roccati (Hg.). Acta Nubica: Proceedings of the X. International Conference of Nubian Studies, 9.–14. September 2002: 21–44. Rom.
Werne, Ferdinand, 1848. Expedition to Discover the Sources of the White Nile, in the years 1840, 1841, 2 Bde. London (deutsche Ausgabe: 2019. Expedition zur Entdeckung der Quellen des Weißen Nil, 1840–1841. Berlin/Boston).

Whitcher, Brandon, et al., 2002. »Testing for Homogeneity of Variance in Time Series: Long Memory, Wavelets, and the Nile River«, Water Resources Research, 38, 5: 1054–1069.
White, Arthur S., 1899. The Expansion of Egypt under Anglo-Egyptian Condominium. London.
Willcocks, William, 1889. Egyptian Irrigation, 2 Bde. London.
Willcocks, William, 1894. Report on Perennial Irrigation and Flood Protection for Egypt. Cairo.
Wilson, Christopher J., 1938. The Story of the East African Mounted Rifles. Nairobi.
Wittvogel, Karl, 1957. Oriental Despotism: A Comparative Study of Total Power. Yale (deutsche Ausgabe: 1981. Die orientalische Despotie: Eine vergleichende Untersuchung totaler Macht. Frankfurt a.M.).
World Bank, 1961. The economic development of Tanganyika. Washington, DC.
Volkmann, Hans, 1953. Kleopatra: Politik und Propaganda. München.
Woolbert, Robert G., 1935. »Italy in Abyssinia«, Foreign Affairs, 13, 3: 499–508.
Zetland, Lawrence J., Marquis of, 1932. Lord Cromer: Being the Authorized Life of Evelyn Baring, First Earl of Cromer. London.

Personenregister

Abbas, Mekki 200
Abdullah, bin Muhammad 175, 180
Abdul-Saadat, Kamel 35
Abaid, Atif 48
Achebe, Chinua 443
Adorno, Anse 291
Afewerki, Isaias 484, 487–491, 539
Ahmad, Muhammad (al-Mahdi) 169 f., 177, 184
Ahmed, Abiy 490, 538–540, 548, 561
Albert, Prinz von Großbritannien 340
Alexander der Große 37 f., 290
Allenby, Edmund Henry Hynman 113
Ali, Muhammad, ägyptischer Khedive 71–77, 79, 92, 111, 117, 137, 160 f., 163, 453, 476, 545
Ali, Muhammad (Cassius Clay) 453
Alier, Abel 264, 275
Amenemhet I., ägyptischer Pharao 26
Amin, Idi 212, 328–331, 366
Annan, Kofi 371
Anyijong, Stephen Thongkol 237
Appian 43
Arafat, Jassir 148
Aristoteles 39–41, 250, 354
Arnaud, J. P. d' 239
As, Amr ibn al- 53, 82, 101
Ashe, Robert Pickering 299
Atatürk, Kemal 177
Augustus, römischer Kaiser 157
Auma, Alice 331, 335

Badoglio, Pietro 520
Baker, Florence 285, 311
Baker, Samuel W. 168, 183 f., 238, 283, 285 f., 291, 301 f., 304, 307, 309–311, 316, 319, 326, 340, 454

Banna, Hassan al- 114
Barghash, ibn Said, Sultan von Sansibar 393
Baring, Evelyn s. Cromer, Lord
Bashir, Omar Hassan al- 179, 207, 213, 215 f., 269, 545
Battuta, Ibn 102 f.
Baum, James 512
Bebel, August 394
Bekele, Semegnew 538
Belafonte, Harry 385
Berg, Amelie 192
Bermann, Richard A. 177 f.
Bernini, Gian Lorenzo 549 f.
Bettentrup, Stephan 438
Bevin, Ernest 322, 324
Bikila, Abebe 532
Bilkuei, Makuei 181–182
Bismarck, Otto von 391, 393 f.
Blair, Tony 430
Blixen, Karen 370 f.
Bogart, Humphrey 306, 313
Boit, Mike 377
Bonaparte, Napoleon 16, 55–62, 64–66, 68–72, 75, 80, 82 f., 91, 95, 97, 137, 446, 464
Booth, William 178
Braudel, Fernand 179, 353, 355 f.
Bruce, James 504, 507–509
Brun-Rollet, Antoine 240
Buckingham, Tony 340–342
Budge, Ernest A. Wallis 72, 173, 242
Burton, Richard 279, 282, 288
Bush, George W. Jr. 269, 338
Buyoya, Tutsi Pierre 465
Byron, George Gordon 79

Carl XV., König von Schweden 87
Cäsar, Julius 14, 16, 43–45, 47, 53, 55,

Personenregister

59, 80, 94, 97, 105, 129, 137, 240, 290, 293, 473, 508
Casatis, Gaetano 240
Casement, Roger 449
Cavendish, Spencer *s. Hartington, Lord*
Chaldun, Ibn 103, 129
Chamberlain, Arthur Neville 202
Chamberlain, Joseph 367
Champollion, Jean-François 71
Cheadle, Don 417
Cheops, ägyptischer Pharao 100
Chephren, ägyptischer Pharao 100
Christie, Agatha 136
Chruschtschow, Nikita Sergejewitsch 122, 124, 137
Churchill, Winston 120, 137, 140, 177f., 182–185, 199, 201f., 311–313, 316f., 320, 324–326, 361, 364, 374
Ciano, Galeazzo 522
Clarke, Edward Daniel 70
Clay, Cassius *s. Ali, Muhammad*
Clinton, Bill 271
Clinton, Hillary 431
Conrad, Joseph 330, 337, 439–444, 453
Cook, Thomas 136
Coppola, Francis Ford 439
Corry, Montagu 84
Coste, Pascal 75
Cromer, Lord (Evelyn Baring) 59, 109–111, 139–141, 171f., 176, 181f., 187, 189, 244f., 253, 260, 300, 305, 320, 449, 477, 515
Curzon, George 362

Dallaire, Roméo 417
Dareios I., persischer Großkönig 82
Darwin, Charles 346
Davidson, Basil 373
Dawit 511
Dayan, Moshe 226, 329
Deng, Francis 247

Denon, Vivant 61
Derrida, Jacques 404
Desalegn, Hailemariam 538
Dhahab, Abd al-Rahman Muhammad Hasan Siwar al- 206
Diodoros 27, 39, 157
Diokletian, römischer Kaiser 52, 79
Disraeli, Benjamin 84
Dominikus 178
Dulles, John Foster 120, 126, 325, 386

Eden, Anthony 119, 202, 325–327
Edvardsen, Aril 465–467
Edwards, Amelia 136
Eibner, John 269f.
Eisenhower, Dwight D. 120
Elemam, Hosam E. Rabie 553
Elizabeth II., Königin von Großbritannien 324
Ergamenes, nubischer König 157
Ernst, Mensen 79–81, 165
Evans-Pritchard, Edward Evan 223, 239f., 310

Faruk, König von Ägypten 117, 164, 323
Fārūq, Omar al- *s. Umar, Kalif*
Ferguson, Niall 186
Fergusson, Vere 246–248
Fidelis 82
Philipp II., König von Spanien 356
Foreman, George 453
Flaubert, Gustave 85–88, 91, 97, 132
Forster, Edward Morgan 37
Fossey, Dian 434–436

Gaddafi, Muammar al- 212
Gama, Cristovão da 390
Gama, Vasco da 507
Garang, John 206, 272
Garrigan, Nicholas 330f.
Garstin, William 111, 189–191, 195f., 252, 278, 324, 448f., 455

Garvey, Marcus 481
Gascoyne-Cecil, Robert Arthur Talbot
    s. *Salisbury, Lord*
Geldof, Bob 531–533
Georg III., König von Großbritannien
    71, 508
Gessi, Romolo 238
Gladstone, William 93, 171 f.
Gordon, Charles 170–177, 186 f., 194,
    211, 238
Gordon, James 164 f.
Götzen, Gustav Adolf von 395, 433
Gran, Ahmad 496
Grant, James Augustine 280, 289,
    291, 293
Graziani, Rodolfo 481
Green, Matthew 337 f.

Habyarimana, Juvénal 429
Hadrian, römischer Kaiser 82, 137
Hall, John 319 f., 322
Hamilton, William Richard 70
Hannington, James 298, 300
Hartington, Lord (Spencer Cavendish)
    173
Hassan, Gamal 264
Hatschepsut, ägyptische Pharaonin
    132, 134
Hawes, C. V. 320, 326
Haydn, Joseph 68
Haymanot, Tekle 500
Heath, Edward 223
Hegel, Georg Wilhelm Friedrich 88,
    250 f.
Helm, Knox 262
Hely-Hutchinson, John 70
Hemingway, Ernest 313–317
Hemingway, Mary 314 f.
Hepburn, Katharine 306, 313 f., 317
Heraklit 485
Herodot 31 f., 34–37, 48, 80, 97,
    136–139, 143, 146, 290, 457
Herzl, Theodor 366 f.

Herzog, Werner 471
Hesiod 14
Hitler, Adolf 202, 520
Hobsbawm, Eric 162
Homer 132
Howell, Paul P. 260, 551
Hugo, Victor 62, 85, 91
Huntington, Samuel 424
Huysman, Joris-Karl 248 f.
Huzayyin, Sulayman 162–164

Ibsen, Henrik 83, 85, 87–91, 97,
    134, 442
Idrisi, Muhammed al- 289
Innozenz X., Papst 549
Ismail, ägyptischer Khedive 83 f., 92,
    103, 107, 160–162

Jacobs, Charles 269
Jacobson, Jim 270
James, William 484
Jameson, James 447
Jarvis, Claude S. 255
Jessen, Burchard Heinrich 191–194,
    494
Jipcho, Ben 377
Johannes, mythischer Priesterkönig
    291, 503, 510 f., 532
Johnston, Harry 368, 446
Jolie, Angelina 402
Joy, George William 173 f.

Kabila, Joseph 454
Kabila, Laurent-Désiré 454
Kagame, Paul 414–417, 419 f.,
    426–434, 437, 467
Kalfatovic, Martin R. 135
Kandt, Richard 437 f.
Kattwinkel, Wilhelm 390
Kennedy, John F. 384 f.
Kennedy Jr., Joseph P. 385
Kenyatta, Jomo 376, 387 f.
Keino, Kip 377 f.

Personenregister

Khan, Aga 352
Kibaki, Mwai 376, 389
Kikwete, Jakaya 410 f.
King, Larry 431
Kipketer, Wilson 377
Kiptanui, Moses 377
Kircher, Athanasius 508
Kitchener, Herbert Horatio 182, 185, 187, 196, 244 f., 272, 448
Kléber, Jean-Baptiste 60 f., 95 f.
Kleopatra, ägyptische Pharaoin 35, 43–45, 47, 82, 97, 129
Konstantin, römischer Kaiser 52
Kony, Joseph 335–340
Krapf, Johann Ludwig 297
Kulthum, Umm 127 f.
Kyemba, Henry 328

Labouchère, Henry 362
Laden, Osama bin 186, 208–211
Lagu, Joseph 263
Lane, Edward William 56
Leakey, Jonathan 390
Leakey, Louis 298, 390
Leakey, Mary 298, 390
Leibniz, Johann Gottfried 57
Le Carré, John 272
Leonardo, Ann Itto 272–275
Leopold II., König von Belgien 171, 446–450, 455, 476
Lesseps, Ferdinand de 81–83, 325
Lewis, Bernard 53
Lieberman, Avigdor 148
Linant de Bellefonds, Louis M. A. 83
Livingstone, David 16, 240, 282, 446, 457–459
Lobo, Jerónimo 507
Loroupe, Tegla 377
Loyela, Reynaldo 262
Ludwig XIV., König von Frankreich 57
Lugard, Frederick John Dealtry 301, 304, 382, 386
Lumumba, Patrice 453

Maathai, Wangari 381, 385
MacDonald, Kevin 330
MacDonald, Murdoch 195
Machar, Riek 273
Machfus, Nagib 128
Machiavelli, Niccolò 74
MacKay, Alexander 297
Macmillan, W. N. 192
Maffei, Paolo Alessandro 15
Mahdi, Gutbi Al- 210
Mahdi, Sadiq al- 206 f.
Mailer, Norman 453
Maistres, Xavier de 62 f.
Mandela, Nelson 330
Mansur, Abu Ja'far Abdallah ibn Muhammad al- 82, 95
Marchand, Jean-Baptiste 244–246, 430
Mariam, Mengistu Haile 500, 524, 535
Mariette, Auguste 84
Maskini, Wandera 329
Marley, Bob 524
Marx, Karl 276
Mauss, Marcel 402–404
Mboya, Tom 375, 385
Mead, Margaret 234
Mecklenburg, Adolf Friedrich zu 470
Meir, Golda 350
Menelik I., abessinischer Kaiser 495
Menelik II., abessinischer Kaiser 476
Menes, ägyptischer Pharao 59
Menou, Abdullah Jacques-François 61, 69 f.
Meyer, Hans 363, 460
Michael von Alexandria, koptischer Papst 510
Millais, John G. 240
Mitchell, Joni 471
Mobutu, Joseph Désiré 453 f.
Moi, Daniel arap 376
Montesquieu, Charles 250, 354
Mubarak, Hosni 116, 144, 149 f., 179, 207 f., 213 f., 271

Mursi, Mohammed 537f.
Murchison, Roderick Impey 282, 308f.
Museveni, Yoweri 324, 332, 336f., 348–350, 352, 426, 428
Mussolini, Benito 475, 478, 481, 512, 515–520
Mutagamba, Maria 350
Mutawakkil, al-, Abbasiden-Kalif 105f.
Mutesa I., König von Buganda 294–299, 346
Mwanga II., König von Buganda 298f.
M'Queen, James 296

Naipaul, Shiva 365
Napier, Robert 513
Nasser, Gamal Abdel 59, 116–124, 126f., 130, 202f., 324–326, 523, 545
Nazif, Ahmed 468
Ndadaye, Melchior 464
Ndayizeye, Domitien 464f.
N'Duimana, Degratias 469
Nagib, Muhammad 117, 325, 386
Napoleon *s. Bonaparte, Napoleon*
Necho II., ägyptischer Pharao 82
Nelson, Horatio 66–68
Nero, römischer Kaiser 157, 290f., 293
Nightingale, Florence 88, 129, 132
Nimeiri, Jafaar al- 203–206, 221f.
Nimr, Mek 160–162
Nixon, Richard M. 321
Nkurunziza, Pierre 465–469
Ntaryamira, Cyprien 429, 465
Nyerere, Julius 399–402

Obama, Barack 339, 381, 383–385, 431
Obote, Milton 348
Odinga, Raila 380, 388f.
Olivier, Laurence 169, 175
Ongwen, Dominic 340

Páez, Pedro 507f.
Pagano, Mateo 103
Pankhurst, Richard 510
Pascha, Said 83f.
Perham, Margery 291
Perth, Lord 522
Peters, Carl 392–396
Petherick, John 240
Platon 41, 179
Plinius 100
Plutarch 38, 44
Poitier, Sidney 385
Postel, Guillaume 103
Preston, Florence 363
Preston, Ronald O. 363
Pringle, John Wallace 382
Ptolemaios I., griechischer Feldherr und ägyptischer Pharao 38
Ptolemaios II., ägyptischer Pharao 157
Ptolemaios XII., ägyptischer Pharao 44
Ptolemaios XIII., ägyptischer Pharao 44
Ptolemaios XIV., ägyptischer Pharao 45
Ptolemaios, Claudius 288f.
Ptolemaios Cäsar 44
Pückler-Muskau, Herman von 88

Qapudan, Selim 239
Qutb, Sayyid 115

Ramses II., ägyptischer Pharao 82, 149
Rembe 334
Renaudot, Eusèbe 53
Rhodes, Cecil 260
Richard Löwenherz, König von England 51
Ritchie, Joe 431
Robertson, James Wilson 255
Roger II., König von Sizilien 289
Rommel, Erwin 201

Personenregister

Ross, Justin C. 301
Rothschild, Nathan 84
Rovkiri, Gervais 468
Rowland, Roland »Timothy« 223
Rusesabagina, Paul 416 f.
Russell, Bertrand 40
Russell, Michael 102
Ryan, Jim 377

Saba, Königin von 495 f., 512, 524 f.
Sadat, Anwar as- 126, 131, 144, 525, 548
Said, Edward 63–66, 75, 91, 463
Said, Rushdi 18
Saladin, Sultan von Ägypten 99, 101, 158
Salih, Tayyib 155
Salim, Abu 365, 551
Salisbury, Lord (Robert Arthur Talbot Gascoyne-Cecil) 300, 477
Salomon, König von Israel 495 f.
Sanchez, Ilich Ramírez 210
Savoia-Aosta, Luigi Amedeo di 455
Schenuda III., koptischer Papst 48
Schindler, Oskar 417
Schroeder, Barbet 328 f.
Schwarz, Albert 397
Scott-Moncrieff, Colin 111, 304
Selim III., Sultan des Osmanischen Reichs 72
Selassie, Haile, Kaiser von Abessinien 478–482, 499, 516, 520, 522–524
Seneca 12, 290
Senausert III., ägyptischer Pharao 82
Shakespeare, William 43 f., 105, 129
Shelley, Percy Bysshe 108
Sisi, Abdel Fattah al- 145, 538, 540, 561
Sigoli, Simone 510
Sokrates 40
Speke, John Hanning 16, 279–283, 286, 288 f., 291, 293–297, 304, 392, 438, 446

Spencer, Herbert 251
Stack, Lee 113
Stanley, Henry Morton 16, 282, 286–289, 291, 295 f., 304, 316, 338, 392, 438, 444–447, 452, 457–459
Strabo 136, 157
Sumner, Claude 502
Suriano 291
Susenyos, Kaiser von Abessinien 502
Swift, Jonathan 344 f.

Tafur, Pedro 291
Taha, Fadwa 553
Tanui, Moses 377
Tawfiq, Muhammad 92 f.
Taylor, Alan J. P. 521
Telles, Balthazar 290
Tergat, Paul 377
Tewodros II., Kaiser von Abessinien 513
Thales von Milet 40–42, 47
Thatcher, Margaret 341
Theodora I., byzantinische Kaiserin 158
Theodosius, römischer Kaiser 52
Thiong'o, Ngūgī wa 450
Ti, Wächter der Pyramiden 134
Tinné, Alexandrine 16, 240, 242
Trajan, römischer Kaiser 82
Trevelyan, Humphrey 122
Trevor-Roper, Hugh 159
Trump, Donald 540
Tshimanga, Raphael M. 455, 553
Turabi, Hasan at- 207–210, 214

Umar, Kalif 53 f., 101
Urabi, Ahmed 92–94, 96
Urbino, Giusto d' 502

Verdi, Giuseppe 83 f.
Verona, Jacob von 510
Victoria, Königin von Großbritannien 136, 173, 181, 283, 296 f., 396, 513

Wagner, C. Peter 432
Wainaina, Binyavanga 337
Waldecker, Burkhart 472
Warren, Rick 431 f.
Wayland, E. J. 341
Weaver, Sigourney 436
Welford, Henry P. 165
Wergeland, Henrik 79
Werne, Ferdinand 240
Wetangula, Moses 388
Whitaker, Forrest 331

Wilhelm II., deutscher Kaiser 396
Willcocks, William 110, 301
Willis, Charles A. 256
Wingate, Reginald 192, 194
Wülfingen, Wilhelm Bock von 397

Zawahiri, Aiman az- 208
Zeid, Abu 151, 553
Zenawi, Meles 420, 484, 533–537
Zorzi, Alessandro 510
Zuma, Jacob 342

Abbildungsverzeichnis

Terje Tvedt: Frontispiz, 20, 100, 106, 133, 150, 151, 156, 265, 266, 349, 471, 501, 505, 506, 527, 549
Bibliotheca Hertziana – Max-Planck-Institut für Kunstgeschichte, Rom: 15
Library of Congress, Prints & Photographs Division: 30, 46 (oben), 76, 217, 480
Wellcome Library: 46 (unten), 185
Wikimedia Commons: 59 (California State Parks Museum), 67 (National Maritime Museum), 73 (Bibliotheca Alexandrina), 125 (Manfred Niermann), 141, 168, 241, 287 (Smithsonian Institution Libraries), 323 (Movemus), 394 (Bundesarchiv), 400 (The National Archives UK), 427 (Hildenbrand/MSC), 449
LWL-Museum für Kunst und Kultur, Westfälisches Landesmuseum, Münster/Porträtarchiv Diepenbroick: 81 (Sabine Ahlbrand-Dornseif)
picture alliance: 95 (Liszt Collection), 124 (ullstein bild), 174 (CPA Media Co. Ltd), 230 (arkivi), 496 (akg-images), 519 (Ullstein), 539 (Gioia Forster/dpa)
Travelers in the Middle East Archive (TIMEA): 110, 190
Elizabeth Wormeley Latimer, 1895. Europe in Africa in the Nineteenth Century. Chicago: 170
Bibliothèque nationale de France: 197 (Société de Géographie)
winstonchurchill.org: 201
John Hanning Speke, 1864. Journal of the discovery of the source of the Nile, 2nd edition. Edinburgh: 281
Le tour du monde. Nouveau journal des voyages, 1867: 285
Henry Morton Stanley, 1899. Through the Dark Continent. With a new preface by the author. Volume I. London: 295
SLUB/Deutsche Fotothek/Meyer, Hans: 363
Smithsonian Libraries: 458
U.S. National Library of Medicine: 509
durame.com: 534

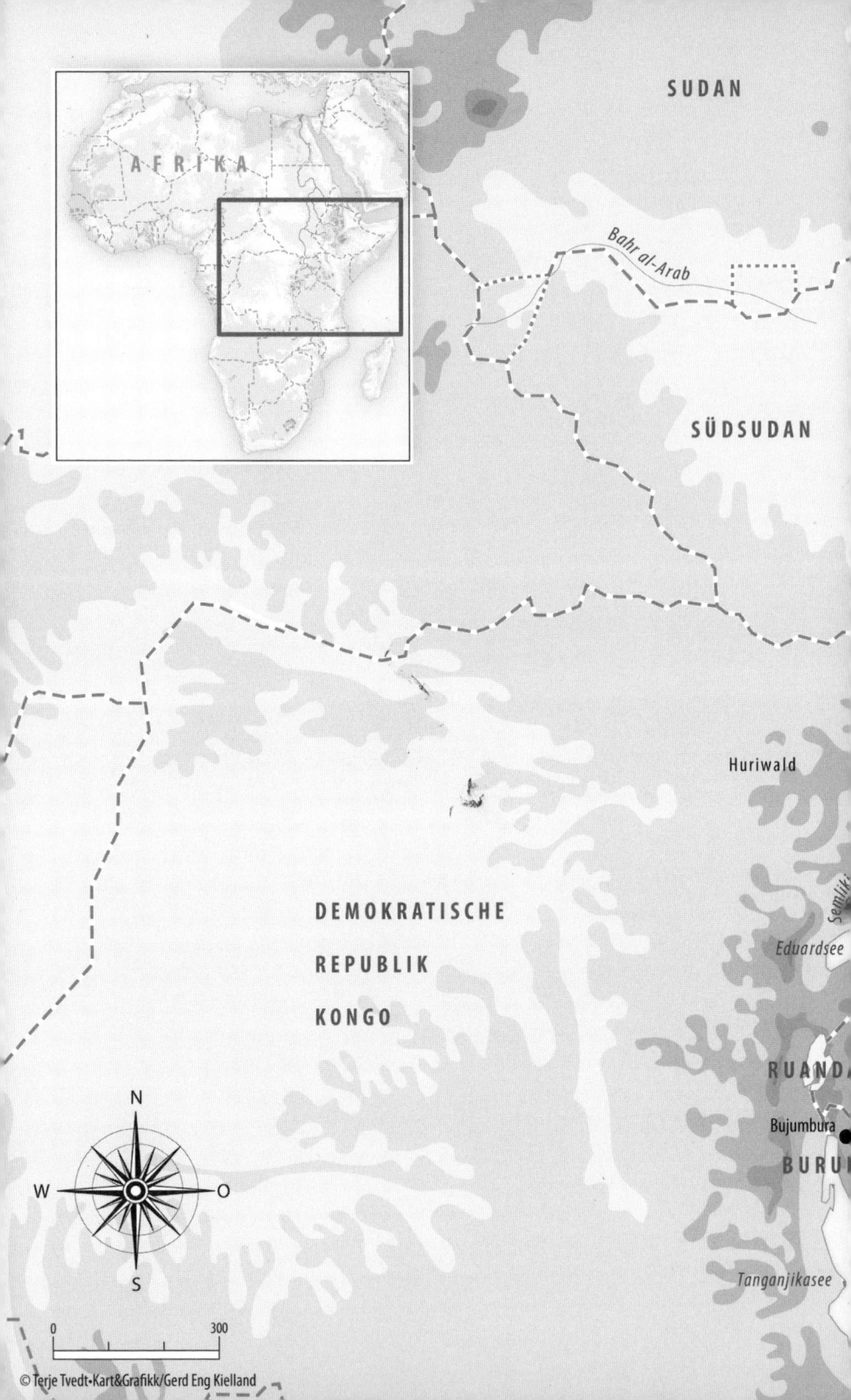